Annette Hildebrandt

# AN DES HAFFES ANDERM STRAND

ANNETTE HILDEBRANDT

# AN DES HAFFES ANDERM STRAND

Eine ostpreußische Familiengeschichte

edition chrismon

Bibliographische Information der Deutschen Nationalbibliothek:
Die Deutsche Nationalbibliothek verzeichnet diese Publikation in der Deutschen Nationalbibliographie; detaillierte bibliographische Daten sind im Internet über http://dnb.dnb.de abrufbar.


Printed in Germany



Das Buch wurde auf alterungsbeständigem Papier gedruckt.

Cover: Melissa Fiebig, Weimar
Layout und Satz: Steffi Glauche, Leipzig
Druck und Binden: CPI books GmbH

ISBN 978-3-96038-360-4 // eISBN (E-PUB) 978-3-96038-377-2
www.eva-leipzig.de

*Hüter, ist die Nacht bald hin?*
*Hüter, ist die Nacht bald hin?*
*Der Hüter aber sprach: Wenn auch der Morgen kommt,*
*so wird es doch Nacht bleiben.*
*Wenn ihr fragen wollt, so kommt wieder und fragt.*

# Die Rückkehr der Geschichten

Geschichten ziehen davon wie Schiffe, die dem Horizont entgegensegeln. Wir stehen am Ufer, sehen sie entschwinden, kleiner und kleiner werden, kleiner und kleiner, kleiner und kleiner. Auch wenn wir nicht auf ihre Rückkehr warten, werden die meisten wiederkommen. Ob es uns gefällt oder nicht.

# 1. Kapitel:

Elbing, Straßburg, 1907–1914

## Ein Mann der Tat

Emilie hatte ihn zum Witwer gemacht. Vor Jahren schon, fünf waren es inzwischen, war sie gestorben, um ihn zu verlassen. So sah er es damals und so fühlte es sich auch heute noch an. Das Herz war ihm aus dem Leibe gesprungen und bisher nicht zurückgekehrt. Daran konnte auch Agathe nichts ändern, seine Tochter, sein einziges Kind. Nun schon gar nicht, da sie bald aus dem Hause gehen würde. Agathe, mit 18 Jahren Junglehrerin, verließ ihn ebenfalls.

Er, Karl Preuß, war schon oft verlassen worden. Am Tag vor seinem ersten Geburtstag von seiner Mutter. Sie starb an Cholera und fehlte ihm sehr. Knapp fünf Jahre später von seinem Vater. Er starb an Cholera und fehlte ihm noch mehr. Mit seinen Brüdern Otto, Max und August wurde Karl nach dem Ableben des Vaters in das nächstgelegene Waisenhaus gebracht. Dort war der Aufenthalt nicht angenehm und er war froh, als er es verlassen durfte.

Für den Fortgang der Geschichte ist es ebenfalls besser, sich von dort zu entfernen und aus Karls überwiegend düsteren Kinderjahren in das Jahr 1907 zu wechseln.

Gerade war er 44 Jahre alt geworden. Sonst eher geistigen Dingen zugewandt, ergriff er das Heft des Handelns und schritt zur Tat. Anfang Februar, Emilies Leib steckte unwiederbringlich im Grabe fest, suchte Karl bei strengem Frost den allbekannten wie kinderreichen Schiffer Wischnewski auf, um dessen Tochter Ingelore zu freien. Vielleicht würde bei einer neuerlichen Eheschließung Karls Herz in seinen Leib zurückspringen.

Zum Zwecke der Brautwerbung musste der Mann der Tat mit der Bahn von Elbing nach Königsberg fahren. Das ging damals ruckzuck, trotz klirrender Kälte: Die Fahrt dauerte eineinhalb Stunden. Viel zu schnell, nicht schnell genug. Die schneebedeckten Bäume flogen vorbei, die Räder ratterten »tadan, tadan, wir kommen an«.

Ruckzuck ging es dann auch mit seiner Zukünftigen. Alwin Wischnewski und Karl Preuß waren so recht befreundet. Karl gefiel der Kapitän, weil er Kapitän war, und Alwin gefiel der Schulmeister, weil er nicht Kapitän war. Die Begrüßung zwischen den Herren war knapp, das Anliegen trotz gefrorener Nase und tränender Augen konzentriert vorgetragen:

»Gib mir Ingelore. Du weißt, ich brauche eine Frau«, sagte Karl, noch bevor ihn Alwin in die gute Stube bitten konnte.

Ingelore war nicht im Hause.

»Sie ist in einer Stunde wieder da, dann können wir das regeln. Komm rein, setz dich, wärm dich auf!«

Karl trat ein, setzte sich jedoch nicht, sondern hielt um eine andere Hand an – um die von Hedwig. Hedwig war Ingelores Schwester, hatte ihm die Tür geöffnet, war somit anwesend.

»So gib mir Hedwig. Sie wird es auch können.« Karl hoffte, durch dieses Wendemanöver seine Brautwerbung noch zum Erfolg zu führen und die Rückfahrt planmäßig antreten zu können. Die Füße konnte er daheim mit einem heißen Fußbad auftauen. Vielleicht schon als Bräutigam.

Nun war Hedwig eine besondere Blume im Strauß von Alwins Kindern. Sie befuhr mit ihrem Vater das Frische Haff und hatte auf dem Dampfer »Friede« für das leibliche Wohl von Kapitän Wischnewski und seinen Mannen zu sorgen. Eine verantwortungsvolle Aufgabe. Das hieß dann schon mal, mit dem für das Abendbrot vorgesehenen Schinken ein Leck zu stopfen, damit der »Friede«, ohne allzu viel Wasser zu nehmen, den nächstgelegenen Hafen ansteuern konnte. Der Speiseplan war entsprechend umzugestalten. Und zwar so, dass vor allem Alwin Wischnewski satt wurde. Denn Alwin war ein Nimmersatt. Über ihn waren viele Geschichten im Umlauf. Wie die, er habe anlässlich eines Hochzeitsmahles vorab in der Küche alle Königsberger Klopse aufgegessen. Den anderen Gästen blieben nur Kartoffeln und Soße.

So unentbehrlich Hedwig für ihren Vater war, hatte dieser doch ein Einsehen mit dem eiligen Brautwerber und der unversehens auserwählten Tochter, denn Hedwigs biologische Uhr, die damals noch nicht so hieß, tickte bereits ziemlich laut. Das Mädchen war achtundzwanzig Jahre alt. Alwin erfüllte den Wunsch seines Freundes, hatte er doch weitere Blumen in der Vase, und Hedwig erfüllte Karls und ihre eigenen Hoffnungen. Schließlich hatte sie schon eine ganze Weile ein Auge auf ihn geworfen.

Hedwigs Zukünftiger war ein schweigsamer Mensch. Das machte ihr nichts aus. Sein Äußeres hatte es ihr angetan. Da stimmte einfach alles: Er war von schlanker Statur mittlerer Größe, so dass sie zwar etwas, aber nicht zu sehr zu ihm aufsehen musste. Er hielt sich aufrecht, sein Haarwuchs war überaus prächtig und auch der Schnauzbart wuchs stabil und war jederzeit in gute Form zu bringen. Das Schönste an Karl aber waren seine Augen. Wenn sie nicht - wie leider häufig zu bemerken, aber hoffentlich zu beheben - melancholisch umflort in die Welt blickten, strahlten sie dunkelblau oder stählerngrau unter starken Brauen hervor und konnten humorvoll-freundlich, andernfalls kühl und streng blicken. Nase und Kinn waren markant, jedoch angenehm proportioniert. Ein gutaussehender Mann, verlässlich und intelligent. Nicht besonders höflich, nicht besonders freundlich. Dennoch: Die Braut - ja, in eine solche hatte sie sich innerhalb weniger Minuten verwandelt - war ihm sehr zugetan.

Hedwig lächelte holdselig. Sie konnte gar nicht anders. Karl lächelte verhalten zurück. Er konnte gar nicht anders. Verabredungen wurden getroffen und die Heimreise pünktlich angetreten. Schnell war er wieder fort von ihr, seiner Braut. »Tadan, tadan, wir kommen an.«

Tochter Agathe nahm den neuen Familienstand wohlwollend zur Kenntnis, während sie ihrem Vater das Fußbad bereitete. Das Ganze würde ihr im kommenden Jahr den Auszug aus der väterlichen Wohnung erleichtern. Sie kannte Hedwig von mehr als einer Fahrt auf dem Frischen Haff. Die neue Frau würde mit ihrem Vater zurechtkommen.

Karl ging mit warmen Füßen und als Bräutigam zu Bett. Eine Wärmflasche war ihm von Agathe vorausgelegt worden. Er kuschelte sich in sein Nest, lächelte, schloss die Augen, klopfte auf das nachbarliche Bett, sagte: »Das wird schon wieder« und schlief ein. Nach einem Monat, am 3. März 1907, erschienen die Brautleute in der Elbinger Annenkirche vor dem Altar.

Hedwig war ein echter Glückstreffer. Nicht blutjung, aber wunderschön. Klein und zierlich, doch von aufrechter, stolzer Haltung. Modische Löckchen umrahmten ihr liebliches Gesicht, die klaren blauen Augen lagen unter wohlgeformten Brauen. Die gerade Nase - weder Stups noch Geierschnabel - und der volle Mund mit den schön geschwungenen Lippen machten den überaus erfreulichen Anblick ihres offenen, liebreizenden Gesichtes vollkommen. Und freundlich war sie. Noch nie war jemand dauerhaft so freundlich zu Karl gewesen. Und sie konnte kochen! Natürlich konnte sie das.

Karl ging tagein tagaus seinen Pflichten als Volksschullehrer an der Elbinger Marienschule nach. Diese Pflichten beanspruchten ihn maßlos und erschöpfend, wobei niemand maß oder beim Schöpfen half. Er hatte nicht Lehrer werden wollen. Wenn man ihn gefragt hätte, »Was willst du einmal werden?«, hätte er »Pfarrer« gesagt. Aber es hatte niemand gefragt. Warum Pfarrer, warum nicht Lehrer? Pfarrer konnten den Abstand zu den ihnen Anvertrauten größer halten. Ihre Position war dem Himmel näher, nicht nur im übertragenen Sinne. Die Kanzel lag zumeist höher über dem Meeresspiegel als das Katheder.

Die Königliche Prüfungskommission hatte Karl nur in Religionslehre und Naturkunde ein »gut« bescheinigt. In anderen Fächern, wir reden hier von Raumlehre, Geografie, Gartenbau, Zeichnen und Musik, kam er mit einem »fast gut« oder »genügend« aus. Es fehlte ihm nicht an Geistesgaben - für manche Dinge interessierte er sich einfach nicht. Seine zum Zeitpunkt des Wissenserwerbs gelebte geistige Genügsamkeit erzeugte nun angesichts der ihm aufgetragenen Weitervermittlung die oben genannte erschöpfende Beanspruchung. Im Turnen stand gar ein »nicht genügend« in seinem Zeugnis. Dieses Nichtgenügende wurde zeitgleich auch im Ersatz-Reserve-Schein II dokumentiert, der aussagte, dass Karl bei ausbrechendem Kriege nur im Falle außerordentlichen Bedarfs zur Ergänzung des Heeres Verwendung finden könnte.

Seit einem Vierteljahrhundert kämpfte sich Karl durch das Lehrerleben. Ein Anflug von Humor hatte ihn dazu gebracht, noch zu Emilies Zeiten einen der pädagogischen Leitsätze des evangelischen Seminarunterrichts, in eigener Schönschrift verfasst und eigenhändig gerahmt, an die Küchenwand zu hängen: »Der Lehrer aber wird am höchsten stehen, der täglich selbst in der Schule am meisten empfängt, nämlich den Geist der Demut, des Gebets, der Liebe und der Gottesfurcht, die mit göttlicher Furcht und freudigem Zittern seine und der ihm anvertrauten Kindern Seligkeit zu schaffen sucht.« Bei Karl und seinen Schützlingen überstieg das Zittern aufgrund von Schülerfurcht - sie vor ihm und er vor ihnen - das allseitige Gottesfurchtzittern. Das »freudig« wurde weder gesucht noch fand es sich von selbst ein. Einigermaßen freudig ging er fortan daheim zu Werke und tat dort, was von ihm erwartet wurde. Das war zum Glück nicht viel, denn Hedwig kam im Haushalt gut ohne ihn zurecht.

Für das, was zum Entstehen neuen Lebens erforderlich war, ließen die beiden nur eine kurze Übungsphase zu und insgesamt wenig Zeit verstreichen. Sie machten es sich gemütlich, ihre Keimzellen trafen aufeinander, ein Kind wurde gezeugt. Es wuchs und gedieh und schaukelte auf das Leben im Außenbereich zu.

## Das Jungchen

Als das Jungchen am 10. Februar 1908 in der Nummer 5 der Elbinger Burgstraße, 2. Etage (ob links oder rechts ist nicht überliefert), fristgemäß in den Geburtskanal gedrängt wurde, hatten Mutter und Sohn ihre liebe Not miteinander. Sie stöhnte sich durch die Wehen. Das Kind wollte nicht hinaus. Warum auch? Nichts von dem, was es erwartete, konnte die Sache besser machen. Wie alle gesunden Babys kommentierte es deshalb die Stunden später erfolgte Evakuierung samt durchtrennter Nabelschnur mit zornigem Geschrei.

»Es ist ein Jungchen!«, frohlockte die Hebamme. Agathe, die ihr zur Hand gegangen war, lächelte.

Hedwig nahm es gelassen. Sie hatte es gewusst. »Arthur soll er heißen. Arthur Emmerich Preuß.«

Wenig später lag Arthur wie handvermessen in Hedwigs Armbeuge, fand die ihm zugedachte Milchquelle und begann zu saugen. So sollte es sein und bleiben! Hedwig war voll der Wonne, die Hebamme voll des Stolzes und Agathe voller Freude darüber, dass neue Zeiten anbrachen. Schließlich wohnte jedem Anfang auch damals schon ein Zauber inne, obwohl Hermann Hesse das dem Wortlaut zugrundeliegende Gedicht noch nicht geschrieben hatte.

Karl kam auch an Arthurs Geburtstag, einem Montag, mäßig motiviert seinen Pflichten nach. Er trat vor seine Schüler, die stets ihre eigene Art hatten, ihm zu begegnen. Für ihn meist nicht vorhersehbar und immer wieder auf neue Weise erschreckend. Nein, sie taten ihm nichts und er behielt jederzeit die Oberhand. Doch es waren Fremde, jeden Tag gleich viele fremd bleibende Fremde. Er hatte nicht die Gabe, das zu ändern. Weder an diesem noch an einem anderen Tag. Als er nach Hause kam, war er erfreut über den Familienzuwachs, doch alsbald der Ruhe bedürftig. Leider war die Wohnung nicht groß genug, ihm Ruhe zu bescheren und man war gerade erst dabei, das Ohropax zu erfinden. Deshalb bediente er sich seiner Ohrenschützer und verstärkte sie pro Ohr mit einem Wattebausch. So hatte jedes Familienglied, was es brauchte: Hedwig das Kind, das Kind Hedwig, Karl seine Ruhe und Agathe ihre Vorfreude auf die neue Zeit.

## Zu Hause sein

Dem Jungchen ging es gut. Ein weiteres Kind folgte nicht, es folgte einfach nicht. Hedwig war es zufrieden, Arthur auch, Karl sowieso.

Arthur hielt sich ganz natürlich an die Frauen seiner Familie, zuallererst an seine Mutter. Aber auch Agathe, seine Halbschwester, begegnete ihm liebevoll und durchaus mütterlich, wenn sie - zumeist sonntags nach dem gemeinsamen Kirchgang - zu Besuch kam. So erlebte er früh und behielt im Sinn, dass Frauen dazu neigen, barm- und großherzig, körperlich anschmiegsam und geistig beweglich, aber wenig herausfordernd zu sein. Selbstverständlich waren weder Mutter noch Schwester damit ausreichend charakterisiert, und Arthurs Wissen über und sein Verständnis für Frauen sollte sich nicht nur im Blick auf seine nächsten weiblichen Verwandten als lückenhaft erweisen. Dennoch blieb die frühe Erfahrung an ihm haften wie Schokolade an Buchseiten. Und wer war schuld daran? Die Frauen.

Zum Liebevollen und Großherzigen kamen Hedwigs Kochkünste. Kuchen, Kompott und andere Süßspeisen konnte sie, Rohkost sowieso. Als gute Kaltmamsell hätte sie überall ihr Werk verrichten können. Ihre Gerichte wurden auch in Arthurs Leben ein bestimmendes Element; sie setzten ungeheure Maßstäbe. Nie kam es bei Hedwig zu der Frage: »Was soll es heute bloß zum Mittagessen geben?« Immer wurde mit hauswirtschaftlichem Ehrgeiz, unverstellter Leidenschaft und familiärer Hingabe geplant, kalkuliert, eingekauft, gekocht und aufgetischt. Verlockende Düfte stachelten die stets wache Begierde Arthurs und anderer Nutznießer an, bis die Mahlzeit endlich auf den Tisch kam. Appetit traf auf Appetitliches, Hunger auf Sättigendes, Angebot und Nachfrage waren untrennbar verwoben.

»Hedwig, was kannst du kochen!«, sprach Karl ein ums andere Mal, wenn er vor den Königsberger Klopsen, der Lungensuppe, dem Bregen oder einem Sonstwas der ostpreußischen Küche saß. Abgerundet wurde das tägliche Festmahl durch Quarkplinsen oder Buttermilchspeise, in segensreichen Zeiten gar durch zarte Buttermilch mit Schlagsahne.

Arthur aß, stets aufs Neue begeistert, was auf den Tisch kam. Von Flundern und Heringen bekam er die Gräten los, als hätte er das schon im Mutterleibe geübt. Die Serviette um den Hals gebunden, beackerte er seinen Teller und hielt, falls es sich nicht um Suppe handelte, jederzeit die vorgegebene Anordnung der Speisen auf Tellerhälften oder -dritteln ein. Das kannte Hedwig so nicht, nicht von ihrem Vater, nicht von seinen Schiffsleuten und nicht von ihren Brüdern. Niemand sonst aß so. Auch Karl sah immer zu, dass er zügig und unspektakulär alles vom Teller bekam. Im Waisenhaus hätte es nichts gebracht, lange im Essen herumzustochern und die Einzelheiten zu sortieren. Dann bekam man nicht genug.

Arthur war etwas ganz Besonderes. Er gehorchte seinen Eltern, spielte fröhlich allein in der Sonne oder im Schatten und, wenn der altersmäßig passende Sohn von Onkel Max vorbeikam, der liebe Vetter Ernst, auch fröhlich zu zweit. Arthur wuchs und gedieh. Vater Preuß beförderte dies, indem er Arthur abhängig proportional von dessen Wachstum auf immer längere Wanderungen durch und um die Heimatstadt Elbing mitnahm. Arthurs Zuneigung schwenkte in Richtung Vater und blieb mittig zwischen beiden Eltern stehen.

Inzwischen wohnten die Preußens in der Bismarckstraße 10 im dritten Stock. Vom Erkerfenster aus konnten sie über die Schrebergärten und die Häuschen der Grünstraße hinweg bis zum drei Kilometer entfernten Thumberg schauen. Die Bäume des Vogelsanger Waldes zogen sich bis zu den Haffuferbergen hin. Wenn das Fenster offenstand, drang Stille herein, vom Gezwitscher der Vögel, fernem Hundegebell und den Emsigkeitsgeräuschen der Schrebergärtner einmal abgesehen. Natürliche Stille sozusagen. Karl mochte diese Stille und Arthur lernte, sie auch zu mögen. Die Stille rief nach ihnen, wie immer das auch zuging, und sie riefen nach ihr. Manchmal rief aber auch jemand anderes.

Auf halbem Blick zum Wald, in den Hang hineingebaut, stand eine Kaserne. Das Wort passte zu keinem anderen, das Arthur kannte. Die Ka-ser-ne sah nicht hübsch aus, jedenfalls nicht bunt oder lustig. Langweilig sah sie aus. Und doch war sie interessant. Denn es konnte geschehen, dass sich aus ihr Töne erhoben. Erst ein Ton, dann noch einer und so weiter. Vielleicht kamen sie auch aus den Wolken? Fielen vom Himmel?

»Das war das Signalhorn«, belehrte ihn Karl, als die natürliche Stille wieder einmal unterbrochen wurde. Er schob die Gardinen beiseite, damit sie besser hinaussehen konnten. »Das Signalhorn wird in der Kaserne geblasen, damit alle wissen, was sie als Nächstes zu tun haben.«

»Warum müssen die denn da tuten, die können den Leuten doch sagen, was sie tun sollen?«, fragte Arthur.

»Diedennda gibt es nicht. Das sind Soldaten. Wenn ins Horn geblasen wird, können es alle hören, auch wenn sie etwas weiter weg sind«, erklärte der Vater. »Sie werden morgens vom Horn geweckt und abends ins Bett geschickt.«

Bei geöffnetem Fenster, wenn der Wind aus Richtung der Kaserne blies, hörte es sich an, als tutete das Horn direkt in die Stube. Der Weckruf:

Das Horn konnte natürlich nicht sprechen, aber der Vater kannte den zu der Melodie gehörenden Text und trug ihn Arthur vor. Was für eine höflich gestellte Frage, versehen mit einem Schüsschen Verwunderung.

»Wenn sie noch nicht genug geschlafen haben, dürfen sie dann im Bett bleiben?«, fragte Arthur.

»Nein, das dürfen sie nicht. Es ist das Signal zum Aufstehen, das wissen alle.«

Der Abendruf:

Also war die Kaserne ihr Zuhause.

Und eine Viertelstunde später:

Alles freundliche, gut erzogene Menschen, die Soldaten und ihre Hauptleute, das war unüberhörbar.

Wenn nicht das Horn, sondern die Stille wieder einmal besonders laut gerufen hatte, unternahmen sie den nächsten Vater-Sohn-Spaziergang. Karl sah es als erzieherische Maßnahme in schöner Umgebung an, aber es war ihm nicht nur Pflicht. Arthur war ein niedlicher Kerl, gut zu handhaben.

Für den niedlichen Kerl war es ein anstrengendes Unterfangen, denn der Vater hatte einen forschen Schritt. Meistens taten Arthur die Beine weh, lange bevor die Bismarckstraße wieder erreicht war. Dann schnaufte er und versuchte, das Tempo zu verlangsamen. Irgendwo stehenbleiben, ein Blümchen besehen, einen Schmetterling oder einen Käfer. Wenn es Pfützen gab, konnte man auch gelegentlich nach Molchen oder nach Kaulquappen suchen, Glibberwesen, die auf niedlichste Weise in den Lachen herumwuselten. Manchmal wartete Karl auf ihn, ein anderes Mal wanderte er weiter, so dass Arthur rennen musste, um ihn einzuholen. Niemals nahm Karl ihn Huckepack, immer musste Arthur jeden Schritt allein tun. Jammern half nicht, also ließ er es.

Karls Schweigsamkeit machte die Vater-Sohn-Spaziergänge für Arthur noch auf eine andere Weise beschwerlich. Je mehr sie sich von der Stadt entfernten, desto weniger durfte gesprochen werden. Hatten sie den Wald erreicht, herrschte das Schweigen. Sie sollten nichts von dem verpassen, was die Natur oder deren Schöpfer für ihre Sinne bereithielt. Und: Das Schweigen käme dem Denken zugute, dem jeweils eigenen, behauptete der Vater.

Arthur versuchte damit klarzukommen. Da Fragen mit Reden verbunden war, der Vater fast nie etwas von sich aus äußerte, lernte Arthur durch eine Art Gesamtaufnahme: mit allen Sinnen, Haut und Haaren.

Vater und Sohn waren stummer als sämtliche Wesen in Stadt, Land, Wald und Flur, ja, stummer als die Fische im Wasser und sogar stummer als die so genannten Taubstummen, fand Arthur. Einen Taubstummen kannte er aus der Nachbarschaft. Der war sogar besonders laut. Und seine Gebärdensprache scheuchte selbst die Spatzen vom Dach, so ausladend war sie. Der wusste nichts vom Verstummen und schon gar nichts von Stille.

»Warum schreit er so?«, fragte Arthur eines Tages seinen Vater, als sie dem taubstummen Heinrich samt seiner Mutter bei einem Spaziergang begegneten.

»Der hört nicht, dass er schreit, der hört überhaupt nichts«, antwortete Karl.

»Wenn er nichts hört, warum schreit er dann?«

»Weil er gar nicht merkt, dass er schreit.« Der Vater beschleunigte seinen Schritt. »Nun wollen wir wieder schweigen.«

Arthur musste hüpflaufen, um neben dem Vater zu bleiben. Er hätte gerne noch gefragt, warum jemand, der nicht merkt, dass er schreit, überhaupt schreit, wenn er nichts hört. Der Heinrich musste doch nicht etwa einfach so schreien, oder? Arthur würde das am nächsten Sonntag mit seiner Schwester Agathe besprechen. Sie sprach gerne mit ihm und wusste auf fast jede Frage eine Antwort. Vielleicht kannte sie jemand aus der nicht stummen Taubstummenanstalt.

Tatsächlich kannte sie eine der Betreuerinnen und versuchte sich an einer Erklärung: »Jeder Mensch hat eine Stimme. Schon als Säugling schreit, kräht oder quäkt er, wie ihm gerade ist und was seine Stimme hergibt. Das tun die Taubstummen auch. Aber sie hören es nicht. Deshalb tun sie es einfach immer weiter, weil sie nicht hören, wie es anders gehen könnte. Und weil ihre Stimmen immer kräftiger werden, werden ihre Töne auch immer lauter. Trotzdem sind sie stumm. Denn wer nicht sprechen kann, ist stumm, auch wenn er nicht leise ist. Wenn du nicht sprechen könntest, wärst du auch stumm, aber nicht leise.«

Nein, das glaubte er nicht. Er würde stumm und leise sein. Außerdem würde er zu gerne einmal heimlich in diese Anstalt gehen. Es schien ihm, als wäre das, was dort geschah, besonders interessant. Die Taubstummen waren so lebhaft, fand er, so lebendig.

»Tante Agathe, weißt du, warum die dauernd so herumfuchteln?«, fragte Arthur nach.

»Sie fuchteln nicht herum, das ist ihre Gebärdensprache«, erklärte Agathe ihm. »Mit der unterhalten sie sich.« Also waren sie in gar keinem Sinne stumm.

Wann immer Arthur seinem Vater nach einer ersten noch eine zweite Frage stellte, bekam er also die kurz gehaltene Antwort: »Nun wollen wir wieder schweigen.«

Nicht beide wollten schweigen. Der Vater wollte, dass geschwiegen wurde. Das »Wir« verstärkte das »Ich«, begriff Arthur. Wann immer ein »Ich« auf diese Weise zum »Wir« wurde, stand es besonders stattlich dem anderen »Ich« gegenüber.

Hedwig lachte sich kaputt, als Arthur eines Abends mit ernster Miene äußerte: »Wir wollen noch nicht schlafen gehen!« Das war nicht die Reaktion, die er erhofft hatte.

»Du willst es nicht, aber ich will es. Kein ›Wir‹ und auch kein ›Aber‹.«

Arthur grübelte sich in den Schlaf. Am nächsten Morgen herrschte wieder Klarheit in seinem Kopf. Er, Arthur, verfügte über kein »Wir«, der Vater hingegen schon.

Was Arthur noch bei diesen Spaziergängen lernte, war das Grundrezept für väterliche Gunst: Zeig dich so, wie ich dich haben möchte. Rede nur, wenn du gefragt wirst. Ordne dich nach. Lass mich, und ich lasse dich. Sich zu zeigen wie gewünscht, war erlernbar. Verordnetes Schweigen machte einvernehmliches Schweigen unmöglich; das war bedauerlich, aber praktikabel. Sich nachzuordnen war besser, als sich unterzuordnen. Sich gegenseitig zu lassen, war das Beste. Die Frage, ob eine so gestaltete Zweisamkeit überhaupt ein Beieinandersein war, stellte er sich nicht.

Die wenigen Wörter, die zwischen den beiden auf den Wanderungen gesprochen wurden, waren wie Morsezeichen von Kontinent zu Kontinent. Arthur merkte sich alle und hütete sie besser als das Volk Israel seine Bundeslade. Die Bundeslade ging verloren, die väterlichen Worte nicht. Also hatte Karl recht mit seiner Wortverknappung? Ach, das hatte doch nichts mit Rechthaben zu tun. Karl Preuß ließ das Schweigen herrschen, weil es ihm gefiel. Dazu musste er nichts weiter tun, als den Mund zu halten. Wenn er sein Schweigen brach, war Arthur ganz Ohr. Auch das gefiel Karl.

»Hörst du die Bussarde?«, fragte der Vater an einem der Sommertage, an denen alles harmonierte – das Blau des Himmels mit der Anzahl der Schönwetterwolken mit der Wärme der Sonne mit dem Lichtspiel im Wald. Er zeigte nach oben, wo in der blauen Weite zwei schwarze Punkte schwebten. »Sie benutzen den Aufwind und müssen ihre Flügel gar nicht bewegen.«

Die Bussarde riefen. »Kiaaah!«

Arthur starrte nach oben, bis sein Hals steif wurde. »Sie klingen traurig«, fand er. »Vielleicht kommen sie nie mehr herunter.« Der Vater sagte dazu nichts. Sie gingen tiefer in den Wald hinein.

Ein anderes Mal, im Frühling, betrafen die Morsezeichen des Vaters die Vegetation: »Sieh mal, Arthur, Leberblümchen.

Frisch sind sie giftig, getrocknet sind sie gut gegen Gallensteine, sagt man. Nein, nicht abpflücken!« Arthur hatte begehrlich seine Hand ausgestreckt und schrak nun zurück. »Zu Hause sind sie welk. Lass sie stehen.«

Arthur ließ das Blumenpflücken bleiben. Blumen gehörten dorthin, wo sie wuchsen, es sei denn, man brauchte sie als Medizin.

Trotz oder wegen all dem liebte Arthur die Wanderungen mit dem Vater. Auch wenn sich abends seine Beine wie Pudding anfühlten und der Schmerz in den Füßen pochte. Der Wald war so schön, das Rauschen der Bäume, die Waldesluft, das Licht, die Vögel, Blumen und Pilze, die ganze schöne Welt eben. Der Vater gehörte dazu, wie der liebe Gott zum Gottesdienst oder der Engel beim Gutenachtlied.

Andere Ausflüge wurden zu dritt, mit Vater, Mutter, Kind unternommen. Sie waren denen zu zweit deutlich überlegen, wurden von Arthur noch mehr geliebt, hatten sie doch vier Vorteile: Die Mutter kam mit, es durfte mehr geredet werden, es gab etwas zu essen und die Füße konnten sich zwischendurch ausruhen, weil man mit dem Dampfer oder mit der Haffuferbahn fuhr.

An dieser Stelle, endlich, muss es sein, denn es - oder in dem Fall sie - kann jetzt wirklich nicht länger warten: Die ostpreußische Landschaft drängt auf ihr Erscheinen und will ganz ohne Kargheit oder Verknappung beschrieben werden. Das zu verhindern wäre, als ließe man einen Fluss versanden. Da sei die Krutinna, das Frische Haff, die Frische Nehrung, ja, ganz Masuren mit Spirdingsee und allen anderen Wassern vor.

Heute wanderte Familie Preuß auf der Frischen Nehrung. Am wehenden Schilfwald des Haffvorlandes vorüber, an den Rohrkampen und Blänken, den kleinen Häfen und den Weiden an den Molenköpfen. Der Geruch von Schilf und Brackwasser umwehte ihre Nasen, dazu der herbe Duft frisch geteerter Lommen, dieser geisterhaft schnellen Segelschiffe. Der Blick über das weite Wasser und die malerischen Haffuferberge - das alles gehörte zusammen und konnte aus ihrem Leben nicht fortgedacht werden.

Für alle Elbinger war das Frische Haff Lebenselixier. Wie die meisten von ihnen wussten, hatte das »frisch« nichts mit dem üblichen »frisch« zu tun, sondern mit »friesisch«. Sagte man. Andere sagten anderes, nämlich, dass alles Süßwasser, auch das Brackwasser, »frisches Wasser« heißen würde. Das Wasser des Frischen Haffes war ziemlich süß. Wobei süß natürlich nichts mit zuckersüß zu tun hat, sondern an dieser Stelle das Gegenteil von salzig bedeutet. Die Ostsee war ein Brackwassermeer und nur ein ganz klein wenig salzig. Das Frische Haff war noch weniger salzig, dazu frisch und friesisch. Die holländisch-friesischen Mennoniten hätten die Niederung am Haff eingedeicht, erklärte der Vater, wenn er Morsezeichen zu diesem Thema sendete.

So gerne die Familie Preuß wanderte, so gerne wasserte sie auch. Am allerliebsten mit dem Dampfer »Möwe«, der die Menschen von der Stadt Elbing über den gleichnamigen Fluss und das Frische Haff ans Ufer der Frischen Nehrung zum Badeörtchen Kahlberg und wieder zurück brachte.

Die beste Windrichtung, die einen ordentlichen Seegang auf dem Haff Richtung Kahlberg versprach, war Nordwest. Da knatterte und klapperte alles, was etwas zum Knattern oder Klappern hatte. Der Wind blies ungesagte Worte hin und her und die gesagten in den Mund zurück; die sogenannte Windstoßfrisur entstand, wenn frau kein Kopftuch und man keine Mütze tragen wollte, Wangen und Nase wurden rot und die Augen tränten.

Heute war so ein Tag mit steifem Nordwestwind. Dank der mütterlichen Beziehungen zum Schifffahrtswesen durften sie wieder einmal die Kommandobrücke der »Möwe« betreten. Hier wetteiferten alle erwachsenen Männer um den Sieg in Sachen Wortverknappung, wobei der Vater gewann, denn er sagte gar nichts. Der Kapitän aber gab Kommandos - in aller Kürze, versteht sich -, dass es eine Freude war; vor allem beim An- und Ablegen: »Volle Kraft voraus!« oder »Maschine stopp!«. Und dann ließ er den Dampfer tuten. Auch wenn es Schiffsbegegnungen gab wurde dampfgehupt.

Manchmal schien es Arthur, als würde die Besatzung sowieso alles von allein machen. Er fragte den Vater danach.

»Ja«, sagte dieser, »das können sie alles auch allein. Aber im Ernstfall, bei schwerem Sturm oder einer Havarie, da muss einer entscheiden, damit nicht alle durcheinanderrennen. Das ist der Kapitän.«

Arthur lernte alle Kommandos auswendig. Er würde einmal Kapitän eines solchen oder noch viel größeren Schiffes werden, wenn irgend möglich. Von oben herab durfte er den Maschinen beim Arbeiten zusehen. Aus dem Maschinenraum wirbelte die Luft in dunstig-heißen Schwaden herauf. Zwei Schraubenwellen drehten sich umeinander. Dazu machten die verschiedenen Kolben die absonderlichsten Verrenkungen. Manche stampften, wie wenn die Mutter am Waschtag die Wäsche stukte. Andere vollführten Bewegungen, wie wenn Hände sich unaufhörlich rieben. Plötzlich schrillte es durch den Raum, ein Zeiger fuhr über eine Tafel und pendelte über einem neuen Kommando aus: »Halbe Kraft voraus!« Der Maschinist griff zu den Dampfdrosseln, sie fielen in das neue Tempo, so dass ein Schütteln durch den Raum ging und das Zittern im ganzen Schiff zu spüren war. Wenn die »volle Kraft voraus« angesagt war, dann hörte das Zittern auf und ein wiegendes Schwingen pflanzte sich durch den Schiffsrumpf bis zum Bug fort. Dann rieben die Hände wie wild und die waschenden Fäuste stukten, dass es nur so eine Art hatte. Die »Möwe« flog.

Von der Abendsonne vergoldet, rauschte das Schiff zurück nach Elbing. Das Ufer leuchtete ihnen in beinahe südländischen Farben entgegen. Eine bunte Mosaiklandschaft, auf deren Hängen Wälder und Wiesen, Getreidefelder und Gärten, Dörfchen und einzelne Gehöfte, Mühlen, Kirchtürme und Ziegeleien einander ablösten.

Arthur tanzte begeistert auf dem Deck herum, als er die winzigen, grauweißen Raupen entdeckte, die am Fuße der Berge aufeinander zukrochen, dem Örtchen Tolkemit entgegen: die Rauchfahnen der beiden Haffuferbahn-Züge. Die Wagen der »HUB« konnte man kaum erkennen, die Rauchfahnen sehr wohl, denn sie waren veränderlich und stiegen gen Himmel. Als sich die Züge im Tolkemiter Bahnhof begegneten, vermengte sich der Rauch zu einer großen Wolke. Doch was geschah nun? Plötzlich gab es überall Wolken und der romantische Sonnenuntergang fiel ins Wasser. Eine Husche wollte sich unbedingt noch abregnen, bevor die »Möwe« anlegte. Arthur, berauscht von Wind und Wetter, war durch nichts zu bewegen, unter Deck zu gehen. Hedwig zog ihm die Kapuze über den Kopf und spannte den Regenschirm auf. Juchhe, er wollte ihr davonfliegen!

»Wir segeln«, schrie Arthur, »lass mich mal halten!«

»Nachher, wenn wir am Ufer sind«, beschied die Mutter. »Sonst fliegst du uns noch mit dem Schirm davon.«

Auf dem Heimweg jagte Arthur die Regenschirmspitze wie einen Schiffsbug durch die Fahrrinne der Straßenbahnschienen. Das darin stehende Regenwasser spritzte wild auseinander, sehr zum Befremden des Schirmes und zum Kurzquieken der Mutter. Arthur quiekte freudig mit, es war zu verlockend. Karls Dauerruhewunsch hin oder her, der Tag war lang gewesen, die Beine waren schwer, da kamen Wasserspiele gerade recht. Zum Schluss wurden eben alle ein bisschen nass. Na und?

Jeden Abend, wenn er im Bette lag, hörte Arthur das Tuten seines Lieblingsdampfers aus allem anderen Getön heraus. Hedwig, die sich mit Schiffssignalen auskannte, wollte es nicht glauben.

»Mutter, gleich muss es tuten!«

»Was wird tuten?«

»Die ›Möwe‹ wird tuten.«

»Woher weißt du, dass sie es ist?«

»Ach, die ›Preußen‹ tutet doch ganz anders. Sie fährt ja auch langsamer und kann noch gar nicht da sein. Und der ›Kahlberg‹ tutet auch anders, so wie ein Dreiklang.« Arthur versuchte sich im Dreiklang-Tuten des Dampfers. Gar nicht so schlecht, fand er, auch wenn ihm leider noch die Tiefe fehlte.

»Genug!«, mahnte die Mutter, »schlaf jetzt!«

Doch erst, nachdem sein Lieblingsschiff tief und samten den Abendgruß geblasen hatte, fielen Arthur die Augen zu. Manchmal geriet das Tuten auch in die Gutenachtgeschichte oder das Abendlied der Mutter hinein. Da schlief es sich noch besser ein.

## Menschliche Besonderheiten

Manchmal wunderte sich Arthur. Besonders dann, wenn das Wunder geschah und sein Vater mit den eigenen Eigenheiten brach. So zum Beispiel, als er plötzlich redete, redete und redete. Arthur verstand nicht, was der Vater sagte. Das war wohl nichts für Kinder. Aber warum redete er überhaupt so viel? War er krank? Wenn man immerzu sprach, konnte man dabei überhaupt denken? Arthur konsultierte Ernst, seinen Vetter, bei dem zu Hause sich das Ganze abspielte. Aber der hatte keine Ahnung. Er wusste nur, dass sein Vater, Arthurs Onkel Max, Geburtstag hatte. Deshalb waren sie und viele andere bei Onkel Max zu Besuch.

Arthur sprach vor sich hin, um herauszufinden, ob er dabei denken konnte. »Der Vater ist krank, er wird immer kränker, er spricht immerzu, er spricht immer länger.« Das war ja fast ein Gedicht! Hatte er dabei gedacht? Er wusste es nicht. Er fing noch einmal an. »Der Vater ist krank ...«

»Was quasselst du da?«, erkundigte sich Ernst. »Dein Vater ist krank? Vorhin war er noch gesund.«

»Ich denke vielleicht«, rief Arthur und rannte in die Küche, wo seine Mutter der Schwippschwägerin zur Seite stand. Ernst trabte hinterher.

»Ist der Vater krank? Er redet und redet und redet lauter komische Sachen.«

»Ach du liebe Zeit! Nein, der Vater ist nicht krank. Er hält eine Tischrede.«

Hedwig spritzte gerade mithilfe einer angeschnittenen Zellophantüte Schlagsahne auf die zu hübschen Würfeln portionierte Buttermilchspeise. Sie hätte lieber eine Sahnespritze genommen, aber die war in diesem Haushalt nicht vorhanden. Vor Arthurs staunenden Augen entstand dennoch ein wunderhübsches Muster. Doch er ließ sich nicht ablenken, obwohl ihm das Wasser im Munde zusammenlief. »Was ist eine Tischrede? Der Tisch redet doch gar nicht, sondern der Vater!«

»Eine Tischrede ist eine Rede, die am Tisch gehalten wird. Der Vater erzählt den Gästen etwas Lustiges aus dem Leben von Onkel Max, weil der heute seinen sechszigsten Geburtstag feiert.«

Aha. Die Zahl sechzig sagte Arthur in dem Zusammenhang nichts. Natürlich konnte er schon so weit zählen, das hatte Agathe ihm beigebracht und alle waren stolz darauf. Aber ein sechzigster Geburtstag? Onkel Max war alt, das konnte jeder sehen. Und mit Geburtstagsfeiern kannte Arthur sich aus. Gerade war er fünf Jahre alt geworden. Doch da hatte der Vater nicht plötzlich angefangen zu reden. Er war eigentlich den ganzen Tag, außer zu den Mahlzeiten, auf seinem Zimmer geblieben. Warum war das heute nicht so? Ernst fand das auch komisch. Leise schlichen sie sich ins Esszimmer zurück und versteckten sich hinter einer der bodenlangen Gardinen.

Was Arthur und Ernst bisher nicht wussten: Karl war für seine Tischreden regelrecht berühmt. Inzwischen wurden sie bei ihm bestellt, wann immer er es nicht vermeiden konnte, an Tischgesellschaften teilzunehmen. Seine Reden waren so eloquent-glatt-freundlich-verbindlich, dass sich die jeweils Angeredeten behaglich zurechtlehnten wie besonnte Sonnenhungrige auf ihrem Liegestuhl.

Auch heute war das so. Schon während er sich zu seiner Rede erhob, machte der Vater eine Verwandlung durch. Vom leicht abwesend wirkenden Verlegenheitsgast zum kerzengerade stehenden Bedeutungsträger. Als er an sein Glas klopfte, war die Verwandlung abgeschlossen und Karl der Herr über das gesprochene Wort und alle Anwesenden. Der der Rede folgende Beifall verwandelte Karl allerdings umgehend wieder in den Verlegenheitsgast, der, wenn überhaupt, ebenso schlecht zuhörte wie er knapp und wenig höflich um sich sprach.

Arthur arbeitete sich in einem unbeobachteten Moment an das der Gardine nächstgelegene Ende des Esstisches vor, hob das Tischtuch an und kroch in Richtung seines Vaters. Als er ihn an der Hose zupfte, fiel Karl die Serviette herunter. Ärgerlich bückte er sich und entdeckte seinen Sohn.

»Nanu, was machst du denn hier?«

»Was hast du den Leuten eben gesagt?«, wollte Artur wissen.

»Ich habe Onkel Max zum Geburtstag gratuliert.«

»Das hat aber lange gedauert«, meinte Arthur.

»Je älter die Leute werden, desto länger dauern die Reden«, erklärte ihm Karl. »Nun geh mal wieder zur Mutter, die sucht dich bestimmt schon.«

Das stimmte gar nicht. Die Mutter war noch immer in der Küche und schwer beschäftigt. Also verschwand Arthur einfach wieder unter dem Tisch und machte es sich bequem. Ernst gesellte sich zu ihm. Breit wie der Tisch war, konnte sie keiner treten. Sollten sie den Leuten die Schnürsenkel aufbinden und aus den Schuhen ziehen? Sie machten sich ans Werk. Die ergatterten Schnürsenkel verteilten sie wahllos unter dem Tisch.

Immer lauter wurde es um sie herum. Alle redeten durcheinander, klirrten mit den Gläsern, sagten »Prösterchen« und »Wohl bekomm's« und plötzlich rutschte ein korpulenter Gast zu ihnen unter den Tisch.

»Hoppla«, sagte der Herr. »Da war der Stuhl zu Ende!«

Die Jungen kicherten, krochen von dem Dicken weg und verdrückten sich in die Küche. Das war ihnen nun doch zu toll!

»Mutter, die Leute sind so komisch«, beschwerte sich Arthur. »Eben ist ein Mann vom Stuhl gefallen!«

»Ach du Schreck. Dann bleibt ihr jetzt hier. Es sind noch zwei Portionen Buttermilchspeise übrig.« Vergessen waren seltsame Reden und dicke Männer.

Die Buttermilchspeise bestand aus Buttermilch (wie schon der Name sagte), aus Zucker, Zitronensaft und roter Gelatine.

Zu Hause hatten sie manchmal nur farblose, dann war die Speise nicht rosa, sondern weiß. Für den Geschmack spielte das keine Rolle. Gut geraten, zerging sie auf der Zunge, besser als Eis, denn man konnte sie länger im Mund behalten. Schlecht geraten, was ganz selten vorkam, hatte sie ein paar Klümpchen, schmeckte aber immer noch sehr gut. Und nun noch die Schlagsahne! Ein weißer Traum. Arthur verstand nicht, warum aus flüssigen Dingen plötzlich solch cremige Leckereien entstehen konnten, nur weil man in der Milch oder der Sahne herumrührte. Selbst seine Schwester hatte keine ihm verständliche Erklärung parat. Beim Eischnee funktionierte das genauso. Man rührte, quirlte oder schlug wie verrückt, und plötzlich glibberte es nicht mehr, sondern hielt fest und man konnte den Schneebesen oder die Gabel hineinstellen, ohne dass sie umfielen. Oder man konnte den Finger hineinstecken, ihn zu einem Haken krümmen, herausziehen und ablecken.

Das Leben war schön. Die Gäste in der guten Stube hatten zu singen begonnen. Für sie war es wohl auch ein kleines bisschen schön.

***

Manch andere Male wunderte sich Arthur darüber, dass der Vater einfach verschwand. Es geschah immer an einem Sonnabend, ganz ohne Ankündigung. Da kam er von der Schule nicht nach Hause, sondern überließ Weib und Kind dem Herrgott oder sich selbst und nahm den zwanzig Kilometer weiten Weg nach Marienau (gesprochen: Marrjenau) zwischen die Beine, durch allerlei Triften und bei Zeyer über die Nogat hinweg, drei Stunden durch das Danziger Werder. Bei einbrechender Dämmerung hatten ihn seine Füße am Ziel abgeliefert; er und sie waren guter Dinge. Im Ziel trafen sie auf Bruder August und dessen Tochter Marie, die Karl immer überaus Erquickendes und Bekömmliches an Speis und Trank zukommen ließen. (Als würde er zu Hause nicht genug bekommen.)

Er übernachtete auf bescheidener Unterlage und brachte es fertig, in aller Morgenfrühe, ehe die Verwandten sich den Schlaf aus den Augen gerieben hatten, das Hausmädchen Tine aber schon zwischen den Töpfen hantierte, ihm (dem Hausmädchen) eine Art Entschuldigung aufzutragen: Er müsse rechtzeitig in St. Annen zum Gottesdienst sein. Wieder zwanzig Kilometer und die Nogatfähre dazwischen.

Nichte Marie erteilte ihm mithilfe einer besonderen Erklärung Absolution: »Er kam und ging wie ein Ei vom Himmel.«

Zum Glück waren die Marienauer Preußens auf Eifälle dieser Art eingerichtet, denn sie bekamen häufig Besuch. Das Leben war auch in Marienau schön.

Bei seiner Einkehr in die Annenkirche hüllte Karl sich in Schweigen. Die Familie drückte die für sie vorgesehene Kirchenbank, denn auch Agathe, Hedwig und Arthur waren pünktlich eingetroffen. Was Hedwig von Karls Soloausflügen hielt, ist nicht überliefert. Ausnahmsweise hüllte auch sie sich in Schweigen. Beider Schweigen war mitnichten einvernehmlich, soviel spürte Arthur heraus.

## Die Annenkirche

Arthur hatte dank Karls Wortverknappung seine eigene Art entwickelt, Belebtes und Unbelebtes um sich herum wahrzunehmen. Diese Art der Wahrnehmung erstreckte sich nicht nur auf die natürliche Natur, sondern auch auf Schiffe, Häuser und andere menschengemachte Konstruktionen. An manche von ihnen, wie zum Beispiel den Dampfer »Möwe«, hängte er sogar sein Herz, jedenfalls ein Stückchen davon. Das nächste Stückchen hängte er an die Annenkirche.

Die Annenkirche war eine wunderschöne Kirche. Sie war für Arthur der Inbegriff von Kirche, eben seine Kirche. Sie machte jeden sonntäglichen Kirchgang zu einem Erlebnis. Schon der sachte Aufstieg auf den Kirchberg war etwas Besonderes, wobei die Strecke in diesem Fall umgekehrt parallel zu Arthurs körperlichem Wachstum immer kürzer wurde. War das ein Wunder? Manchmal kam er aus dem Wundern gar nicht mehr heraus. Hatte er den Berg erklommen und war an den ehrwürdigen Bäumen des Friedhofs vorbeidefiliert - hier ließ sich im Herbst herrlich Laub sammeln -, wuchs die Kirche regelrecht vor Arthur auf. Wenn er stehenblieb, den Kopf in den Nacken legte und zur Kirchturmspitze schaute, musste er sich an jemandem festhalten. Meistens stand Agathe zur Verfügung.

»Der Turm fährt durch den Himmel!«, rief er begeistert.

»Das sind die Wolken, die sich bewegen, nicht der Turm«, klärte Agathe ihn auf.

Stimmte das? Auch wenn keine Wolken am Himmel waren, kam der Turm auf ihn zu, so dass Arthur sich einmal vor Schreck auf den Hintern setzte. Rund um die Annenkirche geschah immer etwas Außergewöhnliches. Und wenn es die Turmfalken waren, die ihren Jungen das Fliegen beibrachten. Jedes Jahr im Frühsommer war es wieder so weit. Und kein Jahr war wie das andere, weder für Arthur noch für die Turmfalken. Manchmal hatten sie nur ein Junges, manchmal sieben. Manche Jungfalken wollten fliegen lernen, andere hingen wie festgeklebt am Turm und ließen ihn nicht los. Schon kamen die Falkeneltern im Sturzflug angeschossen, um die Klammerjungen vom Turm zu schlenkern. Irgendwann, die Eltern hatten die Manöver eingestellt, ließen sie von alleine los und - natürlich konnten sie fliegen! Aber sie wussten es vorher nicht. Dabei waren es doch Vögel.

Wenn Arthur weiter auf die Kirche zuging, fingen die Mauern an, mit ihrer Wärme, ihrer Masse, ihrer Feste auf ihn einzuwirken, ihm zu begegnen, sich auf ihn zu beziehen. Er berührte sie, nahm Fühlung auf, lehnte sich an. Sie waren von ganz anderer Natur als er, deshalb konnte er sie leider nicht durchdringen, sich nicht stofflich mit ihnen verbinden. Wie konnte etwas so groß sein, so mächtig, so stark und so beständig? Dabei so warm und freundlich? Und wie klein war er denn bloß? Irgendwann erfuhr Arthur, dass die Annenkirchenmauern noch ganz jung waren, damals noch keine zwanzig Jahre alt. Stimmte das?

»Die Menschen haben die Kirchen so gebaut, als wären sie bessere Menschen als sie sind«, sagte der Vater einmal. Was sollte das denn heißen?

Und dann konnte man doch in die Mauern eindringen - durch die Kirchentür. Arthur durchschritt sie jedes Mal so, als würde er durch das goldene Tor bei Frau Holle schreiten. Zwar wurde er nicht mit Gold überschüttet, aber mit dem Wunder des Innenraumes. Kein Königspalast konnte schöner sein. Die Säulen, die Deckenbögen, die Emporen, die geheimnisvollen Türen und Vorhänge, die Anordnung der dunklen Holzbänke, die Kronleuchter und vor allem die Fenster mit ihrem bunten Glas. Selbst während des Gottesdienstes konnte ihm hier niemals langweilig werden. Egal wie oft der Pastor auf und ab lief, wie viele Kreuze er schlug oder andere Bewegungen machte, wie oft er sich zum Altar wendete und wieder zurück, es war großes Theater. Auch die Predigt, für viele von Arthurs Altersgenossen unerträglich lang, unterhielt ihn bestens. Was machte es schon aus, dass er die meisten Worte nicht begriff. Sie klangen gut. So richtig und bedeutungsvoll. Die Sprache der Bibel war ihm wie Gesang. »Am Anfang war das Wort, und das Wort war bei Gott, und Gott war das Wort.«

Du liebe Zeit, wie großartig, Gott und das Wort. Kein Wunder, dass der Vater da lieber gar nicht reden wollte, wenn das Wort doch bei Gott war.

Manchmal schaltete Arthur die Ohren ab. Und zwar dann, wenn die Prediger auf der Kanzel ihre Stimme verstellten, so dass die Worte hohl klangen. Wenn die Tiraden kein Ende nahmen, vertrieb sich Arthur auf andere Weise die Zeit. Die Menschen um ihn herum interessierten ihn nicht, auch nicht ihre Hüte, Röcke oder Mäntel. Er sah dem Sonnenlicht dabei zu, wie es durch die farbigen Fensterrosetten wanderte. Irgendwann erreichte es immer auch Arthur, es sei denn, die Sonne versteckte sich an diesem Tag, obwohl es ein Sonntag war. Sah er sie kommen, rutschte er auf der Kirchenbank den grünrot-blauen Streifen entgegen, sonnte sich in ihnen, freute sich am Farbenspiel auf Brust, Arm und Bein und rutschte dem Licht so lange hinterher, bis er auf ein – zumeist menschliches – Hindernis traf. Er sah ganz genau, dass das Licht in Strahlen hereinkam. Selbst die Staubkörner färbten sich ein, wenn die Strahlen sie erreichten. Das war vermutlich der Ort, an dem der liebe Gott die Staubkörner zählte. Und Arthur durfte zusehen.

Der Vater billigte das Gerutsche nicht, doch er sagte nichts dazu. Agathe oder die Mutter ließen Arthur gewähren.

Und dann war da noch die Orgel. Sie donnerte, jubilierte, klagte und weinte, ließ Glöckchen erklingen, schwoll an oder ließ die Töne fast verschwinden. Manchmal machte sie Arthur

Angst. Das war, wenn der Organist alle Register zog. Dann bebte Arthurs kleines Brustbein im Einklang mit dem sogenannten Zweiunddreißigfuß und seine Ohren gellten von der Stentorflöte. Das war gewaltig und er musste sich wieder bei irgendjemandem festhalten, bis es vorüber war. Hinterher fühlte er sich, als hätte er selbst etwas Gewaltiges vollbracht.

Die Orgel begleitete die Choräle, die er bald mitzusingen lernte. Die ganze Familie sang. Mutter und Agathe hatten feine, liebliche Stimmen, der Vater einen warmen Bariton. Arthur sang ähnlich wie Agathe, nur viel lauter. Das wollte er so und er konnte es. Er bemerkte nicht, dass sich andere Gottesdienstbesucher nach ihm umdrehten. Hedwig ließ ihn singen, wie ihm der Schnabel gewachsen war. Und wenn er in der Kirche nicht genug gesungen hatte, sang er zu Hause weiter, bis der Vater meinte, nun sei es wirklich genug.

Die Annenkirche gab ihm so viel und wollte von ihm nur, dass er da war und sich ordentlich benahm.

Natürlich war der Pastor derjenige, der ihrem Reichtum und den ganzen Wundern vorstand. Arthur würde einmal Pfarrer einer solchen oder noch größeren Kirche werden, wenn irgend möglich. Was für ein wunderbarer Beruf! Arthur begann unverzüglich, sich auf ihn vorzubereiten. (Selbstverständlich wollte er außerdem noch immer Kapitän werden.)

Zu Hause angekommen, holte sich Arthur noch vor dem Mittagessen eine Trittleiter, stellte sie in die Küche und kletterte hinauf. Auf der obersten Stufe angekommen, balancierte er sich aus, nahm Haltung an und predigte mit bestmöglicher Artikulation und tragender Stimme. Seine leicht abstehenden Ohren röteten sich, die Wangen erglühten. Streng fixierte er das Publikum. Die blauen Augen weit aufgerissen, sprach er konzentriert und engagiert: »Liebe Gemeinde! Wir hören heute den

Predigttext …« Es folgten Bibelfragmente, Wunderliches aus Arthurs Alltag, ein Kindergedicht, und zum Schluss ein geschmettertes »Amen«. Mutter und Schwester vergaßen beinahe das Kochen, so hingerissen waren sie.

Zum Leidwesen Arthurs gelang es ihm nicht, anlässlich weiterer Auftritte eine auch nur entfernt kanzelartige Konstruktion zu schaffen, die ihm die Möglichkeit des geheimen Aufstiegs eröffnete. Denn eindrucksvoller, als auf einer Trittleiter vor aller Augen nach oben zu kraxeln, war es allemal, wenn man im Altarraum hinter einer Tür verschwinden konnte und dann, für die Gemeinde immer wieder überraschend, zackig den Vorhang aufreißend unter dem Türmchen der Kanzel erschien und das Wort ergriff. Nach einigen ihn selbst nicht überzeugenden Versuchen ließ er das Tritterklimmen bleiben und baute sich ebenerdig vor seinem heimischen Publikum auf. »Liebe Gemeinde …«

Agathe war eine gute Zuhörerin. Ihr Beruf brachte es mit sich, dass sie aufmerksam und kritisch zuhören konnte. Das kam Arthur zugute. Er lernte aus den freundlichen Einwürfen der Schwester, dass unverständliches Geleiere nicht gefiel, sondern Wörter deutlich vorgetragen und verschieden betont werden mussten.

»Aber nicht so, wie der Herr Pastor in der Annenkirche das macht«, warnte Agathe. »Der redet zwar kluge Dinge, schreit aber zu sehr. Sprich laut und deutlich, schlicht und natürlich. Dann hören die Menschen dir zu und schlafen nicht ein.«

Nun war das sehr in die Zukunft gesprochen, denn Arthurs derzeitige Zuhörerschaft schlief keineswegs ein, sondern amüsierte sich köstlich. Aber Arthur verstand, was seine Schwester meinte. Er hatte selbst gesehen, dass manche Leute während der Predigt ein Nickerchen machten. Die erwachten nicht, wenn der Pfarrer plötzlich lauter wurde. An solche Pegelschwankungen waren sie gewöhnt. Ähnlich bellte Nachbars Hund oder gackerten die Hühner im nächstgelegenen Bauernhof.

## Sommerzeit

Hühnergackern ist ein gutes Stichwort. Es leitet über zu Arthurs Kindheitsparadies Langhaken. Ein Dörfchen, bestehend aus sechs, sieben strohgedeckten Fischerhäusern, auf der Frischen Nehrung gelegen. Dem Vater gelang es mehrere Sommer hintereinander, ein halbes Häuschen zu mieten, somit ein Vierzehntel des Dorfes. Damit hatten die Preußens die Hälfte einer Veranda zur Verfügung, von der man einen ganzen Blick über das Haff schweifen lassen konnte. Dazu kamen ein Zimmerchen und die Erlaubnis, die Küche zu benutzen.

Weil die Preußens nur dreimal Bettzeug besaßen und Frau Littkemann, die Hausbesitzerin, ihnen keines abzugeben hatte, mussten sie ihre Federbetten aus Elbing mitbringen. So gab es jedes Mal eine Art Umzug. Erst wurden die Betten abgezogen, dann mit allerhand anderem Kram in einen Leiterwagen gestopft, der bis zum Dampfer »Möwe« gezogen wurde. Der Dampfer brachte alle und alles über das Frische Haff nach Kahlberg zum Anlegesteg. Dort wurde das Zeug über den Bug hinweg in das Boot von Frau Littkemann geworfen. Da durfte nichts schiefgehen - bei stürmischem Wetter war das Verfahren höchst riskant. Nicht auszudenken, wenn die Kissen und Zudecken im Brackwasser verschwinden würden. Wundersamerweise ging nie etwas schief. Der Leiterwagen wurde ins Boot verfrachtet - nicht geworfen! - und alles mit kräftigen Ruderschlägen zum Steg des Fischerhäuschens befördert. Auf den

Wagen getürmt gelangte ihr Hab und Gut schließlich landeinwärts zu Frau Littkemanns Häuschen.

Neben dem gemieteten Zimmerchen wohnte eine Kuh. Sie hieß »Kuh«. Frau Littkemann, die Kuhbesitzerin, hatte dem Tier keinen eigenen Namen gegeben. Es gab auch keine freundschaftlichen Beziehungen zwischen Frau Littkemann und Kuh. Wenn Kuh Fliegen abwehrte, konnte es geschehen, dass sie Frau Littkemann den Schwanz um die Ohren schlug, während diese gerade mit Kuhs Euter beschäftigt war. So ein Verhältnis hatten die beiden. Weil es keine Wiese zwischen dem Haff und dem Haus gab, kam Kuh nie ins Freie. Das war nicht schön, fand Arthur, und deshalb war Kuh wahrscheinlich nicht besonders gut gelaunt. Sollte er ihr einen Namen geben? Nein. Er würde sie »liebe Kuh« nennen, vielleicht half das schon.

Manchmal rief Frau Littkemann nach Arthur. Dann durfte er mit ihr hinaus, wenn sie mit ihrem Boot zum Binsenmähen das Ufer abfuhr. Sie mähte, bis das Boot fast voll war und Arthur durfte die Halme zusammenbinden. Nun hatte Kuh wieder etwas zu essen.

»Kühe essen nicht, sie fressen«, wurde Arthur von irgendeinem Erwachsenen belehrt.

»Sie beißen etwas ab, sie kauen und sie schlucken. Genau wie wir. Und Kuh schmatzt nicht. Onkel Max zum Beispiel, der schmatzt immer«, widersprach Arthur.

Das mochte nun gar keiner hören. Kühe bissen nicht ab, sie rupften. Sie kauten nicht, sondern sie malmten. Wie das Gemalmte dann in den Schlund geriet und was weiter, wollte niemand wissen. Kuh lieferte Milch mit Sahne. Mehr war da nicht zu bedenken. Arthur dachte trotzdem öfter an Kuh als an Schlagsahne.

Den Vater kümmerte das alles nicht, er wanderte solo in den Nehrungswald (Kiefern, Kiefern, Kiefern) oder ging an den Ostseestrand baden (Nichtschwimmer). Er kümmerte sich um nichts, weil er sich vom Schulbetrieb erholen musste. Die Mutter hatte in der Küche inzwischen für das Essen zu sorgen. Eine Küche ohne Fenster, beleuchtet nur durch den Flur zur Veranda. Da musste Hedwig im Halbdunkeln die Flundern braten und alles andere tun; sie hatte es, was das Kochen anging, viel schwerer als in der Elbinger Wohnung. Aber natürlich war sie nicht immerzu mit Kochen beschäftigt. Und wenn es ihr zu viel wurde oder auch einfach so, ging sie mit Arthur in die Kaddikgründe zu den Blaubeeren oder auf die Dünen, Sandpilze und Blutreizker suchen. Das war eine Freude für beide! Die Mutter zeigte auf die Pilze und Arthur pflückte sie ab und legte sie ins Körbchen. Bei den Blaubeeren allerdings musste ihm die Mutter sagen, dass er möglichst viele in die Milchkanne sammeln und nicht gleich alle in den Mund stopfen sollte.

Manchmal ging auch Hedwig in der Ostsee baden (Nichtschwimmerin). Das war jedes Mal ein Schauspiel für jede lebende Kreatur im Umfeld von, na, mindestens einem halben Kilometer. Vögel blieben in der Luft stehen, Quallen vergaßen zu wabern, Fischschwärme änderten ihre Richtung. Menschen? Na, was wohl. Wer Hedwig jemals hatte baden sehen, reihte dieses Naturereignis zeitlebens ein in die Reihe seiner unvergessenen Erlebnisse und wusste ausführlich darüber zu berichten.

Hedwig war eine tapfere Nichtschwimmerin, ihr Einzug ins Meer eine Sensation. Sie begrüßte jede anrollende Welle mit höchstmöglichem Quieken und ekstatischem Luftschnappen. Welle um Welle nahm sie so, ließ sich weder von ihr verdrängen noch vor ihr retten, nicht von Karl, der dem Quieken ein Ende machen wollte, nicht von herbeieilenden, die Wogen energisch teilenden Kavalieren. Sie stand ihr Bad durch und verließ das Wasser in königlicher Haltung erst, wenn sie an Leib und Seele erfrischt und des eigenen Gejuchzes überdrüssig war. Das nächste Bad ließ nie lange auf sich warten.

Arthur war hin- und hergerissen. Ging es der Mutter gut oder nicht gut, wenn sie quiekte? Ach, er ließ sie einfach quieken. Zu schön war es am Strand, dem riesigen Sandkasten, der außer Sand noch so viele andere Schätze darbot: Muscheln, Steine, glatt geschliffene Hölzchen, sperriges Strandgut.

Ab und an ließ Arthur sich ins Wasser mitnehmen. Vom Vater, versteht sich. Die Mutter war zu sehr mit sich selbst beschäftigt. Je älter er wurde, desto schöner fand er es, weil er nicht mehr so häufig umfiel und besser verstand, wie sich das Wasser in Bezug auf ihn verhielt. Als er sechs Jahre alt war, lernte er schwimmen. Erst auf der Brust, wie ein Frosch. Das war nicht schlecht, aber bei Wellengang geriet ihm immer Wasser in die Nase. Deshalb bevorzugte er später das Rückenschwimmen, weil er da die Nase in die Luft halten konnte.

Wenn es regnete, machte das Baden besonders viel Spaß, weil Hedwig nicht so laut quieken musste, denn sie war schon nass, bevor sie ins Wasser stieg. Aber auch, weil es schön anzusehen und anzuhören war, wenn der Himmelsregen in das Meer fiel. Was die Tropfen wohl spürten? Wie das Meer sich fühlte? Wasser kam zu Wasser. Kannte es sich von früher? So dachte Arthur nicht, aber er konnte von dem allgegenwärtigen Nass nicht genug bekommen. Kannte er es von früher?

Wenn es besonders viel regnete, regnete es in Frau Littkemanns Häuschen hinein. Die gute Frau hatte wohl niemanden, der das Geschick oder die paar Pfennige aufbrachte, das Dach zu teeren oder eine neue Schicht Dachpappe zu verlegen. Auch

Karl hatte weder die Fähigkeit noch die Pfennige dazu und so half sich Frau Littkemann damit, dass sie unter den Zimmerdecken und in der Küche leere Marmeladeneimerchen aufhängte, die die Tropfen in putzig klingendem Spiel auffingen. Es trippelte und trappelte - das konnte einen entweder in den Schlaf klimpern (Arthur) oder den Schlaf kosten (Karl). Zu ändern war es nicht. Die flüssige Ausbeute wurde sogar weiterverwendet, war sie doch die einzige direkte Wasserzufuhr des Hauses. Im Garten gab es einen Brunnen mit so genanntem »Wiesenwasser«, das manchmal nach Frischem Haff schmeckte. Manchmal, und das war besser, schmeckte es nach Regenwasser, also nach nichts.

War schon von den Haffmücken die Rede? Wohl nicht. Sie plagten nicht, denn sie stachen nicht, sondern sie erfreuten. Alle Mücken summten auf demselben Ton. Ein millionenfaches Summen von unendlicher Dauer. Sommermusik am Frischen Haff. Dann, mit einem Mal, wenn an der Kahlberger Mole einer der Dampfer zu tuten begann, ließen die Mücken ihren Gesang anschwellen und erhöhten die Summfrequenz etwa um einen Ton. So lange, bis das Tuten des Dampfers endete, verharrten sie auf diesem Ton, dann summten sie wieder zurück auf den Grundton. Was es alles gab!

## Das andere Kind

Kurz vor Beginn einer Sommerzeit fand ein mindestens für diese Geschichte bedeutsames Ereignis statt: Am 10. Mai 1914 wurde in Straßburg (Elsass) Käthe Lefort geboren. Der Vater, Herbert Lefort, war Beamter bei der Deutschen Reichsbahn. Die Mutter, Rose Lefort, war Hausfrau. Den französischen Namen dieser deutschen Familie hatte vor einigen Generationen eine alleinerziehende Französin in den Familienstammbaum eingebracht. Wie interessant!

Das erste Kind des Ehepaars Lefort, Magda, war Jahrgang 1905, demnach neun Jahre älter als Käthe, und hatte dieser damit lebenslang etwas voraus. Herbert Lefort war seinen Töchtern sehr zugetan und viel redefreudiger als beispielsweise Karl Preuß. Rose war auch nett. Magda und Käthe wurden auf Roses Wunsch nicht streng, aber katholisch erzogen.

Was war für die kleine Käthe interessant? Im Garten der wunderschönen Straßburger Fachwerkvilla interessierte sie sich, nachdem sie laufen gelernt hatte, besonders für die Erdhäufchen, die die Regenwürmer bei ihren Grabungen hinterließen. Zählen konnte sie so kurz nach ihrer Geburt noch nicht, aber es dauerte nicht lange, bis sie von selbst darauf kam, dass es verschiedene Mengen von Dingen und Wesen gab. Regenwurm-Humushäufchen gab es etwa so viele wie Erdbeeren. Singvögel waren etwa so häufig wie Kinder in Käthes Nachbarschaft. Die Vögel animierten Käthe dazu, es mit dem Pfeifen zu versuchen. Es gelang ihr schon mit drei Jahren. Bei einer Straßenbahnfahrt mit ihrer Mutter kommentierte das ein Abbé: »Lueg des Klein, des pfifft wie en Otzel!« In anderes Deutsch übersetzt: »Hört euch die Kleine an, die pfeift wie eine Amsel!« Käthe war ein fröhliches Kind und auch sie wuchs und gedieh.

# 2. Kapitel:

Elbing, Straßburg, Wuppertal, 1914–1922

## Krieg

Es ist Zeit, es ist Krieg. Gute Zeiten beanspruchen Menschen auf besondere Weise und nicht alle Artgenossen bringen es fertig, dauerhaft friedlich zu bleiben. Die meisten Primaten sind aggressiv.

Der Krieg kam auch nach Elbing. Wobei: Kriege kommen nicht, sie sind nicht zu Besuch da, machen keine Reise in ein fernes Land, eine Art Ausflug oder so. Kriege werden geführt.

***

Vetter Walter, der älteste von Onkel Max Söhnen, umklammerte Arthurs Hand. Sie hasteten durch die Schmiedegasse, über den Friedrich-Wilhelm-Platz, durch den Mühlendamm.

Arthur beschwerte sich. »Warum rennst du so? Lass mich los, du tust mir weh!«

Walter ließ nicht los, lockerte aber seinen Griff. »Komm, nur noch ein Stückchen! Gleich sind wir zu Hause.«

Warum mussten sie rennen und warum rannten die anderen Leute? Wieder andere standen – auf besondere Weise, nicht nur so - herum. Sie standen in Gruppen vor den Läden und redeten mit ausladenden Handbewegungen aufeinander ein, ähnlich wie der taubstumme Heinrich und seine Freunde. Und da, während die beiden und die vielen noch rannten und andere standen, begann es ringsum zu dröhnen. Die redenden Menschen hielten den Atem an und die Herumfuchtelnden erstarrten mitten in der Bewegung, die Laufenden vergaßen den nächsten Schritt und die Rennenden übersprangen die eigenen Füße. Mit den Glocken von Sankt Annen begann es. Sankt Nikolai antwortete, dann fielen die Glocken von den Heiligen Drei Königen ein. Sankt Mariens und Heilig Leichnams Glocken waren auch dabei und selbst die Glöckchen des Türmchens Zum Heiligen Geist schepperten mit. Die Luft war voller Aufruhr.

Plötzlich erhob sich eine Stimme über das Geläut. »Extrablatt!«, rief sie. »Extrablatt!«

Die Menschen stürzten zum Rufer, einer Offenbarung gewärtig, die Bewohner der Häuser rissen die Fenster auf und reckten die Hälse. Ein Wort pflanzte sich fort, das Arthur nicht verstand, das sich ihm jedoch einprägte: »Mobilmachung!«

Der Vetter lieferte Arthur im Hausflur der Bismarckstraße 10 ab und machte sich davon. Arthur stürmte die Treppe hinauf.

»Mobilmachung!«, rief er.

Die Mutter nahm ihn in die Arme. Dann sprach sie ein Gebet: »Gott ist unsre Zuversicht und Stärke, eine Hilfe in den großen Nöten, die uns getroffen haben«.

In den Armen der Mutter war es schön. Doch welche großen Nöte hatten sie getroffen? Wozu brauchten sie jetzt Zuversicht und Stärke? Und warum betete die Mutter mitten am Tage? Was bedeutete »Mobilmachung« ? Mobilmachung hieß Krieg. Krieg war etwas Schlimmes. Deshalb das alles.

In den Kirchen wurden Kriegsbetstunden abgehalten. Eine von ihnen führte das Lebensende von Arthurs Großmutter Mathilde Wischnewski herbei. Sie war, als Alwin kurz nach Hedwigs Verehelichung das Zeitliche gesegnet hatte (ein Zusammenhang darf, muss aber nicht gesehen werden) nach Elbing, in die Nähe von Karl, Hedwig und Arthur gezogen. In einer dieser Betstunden teilte der Pfarrer seiner Gemeinde mit, dass der Kaiser auf dem Weg an die Front sei, zur kämpfenden Truppe. Unser Kaiser an der Front? Das war doch gefährlich! Eine schreckliche Vorstellung für die Großmutter. Kurz nach dieser Mitteilung begann eine junge Frau, Witwe der ersten Kriegsmonate, haltlos zu weinen. Da war es um Mathilde geschehen. Sie starb auf einer Kirchenbank der Elbinger Marienkirche an Herzversagen. Es folgte die erste Beerdigung, bei der Arthurs Anwesenheit gewünscht wurde. Kurzzeitig befielen ihn Zweifel, ob sein Berufswunsch (wenn irgend möglich Pfarrer zu werden) der richtige war. Nicht wegen der Tränen, die vergossen wurden - Frauen weinten ja andauernd -, sondern wegen der schrecklichen Ansprache. Arthur hatte mit einer Art Tischrede gerechnet. Der Pfarrer würde schöne Geschichten aus Grußmutter Mathildes Leben erzählen. Mathilde hatte selbst gerne Geschichten erzählt, die meisten über Alwin, bei denen sich alle vor Lachen bogen. Diese Rede war völlig anders. Der Pfarrer stellte den Anlass seiner Ansprache, nämlich das Ableben der alten Dame, in den Dienst des Vaterlandes. Und den Bibeltext, den er herausgesucht hatte, gleich mit: »Also hat Gott die Welt geliebt, dass er seinen eingeborenen Sohn gab, auf dass alle, die an ihn glauben, nicht verloren werden, sondern das ewige Leben haben.«

Flugs ging es nicht mehr um Großmutter Mathilde, nicht einmal um den lieben Herrn Jesus, sondern um alle, die Opfer bringen sollten, also mindestens um alle Deutschen, und dann speziell um die Soldaten, in dem Sinne, dass das gottgleiche Vaterland aus Liebe bereit wäre, sie dem Gemeinwohl zu opfern. Dafür würden sie das ewige Leben bekommen. Falls der Kampfgeist unserer tapferen Soldaten trotz dieses Trostes zu sinken drohte, gäbe es anderen Trost, denn alles Ermatten schwände vor dem geweihten Geiste glühenden Dankes, heiliger Liebe, die alles erhebe.

Wie bitte? Hatte der Pfarrer sich in der Ansprache geirrt? Arthur hatte aufmerksam zugehört, sich ausnahmsweise nicht ablenken lassen. Natürlich konnte er nicht beurteilen, ob sich des Pfarrers Äußerungen mit der friedlichen Botschaft vertrugen, die Jesus seinen eigenen rabiaten Zeitgenossen zu verkünden gesucht hatte. Doch Arthur erinnerte sich an den Bibeltext aus der Weihnachtsansprache vom letzten Jahr. Da hatte sich das alles ganz anders, vor allem viel erfreulicher, angehört.

Beim Leichenschmaus folgte zum Glück das Gegenprogramm und nicht nur Karl erzählte Geschichten über Mathilde, eine komischer als die andere.

***

Ein Bedarf, mit Karl das Heer zu ergänzen, wurde nicht ermittelt - er musste nicht als Soldat antreten. Es gab jedoch zwei Brüder und zwei Schwäger von Hedwig, die eingezogen wurden. Ein Bruder und die zwei Schwäger »fielen«. Die anderen männlichen Verwandten der Preußens waren schon zu alt für den Krieg. Nicht nur Hedwig vermisste die drei Männer. Gut, dass Mathilde schon vor ihnen gestorben war, so hatte Hedwig einen Kummer bereits hinter sich und Mathilde erlitt erst gar keinen.

Wenn sich in Elbing eine Kompanie sammelte und ins Feld zog, gab es zumindest in den ersten Kriegswochen Gejubel und Gewinke. Die zackig einhermarschierenden Infanteristen waren für die meisten Elbinger gleichsam befremdlich wie beeindruckend. Bei Arthur überwog das Befremden. Karl ging ihnen aus dem Weg. Sie machten ihm Angst. Hätten alle eine Enochlophobie, könnten Kriege mit ihrem Menschengedränge gar nicht stattfinden. Nein, das ist nicht irrational. Ängste können sehr rational sein.

Bis auf das Herummarschieren der zur Aktion bestellten Kriegsteilnehmer und ein entferntes Grummeln oder Dröhnen war in Elbing vom Krieg kaum etwas zu sehen oder zu hören. Auch das Grummeldröhnen hielt nur einige Nächte lang an. Dann kam Hindenburg und trieb, hast du nicht gesehen, die Russen in die masurischen Sümpfe und anschließend aus Ostpreußen hinaus. Wurde behauptet. Bloß warum gab es immer weniger zu essen, wenn doch alles so gut lief?

Ungezählte Male begleitete Arthur seine Mutter auf Hamstergängen nach Milch und anderen Nahrungsmitteln zu den umliegenden Bauernhöfen. Frau Klafke, eine besonders mildtätige Bauersfrau, hatte Arthur ins Herz geschlossen. Was sie ihm alles zusteckte! Ein Stück Kuchen, einen Wurstzipfel oder einen Apfel. Allzu oft durften sie aber nicht zu Frau Klafke gehen, denn auch ihre Mildtätigkeit hatte Grenzen.

Leider gelang es der Mutter nicht, die immer größer werdenden Löcher im kulinarischen Angebot zu stopfen. Erst gab es weniger, dann nur noch wenig zu essen. Hedwig lief dennoch zu Hochform auf und Arthur aß weiterhin gerne, was auf den Tisch kam, auch wenn andere darüber klagten, dass ihnen die Wruken zu den Ohren herauswüchsen. Arthur liebte Wruken. Wenn verfügbar, brachte Hedwig in allen Wrukenvariationen

Fleischiges oder Fettiges unter. Aber in der Not ging es auch ohne, mit wechselnder Geschmacksnote: als Eintopf mit Majoran oder Kümmel oder Muskat oder Lorbeer oder Thymian. So schmeckten die Rüben jedes Mal anders. Oder es gab Wrukenbrei. Oder Wrukenschnitzel in irgendeiner Panade, mal mit, mal ohne Mehl, mit Käserinde oder ähnlichen Kochhilfsmitteln. Köstlich.

***

Kurz nachdem der Krieg begonnen hatte, kam Arthur in die Schule. Enttäuscht stellte er fest, dass die Mädchen anderswo lernten. Wieso denn bloß? So gerne hätte er sie an den Zöpfen gezogen. Nun, die Gelegenheit würde schon noch kommen. Er hing seiner Enttäuschung nicht weiter nach und freundete sich mit zahlreichen Klassenkameraden an. Fortan erkundete er mit diesen die Welt in und um Elbing, zu Lande wie zu Wasser.

Wenn er von den Streifzügen nach Hause kam, begrüßte ihn die Mutter, gab ihm zu essen und fragte ihn dies und das. Ihr sei es gedankt, dass er zum Erzählen kam. Dem Vater sei es gedankt, dass Arthur nicht ins Schwafeln geriet, sondern rasch auf den Kern der Geschichte zusteuerte. Der Kern war zumeist eine ernste Angelegenheit, so unbedeutend sie anderen auch erscheinen mochte: die Höhe, die Weite, das Licht, die Luft, die Geräusche, vom Knistern zum Knastern zum Knattern und Krachen. Das Schwirren und Säuseln, das Schwingen und Läuten, das Singen und Surren. Das Blitzende, Blinkende, Funkelnde, Spiegelnde. Auch Komisches begab sich neben dem Ernsten, Gott sei Dank.

Arthur war ein guter Erzähler. Oftmals probte er seine Geschichten schon auf dem Heimweg und feilte in Gedanken an einzelnen Wendungen. Es durfte kein Wort zu viel und keines zu wenig sein. Vor allem der Abgang war wichtig. Das letzte Wort. Es musste dergestalt sein, dass danach niemand so schnell ein nächstes ergreifen wollte.

***

Der Krieg dauerte länger als geplant und ging ebenso außerplanmäßig verloren. Elbing als Stadt bekam physisch kaum etwas ab. Jedenfalls nicht auf den ersten Blick. Auf den zweiten schon. Mehr als etwas war abhandengekommen und dieses Abhandengekommene fehlte nicht nur Arthur sehr.

Im dritten Kriegsjahr, es war an einem Abend, an dem die Fensterflügel wieder einmal weit geöffnet waren, begannen Sankt Annens Glocken zu läuten, das volle Geläut. Es läutete wie toll. Arthur lehnte sich aus dem Fenster, vielleicht gab es etwas zu sehen? Nein, gab es nicht. Der Vater trat zu ihm und sah ebenfalls hinaus.

»Vater, warum läuten die Glocken? Ist der Krieg vorbei?«

»Leider nein. Komm, setz dich zu mir, ich erkläre es dir.«

Karl setzte sich in den Lehnstuhl, zog für seinen Sohn einen weiteren Stuhl heran und klopfte einladend auf den Sitz. Arthur nahm Platz. Was jetzt wohl kommen mochte?

»Der Krieg ist nicht zu Ende. Das Ende für die Glocken ist gekommen. Sie läuten es ein, ihr eigenes Ende, eine Stunde lang. Wenn die Stunde um ist, werden sie aus den Schallluken geworfen und eingeschmolzen, damit man Kanonenkugeln aus ihnen machen kann.«

»Nicht unsere Glocken!« Arthur sprang auf und rannte zur Tür. »Komm, wir laufen hin und sagen den Leuten, dass sie das nicht tun dürfen!«

»Nein!« Auch der Vater war aufgesprungen und packte Arthur am Kragen. »Setz dich! Die Leute dürfen nicht nur, sie müssen. Unsere Gemeinde konnte nichts dagegen tun. Dass sie die Glocken so lange läuten lassen, ist ein Protest gegen die Anweisung. Sie wollen auch nicht, dass die Glocken in den Krieg ziehen!«

Arthur hörte kaum zu. »Wir müssen die Glocken retten, sie dürfen nicht sterben!«

Aber der Vater blieb hart und hielt seinen Sohn fest. Die ganze Stunde lang und noch darüber hinaus. Hedwig hatte vorsorglich die Wohnungstür abgeschlossen und den Schlüssel an sich genommen. Wer konnte wissen, was Arthur anstellen würde, sollte er auf die Straße gelangen?

Eine Stunde lang läuteten die Glocken um ihr Leben. So lange hatten sie noch nie geläutet. Vielleicht wollten sie dem Rauswurf zuvorkommen und sich selbstbestimmt aus der Luke schwingen, bevor sie hinabgeworfen wurden. Oder sie wollten den Turm ins Wanken bringen, damit der einstürzte. Ja, gewiss würde der Turm sich aufschaukeln und umfallen. Denn ohne Glocken wollte er nicht sein. Das ließ er sich nicht gefallen, dass ihm seine Glocken genommen würden! Eine Stunde lang kämpfte Arthur gegen den Vater, wenn auch nur noch mit Worten. Ausnahmsweise hieß ihn der Vater nicht zu schweigen.

Nachdem die Glocken geendet hatten, trat Stille ein. In Arthur keimte Hoffnung auf. Vielleicht hatte der Protest gewirkt und die Glocken sich ihr Leben erläutet? Unvermittelt, nach etwa fünf Minuten Stille, erfolgte ein Klirren und Schaben. Rums, krach, die erste Glocke war vom Turm geflogen und in Tausend Stücke zersprungen.

Arthurs Herz zersprang in ebenso viele Stücke. Ungestüm wand er sich in den Armen des Vaters. »Lass mich runter, lass es mich sehen! Ich will dabei sein, wenn sie es tun.«

Der Vater hielt ihn fest. Die Mutter trat zu ihnen und nahm beide in die Arme. Arthurs Weinen hatte nichts Kindliches mehr. Würde sein Herz je wieder heilen? Auch Hedwig ließ den Tränen freien Lauf. Der Vater blieb stumm.

Sankt Annens Glocken gehörten der Kategorie »A« an. Das waren Glocken, die einfach nur Glocken und weder für die Wissenschaft noch für die Kunst von besonderem Wert waren. Sankt Annen war eine junge Kirche, die Glocken somit unhistorisch. Auch die zinnernen Orgelpfeifen waren weggebracht worden, so dass der Hilfskantor - der »richtige« absolvierte seinen Kriegsdienst und ward nie wieder gesehen - nur noch auf wenigen Holzpfeifen herumspielen konnte. Die Orgel sah aus, als wäre ein Wirbelsturm in sie gefahren, wie nach einem Windbruch. Was wohl schlimmer war: ein Kirchturm ohne Glocken oder eine Orgel ohne Pfeifen? Je nachdem. Kein Hochzeitsgeläut mehr, kein Abendläuten, kein Läuten vor und nach dem Gottesdienst. Herumstümpern statt Liedbegleitung, gehauchtes Orgelwimmern oder wimmerndes Orgelhauchen statt festlicher Ein- und Ausgangsmusik. Opfer mussten gebracht werden!

In der Schule mehrten sich die Klassenkameraden, die Brüder, Väter oder Onkel »verloren« hatten, wie es hieß. Arthur verstand, sprachpenibel wie er war, in dem Zusammenhang das Wort »verloren« nicht. Wenn man etwas verloren hatte, wusste man in der Regel nicht, wo genau es geblieben war. Man hatte es versehentlich fallen lassen oder es war auf andere, nicht bekannte Weise abhandengekommen. Daher musste man es suchen. Entweder man fand es oder man fand es nicht. Bei den Gefallenen des Krieges war jedoch in der Regel bekannt, wo sie (hin)gefallen waren. Also hatte man sie nicht verloren. Und nicht Verlorenes konnte man auch nicht wiederfinden. Sie waren gestorben, umgebracht, tot, hatte ihm der Vater erklärt.

Arthur sprach das Problem im Unterricht an. »Du kannst ein Taschentuch verlieren«, dozierte er in die Deutschstunde hinein, »einen Menschen kannst du nicht verlieren. Er kann tot sein und du siehst ihn nie wieder. Aber verloren gegangen ist er nicht, es sei denn, niemandem ist bekannt, wohin er geraten ist.«

Sein Deutschlehrer fand keinen Gefallen an dem Thema und ließ sich nicht weiter darauf ein; er hatte gerade seinen ältesten Sohn verloren. Der war gefallen. Noch so ein Wort.

»Es gibt Wörter, die mehrere Bedeutungen haben, das weißt du doch. Das sind entweder Polyseme oder Homonyme, wobei ihr euch die Begriffe heute noch nicht merken müsst. Das Wort ›verlieren‹ gehört dazu. Manches lässt sich wiederfinden und ist trotzdem für immer fort«, beschied der Lehrer.

Aha. Was denn zum Beispiel? Lautete ein unausgesprochener Einwurf von Arthur. Sprachlich gesehen war er weit für sein Alter. Im Deutschunterricht tat er sich gerne hervor. Auch in anderen Schulfächern hatte er keine Mühe, dem Unterrichtsgeschehen zu folgen. In gesellschaftlichen Zusammenhängen fehlten ihm dagegen angeblich der Überblick und eine erkennbare Haltung. Um das zu ändern, war eine Horizonterweiterung fällig, meinten die Lehrer, zum Beispiel in Sachen Krieg: Wie und warum entsteht Krieg, was ist Krieg und wofür ist Krieg gut? Natürlich hatte er bereits einiges darüber gehört, doch nur weniges davon interessierte und nichts davon überzeugte ihn. Und obwohl sie seinen Horizont mithilfe nicht enden wollender Erklärungen zu erweitern suchten, verstand er nicht, wofür ein Krieg gut sein sollte.

Zu Beginn des Krieges klangen die Auskünfte, die er in der Schule einholte oder ungefragt erhielt, als ginge es um ein Spiel. Später änderte sich das und es wurden neben den heldischen

Hurra-Parolen erhabene Worte gewählt wie »Opferbereitschaft für Kaiser, Volk und Vaterland« oder gar in Lateinisch »Dulce et decorum est, pro patria mori« [= süß und ehrenvoll ist es, für das Vaterland zu sterben]. Die Phrasen klapperten lose in Arthurs Kopf herum und es gelang ihm nicht, sie in einen lebenswichtigen Zusammenhang zu stellen. Eher erinnerten sie ihn an die Beerdigungsansprache für Großmutter Mathilde.

Viele Lehrer entschwanden nach dem Motto »Wir müssen alle unsere Pflicht tun«. Für sie kamen erst vertretungsweise, dann dauerhaft mehr Frauen in den Schuldienst. Das gefiel Arthur und seine Noten wurden noch besser. Also hatte der Krieg doch sein Gutes?

Am 11. November 1918 war der Krieg vorbei und Kriegszitterer, verschiedenartig Amputierte sowie andere Versehrte bevölkerten den öffentlichen Raum - den privaten sowieso. Das Deutsche Reich leckte entkaisert seine Wunden, zählte Menschen und Pferde (anderes Getier interessierte weniger) und wurde demokratisch.

## Käthe inzwischen

Wie war es Käthe inzwischen ergangen? Das Wichtigste in aller Kürze: Als es während des Krieges immer weniger zu essen gab, das wenige oft unreinlich gelagert und verkauft wurde und die Ruhr wütete, wurde Käthe für einige Monate auf ein hinterpommersches Gut verschickt. Die weite Reise fand sie schrecklich und auf dem Gut fand sie es noch schrecklicher. Ihr Zustand nannte sich Heimweh. Mit dem Krieg war neben diversen anderen Seuchen eine Heimwehepidemie ausgebrochen, weil viele nicht dort waren, wo sie sein wollten.

Nur die Freundschaft mit dem gleichaltrigen, adeligen Gutsfräulein, der lieben Margit, rettete Käthe vor der totalen Verzweiflung. Die beiden tollten im Park umher, kletterten auf die gutseigene Riesentanne, die vielleicht nur relativ riesig war - die Mädchen waren schließlich erst vier Jahre alt -, und spielten so ausgiebig Verstecken, dass Suchende und Gesuchte Mühe hatten, sich in dem weiten Gelände wiederzufinden. Margit erlaubte im Übrigen nur ihrer Freundin Käthe auf die Riesentanne zu klettern. Diese Bevorzugung gegenüber anderen Kindern machte Käthe stolz und war ihr in all dem Fremden ein Trost. Kleines Mädchen auf großer Tanne - es bedeutete ihr viel.

Nach dem verlorenen Krieg, Käthe war gesund wieder heimgekehrt, musste Familie Lefort Straßburg samt Elsass verlassen und zog nach Wuppertal. Das Elsass war, nachdem das Deutsche Reich dort knapp vierzig Jahre lang nicht nur bevölkerungstechnisch für Unruhe gesorgt hatte, diesem Reich wieder abhandengekommen. Die gerade erst hingesiedelten Deutschen gingen weg, von den weggesiedelten Franzosen zogen viele wieder hin.

Leider musste Käthe ihren Puppenwagen in Straßburg lassen, denn der Güterwagenraum war beschränkt. Bestimmt spielte nun ein kleines Franzosenmädchen mit dem schönen Gefährt und versenkte seine Puppe in die weichen Kissen des Wagenbettchens. Die Vorstellung machte Käthe traurig. Aber auch wieder nicht. Schließlich hatte sie noch ihre Puppe. Käthe war ein aufgewecktes, fröhliches Kind, das zählen und pfeifen konnte. Wenn sie nicht mit einem schiefen Hals auf die Welt gekommen wäre - ach so, das wurde bisher noch gar nicht erwähnt -, hätte ihr Frohsinn wohl trotz des Umzuges und des verlorenen Puppenwagens keine Grenzen gekannt. Aber sie war mit einem schiefen Hals auf die Welt gekommen. Das war nicht so schlimm, denn sie kannte es ja nicht anders. Aber schön war es auch nicht. Eine Operation kam in ihrem Alter nicht infrage; sie musste erst noch etwas wachsen. Dafür erhielt sie ein Mehr an Zuwendung verwandter oder verantwortlicher Personen - soweit zur Kehrseite des Schiefhalses, der Kehrseite der Kehrseite ihres Frohsinns.

## Streit am Mittagstisch und anderswo

Die Stadt Elbing fand sich nach dem Krieg in stark veränderter Umgebung wieder. Das Deutsche Reich im Westen war plötzlich nur noch per Schiff oder über Polen, unter Zuhilfenahme des »Weichselkorridors«, zu erreichen. Außerdem lag Elbing nicht mehr in West-, sondern in Ostpreußen. Das musste man erst einmal begreifen. Doch Arthur war noch zu jung, um in solchen Zusammenhängen zu denken. Ihn betraf viel mehr die andauernde Verknappung der Kost, obwohl das Elend von Hedwig ebenso andauernd kunstvoll zu kaschieren gesucht wurde.

Schuhe wurden auch knapp. Wie die meisten Kinder ging Arthur im nächsten Frühsommer barfuß zur Schule. Er ging auch barfuß in den Vogelsanger Wald, um Brennnesseln, Laub für den Kompost befreundeter Garteninhaber, Bucheckern und Eicheln zu sammeln. Was tat er noch? Er lernte rudern - das typische Rudern der ostpreußischen Fischer: nicht weit ausholend, sondern die Kraft aus dem Rumpf nehmend. Eintauchen, mit einem Ruck kurz durchziehen, Ruder genauso kurz und nur wenig aus dem Wasser heben, Stangen mit dem Handgelenk drehen und gleichzeitig leicht ausholen, eintauchen.

Außerdem lernte er staken und wriggen. Das alles war nicht sportlich, sondern praktisch gemeint und wurde praktisch genutzt. Mithilfe der neu erworbenen Fertigkeiten konnte Arthur den Fischern zur Hand gehen, bekam dafür Fische und trug zur Nahrungsbeschaffung bei.

***

Der Demokratieversuch der Weimarer Republik, der auch in Ostpreußen unternommen wurde, trug erste Früchte. Nicht allen schmeckte das Obst. In den Schulen ging es zeitweise hoch her. Bereits während des Krieges war zu verkraften, dass kriegsdienende Lehrer durch Lehrerinnen ersetzt wurden. Das war nicht nur optisch ein Stilwandel. Karl, konservativ und kaisertreu bis in die Knochen, wusste im Gegensatz zu Arthur nicht, wie er das bewerten sollte. Hedwig und Agathe halfen ihm, es positiv zu sehen. Die Hilfe anzunehmen, gelang ihm nur temporär.

Auch um den Religionsunterricht gab es Streit. Sollte er weiter an den Schulen gegeben werden? Sollten ihn »normale« Lehrer unterrichten oder Pfarrer? Kommunisten und Sozialdemokraten wollten die Schulen vom Religionsunterricht, am besten von der Religion insgesamt, befreien oder wenigstens die Schüler von der Teilnahmepflicht entbinden. 1919 war in Deutschland – »endlich!«, sprach Agathe – überall die weltliche Schulaufsicht durchgesetzt worden.

Von der weltlichen Schulaufsicht hielt Karl nun überhaupt nichts. Er hatte kein Problem damit, den Stoff in möglichst sachlicher Form anzubieten und Anderserzogene nicht zu diffamieren. Doch dass er im Unterricht außerhalb der Religionsstunden gar nichts mehr zu den christlich-kulturellen Grundwerten seiner protestantisch geprägten Landsleute und seiner Heimat sagen durfte, hielt er für fahrlässig. Woran sollten sich die Kinder denn orientieren? Was sollte das geben? Eine materialistische Weltanschauung? Was für ein armseliges Angebot. Als gäbe es nichts hinter den Dingen!

Eines Sonntags kam es noch am Mittagstisch zwischen Vater und Tochter zu einem heftigen Streit. Arthur hatte zum Glück schon aufgegessen und war auf sein Zimmer gegangen.

»Ihr werdet sehen, es wird nichts von unserer christlichen Gesinnung übrig bleiben! Wir werden alle zu Raubtieren, wenn Jesus in der Schule nicht mehr als Vorbild gelten darf«, ereiferte sich Karl, wobei er sich so in den Haaren herumfuhr, dass sie nach allen Seiten auseinanderstanden.

Hedwig starrte ihn an. Er sah ja aus wie der Strohbesen von Frau Littkemann! »Karl«, sagte sie vorsichtig, »vielleicht übertreibst du ein wenig? Welche Raubtiere meinst du denn?«

Karl war es peinlich, dass er so außer sich geriet. Doch wenn er nicht wenigstens zu Hause seinem Zorn Luft machen durfte, würde der Korken womöglich zur falschen Zeit am falschen Ort aus der Flasche knallen.

»Ihr werdet schon sehen!«, wiederholte er, »Jeder wird jeden fressen, wartet nur ab!« Nun zwirbelte er an seinem Schnurrbart herum, seinem besten Stück.

»Das verstehe ich nicht«, wagte Hedwig einzuwenden. »Dann bleibt ja niemand übrig!«

»Eben!«, fuhr Karl sie an. »Eben! Das ist das Ende!«

»Niemand wird zum Raubtier«, widersprach Agathe ihrem Vater und fuhrwerkte nicht minder aufgebracht an ihrem Kopfschmuck herum. Irgendwie hielt es ihre Haare seit einiger Zeit nicht mehr im ondulierten Dauerturm. Sie hatte einfach keine Zeit zum Frisieren. Mindestens eine Haarnadel spießte immer aus dem dunkelblonden Gepränge hervor und wollte zurückgesteckt werden. Sie brauchte eine neue Frisur, am besten kurze Haare.

Kopfschüttelnd beobachtete Hedwig, wie sich die beiden in Unordnung brachten.

»Zum Erziehen sind ja wohl auch die Eltern da, nicht nur die Lehrer!« Agathe redete sich in Rage. »In die Schule gehören Kunst, Wissenschaft, Ökonomie und, wenn du willst, auch das Tatchristentum. Aber die Zeiten sind vorbei, in denen die Kirchen den Menschen vorschreiben durften, was sie denken sollen. Ich sage nicht, dass Religion jetzt Privatsache ist. Jeder soll seine Überzeugungen in der Öffentlichkeit vertreten dürfen. Aber nicht nach Vorschrift! In Frankreich und Amerika gibt es an öffentlichen Schulen keinen Religionsunterricht mehr. Wir dagegen, wir leben noch hinter dem Mond. Und du, du redest, als wärest du von vorgestern!«

»Und du, du bist unverschämt!« Karl hieb auf den Tisch, dass die Teller in die Luft sprangen und Hedwig zusammenzuckte. »Hast du das von den Sozialdemokraten? Lernt man bei denen, seine Eltern zu diffamieren?«

»Karl, sie meint es nicht so«, versuchte Hedwig ihren Mann zu besänftigen.

»Ja, nein, tut mir leid, ich wollte dich nicht aufregen«, lenkte Agathe ein. »Aber ich bin froh, dass ich wählen gehen kann. Und ja, ich wähle die Sozialdemokraten. Und noch einmal, entschuldige, aber den Kaiser brauchen wir nicht mehr.«

»Genau den werden wir noch brauchen. Du wirst ihm noch nachweinen. Ihr werdet sehen, was passiert, wenn wir auf den Pöbel hören. Das kann nicht gut gehen!« Schon wieder sprangen die Teller in die Luft. Hedwig war fassungslos. Dass so an ihrem Tisch gestritten wurde! Dass jemand aus der Familie die

Sozialdemokraten wählte! Jedoch, nun ja, das Frauenwahlrecht, warum eigentlich nicht? Dennoch, sie wollte ihren Frieden, und zwar sofort.

»Hört mit dem Streiten auf!«, befahl sie und stellte die Teller zusammen. »Was kann denn das Geschirr dafür, dass wir jetzt eine Republik haben!«

Doch Karl konnte nicht aufhören. »Alles Unfug, neumodischer Blödsinn. Republik! Wissenschaft! Wir brauchen weder Kommunisten noch Sozialdemokraten. Die Kinder brauchen in der Schule eine geistliche Führung, nicht nur das Eiapopeia zu Hause beim Zubettgehen. Es kann nicht sein, dass wir Lehrer den Kindern nur noch beibringen sollen, was der deutschen Wirtschaft in den Kram passt. Passende Arbeitskräfte, wie praktisch! Materialismus! Dass ich nicht lache! Der Protestantismus ist eine Errungenschaft, die die Aufklärung und deine so genannte Wissenschaft erst möglich gemacht hat! Ohne christlichen Einfluss droht Anarchie, dann werden Egoisten und Verbrecher an die Macht kommen!«

»Da bin ich ganz anderer Meinung. Du traust den Menschen zu wenig zu. Ich glaube, dass politisch jetzt sehr viel möglich ist, endlich. Die vielen alten Zöpfe gehören abgeschnitten. Ich werde auch bald zum Frisör gehen.«

Agathe versuchte erfolglos, dem Gespräch die Schärfe zu nehmen. Karls Zorn legte sich nicht. In der eigenen Familie lauerte der Widerspruch! Es reichte ihm schon, was er täglich von den Kollegen in der Schule zu hören bekam. Da war er von Kommunisten und Sozialdemokraten regelrecht umzingelt, ja, das war er. Wo kamen sie denn plötzlich alle her? Ach, könnte er doch bloß den guten alten Kaiser Wilhelm wiederhaben! Fast hätte er es gesagt. Aber er schwieg. Sollten sie doch sehen, was der Fortschritt für sie bereithielt.

Hedwig versuchte noch einmal zu schlichten, wobei sie vorsorglich die Teller festhielt. »Wenn du daran glauben könntest, dass in allen Kindern ein guter Kern steckt, brauchtest du dich nicht zu fürchten.«

»Schon wieder Unfug, Hedwig!«, rief Karl erbost. »Ich glaube tatsächlich, dass in jedem Kind ein guter Kern steckt, jawohl. Aber viel einfacher, als den hervorzubringen, ist es, alle zum Unfrieden anzustacheln. Das geht wie von selbst. Ihr seht doch, was draußen auf den Straßen los ist. Wir hatten gerade Krieg, erinnert ihr euch? Und was haben die Sozialdemokraten getan? Rumgeeiert haben sie. Erst gegen den Krieg, dann für den Krieg. So etwas hilft keinem weiter. Ich kenne die Eltern meiner Kinder. Sie brauchen dringend eine Wegweisung aus der Heiligen Schrift und nicht aus einem Parteiprogramm. Wenn ihr die Religion in der Schule abschafft, geht sie unter. Und dann? Dann werden die Leute einfach wieder abergläubisch. Jedes alte Mütterchen wird zur weisen Frau erklärt und kann eure Warzen besprechen. Das wollt ihr? Ihr wollt modern sein, ohne Religion, und fallt ins Mittelalter zurück? Ohne mich!«

»Die Kirche hat den Krieg doch auch nicht verhindert«, sagte Agathe. »Im Gegenteil, sie hat ihn heiliggesprochen.«

Das saß. Karl stand auf und verließ den Raum. In der Tür begegnete er Arthur, der nachsehen wollte, warum die Erwachsenen so einen Krach veranstalteten.

»Es ist nichts«, sagte der Vater. »Wir sprechen über Religion und sind uns uneins.«

»Aber du hast auf den Tisch gehauen, das habe ich gesehen.«

»Manchmal muss man auf den Tisch hauen. Das tut dem ja nicht weh. Geh wieder auf dein Zimmer!«

Das tat Arthur und nahm sich vor, bei nächster Gelegenheit auch einmal auf den Tisch zu hauen. Was die Mutter wohl dazu sagen würde?

»Ach du liebe Zeit«, sagte Hedwig zu ihrer Stieftochter, nachdem Karl zur Tür hinaus war. »Was für eine Aufregung. Ist es wirklich so schlimm in der Schule?«

»Eigentlich nicht«, meinte Agathe. »Ja, alles ist im Umbruch und einiges geht durcheinander, das stimmt. Aber ich denke, die Frauen werden es leichter haben, wenn die Religion nicht mehr so öffentlich ist. Sie wird doch nur von Männern gemacht.«

»Sieh deinen Vater an, er ist ein guter Mann.«

War er das? Karl hatte gerade das Gespräch abgebrochen. Das tat er meistens, wenn er nicht weiterwusste. Was war daran gut?

Hedwig seufzte. Ihr tat Karl leid. Sie stand auf, um nach ihm zu sehen. Auch Agathe erhob sich und steckte die nächste gelockerte Locke fest.

»Ich werde dann auch mal gehen«, erklärte sie. »Solche Gespräche bringen ja nichts. Grüß den Vater schön, er soll sich nicht grämen!«

»Warte bitte! Ich hole ihn, dann könnt ihr euch ordentlich verabschieden. Es ist doch nicht schön, so auseinanderzugehen.« Hedwig sah ihre Stieftochter prüfend an. »Ist bei dir sonst alles in Ordnung?«

»Ja, aber es gibt da noch etwas. Ich bin gar nicht zu dem gekommen, was ich euch eigentlich erzählen wollte«, gestand Agathe. »Ich habe ein Angebot von einer höheren Mädchenschule in Berlin, dort als Deutsch- und Französischlehrerin zu unterrichten. Ich weiß noch nicht, ob ich es annehmen werde. Aber hier komme ich nicht weiter. Nach Berlin zu gehen, das reizt mich sehr. Zumal mir hier, und das ist das eigentliche Problem«, Agathe zögerte kurz, sprach dann aber beherzt weiter, »also, nachdem das Lehrerinnenzölibat abgeschafft worden ist, hat mir einer der Lehrer ein unsittliches Angebot gemacht. Geschlechtliche Hingabe hat er es genannt, und, dass der doch nun nichts mehr im Wege stünde. Ich bitte dich! Lehrerinnen sind wohl jetzt Freiwild? Ich habe mich bei der Schulleitung beschwert, aber sie wollten mir nicht glauben. Stell dir das vor! Ich sollte wirklich nach Berlin gehen. Dann bin ich den Ärger los.«

Hedwig war blass geworden. »Das musst du Vater erzählen!«, sagte sie. »Das ist ja unerhört!«

»Das ist es. Aber ich erzähle ihm nur das mit dem Angebot. Das andere nicht. Damit kann er nicht umgehen. Dann gäbe es noch mehr Ärger.«

Hedwig ging ihren Mann holen.

»Was gibt es denn noch?«, fragte Karl kurz angebunden und blieb in der Tür stehen.

In knapper Form berichtete Agathe von ihren Plänen. »Ich würde ja gerne hierbleiben, aber wenn man mich und meine Vorstellungen übergeht und mir die kalte Schulter zeigt, bin ich in Berlin besser aufgehoben«, sagte sie. »Außerdem bekomme ich dort mehr Geld.«

»Das ist doch eine gute Nachricht!«, meinte Karl zum Erstaunen der beiden Frauen. »Natürlich musst du dir alles in Ruhe überlegen. Man zieht immer mit sich selber um. Ob in Berlin alles besser wird, wer weiß das schon? Lass uns nächsten Sonntag darüber reden.«

Trotz des glimpflichen Endes der Aussprache waren beide Kontrahenten erschöpft. Karl zog sich zurück. Agathe ging nach Hause.

Hedwig war erleichtert über den Ausgang des Gespräches. Sie wusste, wie sehr Karl die Ruhe und den häuslichen Frieden brauchte. Doch um sie herum wollte es einfach nicht ruhig werden. Ihre Stieftochter musste wohl besser in die weite Welt hinaus, um ihr Glück zu machen. Elbing war schon eine rechte Provinzstadt. Mit modernen Frauen konnten sie hier nicht viel anfangen.

Agathe brauchte lange, um sich zu beruhigen. Nahm sie sich zu viel heraus, nicht nur dem Vater gegenüber? War sie zu emanzipiert? Neidete man ihr, dass sie die Aufhebung des Lehrerinnenzölibats zum Anlass genommen hatte, mit dem einen oder anderen Mann auszugehen? Über diese Dinge konnte sie mit ihren Eltern nicht sprechen. Ihre Stiefmutter war lieb, aber naiv. Und ihr Vater? Absurd, gerade ihn in Frauensachen zu konsultieren.

Erst im Laufe der nächsten Wochen drang in ihr Bewusstsein, dass sie jetzt wohl etwas hatte, auf das sie sich freuen konnte. Im Herbst des Jahres 1919 verließ sie Elbing und ging nach Berlin. Arthur war untröstlich. Berlin, das lag ja sonstwo. Wann würden sie sich wiedersehen?

## Käthe gibt sich und anderen Rätsel auf

Mit sechs Jahren, zu Schuljahresbeginn 1920, wurde Käthe in eine Wuppertal-Elberfelder Grundschule eingeschult. Nach etwa einem Vierteljahr kam sie nach Hause und berichtete: »Ich bin jetzt in der nächsten Klasse.«

Durch mathematische Begabung, jawohl! und bestimmt auch durch das emsige Regenwurm-Humushäufchen-Zählen in Straßburg konnte sie so schnell rechnen, dass sie der Lehrerin mit ihrem eifrig präsentierten Können lästig wurde. In der zweiten Klasse musste sie nur beim Lesen und Schreiben etwas aufholen. Das gelang ihr in Nullkommanichts. Derart unterfordert beschäftigte sie sich mit anderen Fragestellungen und gab die Antworten gleich dazu. Eine besondere Erkenntnis wurde ihr zuteil, als sie eines Tages drei Lehrer auf dem Schulhof entdeckte, die beieinanderstanden und sich unterhielten. Begeistert rannte sie auf die Gruppe zu.

»Haben Sie gemerkt, dass jeder von Ihnen neben jedem steht?«, sprach sie die Herren an.

»Was möchtest du, kleines Fräulein?«, fragte einer von den dreien.

»Ich möchte gar nichts. Ich habe nur gesagt, dass jeder von Ihnen neben jedem steht und ob Sie das gemerkt haben.«

Als dieses Mal gar keine Reaktion erfolgte, lief Käthe enttäuscht zu ihren Klassenkameradinnen zurück und reihte sich bei den Himmel- und Hölle-Hopserinnen ein. Beim Hopsen war sie nicht so gut, denn sie war ja kleiner als die anderen Mädchen der 2. Klasse und konnte nicht so weit hopsen. Aber das machte ihr nichts aus.

Zu Hause gelang es ihr ebenfalls nicht, jemanden für ihre Erkenntnis zu begeistern, nicht einmal den Vater. Es war wohl nichts Besonderes, was ihr an den drei Leuten aufgefallen war. Auch dafür, dass sich ihre Klavierlehrerin, Fräulein Wagner, immer an den Beinen kratzte, interessierte sich niemand.

»Du machst sie wahrscheinlich nervös«, meinte die Mutter unbeeindruckt.

»Überhaupt nicht!«, empörte sich Käthe. »Sie macht mich nervös. Vielleicht hat sie Flöhe oder Läuse oder beides, igitt. Ich muss mich auch schon den ganzen Tag kratzen.«

Tatsächlich? Flöhe oder Läuse? Das wollte Rose doch nicht hoffen! Erst als Käthe ihr abends im Bett die kleinen roten Punkte an den Beinen zeigte, reagierte die Mutter. Fräulein Wagner wurde befragt und bekannte sich schuldig. In den Dielenritzen ihrer Musizierstube herrschte reger Betrieb, das war ihr tatsächlich aufgefallen. Aber was konnte sie dafür? Dagegen war man doch machtlos. Auch Rose war gegen die Flöhe bei Fräulein Wagner machtlos, entfernte Käthe aber schleunigst aus dem Einzugsbereich der Untiere.

Die Leforts waren reinliche Leute, doch muss man zur Ehrenrettung Fräulein Wagners sagen, dass sie - im Gegensatz zum armen Fräulein - einen Staubsauger besaßen. Das Ungetüm verfügte über eine rotierende Bürste, die die Flöhe zunächst umherwirbelte, orientierungslos machte und anschließend in den Saugbeutel beförderte. Außerdem machte der Motor einen solchen Lärm, dass kein Floh, der etwas auf sich hielt, in der Nähe wohnen wollte. Auch Käthe mochte es nicht, wenn staubgesaugt wurde. Sie floh, ganz ohne Floh zu sein, vor dem Getöse in den Garten, ob bei Regen, Schnee oder Sonnenschein.

Rose fand eine andere Klavierlehrerin für Käthe, Fräulein Wegepfennig. Auch abgesehen von ihrem Namen war das eine unterhaltsame Person, dazu noch reinlich, und, besonders hervorzuheben: Sie konnte besser Klavier spielen als Fräulein Wagner. Käthe war hingerissen und übte fortan ein wenig mehr, aber mehr auch nicht.

Was Käthes katholische Erziehung anging, fühlte sie sich mit der ihr verordneten Religiosität ziemlich alleingelassen. Der Vater war evangelisch - er musste sich nicht kümmern. Die Mutter hatte anscheinend das Interesse an der Kirche verloren. Wenn Käthe sich zum sonntäglichen Messgang anschickte - ihre Schwester Magda ging andere, eigene Wege -, beugte sich die Mutter übers Treppengeländer und rief ihr nach: »Bet' für mich mit, liebes Kind!«

Käthe versuchte es, ließ sich dabei aber leicht ablenken. Zum Beispiel war es viel verlockender, über den dicken Bauch des Pfarrers nachzudenken, als zu beten. Was wohl in dem drinsteckte? Federn, wie im Kopfkissen?

Dicke Menschen waren in dieser Zeit etwas ganz Besonderes, weil bei den meisten Leuten nicht genug auf den Tisch kam, das sie dick machen konnte. Insofern war der Ortsgeistliche eine Rarität. Als Käthe beim Verlassen der Kirche einmal absichtlich-versehentlich gegen ihn stieß - der Pfarrer stand wie immer zum allgemeinen Händeschütteln am Hauptausgang derselben, spürte sie, dass er keinen Federbauch hatte. Sein Bauch war fest wie eine Wand.

»Hallo, Käthe, wohin so eilig?« Der Pfarrer packte sie am Mantelkragen und drehte sie zu sich herum. »Du kannst mir ruhig die Hand geben. Ich beiße nicht!«

»Ja, Herr Pfarrer. Auf Wiedersehen, Herr Pfarrer. Vielen Dank, Herr Pfarrer!« Künftig vermied sie jeden Zusammenstoß mit seinem Korpus.

Den Religionsunterricht erhielt Käthe in einer gemischten Unterrichtsgruppe. Knaben und Mädchen zusammen - das war neu. Käthe war es gleich, sie fand es weder gut noch schlecht. Aber eines war ganz sicher schlecht: Die Knaben pflegten die Mädchen auf dem Heimweg zu ärgern. Sie überfielen sie bei der erstbesten Gelegenheit und piksten sie mit Ilexzweigen. Die sahen zwar wunderschön aus, piksten aber gewaltig. Wieder war Käthe im Nachteil, weil sie nicht schnell genug wegrennen konnte. Auch geheime Umwege zu nehmen brachte nichts, weil es keine gab. Ob rechts oder links herum, immer waren die Plagegeister zur Stelle.

Für Käthe nahm die Plage erst ein Ende, als einer der Jungen, der Ferdinand, sich vom Pikser zum Beschützer wandelte. Seit seiner Wandlung begleitete er sie nach dem Religionsunterricht bis vor die Haustür. Die einzige Erklärung, die Käthe zu seinem Sinneswandel einfiel: Ferdinand hatte das gleiche Vergnügen an Zahlen wie sie. Woran sie das gemerkt hatten? Sie trafen sich, keinesfalls zufällig, immer vor dem Schaufenster, dessen Auslage aus einem Berg nummerierter Eier bestand. Weshalb die dort lagen und was die beiden Kinder fortan für eirige Gedankenspiele anstellten, ist nicht überliefert. Auf alle Fälle mussten Zahlen gesucht und gefunden werden und es machte Spaß und die Zeit verging dabei so schnell, dass Käthes Mutter jedes Mal sehr unzufrieden über das ihrer Ansicht nach zu späte Nachhausekommen ihrer Tochter war. Was taten Ferdinand und Käthe noch zusammen, um sich die Zeit zu vertreiben? Sie sammelten Rätsel und wetteiferten darin, sie anderen zu stellen.

Wenn alle Rätsel geraten oder gestellt waren, das Wetter zu schlecht war, um draußen zu spielen und auch die Schlittschuhe oder Stelzen nicht herausgeholt werden durften, Käthe keine Lust zum Lesen hatte, zählte sie Buchstaben. Sie probierte aus, welche Vokale am häufigsten vorkamen. Jeder siebte Buchstabe war in der Regel ein E. Wenn das einmal nicht der Fall war, versuchte sie, durch Wortergänzungen oder einen Austausch diese Siebenzahl zu erreichen. Damit konnte sie Stunden zubringen. Was für ein schönes Spiel! Was für ein schönes Leben!

Im letzten Satz steckt ein E zu viel.

## Kapitän oder Pfarrer

An seinem 12. Geburtstag, dem 10. Februar 1920, schloss Arthur seine Zukunftsplanung ab und gab bekannt: »Ich werde Pfarrer.« Wenngleich er zunächst sowohl Kapitän als auch Pfarrer werden wollte, kam ihm mit zunehmender Lebenserfahrung ein, dass das nicht funktionieren würde. Er musste sich entscheiden. Wobei er damals noch nicht wusste, dass das Ergebnis jedweden Abwägens auf einer Einschätzung beruhte, die zutiefst subjektiv und daher instabil war. Und jedes Ergebnis denkerischer Anstrengung konnte ein Trugschluss sein, wie plausibel es auch daherkam. Mit zwölf Jahren fühlte er sich reif genug, dem Bedeutsameren den Vorrang zu geben. Zum Glück waren seine Eltern zu eben diesem Ergebnis gekommen. In der neuen Republik durften sie darauf hoffen, dass Arthur diesen Weg würde gehen können, obwohl er nicht aus begütertem Hause kam. Jawohl, lieber Karl! Auch das war sozialdemokratisch. Tatsächlich schaffte Arthur den Sprung ins Elbinger Gymnasium, in das »Athenäum Elbingense«.

Er wusste sich auch an dieser Schule hervorzutun, nicht immer zur Freude der Lehrerschaft. Woher der Junge das Selbstbewusstsein für seine altklugen Äußerungen nahm, konnte sich niemand erklären. Vielleicht lag es an den Übungsstunden mit Agathe? Hatte sie ihn zu viel gelobt? Oder kam der Kapitän-Großvater in ihm durch, der sich vor nichts und niemandem gefürchtet hatte? Arthur fürchtete sich vor nichts und fast niemandem. Nur vor den Mädchen ein kleines bisschen. Das kam vermutlich daher, dass er keines kannte, denn als Spielkameraden dienten ihm bisher nur seine beiden Elbinger Cousins. Wie Frauen waren, wusste er. Aber Mädchen? Diese Frauenvorstufe war ihm nicht geheuer. Leider ergab sich wegen des weiterhin getrennten Unterrichts noch immer keine Gelegenheit, an ihren Zöpfen zu ziehen oder sich ihnen auf andere Weise zu nähern. Nun verstärkte auch noch der Gymnasialdirektor Heinrich von Holst, ein Patriarch von baltischem Adel, Arthurs Unsicherheit. Von Holst fühlte sich berufen, die Knaben in die biologischen Zusammenhänge einzuführen. Seine mit nebulösen Warnungen angereicherten Erklärungen erfolgten dabei jedoch in Serpentinen, obwohl gar kein Berg zu erklimmen war. Kurz vor dem Ziel, dem Höhepunkt der eigentlich sachdienlich sein sollenden Beschreibung dessen was ist, kam sein Vortrag gänzlich vom Pfad der tatsächlichen Gegebenheiten ab und endete als Führung durch eine Kathedrale. Und so kamen Arthur und seine Schulkameraden mangels alternativer Darstellungen dazu, im Mädchen die zum Muttertum ausersehene Erscheinung einer Madonna zu sehen. Es stand ja auch fest, dass Maria Mutter und Jungfrau zugleich war.

Arthurs Interesse an Mädchen wuchs altersentsprechend, seine Unsicherheit wuchs mit. Er begann den Mädchen hinterherzusehen. War das verwerflich? Was hatte ihr Gymnasialdirektor gerade erst behauptet: »Jede Form von Schönheit und Anmut birgt auch immer etwas Hintergründiges, vielleicht sogar Abgründiges in sich.« Womit der Direktor aus seiner soeben bewältigten Serpentine (der Madonnenkurve) in die nächste geschlingert war (die Vampschleife). Hintergründige, abgründige Mädchen? Was sollte Arthur daraus für Schlüsse ziehen? Mit Biologie hatten die Verunklarungen des Direktors jedenfalls nichts zu tun. Auch nicht mit einer anderen Wissenschaft. Oder doch? Vielleicht mit Metaphysik. Mädchen waren im Materiellen sichtbar, aber dort nicht zu Ende. Auch wenn man nach ihnen griff, blieben sie unbegreiflich. Ach du liebe Zeit, ihr armen Mädchen. Was für ein Kuddelmuddel.

## Jugendbewegung

Über Arthurs Pubertät gibt es sonst nicht viel zu sagen. Eine überschaubare Weile blieb er, wie die meisten Knaben seines Alters, in der beschriebenen Verunsicherung stecken, doch kam er mit den körperlichen Begleiterscheinungen einigermaßen zurecht. Er profitierte davon, dass sich nach dem Krieg die Jugendbewegung erholte und er Teil derselben werden durfte. Da fand das wirkliche Leben statt! Gemeinsam mit zwei Klassenkameraden trat er einem Schülerbibelkreis bei. So ein Schülerbibelkreis unterschied sich nicht wesentlich von den »Wandervögeln«, nur dass es zwischen dem Wandern, Zelten und Lieder singen am Lagerfeuer noch Bibelgespräche zu führen galt.

Angeführt wurde Arthurs Schülerbibelkreis von Gustav-Adolf Gedat, genannt »Guckel«. Guckel war die erste Person in Arthurs Leben, die als Vorbild zu taugen schien. Im Gegensatz zum Vater war diese Leitperson ansprechbar und sogar zum Dia- oder Trialog, jedenfalls zum Gespräch bereit.

Wie sie durch die Lande streiften, die Jünglinge! Wissbegierig, kämpferisch, immer bereit zu dieser Mutprobe oder jenem Höhenflug. Einmal unternahmen sie eine Klotzfahrt zur Haffküste, über Wogenab, Steinort und Reimannsfelde. Bereits mit ziemlich müden Beinen machten sie sich bei Succase an den Aufstieg und erklommen den Karlsberg. Oben angelangt standen sie 140 Meter über dem Meeresspiegel. Standen und schauten. Der kräftige Nordwestwind brachte einen wolkenfreien, ultramarinblauen Himmel und weite Sicht. Da lag das Frische Haff, bis zur Nehrung hin mehr als eine Meile überspannend.

»Siehst du die beiden Molen?«, fragte Arthur seinen im Stehen benachbarten Wanderkameraden, der bedauerlicherweise ebenfalls Arthur hieß, aber in Nehrungsdingen nicht halb so bewandert war wie der erstere Arthur. Wenn jemand »Arthur« rief, konnten sie nur aus dem Zusammenhang erschließen, welcher Arthur gerade gemeint war. Der erstere Arthur häufig in natürlichen Zusammenhängen, der andere in juristischen. Das hieß, bei Klotzfahrten wie dieser wurde überwiegend Arthur I. angesprochen. Der zweite wollte Richter werden. Er wurde bei Streitigkeiten herangezogen, wenn Guckel beim Schlichten einmal nicht weiterkam.

»Sieh mal, die eine Mole ist für die ›Preußen‹, die andere für die ›Möwe‹.

»Ich sehe kein Schiff, ich sehe keine Molen.«

Arthur I. ergriff den rechten Arm des anderen, streckte ihn aus, bog ihm den Zeigefinger gerade und hielt mit diesem auf das Haffufer drauf. »Da, genau da, dieser kleine graue Strich, das ist die Mole. Die siehst du doch wohl?«

»Nein, da ist doch alles grau. Keine Striche, keine Punkte, ich kann auch nicht unterscheiden, wo Wasser ist oder Land.«

Arthur I. wunderte sich. »Brauchst du eine Brille? Die Preußen legt gerade ab, sieh doch hin, die stößt jede Menge Rauch aus!«

Arthur II. sah es nicht. Nun, wahrscheinlich brauchte er wirklich eine Brille, das hatte er schon bei anderen Gelegenheiten festgestellt. Doch wer wollte in der freien Natur eine Brille tragen? Konnte das nicht warten, bis er Richter war?

»Sieh mal«, bemühte sich Arthur I. weiter, in dem er den Arm des anderen ergriff und wie einen Kranausleger das Panorama abschwenken ließ. »Den Dampfer kannst du vielleicht nicht sehen, aber die Nehrungsberge schon, nicht wahr?« Er stoppte den Kranarm an einem Punkt der gegenüberliegenden Hügelkette.

»Du meinst die Huckel da drüben am Ufer?«

»Ja. Die Huckel in der Mitte, die bilden das ›Kamel‹. Siehst du den langen Hals und rechts daneben die Höcker?«

Arthur II. kniff die Augen zusammen. Ein Kamel?

»Ja, ich sehe es. Wahrscheinlich grast es gerade. Wenn Kamele überhaupt grasen. Was fressen Kamele denn so?«

Die Frage irritierte Arthur I., dennoch bemühte er sich um eine Antwort. »Kamele sind Pflanzenfresser. Sie grasen oder fressen Blätter. Also du kannst es erkennen, das Kamel. Wunderbar. Sein Hals ist etwa dreißig Meter hoch.«

»Da muss es sich ganz schön bücken, wenn es grasen will. Kann ich jetzt meinen Arm herunternehmen?«

Arthur I. ließ ihn los, zeigte nun seinerseits auf das gegenüberliegende Ufer. »Es grast ja schon, bückt sich also, das heißt, der Hals ist eigentlich noch viel länger. Der Nehrungsberg ist an dieser Stelle dreißig Meter hoch, wie ich schon sagte. Sieht höher aus, nicht wahr?«

Arthur II. nickte. Eigentlich beeindruckte ihn das alles nicht sonderlich. Vielleicht lag das an der fehlenden Brille. Bevor er das überprüfen würde, schaute er sich lieber in der näherliegenden Sphäre um. Arthur I. hingegen sah viel mehr. Ganz ohne Sehhilfe nahm er über Haff und Nehrung hinweg am Horizont in blaugrauem, verblassendem Schimmer die Ostsee wahr. Und nicht genug damit: Aus dieser erhoben sich - ab und zu und winziger als Gedankenstriche - einzelne Wellenkämme der strandwärts auflaufenden Dünung. Die Kleinstschaumkronen waren mehr als anderthalb Meilen entfernt. Mit denen brauchte er dem anderen Arthur gar nicht erst zu kommen, das war klar. Schade war es auch.

»Wenn du keine Brille tragen willst, besorge dir ein Fernglas. Sonst verpasst du zu viel!«

Arthur II. nahm den Ratschlag an – zum Glück waren seine Eltern vermögend genug, um ihm ein binokulares Fernglas von Carl Zeiss in Jena zu besorgen. Bei der nächsten Wanderung führte er das Wunderwerk der Technik mit sich, konnte meilenweit sehen und auch auf die näher liegenden Dinge klärte sich sein Blick. Bei der übernächsten Tour trug er bereits eine Brille und ein Fernglas. Nun war er der am besten sehende Arthur dieses Bibelkreises und konnte seinerseits auf Dinge weisen, die für andere ziemlich unsichtbar waren. So oft wie möglich blieb er stehen, um die Blätter und Nadeln an den Bäumen zu bewundern, die Vögel in der Luft zu betrachten, die bislang nur punkt-, wellen-, strichförmig oder gar nicht auf seiner Netzhaut angekommen waren. Was für eindrucksvolle Gebilde! Was für entzückende Wesen! Endlich konnte er mitreden, wenn die anderen über Blatt- und Zweigformen von Eichen, Buchen, Ahornen, Tannen oder Fichten, über keilförmige Flügelstellungen oder gabelförmig angeordnete Schwanzfedern fachsimpelten.

Die Pracht und Urgewalt der ostpreußischen Landschaft, der gemeinsame Gesang, die biblischen Texte, die gleichgesinnten Burschen – diese wundersame Welt bedurfte keiner anderen Drogen, um ihnen eine Bewusstseinserweiterung zu bescheren. Zu allem Überfluss wurde ihre Welt auch noch international. Zumindest deutsch-polnisch-litauisch. Die Weichsel war für alle da und die Memel auch. Die dazugehörigen Lieder waren schön, schwermütig und bedeutungsschwanger. Man nannte sie Dainos. In eine Daina konnten Arthur, Arthur und die anderen all ihre Sehnsüchte hineinlegen, ohne den metaphysischen Abgründen zu nahe zu kommen:

An des Haffes anderm Strand stehen Linden frisch und grün,
und in diesen Linden und in diesen grünen
saßen einst der Tauben drei.

Waren nicht der Tauben drei, nicht die Vögel girrten so,
waren junge Mädchen unter diesen Bäumen,
stritten um 'nen Burschen sich.

Sprach die eine: Er ist mein. Sagt die andre: Wie Gott will!
Aber diese dritte, aber diese jüngste,
hat sich tief, zu tief, betrübt.

Möchte hingehn in die Stadt, suchen einen Spielmann dir.
Tanze, liebes Mädchen, tanz und sei nicht traurig!
Denn du sollst nur fröhlich sein.

Schon vor einiger Zeit hatte Karl Arthur seine Laute überlassen. Arthur fingerte auf ihr herum, summte die eine oder andere Melodie dazu und, hast du nicht gehört, war er zu einem begnadeten Lautenspieler und Sänger geworden. Es war so, als wäre er mit dem Instrument eine Symbiose eingegangen oder es mit ihm. Alle waren hingerissen. Bei den Darbietungen umwehte den Sänger stets ein Hauch von Melancholie, wo immer er sie hernahm - genau die Ausstrahlung, die diese Lieder brauchten und unverwechselbar machten:

Ei lulululu, du tiefdunkler Fluss,
bot mir herüber ein Mädchen den Gruß,
bot mir herüber ein Mädchen den Gruß.

Memel, ach Memel, was bist du so breit!
Mädchen, mein Mädchen, so nah, doch so weit,
Mädchen, mein Mädchen, so nah, doch so weit!

Wär ich herüber, ich küsste zur Stund,
wieder und wieder den taufrischen Mund,
wieder und wieder den taufrischen Mund!

Ei lulululu, du tiefdunkler Fluss …

In Moll, voller Sehnsucht, unerlöst, unerfüllt. Welche Saite schwang da in ihm mit? Wessen Konjunktiv spielten seine Melodien? Unpassenderweise kam Arthur in den Stimmbruch. Was für eine peinliche Angelegenheit! Während bei den Mädchen alles von schön zu noch schöner heranwuchs, konnten die Knaben angesichts ihres Vermännlichungsprozesses nur verzweifeln. Arthurs Gesangsvorträge mussten auf unbestimmte Zeit verschoben werden.

Agathe forderte ihren Bruder bei einem ihrer seltenen Besuche dazu auf, immer mit möglichst tiefer Stimme zu sprechen. Sonst würde er möglicherweise auf halbem Wege in der Mutation stecken bleiben. Sie wusste so viel! Und es half. Eine weitere Sache, die ihm Probleme bereitete: Er, der zukünftige Pfarrer, hatte Angst vor seiner eigenen Konfirmation. Die Angst dräute wie ein aufkommendes Gewitter. Wobei die Konfirmation an sich, also das Handauflegen und Segnen, nicht das eigentlich Beunruhigende war. Die im Anschluss an die Konfirmation zum Pflichtgang avancierte Teilnahme am Heiligen Abendmahl mit vorhergehender Beichte schreckte Arthur. Sein Gemeindeoberhaupt, Pfarrer Greulich, achtete streng darauf, in seinen Konfirmanden ein Buß- und Reuebedürfnis heraufzubeschwören, damit das Abendmahl auch wirklich in aller geistlichen Reinlichkeit absolviert werden konnte. Was aber hatte Arthur zu bereuen, was sollte er büßen? Ihm fiel nichts ein. Die Eltern mochte er nicht fragen. In seiner Not schrieb er an Agathe.

»Alles Quatsch!«, beschied sie postwendend. »Was hast du zu bereuen? Dass du einen Wurstzipfel genascht hast? Meinst du, das interessiert den lieben Gott? Oder, dass du immer in der Nase bohrst, wenn du denkst, keiner sieht hin? Das machen doch alle!«

Das nun war für Arthur etwas ganz Neues. Alle bohrten in der Nase? Half ihm diese Aussage weiter? Nur insoweit, dass an zu bereuenden Sünden nun gar nichts mehr übrigblieb. Warum konnte der Pfarrer nicht konkreter werden? An was dachte er denn, wenn er etwas zu bereuen hatte? Oder waren Pfarrer etwa frei von Sünden? Offensichtlich war der Geistliche seinen Konfirmanden noch einige Informationen schuldig geblieben.

Irgendwann, wie es der Lauf der Dinge nun einmal vorsah, kam der Tag der Einsegnung herbei. Für Arthur begann er mit blankem Entsetzen. Nachdem er in die ungewohnt langen Hosen geschlüpft war, schaffte er es nur unter extremen Mühen, den steifen Eckenkragen in das fast ebenso steife Hemd zu knöpfen. Inzwischen war er schweißüberströmt und wusste nicht, wohin mit sich. In die Kirche, wohin sonst. Du liebe Zeit, musste Heiligkeit wirklich mit Ungemach einhergehen? Ein Trost, als er bemerkte, dass einer der Konfirmanden - wohl aus noch weniger begütertem Hause als er - in kurzen Hosen und mit Schillerkragen erschienen war, also in Alltagskleidung. Arthur schämte sich. Warum tröstete ihn die Armut des anderen? Das war sein Vergehen. Das wollte er beichten.

»Ich habe gesündigt, weil es mich tröstete, dass ich besser angezogen war als …«

Der Pfarrer unterbrach ihn. »Diese Sünde ist dir vergeben. Du hast getan, was dir gesagt wurde. Fällt dir noch etwas anderes ein?«

Das war nicht der Fall. Der Pfarrer nahm das nicht krumm und plauderte noch ein wenig mit ihm. Wahrscheinlich war er froh, dass Arthurs Sündenbekenntnis nicht weitere Blüten trieb. Und, o Wunder!, Arthurs Stimme blieb beim Plaudern fest. Auch beim Feiern des heiligen Abendmahls passierte nichts Peinliches. Weder blieb ihm die Oblate am Gaumen kleben noch verschluckte Arthur sich am Wein. Doch der Tag wurde erst schön, als die Sonne über dem nächsten aufgegangen war.

Arthur wuchs nicht nur am Kehlkopf, sondern gesamtkörperlich. Karl blickte staunend zu seinem Sohn empor und Hedwig musste sich auf die Zehenspitzen stellen, um Arthurs Hemdkragen auch von oben in Augenschein nehmen zu können.

## Was für ein Drama

Niemand hatte es kommen sehen, Warnungen erhalten, etwas geahnt. Wirklich nicht? Auch Karl nicht? Vielleicht ja, vielleicht nein. Er war Akteur in dem Drama, Regie führte er nicht. Die Anweisungen erfolgten aus dem Hintergrund. Das Drama: Die Welt der Elbinger Familie Preuß ging zu Bruch. Karl wurde der Schule verwiesen und der Stadt gleich mit. Das Leben von Karl, Hedwig und Arthur zerbrach in ein Davor und ein Danach. Karl konnte es weder seiner Frau noch seinem Sohn erklären, verstand er doch selber nicht, wie seine Angelegenheiten so hatten aus dem Ruder laufen können.

»Hedwig, hör auf zu fragen. Wir müssen weg. Nein, ich bekomme es nicht schriftlich, mir ist nicht gekündigt worden. Ich soll die vorzeitige Pensionierung beantragen und man wird dem Antrag stattgeben. Außerdem besorgt man uns eine Wohnung in Königsberg.«

»In Königsberg? Ja, aber warum?«

»Du weißt doch, dass ich mich mit vielen zerstritten habe. Ich soll jetzt Ruhe geben, hat man mir gesagt. Sonst würde es nur schlimmer.«

»Wie kann es denn schlimmer werden?«

Das fragte Karl sich auch. Die Welt stand Kopf oder er hatte den Kopf verloren, war verrückt geworden. Das sagten inzwischen die meisten Leute, die er kannte, allen voran Hedwig.

Er hatte an seiner Schule keine Ruhe gegeben wegen dieses Religionsthemas. Bei Hinz und Kunz, beim Schulamt und darüber hinaus hatte er sich beschwert. So könne es nicht weitergehen, so unfromm und materialistisch! Er erhielt nichtssagende Antworten und den Rat, sich zurückzuhalten. Das konnte er nicht, sie waren doch im Unrecht, all diese Linken, die sich in der Republik nun großtaten! Er schrieb sich die Finger wund, instrumentalisierte die Schüler, suchte deren Eltern in der Angelegenheit zu Hause auf, suchte Verbündete an allen Ecken und fand keine. Die Schüler bekamen es mit der Angst, die Eltern beschwerten sich über ihn bei der Schulleitung, diese beschwerte sich bei der Schulverwaltung. Dort kreuzten sich inzwischen Briefe mit Briefen, so dass die Angestellten die Posteingangs- mit den Postausgangsstempeln verwechselten und alles noch mehr koppheister ging als sowieso schon.

Karl wurde beurlaubt. Er ließ sich nicht beurlauben, ging in die Schule, erzwang sich den Zutritt zu seinem Klassenzimmer und musste mit Polizeigewalt entfernt werden. Er war verrückt, was sonst, hatte jedes Maß verloren. Und dennoch: Noch redete man ihm gut zu, ließ die Anzeige wegen Hausfriedensbruch fallen. Der Direktor nahm ihn beiseite. Er möge bitte mit dem Unsinn aufhören, bei allem Verständnis, sonst müsse man andere Saiten aufziehen. Wieso verstand ihn der Direktor, stand ihm aber nicht zur Seite? Welche anderen Saiten meinte er? Wieder schrieb Karl bitterböse, abschnittweise auch beleidigende Briefe an die Schulverwaltung. Dieses Mal war deren Antwort eindeutig: Karl solle unverzüglich seine Frühpensionierung beantragen - sie würden dem Antrag stattgeben. Und er müsse mit seiner Familie aus Elbing fortziehen. Sie würden ihn dabei unterstützen, in Königsberg eine Wohnung zu finden. Nein, die Antwort gäben sie vorsichtshalber gleich, eine Arbeit würde er nicht mehr bekommen. Und wenn er ihren Anweisungen nicht Folge leistete, würden sie schärfere Geschütze auffahren. Welche Geschütze, das sagten sie nicht.

»Ja, aber warum?«, fragte auch Arthur.

»Frag nicht weiter. Ich habe anscheinend alles falsch gemacht. Außerdem habe ich einige wichtige Leute beleidigt. Das hätte ich besser lassen sollen.«

»Kannst du dich nicht entschuldigen?«

»Das habe ich bereits getan. Aber es ändert nichts.«

»Ja, aber warum? Ich gehe nicht aus Elbing fort!«

Am 2. Januar 1922 stellte Karl an das Schulamt den Antrag, sich in den vorzeitigen Ruhestand versetzen zu lassen. Postwendend erhielt er auf einem relativ formlosen Schreiben die Antwort. Der Briefkopf:

~~»Königl.~~ Regierung.

Abteilung für Kirchen- und Schulwesen«

war seit vier Jahren nicht mehr aktuell und neues amtliches Briefpapier bestimmt vorhanden. Man sparte also bereits Papier an ihm. Außerdem nahm man nicht nur seinen Antrag an, sondern es wurde ihm durch die Staatsregierung auch Dank und Anerkennung für seine dem Staate in langjähriger treuer Pflichterfüllung geleisteten Dienste ausgesprochen. Auch die Schuldeputation des Magistrates von Elbing stimmte in den Dank für seine langjährige Amtstätigkeit, die bewiesene Gewissenhaftigkeit und Pflichttreue sowie für die von ihm erzielten Unterrichtserfolge aufrichtig ein. Der Elbinger Lehrerverein setzte noch eins drauf und dankte ihm dafür, dass er stets die Standesinteressen vertreten und seine geschätzte Kraft für formvollendete, fesselnde Wortbeiträge in den Dienst des Vereins gestellt hätte. Das würde ihm unvergessen bleiben! Hierbei hatte man nicht mit Papier gespart, sondern sich eher kurz gehalten beziehungsweise den Handgriff vermieden, das für die Elogen benutzte Rechenpapier durchzuschneiden. Vielleicht waren die verbliebenen eindreiviertel leeren karierten Seiten ja ein Abschiedsgeschenk an den pflichtbewussten Lehrer.

Die Schriftstücke bewahrte Karl auf, waren sie doch ein Beweis dafür, dass und wie er jemals existiert hatte. Ab dem 1. Juli 1922 war er Pensionär.

Arthur war gleichermaßen gedemütigt wie aufgebracht, doch er hatte kaum jemanden, dem er sich anvertrauen konnte. Der Vater kämpfte hart am Anschlag, Hedwig war verzweifelt und daher nicht geeignet, ihm Halt zu geben. Guckel, sein Bibelkreisanführer, versuchte sich einen Reim auf die Vorkommnisse zu machen; das gelang ihm nicht. Daraufhin versuchte er, Arthur zu trösten und versprach ihm, ihn sobald wie möglich in Königsberg zu besuchen. Doch Arthur war untröstlich. Er kapselte sich ab, versuchte alles auszublenden. Ende Juni, als klar war, wann sie umziehen würden (nämlich am 11. Juli), verschwand er, allerdings erst, nachdem er seinem Vater gesagt hatte, er möge sich keine Sorgen machen.

Arthur, vierzehnjährig und groß gewachsen, fuhr mit dem Dampfer »Möwe« über das Frische Haff. Die Schiffsleute grüßten ihn freundlich, ließen ihn aber in Ruhe, als sie mitbekamen, dass er für sich sein wollte. Er besuchte Frau Littkemanns Häuschen, fand dort niemanden vor, weder Frau noch Kuh, nahm sich einen Fischerkahn und ruderte aufs Haff hinaus, verbrachte Stunden im Wald, sammelte Pfifferlinge und Blaubeeren, die Blaubeeren aß er, die Pfifferlinge verkaufte er an Badegäste, schwamm in der Ostsee, verkroch sich des nachts in einem der aufgestellten Strandzelte und weinte sich in den Schlaf. Abgemagert und schweigsam kehrte er nach einer Woche zu seinen Eltern zurück.

In trauriger Verfassung verließ die Familie die Stadt. Der 11. Juli, ein ganz normaler Montag, konnte für gar nichts etwas – er war milde und freundlich und stellte sich dem Umzug nicht in den Weg. Vielleicht war das sein Fehler. Vielleicht hätte er mit Blitz und Donner, Sturm und Hagel daherkommen sollen. Aber nein, es war ein Tag wie jeder andere. Und dafür hasste ihn Arthur. Er hasste den 11. Juli, das würde er immer tun, das war unabänderlich.

Der Zorn über die Verbannung – ja, eine Verbannung war es, was sonst? – addierte sich mit dem Abschiednehmenmüssen von der Heimatstadt zu einer unerträglichen Gemengelage.

Arthur wusste, dass er niemals mehr von Herzen froh sein würde. Niemals mehr. Wie gut, dass Agathe rechtzeitig nach Berlin gegangen war. Vielleicht würde er ihr dorthin folgen, wenn er es fertigbrächte, lange genug weiterzuleben.

# 3. Kapitel:

Königsberg, Wuppertal, Berlin, 1922–1926

## Königsberg, die Hauptstadt Ostpreußens

Königsberg, du Perle deutschen Bildungsbürgertums! Du ostpreußische, von Slawen umzingelte Trutzburg! Du wunderbare, arme, verwaiste Schönheit!

Die längst zur Großstadt avancierte Stadt war, genau wie Elbing, physisch unversehrt aus dem Krieg hervorgegangen. Wirtschaftlich allerdings litt sie massiv unter der Abtrennung vom deutschen Kern-Vaterland. Zwar hatte Königsberg als Hauptstadt Ostpreußens nicht an politischer Bedeutung verloren, doch nun lag die Stadt als stolz-deutsche Kulturinsel isoliert inmitten einer immer ärmer werdenden ländlichen Region.

Die Ostpreußen, ein zäher Menschenschlag, dazu mit Humor und Kreativität gesegnet, machten das Beste aus ihrer Insel. Sie bauten, gefördert durch das Deutsche Reich, einen Flughafen und eine neue Reichsbahnbrücke. Die Brücke war doppelstöckig, drehbar und, besonders wichtig, als Verbindungsbrücke Richtung Ostsee nutzbar, deren Wassermassen ja glücklicherweise nicht verkorridort werden konnten. Sie schufen noch viele andere sinnvolle Konstruktionen und etablierten Einrichtungen, die unter den Städten im Deutschen Reich einmalig bleiben sollten. Bereits 1920 wurde der Seedienst Ostpreußen eingerichtet, um eine Alternative zu der beschwerlichen und oft unsicheren Landroute durch Polen anzubieten. Während der harten Winter war es allerdings weder zu Lande noch zu Wasser (beziehungsweise zu Schnee und Eis) ein vergnügliches Unterfangen, die jeweilige Strecke zurückzulegen.

Am 22. April 1922 war Immanuel Kant 198 Jahre alt geworden und sah sich das alles von oben oder unten oder von wo auch immer an. Ihm machte das Umzingeltsein nichts aus. Er hatte nie Reiselust verspürt und seine unsterbliche Seele, zu der er sich rechtzeitig vor seinem Tode bekannt hatte, war - im schönen Gegensatz zum Leben vor der Unsterblichkeit - nicht ortsgebunden. Doch der Kampf seiner Stadt und ihrer Bürger um ein Überleben in Würde ließ ihn nicht unberührt. Zum Glück erinnerten sich die Königsberger anlässlich der Vorbereitung seines 200. Geburtstages an viele seiner hilfreichen Äußerungen, so auch an diese: »Reich ist man nicht durch das, was man besitzt, sondern vielmehr durch das, was man mit Würde zu entbehren weiß. Und es könnte sein, dass die Menschheit reicher wird, indem sie ärmer wird, dass sie gewinnt, indem sie verliert.«

Karl versuchte den Ausspruch zu verstehen, was man ihm hoch anrechnen muss. Es gelang ihm sofort. Ihn für sich anzunehmen, gelang ihm nicht. Das bisschen Würde, das ihm die Elbinger gelassen hatten, ließ sich nicht dazu nutzen, die ihm aufgezwungenen Entbehrungen zu tragen. Es reichte gerade einmal dafür, ihn vor die Haustür treten zu lassen. Er war reich an Lasten, das war er, musste er doch von dem wenigen Geld, das ihm zur Verfügung stand, die Kosten für die teure Königsberger Wohnung und alles Übrige bestreiten. Er war verzweifelt, reich an Verzweiflung. Die Verzweiflung führte dazu, dass er sich wider besseres Wissen, aber doch ermutigt durch den wörtlich genommenen schriftlichen Dank, beim Elbinger Magistrat um eine Konrektorstelle bewarb. Die Bürokratie half sich bei der Ablehnung, indem sie keine fachlichen, auch keine personenbezogenen, sondern bürokratische Gründe anführte: Eine Frist war verstrichen, eine andere war noch nicht verstrichen und würde wahrscheinlich nie verstreichen, sondern streckte sich gen Unendlichkeit.

Einen weiteren Versuch, noch einmal Arbeit zu finden, unternahm Karl nicht. Er wurde Hausmann, half Hedwig in der Küche, übernahm Besorgungen, tat dies und das, las viel und sah aus dem Fenster. Er fasste sich mehr und mehr, erlangte seine Fassung zurück. Dadurch, nur dadurch! wuchs ihm Würde zu. Fortan war er von gefasster Milde, manchmal auch von milder Gefasstheit, ganz, wie es der Tag mit sich brachte.

So einen Tag für milde Gefasstheit - man hätte Karls Verhalten in der folgenden Situation auch »zugewandtes Desinteresse« nennen können - gab es zum Beispiel im Dezember 1922. Hedwig hielt etwas nicht mehr aus und äußerte es unumwunden, während sie die Flecke wässerte, die sie gerade beim Fleischer erstanden hatte.

»Karl, ich halte das nicht mehr aus. Wir können das Geld gleich in den Ofen stecken, ich bekomme dafür nicht einmal mehr ein Hundertstel der Sachen, die ich früher davon bezahlen konnte. Das geht so nicht!«

»Das geht so nicht? Was willst du machen? Es liegt nicht bei uns. Sie haben uns heruntergewirtschaftet. Das Geld ist nichts mehr wert, wie du schon sagtest. Das nennt man Inflation oder Geldentwertung. Hör am besten auf zu rechnen.«

»Ich soll aufhören zu rechnen? Das ist nicht dein Ernst!«

»Nein, ist es wohl nicht.« Karl trat ans Küchenfenster und ließ seine Blicke schweifen, was zum Glück möglich war. Die Neukönigsberger Preußens wohnten im Hinterhaus Vorderrossgarten Nr. 63, neben dem Gewerkschaftshaus. Der Blick auf den Schlossteich entschädigte sie für die Zwangsverkleinerung ihres Wohnraums. Karl fand sich häufig vor dem Küchenfenster ein. Er erfreute sich am mindestens dreihundert Jahre alten Schwanenpärchen, welches etwa Anno 1600 zu Wasser gelassen worden war. Seitdem hatte es sein Revier inne. (Niemand wusste jedenfalls zu berichten, dass Schwan und Schwänin irgendwann verjüngt worden wären. Manche Schwäne setzen sich offenbar darüber hinweg, dass ihre Lebenserwartung bei durchschnittlich zwanzig Jahren liegt.) Selbst in mageren Zeiten wurde darüber gewacht, dass dem Vogelzeug kein Leid geschah, und es hatte sich bisher kein Königsberger erdreistet, die edel und rein wirkenden Schwimmtiere zu überfallen, hin- und anzurichten, nicht einmal im Krieg. Natürlich hatte das Schwanenpaar Kinder und Kindeskinder, die mehr oder minder ausdauernd versuchten, ihren Lebensunterhalt auf diesem Teich zu erschnäbeln. Aber das Urpaar ließ sich allein an seinem Gebaren unschwer erkennen und wahrte kämpferisch seine Rechte. Karl fand es großartig, dass die beiden schneeweißen Viecher einander in solcher Treue verbunden waren. Daneben beobachtete er ein ums andere Mal die Ruderversuche etlicher Wasserfreunde. Die meisten plagten sich ungeschickt mit den Rudern ab und nicht selten kollidierten die Boote. Zwar musste man sich das Schimpfen der Betroffenen und das nervöse Plätschern der Mietruderkähne gehörig einbilden, denn auch bei geöffnetem Fenster ließen sich die entstehenden Geräusche nur erahnen, aber es war nicht weit bis zum Teich und für den Fenstergucker allemal gute Unterhaltung.

Die Nähe zu dem Wässerchen wusste auch Arthur zu schätzen. Trotz aller seelischen Anfechtungen: Das Rudern ließ er sich nicht nehmen. Niemals stieß er dabei irgendwo ungewollt an. Rudern war eine Fortbewegungsart, die zu seinem Leben gehörte, wie das Kriechen zur Schnecke oder das Fliegen zur Taube. Auch wenn man auf dem Schlossteich nur im Kreis rudern konnte und auch das zunächst nur gegen Entgelt. Zum Glück gab es noch spendable Menschen. Die Preußens bekamen von Arthurs Tante Ingelore ein Ruderboot geschenkt. Sie nannten es »Seelenverkäufer«, weil es ziemlich viel Wasser zog und man nasse Füße bekam. Auch war es nicht empfehlenswert, als Einzelner darin eine Fahrt zu tun, denn dann musste man in gleicher Frequenz schöpfen wie rudern. Am besten, man ruderte gleich mit dem Schöpfeimer, behauptete Arthur.

Nach einer Anstandsweile unterbrach Hedwig Karl in seinem bescheidenen Versuch der Realitätsflucht und äußerte sich erneut, denn ihr Gespräch war noch nicht zu Ende. »Auch wenn ich es wollte, wie sollte ich aufhören zu rechnen? Ich muss doch wirtschaften mit dem Geld. Abgesehen von unserem Essen, das besorgt sein will, wie soll denn der Arthur herumlaufen am Gymnasium, er hat ja fast nichts anzuziehen, wo er doch andauernd wächst.«

»Das geht den anderen genauso.«

»Nein, die haben viel bessere Sachen.«

»Hedwig, dann ist das so und nicht zu ändern. Wir müssen sehen, wie wir zurechtkommen.«

Da war es, das Wir, das an dieser Stelle ganz bestimmt ein Du meinte. Das war falsch, oder? Nein, es war ausnahmsweise richtig. Hedwig musste rechnen, darben mussten alle. Ein Jahr später hatten sie das, was heute Hyperinflation heißt und damals eine war.

Diesmal saßen sie gemeinsam am Küchentisch und bliesen sich die Geldscheine zu. Hedwig kicherte, während sie die heruntergeblasenen Scheine aufhob. Selbst Karl versuchte vergeblich, Vernunft anzunehmen. Alles und alle waren entgleist.

»Wie viel haben wir?«, fragte Karl schließlich, um Sachlichkeit bemüht. Er hatte längst den Überblick verloren.

»Hier, einige Milliarden Märkerchen, dass ich nicht lache«, sagte Hedwig und schob den Geldhaufen über den Tisch. »Du kriegst die Milliarden und ich nehme den Kleinkram, das sind etwa 80 Millionen.« Sie stapelten und zählten.

»Sie regeln das jetzt«, behauptete Karl, nachdem sie die Scheinstapel mit Gummibändern festgezurrt und in beschriftete Papiertüten gesteckt hatten. »Wir bekommen die Rentenmark. Dann kommt alles wieder in Ordnung.«

»Ich glaube nicht, dass alles in Ordnung kommt. Wenn so etwas einmal passiert, passiert es bestimmt noch öfter.«

Karl hatte nicht die Energie, eine tiefer gehende Gelddiskussion zu führen. Wenn alles geregelt war, würden sie einen Kassensturz machen. Es war ihm allerdings jetzt schon klar, dass das Gebliebene sehr übersichtlich sein würde, aber das störte ihn nicht. Da kam ihm der alte Kant doch noch zu Hilfe. Und verspürte Karl nicht sogar eine klitzekleine Genugtuung darüber, dass auch vielen der sogenannten »Geldreichen« fast nichts bleiben würde, wenn ihnen nicht außer dem Geld noch dingliche Güter oder Häuser gehörten?

»Da wird doch mal ein Bibelspruch umgekehrt«, tönte er. »Jetzt muss es heißen: Wer hat, dem wird genommen und wer nichts hat, dem kann auch nichts genommen werden!«

Im Original stand es anders: »Denn wer da hat, dem wird gegeben, dass er die Fülle habe; wer aber nicht hat, dem wird auch das genommen, was er hat.« Inflation – ein biblisches

Thema. Bei der Speisung der Fünftausend reichten fünf Brote und zwei Fische für all die Leute und es blieben sogar zwölf Körbe mit Esswaren übrig. Oder war das Deflation? Nein, wohl nicht. Denn es handelte sich trotz der übrig gebliebenen vollen Körbe nicht um eine Absatzkrise. Es war ein Wunder. Vielleicht würde es ja wieder eines geben.

## Käthe und die Inflation

Käthes Familie ging es nicht viel besser als den Neukönigsbergern. Ihre Großmutter väterlicherseits, die nach Kriegsende in Straßburg geblieben war, hatte inzwischen die Stadtvilla verkauft und war zu ihnen nach Wuppertal gezogen. Das fühlte sich zunächst sowohl vernünftig als auch familienfreundlich an, bedeutete aber, dass die Familie außer Möbeln, Gebrauchsgegenständen und ein paar Milliarden an Papiergeld nun nichts mehr besaß.

Fürchterlich viele Druckereien waren damit beschäftigt, Geld zu drucken. Auch in der Druckerei der Wuppertaler Reichsbahndirektion wurde Geld gedruckt. Das geschah des Nachts, da tagsüber die üblichen Druckwerke wie Fahrpläne, Aushänge und andere betriebswichtigen Schriftstücke erzeugt werden mussten. Herbert Lefort war mit von der Druckpartie und kam kaum noch nach Hause, weil er Doppelschichten absolvierte. Käthe und Magda brachten ihm Essen und Erfrischungen ins Büro.

Obwohl Käthe mathematisch ziemlich genial war, brauchte sie eine Weile, bis sie das mit der Geldvermehrung beziehungsweise Entwertung verstanden hatte. Bevor sie es verstand, war sie beunruhigt, nachdem sie es verstanden hatte, entsetzt.

»Geld ist schrecklich«, sagte sie, während sie dem Vater die Brotbüchse auf den Schreibtisch stellte.

»Wie meinst du das? Geld an sich oder unser Geld, die Scheine, die wir drucken?«

»Ich meine das Geld an sich. Wer hat es erfunden?«

»Das weiß ich nicht«, gestand der Vater. »Ich weiß nur, dass es schon viele hundert Jahre lang Geld als Zahlungsmittel gibt. Was willst du auch stattdessen nehmen? Muscheln wie die Afrikaner?« Genüsslich verleibte er sich die spärlich, aber liebevoll belegten Brote ein. »Wo habt ihr das nur wieder her? Meine Kollegen bekommen nicht halb so viel gebracht!«

Das stimmte zwar nicht, hörte sich aber gut an. Er holte sein Schweizer Taschenmesser hervor und schälte den mitgebrachten Apfel. »Hier, seht mal, ich drittele ihn. Dann bekommt ihr auch etwas ab.«

Fasziniert beobachteten die Mädchen, wie der Vater den Apfel teilte. Zunächst betrachtete er ihn genau, dann kerbte er die Schale an drei Stellen ein und führte - wie ein Chirurg, dachte Käthe schaudernd - den ersten Schnitt, genau bis zur Mitte des Kerngehäuses. Nach zwei weiteren sauber geführten Schnitten war der Apfel in drei gleich große Stücke geteilt.

»Nehmt hin und esst«, befahl der Vater und biss fröhlich in sein Apfelstück.

»Darfst du das denn sagen?«, fragte Käthe. »Das sind doch heilige Worte!«

»Das ist ja auch ein heiliger Apfel«, gab der Vater zurück. »In aller Heiligkeit dreigeteilt.«

Magda war empört. »Mit so etwas treibt man keinen Spaß«, sagte sie streng. Am liebsten hätte sie ihr Apfelstück zurückgegeben. Aber das war zum Glück zu spät. Sie hatte es schon vor der Heiligsprechung angebissen.

»Das war kein Spaß«, behauptete der Vater. »Das war eine Symbolhandlung. Wir haben das Essen miteinander geteilt, genau wie Jesus das Brot mit seinen Jüngern.«

Käthe war begeistert. »Darf ich das in der Schule auch so machen?«

»Besser nicht«, meinte der Vater und wischte sich den Mund mit der Papierserviette ab, die ihm Rose in die Brotbüchse gelegt hatte. »Und nun ist meine Pause zu Ende. Kommt gut nach Hause und grüßt die Mutter schön!«

Unterwegs fiel Käthe wieder das Muschelgeld ein. Die Sache konnte nicht funktionieren. Schließlich hatten sie in Wuppertal keine Muscheln. Natürlich, in der Wupper gab es welche, die Wandermuscheln zum Beispiel. Aber die konnte man doch nicht als Geldersatz herumtauschen. Dazu waren sie zu zerbrechlich und sowieso nicht besonders hübsch. Warum konnten sie nicht einfach so irgendwelche Sachen tauschen, wie Käthe ihre Lackbilder? Milch gegen Zucker, Salz gegen Fisch, Holz gegen Blumen. Nun ja, manche Dinge waren einfach zu groß zum Tauschen oder man fand niemanden, der sie haben wollte. Wie und wogegen sollte man zum Beispiel einen Schreibtisch tauschen? Gegen ein Bett? Sie würde das in der Schule ansprechen.

Einige Zeit später, als die Wuppertaler Reichsbahnbeamten mit dem Drucken nicht mehr hinterherkamen, spezialisierte sich Käthes Vater darauf, Papiergeld aus Berlin zu besorgen. Das war illegal. Schließlich war das Rheinland besetzt und die französischen, belgischen, britischen und amerikanischen Besatzer hatten ihre eigenen Vorstellungen von dem, was erlaubt und was verboten war. Und zum Erlaubten gehörte nicht, frisch gedruckte Banknoten einzuführen. Doch die Gehaltszahlungen der Beamten und auch andere Zahlungen mussten getätigt werden, koste es, was es wolle. Also schmuggelte Herbert Banknoten und er war darin sehr erfolgreich. Er versteckte die Scheine in seinem Spazierstock. Die Stockspitze war angeschraubt, das Innere hohl. Ordentlich gerollt, ließ sich eine Menge Geld darin unterbringen. Nicht ein einziges Mal wurde er erwischt, denn Herbert benötigte den Stock als Gehhilfe, hatte ihn doch eine im Jugendalter erlittene Kinderlähmung um seinen gradlinigen Gang gebracht – er hinkte. Das konnte er den Zollbeamten zwar nicht jederzeit vorführen, schon gar nicht im Sitzen, aber es genügte, um diesen Stock anders zu präsentieren, als etwa einen Spazierstock im sonstigen Gebrauchssinne, einen, der nur um des optischen Effektes willen benutzt wurde. Es sah ganz natürlich aus, wenn Herbert ihn beim Aufstehen zu Hilfe nahm. Es war natürlich. Er bezeichnete den Stock manchmal als sein »drittes Bein«. Jeder mit ein wenig Beobachtungsgabe konnte sehen, dass dieser Herr beim Ein- und Aussteigen Mühe hatte.

Herbert war ein ehrlicher und deshalb weiterhin ziemlich mittelloser Schmuggler beziehungsweise Beamter – er zweigte von dem Geld nichts für sich und seine Familie ab. Umso schöner für alle, wenn es einmal etwas Besonderes gab.

Zur Weihnachtszeit brachte er aus Berlin nicht nur heimlich Geld, sondern in aller Öffentlichkeit Apfelsinen mit. Die Mutter schälte sie so geschickt, dass die Schale einen Stern bildete, und gab jeder Tochter eine Frucht samt Schale. Nach dem Verzehr der Frucht blieb also noch etwas Schönes übrig. Wenn man das seesternähnliche Gebilde mit Papier auspolsterte und mit dem zarten, sorgfältig von Hand geglätteten Reklamepapier umhüllte, sah es genauso aus wie eine Apfelsine, fand Käthe. Oder doch nicht? Das musste herausgefunden werden. Sie lauerte im Treppenhaus der kleinen Elfriede aus dem Erdgeschoss auf.

»Möchtest du eine Apfelsine haben?«, fragte Käthe scheinheilig und hielt Elfriede die hübsch anzuschauende Pseudoapfelsine hin.

»O ja, danke sehr!« Überglücklich griff die Kleine nach der Attrappe, merkte nichts von dem Betrug – vielleicht hatte sie noch nie eine Apfelsine in der Hand gehalten? – und rannte in die Wohnung zurück, um die Gabe auszuwickeln.

Wie Käthe da zumute war? Ganz schrecklich. Sie hatte eine Untat begangen. Sie bereute, bereute und bereute, doch die Scham verging nicht. Eine Wiedergutmachung musste her. Zum Glück half ihr der Vater aus der Verlegenheit. Er hatte ein paar Apfelsinen beiseitegelegt. Da Käthe sich vor der Übergabe scheute, brachte er höchstselbst zwei wunderschöne Apfelsinen zu Elfriede und ihrer Mutter. Bekam er von den beiden dafür ein Dankeschön? Nein. Die Gaben wurden überaus frostig entgegengenommen.

Mit diesem Missstand musste Käthe nun leben. Es gab keine Wiedergutmachung, es gab nur ewige Schuld. Doch als Käthe dazu sorgenschwer den Vater konsultierte, lachte der sie aus.

»Wenn die Leute wegen der Apfelsine noch immer ungnädig sind, sind sie selber schuld. Wer nicht vergeben kann, ist kein guter Mensch. Und genommen haben sie die Früchte sehr gerne, wenn auch mit grimmigem Gesicht. Mach es dir nicht so schwer!«

Das war leichter gesagt als getan, meinte Käthe, doch wenig später funktionierte es bereits – die Scham war verflogen und Käthes fröhliches Naturell hatte die Oberhand gewonnen. Vergessen wollte sie ihre Untat jedoch nicht. Sich noch einmal so schämen müssen? Nein, danke.

## Im anderen Leben

Arthur hatte Heimweh nach Elbing. Das Weh schien ihm wirklicher als alle materiellen Sorgen, die seine Eltern plagten. Was bedeutete schon Geld? Nichts. Das konnte doch jeder sehen. Sie waren Vertriebene. Was konnte er tun, seinen Schmerz zu überwinden? Das bisherige Leben zusammenkehren, auf den Abfallhaufen werfen und vergessen? Oder sich dem Heimweh ergeben, ihm nachspüren, das Vergangene halten? Arthur entschied sich für Letzteres. Er würde so oft wie möglich nach Elbing fahren, sich an die Annenkirche schmiegen, auf dem Elbingfluss dahingleiten, an der alten Wohnungstür läuten, seine Freunde besuchen, wieder und wieder und wieder und wieder.

Agathe schrieb tröstende Briefe. Das Leben würde weitergehen, er möge seine Augen aufsperren und es in Königsberg suchen, das andere Leben. Elbing sei Provinz, Königsberg immerhin der Nabel Ostpreußens. »Sei traurig, aber nicht zu sehr. Erinnere dich, aber nicht von früh bis spät. Fahr nach Elbing, aber nicht zu oft. Du wirst sehen, Heimweh heilt und die Annenkirche braucht dich nicht.«

Das mit der Annenkirche stimmte nicht, doch das konnte Agathe nicht wissen. Die Kirche vermisste ihn. Erst am letzten Wochenende hatte er den Beweis dafür erfahren.

»Halte uns, gib uns Kraft«, murmelten die Säulen, sobald er das Kirchentor durchschritten hatte.

Die Steine brauchten seine Kraft? Würden sie ohne ihn zu Staub zerfallen? Fehlte ihnen seine Liebe? Es war doch umgekehrt. Sie fehlten ihm. Er löste sich doch auf vor Trauer, bestand nur noch aus Kummer und Zorn.

Durch den Kirchenraum war ihm ein Wind gefolgt. »Bleib«, flüsterte er, »du gehörst hierher«.

War ein Fenster offen? Huschten die Kirchenmäuse durch das Gestühl? Arthur erklomm die Stufen zur Seitenempore, vergewisserte sich, dass ihn niemand beobachtete und legte sich auf die oberste Bank, direkt unter eine der Fensterrosetten.

»Schlaf«, wisperte es aus den Säulenbögen.

Das Wispern, Murmeln und Wehen nahm zu. Jemand setzte sich neben ihn. Es war Arthur, als würde sein Kopf auf einen weichen Schoß gebettet. »Du kannst nicht bleiben, wir wissen das. Doch denke an uns und wir denken an dich.«

»Ja«, hauchte er, »das will ich immer tun.« Er schlief ein. Noch nie hatte er sich so geborgen gefühlt.

Jemand rüttelte unsanft an seiner Schulter. »Was machst du hier?«, fragte eine raue Stimme.

Arthur fuhr auf und rieb sich die Augen. »Wer sind Sie? Was wollen Sie?«

»Ich stelle hier die Fragen. Noch einmal: Was machst du hier?« Die raue Stimme klang nun drohend.

»Ich habe mich kurz ausgeruht und muss eingeschlafen sein. Das ist doch kein Verbrechen!« Arthur hob den Blick und erkannte erleichtert sein Gegenüber. »Sie sind doch der Kirchendiener von St. Annen. Haben Sie mich im Schlaf besucht?«

»Ach, du bist es, Arthur«, sagte der Küster, nun deutlich freundlicher. »Ich dachte, ihr seid weggezogen. Ich habe dich nicht besucht. Ich habe dich auf der Bank gefunden. Warum schläfst du auf der Empore? Habt ihr keine Betten mehr?« Er half Arthur auf die Beine. »Komm, ich muss die Kirche schließen. Sei froh, dass ich dich gefunden habe, sonst hättest du bis morgen in der Kirche bleiben müssen!«

»Das hätte ich gerne getan«, flüsterte Arthur, während er sich über das steinerne Emporengeländer beugte und zum Altar hinunterblickte. »Auf Wiedersehen, ich muss gehen!«, sprach er in den Luftraum hinein.

»Komm, mein lieber Knabe, brabble nicht herum, sonst muss ich denken, du wärest ein Trunkenbold.«

»Bin ich nicht, das wissen Sie doch. Ich möchte mich nur von der Kirche verabschieden. Wir wohnen jetzt in Königsberg«, erklärte Arthur. Er sah sich um. »Jetzt ist wohl niemand mehr hier, oder? Im Schlaf vorhin, da war ich nicht allein.«

»Wie, nicht allein?« Der Küster sah sich misstrauisch um. »Die Kirche ist schon seit einer Stunde zu. Ich musste die Sakristei für morgen zurechtmachen, deshalb bin ich noch einmal vorbeigekommen. Und da habe ich dich schnarchen hören.«

»Ich schnarche nicht«, empörte sich Arthur. »Sie müssen etwas anderes gehört haben.«

»Was denn? Hier ist niemand außer uns beiden. Komm endlich! Ich werde auch keinem erzählen, dass ich dich hier gefunden habe.«

Das war Arthur nun eigentlich egal, dennoch bedankte er sich höflich und lief die Treppe hinunter zum Ausgang. Ein letztes Mal blickte er sich um.

»Vergiss uns nicht«, raunte es vom Kronleuchter herab.

»Nein«, antwortete Arthur mit fester Stimme, drehte sich um und rannte aus der Kirche. Der Küster sollte ihn nicht weinen sehen und die Kirche mitsamt ihren Engeln - die, die ihn vorhin gebettet hatten - auch nicht.

Er würde wiederkommen. Und irgendwann, vielleicht nach dem zehnten Mal, würde der Frieden Gottes, der höher ist als alle Vernunft, in seiner Kirche und bei ihm endgültig wieder eingekehrt sein und Herz und Sinne stärken und bewahren.

***

Einige seiner Elbinger Freunde, ganz besonders Arthur II., blieben Arthur I. aus der Ferne treu. In den ersten Sommerferien nach der Trennung besuchte Arthur II. ihn in Königsberg, und auch in den Folgejahren trafen sie sich, so oft es ging. Dieser Treue gedachte der Erste mit eigener Dichtung:

»Ein Jahr ist nun dahin seit jenem Sommertag.
Und wieder Sommer, Königsberg. Der Morgen graut
in öden Straßen. Meine Tritte hallen laut
zum Kai, wo unter Dampf der Frachter lag.

Die Wolken leuchten auf, die Sterne still verblassen,
die Sonne kommt herauf, die Dämmrung weicht,
die Sonne löst sich sanft vom Horizont und steigt
und leiht ihr Gold den Giebeln in den Gassen.

Der Frachter dort im Hafen qualmt nun fahrtbereit.
Ans Abschiednehmen geht's - wer es doch je erfand!
Die Taue lösen sich. Fest drückt der Freund die Hand.
Der Telegraph schrillt roh. Die Pfeife schreit.

Die Tücher schwenken durch die Luft und grüßen.
Und wieder liegt der Hafen still im Sonnenschein.
Doch jäh dringt die Verlassenheit jetzt auf mich ein,
und einsam hab daheim ich weinen müssen

und habe in der Stille mich dann ausgeweint.
Von meinem Freund ein Brief! Drin nennt er mich den seinen!
Denn außer meinen Blutsverwandten weiß ich keinen,
der meinem Herzen näher stünd', mein Freund!

Und draußen Vogelsang im Morgensonnensegen.
Ich tu das Fenster auf und lass das Glitzern ein,
den Schlossteich, alles Gleißen, Duft und Sonnenschein!
Wie gern hätt ich die Welt umfangen mögen!«

Aber das tat er doch längst, der liebe Arthur. Seit einiger Zeit tummelte er sich, das Heimweh vergessend, dabei hellwach im Geiste, im Königsberger Bibelkreis Jung-Ost, lernte im Altstädtischen Gymnasium und fühlte sich zwischen all den ähnlich dünn und schlaksig gestalteten Burschen überaus wohl. Wenn er sein Augenmerk auf das eigene Äußere richtete, bemerkte er verblüfft und ziemlich wohlgefällig, dass er begann, irgendwie aristokratisch auszusehen. Das gefiel ihm! Groß, schmal, dunkel, buschige Augenbrauen, blaugraue Augen, edel gebogene Nase, wohlgeformter Mund. Vielleicht gab es einen Adligen unter seinen Vorfahren? Die »von Preuß« hatte es jedenfalls einmal gegeben. Warum konnten das nicht seine Vorfahren sein? Arthur begann seine Aufsätze mit »Arthur von Preuß« zu unterschreiben. Solange, bis sein Deutschlehrer ihn darauf ansprach und der Vater es ihm verbot.

»Das hätten wir vielleicht gerne, aber wir haben es nicht, das ›von‹«, beschied Karl, nachdem er das Gekritzel seines Sohnes in Augenschein genommen hatte. »Preuß ist auch ohne ›von‹ ein guter Name.«

Ja natürlich. Wie schade. Adlig zu sein, war sowieso nicht mehr das, was es früher war. Aber der besondere Klang des »von« hatte sich noch nicht verloren.

Agathe machte sich über ihn lustig. »Endlich sind alle Bürger vor dem Gesetz gleichgestellt, ob adlig oder nicht«, schrieb sie. »Und Du willst plötzlich ein ›von Preuß‹ sein? Dann muss ich Dir leider die Verwandtschaft kündigen.«

Bloß nicht!

Um seinen neuen Freunden etwas zu bieten, holte Arthur anlässlich eines Treffens der Bibelkreisler die Stadt Elbing nach Königsberg. Er hoffte, ihnen durch einen gelungenen Vortrag seine Erinnerungsschätze näherbringen zu können; sie sollten verstehen, woher er kam und was ihm wichtig war. Seine Hoffnung erfüllte sich, wobei das Interesse seiner Kameraden unterschiedliche Ausdrucksformen fand. Von Friedrich Buttkus – seines Namens wegen nie gehänselt, immer nur bespöttelt – gibt es eine Niederschrift zu einem der Abende: »Am Sonnabend, dem 16. März 1923, waren wir in der Sakristei auf dem Burgkirchenplatze zu einem Schattentheaterabend versammelt, den zwei Jung-Ost-BKler leiteten. Der Raum konnte kaum alle fassen, denn es waren noch welche aus BK I und Hufen-BK gekommen.«

Zunächst berichtete Buttkus über den ersten, den lustigen Teil des Abends, der die Schattenspielkunst nutzte, um alle außer sich zu bringen: brutales Zahnziehen, betrunkenes und daher lustiges Schlüssellochsuchen usw., alles nett angeleuchtet hinter der Leinewand. Die Vorfreude auf Arthurs Vortrag wuchs, die Neigung zur Heiterkeit ebenfalls. Arthur hatte jedoch anderes im Sinn. Mit seinem Beitrag sollte der ernste Teil des Abends beginnen.

»Das gelang ihm leider nicht ganz, denn einige Witzbolde machten dermaßen viele Witze über die ernsten Bilder, dass das ganze Auditorium sich vor Lachen den Bauch halten musste. Zuerst zeigte uns Arthur Preuß einige Bilder aus Elbing, aus denen man sich so einigermaßen eine Vorstellung von Elbing machen konnte. Dann ließ er uns auf einem Dampfer nach Kahlberg fahren und zeigte uns alle Dörfer und Kirchen, die man unterwegs vom Dampfer aus sehen konnte, so auch den Leuchtturm, wie er in regelmäßigen Abständen sein Leuchtfeuer blinken ließ. Nach einem gemeinsamen Liede zeigte Preuß noch das Cadiner Landheim bei Nacht. Preuß sang dazu das Lied: ›Ade zur guten Nacht‹. Ich glaube, dass der zweite Teil des Abends jedem ebenso gut gefallen hat, wie der erste, wenn er daran dachte, dass Arthur Preuß alle Bilder mit vieler Mühe selbst gezeichnet und ausgeschnitten hat und vor allem, weil er so schön gesungen hat. Heil!«

Arthur bedankte sich artig für den Applaus, zeigte seinem Publikum bereitwillig weitere Erinnerungsstücke, die er vorsorglich mitgebracht hatte: ein bizarr geformtes Wurzelstückchen aus dem Vogelsanger Wald, im Aussehen entfernt einem sitzenden Graureiher ähnelnd, und ein Metallstück, Teil einer der im Krieg zerschellten Glocken der Annenkirche. War da ein verstohlenes Kichern? Ein unterdrücktes Gähnen? Egal.

Und dann, endlich! war er bereit für die ausgelassene Geselligkeit und Kameradschaft, die ihm die anderen jungen Leute auf das freundlichste anboten. Vor allem Friedrich war Arthur zugetan. Fast schien es, als hätte er auf ihn gewartet. Ein bisschen ähnelten sie sich sogar - groß gewachsen, dunkel, aristokratisch -, aber vor allem verstanden und ergänzten sie sich. Was Friedrich an gesanglichen oder anderen künstlerischen Fähigkeiten abging, machte er mit Weltgewandtheit und Spendierfreude wett. Ja, er konnte dem leider so wenig wohlhabenden Arthur immer mal etwas zukommen lassen, ob in Naturalien oder gar monetär. Beide waren es zufrieden. Arthur, weil er angenommen wurde und Friedrich, weil Arthur ein origineller, unterhaltsamer Kerl war, dem man gut und gerne Aufgaben übertragen konnte, die man selbst, also man Friedrich, eben gerne anderen übertrug.

Arthur war in Königsberg angekommen. Ein bittersüßes Sehnen aber blieb und gab seinem neuen Leben eine Würze, die er zum eigenen Befremden nicht missen mochte. Sehnsucht, wofür wirst du gebraucht?

* * *

Manchmal sehnte sich Arthur nach seiner Schwester. Agathe fehlte ihm besonders bei den Nach-Tisch-Gesprächen im elterlichen Hause. Da wurde nicht mehr viel gesprochen.

So schrieben sie sich lange Briefe. Agathe führte anscheinend ein erfülltes, aufregendes Leben, schrieb von einem Mann, der ihr nahestand, den sie aber nicht heiraten konnte oder wollte, und, natürlich, auch von ihrem Lehrerinnendasein. Arthur schrieb auch viel, hatte sich allerdings eine Handschrift angewöhnt, die bei Agathe Entsetzen hervorrief.

»Was soll denn das für eine Schrift sein, das sieht doch unmöglich aus!«

Damit hatte sie den Nagel auf den Kopf getroffen. Arthur hatte eine eigene Kurzschrift erfunden, einer Geheimschrift ähnlich. Niemand außer ihm kannte den Code. Agathe zuliebe bemühte er sich deshalb, wieder überwiegend ein ungekürztes Deutsch zu schreiben. Auch andere Leser dankten es ihm. Und nun, wie zur Belohnung, riesengroße Freude und Stolz: Agathe lud Arthur nach Berlin ein und die Eltern ließen ihn fahren!

In den Herbstferien 1923 war es so weit. Selig packte er einen Koffer mit diesen und jenen Notwendigkeiten, aufgefüllt mit Gedichten, Gemälden und schulischen Ausarbeitungen. Das Beste aus seinen gesammelten Werken, um es der Schwester zu präsentieren.

Acht Stunden dauerte die Fahrt. Agathe erwartete ihn am Schlesischen Bahnhof. Arthur erschrak, als er sie sah. Sie war so schmal geworden! Aber er fragte nicht nach. Er war schließlich selber ziemlich dürr.

Agathe bewohnte ein möbliertes Zimmer in der Gerkrathstraße 9, einer imposanten Villa in Berlin-Nikolassee. Arthur durfte in ihrem Bett schlafen, während sie mit der Couch vorliebnahm.

Seine Schwester war zwar dünn, aber lebhaft - fast überaktiv - und interessierte sich für alles, was er zu erzählen hatte. Die beste Gesprächspartnerin, die man sich wünschen konnte, fand er. Agathe wiederum bewunderte Arthurs Statur - er würde einmal einen stattlichen Kerl abgeben, wenn er denn nicht nur mehr in die Höhe wuchs. Aber auch sie sagte nichts zu seiner äußeren Erscheinung. Was waren schon Äußerlichkeiten! Beide kamen gleich zu dem, was sie als wesentlich ansahen - sie machten Pläne für die kommende Woche. Agathe würde Arthur durch die Stadt an alle ihr lieb gewordenen Orte führen. Zunächst mussten sie aber einen Pflichtbesuch absolvieren: die Sonnabend-Vesper im Berliner Dom, die ein Verwandter von Karl und damit auch von Agathe und Arthur, der ziemlich berühmte Domprediger Bruno Doehring, hielt. Darauf hatte Karl bestanden, auch wenn Agathe mit seinem Cousin mütterlicherseits bisher nichts zu tun hatte. Als das erledigt war, besuchten sie am darauffolgenden Sonntag, sozusagen als Ausgleich, einen Gottesdienst von Agathes Lieblingspfarrer Dr. Georg Hollmann in Nikolassee. Und endlich, ab Sonntagabend, ließen sie es krachen, wie man heute sagen würde. Sie gingen ins Theater am Kurfürstendamm, das vor zwei Jahren eröffnet hatte, und sahen sich die Komödie »Ingeborg« von Curt Goetz an. Arthur blieben Mund und Nase offen stehen. Den Eltern würde er nichts davon erzählen. Er saugte die Eindrücke in sich auf, begeisterte sich für alles, vom Pflasterstein bis zu den Spatzen, von der elektrifizierten Ringbahn bis zum Besuch des Zoologischen Gartens, in dessen Marmorsaal sich beide den Film »Schlagende Wetter« ansahen, der Arthur komplett von den Beinen hieb. Du liebe Zeit, was es nicht alles gab! Berlin hatte so viel zu bieten.

Agathe freute sich über Arthurs Begeisterung. Aber nach allen Hauptstadtfreuden hatte sie auch noch eine ernsthafte Herausforderung in petto. Da er Pfarrer werden wollte, schickte sie ihn mitsamt seinen theologischen Ausarbeitungen an einem der Wochentage zu Pfarrer Hollmann. Doch dieser Besuch brachte leider niemandem etwas, denn Arthur hielt nicht viel von dem Pfarrer, wie er seiner Schwester nach dem Besuch mitteilte.

Der Pfarrer wäre mehr »Schein als Sein«, so Arthurs Worte, und »ich weiß nicht, was dich gerade zu diesem Pfarrer hinzieht, er ist bei aller zur Schau getragenen Männlichkeit eine ganz gefährliche Kompromissnatur«.

Pfarrer Hollmann konnte mit dem Besuch des Jünglings ebenfalls nichts anfangen. Agathe war enttäuscht, Arthur war es egal. Und dann war die Woche um und Arthur vom Kopf bis zu den Zehenspitzen erfüllt von der großen weiten Welt, außerdem getröstet, denn er hatte endlich seine Schwester wiedergesehen, eine Schwester, die lebte, lachte, litt und stritt.

Litt? Sie hatte ihm gar nicht erzählt, dass die Elbinger Schulgeschichte - diese Geschichte mit der Aufforderung zur ›geschlechtlichen Hingabe‹, die Arthur im Übrigen noch gar nicht kannte - sie inzwischen bis nach Berlin eingeholt hatte. Arthur war zwar wie die meisten Jungen seines Alters überwiegend mit sich selbst beschäftigt - blind war er nicht. Aber da seine große Schwester ihm zu ihrem Befinden offenbar nichts mitzuteilen hatte, fragte er nicht nach.

## Agathe bergab in Berlin

Warum war Agathe so dünn geworden? So durchscheinend, so fiebrig, so hungrig? Während Arthur sich in Königsberg beheimatete und wuchs, erklomm Agathe in Berlin eine Stufe ihres Lebensweges nach der anderen. Sie erklomm die Stufen ihres Abstieges.

Sechs Jahre währte Agathes Stieg nun schon. Sie hatte sich in Berlin eingelebt, arbeitete fleißig und gewissenhaft und nahm sich dennoch genügend Zeit, das weltstädtische Leben zu genießen. Als sie in die Hauptstadt einzog, war sie dreißig Jahre alt. Kein junger Hüpfer mehr, doch kerngesund und mit allem ausgestattet, was einem Mann gefallen konnte. Auch Frauen gefiel sie, da gab es ganz besonders intensive Blicke und Avancen, jedoch für gleichgeschlechtliche Liebe brachte Agathe zwar Verständnis, aber keine Neigung auf. Sie war eine schöne Frau, hatte Sinn für hübsche Schuhe, fesche Hüte und alles, was an Stoff dazwischen gehörte. Ihre Haare trug sie schulterlang und wassergewellt, so dass ihre Frisur endlich ohne Nadeln auskam. Viel Geld besaß sie nicht, woher auch, aber mit dem wenigen konnte sie umgehen.

Sie hatte Männerbekanntschaften, gewiss, war aber vorsichtig geworden. Von Geschichten wie der in Elbing, als ein Vertrauensverhältnis zu einem von ihr verehrten Herrn aus dem Ruder gelaufen war – nein danke, von solchen »Verhältnissen« hatte sie genug. Eigentlich auch von anderen. Schließlich war gerade das Lehrerinnenzölibat wieder eingeführt worden. Was hätte es gebracht, eine ernsthafte Liebesbeziehung zu beginnen? Liebeskummer, nahm sie an. Den zu vermeiden, nahm sie sich vor. Dennoch ließ sie zu, dass ihr ein Kerl auf die Pelle rückte. Diesem Kerl konnte sie nämlich nicht aus dem Weg gehen.

»Willst du mich heiraten?«, frug sie eines Tages wieder einmal Johannes Schneider, der gut aussehende Schauspieler, der ebenfalls Mieter eines Zimmers in der Gerkrathstraße 9 war und ihr täglich im Treppenhaus begegnete.

»Nein, auch heute nicht«, erwiderte Agathe zum wiederholten Mal. Beide machten sich inzwischen einen Spaß daraus. Sie konnte ihn nicht erhören und das wusste er auch. Dem Erhören stand mindestens die »Personalabbauverordnung« entgegen - eben dieses wieder eingeführte Lehrerinnenzölibat. Wenn sie heiratete oder - noch schlimmer - ein uneheliches Kind bekommen würde, hätte das ihre sofortige Entlassung zur Folge.

Was für eine Frechheit! Was für eine Ungerechtigkeit!

Johannes sah das nicht so verbissen und erneuerte einige Monate lang auf immer bezauberndere Weise seinen Antrag. Irgendwann, nachdem er sich mit der Unverrückbarkeit ihrer ablehnenden Haltung abgefunden hatte, nur noch, weil er sie erheitern wollte. Ähnlich wie bei Shakespeares »Romeo und Julia« war das Stück - wenigstens für die beiden, ein Publikum gab es leider nicht - immer wieder anrührend. Das Happy-End blieb aus, egal, was für Längen das Stück »Die Brautwerbung« inzwischen hatte. Beide Akteure wussten, Agathe würde ihren Beruf nicht aufgeben.

»Ich will dich auch, aber ich kann nicht«, lautete ihr Text. Manchmal variierte sie ihn, wurde melodramatisch, albern oder zynisch. »Ich verzehre mich nach dir, aber nicht nach dem

Scheuerlappen!« »Ich tauge nicht zum Hausmütterchen, ich würde eingehen wie eine Primel.« »Geh zu deinem Abgeordneten und sage ihm, sie sollen mich arbeiten und dich Kinder kriegen lassen.«

»Du könntest einen Salon führen, dich sozial engagieren, du müsstest nicht zu Hause bleiben!«, kamen die Argumente von der Gegenseite.

»Aber ich müsste dich um Genehmigung fragen. Du wärest mein Vormund. Das wäre das Ende unserer Liebe.«

»Meiner Liebe nicht.«

»Meiner Liebe. Also unserer Liebe.«

Und so weiter und so fort. Die Zeit verging, die Avancen wurden ruppiger. »Komm, du alte Schnalle, lass mich endlich dein Riemen sein!«

Irgendwann hörte der Spaß auf. Warum? Weil niemand mehr lachen konnte. Es war vorbei.

Johannes heiratete eine andere Frau, nett, bezaubernd und vor allem heiratswillig. Agathe wünschte ihrem Johannes alles Gute, folgte aber der Einladung zu seiner Hochzeit nicht. Sie war frustriert, machte sich Vorwürfe. Warum nur war sie immer so konsequent? Warum nur konnte sie sich nicht fügen? Eine befriedigende Antwort fand sie nicht.

Zufriedenheit in eigenen Familienangelegenheiten war Agathe nicht vergönnt. Eine weitere Unzufriedenheit betraf ihr Gehalt. Obwohl sie nicht ledig sein wollte, wurde sie dafür bestraft, dass sie es war. Sie musste eine Ledigensteuer entrichten! Das konnte frau schon in die Ehe treiben. Nicht so Agathe, sie trieb es in die Wut.

Die nächste Unzufriedenheit entwickelte sich im Laufe der Zeit aus ihrem Verhältnis zu ihren Kolleginnen und Vorgesetzten. Agathes Unterricht war verspielt, kreativ, originell, zielführend, manchmal streng, nie aber langweilig. Sie liebte ihren Beruf und gab ihren Zöglingen alles, was sie zu geben hatte. Diese liebten und verehrten sie und nahmen sie sich zum Vorbild. (Natürlich nicht alle. Manche verstanden sie nicht und hielten sie für ein bisschen sonderbar. Aber auch jene profitierten letztlich von ihr.) In den ersten Jahren ging es noch ziemlich gut mit ihr und der Kollegenschaft. Obwohl sie eines ganz und gar nicht war: angepasst.

Doch eines Tages lief das Fass aus Neid und Missgunst, das es doch eigentlich gar nicht gegeben hatte, über. Ähnlich wie damals in Elbing begann ein Mobbing gegen Agathe; dieses Mal besonders moralisch eingefärbt. Irgendjemand hatte das Gerücht im Kollegium gestreut, dass sie in einem Dreierverhältnis leben würde. Die Direktorin bestellte sie zum Gespräch. Dreierverhältnis? Sie hatte gar kein Verhältnis. Aber sie hatte versäumt, sich Kolleginnen zu Freundinnen zu machen.

Agathe konnte zwar alle Vorwürfe entkräften, ging aber leider ihrerseits zum Angriff über und versuchte allen zu beweisen, dass sie die beste Lehrerin der Schule war. So wurde auch noch die letzte wohlmeinende Kollegin zur Konkurrentin. Und, o weh, das fehlte gerade noch: Wieder einmal wagte es ein Studienrat, der sehr von sich eingenommene Dr. S., Agathe Avancen zu machen. Ausgerechnet mit genau dem Vokabular wie ihr ursprünglicher Widersacher, ersuchte er sie um »geschlechtliche Hingabe«. Gab es denn so etwas, du liebe Zeit? Nur die Begründung war dieses Mal anders. Der verheiratete Herr meinte, dass ihr gerade das Lehrerinnenzölibat ja ein freieres Leben bescheren würde. Sie müsste sich doch vor niemandem verantworten. Und sie würden sich doch so gut verstehen. Das änderte sich spätestens ab diesem Moment gewaltig.

Als sie der Direktorin den Sachverhalt schilderte, drehte diese den Spieß um. Sie nahm den Kollegen in Schutz und Agathe wurde des Rufmordes angeklagt. Bei der Verhandlung brachte Agathe unglückseligerweise den alten Elbinger Fall zur Sprache. Von da an glaubte ihr niemand mehr. Was sie sich einbildete? Wollten ihr gar alle Lehrer an die Wäsche? Die Empörung kannte keine Grenzen - auch Agathes nicht. In was für einen Sumpf war sie geraten? Wo blieben Ehre und Moral, Ehrlichkeit und christliche Ethik? Agathe war nicht mehr zu bremsen. Ihre Rage war ein Elementarerlebnis erster Güte. Ihr Widersacher hingegen legte in aller Ruhe einen (Mein)Eid ab und verließ, nachdem Agathe - angeblich zu ihrem Schutz - für unzurechnungsfähig erklärt wurde, von allem und allen unbehelligt den Gerichtssaal.

Agathe stieg nicht mehr ab, sie stürzte in den Abgrund.

Zu ihrem eigenen Schutz unzurechnungsfähig? Die schöne, kluge Frau? Tatsächlich war es so. Da Agathe von Leidenschaft und Zorn getrieben auf ihrer Version beharrte, Studienrat Dr. S. aber in großer Ruhe und in allen Dingen überlegen auftrat, war das die einzige Möglichkeit, sie vor einer noch härteren Strafe zu bewahren, die für sie Gefängnis bedeutet hätte, denn eine Geldstrafe zu verhängen, wäre bei ihren monetären Verhältnissen nicht möglich gewesen. Alles andere hätte wiederum ihren Gegner die berufliche Existenz gekostet und das wollte niemand. Es stand Aussage gegen Aussage, was die Entscheidung offensichtlich leicht machte. Die unzurechnungsfähige Agathes wurde freigesprochen und unmittelbar danach von der Schule verwiesen. Da sie sich dem nicht fügen wollte, bestellte die Direktorin Agathes Vater ein und bat ihn, seine Tochter aus dem Verkehr zu ziehen. Wie bitte? Er fiel aus allen Wolken.

Karl fuhr nach Berlin und versuchte herauszufinden, was wirklich geschehen war. Er traf auf zwei Welten. Agathes schien ihm realer zu sein, nur war sein Kind nicht gut anzuschauen und hochgradig außer sich. Vielleicht brauchte sie einfach eine Pause? Er versuchte beruhigend auf sie einzuwirken. Sie solle für ein Jahr nach Hause kommen, sich erholen. Alle würden sich freuen, sie zu sehen.

Nein, niemals. Agathe war im Recht; sie war das Opfer und nicht die Täterin. Das musste sie klarstellen und somit rehabilitiert werden. Wieso verstand der Vater das nicht? Man hatte sie für unzurechnungsfähig erklärt! Sie war nicht unzurechnungsfähig. Auch er hatte einmal mit dem Rücken zur Wand gestanden. Warum unterstützte er sie nicht? Sie würde bleiben und kämpfen.

Versuchte jemand, Agathe aufzuhalten? Hörte sie jemand um Hilfe schreien? Von einem Menschen ist das schriftlich überliefert. Wilhelm Scharrelmann, ein bekannter Reformpädagoge, den sie verehrte und hin und wieder nicht nur fachlich um Rat bat, antwortete auf ihren verzweifelten Rechtfertigungsbrief:

»Verehrtes Fräulein Preuß!

Ihr Brief hat mich im tiefsten bewegt, und wenn ich Ihnen erst heute antworte, wollen Sie es nicht als ein Zeichen der Lässigkeit nehmen. … Nachdem ich nun Ihre Angelegenheit wieder und wieder durchdacht habe, kann ich Ihnen, trotz der Enttäuschung, die ich Ihnen wahrscheinlich im ersten Augenblick damit bereite, keinen andern Rat geben – als mit einem einzigen energischen Ruck, mag es so schwer sein wie es will, die ganze Angelegenheit und alles, was für Sie damit verknüpft ist, hinter sich zu werfen – fest entschlossen, den einzig möglichen Weg innerer Überwindung dieser schweren Prüfung anzutreten, der

Sie allein, aber wirklich allein, daraus und davon befreien kann! Zunächst rein äußerlich betrachtet: Es besteht nur die Möglichkeit für Sie, Ihren Widersacher in der Öffentlichkeit so bloßzustellen, dass eine Verhandlung wegen Meineids gegen ihn eröffnet wird. Mit anderen Worten durch einen Skandal - und alle damit verbundene Folgen für Sie und andere - Ihr Recht zu suchen. Ich weiß nicht, ob Sie damit durchdringen würden. Aber gesetzt den Fall, es würde Ihnen gelingen: Was ist im Grunde damit gewonnen? Dass die Welt voller Niedertracht ist, braucht nicht von Neuem bewiesen zu werden. ... Sie schreiben mir (und das hat mich besonders tief berührt), dass Sie sich als Organ Christi empfinden ... Hat nicht Christus geboten: Widerstehet nicht dem Übel? Es hilft nicht, es zu verbergen: In Ihren Briefen und Ihrer geistigen Einstellung zu den Dingen, die Sie so tief beschäftigen, steckt eine Inkonsequenz, der Sie ins Gesicht sehen müssen! Höher als die Gerechtigkeit steht die Liebe!

So soll man also erlittenes Unrecht, schlimmste Kränkung seiner Ehre ohne Widerspruch über sich ergehen lassen? Werden Sie sich fragen, und ich kann Ihnen nur antworten: Ja! Und noch einmal Ja! Wenn man anders sich als Christ nicht nur fühlen, sondern auch bestätigen will. Dazu kommt noch ein anderes Moment. Es liegt *garnichts* daran, was dieser oder jener, Hinz oder Kunz, von Ihnen denkt! Wer Sie kennt, wird ohnehin auf Ihrer Seite sein, und die es nicht sind, lassen Sie ruhig gehen! Ihnen liegt ja an diesen Leuten noch viel weniger. Und endlich: Wer gibt Ihnen etwas für die Stunden der Qual und des nagenden Nachdenkens über die geschehenen Dinge? Es ist schlimmste Kraftvergeudung, die Sie begehen. Sie sind ein Werkzeug Christi hier - so seien Sie es ganz - und Sie werden eines Tages gerechtfertigter sein als Sie heute ahnen.

Nur Geduld. Also nochmal: Werfen Sie das ganze Sorgenbündel, das Sie mit sich herumschleppen, entschlossen und mit einem Male und völlig ab! Sie haben hinfort nichts mehr damit zu tun. Gar nichts!

Und nun, wenn Sie mir überhaupt noch zuhören: Lesen Sie meinen Brief nach drei Tagen noch einmal wieder und vielleicht nach drei Tagen abermals; er wird sein Gesicht verändern. Vielleicht empfinden Sie doch eines Tages, dass es reine Güte war, die ihn diktierte - trotz der Ihnen zuerst unbegreiflichen Einstellung des Schreibers.

Gott behüte Sie!

Ihr ergebener Wilhelm Scharrelmann«

Agathe tat, wie ihr geheißen, und las den Brief dieses klugen und gütigen Christenmenschen wieder und wieder. Bedauerlicherweise wurde ihr Zorn dabei größer und größer. Nun verließ sie auch dieser Freund, dieser Verräter, dieser Opportunist.

Ach, das war er alles nicht. Er war Realist. Wenn das Verrat für sie war, lebte sie offensichtlich in einer anderen Welt als selbst ihre Freunde. Dachte sie, das Brausen ihres Absturzes wäre einfacher Fahrtwind? Wohl nicht. Doch keiner half ihr, stand an ihrer Seite, so sah sie es. Wäre sie wie Jesus, stünde ihrer Kreuzigung nichts und niemand mehr im Wege. War sie wie Jesus? Nein. Denn sie würde sich nicht kreuzigen lassen. Da sie nun die einzige war, die ihr Recht erkannte, war sie eben auch die einzige, diesen Kampf zu kämpfen. Zur Not gegen die ganze Welt. Vorbilder gab es genug. Eines war der Psalmist des 17. Psalms: »Herr, höre die gerechte Sache, merk auf mein Schreien, vernimm mein Gebet von Lippen, die nicht trügen.« Das war ihr Psalm. Agathe nahm den Kampf auf.

## Käthe wird erstkommuniert

Gut, dass Käthe zur Beichte gehen und die Erstkommunion absolvieren durfte. Nun war ihre Apfelsinensünde sicherlich kein furchtbar böser Streich. Dennoch erinnerte sie sich ihrer Scham. Da kam ihr der Beichtstuhl gerade recht, auch wenn ihr das Prozedere etwas übertrieben vorkam. Sie wusste doch, wer hinter dem Holzgitter saß. Schließlich kannte sie die Stimme des Priesters und auch er wusste, wen er vor sich hatte. Aber vielleicht kamen manchmal Fremde zum Beichten, die wirklich etwas auf dem Kerbholz hatten und nicht erkannt werden wollten? Sie würde sich bei Gelegenheit erkundigen.

Die Feier ihrer Erstkommunion fand im kalten Frühjahr des Jahres 1924 statt. Käthe bekam ein dünnes weißes, von der Mutter aus Stoffresten zusammengenähtes Kleidchen angezogen. Von den jüngeren Kindern der Straße wie ein Engelchen bestaunt, erbärmlich frierend und trotzdem bemüht, dem Ereignis gefasst entgegenzugehen, zitterte sich Käthe zur Kirche. Es war nicht leicht für sie, bei frommen Gedanken zu bleiben, was für Mühe sie sich auch gab, ein rechtgläubiges Kind zu sein. Das ging schon den ganzen Tag so und auch so weiter. Vor dem Kirchgang hatte es Uneinigkeit in der Familie gegeben. Die liebe katholische Tante - eine Schwester von Rose, die nicht ganz so verarmt war wie die Leforts - sagte ab, weil evangelische Verwandte eingeladen worden waren, mit denen sie nicht an einem Tisch sitzen wollte. Man hätte sie auch an einen anderen Tisch gesetzt, aber die Absage betraf leider nicht nur den Tisch. Dann gab es bei der Zeremonie selbst eine Enttäuschung: Die Kerze, die jedes der Kinder mit seinen Eltern gemeinsam in einer Devotionalienhandlung ausgewählt und gekauft hatte - Käthes war mit einem grünen Blattgewinde umwunden -, durfte nicht angezündet werden. Nach der Feier musste Käthe die Kerze als Zwangsspende an die Kirche geben und behielt nur den grünen Kram übrig. Doch das Allerschlimmste: Auf dem Erinnerungsblatt hatte man Käthes Namen falsch geschrieben. Da stand nicht Lefort, sondern Levort. Ach nein, ach nein, jammerte es in ihr.

Es wurde nicht besser. Bei ihrem zweiten Abendmahlsgang – bereits am nächsten Tag, am Montag, zur Frühmesse –, bestand ihre Mutter darauf, dass Käthe einen schwarzen Strohhut aufsetzte. Er war mit kleinen gelben Blumen verziert und recht hübsch. Käthe wollte keinen Hut aufsetzen. »Ich will keinen Hut aufsetzen. Es ist kein Band daran, er fällt immer herunter.«

»Dann musst du ihn festhalten. Außerdem ist es in der Kirche windstill.« Die Mutter wunderte sich. Wollte Käthe denn gar kein bisschen hübsch aussehen?

Doch Käthe sah nicht hübsch aus mit diesem Hut, und auch mit einem anderen hätte sie nicht hübsch ausgesehen, Blumen hin oder her. Ihr schiefer Hals war schief, das konnte jeder sehen. Was sollte daran hübsch sein? Und mit Hut? Also bitte.

Die arme Käthe fügte sich. Prompt fiel ihr der Hut vom Kopf, als sie die Hostie gereicht bekam. Wo blieben Andacht, Hingabe, Seligkeit? Wo war der Hut? Wo waren im Übrigen Vater und Mutter? Schon wieder war Käthe beim Kirchgang allein gelassen worden.

## Agathe entfremdet

Agathe ging es schlecht. Sie wurde dünnhäutig, spröde, reagierte schroff auf jedwede Ansprache. Frohe Momente stellten sich nicht mehr ein. Für kurze Zeit gelang es ihr, von einigen angesehenen Familien als Privatlehrerin für ihre Sprösslinge engagiert zu werden. Doch dieser er- und einträgliche Zustand hielt nicht lange an. Agathe selbst kündigte die Honorarverträge, wollte sie doch ihren Kampf allein ausfechten und nicht Schuldlose - sofern es sie denn überhaupt gab - mit hineinziehen. Auch Briefe ehemaliger Schülerinnen konnten sie nicht dazu bringen, weiter zu unterrichten. Sie zeigten ihr nur, was sie verloren hatte. Insofern schaffte es nicht einmal die Lektüre dieser liebevollen Zeilen, frohe Momente zu erzeugen:

»Liebes, liebes Fräulein Preuß! Wie konnten Sie mir das antun? Ging es denn wirklich nicht anders? Trübe Ereignisse werfen ihre Schatten voraus. Ich ahnte es ja schon lange. Das allerdings ahnte ich nicht, sondern nur, dass mir irgendetwas Schweres bevorstünde, das mit ihnen zusammenhängt. ... Es ist der erste Schmerz in meinem Leben; bis jetzt habe ich noch nichts Trübes erfahren. ... Nein, Sie dürfen nicht fortgehen. Bitte, bitte, bleiben Sie doch bei uns ...«

Nein. Kurz darauf kündigte Agathe ihre Wohnung, weil die Mitbewohner sie - wie sie meinte - ausspionierten. Was ihnen möglicherweise nicht einmal zu verübeln war, so, wie sich ihre Nachbarin zeitweise aufführte. Ja, Agathe war nicht mehr nur dünnhäutig und gereizt, schroff oder spröde, sie war so zornig, dass sie hin und wieder tätlich wurde. Als Johannes sie besuchte, weil ihm ehemalige Wohnungsgenossen von Agathes Zustand berichtet hatten - eine Mitbewohnerin war von einer

Schmuckvase getroffen worden, die bis dato im Flur des Hauses gestanden hatte, nun aber von Agathe als Wurfgeschoss missbraucht worden war -, bedrohte sie ihn mit einem Messer, und, so seine Schilderung, es war kein Küchenmesser, sondern ein Springmesser. Als er sie einigermaßen besänftigt hatte, ließ er sich das Messer von ihr zeigen. Es war aus Solinger Stahl. Woher sie es hatte? Das verriet sie nicht. Ob sie ernsthaft meinte, es zu brauchen? Das bejahte sie.

Um eine neue Wohnung anmieten zu können, machte Agathe Schulden. Sie vernachlässigte ihr Äußeres, hungerte. Als ihre Gläubiger - zumeist wohlmeinende Bekannte aus der guten alten Zeit - darauf drangen, ihr Geld zurückzubekommen, bewaffnete sie sich mit einem Revolver und bedrohte auch sie. (Einen Waffenschein besaß sie nicht.) Selbstverständlich bekamen die Gläubiger es mit der Angst zu tun. War das nicht clever von Agathe? Ja, das war nicht clever.

Da sie bald überhaupt kein Geld mehr besaß, wandte sie sich an ihren hochwohllöblichen Verwandten, den Domprediger Doehring. Freundlicherweise vermittelte er ihr ein Darlehen, mit dessen Hilfe sie wieder einige Wochen über die Runden kam. Den Revolver behielt sie vorsorglich.

Nach Verausgabung des letzten Pfennigs suchte Agathe Hilfe bei ihrem Lieblingspfarrer Hollmann. Schließlich hielt er überaus kluge, menschenfreundliche Predigten, sprach vom Tatchristentum. Er half ihr nicht. Agathe war ihm unheimlich. So schrieb sie wenig später in einem verzweifelten Brief an das Brandenburger Konsistorium: »Er zuckte zurück, als ich ihm von der Sache erzählte. Ich merkte, er fürchtete, ich könnte ihn um seinen Beistand angehen. ... Er betonte, keine Zeit zum mündlichen Gespräch zu haben, und forderte mich auf, ihm zu schreiben. Es war eine Atmosphäre von Unfreiheit und Unwahrhaftigkeit um ihn, und sehr enttäuscht ging ich nach Hause. … Ich frage mich, ob Pfarrer Hollmanns Verhalten mir gegenüber nach Gottes Ratschluss erfolgte. … Wenn das Konsistorium in Bezug auf ein Christentum des Duldens den Standpunkt Scharrelmanns teilt, also jede Hilfeleistung ablehnt, so wäre ich bereit, das Schreiben Scharrelmanns als Schlussstrich unter die Angelegenheit zu betrachten.«

Leider konnte sich das Konsistorium zu keiner Stellungnahme durchringen.

Agathe wandte sich an die nächsthöhere Instanz, die sie auszumachen in der Lage war, an Mahatma Gandhi. Allerdings erwartete sie von ihm keine Antwort, sondern übertrug seine Gedanken auf ihre Situation und schrieb an ihn: »Ich bin bisher als Salzkorn umhergewandert, und es ist mir sehr schlecht dabei gegangen. Nun lese ich Sie, Herr Gandhi, mit Seele und Geist zu Ihnen gehörig. Ich finde ein Wort bei Ihnen: ›Es genügt, sterben zu können!‹ Vielleicht genügt das für einen Menschen wie mich wirklich! Ich will mich einsetzen mit aller Kraft in Ihrem Sinne. Sterben will ich wohl können. Mein ganzes Leben soll Gebet und Dank für Sie sein!«

Eine Weile übte sich Agathe mit allem Ernst in konstruktiver Friedfertigkeit. Doch die Weile war von erschreckender Kürze. Über kurz – niemals über lang – ergriff sie wieder die Wut darüber, ungerecht behandelt worden zu sein und von niemandem Hilfe zu erfahren. Diese Wut verblendete sie zunehmend in dem Sinne, dass sie selbst von ihr geblendet wurde, geblendet von den rotglühenden Strahlen, in die nicht einmal sie mehr zu blicken vermochte, ohne wahnsinnige Schmerzen zu erleiden. Gefangen in ihrer Trutzburg, konnte sie der eigenen Wut nicht entkommen. Von außen betrachtet, gab sie ein schreckliches Bild ab – eine um sich selbst rotierende Feuerkugel, außer

Kontrolle geraten, ihre Lebenssubstanz verschleudernd. Wer ihr zu nahe kam, verletzte sich.

Es wurde so schlimm mit ihr, dass sich das Evangelische Konsistorium der Mark Brandenburg am 16. Oktober 1925 dazu entschloss, einen Antrag an den Oberstaatsanwalt zu stellen, Agathe wegen Geisteskrankheit zu entmündigen. In dem Schreiben stand unter anderem: »Sie hat scheinbar zunächst in dem Pfarrer Hollmann den Mann gesehen, der sie versteht und zu dem sie unbedingtes Vertrauen haben kann. Sie besuchte eifrig seine Gottesdienste und bewunderte ihn als Kanzelredner. Als dann aber der Pfarrer Hollmann es – wie schon andere vorher – ablehnte, ihr ein Zeugnis über ihre Zurechnungsfähigkeit auszustellen, ... verwandelte sich ihre Bewunderung und ihre Begeisterung in blinden Hass. Seither beleidigt sie ihn in zahlreichen Schreiben an ihn, in Eingaben an seine vorgesetzte Dienststelle, den Gemeindekirchenrat und in Flugblättern an die Einwohner von Nikolassee. Sie bezichtigt darin den Pfarrer Hollmann der Lügerei, Ehrabschneiderei, Unterschlagung und beschimpft ihn als Schmutzfinken, ja als Teufel. Diese Schmähungen hat sie in gedruckten Exemplaren massenhaft in der Kirchengemeinde Nikolassee verbreitet und dadurch ungeheure Unruhe und Erregung verursacht. In einer gleichfalls verbreiteten ›Leichenrede zum Tode des Pfarrers Hollmann – am 30. August 1943‹, die sie verfasst hat, geißelt sie ihn als Heuchler und Verbrecher.«

Du liebe Zeit, plante Agathe etwa seine Ermordung zu vorherbestimmter Zeit?

An anderer Stelle glomm in dem Schreiben des Konsistoriums eine gewisse Fürsorglichkeit auf, die offenbar auch geboten war. Agathe war nicht mehr sie selbst. Oder so ausschließlich sie selbst, dass die äußere Welt für sie keine Rolle mehr spielte.

Der Mitarbeiter des Konsistoriums – er schrieb »in Vertretung« und seine Unterschrift war kaum leserlich – bemerkte nämlich weiter: »Eine erhebliche Zeit und Kraft und Geld widmet die Lehrerin Preuß fast ausschließlich diesen Angelegenheiten, ohne dabei Rücksicht auf ihre Gesundheit und auf ihre ungünstigen Vermögensverhältnisse zu nehmen. Dabei setzt sie sich ständig der Gefahr der Strafverfolgung aus, da ihre Eingaben von Beleidigungen strotzen. … Ob auch Gemeingefährlichkeit bei der Lehrerin Preuß zu besorgen ist, mag dahingestellt bleiben. In einem ihrer Schreiben gibt sie selbst an, dass sie beschloss, den Oberstudienrat Dr. S. ermorden zu wollen, und sie sich deshalb bewaffnet hätte.«

Noch jemand auf Agathes Todesliste? Da konnte man nicht mal mehr »Du liebe Zeit!« sagen. War es vorstellbar, dass sie mit dem Trommelrevolver im Handtäschchen irgendwo ihrem Widersacher auflauerte? Vielleicht so:

Nervös durchforstete Agathe ihren Kleiderschrank. Die meisten Stücke hielten sich nicht mehr an ihrem Leib, sondern schlotterten zu Boden oder sahen nur erbärmlich an ihr aus. Selbst ihre hervorstehenden Hüftknochen vermochten es nicht, den hellgrünen Faltenrock an angemessener Stelle zu fixieren. Ein Gürtel musste her. Der Gürtel wurde gefunden, doch mussten weitere Löcher hineingestanzt werden. In die lange, farblich abgestimmte Jacke hätten drei Agathes hineingepasst. Beherzt stopfte sie ihren Büstenhalter mit Zeitungspapier aus, was zumindest oben herum eine gewisse Üppigkeit vermuten ließ. Sie hoffte, dass das Papier sich akustisch unauffällig verhalten würde. Endlich war sie ausgehfertig. Ein Blick in den großen Spiegel im Treppenhaus sagte ihr allerdings, dass sie lieber nicht zu genau hinschauen sollte.

Frühmorgens verließ Agathe das Haus. In ihrer Handtasche steckte der kürzlich erworbene Trommelrevolver. Natürlich wollte sie Dr. S. nicht erschießen, sondern nur erschrecken. Sie passte ihren Widersacher direkt vor seiner Haustür ab, als er gerade im Begriff war, die Lehranstalt zwecks Ausübung seiner verantwortungsvollen Tätigkeit aufzusuchen.

»Oh, das Fräulein Preuß, was verschafft mir die Ehre?«

»Das Wort Ehre nehmen Sie besser nicht in den Mund«, fuhr Agathe ihn an. »Wir müssen reden.«

»Ich wüsste nicht, was wir zu besprechen hätten. Aber bitte, begleiten Sie mich doch!« Mit langen Schritten eilte Dr. S. dem unweit gelegenen Schulgebäude entgegen. Agathe versuchte, Schritt zu halten. Kurz darauf blieb sie unter einer Straßenlaterne stehen. »Einen kleinen Moment bitte, ich muss Ihnen etwas zeigen!«

Unwillig zögerte Dr. S. »Ich habe es eilig, gute Frau!«

»Das mag ja sein, aber den Moment werden sie für mich erübrigen müssen. Sie schulden mir meine Reputation. Da die für mich verloren ist, verlange ich tausend Mark Entschädigung von ihnen!«

»Ich wusste doch, dass Sie spinnen«, entgegnete Dr. S. und wandte sich zum Gehen.

Agathe zog den Revolver aus der Tasche und fuchtelte vor seiner Nase herum. »Sie geben mir das Geld, oder …«

Zu ihrem Entsetzen bekam Dr. S. einen Lachanfall. »Oder was? Wollen Sie mich auf offener Straße erschießen?«

»Warum nicht«, entgegnete Agathe gefasst. »Haben Sie etwa eine bessere Idee? Sie wollen nicht sterben, mir ist mein Leben egal.«

»Ich habe gar kein Geld bei mir, wie Sie sich vielleicht denken können. Warum sollte ich mit tausend Mark in der Tasche herumlaufen? Ihr Verstand ist Ihnen offensichtlich ganz abhandengekommen.«

Leider hatte Dr. S. in diesem Fall recht. Agathe hatte das nicht bedacht. Der Plan war gescheitert. Sollte sie den Studienrat trotzdem erschießen, einfach so?

»Sie tun mir leid«, sagte der. »Sie sind am Ende, nicht wahr? Das haben Sie sich selber zuzuschreiben und das wissen Sie auch. Verschwinden Sie, wenn Sie nicht wollen, dass ich Sie auf der Stelle verhaften lasse. Ich werde das Ganze vergessen. Aber wenn Sie sich noch einmal in meiner Nähe blicken lassen, sind Sie dran!«

So endete die Szene vermutlich. Agathe steckte ihren Revolver in die Tasche zurück, machte auf dem Absatz kehrt und verkroch sich in ihrer Wohnung.

[An dieser Stelle wird allen Leser*innen, die mit dieser Szene hadern, die Möglichkeit gegeben, sie umzuschreiben. Hoffentlich gelingt es. Hier ist dafür der Platz:]

Um dem für sie unerträglich gewordenen, teuflischen Nikolasseer Umfeld und ihren dortigen Mietschulden zu entgehen - außerdem verweigerte ihr die Wohlfahrtsbezirksvorsteherin die Wohnungsinstandsetzung -, zog Agathe erneut um, aber erst, nachdem sie der Beamtin geschrieben hatte: »Seit ich heute gesehen habe, dass Sie auf dem Niveau einer Straßendirne stehen ...«. Sie zog in die Seestraße 53 nach Zehlendorf. Ja aber, man zieht doch immer mit sich selbst um, vor allem, wenn man kaum noch Gegenstände hat, die mit umziehen. Doch für solch altbackene Sprüche war Agathe längst nicht mehr erreichbar.

In Zehlendorf war es auch schön grün. Und sonst? Da Agathe inzwischen ganz arm war, musste sie sich die Wohnung mit einer anderen Frau teilen, die sie aber schon auf den ersten Blick nicht leiden konnte. Dennoch lieh sie sich von dieser unsympathischen Person Geld, hundert Mark, wollte es später aber nicht zurückzahlen, da andere Gläubiger ihr sympathischer wären, das sagte sie ihrer Mitmieterin einfach so ins Gesicht. Welche Gläubiger ihr sympathischer waren, sagte sie nicht. Wahrscheinlich gab es sie nicht, die ihr sympathischeren Gläubiger. Sie schlug sich nicht durch, die gute Agathe, sie schlug um sich.

Arthur allerdings wusste von all dem nichts, gar nichts, überhaupt nichts. Jedenfalls liegen keine gegenteiligen Informationen vor.

## Königsberger Schülerfreuden

Neben der Schule, die sowohl Arthur als auch Friedrich bei flukturierender Ernsthaftigkeit mit Bravour absolvierten – Friedrich Buttkus war Arthur eine Klassenstufe voraus –, gab es für Jungen wie sie viele Möglichkeiten, ihre freie Zeit herumzubringen. Was war das für eine wunderbare Angelegenheit, bei strengem Frost auf dem zugefrorenen Pregel Schlittschuh zu laufen! Arthur brachte es dabei zu keiner Meisterschaft, aber er kam voran. Zwar gab es eine Fahrrinne für die Schifffahrt, der man tunlichst fernzubleiben hatte, aber am Rande war das Eis dick genug, um schwungvoll dem Frischen Haff entgegenzugleiten. Hatten sie es erreicht, hielten sie die mitgebrachten Zeltbahnen oder anderen Segelersatz in den Wind und waren fast so schnell wie die Eissegler. Juchhe, was für ein Treiben!

Im Sommer trieben die Jünglinge des Schülerbibelkreises Wandersport in alle Richtungen, sammelten Pilze und Beeren und übertrafen sich gegenseitig bei verschiedensten Körperertüchtigungen. Das waren noch die Zeiten, in der es Bauern gab, die es sich zutrauten, junge Wandersleute in ihrer Scheune übernachten zu lassen. Freilich erst, nachdem sie ihnen alle Streichhölzer abgenommen hatten.

Was aber begab sich zu dieser Zeit mit den Geheimnisträgerinnen, den metaphysischen Mädchen? Scheinbar erst einmal nichts. So, als wären sie hinter einer Waberlohe verborgen. Glut, nein Feuer allerorten, aber kein Durchkommen. Sehnen und Verlangen, Flackern und Glühen auf beiden Seiten, aber eine große Scheu vor der direkten Begegnung, dem Lodern und Flammen im Zentrum aller Möglichkeiten. Wer von den Knaben würde als erster dem Feuer standhalten und die Lohe überwinden?

Sobald Arthur die Laute zur Hand nahm, verdichtete sich die Atmosphäre, zog er Aufmerksamkeit auf sich, waberten mächtige Gefühle im Raum, denn keiner kam ihm an Gesang und Lautenspiel gleich. Nachdem er seinen Stimmbruch fertig mutiert hatte, entwickelte er einen wunderbar weichen Bass-Bariton. Stundenlang begab er sich mit ihm auf die Suche nach dem unaufgelöstesten Akkord, nach dem niemals gesungenen Lied, der übernächsten Sehnsucht, der bitteren Süßheit - also nach dem Geheimnis hinter der Lohe.

Die Kameraden applaudierten, neidisch ob der Geschmeidigkeit seiner Stimme und der Ernsthaftigkeit des Vortrags. Es handelte sich zweifelsohne um Hochkultur. Und, endlich: Absichtsvoll unabsichtlich erreichte sein dichterischer Ruhm die andere Seite der Geschlechterwelt. Arthur übersprang die Waberlohe auf dem Rosse des Gesangs. Angelockt durch seinen dichterischen Ruhm, sein gutes Aussehen und die immer imposanter werdende Körperhöhe, folgten ihm bald mehr Mädchenblicke, als seine Freunde zählen konnten.

Doch Arthur ließ sich zwar bewundern, aber nicht auf die Mädchen ein. Wozu dann die ganze Mühe? Einzig einen allernettesten Blondschopf ließ er etwas näher an sich heran. Irmgard kam aus Adlig Powunden. Sie war älter als Arthur und ihre Verlobung mit dem benachbarten Rittergutserben beschlossene Sache. So konnte sie Arthurs Seelenfrieden nicht gefährden, bot sich aber für Versuchsanordnungen an, physisch wie metaphysisch. Arthur begnügte sich damit, ihre reine Schönheit beziehungsweise schöne Reinheit zu bewundern. Es machte ihn stolz, wenn er mit Irmgard einen gemeinsamen Weg hatte und die anderen Kerle sich nach ihnen beiden umdrehten. Zu Gedichten inspirierte Irmgard Arthur nicht. Er würde es schon noch finden, das Mädchen, welches seinetwegen über den tiefdunklen Fluss käme und bliebe, bei ihm, physisch und überhaupt.

Seine Hauptinspirationsquelle war und blieb die Natur. Und da während seiner Entwicklungsphase vom Jungchen zum Jungen zum Jüngling zum jungen Mann, vom Schüler zum Studenten nichts Kriegerisches stattfand oder gar von ihm erwartet wurde - die allgemeine Wehrpflicht war vorübergehend abgeschafft worden -, kam ihm die Romantik nicht abhanden.

Daran änderten auch die Fahrtenlieder nichts, die anlässlich der Bibelkreiswanderungen zu schmettern waren. Arthur versuchte allerdings, Lieder wie »Kein schön'rer Tod ist in der Welt, als wer vom Feind erschlagen ...« zu überblättern. Nicht, dass er sie nicht gerne gesungen hätte. Da steckten zwei Seelen in seiner Brust. Die eine fühlte sich durch solche Lieder herausgefordert und wollte mitschmettern, mitmarschieren. Der anderen war dieses Emporquellen kriegerischer Gelüste aus dunklen Tiefen, dieses Zucken in den Beinen, das Triumphale des Marschgefühls, furchtbar peinlich. Da setzte es Stich und Hieb, da erzitterte vor Löwengebrüll das tierische Heer. Nein, bitte nicht. Die friedfertige Seele gewann. Arthur wunderte sich, dass in seinem druckfrischen Liederbuch solche Texte zu finden waren. Hatten sie nicht genug vom Krieg? Bei genauerem Hinsehen stellte Arthur fest, dass höchstens ein Viertel der Lieder nicht von irgendeinem Krieg handelte. Und das Buch nannte sich »Fahrtenlieder«!

Viele seiner Wanderfreunde sahen das nicht so kritisch. Ein Lied musste schmissig sein und den Wanderschritt unterstützen. Bitte sehr! Aber diese Kriterien erfüllte auch das gute alte »Im Frühtau zu Berge wir ziehn, vallera, grün schimmern wie Smaragden alle Höhn, valera ...«. Zugegeben, dieses Lied hatte metrische Schwachstellen, bei denen eher Sprachhaspeln als flüssiges Reimen angesagt war. Aber es war kriegsfrei.

## Käthe wird begradigt

Als Käthe elf Jahre alt war, konnten die Leforts endlich etwas zur Begradigung ihres Schiefhalses veranlassen. Der Chirurg durchtrennte unterhalb von Käthes linkem Ohr eine Sehne. Ein Gipsverband auf ihrem Kopf bildete die Basis für lange Pflasterstreifen, die den Kopf weit nach rechts zogen - ein wenig über die natürliche Stellung hinaus - und auf Rücken und Brust befestigt wurden. So wurde ihr Hals daran gewöhnt, nicht mehr schief zu stehen. Die voneinander getrennten Sehnenenden hatten den Auftrag, aufeinander zuzuwachsen.

Es war eine Tortur. Doch die Operation gelang. Der Hals wurde gerade und blieb es auch. Zum guten Schluss war es doch ein rechter Erfolg, das konnte niemand bestreiten. Käthe war jetzt nicht nur ein fröhliches, aufgewecktes, sondern auch ein sehr hübsches Kind. Ein bisschen schneewittchenmäßig: schwarzes Haar, heller, zarter Teint, blaue Augen und auf der linken Wange ein wunderschönes Grübchen.

Die siebente Klasse, die Quarta, absolvierte sie sozusagen erhobenen Hauptes, die achte ließ man Käthe gar nicht erst besuchen - sie kam gleich in die neunte, die Obertertia. Erst recht war sie jetzt die allerjüngste Schülerin der Klasse, doch wachstumsseitig holte sie auf.

Ob schief oder gerade, ob kleiner oder größer - Käthe nahm es, wie es kam. Und absolvierte weiterhin jedes schulische Pensum, das ihr abverlangt wurde. Außerdem spielte inzwischen fast die ganze Schule ihre Pausenspiele; sie erfand jedes Jahr ein neues und setzte damit absolute - weil historisch einmalige - Weltmaßstäbe.

## Natürlich die natürliche Natur

Das Eintauchen in die Natur, also in das, was ohne menschliche Einmischung entstanden war und entstand, war für Arthur das Gegenprogramm zu den vielen menschengemachten Kalamitäten, denen er sich ausgesetzt sah. Natur war reichlich verfügbar und, wenn man wollte, konnte man sich ihr ganz und ohne Folgen hingeben. Das lag wohl daran, dass Menschen einmal ein Teil der natürlichen Natur gewesen waren. Für Arthur fühlte es sich jedenfalls immer wie ein nach Hause kommen an.

»Meine Liebe zur Natur ist rein, langmütig und freundlich, sie eifert nicht, sie treibt keinen Mutwillen, sie bläht sich nicht auf, sie sucht nicht das Ihre, sie erbittert nicht, sie rechnet das Böse nicht zu, sie freut sich an der Wahrheit, sie erträgt alles, sie duldet alles und, vor allem, sie hört niemals auf.«

So lautete die von Arthur aus dem ersten Brief des Paulus an die Korinther geschöpfte Liebeserklärung an die Natur. Ganz selbstverständlich liebte die Natur zurück, was schon dadurch bewiesen war, dass es die Liebe zur Natur überhaupt gab. Wer vermochte schon dauerhaft etwas oder jemanden zu lieben, ohne zurückgeliebt zu werden?

Doch wie wurde man zum Beispiel von einem natürlichen Stein zurückgeliebt, einem Stein, der nicht in der Annenkirche verbaut war, sondern einfach irgendwo herumlag? Arthur dachte darüber folgendermaßen und schrieb seine Gedanken vorsichtshalber in seiner Geheimschrift auf: »Ich stelle mir einen Stein vor, in der Sonne oder im Schatten liegend, nass oder trocken, klein oder groß, schwer oder nicht so schwer, zum Beispiel ein Stück Granit. Von Wind und Wasser rund und glatt geschliffen. Wohl ist dieser Stein rein, langmütig und freundlich, er eifert nicht, treibt keinen Mutwillen, bläht sich nicht auf, sucht nicht das Seine, verbittert nicht, rechnet das Böse nicht auf, freut sich an der Wahrheit(?), erträgt alles, duldet alles und, vor allem, er hört niemals auf ein Stein zu sein. Wie aber liebt er zurück? Er ist, der er sein wird. Also ähnlich wie Gott. Er kann verlassen werden, verlässt aber nicht. Er hält, was er verspricht, nämlich, zu sein. Und wenn ein Jemand einen Stein braucht, ist der Stein da. Man kann sich (bei entsprechender Größe) an ihn schmiegen, man kann ihn (bei entsprechender Größe) bei sich tragen, man kann sich (bei entsprechender Größe) an ihm stoßen oder ihn in die Hand nehmen. Des Steines Rückliebe ermöglicht also die Liebe an sich. Ein vollendetes System. Immer gibt die Liebe, was sie zu nehmen bereit ist.«

Wie aber kam Arthur anlässlich seiner Erkenntnisfähigkeit dazu, eine andere Liebe zu fürchten, eine, der er noch gar nicht begegnet war? Weil er fürchtete, nicht liebenswert zu sein. Ach, wäre er doch ein Stein!

In der Bibel steht viel über Steine, zum Beispiel beim Propheten Habakuk. Da steht doch tatsächlich, dass die Steine in der Mauer schreien würden. Arthur glaubte das. In der Annenkirche hatten sie zwar nur gemurmelt, aber auch deren Steine konnten schreien, da war er sicher. Selbst Jesus hatte es gesagt, als man versucht hatte, seine Jünger zum Schweigen zu bringen: »Ich sage euch, wenn diese schweigen werden, so werden die Steine schreien.« Klar war, dass etwas ganz Besonderes geschehen musste, damit Steine schrien. Zumeist war es nichts Gutes. Er würde das beobachten und ganz genau hinhören.

Das Buch der Bücher, die Bibel, gewann für Arthur mehr und mehr an Bedeutung. Obwohl in der Bibel allerhand Gegensätzliches zu finden war, schien sie ihm von großer Eindeutigkeit. »Es ist dir gesagt, Mensch, was gut ist, und was der Herr von dir fordert, nämlich Gottes Wort halten und Liebe üben und demütig sein vor deinem Gott.« Wobei Arthur das mit dem Liebe üben, abgesehen von der steinernen, weithin ausklammerte; mit dem demütig sein (nur) vor Gott kam er zurecht. Gottes Wort zu halten, war etwas Einfaches und in dieser Einfachheit einfach großartig. Endlich ein Maßstab, der immer zur Verfügung stand.

***

Wir schreiben den 9. April 1926. Zeit für die Natur, wieder einmal ihr Machtwort zu sprechen: Frühling! Das Haffeis war aufgegangen und die Schifffahrt eröffnet. In der Ferne sah man die ersten Frachter auslaufen und mit qualmenden Schloten ihre Fahrten über das Haff unternehmen. In Arthur wuchs eine Unruhe vor dem Kommenden, bei der sich Furcht und Zittern, Freude und Stolz die Klinke in die Hand gaben. Kein stimmiges Bild? Doch. Schließlich würde er eine Tür durchschreiten, die er vorher mithilfe einer Klinke geöffnet hatte, und einen neuen Raum betreten. Immatrikulation, Alma Mater, Theologia!

# 4. Kapitel:

Königsberg, Münster, Marburg, Berlin, Wuppertal, Flensburg, Köln, 1926–1931

## Studienbeginn in Königsberg

Achtzehn Jahre war Arthur jung, als er nach absolvierter Reifeprüfung die Tür durchschritt und in die schöne neue Welt eintrat. Es war etwa zu der Zeit, als Aldous Huxley seine diesbezüglichen Dystopien zu formulieren begann. Nun gut, der Herr war knapp 14 Jahre älter als Arthur und lebte auf einer Insel. Zwei Menschen, zwei Welten? Waren zwei Welten größer als eine Welt oder gab es eine, die größer war als jede der anderen? In der Bibel kann man über die Welt lesen: »Aller Welt Enden sehen das Heil unseres Gottes.« Als dieser Text entstand, gab es also Weltenden und zumindest den Dichter dieses Psalms schien das nicht zu stören. Zu seiner Zeit - vor mehreren tausend Jahren - gab es im Übrigen die Welt nur einmal.

Das Studentenleben begeisterte Arthur in vielerlei Hinsicht. Sein Leben hatte eindeutig an Bedeutung gewonnen und er selbst natürlich auch. Er gehörte dazu! Zu den Studenten! Am liebsten hätte er sich vor lauter Selbsterfreutheit andauernd zugezwinkert. Er fühlte sich als Bereicherung des Straßenbildes. Er war eine Bereicherung des Straßenbildes. Allerdings nicht die einzige. Was liefen da neben ihm nicht alles für intelligente, gutaussehende Burschen und was für Mädchen herum. Wobei die studentische Spielart des anderen Geschlechts ihn mehr verstörte als die Madonnen, die er zu sehen geglaubt hatte oder die Maidlein und Mädchen, denen er bisher begegnet war. Er war keinesfalls bereit für die moderne Ausgabe der Frau. Wie sie schon daherkamen! Kaum eine entsprach seinem Blondchen-Ideal (streng geflochtene Zöpfe, Haare aus der Stirn). Bubikopf, Pagenschnitte und flotte Hüte waren angesagt, da nahmen die Damen weder Rücksicht auf die biederen Königsberger im Allgemeinen noch auf Arthur im Besonderen. Und erst die Blicke, mit denen sie um sich warfen! Galten die vielleicht auch ihm? Er wollte lieber nicht darüber nachdenken. Mit den theologischen Kommilitonen war er eines Sinnes, wie Mädchen zu sein und auszusehen hatten. Anders tickten die jungen Herren aus der medizinischen Fakultät. Sein alter Freund Richard Wagner zum Beilspiel, Medizinstudent und ehemaliger Bibelkreisler aus Arthurs Königsberger Gruppe. Ihn fand man ziemlich konstant in weiblicher Gesellschaft. Außerdem rauchte er.

»Du stinkst!«, sagte Arthur angewidert, als er ihn vor einem der Königsberger Cafés traf, in dem Richard sich vermutlich gerade stundenlang an der Seite dieser oder jener Studienkollegin amüsiert hatte.

»Ich bitte dich«, meinte Richard und schaute ihn von oben herab an, obwohl er keinen Zentimeter mehr maß als Arthur, »sei nicht so langweilig. Rauchen macht Spaß. Und es ist nett mit diesen Mädels, die haben nämlich mehr im Kopf als Eintopf und Bügelbretter.«

Sprachpedantisch, wie Arthur war, versuchte er sich vorzustellen, wie sich ein Bügelbrett im Kopf von jungen Frauen ausnehmen würde. Vielleicht als neue Hutmode. Aber nein, sie hatten ja eben gerade keine Bügelbretter im Kopf und auf ihm schon gar nicht.

»Worüber redest du denn mit denen? Doch nicht über medizinische Probleme? Was studieren die überhaupt?«

»Du wirst es nicht glauben, vor allem Naturwissenschaften. Aber natürlich auch Medizin und Philosophie. Theologie weniger, aber das wirst du besser wissen. Jura studieren auch einige. Frauen sind sehr sprachbegabt, hast du das noch nicht bemerkt? Und ja-nein, wir reden nicht nur über medizinische Fragen, sondern auch über Gott und die Welt, das Leben, die Vögel auf dem Felde und was sonst noch interessiert.«

Die Begabungen anderer Leute interessierten Arthur nicht besonders, mit dem Leben der Vögel auf dem Felde lag die Sache anders. Vielleicht lohnte es sich doch, mit modernen Frauen ins Gespräch zu kommen? »Ich weiß nicht. Reden ist Silber, Schweigen ist Gold.«

»Ach, Arthur, komm mir nicht mit Sprüchen! Du bist so altmodisch! Wie soll man denn etwas über andere erfahren, wenn man nicht mit ihnen redet? Ich kann mich doch nicht mit einer jungen Dame verabreden, um dann meilenweit in beredtem Schweigen neben ihr herzugehen. Und wenn wir es tatsächlich so machten, was käme dann danach? Meinst du vielleicht, dass sie sich noch einmal mit mir verabredet?«

»Wenn es die Richtige ist, tut sie es. Man muss es ihnen ansehen, es fühlen. Und dann, aber wirklich nicht eher, dann ...«, Arthur verstummte verlegen.

Richard kicherte. »Also wirklich. Was denn ansehen, was denn fühlen? Was denn weiter? Stell dir vor, du und ich, wir würden uns wortlos ansehen, gerne auch mit sprechenden Blicken, aber sonst nichts weiter. Ich bitte dich! Wir können es gerne einmal versuchen.« Er verstummte und blickte Arthur umflorten Blickes an, bemüht freundlich, beredt schweigend, immer weiter schweigend.

Jetzt musste auch Arthur kichern. »Hör auf zu glotzen! Mädchen sind eben anders. Aber du hast recht, ich habe keine Ahnung. Trotzdem, wozu soll ein Frauenstudium gut sein? Es bringt ihnen doch nichts. Wenn sie heiraten, brauchen sie zu Hause Kochtöpfe und Bügelbretter und keine Wälzer über Recht und Unrecht oder Gallenoperationen.«

»Dann werden sie wohl nicht heiraten. Sie wären ja dumm, wenn sie es täten.«

»Nun, wenn du es sagst. Die meisten von ihnen heiraten jedenfalls irgendwann. Wie auch immer, ich muss jetzt weiter.« Arthur wandte sich zum Gehen. »Bis später!«

Richard blickte ihm nach. Der Kerl würde sich noch wundern. Welche den wohl einmal heiraten würde? Denn die Frage nach dem »Ob« stellte sich nicht. Ein lediger Arzt war vielleicht noch denkbar, ein lediger Pfarrer nicht. Eine Pfarrfrau kam allerdings nicht ohne Kochtopf und Bügelbrett aus, da hatte Arthur recht. Aber musste sie deshalb gleich dumm sein? Denn dass Arthur sich eine dumme Frau suchen würde, war eben so wenig vorstellbar wie, dass er gar nicht heiraten würde.

Zum Glück waren sie noch jung. Sie waren Studenten, gehörten dazu, verfügten vielleicht nicht über die genialsten Köpfe, die bestaussehendsten Erscheinungen, waren aber intelligent und schön genug, um sich gut in die Königsberger Studentenschaft einzufügen, Blicke zu dieser und jener zu werfen, von dieser oder jener zu empfangen und die schöne neue Welt kennenzulernen. Sie studierten, was das Zeug hielt.

## Agathe ganz anders

Und wie ging es in Berlin? Die alte Agathe gab es nicht mehr. Die andere, die neue, die aber ziemlich alt aussah, hatte es sich mit fast allen verdorben, weil sie inzwischen fast alle als verdorben bezeichnete. Dazu gehörten ihre ehemaligen Kollegen – »jeder Dackel und jede Straßendirne stehen an Horizontweite und Sittlichkeit und warmer Menschlichkeit über dem deutschen Lehrer«, so Agathes Urteil –, ihre Mitbewohner, ihre Hausverwalter, die Leute von der Fürsorge, das »betrügerische, in Grund und Boden verkommene Wohlfahrtsamt« und wer ihr sonst noch vor die Flinte beziehungsweise vor den Revolver kam, und ihr Zehlendorfer Hausverwalter. Auch er überlebte zum Glück das Gefuchtel mit dem Revolver.

Agathe verschuldete sich durch zahllose Wohnungswechsel inklusive der dazugehörigen Renovierungsarbeiten immer mehr, sie vollzog insgesamt acht Umzüge in zwei Jahren. Oder waren es drei? Das lässt sich nicht mehr so genau feststellen. Einen Überblick über ihre Verbindlichkeiten versuchten andere zu gewinnen. Agathe scherte sich nicht um solcherart Rechenversuche. Nach ihren Worten reihte sich in ihrer Nachbarschaft, bei den Behörden und Einrichtungen des öffentlichen Lebens ein Augiasstall an den anderen. Tag für Tag versuchte sie, sich von dem Unrat anderer zu befreien. Tag für Tag wurde die Schaufel, die sie zu bedienen in der Lage war, kleiner, denn Agathes Kräfte schwanden. Tag für Tag blieb sie hungrig, verelendete, sah aus wie eine Schreckschraube und benahm sich zumeist auch so.

Die Königsberger Preußens versuchten, Agathes häufige Wohnungswechsel nachzuvollziehen, gaben aber irgendwann auf, weil von ihr selbst keine Nachrichten mehr ausgesendet wurden.

## Arthurs Welt ist ein Gärtchen

Arthurs Welt hingegen dürfen wir mit einem Gärtchen vergleichen, so schön war sie. Das Theologiestudium rankte sich um seine Liebe zur Natur wie Efeu um Kletterrosen. Efeu und Rosen: ein Pflanzenverbund, der bei Gartenfreunden gern gesehen ist - das melierte Grün des Efeus kontrastiert effektvoll das kräftige Rosenrot -, aber besonderer Pflege bedarf. Gut war, dass Arthurs Rosen einen Wachstumsvorsprung hatten und bereits in voller Blüte standen, als sich das andersartige Gewächs anschickte, sie zu umarmen. Beide taten fortan, was Pflanzen eben tun: Sie konkurrierten um Licht, Nährstoffe und Wasser.

Aus dem Bild zurückgesprungen: Arthur sorgte dafür, dass das Theologiestudium und seine Liebe zur Natur sich nicht im Wege standen, sondern sich auf das Erfreulichste ergänzten. Die Natur war für Arthur ein Medium zur Transzendenz und nicht Religionsersatz wie für manch andere Zeitgenossen. Transzendenz? Jawohl, solche Wörter lernte er nun zu gebrauchen.

Der Vater wollte von all dem nichts hören, die Mutter freute sich über die geistige Nahrung. »Das ist wie beim Kochen, nicht wahr? Man macht einen Plan, stellt alles zurecht, tut es zueinander und dann, ja dann kann es gut, etwas ganz Besonderes oder ungenießbar werden. Wenn man unachtsam ist, hat man am Ende nicht einmal Schweinefutter. Oder es entsteht Alkohol. Hast du schon einmal vergorenes Hühnerfrikassee gegessen?«

Arthur schüttelte sich. »Igitt, nein. Wer sollte mir denn so etwas auftischen?«

»Ach, das kann schon mal passieren. Wenn du Reste zusammenrührst, die ein wenig überfällig sind und nicht ganz zueinander passen. Es ist auch nicht schlimm. Ein leichter Durchfall, mehr passiert da nicht.« Hedwig geriet in Fahrt und unterbrach den Prozess des Herstellens von Kartoffelbrei. Zum Mittagessen sollte es Kartoffelbrei mit Spirkeln geben. »Auch wenn alles frisch ist, kann das Essen verderben. Wenn du zum Beispiel eine schöne Suppe vorgekocht hast, mit Gemüse und Fleisch, einen großen Topf voll und lässt den stehen, Deckel drauf, die Suppe kühlt nicht richtig ab, da kann am nächsten Tag alles sauer sein.«

Von Transzendenz über sauren Eintopf zum Durchfall und zurück? Ohne Deckel, alles gut, mit Deckel, alles schlecht? Ließ sich da tatsächlich ein Zusammenhang herstellen? Nun, warum nicht. Arthur hatte erst im letzten Jahr erlebt, wie gut ein ausführlicher Durchfall für das Denkvermögen sein konnte. Fast die halbe Abiturklasse und den ganzen Deutschlehrer hatte es erwischt. Als alle wieder in der Schule waren, leicht abgemagert und ein wenig blass um die Nase, geriet den meisten der noch am selben Tag zu schreibende Aufsatz besonders gut. Der Text floss ihnen leicht und anmutig aus den Federhaltern, die Plausibilität ließ nicht zu wünschen übrig und das Thema wurde haarscharf getroffen. Und das nur, weil die Verdauung dem Denken keine Konkurrenz machte. Ach, was war das Denken denn anderes, als etwas zu verdauen? Und ach, was war seine Mutter für eine kluge Frau!

»Du liebe Zeit«, meinte Arthur und beugte sich über die dampfenden Kartoffeln. »Rühr lieber weiter, damit nichts passiert!«

»Die Kartoffeln brennen nicht an, sie sind ja schon vom Feuer herunter. Kartoffeln können übrigens nur gären, wenn man sie mit Zucker und, ach, ich weiß nicht, mit Fermenten, vielleicht mit Hefe, ansetzt. Anschließend wird alles zum

Wodka gebrannt. Wodka habe ich aber noch nie hergestellt, wie du dir denken kannst.«

Hedwig nahm das Rühren wieder auf und Arthur entspannte sich.

»Versuch es doch einmal. Der Vater trinkt Wermut, da kann er es auch mit Wodka versuchen. Wir haben Kartoffeln, Zucker haben wir auch. Nach den Fermenten oder Enzymen brauchst du nur die Nachbarn zu fragen, ich glaube, die verstehen etwas davon. Bei den Hildebrandts riecht es manchmal so, sagen wir mal, blumig.«

»Die? Na, ich weiß nicht, ob denen ihre Mixturen immer gelingen. Manchmal sehen die Leute gar nicht gut aus. Und die Frau hat auch immer mal ein blaues Auge. Aber das eine muss ja mit dem anderen nichts zu tun haben.« Hedwig straffte sich. »Das Essen ist fertig, hol den Vater zu Tisch!« forderte sie Arthur auf, nachdem sie die Spirkel, knusprig braun, vor Fett triefend, lecker duftend, vom Feuer genommen hatte. »Ich glaube nicht, dass dein Vater etwas davon hält, wenn ich hier eine Schnapsbrennerei eröffne«, beschied sie abschließend. Was nicht hieß, dass sie nicht einmal einen Versuch unternehmen würde. Vielleicht kreierte sie einen Klaren als Grundlage für den nächsten Beerenpunsch. Da kam sie sicher billiger, als wenn sie den Hochprozentigen kaufen musste.

Transzendenz - das ursprüngliche Stichwort soll schließlich nicht vergessen werden - ging auch ohne alkoholische Gärung. Ein anderer, vor Kurzem fertig absolvierter Königsberger Student, der gute Heinzgeorg Buchholtz, formulierte zum Medium alles umgebene Natur beneidenswert geschmeidig und überaus sinnlich, wenn auch für Arthurs Geschmack - und das wollte etwas heißen - etwas zu gefühlvoll, zu sehr das Innerste nach außen kehrend, eine Landschaftsbeschreibung zur Kurischen

Nehrung, die ihresgleichen suchte. Aber bitte, jedes Künstlerherz schlug nun einmal anders. Arthur profitierte von diesem und jenem und gestand allen das ihre einigermaßen neidlos zu. Das von Kollegen Buchholz brachte also Folgendes hervor:

»Es gibt ein Land, da das Schweigen Sprache ist, ein Land, das wie eine Brücke durch die Fluten des Lichts sich spannt, in dem die Berge wandern, ein Land, aus dem es keine Rückkehr gibt. Du lässest dein Herz, wenn du einmal in die Tiefe seiner Einsamkeiten getaucht bist, dort, und einen Teil deiner Seele. Deine Gedanken ziehen immer wieder seinen Schweigensbergen zu, als müssest du ergründen, ob nicht versunkene Hütten und Dörfer darunter ruhen. Licht und Lachen, aber auch Tod, Stürme und Finsternisse ruhen dort beieinander, so wie Haff und Meer seine schmalen Flanken benagen, so wie Sand und Wald miteinander ringen und die hohe Düne ihren Schatten reckt über Haus und Hafen, über Acker und Wiese.«

Schweigen als Sprache, das kam Arthur sowas von bekannt vor. Wenn er die Kurische Nehrung besuchte – sie war ihm inzwischen ebenso ans Herz gewachsen wie ihre Schwester, die Frische Nehrung, versank beim Anblick »von See und Wald, Haff und Düne, trunken vom Licht der Sonne, trunkener noch vom Zauber des Mondes«, wie es bei Buchholtz weiter hieß, alles wissenschaftlich Angelernte in Arthurs Gedächtnisgründen und lagerte sich als Sedimentgestein ab. Unaufhörlich entleerte sich seine für rationale Dinge zuständige Hirnhälfte in diese Gefilde, um Platz für neues Wissen zu schaffen. Seine für Kreation und Anschauung zuständige Hirnhälfte gab sich umso mehr dem wundersamen Erleben in ostpreußischen Wanderdünen und weiteren naturbelassenen Sphären hin.

Anders gesagt: Arthur studierte ebenso leidenschaftlich, wie er seiner Naturliebhaberei frönte und verband das Angelernte mit dem Angeschauten. Er konnte in Gefühlen schwelgen oder im Wissen Erfüllung und Bestätigung finden und, wenn es angezeigt war, alles als gesprochenes oder geschriebenes Wort aus sich heraustragen.

Einfacher gesagt: Arthur lernte ganzheitlich, passender: ganzwesentlich. Wenn Arthur in seinen Gedächtnisgründen nach Wissen schürfen musste, sei es, um eine Arbeit zu schreiben oder ein Referat zu halten, kam ihm diese Fähigkeit zugute. Gewürzt mit einem Quäntchen Reflexion plus zwei Quäntchen Selbstdistanz plus drei Quäntchen Humor bot er sein Wissen so überzeugend dar, dass ihm auch die strengsten Professoren Anerkennung zollen mussten. So kam es über kurz oder lang, dass Arthur in Würdigung seiner Fähigkeiten, obwohl von Ehrgeiz wenig geplagt, was er seinen Freunden gegenüber als »wundersames Verhängnis« bezeichnete, zum Kreisleiter in der Deutschen Christlichen Studentenvereinigung gekürt wurde.

Der Zusammenschluss ehrenwerter Jungchristen war zwar pietistisch angehaucht, aber das unterstrich nur die Ernsthaftigkeit des Anliegens seiner Mitglieder, echte Christen sein zu wollen, jeder für sich und alle insgemein. Diese Mischung kannte Arthur aus den Schülerbibelkreisen, sie lag ihm und half ihm, sein efeu- und rosentragendes Transzendenzgärtchen harmonisch zu gestalten.

Eine gegenständliche Manifestation des symbiotischen Prinzips war für Arthur die Albertina, die Königsberger Albertus-Universität. Niemals zuvor hatte Arthur über eine solche Freitreppe ein solches Gebäude betreten. Und nun tat er es Tag für Tag. Die Aula mit ihrem Sternengewölbe war ein Traum. Gelegentlich besuchte er sie einfach nur deshalb, weil er es konnte. Er setzte sich in das Gestühl am Rande, legte den Kopf in den Nacken und ließ die Pracht der Bögen, Böglein und des anderen

Zierrats auf sich wirken. Wenn er die Augen schloss, verblieben die Muster noch einen Moment auf seiner Netzhaut, als könnte sie sich nicht von solcher Schönheit trennen.

Der Raum fühlte sich ähnlich gottdurchdrungen an wie eine Kirche, so wie jeder Raum, der dazu bestimmt war, über die Menschen hinauszuweisen. In der Aula ging es jedoch weniger um Anbetung - hier ging es um Wissen. Wissen war überall (und manchmal scheinbar nirgends), Anbetung hatte ein ewiges Gegenüber (das manchmal nicht auffindbar schien). Beides zusammenzubringen, das war Theologie. Anbetung ohne Wissen? Konnte es nicht geben. Wissen ohne Anbetung? War Schall und Rauch.

»Was willst du bloß dauernd in der Aula«, erkundigte sich Richard, als er seinen Freund wieder einmal in Richtung der Aula verschwinden sah, obwohl gar keine Veranstaltung angesagt war.

Arthur hatte eine Erklärung. »Wenn sie leer ist, erfasst die Aula mich und ich erfasse sie. Dann muss ich nicht der sein, der ich sein werde, sondern kann der sein, der ich bin. Etwas kommt zu mir, und ich bin schon da. Es ist schön hier.«

»Ja«, sagte Richard ratlos. »Schön. Aber du weißt schon, dass es auch anderswo schön ist und wir hier sowieso fast jeden Tag sind, oder?«

Arthur lachte. »Recht hast du. Trotzdem bin ich besonders gerne hier und nicht anderswo. Der Raum ist wie ein guter Mantel. Wenn ich ihn überziehe, fühle ich mich besser und sehe besser aus.«

Richard betrachtete ihn von oben bis unten. »Du bist ein komischer Kauz. Du siehst besser aus, wenn du in der Aula sitzt? Ist mir noch gar nicht aufgefallen. Lernt man solche Sachen, wenn man Theologie studiert?«

»Kann schon sein«, meinte Arthur und runzelte die Stirn. »Warum nicht? Schließlich sollen wir hinter die Dinge schauen oder über sie hinaus. Also mehr erkennen, als offensichtlich ist. Dafür werden wir übrigens einmal bezahlt, selbst ich als komischer Kauz hoffentlich.«

»Entschuldige. Das war nicht so gemeint. Ich werde später übrigens auch dafür bezahlt, dass ich mehr als das Offensichtliche sehe. Der Schein trügt, das ist seine Existenzgrundlage. Der Anschein ist glaubhafter. Aber nun komme ich als Arzt ins Spiel und nehme die Person in Augenschein. Von oben bis unten. Und dann beurteile ich, was mit ihr war, ist und sein wird. Bei Simulanten ist das besonders interessant, denn da war nichts, ist nichts und wird auch nichts sein, außer dem, was sie zu sein vorgeben. Da haben wir gerade ein paar Methoden kennengelernt, ihnen auf die Schliche zu kommen. Na gut, das führt jetzt zu weit. Komm heute Abend auf meine Bude, da lässt es sich besser palavern.«

»Ja, gerne!« Arthur zwinkerte ihm zu. »Da kannst du mir beibringen, was ein Simulant so können muss und wie ich lernen kann, zwischen Schein, Sein und Anschein zu unterscheiden. Wer weiß, wofür das später einmal gut ist!«

Richard verdrehte die Augen. »Du bist ein Spinner! Und so einer will der Wahrheit verpflichtet sein? Na denn, bis heute Abend.« Er drehte auf dem Absatz um und ließ Arthur mit seinen Ansichten allein.

Arthur öffnete die Tür zum Sternensaal. Der Wahrheit verpflichtet sein? Was hatte Jesus gesagt: »Ich bin dazu geboren und in die Welt gekommen, dass ich die Wahrheit bezeugen soll. Wer aus der Wahrheit ist, der höret meine Stimme.« Und sein Gegenüber, der kluge Pontius Pilatus, Statthalter des Römischen Kaisers Tiberius, der, der wenig später die Kreuzigung des Wahrheitsbezeugers veranlassen würde, fragte daraufhin »Was ist Wahrheit?« Eine Antwort von Jesus ist nicht überliefert. Auch deshalb wurde wahrscheinlich das Theologiestudium erfunden.

Wie alle Studenten der Theologie musste Arthur lernen, zwischen historischer Wahrheit und bildhaften Übertreibungen in den biblischen Quellen zu unterscheiden. Es fühlte sich gut an, bisher unhinterfragte Glaubenssätze verwerfen zu dürfen. Aber welche Wahrheit war denn nun wahr und welche schien es nur zu sein? Wie sollte er lernen, zwischen Schein, Anschein oder Augenschein zu unterscheiden? Und was blieb am Ende übrig?

Als er einmal mit Tante Ingelore (fast wäre sie seine Mutter geworden, aber das wusste er nicht und ihn gäbe es so natürlich auch nicht - ob sie es wusste, ist nicht bekannt) in dem von ihr gespendeten Seelenverkäufer den Königsberger Schlossteich befuhr und bei dieser Gelegenheit bibelkritische Fragen aufgriff, auf die er gerade im Studium gestoßen worden war, lernte er viel über den Unterschied zwischen Theorie und Glaubenspraxis. Nachdem er Tante Ingelore darauf aufmerksam gemacht hatte, dass im Alten Testament die Kaninchen fälschlicherweise zu den Wiederkäuern gerechnet würden - wahrscheinlich ihres andauernden Mümmelns wegen -, entgegnete Tante Ingelore völlig unbeeindruckt, dass die Kaninchen dann eben zu der Zeit Wiederkäuer gewesen wären.

»Tante Ingelore, das geht doch nicht! Es ist wissenschaftlich erwiesen, dass Hasen nicht so verdauen wie Kühe, also keine Wiederkäuer sind.« Arthur zog mit dem Backbordruder durch, so dass das Boot sich nach steuerbord zu drehen begann. Noch ein Schlag, dazu eine Gegenbewegung mit dem anderen Ruder, und sie kreiselten auf der Mitte des Teiches herum, herum, herum, herum.

»Lass das, Arthur, die Leute gucken ja schon!«

»Ich höre erst auf, wenn du zugibst, dass Kaninchen niemals Wiederkäuer gewesen sind und dass die Bibel manchmal Unrecht hat!«

»Das kann ich nicht. Da kannst du noch so klug aus dem Halse reden. Wir waren beide damals nicht dabei und in der Bibel steht bestimmt kein Unsinn. Frag doch den Fleischer, der kennt sich mit Tieren aus. Dann sprechen wir uns wieder. Außerdem, ist das wirklich so wichtig? Kann ich nicht glauben, was ich will?«

Arthur stoppte die Kreiselei und ruderte wieder manierlich. Das war eine gute Frage. Warum sollte sie nicht glauben, was sie wollte? Nein, denn dann könnte sie auch an den Weihnachtsmann glauben. Wobei er sich just daran erinnerte, wie unglücklich er gewesen war, als seine Mutter, ebenfalls unglücklich, ihm eines Adventsmorgens eröffnete, dass es keinen Weihnachtsmann gäbe. Die Art und Weise wie auch der Zeitpunkt der Aufklärung waren schlecht gewählt, die gemeinsame Vorfreude zerstört. Hätte sie noch ein Jahr warten sollen? Oder zwei?

Heute wollte Arthur erst wissen und dann glauben. Aber das war ja dann kein Glauben mehr. Oder doch? War Glauben das, was man zu wissen hoffte? Ach du liebe Zeit. Arthur brachte das Boot ans Ufer.

Bei der nächsten Ruderpartie mit Tante Ingelore zeigten sich beide vorbereitet. Ingelore triumphierte, Arthur akzeptierte: Hasen – und somit wohl auch Kaninchen – waren Wiederkäuer. Sie käuten nur aus anderen Gründen wieder als die Kühe auf der Weide. Sie fraßen ihre vorverdauten Ausscheidungen höchstselbst wieder auf und erst am Ende des Prozesses stand die altvertraute Hasenlosung. Sie waren Wiederkäuer, wurden aber heutzutage biologisch nicht mehr in diese Kategorie eingeteilt. Aber dafür konnte die Bibel natürlich nichts.

Was tun mit dieser Erkenntnis?

Dieses Mal brachte Arthur das Boot über backbord zum Kreiseln. Beim Drehen konnte er sich besser konzentrieren und musste nicht darauf achten, wo sie hinfuhren. Ingelore ließ ihn gewähren und an weiteren gewonnenen Erkenntnissen teilhaben.

»Wissen und Glauben, das muss nicht gegeneinanderstehen, sagt mein Pfarrer. Und der hat schließlich auch Theologie studiert. Lerne du nur, so viel es zu lernen gibt und sieh zu, dass daraus kein Hochmut, sondern Weitsicht entsteht.«

Arthur war perplex. So einen Spruch hatte er seiner Tante gar nicht zugetraut. Er ließ die Ruder sinken.

»So, und nun lass mich mal an die Ruder, sonst wird das heute nichts mehr.« Ingelore übernahm und durchquerte den Schlossteich in einem Tempo, dass sich am Heck das Wasser kräuselte. Nein, eine Bugwelle entstand nicht, nur ein Wellchen, aber der Schlossteich war eindeutig zu klein für ihren Schlag.

Noch immer war Arthur perplex. Ingelore konnte ihm mit ihren Ruderkünsten durchaus Konkurrenz machen. Was war das für eine Frau?

Seine Tante schmunzelte. »Jetzt hat es dir die Sprache verschlagen, nicht wahr? Vergiss nicht, auch ich bin am Wasser groß geworden. Rudern ist Männersache? Quatsch. Das ist alles Technik. Theologie ist Männersache? Da musst du wohl auch noch drüber nachdenken.«

Das wollte er gerne tun. Doch für heute reichte es ihm.

Auch seine Professoren – zweifellos die größten Gestalten in seiner neuen Welt – verkündeten manchmal Beunruhigendes, so zum Beispiel der Professor Klostermann. Wie mit einem Dreschflegel drang der Professor auf das Neue Testament ein, wertete es ab, zerlegte, demontierte, verkürzte, banalisierte es. Manchmal redete er daher, als wolle er es ganz abschaffen. Eine fürchterliche Idee! Ganz selten, aber nicht nie, dachte Arthur darüber nach, ob es vielleicht anderswo bessere Professoren gab und nahm sich vor, das herauszufinden. Bei seinen ersten beiden Semestern hatte er keine Wahl gehabt; alle hier heimischen Studenten mussten in der exklavierten Stadt zwei Pflichtsemester absolvieren. Manche von den aus der Ferne kommenden Studenten hatten sich sogar extra hier eingeschrieben, um ein »Solidaritätssemester« abzuleisten. Aber es brachte wohl nichts, sich jetzt schon darüber den Kopf zu zerbrechen. Außerdem: Exklave hin oder her - deshalb waren sie noch lange nicht die letzte Wahl hier in Königsberg.

Und so gab er sich dem Studium hin, er, der Student Arthur Preuß. Zum einen also hatte sein Leben an gesellschaftlicher Bedeutung gewonnen, zum anderen betrat er geistiges Neuland. Was blieb ihm anderes übrig, als denen zu vertrauen, die ihn damit vertraut machten? Das fiel ihm nicht leicht. Auch deshalb schrieb er kurz vor Ende des ersten Semesters an Arthur II.: »... Oh du Stadt der reinen Vernunft, du junge Liebe eines ersten Semesters! Aber ist es denn etwa schon wieder vorüber? Da waren die Professoren mit Hüten wie Wagenräder und Köpfen wie einer Ausstellung ›das geistige Deutschland‹ entliehen. Professor Roel etwa. Oder wäre sein Name am Ende nur eine Verkehrung, ein Schreibfehler gewesen? Hätte er vielleicht Joel heißen sollen und Synagogenvorsteher werden? Wartete er immer noch auf den Heiligen Geist, oder war er nicht längst in Jesus Christus erschienen? War Jahwe nun der Vater Jesu Christi oder Stammesgott einer Mischpoche?« Sowohl

Arthurs Formulierungskunst als auch sein geistiger Horizont waren offensichtlich gewachsen. Weiter im Text: »Oder der andere Professor, der mit dem tumben Eifer eines Klosterschülers vor dem Mosaik des Neuen Testamentes wie vor einem Baukasten saß und sich daran versuchte, die bunten Steine eigenmächtig auszubrechen, und danach nicht mehr imstande war, sie einzuordnen, geschweige denn ein neues, überzeugenderes Bildnis daraus zu schaffen. Und der Mann mit dem ernüchternden Fischnamen, der auch ebenso gut Professor Plötz oder Kaulbars oder Ukelei hätte heißen können und mit den Fischen vermutlich dieses teilte, dass er keinen Hals und kein Herz besaß und dessen Kopf die Kandidaten fürchteten wie Heringe den Dorsch - wo war der lebendige Christus in seinen Worten? Wo war Er? Und wenn nicht dort, wo dann?«

Die Antwort des zweiten Arthur war psychologisch hochwertig, knapp gehalten und bewusst bodenständig formuliert: »Lieber Arthur I., lass Dir das alles man nicht zu Kopfe steigen und zweifle wiederum nicht. Du hast noch einige Jährchen vor Dir, das wird schon! Und sei barmherzig mit den Professoren. Glaube mir, sie mühen sich redlich. Wie wäre es mit einem Perspektivwechsel? Das ist eine Technik, die wir im Jurastudium lernen. Sich in jemand anderen hineinzuversetzen, wenn du verstehst, was ich meine. Diese Technik sollte ein angehender Pfarrer ebenfalls beherrschen. Mir geht es übrigens gut, allerdings muss ich pauken ohne Ende. Aber das wusste ich ja vorher.«

Arthur, II., ein Jahr älter als Arthur I., studierte inzwischen an der Berliner Friedrich-Wilhelms-Universität. Auch sein Vokabular hatte sich erweitert. Dass Fische ein Herz haben, war augenscheinlich beiden jungen Männern unbekannt.

***

Zwecks Erhöhung der Lebensfreude, Schärfung der Sinne oder einfach so bekam Arthur von seinen Eltern zum neunzehnten Geburtstag einen Fotoapparat geschenkt, eine Rollfilmkamera von Kodak, gebraucht, aber in tadellosem Zustand. Für Arthur gab es kein Halten mehr. Was er fotografierte? Wahrlich nicht alles, was ihm vor die Linse kam, schon gar keine Menschen. Er fotografierte menschenfreie Natur. Wolken, Luft und Winde - also die optischen Auswirkungen derselben, Wolkenschattenspiele, Wasserwellen und Spuren im Sand -, Seen, Flüsse, Bäche, Bäume und Sträucher; Blumen keine. Nun konnte er sehen, fotografieren, Fotos ansehen, Fotos anderen zeigen und ansehen, Fotos einkleben und wieder und wieder und noch einmal ansehen.

Das ihn umgebende Land eignete sich wunderbar für seine fotografischen Versuche: die Wellenformationen des Frischen oder auch des Kurischen Haffs, darüber die Wolken und dann noch die Wanderdünen. Kein Motiv glich dem anderen und jeder neue Tag ließ dieses und jenes in einem noch besondereren Licht erscheinen.

Hätte er Fotograf werden sollen? Nein, er wollte doch auf einer Kanzel stehen. Als Fotograf wurde man ja quasi unsichtbar. Sich gänzlich im Hintergrund zu halten, entsprach nicht Arthurs Naturell. Das Verhältnis zwischen menschlicher Nähe und selbst gewählter Einsamkeit musste stimmen - für ihn, versteht sich. Dass andere sich ein anderes Maß oder andere Verhältnisse wünschten, nahm er zur Kenntnis. Erwartungen zu entsprechen, lag ihm nicht. Doch manchmal fügte sich alles zu aller Wohlgefallen.

Im nächsten grandiosen masurischen Winter lud ihn Richard Wagner zum Eissegeln auf das Frische Haff ein. »Wenn du segeln kannst, kannst du auch Eissegeln. Außerdem sind Mädchen dabei.« Richard lächelte breit und zwinkerte seinem Freund verschwörerisch zu.

»Was denn, ich soll mit einem Mädchen Eissegeln? Auf keinen Fall!«, entfuhr es Arthur. »Da kannst du noch so grinsen.« Er schüttelte sich. »Was für eine Schnapsidee. Das kann gar nicht gehen, bei dem Affenzahn, den die Dinger draufhaben. Da kann ich mich nicht noch um ein Mädchen kümmern!«

Richard musste lachen. »Reg dich nicht auf! Die Damen schauen vom Ufer aus zu. Wenn du dich nicht blamierst, findest du bestimmt eine, die mit dir anschließend in den Gasthof geht.«

»Ich glaube, daran liegt mir nichts«, murmelte Arthur. »Geht das Aufwärmen nicht auch ohne Mädchen?«

»Sei kein Angsthase«, sagte Richard. »Ich passe auf, dass dir kein Mädchen etwas zuleide tut.«

»Ach du liebe Zeit! Da bist du sicher der Richtige. Also gut, ich segle mit. Für alles andere bist du zuständig.«

Trotz seiner Skepsis war Arthur die Vorfreude anzusehen. Für ihn würde ein Traum in Erfüllung gehen. Schon oft hatte er bewundernd am Ufer des Haffs gestanden, wenn die Segelschlitten über die endlose Fläche dahinjagten, manche mit weit über hundert Stundenkilometern. Das auch einmal tun zu dürfen, war verlockend. Das andere hingegen, man würde sehen …

Richard knuffte ihn in die Schulter. »Wunderbar! Wir könnten um die Wette segeln, das macht noch mehr Spaß!«

»Nein danke! Erst einmal muss ich das Ding beherrschen und heil ans Ufer kommen.« Arthur wackelte drohend mit dem Zeigefinger. »Denk dir bloß keinen Unfug aus, dann bin ich schneller weg als der Segelschlitten!«

»Mach dir keine Sorgen. Ich werde vernünftig sein, versprochen.«

Arthur hatte seine Zweifel, aber die Vorfreude überwog, gut gewürzt mit einer ordentlichen Portion Lampenfieber.

Der große Tag brach an und bescherte ihnen kräftigen Wind und strahlenden Sonnenschein. Bessere Bedingungen konnte es nicht geben. So brachte Arthur seine erste Schlittenfahrt ziemlich spektakulär, nämlich mit Karacho, jawohl! hinter sich, entging bei der unvermeidlichen Wettfahrt, die er gewann, knapp einer Karambolage mit Richards Schlitten und fühlte sich bei entsprechendem Hochgefühl der Herausforderung, gleich einem Mädchen zu begegnen, fast gewachsen. Da traf es sich gut, dass am Ufer Irmgard auf ihn wartete. Das hatte bestimmt Richard eingefädelt! Nur, wo kam sie so plötzlich her? Ganz einfach: Irmgard hatte sich, obwohl inzwischen mit dem Adlig Powundener Rittergutserben verlobt, an der philosophischen Fakultät eingeschrieben und wohnte mit einer Kommilitonin in einem möblierten Zimmer nahe der Innenstadt. Das war Arthur bisher entgangen, Richard hingegen nicht. Und nun stand sie hier am Ufer.

Arthur hatte von der berauschenden Fahrt noch genügend Adrenalin im Blut, um Irmgard entgegenzutreten. Doch leider gelang es ihm nicht, den Schlitten zu verlassen, Hormone hin oder her. Erst jetzt bemerkte er, dass er kein Gefühl mehr in den Zehen hatte. Der Schreck fuhr ihm in die Glieder, was auch nicht half. Wo waren seine Füße? Wie sollte er ohne sie ans Ufer kommen? Ach, war das peinlich.

Irmgard erkannte seine Not, kam ihm zu Hilfe und hievte ihn kraftvoll an Land. Da stand er nun, steifbeinig und einigermaßen hilflos. »Ich kann nicht gehen! Ich muss erst auftauen.«

Irmgard lachte sich kaputt. »Ich kann doch deinen Arm nehmen. Komm, genier dich nicht, sonst stehst du morgen noch hier!«

»Ja, bitte, nein danke ja, lieber doch nicht!«

Sie ignorierte sein Gestammel und hakte sich bei ihm unter. Sofort entrückte sich Arthur der übrigen Welt. Sollten sie doch denken, was sie wollten. Selig eierte er an der Seite der schönen Studentin zum Gasthof. Als das Gefühl in seine Füße zurückkehrte, bekam er Bodenhaftung, jammerte ein wenig, denn das tat ordentlich weh, war aber insgesamt zufrieden - mit sich, seiner Leistung und vor allem mit der lieblichen Gesellschaft.

»Es sah toll aus, wie du mit dem Schlitten vorbeigeschossen bist«, schwärmte Irmgard zu allem Überfluss, nachdem sie einen gemütlichen Tisch in der Nähe des eisernen Ofens ergattert hatten und zum Sitzen gekommen waren. »Es hat unglaublich gezischt, als du Richard überholt hast, so ssssss sssssssssssssst.« Sie strahlte und Arthurs Ohren begannen zu glühen. Durch die Ofenhitze natürlich. »War das nicht schrecklich gefährlich, so dicht aufeinander zu fahren?«

Arthur nickte schuldbewusst. »Leichtsinnig war es. Wenn wir zusammengestoßen wären, hätte es schlimm ausgehen können. Der stetige Wind, das Eis so glatt und fest, die gute Sicht. Ich weiß gar nicht, wer angefangen hat mit der Wettfahrt. Ich fürchte, das war ich. Wir hatten mehr Glück als Verstand!«

Um die Gott sei Dank gut überstandene Fahrt zu feiern und warme Füße zu bekommen, bestellte Arthur für sich und Irmgard Eiergrog. Eiergrog bestand aus normalem Grog: Rum muss, Zucker kann, Wasser braucht nicht. Dieser Grog wurde mit noch mehr Zucker, heißer Milch und vier Eigelb pro Glas verfeinert. Das konnte ja nichts Schlimmes sein, wärmte schön und schmeckte lecker. Nachdem beide reichlich Eiergrog eingenommen hatten, empfahl der Wirt das so genannte »Kirchenfenster«, ein etagenartig organisiertes Getränk aus Portwein, Eier- und Pfefferminzlikör. Ja, auch das war lecker und sollte, so versprach der Wirt, unweigerlich die Ganzkörperdurchblutung anregen.

Inzwischen hatte sich Richard mit seiner Bekannten – er nannte sie despektierlich »meine Uferschwalbe«, was sie nicht zu stören schien – zu ihnen gesetzt und beobachtete erstaunt, was Arthur sich und der lieben Irmgard einflößte. »Trinkt nicht so viel«, mahnte er. »Ihr seid das nicht gewöhnt!«

Arthur widersprach nicht, doch ein zweites Kirchenfenster musste her. Auch Irmgard war dieser Meinung. Es gab keine Kirchen mit nur einem Fenster, das wusste doch jeder.

Und deshalb musste Richard irgendwann die Verantwortung für die Trinkgeschwister übernehmen. Nach dem dritten Kirchenfenster hatte Arthur vergessen, dass er in Begleitung war und bemerkte auch nicht, dass seine hübsche Gesprächspartnerin nicht nur rote Wangen hatte, sondern auch sehr zutraulich geworden war. Er schaute ausschließlich in das ihm zugeteilte Glas und nicht viel später nur noch ganz in sich hinein.

Auf dringliche Aufforderung von Richard traten sie vor Einbruch der Dunkelheit den Heimweg an, Arthur laut singend, ziemlich beschwiemt und beschlaucht, getreu dem Motto: Halt dich am Zaun, der Himmel ist zu hoch. Wobei die längste Strecke über kein Zaun zur Verfügung stand und Arthur mehr als einmal auf dem Hosenboden landete. Zum Glück war er nicht allein unterwegs, sonst wäre er womöglich auf halber Strecke hingesunken und anschließend erfroren. So aber nahmen Richard und einer der anderen jungen Herren Arthur in die Mitte und, wenn er nicht gerade hinsank, zogen sie ihn nach Hause.

Irmgard, sehr ruhig geworden, denn auch sie hatte sich zu viele Kirchenfester angeschaut und konnte nicht mehr sprechen, schloss sich einer Gruppe Mädchen an, die sich unter

Führung einer erfahrenen und relativ nüchternen Studentin der Biologie auf den Heimweg machte.

Einige Tage später entschuldigte Arthur sich auf Richards Anraten hin bei Irmgard. »Es tut mir leid, dass ich dich vergessen habe. Das passiert mir nicht noch einmal. Es ist mir schrecklich peinlich, entschuldige bitte!«

»Ach was«, entgegnete sie. »Wenn, dann waren wir alle peinlich. Ich kann mich nicht einmal mehr daran erinnern, wie ich nach Hause gekommen bin.«

Ja, wenn das so war. Arthur beschloss dennoch, in seinem Leben nicht noch einmal derart würdelos aufzutreten. Auch wenn er nicht glaubte, dass die Geschichten, die über ihn kursierten, der Wahrheit entsprachen.

Bereits eine Woche später zog es ihn wieder aufs Eis. Dieses Mal jedoch fuhr er allein zum Haff. Er bekam einen alten, sehr schweren Schlitten mit Eichenkufen, windfest und wunderschön gearbeitet. Als der Schlitten langsam Fahrt aufnahm, vor dem Wind seufzend und die Segel prall gefüllt, geriet Arthur in einen Zustand zwischen Trance und Ekstase und das ganz ohne Alkohol. Weit fuhr er hinaus, hörte das Zischen der Kufen, das Knattern der Segel, das Knarren des Mastes, das Pfeifen des Windes, sah das Gleißen des Eises im Sonnenlicht, genoss die Freiheit und Einsamkeit, bis Licht und Wind nachließen und er mit dem Dunkelwerden zum Anleger zurückkehrte.

Auch dieses Mal hatte er kalte Füße und blickte sehnsüchtig zu den hell erleuchteten Fenstern der Gaststätte hinüber.

»Ein Grog geht immer«, hörte er einen der anderen Eissegler sagen.

»Jawohl«, sprach er. »Geht, aber muss nicht.«

Arthur wankte zur Gaststätte, bestellte einen Pfefferminztee und bekam auch durch diesen alle Körperteile warm, nur nicht ganz so schnell wie mit spiritueller Unterstützung. Dafür ersoff die Erinnerung an den schönen Segeltag nicht im Schnaps.

## Agathe wird eingefangen

Zu Anfang Februar 1927 kündigten Agathes aktuelle Wirtsleute ihr das klitzekleine Zehlendorfer Zimmer und drohten ihr vorsorglich für den 6. April die Zwangsräumung an. Da Agathe einen Auszug aus ihrem Zimmerchen ablehnte – sie ahnte wohl, dass es ihr letztes sein könnte –, wurde sie »mit List eingefangen«, so ihre Worte, und gänzlich derangiert in das Sanatorium Waldhaus in Berlin Nikolassee eingewiesen, einer nett gelegenen privaten Heilanstalt für Gemütskranke. Ihre wenigen Habseligkeiten brachte man in eine Abstellkammer des Sanatoriums, die regelmäßig für solche Zwecke in Anspruch genommen wurde.

Der Amtsarzt hatte Agathe Querulantentum mit wahnhaften Anteilen bescheinigt. Nun war sie eine arme Irre.

Ab dem 6. April, dem Tag der tatsächlich erfolgten Zwangsräumung, stand sie unter vorläufiger Vormundschaft. Mit Hochdruck wurde an ihrer Entmündigung gearbeitet, da sie offensichtlich nicht mehr für sich sorgen konnte und anderen das Leben schwer machte. Nun, dieses Prinzip verfolgte sie auch in der Anstalt weiter. Drei Wochen nach ihrer Einlieferung, am 29. April 1927, verkündete sie schriftlich: »Ich trete am heutigen Tage in Hungerstreik mit der höflichen Bitte um meine Entfernung aus dem Sanatorium.« Sie verwahrte sich einerseits dagegen, von jüdischen Ärzten behandelt zu werden, beschwerte sich andererseits darüber, dass sich diese Ärzte nicht um sie kümmerten. Agathe, die zunächst in einem Dreibettzimmer unterkam, wurde in einen großen Saal mit vielerlei Geisteskranken verlegt, die niemals Ruhe gaben. Sie sollte sich wohl fügen und nicht auch noch hier herumquerulieren. Ab dem fünften Tag ihres Hungerstreiks wurde sie mit einer Sonde zwangsernährt. Was sie zu alledem zu sagen hatte? »Die Leitung des Sanatoriums soll sich über meinen Untergang - ob hier oder anderswo - nicht freuen, denn - freigelassen, entmündigt oder nicht entmündigt - bin ich als einziger deutscher Christ und Gandhiist vollständig machtlos und ihrem Schmutzbetrieb gewiss nicht gefährlich.«

Wenn man ihren schriftlichen Äußerungen glauben darf (und warum sollte man das nicht tun?) wurde sie im Waldhaus schlecht behandelt. Die Hygiene ließ zu wünschen übrig, ihre Anstaltskleidung wurde viel zu selten gereinigt, der große Saal kaum je gelüftet, man enthielt ihr Briefe und andere Postsendungen vor. Kleider, Unterkleider und Schuhe wurden ihr genommen, ein Paar Pantoffeln wurden ihr versprochen, aber nicht gegeben. Die Oberin entwickelte sich für Agathe zur nächsten absoluten Hassfigur.

Wie es Karl, Hedwig und Arthur mit Agathes Briefen, Beschwerdeschreiben, Klagen und Querulieren hielten, ist nicht überliefert. Vielleicht erfuhren sie erst viel später von Agathes Veränderungen und wussten nicht, was sie tun sollten? Natürlich wollte Arthur keine irre Schwester haben. Wer wollte das schon? Das mit ihr war alles unausdenkbar, unaussprechlich. Und deshalb hörten sie wahrscheinlich auf, es zu denken oder auszusprechen.

Agathe war aus Arthurs Gegenwart in seine Vergangenheit gewechselt. Da er damit nicht klarkam, verlegte er sie in die Zukunft. Hoffen würde ja wohl erlaubt sein. In welcher Zeit sie selbst lebte, versuchte niemand in Erfahrung zu bringen.

## Arthur lebt weiter

Zwischen Arthur und Irmgard entwickelte sich etwas. Wie beunruhigend! Schließlich hatte sie ihrem Rittergutserben die Ehe versprochen. Keinesfalls wollte Arthur Hauptdarsteller in einer Schmierenkomödie sein. Oder bahnte sich hier gar ein Drama an?

Das hatte die Welt noch nicht gesehen, wie Arthur sich in dieser Angelegenheit benahm. Das war ja wie Fahrrad fahren, ohne in die Pedale zu treten. Haltlos zum Stillstand verurteilt. In seiner Not griff er zum Fotoapparat und ließ Irmgard ein ums andere Mal auf das Denkwürdigste vor der Kamera posieren. Dabei überließ er nichts dem Zufall. Für die Bilder stilisierte er seine Freundin zur Madonna. Die Fotos füllen ein ganzes Album: Irmgard vor dem rauen Stamm einer Kiefer, sinnend in die Ferne schauend. Die Kamera hatte die Maserung der Rinde wunderbar eingefangen, Irmgards Blick hingegen verschwamm, so wie auch ihr übriges Gesicht leicht unscharf geraten war. Irmgard graziös vor die Eingangstür eines Hühnerstalls sinkend. Ihre auf Hochglanz polierten Schuhe bildeten dabei einen deutlichen Kontrast zu den klecksförmig verteilten Exkrementen des ansonsten unsichtbaren Federviehs. Irmgard lichtumflort über eine staubige Landstraße hüpfend. Irmgard beim Trinken von Kakao, im Hintergrund gut ausgeleuchtet und gestochen scharf ein Berg von unbewältigtem Abwasch.

Dann fotografierte sie ihn. Arthur, an dieselbe Kiefer gelehnt, ebenfalls sinnend. Mit Schlips und Kragen auf seinem Boot, die Ruder fest in Händen haltend, sich dennoch locker-kraftvoll gebend. Arthur vor einem undurchdringlichen Gestrüpp aus Brombeerranken, den dunklen Mantel elegant über die Schultern gelegt. Und dann mit Selbstauslöser: Arthur und Irmgard vor der Kiefer, Arthur und Irmgard im Ruderboot und so weiter und so fort. Drei Tage ging das so, danach war es vorbei mit den beiden. Beziehung ade, Trophäen vorhanden, Unabhängigkeit wiederhergestellt.

Einmal mehr suchte Arthur die Einsamkeit der Wanderdünen. Hier konnte er sich frei bewegen, ganz ohne künstliches Lächeln, verlegenheitsrote Wangen und stockende Sätze. Hier war alles unverstellt erhaben. Doch es war nicht ungefährlich, mutterseelenallein durch die Dünen zu wandern. Man konnte bei wolkenbedecktem Himmel die Orientierung verlieren, im Herbst in eine Nebelfront geraten und es gab Stellen mit Treibsand, die umgangen werden mussten, wenn man nicht einsinken wollte. Aber es gab genauso auch Methoden, diesen Senken wieder zu entkommen, das schlechte Wetter vorherzusehen und sich ohne Sonne zu orientieren, zum Beispiel mit einem Kompass. Arthur beging nicht die Fehler der Touristen, diese Gefahren zu unterschätzen. Und so geschah ihm kein Unglück. Die naturgegebene Einsamkeit verband sich mit der Schöpfung, das Weglose der Dünen ließ alles Verkrampfte von ihm abfallen. Die Großartigkeit der Landschaft empfing er als Geschenk. Seine Dankbarkeit für diese Gabe Gottes war keine Gegenleistung, sie war Zugabe. Fast war er wunschlos glücklich.

Wenn er einmal Sorgen hatte, ging er entweder in die Sternenaula oder in die Universitätskirche, den Königsberger Dom. Im Dom setzte er sich auf seinen Stammplatz unter der linken Seitenempore, schloss die Augen und versuchte, seine Sorgen in den Raum zu schicken.

## Der Königsberger Dom

Was gab es zu diesem hohen Hause zu sagen? Am besten gar nichts, hätte Karl gemeint. Sehen, innehalten, schweigen. Arthur versuchte sich darin, sobald er des Domes ansichtig wurde, was häufig geschah, denn der Dom war im Stadtbild höchst präsent. Insofern konnte Schweigen nicht von Dauer sein, sonst wären Arthur und die anderen Bürger und Bürgerinnen der Stadt gar nicht mehr zum Reden gekommen. Also: Ein Blick, ein Dom, ein Innehalten.

Der Dom zog aus vielen Gründen die Aufmerksamkeit auf sich. Einer der Gründe war, dass er zwei verschiedene Türme hatte. Manchem mochte das gefallen, weil es so besonders aussah. Arthur gefiel es nicht. Er vermutete, dass es den Dom kränkte, zwei derart unterschiedliche Türme zu haben. Schließlich hatte der Dom schon andere Tage und frühere Tage ihn schon anders gesehen.

Eine weitere Besonderheit: Der Dom war eine Rage-, Schroff- oder auch Steilwandkirche. Nein, das sind keine Fachausdrücke. Aber er ragte, schroffte und steilte so in die Luft hinein, dass diese Begriffe für ihn gefunden werden mussten. An seiner Westseite blieb man am besten gar nicht erst stehen, sondern ging sofort in den Dom hinein, weil man sonst einfach nur geplättet wurde, zur Briefmarke gepresst, in den Pregelinselboden gerammt. Es war eine Backsteinsteilwand, die so schroffte. Tatsächlich fühlte sich Arthur herausgefordert, sie zu erklimmen. Der Schwerkraft trotzend waagerecht an ihr emporzulaufen, mit Backsteinmagnetschuhen oder wie Jesus auf dem Wasser, nur mit andersgearteter Leichtigkeit beziehungsweise Schwerelosigkeit. Dabei war der Dom bis zur höchsten Spitze des Südturmes nur 27,58-mal so hoch wie Arthur. Aber das genügte, um diesen und fast alle anderen Menschen zu beeindrucken. Wenn dann noch die Glocken läuteten - das volle Geläut umfasste fünf Glocken - haute es einen um. Die Marienglocke mit der Inschrift »Maria Est Nomen Eius Hac Voce«, frei übersetzt: »Ich heiße Maria und das ist meine Stimme«, war die größte Glocke Ostpreußens, also auch die mit der tiefsten, größten, weitklingendsten Stimme. Sie soll 4,2 Tonnen schwer gewesen sein, das heißt, sie war vielleicht 84-mal so schwer wie Maria, die Mutter von Jesus, in ihren schwersten Tagen. Wenn man wiederum bedenkt, dass es Riesenglocken gab und gibt, die um die 80 Tonnen wiegen, muss man folgerichtig feststellen, dass die Königsberger Marienglocke ein eher leichtes Mädchen, also ein zierliches Glöckchen war.

Hatte er sich nach innen gerettet, spürte Arthur jedes Mal aufs Neue, dass der Dom nicht mit der Elbinger Annenkirche mithalten konnte. Zumindest weckte er keine - schon gar keine bedingungslose - Raumliebe in ihm. Er hatte nämlich eine Anspruchshaltung, der gute Dom. Streng, wenn auch nicht schnörkellos, präsentierte er sich seinen Besuchern. Arthur hatte Mühe, sich zu merken, wer denn nun alles künstlerisch mitgewirkt hatte und gedenkend verewigt worden war. Bei der Gelegenheit stellte er fest, dass er kunsthistorisch desinteressiert war. Ein angeborener, ein erworbener oder gar kein Makel? Sei's drum - er ermaß die Kirchen und andere Räumlichkeiten mit seinen Sinnen, ganz ohne Inventarliste. Das war bei diesem Gebäude nicht einfach.

Als Universitätskirche, die der Dom längst war, erinnerte er den Studenten Arthur daran, was er alles hätte wissen müssen, aber nicht wusste, sehen sollte, aber nicht sah, zu verstehen hatte, aber nicht verstand. Sich hineinsetzen und einfach nur in Anbetung oder Ehrfurcht versinken, ging hier nicht. Zu viel wirkte auf ihn ein. So gewöhnte er sich an, nach dem Platznehmen schnellstmöglich die Augen zu schließen. Des Sehens war ihm der Dom zu viel, des Hörens hingegen nicht. Auch diese Kirche sprach ihn an, wisperte ihm zu: »Ich bin ein Gotteshaus, hörst du? Hörst du deinen Gott?« Ja, Arthur hörte ihn. Sein Gott sprach in den uralten, wenn auch menschengesagten Segensworten zu ihm: »Der Herr segne dich und behüte dich, der Herr lasse sein Angesicht leuchten über dir und sei dir gnädig, der Herr hebe sein Angesicht über dich und gebe dir Frieden.« Natürlich wusste Arthur, dass diese Segensworte an die Israeliten samt Nachkommenschaft gerichtet worden waren. Aber, so machten das die Christen nun einmal, und mit ihnen machte es auch Arthur so: Sie vereinnahmten die alten Bibelworte für sich und ihre Kinder. Es waren so schöne Worte. So allumfassend behütend, liebevoll und großherzig. Weiter hörte er das ewig zirkulierende »Ich bin, der ich sein werde, ich bin, der ich sein werde, ich bin, der ich sein werde, ich bin, ich bin, ich bin ...« Natürlich wisperten auch die Menschen um ihn herum, raschelten mit ihren Kleidern, und diese Wisper-Raschelei wurde durch das Echo aus vielen Winkeln, von Wänden und Fenstern verstärkt. Doch solange Arthur die Augen geschlossen hielt, nahm er sich die Deutungshoheit über die Geräusche. Sobald allerdings die Orgel erklang oder einer der Dompfarrer zu sprechen anhub, galten andere Regeln.

Die Dom-Orgel, die Arthurs Gehör beschäftigte, war ein gewaltiges Gerät mit Pfeifen für drei Manuale und ein Pedal voller Vollromantik. Wären die musikalischen Klänge nicht meist so laut gewesen, hätte man zum Tastenklappern des pneumatischen Betriebes auch das Schnaufen des Kantors hören können. Der hatte wirklich sein Tun, zumal er neben dem eigentlichen Spiel noch bewältigen musste, dass der Ton, den ein Finger gerade erzeugen wollte, häufig erst erklang, wenn bereits der übernächste Finger am Drücker war. Schnelles, virtuoses Spiel war daher eine echte Herausforderung, vor allem fürs Gehirn. Das wussten die Komponisten der damaligen Zeit, weshalb sie die Erfüllung ihrer kompositorischen Sehnsüchte eher in Klangfülle und Lautstärke suchten und, wenn sie und die Hörer Glück hatten, fanden. Aber vielleicht war es auch umgekehrt: Die Orgelbauer kannten das raumfüllende Klangideal der Komponisten und erfanden dafür eine Technik, die in der Lage war, hunderte von Pfeifen mit Luft zu versorgen, ohne dass der Organist und seine Bälgetreter vor Erschöpfung zusammenbrachen. Bälgetreter gehörten der Vergangenheit oder kleineren Dorforgeln an. Es gab jetzt den elektrischen Strom und andere technische Errungenschaften. Jedoch, die Königin der Instrumente war und blieb sehr anspruchsvoll. Wenn nicht genügend Wind unter ihren Pfeifen stand, fing sie an zu wimmern. Das ging ja gar nicht! Auch deswegen versuchten die Kirchenmusiker des Domes immer wieder, Verbesserungen für ihre Orgel zu erzielen, so dass die Hörerschaft großes Glück haben musste, dabei zu sein, wenn einmal alles in Betrieb war und sämtliche Register gezogen werden konnten. Was heißt Glück in dem Zusammenhang? Auf alle Fälle laut. Arthur bewunderte die Organisten.

Noch mehr aber interessierte er sich für die Domprediger. Auf der Kanzel standen häufig kluge Leute, die im Studium wie im Leben viel gelernt und wenig davon vergessen hatten. Sie kannten sich in der Bibel aus, brachten Arthur die wunderbaren Texte nahe. Da redete ein Sänger - ein Psalmist - des alten Bundes von seinem Gottvertrauen: »Herr, du erforschest mich und kennest mich. Ich sitze oder stehe auf, so weißt du es, du verstehest meine Gedanken von ferne. Ich gehe oder liege, so bist du um mich .... Von allen Seiten umgibst du mich und hältst deine Hand über mir.« Arthur wurde nicht etwa klaustrophobisch zumute, nein, er fühlte sich getröstet. Und der Psalmist setzte noch eins drauf, womit er Arthur allerdings nicht in allen Punkten überzeugte, sondern ihm zu denken gab, was auch nicht schaden konnte: »Auch Finsternis ist nicht finster bei dir, die Nacht leuchtet wie der Tag. Finsternis ist wie das Licht.«

Einer der Pfarrer, der nach Arthurs Ansicht nicht besonders klug sein konnte, legte diesen Bibelvers so aus: »Bei Gott ist kein Dunkel, alles muss vor ihm licht sein. Das heißt doch: Wir selber verbreiten die Finsternis um uns her. Aus unseren Herzen strömen die Nebel, die uns die Welt verhüllen. Die moderne Technik hat Fahrzeuge erfunden, die sich selber unsichtbar machen können, indem sie Wolkenschleier um sich verbreiten. Unsere Umdüsterung ist auch nichts anderes. Wir selber verbreiten Nacht um uns. Wir selber legen uns die Binde auf die Augen. Wenn aber Gott die Binde von unseren Augen nimmt, dann stehen wir auf sonnenbeschienenen Auen.«

Da machte der gute Herr es sich ein wenig zu einfach, war Arthur überzeugt. Er brauchte bloß an sein Heimweh nach Elbing zu denken und wusste sofort, dass der Prediger eine Schreibtischpredigt hielt. Hatte Arthur sich etwa selbst eine Binde um die Augen gelegt? Verbreitete er Finsternis um sich und die anderen? Vernebelte er sich und seine Umgebung? Nein. Den Preußens war Unrecht geschehen. Sie waren Menschen in Not inmitten dunkler Nacht gewesen, die nicht wie das Licht war. Würde Gott jedem von ihnen helfen und alle auf sonnenbeschienene Auen führen? War er überhaupt dafür zuständig? Kannte Arthur Menschen, denen so geholfen worden war? Und er selbst? Wollte er allezeit auf sonnenbeschienener Aue stehen? Bei den Ausführungen des Predigers schien ihm, im Gegensatz zum Bibeltext, auf jede halbwegs nachvollziehbare Aussage eine zu folgen, die alles wieder vernebelte. Wobei seine Predigtsprache deutlich und ungeschminkt war, das schon. Aber die Aussagen!

Einige Prediger verstiegen sich zu Sentenzen, die auf Arthur wie eine Fremdsprache wirkten. Zu der biblischen Geschichte über Zachäus, den Zöllner, fiel Paul Conrad Folgendes ein: »Es pflegt jeder Mensch eine kranke Stelle in seinem Leben zu haben, einen wunden Punkt, eine Lieblingssünde. Und wie der ganze Leib krank ist, wenn er auch nur ein krankes Glied hat, so zieht diese eine wunde Stelle der Seele das ganze Herz mit hinein in die Krankheit der Sünde. Darum ist die wirkliche Probe darauf, ob uns der Herr gefunden und ergriffen hat, wenn wir in seiner Nähe fühlen: Hier muss es anders mit mir werden. Erst wenn dieser Vorsatz zur Tat wird, sind wir wirklich bekehrt und auf dem Weg zum ewigen Leben.«

Aha. Das war also alles ganz einfach: Gottes Nähe spüren, den Vorsatz fassen, alles anders zu machen, diesen umsetzen, dann zum ewigen Leben weiterlaufen. Immer weiter, weiter, weiter, unaufhaltsam. Welche Lieblingssünde, welche kranke Stelle hinderte Arthur gerade daran, sich sofort auf den Weg zu machen? Bei dieser Überlegung angelangt, ließ seine Aufmerksamkeit rapide nach und er schlief ein. Der Dom ließ die Tiraden verklingen, als wären sie nie gesprochen worden. Wobei, vielleicht klebten noch Restbestände in einer kleinen Nische oder unter einer der Kirchenbänke oder auch direkt am Gewölbe. So wie die Schmuddelschicht über dem Küchenherd. Je mehr gekocht und herumgerührt wurde, desto schneller bildete sie sich.

Manchmal, nach einer ganz besonders heftig angerührten Predigt, wünschte Arthur sich Kirchen, die nur aus Steinen,

Luft und Raum bestanden, ohne Gestühl, ohne Bilder oder anderen Zierrat. Die Gläubigen hatten zu stehen, durften vielleicht gemäßigten Schrittes das Kirchenschiff durchqueren, während die Geistlichen verpflichtet waren, nach Martin Luthers Vorbild zu sprechen. In kurzen, prägnanten Sätzen, eindringlich, eindeutig. Was nicht hieß, dass Luther kurze Predigten gehalten hatte. Im Gegenteil, sie waren sehr, sehr lang. Dennoch hatte ihm die Gemeinde zugehört, stehend, ausdauernd und dankbar für seine klaren Worte.

Über das alles musste Arthur nachdenken. Er dachte gerne nach. Auch er würde später Predigten halten, über die andere nachdenken konnten und für die sie dankbar waren. Dankbar dafür, dass sie Licht ins Dunkel brachten. Den hellen Schein eben. Und wenn sie erst nur kleine Funzeln waren, seine Predigten. Dann würde anstelle diffuser Ablagerungen am Ende die Erkenntnis Raum gewinnen, dass, ja dass, ja, genau, darüber musste er auch noch nachdenken.

## Bei Rudolf Bultmann in Marburg

Nachdem Arthur die Pflichtsemester in Königsberg absolviert und ein einigermaßen solides Basiswissen der Theologie erworben hatte, zog er nach Marburg, um bei Rudolf Bultmann zu studieren. Er war mächtig stolz darauf, dass dieser ihn schon im jugendlichen Alter von neunzehn Jahren vor seine Augen treten ließ. Natürlich gab es an der Marburger Universität noch weitere exzellente Professoren, aber Bultmanns Ruf war unter Theologen nicht zu überbieten. Er war ein Star. Egal, wie man zu ihm stand – man stand zu ihm beziehungsweise man überstand ihn, denn, so sagte ein Kommilitone: »Wenn du Bultmann überstehst, dann kannst du auf die Kanzel, dann kannst du Pfarrer werden - sonst nicht.«

Mit dieser Ansage kam Arthur klar. Und da er Pfarrer werden wollte, Kanzeldienst inbegriffen, musste er zu Bultmann. Mal sehen, ob Bultmann mit ihm klarkäme. Danach wollte er gleich zu Karl Barth, dem anderen Star, der in Münster sein Wesen trieb. Die beiden theologischen »Bs« in den beiden »M-Städten« hatten ganz Unterschiedliches zu bieten - Arthur würde aus allem Honig saugen. Er hatte gute Seminararbeiten geschrieben und konnte Latein, Griechisch und Hebräisch. Bultmann nahm ihn, Barth würde folgen.

Mit neunzehn Jahren auf der Theologenwalz, gab es etwas Schöneres? Arthur entflammte mit einem knalligen »Peng« wie trockenes Tannenholz in der Feuerschale und schoss sich als Funke in den Raum.

Von Königsberg nach Marburg war es eine weite Reise, über tausend Kilometer Zugfahrt durch ein großartiges Deutschland. Die Sonne beschien die herbstlich eingefärbte Landschaft. Berg, Hügel, Tal und abgeerntete Felder zogen im Wechsel mit niedlichen Dörfern, dekorativen Städten und Städtchen, Burgen und Schlössern vorbei. Flüsse und Bäche wanden sich entlang der Bahnstrecke und machten die Idylle perfekt. Die Räder ratterten »tadam, tadam, tadam«, die Dampflok gab mit »sch-sch-sch-sch« Zischen und Pfeifen dazu. Das Murmeln der Mitreisenden und das gelegentliche Schnarren des Schaffners lullten Arthur ein. War er schon im siebten Himmel? Nur das Fahren auf dem Dampfer »Möwe« war schöner.

Arthurs einzige Aufgabe auf dieser Fahrt bestand darin, darauf zu achten, dass ihm seine Siebensachen nicht abhandenkamen. Auf das, was ihn im Studium erwartete, war er vorbereitet. Hoffte er. Schließlich war er schon in der Schule über mehrere Jahre Klassenprimus gewesen. Aber das war nicht wirklich etwas Besonderes, denn einen Klassenprimus gab es immer, das musste relativiert werden. Also: Intelligent? Ja. Genial? Nein. Oder hoffentlich doch ein ganz kleines bisschen genial?

Leider ging im Laufe der Fahrt sein Reise- in Lampenfieber über. Was, wenn Bultmann ihn nicht mochte, ihn langweilig, ungebildet und unbegabt fand? Was, wenn Arthur keine Freunde fand, ihm die Stadt nicht gefiel, nicht der Dialekt der Leute, das Essen, das Klima, die Landschaft?

Er hätte sich keine Sorgen zu machen brauchen. Ihm gefiel alles. Wozu unter anderem beitrug, dass ihn ein Königsberger Studienfreund (Gunther, er hatte sich bisher kaum in Arthurs Leben eingemischt) in Marburg erwartete. Auch er wollte Bultmann überstehen, hatte sich nur etwas eher auf den Weg gemacht. Gunther zeigte Arthur die Stadt und brachte ihn anschließend zu seiner Studentenunterkunft. »Kalter Frosch« hieß die Bude im Flusswinkel, in der Arthur ab sofort, von Frau Hungerland versorgt, ein Stübchen bewohnte. Die Stadt war so übersichtlich, dass Arthur ein königsbergisches Hochmütchen befiel. Doch bald wusste er es zu schätzen, dass Marburg schnell zu durchqueren und das schöne Umland gut zu erreichen war.

Als erste Anschaffung tätigte er in der Marburger Universitätsbuchhandlung den Kauf eines Liederbuches der Deutschen Christlichen Studentenvereinigung. In diesem hatten sie – Gott sei Dank! – die Kampf- und Soldatenlieder so ziemlich ausgespart. Und das mit gutem Grund, fand Arthur und fand den im Vorwort wieder: »Niemand kann die Änderung, die in den letzten Jahren in den Anschauungen über das Lied eingetreten ist, in Frage stellen. Was man vor dem Krieg noch mit Freuden sang, wird heute oft als unbrauchbar abgelehnt. … Das echte Volkslied, der alte Choral wurden die Maßstäbe, die an die Lieder angelegt wurden.« Sie hatten Arthur zwar nicht konsultiert, dennoch aber in seinem Sinne gehandelt. Besonders gefiel ihm das »jüngere Hildebrandlied«, in dem sich Vater und Sohn Hildebrand zwar zunächst in Unkenntnis ihres Verwandtschaftsgrades gegenseitig verhauten, wenig später aber anlässlich des folgenden Wortwechsels erkannten und unverzüglich auf den Mund küssten. So konnte es gehen! Und das schon vor gut siebenhundert Jahren! Der Dichter verfügte über Humor, eine ordentliche Pointensicherheit und brachte alles zusammen zu einem friedfertigen Ende, ganz ohne Blut und Kriegsgeschrei.

Studenten, mit denen Arthur singen konnte, fanden sich wie von selbst, nur Gunther war leider ziemlich unmusikalisch und wurde in dieser Hinsicht gemieden, obwohl er recht gerne sang. Arthur hingegen wurde freundlich in bereits bestehende Singe- und Musizierkreise aufgenommen.

Auch Rudolf Bultmann war Musikliebhaber. Kaum jemals ließ er eine Vorlesung ausfallen, aber wenn es das Gastspiel eines Mozartkammerorchesters o. ä. zu genießen galt, war er nicht zu halten. Aber wie lehrte dieser berühmte Professor denn nun seine Theologie? Nach dem Klostermann'schen Schock in Königsberg brachte Bultmann zunächst einmal Ordnung in Arthurs Gedankenwelt. Es fühlte sich wie eine Wunderheilung an. Auch Bultmann zerlegte die biblischen Texte in ihre Bestandteile, aber nicht um sie abzuwerten oder zu verkürzen, sondern um hinter ihren Sinn zu kommen, sie zu »entmythologisieren«. Das machte auf Arthur ungeheuren Eindruck. Bultmann wurde für ihn zu einer Art geistig-geistlichem Geysir, der ihn in nie gekannte Höhen schleuderte und oben hielt. Mal hoch, mal höher, mal noch höher. Bevor er Gefahr lief, wieder in Bodennähe zu gelangen, kam der nächste (Aus)Stoß. So ging es fast allen Studenten. Ständig schossen sie umeinander herum, sich gegenseitig eruptiv anrempelnd, beflügelnd, um Erkenntnisse und neue Sichtweisen konkurrierend. Das Hören und Sehen verging ihnen nicht dabei; ihre Sinne wurden geschärft und ihr Verstand geschliffen.

Genau das hatte Arthur sich erhofft, das entsprach seinem Naturell. So anspruchsvoll Rudolf Bultmann war, so frei durften sich seine Studenten entfalten. Wobei sie gleichzeitig die Pflicht zur Freiheit, zum Spielerischen und zur Verantwortung hatten – wahrlich ein umfassender Anspruch. Fast ein Kontrastprogramm zu den erlebten geistigen Höhenflügen war Bultmanns nach außen hin strenge professorale Art. Norddeutsch in Temperament und Dialekt kam seine Sprache trocken-würzig, ja karg daher. Arthur hatte nichts daran auszusetzen. Höchstens, dass es durch die Verknappung großer Anstrengungen bedurfte, alles mitzubekommen. Alles war wichtig und kam Schlag auf Schlag. Ganz anders als beim Vater, der zwar auch kurz und knapp, im Gegensatz zu Bultmann aber viel zu selten überhaupt etwas sagte.

Gedankliches Abschweifen konnte fatale Folgen haben. Allein deshalb, weil kein Bultmann-Schüler imstande war vorherzusagen, ob nicht am Ende der jeweiligen Sitzung der gestrenge Lehrer gerade ihn dazu auserwählen würde, ein Protokoll anzufertigen. Nicht nur Arthur musste jedes Mal aufs Genaueste mitschreiben. Das brachte ihn fürchterlich ins Schwitzen. Was sollte er wie um Gottes willen für das Protokoll aufschreiben? Eigentlich wusste er es. Aber noch eigentlicher hielt er sich – man höre und staune – plötzlich für gänzlich unvermögend, das Verlangte zu Papier zu bringen. Es war Angstschweiß, der neben seinem bemühten Gekritzel auf die Schreibunterlage tropfte. Jedes Protokoll musste sowohl den Verlauf als auch die Ergebnisse festhalten. Gedankliches Abdriften war ausgeschlossen, wenn einem das Urteil Rudolf Bultmanns etwas wert war. Und wer wäre Arthur gewesen, dem keinen Wert beizumessen? Er wollte Pfarrer werden und dafür durch Bultmanns Schule gehen. Er war hier in Marburg und lernte für sein Leben. Was für ein Mann, den er hier kennenlernen durfte!

Manchmal konnte dieser Mann auch ironisch werden. Vor allem, wenn jemand sich effekthaschend hervortun wollte. Da gab es so ein paar Kandidaten. Arthur argwöhnte, dass sie ihr Geschwafel manchmal selbst nicht verstanden. Nach einer Denkpause, während der er einen tiefen Zug aus seiner Pfeife nahm, fragte Bultmann dann etwa so nach: »Wie meinen Sie das? Wollen Sie es bitte noch einmal begründen?« In der Regel gab es dann weiteres Verhaspeln, und der Effekthascher dachte beim nächsten Mal hoffentlich besser voraus. Arthur neigte nicht dazu, sich voreilig zu Wort zu melden. Er musste eher dazu aufgefordert werden. Und, Gott sei Dank: In der Regel wurden seine gut strukturierten Antworten von Rudolf Bultmann akzeptiert.

Was genau aber konnte man außer dem perfekten Protokollschreiben von Bultmann lernen? Das freie Denken zum Beispiel. Das beinhaltete, dass man gut und gerne anderer Meinung sein durfte als der Professor. Und auch einen anderen Geschmack haben: Bultmann liebte Johann Sebastian Bach – Arthur tat das nicht. Für ihn war es Hackstückkunst, für Bultmann tat sich bei Bach'scher Musik der Himmel auf.

Was konnte man noch lernen? Die Liebe zur Natur. Die musste Arthur natürlich nicht erst lernen. Hier fand er Bestätigung durch einen überlegenen, aber verwandten Geist, was noch viel besser war.

Darüber hinaus schärfte Bultmann ihnen ein, dass Kindern niemals der so genannte »Kinderglaube« eingetrichtert werden dürfe - etwa mithilfe märchenhafter Erzählungen im Kindergottesdienst oder Religionsunterricht. Schließlich hatten die Heranwachsenden sich von diesem Glauben nur wenige Jahre später auf anstrengendste Weise wieder zu befreien, wenn sie nicht geistlich-infantil bleiben wollten. Auch dafür wurden Beispiele genannt: Der liebe Herr Jesus konnte über das Wasser laufen? Nein, das konnte er nicht. Jesus lief nicht über das Wasser, sondern auf Steinen, die im Wasser lagen. Schade um das schöne Bild! Jesus konnte Lahme gehend machen und Blinde sehend? Nein, das konnte er nicht. Oder doch? Hier wurde es kompliziert. Jesus war ein Heiler. Aber er konnte nicht alles heilen. Jesus wurde durch Jungfrauengeburt gezeugt? Später wurde er ermordet, stand danach aber von den Toten auf? Nein, auch das war zu revidieren. Erwachsen zu werden war Herausforderung genug - dabei noch den Kinderglauben ablegen zu müssen, war möglicherweise für viele eine Überforderung.

Bultmann lehrte, dass zu einer guten Predigt eine kraftvolle, an Martin Luther orientierte Sprache gehöre und dass der Prediger die Sätze der Bibel nicht belehrend vorzutragen, sondern aufzuzeigen habe, welche Lebenskräfte in der Schrift steckten. Die biblischen Texte sollten die hörende Gemeinde ergreifen, ihr Leben bereichern und in ihrer Gegenwart wirksam werden. Eine antiquierte Formelsprache eignete sich hierfür nicht. Auf sie zu verzichten, dazu musste man Arthur nicht erst auffordern - hier trafen Sprachverknapper und Sprachpedant aufeinander. Wobei sowohl auf Bultmann als auch auf Arthur beide Begriffe passten.

Das war alles so modern! So gehalt- und kraftvoll. Dabei gestand Bultmann, dass es sehr schwer sei, der traditionellen Predigtsprache zu entgehen, viel schwerer, als den traditionellen Gedanken entgegen zu denken. Auch sei es nicht leicht, über den Glauben des Predigers, also über seine Religiosität, zu sprechen. Arthur begriff: Das Problem entstand wieder einmal durch die Verknüpfung von Denken und Fühlen. Die Herausforderung lag darin, so zu sprechen, dass aus dem Verstandenen Erfahrenes werden konnte. Wobei der Prediger aus Erfahrenem und Verstandenem die jeweils richtige Mischung anrichten musste. Also mit Sinn und Verstand sozusagen. Und das Sonntag für Sonntag. Unter den Theologen und Pfarrern konnten Rezepte ausgetauscht werden - kochen musste jeder selbst. Um weiter im Bild zu bleiben: Dann sollten sie bestenfalls gleich noch die Küche renovieren. Die evangelische Kirche müsse dringend auf Vordermann gebracht werden, meinte Bultmann. Abgeschafft werden solle sie jedoch nicht. Die Kirche nicht abschaffen, auf alle Fälle aber modernisieren? War das nicht irgendwie umstürzlerisch? Und welche Rolle sollte zukünftig der Gottesdienst spielen? Der Gottesdienst habe die Feier der in Gott verbundenen Gemeinde vor den Augen des Ewigen zu sein, punktum. Das hieß für Arthur und bestimmt für alle anderen Betroffenen, ja, für die ganze Gemeinde, dass im Gottesdienst nur - aber wiederum auch wenigstens! - das etwas zu suchen hatte, was der Gemeinde hoch und heilig genug war, es vor Gott auszubreiten. Zum Beispiel: Geistige und emotionale Klugheit, gute und gut gespielte beziehungsweise gesungene Musik und angemessene optisch-bauliche Verhältnisse, Sauberkeit und Ordnung. Wobei den Maßstab hierfür die Möglichkeiten der Gemeinde setzten und nicht die Unmöglichkeiten. Doch sollten sie alle an ihre Grenzen gehen, immer und immer wieder. Wobei in dem Zusammenhang für Arthur das Scherflein der Witwe eine große Rolle spielte, von dem Jesus gesagt hatte: »Diese arme Witwe hat mehr in den Gotteskasten gelegt als alle, die etwas eingelegt haben. Denn sie haben alle etwas von ihrem Überfluss eingelegt; diese aber hat von ihrer Armut ihre ganze Habe eingelegt, alles, was sie zum Leben hatte.« Alles zu geben, hieß, sich hinzugeben. Da waren sie, die Braut und der Bräutigam. Wobei hier die Braut die Gemeinde war, der Bräutigam jedoch nicht die Kirche.

Hin und wieder durfte Arthur mitten in Bultmanns Privatsphäre hineinspazieren. Was hatte der für eine nette, intelligente Frau! Sie konnte gut kochen, gewiss. Aber sie taugte zu viel mehr. Freundlich und souverän, wie sie war, konnte sie ihrem Mann bestimmt in fast allen Dingen das Wasser reichen. Sie waren sich so zugetan, so liebevoll zueinander. Die heitere Atmosphäre im Hause Bultmann, die unterschiedslos alle Gäste willkommen hieß, machte einen tiefen Eindruck auf Arthur. Was er wohl einmal für eine Frau finden würde? Wie suchte man eigentlich Frauen? Es war das erste Mal, dass Arthur sich ernsthaft mit diesem Thema beschäftigte. Und auch das erste Mal, dass ihn die Persönlichkeit einer Frau beeindruckte. Und dass er sah, wie schön es sein konnte, eine Familie und ein offenes Haus zu haben.

Das Einzige, was er an Rudolf Bultmann nicht verstand, war dessen ewiges Pfeife- oder Zigarrenrauchen. Ob in Amt und Würden (nein, auf der Kanzel nicht) oder als Hausmann – ständig umhüllte ihn der blaue Dunst. Aber das spielte nicht wirklich eine Rolle. Niemand zwang Arthur dazu, diese schlechte Angewohnheit zu übernehmen. Wobei er es einmal bei Bultmann zu Hause mit einer Zigarre versuchte. Es folgte das volle Programm von Husten, tränenden Augen und beschleunigter Verdauung. Der Gastgeber zeigte sich erheitert und hatte Verständnis. Arthur verstand hingegen erst recht nicht, wozu der Tabakkonsum gut sein sollte.

Abgesehen von dieser Unart seines Professors wurde Arthur mit so vielem beschenkt, dass er es gar nicht ermessen konnte. Eines aber sah er ganz deutlich: dass er genau den richtigen Beruf gewählt hatte.

## Käthe entwickelt sich

Käthe wuchs weiter in die Höhe, rundete sich weiblich und bekam ihre erste Menstruation. Was für ein Desaster! Niemand hatte Käthe etwas Derartiges vorhergesagt, so dass sie zunächst annahm, sie wäre krank, und zwar schwer. Auch nachdem man ihr diese Sorge genommen hatte, hielt es niemand für nötig, ihre Wissenslücke zu schließen. Aus ihrem näheren Umfeld war vermutlich auch keiner in der Lage dazu. Ihre Schwester gab ihr ein paar praktische Hinweise, wie sie ihre Unterwäsche schonen könne, die Mutter den Rat, dass sie während dieser ihrer »Tage« nicht zu schwer tragen solle. Wieso denn bloß nicht? Bestand sonst die Gefahr, dass sie verblutete? Wie schrecklich.

Manch weiter Verdunkelndes erfuhr sie von ihren Klassenkameradinnen, die bekanntermaßen alle älter waren als sie. So zum Beispiel, dass sie sich während dieser »Tage« besser nicht mit einem Jungen treffen solle. Da ihr das nicht näher erklärt wurde, dachte sie auch nicht daran, diesen Rat zu befolgen. Sie vergaß ihn.

Es ergab sich leider ein ziemliches Konglomerat aus Halbwissen und Unfug, das vor ihr ausgebreitet wurde. Beherzt beschloss sie eines Tages, nichts davon zu glauben. So glaubte sie nichts und wusste nichts. Nichts war auf jeden Fall zu wenig. Infolgedessen beschloss sie, ihren Körper zu ignorieren. Er wanderte zwar nicht ganz zufällig gerade da herum, wo sie sich mit ihrem körperlosen Selbst zeitgleich aufhielt, das konnte sie nicht vermeiden, aber sie achtete nicht auf ihn. Wie schade!

Rose, ihre Mutter, ach, eigentlich alle, hatten so ziemlich versagt. Was halfen Käthe ihre Rechenkünste, wenn sie mit ihrer eigenen Ganzheit, ihrem Eintel, nichts anzufangen wusste? Damit befand sie sich allerdings in großer schlechter Gesellschaft beziehungsweise längerer Tradition. Schon Roses Mutter hatte ihrer Tochter erzählt, dass man sich als Mädchen nicht überall berühren dürfe, gerade einmal Waschen sei »dort unten«, aber bitte nicht zu häufig, erlaubt. Ob es nun juckte, drückte oder gar schmerzte und blutete - da gab es nichts zu begreifen.

Dennoch begann Käthes Körper zunehmend eine Rolle zu spielen, zumindest in der Wahrnehmung anderer, zum Beispiel der der Nachbarjungen, nämlich dann, wenn Käthe sich beim Tennisspielen verausgabte. Oder beim Schlittschuhlaufen. Es war eine Augenweide, wie sie sich voller Anmut über den Platz oder die Eisbahn bewegte. Eines ihrer ganz besonderen Eislaufmerkmale war, dass sie lieber und besser rückwärts als vorwärts lief. Das sollte mal jemand nachmachen! Sie war sogar in der Lage, im Rückwärtsgang den höchst interessierten sowie vorwärts gleitenden Jungen davonzufahren und ihnen dabei noch eine lange Nase zu drehen. Käthe, was warst du keck! Und gar nicht körperlos. Ein körperloses Selbst konnte doch überhaupt nicht Schlittschuhlaufen.

## Da bist du immer noch, Agathe

Am 7. Januar 1928 wurde in der Berlin-Wittenauer Irrenanstalt Dalldorf, in die Agathe inzwischen geraten war (eine große Verbesserung für sie, ein Einzelzimmer, das sie selbst hegen und pflegen durfte), ein Entmündigungstermin abgehalten, bei dem einige Sachverständige anwesend waren, die zu der geplanten Entmündigung Agathes Stellung nehmen sollten. Dr. Bernhardt, ihr behandelnder Stationsarzt, berichtete dabei, dass seine Versuche, mit ihr zu reden, bisher ausnahmslos gescheitert seien. Sie habe die Ablehnung damit begründet, dass er Jude sei. So schlug er ihr und dem Gremium vor, dass der nächste Termin ohne ihn stattfinden sollte, amtsseitig würden dann nur der Richter und der Gerichtsschreiber teilnehmen. Der Richter ging darauf ein, Agathe ebenfalls. Als Erfolg dieses Treffens ist zu verzeichnen, dass Agathe überhaupt den Mund aufmachte. So äußerte sie dem Richter gegenüber: »Ich habe schon genug Idioten um mich, da brauche ich Sie nicht noch.« Weiteres sagte sie laut Protokoll nicht.

Nach dieser Episode verlautbarte der Richter, dass er nach gründlichem Überdenken der Sache die Überzeugung habe, dass die zu Entmündigende nicht geisteskrank, sondern höchstens stark hysterisch sei, dass mindestens außerordentlich erhebliche Bedenken gegen die Annahme einer Geisteskrankheit beständen und dass ein weiterer Verbleib der zu Entmündigenden in einer Irrenanstalt nur abträglich sein könne. Da der Termin ohne Arzt stattgefunden hatte, der Arzt auch sowieso sich noch gar kein Urteil hatte bilden können, traute der Richter dem Arzt nicht zu, eine geeignete Grundlage für eine einschneidende richterliche Entscheidung erstellen zu können.

Soweit die gute Nachricht. Die schlechte: Agathe verblieb weiterhin in der Irrenanstalt, da kein Einvernehmen zwischen Juristen und Medizinern erzielt werden konnte. Eindeutig von Nachteil war für sie, dass in der Klinik weitaus mehr medizinisches als juristisches Personal arbeitete. Dass das in Krankenhäusern immer so war, half ihr auch nicht weiter.

## Münster, Sommersemester 1928

Arthurs Marburger Zeit trug ihn auf Flügeln in sein nächstes Leben, nach Münster zu Karl Barth. Dort stürzte er beinahe ab, weil Barth einen Flügeltausch vorzunehmen versuchte, ohne ihm vorher eine weiche Zwischenlandung zu ermöglichen. Anderen Studenten gelang unter Karl Barth hingegen ein ununterbrochener Höhenflug, denn, ohne Zweifel, auch dieser Professor war eine große Persönlichkeit, ein Star, und auch er hatte eine Pfeife.

Arthur konnte wenig mit Barth und seiner Theologie anfangen. Vieles an ihr erschien ihm als Quadratur des Kreises. Das Runde in das Eckige zu bringen oder umgekehrt, war zwar eine anspruchsvolle Aufgabe, aber Arthur mochte sich an ihr nicht abarbeiten, denn er wusste schon vorher, er würde das Dilemma nicht lösen können. Und manche Ausführungen des Professors konnte Arthur nur in einer Weise deuten, bei der sich ihm das Innerste nach außen kehrte. Verstand er Karl Barth wirklich richtig, wenn er heraushörte: »Das ist so, weil es so ist und deshalb ist es so!«? Er hoffte, dass dem nicht so war. Denn wenn es so war, konnte doch nichts werden, sondern alles blieb.

»In der Bibel werde etwas für uns ganz Ungeahntes sichtbar – nicht Historie, nicht Moral, nicht Religion, sondern eine geradezu neue Welt: Nicht die rechten Menschengedanken über Gott, sondern die rechten Gottesgedanken über den Menschen, und somit geleitet uns die Bibel aus der alten Menschenatmosphäre heraus und an die Tür einer neuen Welt, der Welt Gottes …«, so ein Absatz aus Karl Barths damaligem Vortrag über die »Neue Welt der Bibel«.

Auch das klang gut, aber eben ganz anders als das kürzlich in Marburg Gehörte. War es zu viel für Arthur, innerhalb von einem Jahr an zwei solch herausragende Persönlichkeiten zu geraten?

Karl Barth selbst monierte irgendwann »das eigentümliche Marburger Selbstbewusstsein«. Die Bultmann-Schüler legten dieses auf eine sehr bestimmende Weise an den Tag, was, so meinte Barth, die Entfaltung anderer theologischer Auffassungen – vor allem wohl seiner eigenen – von vornherein unzulässig einschränke. Bultmann wiederum verteidigte noch aus der Ferne seine Schüler, deren Debattier- und Kritikfreudigkeit auf der Offenheit des Forschungscharakters theologischer Arbeit fuße und nicht etwa auf schlechter Prägung durch eine theologische Fakultät.

Was den Münsteraner B-Star anging, kam Arthur zudem nicht mit den Gerüchten klar, die sich um dessen Privatleben rankten und vielleicht sogar stimmten. Zwei Frauen in Barths Hause! Die eine als Geliebte, die andere als weniger geliebte Ehefrau? Da Arthur sich gerade in Bultmanns familiäres Leben eingefühlt hatte, schien ihm das nun wirklich abwegig. Er wollte davon nichts hören, er fand es ungehörig. Natürlich hatte er keinerlei Erfahrung in solchen Dingen. Wenigstens versuchte er, sich nicht von all dem Gehörten beeinflussen zu lassen und trug es seinerseits auch nicht weiter. Doch es half nichts – er fand es unmoralisch. Ein Leben – eine Frau, bis dass der Tod euch scheide. So war es vorgesehen. Dass es Frauen gab, mit denen man dieses Leben leben konnte, hatte er an Helene Bultmann gesehen. Solch eine Frau galt es zu finden, zu gewinnen und zu halten. Wobei Arthur es vermied, hier allzu klare Vorstellungen zu entwickeln. Dazu war er noch zu jung, fand er. Doch Professoren mussten Vorbild sein. Punktum. Den Kummer und das Leid, die sich hinter einer etwas weniger einfach gestrickten Lebenssituation verbergen mochten, konnte Arthur nicht wahrnehmen. Da fehlten ihm die Sensoren. Wie gut war es gewesen, dass Arthur zunächst Bultmann kennengelernt hatte. Vielleicht hätte Arthur sonst gar nicht mehr Pfarrer werden wollen. Trost fand er - wie so oft schon - in einem Kirchengebäude. Ja, freilich, seine Münsteraner Stammkirche, die Erlöserkirche, war, wie auch St. Annen in Elbing, neogotisch. Aber genau das gefiel ihm. Es war heimatlich vertraut. Und ihr Geläut war großartig. Bereits eine Viertelstunde vor Beginn des Gottesdienstes fand Arthur sich vor der Kirche ein, um sich vom ersten bis zum letzten Glockenklang von den wunderbar volltönenden Akkorden durchdringen zu lassen.

So schön die Stadt rein äußerlich war - Arthur freute sich, als er sie wieder verlassen konnte. Münster stellte Ansprüche an ihn, die er nicht zu erfüllen vermochte und gab ihm wiederum nicht genug für seine Anstrengungen. So zog er frohgemut gen Heimat, sich den Semesterferien hinzugeben.

## Agathe mundlos

Nachdem Agathe auch aus der Anstalt heraus ihren eigenen Interessen entgegen weitere Schmähschriften verfasst hatte - so ziemlich an die gesamte Menschheit adressiert, Jesus, Gandhi und ein paar andere Typen ausgenommen - wurde sie am 2. Oktober 1928 wegen Geisteskrankheit entmündigt. Sie leide an Verrücktheit (Paranoia) mit Größen- und Verfolgungswahnideen. Es bestehe auch eine gewisse Gemeingefährlichkeit insoweit, dass sich Fräulein Preuß bei ihrer seelischen Verfassung leicht zu physischen Gewalttätigkeiten hinreißen lassen könne. Da die Entmündigte von ihren krankhaften Vorstellungen derartig beherrscht werde, dass ihre gesamten Lebensverhältnisse in Mitleidenschaft gezogen würden, da ihr die Unterrichtserlaubnis entzogen werden musste und sie infolgedessen der Fürsorge zur Last falle, auch ihr Gesamtverhalten zu ihren Mitmenschen anormal sei, so müsse als erwiesen angesehen werden, dass Fräulein Preuß wegen krankhafter Störungen ihrer Geistestätigkeit nicht imstande sei, die Gesamtheit ihrer Angelegenheiten zu besorgen und dass ihr jede vernünftige Denk- und Handlungsweise abgehe. Trotz ihrer sich inzwischen auf etwa tausend Mark [das wären heute etwa 3.500 Euro] belaufenden Schulden - überwiegend durch Umzugs- und Renovierungskosten entstanden - wurden ihr die Kosten des Verfahrens auferlegt.

Agathe war ziemlich am Ende. Hatte es jemand kommen sehen? War jemand aufmerksam und fürsorglich gewesen? Nein. Und Agathe? Agathe schoss durch die Welt in einem Kokon aus Rechtschaffenheit, Rechthaberei, Überheblichkeit und, am ziemlichen Ende, Größenwahn. Sie bezog sich nur noch auf sich selbst und auf nicht zu materialisierende Übermenschen.

Wer stand ihr jetzt zur Seite? Gott und alle seine Engel mochten es sein. Erschienen sie ihr? Konnte sie Gott und seine Engel erkennen? In ihren Texten schrieb sie darüber nichts. Wer war ihr Gott? Wie war er, wo war er? Der Gott, von dem man sagen hörte: »... er hat seinen Engeln befohlen, dass sie dich behüten auf allen deinen Wegen, dass sie dich auf den Händen tragen, und du deinen Fuß nicht an einen Stein stoßest. Über Löwen und Ottern wirst du gehen und junge Löwen und Drachen niedertreten.« Sah sie nicht den, »der dich mit seinen Fittichen bedeckt, dass du nicht erschrecken musst vor dem Grauen der Nacht, vor den Pfeilen, die des Tages fliegen«? Konnte sie nicht beten? War sie gottlos?

Wenn schon irre, warum nicht in Gottes Namen?

Hatte sie die Liebe verloren? Ja. Agathe hasste.

Warum, ach warum, ach warum, ach warum?

So wie die Liebe hat auch der Hass keine Kehrseite. Man kann ihn drehen und wenden wie man will, da ist nur Hass. Wo war die Liebe, die stärker sein sollte als der Tod und eine Flamme des Herrn? Warum Hass, ach warum, warum nur, warum nicht Liebe?

## Wieder zu Hause

In Königsberg studierte Arthur aufs Neue an der Albertus-Universität. Hier waren zwar keine Bultmann-adäquaten Theologen-Stars zu finden, jedoch gab es gestandene Charakterköpfe wie den Kirchenhistoriker Leopold Zscharnack oder den Neutestamentler Julius Schniewind, die einen Studenten durchaus auf Trab bringen und ihm Orientierung geben konnten. Das taten sie drei Semester lang. Daneben hieß es für Arthur wieder einmal, den ostpreußischen Gegebenheiten, wie zum Beispiel den strengen Wintern, ins Auge zu sehen. Das tat er nur zu gern. Um Weihnachten 1929 herum begab er sich auf die Kurische Nehrung. Er wollte in dieser besonderen Landschaft seine private Wintersonnenwende erleben.

»Heidenkram«, meinte sein Studienfreund Gunther, mit dem Arthur inzwischen eine lange Kette aus studentischen Erlebnissen verband. Ihr wichtigstes Glied: das Kennenlernen von Rudolf Bultmann. Wobei dieser auf Gunther zwar auch großen Eindruck gemacht hatte, aber groß hieß bei ihm nicht gleich tief. Ein Manko, fand Arthur. Dafür war Gunther ein überaus freundlicher Mensch und neigte nicht dazu, Höhen und Tiefen bis ins Letzte auszukosten.

»Was meinst du mit ›Heidenkram‹?«, erkundigte sich Arthur mäßig interessiert.

»Das Julfest. Die Wintersonnenwende. Willst du zum Sonnenanbeter werden, Herr Pfarrer in spe?«, fragte Gunther. »Das könnte deine künftigen Gemeindeschäfchen ziemlich durcheinanderbringen.«

»Es geht hier um alte Riten, nicht um persönliche Anbetung. Brauchtum nennt man das. Hast du mal überlegt, was ›Weihnachten‹ eigentlich heißt? Die geweihte Nacht? Da geht es doch nicht nur um Maria und Josef, das Jesuskind, um Ochs und Esel. Warum überhaupt ein Ochse dagestanden haben soll und nicht eine Kuh, dafür gibt es zwar eine Erklärung, aber sie hat nichts mit historischer Korrektheit zu tun. Wo ist dann der Unterschied zur Wintersonnenwende? Alles menschengedacht. Zur Wintersonnenwende gibt es Hoffnung auf helle Tage, den Wunsch, Altes abzulegen. Warum haben wir den Weihnachtsbaum? Das Jesuskind hing doch nicht an einem grünen Zweig, die Krippe stand nicht darunter und Kerzenschein umgab sie auch nicht. Und zu seiner Geburt spielte auch nicht die Orgel. Willst du Weihnachtsbäume und Orgeln abschaffen? Oder die Ostereier? Das sind doch schöne Dinge, schöne Zutaten. An ihnen ist nichts Falsches. Ich für mein Teil werde nun die Wintersonnenwende auch noch dazu tun. Komm mit!«

»Nein danke. Aber danke für den Vortrag! Herzlichen Dank.« Gunther war natürlich nicht zufrieden. Weihnachten war für einen künftigen Pfarrer auch ohne Heidenkram Herausforderung genug, fand er. Doch er war Arthur leider argumentativ nicht gewachsen.

Trotz aller bekundeten Abneigungen fand Gunther sich vor Weihnachten unversehens mit Arthur auf der Kurischen Nehrung wieder. Zusammen mit ein paar anderen Freunden verbrachten sie wunderschöne Tage in grandioser Natur. Arthur, Gunther, Richard und dessen süddeutscher Studienfreund Otto wetteiferten im Eissegeln, entfachten nächtliche Feuer am Haff- oder Meeresstrand, was gar nicht so einfach war, denn der Schnee war tief und das Holz musste von den Fischern erst erbeten werden. Zum Dank sangen sie Männerchöre für die Fischersfamilien – Gunther bewegte auf Anweisung Arthurs hin meist nur die Lippen –, so dass diese aus dem Staunen gar nicht mehr herauskamen.

Zur »echten« Wintersonnenwende am 21. Dezember beschnurgelten sich die jungen Herren mit echtem Korn und aßen eine Scheibe Leberwurst mit einem Klecks Mostrich. Alle Naturalien, vom Holz bis zum Korn, hatten sie als Dankesgabe für ihren Gesang erhalten.

Sie nachtwanderten im Mondenschein vor der Kulisse der Wanderdünen – Arthur konnte sich gar nicht sattsehen und fotografierte mit Stativ und langer Belichtung Düne um Düne, Eisscholle um Eisscholle, bizarr, erstarrt, erstorben. Bei Hans-georg Buchholtz fand sich zu der auch ihm bekannten Szenerie folgender Text: »Eingefrorene Kurenkähne reckten ihre gebogenen schwarzen Schnäbel in den Wind und an den hohen Masten drehten sich knarrend die Hauszeichen. Die Fischerkaten wärmten sich aneinander und das Meer sah von ferne aus wie satter Stahl. Im Neuschnee glichen die Dünen riesigen Wattebergen, weißen, wolligen, schlafenden Bären.«

Es war bitterkalt, doch das schreckte die jungen Leute nicht. Der starke Frost weckte ihre Lebensgeister und forderte sie heraus. Arthur fotografierte, Gunther schrieb Tagebuch, beschrieb dabei minutiös die Wetterlage, Windrichtung, Wolkenbildung, Lichtverhältnisse, Temperaturen und Luftfeuchtigkeit. Richard, der angehende Arzt, fühlte sich zum Dichten angeregt und legte einen Vers nach dem anderen hin. Nur Otto dokumentierte nichts. Er war überwältigt.

Mädchen, Maidlein oder gar Frauen? Waren nicht mit von der Partie. Aber, so nahmen sich die jungen Männer vor, das sollte im nächsten Jahr anders werden. Wobei alle zum wiederholten Mal beteuerten, dass sie nicht vor Vollendung des dreißigsten Lebensjahres heiraten würden. Was hatte es nur auf sich mit diesem dreißigsten Lebensjahr? Gar nichts. Es war nur eine Zahl.

Im Angesicht all der vollkommenen Schönheit beziehungsweise der schönen Vollkommenheit musste Arthur an seine Schwester denken. Wie es ihr wohl ging? Der Vater empfing in unregelmäßigen Abständen Post von ihr, weigerte sich aber, über den Inhalt zu sprechen.

Zur Wintersonnenwende - dem dunkelsten Moment des Jahres - betete der Theologiestudent Arthur. Er bat Gott um Agathes Wohlergehen. War das kindlich? Vielleicht. Aber es tat ihm gut. Hungern und frieren würde sie wohl nicht, hoffte er.

Seine letzten Briefe hatte sie nicht beantwortet. Vielleicht war sie wieder umgezogen? Wo sie wohl steckte?

## Agathe steckt in Norddeutschland

Die Frage ließ sich gar nicht so leicht beantworten. Agathe war ganz schön herumgereicht worden in den Irreneinrichtungen landauf, landab. Inzwischen war sie in den Kropper Anstalten nahe Flensburg gelandet. Es ist davon auszugehen, dass sie sich dort hinqueruliert hatte - vielleicht wegen ihrer Sehnsucht nach einer frischen Meeresbriese. Vielleicht wollten die Berliner sie loswerden. Sei es drum.

In Kropp war es eigentlich ganz schön. Denn dort wurde Agathe auf fortschrittlichste Weise verwahrt. Sie wurde nicht geschlagen und durfte mit Begleitung an die frische Luft. Das nannte sich Freiluftbehandlung. Die Qualität der norddeutschen Luft war hervorragend und wurde als zu Liegekuren geeignet befunden. Doch Agathe wollte nicht liegen. Und die Luft mochte ja frisch sein, war ihr aber nicht frei genug. Manchmal war sie in Versuchung, sich die Nase zuzuhalten, um nur dann und nur die Luft atmen zu müssen, die sie selbst gerade in dem Moment atmen wollte. Manchmal erlag sie der Versuchung und versuchte, das Atmen ganz einzustellen. Das gelang ihr nicht. Im Anschluss an ihr notgedrungenes Nachatmen schrie sie ihre Wut heraus. Wenn das irre war, dann war sie eben irre. Alle waren irgendwie irre.

Sie mochte die Beschäftigungstherapie nicht, die von ihr gärtnerische und landwirtschaftliche Arbeiten verlangte. Sie war Lehrerin. Entspannungsbäder empfand sie nicht als entspannend, Bestrahlungen aller Art waren ihr unheimlich und von Psychotherapie hielt sie nichts. Sie war gesund und deshalb sehr aktiv in ihrem Bestreben, auch diese Anstalt zu verlassen.

Agathe gehörte nicht zu den ruhigen Frauen, deshalb war sie nach einer misslungenen Anfangsphase auch nicht mehr in der Abteilung für ruhige Frauen untergebracht. Sie war keinen Moment davon zu überzeugen, dass sie zur richtigen Zeit am richtigen Ort war. Sie war rhetorisch auf der Höhe und agitierte das Pflegepersonal mit ihrem Anliegen. Sie formulierte alles korrekt, an Eindeutigkeit ließ sie es nicht fehlen. Sie war zu Unrecht entmündigt worden und wurde zu Unrecht festgehalten. Wenn sie sich gar zu sehr aufregte, bekam sie Beruhigungsmittel, die sie tatsächlich beruhigten. Das war für alle viel angenehmer als eine dauerzeternde Patientin. Auch für Agathe war es angenehmer. Allerdings vergaß sie ihr Anliegen nicht, konnte es nur nicht mehr so gut artikulieren.

Sie bekam Briefpapier, Federhalter und Tinte. Sie schrieb und schrieb. Schon allein die Anzahl der Wörter hätten in ihrer kompletten Länge die Kilometer nach Königsberg überbrücken müssen. Wann durfte sie endlich nach Hause gehen? Doch wo war das gleich? Elbing? Königsberg? Berlin? Egal, nur raus hier.

Manchmal bekam sie es mit der Angst. Sie sah die anderen Menschen um sich herum; manche von ihnen waren sehr seltsam. Sie hörte die Schreie von noch unruhigeren Insassen und manchmal hörte sie auch ihre eigenen Schreie. Sie schrie um Hilfe, weinte und schlug mit dem Kopf gegen die Wand.

Die Briefe fanden ihren Weg, wurden, wenn an amtliche Stellen gerichtet, auch geöffnet, aber nicht wirklich gelesen, sondern schon zwischen Blick und Nichtverstehenwollen durch den geistigen Aktenvernichter gejagt. Die an ihren Vater erlitten ein ähnliches Schicksal. Er wollte nichts über das Elend seiner Tochter lesen. Hedwig rührte sie gar nicht erst an. Arthur erhielt nur Kenntnis von ihnen; lesen durfte er sie nicht. Denn auch die Briefe an ihren Vater enthielten Vorwürfe, denen sich niemand stellen mochte. Die Schuld, die er nicht auf sich nehmen wollte, die Vorwürfe, die er nicht gelten ließ – die Briefe waren eine Zumutung. Konnte Karl etwas dafür, dass Agathe in diesen Zustand geraten war? Außerdem waren die Briefe, auch wenn sich die Vorwürfe einmal in Grenzen hielten, seltsamer Natur, mit eigenartigen Ansichten und Ausführungen gespickt. Eine Art roter Faden war erkennbar, aber verknäult und hatte oft mehrere lose Enden, also mehr als zwei. Wenn Karl doch einmal einen längeren Blick auf die Passagen warf, sah er seine arme verrückte Tochter.

Fest steht, dass Agathe diesen Kropper Anstalten am 22. Dezember 1929, als Arthur gerade mit seinen Freunden an anderer Stelle Meeresluft schnupperte, »mit Gewalt entwich«, wie es der ärztliche Direktor dem Amtsgericht Berlin-Lichterfelde mitteilte. Das war doch mitten im Winter! Sie hätte erfrieren können! Gut vorstellbar, wie sie ihr Anstaltsdomizil verließ, sich durch den schneebedeckten Wald davonmachte und die fast einen Kilometer lange Johannesallee gen Süden entlangmarschierte. Ihr Nahziel war Hamburg. Dort kam sie auch an und wandte sich kurz nach den Weihnachtsfeiertagen an die Gesundheitsbehörde. Für eine arme Irre eine beachtliche Leistung! War sie die ganze Strecke gelaufen? Oder per Anhalter gefahren? Besaß sie überhaupt Winterkleidung? Und was war ihr Fernziel? War alles geplant oder eine spontane Idee? Was hieß denn nun aber »mit Gewalt entwichen?« Hatte sie eine der Diakonissen umgeschubst? War sie aus dem geschlossenen Fenster gesprungen? War das nicht vergittert?

Es war gar nicht gewaltsam gewesen, oder? Dieses Märchen hatte der ärztliche Direktor sich nur zu seiner Entlastung ausgedacht.

Während einer der winterlichen »Freiluftbehandlungen«, Agathe war wie ihre Mitbehandelten mit allem angezogen, was zu winterlichen Zeiten eben anzuziehen war, entfernte sie sich unauffällig von den anderen, indem sie vorgab und dieser Vorgabe zunächst auch nachkam, für die Kinder des Anstaltsdirektors einen Schneemann bauen zu wollen. Dazu benötigte sie frischen Schnee. Sie begann, die große Kugel für den Sockel zu errollen. »Ich brauche frischen Schnee zum Rollen«, sprach sie zur Allgemeinheit gewandt, und rollte den einigermaßen gut zu rollenden Schnee zu einer höher und höher werdenden Walze.

»Seht mal, wie gut das geht!«, rief sie ihrem Begleitpersonal und ihren Mitbehandelten zu, die fasziniert beobachteten, mit welcher Energie sich Agathe ihrem Werk widmete. »Das ist der Unterbau. Jetzt brauchen wir noch den Rumpf.« Sie rollte und rollte. Die anderen gafften von ferne.

Für die Herstellung des Schneemannkopfes hatte sich Agathe bereits zwischen die Bäume begeben und war den anderen - ist das zu glauben? - aus den Augen und dem Sinn geraten. Sie konnte es selbst kaum glauben, dass ihr kindlicher Plan aufgegangen war. Aber die Aufmerksamkeit des Behandlungspersonals war wohl durch andere Vorgänge, die bedeutsamer erschienen, oder einfach durch Nachlässigkeit von Agathe abgezogen worden. Durch den Wald bewegte sie sich in Richtung der Anstaltspforte und verließ bald hocherhobenen Hauptes das Gelände.

War es so abgelaufen? Möglicherweise.

Ob nun gewaltsam entwichen oder nicht: In Hamburg angelangt, begab sie sich auf dringliches Anraten der Gesundheitsbehörde zur Staatskrankenanstalt Friedrichsberg, einem angeblich gut geführten und modernen Hause. Wollte Agathe gar nicht richtig fliehen? Oder war sie wieder einmal am Verhungern? Erhoffte sie sich Hilfe, eine bessere Behandlung? Auf alle Fälle hatte sie bereits von den Kropper Anstalten aus versucht, ihre Entmündigung wieder aufheben zu lassen. Leider hatte sie nicht vorhergesehen, dass sie mit der gewaltsamen Flucht die Chancen auf einen positiven Bescheid zunichtemachte.

Anstelle einer aufgehobenen Entmündigung wurde Agathe von der Berliner Gesundheitsbehörde ein Armutszeugnis ausgestellt. Ja, das gab es wirklich, ganz materiell in Papier, nicht nur im übertragenen Sinne. Aus solch einem papiernen Armutszeugnis, das von der Armut der betreffenden Person zeugte, entwickelte sich erst das im übertragenen Sinne gemeinte geistige Armutszeugnis, das einen Mangel an geistigen Fähigkeiten meint. Das Zeugnis für Agathe stellte neben ihrer materiellen Armut eindeutig fest, dass Agathe nicht für die Kosten eines neuen Prozesses würde aufkommen können. Und da laut Gutachten aus Kropp die Erfolgschancen für eine Zurücknahme der Entmündigung gleich Null waren, wurde dem Antrag nicht stattgegeben. So war Agathes Lage Anfang des Jahres 1930, kurz bevor die Hamburger sie wieder nach Berlin zurückschickten.

## Examen und Vikariat

Winter ade, Studieren tat nicht weh. Im folgenden Frühjahrssemester hatte Arthur sich auf das erste theologische Examen vorzubereiten und tat das durchaus ernsthaft. Sein Thema: »Die Idee des Reiches Gottes in ihrer Bedeutung für Glaube und Leben.« Das war kein einfaches Thema, aber das sollte es auch nicht sein. So fand sich im Neuen Testament selbst ja schon allerhand Widersprüchliches. Einmal wurde dort das Reich Gottes unter ungeheuren kosmischen Begleiterscheinungen erwartet, unter Krieg und Kriegsgeschrei, zum anderen wurde gewarnt: Das Reich Gottes komme weder zeitlich noch räumlich vorausberechenbar, es komme überhaupt nicht mit äußeren Zeichen, es sei vielmehr schon mitten unter uns.

Arthur kam mit den Widersprüchen klar, wusste er doch durch sein Studium, dass alles Widersprüchliche für sich genommen ernst zu nehmen war und die Bibel umso mehr Erkenntnisse für ihn bereithielt.

Das Examen bestand er mit Bravour, zum eigenen und zum Stolz der Eltern. Mündlich zeigte er gut formuliert solide Kenntnisse, war beim Vortragen auch nicht sonderlich nervös. Schriftlich gelang ihm alles noch besser. Er verstand, was von ihm erwartet wurde, und entsprach den Erwartungen souverän, mit eigenem Duktus und sogar mit wohl dosiert eingestreuten humorigen Wendungen. Diese wurden bei der Bewertung extra kommentiert, gereichten ihm aber glücklicherweise nicht zum Nachteil. Im Gegenteil, »der Preuß hat Stil«, wurde ihm, dem Preuß, bescheinigt und von wohlmeinenden Personen zugetragen. Eine andere Arthur-Spezialität anlässlich der schriftlichen Examensarbeit machte ebenfalls die Runde, hatte er doch unter »Literaturangaben« den unglaublichen Satz geschrieben: »Kommentare haben mich weder beeindruckt noch beeinträchtigt.« Nach seiner Ansicht hatte er also alles Examenswissen aus sich selbst geschöpft.

Sie ließen es ihm durchgehen. Und nicht nur das. Es wurde ihm in Aussicht gestellt, dass er nach dem Vikariat (und schon mit diesem hatte sich die Kirche gewissermaßen verpflichtet, ihn tatsächlich in ihren Dienst zu nehmen) noch ein halbes Jahr an das Domkandidatenstift zu Berlin gehen durfte. Das war eine Ehre, eine Auszeichnung - somit ein für ihn ziemlich unverständlicher Vorgang. Vielleicht hatte diese Auszeichnung etwas damit zu tun, dass er mit dem hochberühmten Oberhof- und Domprediger Professor Dr. Bruno Doehring verwandt war. Auch Doehring hatte, so war es überliefert, bereits als Kind auf einer Trittleiter den Pfarrer gegeben. Auch er war Ostpreuße und hatte in Königsberg Theologie studiert. Sollte Arthurs Zukunft etwa mit dem Berliner Dom verknüpft sein? Wobei er natürlich inzwischen auch Brunos Predigt anlässlich des Ausbruchs des Ersten Weltkriegs (am 2. August 1914 auf den Stufen des Reichstagsgebäudes vor mehreren zehntausend Gläubigen gehalten) hatte lesen dürfen. In der Predigt zitierte Doehring Otto von Bismarck: »Wir Deutsche fürchten Gott, aber sonst nichts in der Welt!« und gab sich überaus vaterländisch. Dabei vergaß er zu erwähnen, dass Bismarck davor gewarnt hatte, sich in gefährliche Konflikte hineinziehen zu lassen, und noch mehr davor gewarnt hatte, sie zu suchen. Arthur war sein berühmter Verwandter nach der Lektüre etwas suspekt geworden. Nun, er würde bald Gelegenheit haben, ihn darauf anzusprechen.

Doch zunächst folgte der erste Praxistest, das Vikariat an der Altrossgärter Kirche in Königsberg. Gleich ging es hinein ins volle Leben eines Ortsgeistlichen. So fortschrittlich sich die Königsberger manchmal zu geben versuchten, so eigenartig waren und erschienen selbst dem recht unvoreingenommenen Arthur einige kirchliche Regelungen. Eine war ihm besonders unheimlich, ja bedrückte ihn regelrecht: Derjenige, der das Kirchenbuch zu führen hatte - und das sollte Arthur nun hin und wieder vertretungsweise tun -, musste zum Beispiel vor einer

Trauung bei der Braut herauszufinden suchen, ob sie womöglich schon »deflorata«, also »abgeblüht«, entjungfert war. Und zwar auch, ob sie es schon ein kleines bisschen war oder – hoffentlich! – kein kleines bisschen. Du liebe Zeit, niemand erklärte ihm, wie er als jüngferliches Jüngelchen das bewerkstelligen sollte. Es war ein einziger Krampf, denn welche Braut wollte schon damit herauskommen, ein bisschen oder ein bisschen mehr defloriert zu sein? Und wie, um Gottes willen, sollte er die Richtigkeit ihrer Aussage überprüfen? War es wirklich Gottes Wille, dass er, Arthur Preuß, hier ein bisschen oder da ein bisschen mehr nachfragte und prüfte? Nein, das glaubte Arthur nicht. Doch er musste sich diesem Problem stellen. Er übte.

»Wertes Fräulein Soundso, ich bin allen Ernstes beauftragt, Sie zu fragen, ob Sie noch unberührt oder schon etwas defloriert sind, beziehungsweise wurden.« Nein, so wohl nicht.

»Wertes Fräulein Soundso, gestatten Sie bitte ein offenes Wort, nein, wohl eher das Stellen einer nicht zu beantwortenden Frage.« Nein.

»Wertes Fräulein Soundso, ich darf meiner Freude darüber Ausdruck verleihen, dass Sie demnächst vor den Traualtar treten wollen. Bitte gestatten Sie mir die Frage, in welcher Form Sie dies tun möchten.« In welcher Form? Unterstellte das nicht bereits eine Schwangerschaft?

»Wertes Fräulein Soundso, als Vikar bin ich beauftragt herauszufinden, ob Sie noch unberührt sind oder nicht. Würden Sie mir dazu bitte eine ehrliche Auskunft erteilen?«

»Ich bin es, Herr Vikar!«

»Was sind Sie?«

»Nicht was, wer! Du kennst mich doch, Arthur. Wir waren Nachbarn. Ich bin doch die Elsa von nebenan, frag deine Eltern. Also, musst du das wirklich wissen?«

»Ja, das sagte ich bereits. Bitte antworte mir wahrheitsgemäß.«

»Ja nun, mein Verlobter und ich, wir kennen uns schon recht lange. Also, wie kennen uns gut.«

»Und was heißt das bitte?«

»Du kennst ihn auch, er ging mit dir auf die Schule.«

»Das mag ja sein, beantwortet aber leider nicht meine Frage. Da du so um den heißen Brei herumredest, muss ich wohl davon ausgehen, dass du nicht mehr unberührt bist?«

»Ich werde mich trotzdem mit Schleier trauen lassen.«

»Nein, das wirst du nicht.«

Was für eine schreckliche Geschichte.

Gewiss war das ein Zeichen dafür, wie ernst die Dinge kirchlicherseits genommen wurden. Ob die Braut mit oder ohne Schleier vor den Altar treten durfte, das war eben kein bisschen egal. Aber genau das war ja das Problem. Denn mit oder ohne – auch die ernsthafteste Trauung war keine Garantie dafür, dass nicht auch eine ernsthafte Ehescheidung folgen konnte.

Mit diesen Dingen kam Arthur nicht besonders gut zurecht. Auch fand er nicht heraus, ob irgendjemand anders dem Vorgehen etwas abgewinnen konnte. Sein Vikariatsvater äußerte sich dazu nur vage und berief sich auf das, was in der Agenda stand. Lesen konnte Arthur selber. Für sich beschloss er, sollte er einmal Pfarrer sein, diesen Brauch nach und nach zu ignorieren. Sollten doch die Brautleute selbst entscheiden, wie sie sich der Öffentlichkeit präsentieren wollten, Flora hin, Fauna her.

Alles in allem jedoch kam Arthur gut über die Zeit. Ein paar Flausen wurden ihm ausgetrieben, da er zu spüren bekam, dass es kein Zuckerschlecken war, ein Pfarramt wirklich auszufüllen. Einmal im Dienst, immer im Dienst, das wurde ihm deutlich zu verstehen gegeben. Doch zum Glück war sein Studium noch nicht zu Ende; das große Berlin würde ihm hoffentlich dieses oder jenes außerbeamtliche Stück Leben bescheren.

»Noch hast du mich nicht ganz, liebe Kirche«, sprach Arthur für sich. »Aber ich bleibe dir treu, versprochen!«

Bevor er nach Berlin geriet, zog es ihn noch einmal auf die Kurische Nehrung. In Nidden hatte sich inzwischen eine deutsche Geistesgröße niedergelassen: Thomas Mann. Niemand hatte es ausposaunt, aber das Sommerhaus des Schriftstellers war imposant genug, um nicht übersehen werden zu können. Nein, Arthur schlich dort nicht auf dem Hügel herum, dazu war er viel zu stolz. Und nein, er versuchte auch nicht unten im Ort, dem Künstler aufzulauern. Aber sehen wollte er ihn schon einmal. Obwohl er seine Werke nicht besonders schätzte. Die Sprache gefiel ihm nicht, er hatte keine Geduld mit den Mann'schen Sätzen.

Beinahe zufällig traf er Thomas Mann bei einem ostseeseitigen Strandspaziergang. Arthur war so eingeschüchtert, dass er es nicht wagte, dem berühmten Mann ins Gesicht zu sehen, geschweige denn ihn anzusprechen. Thomas Mann sagte leider auch nicht zu ihm: »He, Sie da! Sie sehen so interessant aus! Wollen wir ein Stück zusammen gehen?« Insofern blieb der Eindruck nebulös, im Rückblick gar bedeutungslos. Das machte aber nichts, fand Arthur. Weder für das Meer noch für die Nehrung spielte es eine Rolle, was die Menschen bewegte und schon gar nicht, wie lang ihre jeweiligen Sätze waren. Und das war gut so.

## Was nun, Käthe?

1931 bestand Käthe alle Abiturprüfungen. Der Stolz darüber war nicht besonders ausgeprägt, das notwendige Wissen war ihr schließlich zugefallen und wurde von der Angst überlagert, in allerkürzester Zeit kein Schulkind mehr sein zu dürfen, nicht mehr schultäglich all den lieb gewordenen Klassenkameradinnen zu begegnen, wie schrecklich. Was sollte sie denn so ganz auf sich gestellt anfangen? Etwa ein Studium aufnehmen?

Erstaunlicherweise wurde genau das von ihr erwartet. Nur, welches? Ihre Begabungen erstreckten sich auf so viele Fächer. Ihre Neigungen waren nicht ganz so vielfältig, vielleicht konnte sie hier ansetzen. Auf höchstem Niveau vermochte sie zu sprechen, zu schreiben, zu malen und zu zeichnen, zu musizieren, zu rechnen (und alles andere, was das Fach Mathematik ihr abverlangte, konnte sie auch), physikalische Zusammenhänge zu erkennen und zu verarbeiten.

Systematisch, wie sie ebenfalls sein konnte, ging sie nun nach dem Ausschlussverfahren vor. Für eine Schriftstellerkarriere war sie zu sehr auf Geselligkeit angewiesen. Schriftsteller verkrochen sich andauernd irgendwo, damit sie beim Schreiben nicht gestört wurden. Vor einem Musikstudium hatte sie zu großen Respekt, weil sie meinte, dass sie dazu ihre Seele entblößen müsse. Leidenschaft, und sei es eine künstlerische, erschreckte sie. Hingabe ebenso. Alles aus sich herauszuholen, was in ihr steckte, machte ihr Angst. Sie wollte lieber mit allem spielen. Der Ernst, oder wie er sonst heißen mochte, der würde wohl von alleine kommen. Den wollte sie nicht herbeirufen.

Letztlich entschied sie sich für die Naturwissenschaften, für Mathematik, Physik und Biologie. Sie begann ihr Studium in

Köln. Von Wuppertal aus waren das täglich zweimal etwa fünfzig Kilometer Zugfahrt. Kein Problem für das Kind eines Eisenbahnbeamten.

# 5. Kapitel:

Berlin, Adlig Kessel, 1931–1932

## Arthur geht nach Berlin

Berlin erfreute Arthur aufs Neue, auch wenn er dort seine Schwester vermisste. Wo war sie doch derzeit gleich?

Das Schöne an der Stadt: Sie hatte Großes und Kleines, Städtisches und Ländliches. Und sie hatte die S-Bahn. Was noch? Wasser, Wasser, Wasser. Vor allem die Spree, gefolgt von der Krummen Lanke, dem Wannsee, der Dahme, dem Müggelsee.

Arthur verliebte sich in die Stadt. Wenn nur die Berliner nicht gewesen wären. Was für ein ordinäres Volk mit einem noch ordinäreren Dialekt, vulgär, klanghässlich und so weiter. Unhöflich waren sie, schroff und mit einer Kodderschnauze bewaffnet, dass Arthur manchmal die Luft wegblieb. Er hingegen sprach hochdeutsch mit minimaler ostpreußischer Einfärbung, die weit davon entfernt war, Ähnlichkeit mit einem Dialekt zu haben.

In Berlin stand der Berliner Dom, wie schon sein Name sagte; die Riesenkirche, die Arthur bereits von seinem ersten Berlinbesuch kannte und die er bald noch besser kennenlernen sollte. Gegenüber dem Dom befand sich das Stadtschloss. Arthur fiel es nicht leicht zu entscheiden, welches der beiden Gebäude das hässlichere war. Wobei er fast alle großen Häuser im Herzen der Stadt hässlich fand. Das Rote Rathaus gefiel ihm besser. Seine Klinkerfassade erinnerte ihn an die heimatlichen Kirchenbauten mit ihren schönen roten Backsteinen, und es wirkte im Gegensatz zu den neobarocken Prachtbauten nicht größenwahnsinnig. Diese schienen ihm austauschbar zu sein, so ähnlich waren sie einander in ihrer Missgestalt. Hier eine Säule weniger, dort eine mehr, Dächer und Kanten akkurat geschnitten, kein freundlicher Blickfang für das Auge. Was Arthur nicht wusste, war, dass er hierbei in geschmacklicher Hinsicht mit den Berlinern übereinstimmte, wer hätte das gedacht. Beispielsweise nannten sie den Berliner Dom bereits kurz nach seiner Eröffnung »Seelengasometer«. Seine Bauformen wirkten, so hatte ein Kritiker zur Eröffnung im Jahre 1905 bemerkt, als nehme ein Anatom von 20 Pferden verschiedene Körperteile, um ein Idealpferd zusammenzustellen. Noch 1930 empfahl der Planer und Publizist Werner Hegemann in seiner berühmten Streitschrift »Das steinerne Berlin« schlicht die »Beseitigung des kaiserlichen Domes«.

Arthur kannte diese Streitschrift nicht, hätte es auch als Vergeudung empfunden, die Steinberge wieder abzutragen. Der Dom und die anderen Häuser waren nun einmal da. Schöner wurden sie nicht, leider. Aber Abreißen war teurer, was danach gebaut würde, ungewiss.

Erfreulich waren die vielen Spatzen, die überall herumhopsten und wie die anderen Berliner kein bisschen Respekt vor den hohen Häusern hatten. Ebenso wenig wie die Tauben mit ihrem Dauerklecksen, die einem manchmal sogar auf den Kopf schissen, wie die Berliner zu sagen pflegten. Gründlicher bekleckten sie die pseudoedlen Fassaden. Als unerfreuliche Mitwesen hingegen erschienen ihm die Trunkenbolde, die einbeinigen oder anders versehrten Bettler, die vom Weltkrieg übrig geblieben waren. Hatte Arthur das Neue Testament etwa nur selektiv gelesen? Da standen schließlich einige Geschichten drin, in denen blinde und lahme Bettler vorkamen. Auch in den Geschichten waren sie vielen ein Ärgernis und wurden verscheucht, um Jesus nicht im Wege zu stehen. Jesus hingegen taten sie leid und er heilte sie, stand dort geschrieben. Zweifel an seiner Berufswahl kamen Arthur im Angesicht der Elenden nicht. Er wollte das seinige tun, die Menschen mit sich, mit der Natur und vor allem mit Gott zu versöhnen. Dann, am Ende aller seiner und anderer Leute Bemühungen, würde es gewiss keine versehrten Mitmenschen mehr geben. Heute aber, gerade jetzt, mochte er sie nicht sehen.

Arthur verliebte sich in Berlin. An etwas anderes verlor er ein Stück seines Herzens: an das Anstrengende, das Schmerzhafte und Einsame - an das Leben selbst. Seltsamerweise stärkte ihn der Verlust. Denn »wenn man ein Stück seines Herzens an das Leben verliert, geht es nicht verloren. Man wächst ihm nach und holt es sich zurück. Ob das mit der Liebe wohl ähnlich zugeht?«, fragte Arthur sein Notizbuch. Man wächst seinem Herzen nach? Was für ein netter Gedanke.

Schön war, dass er neue Leute kennenlernte, zum Beispiel den wortkargen und daher ihm sehr sympathischen Domkandidaten Thomas Jakubeit aus Stralsund, dem die pastörliche Zukunft bereits ins Gesicht geschrieben stand. Mit diesen neuen Leuten genoss er das hauptstädtische Leben. Wer konnte schon wissen, was ihn im Pfarramt erwartete? Ein Fischerdorf an der Ostsee? Ein Nest im tiefsten Masuren? Ganz sicher jedenfalls das Gegenteil von dem, was hier zu erleben war. Arthur wollte es wenigstens kennengelernt haben. Dabei sah er zu, dass immer auch Gunther, der Freundliche, mit von der Partie war, der es – Gott sei Dank! – ebenfalls nach Berlin geschafft hatte. Wer ihm hingegen fehlte, war Arthur, der Zweite. Längst hatte der sein juristisches Grundstudium absolviert und die Zwischenprüfungen abgelegt. Gerade war er in Bonn dabei, sich auf sein Staatsexamen vorzubereiten. Die beiden Arthure hatten sich viel zu lange nicht gesehen. Würde Arthur II. je nach Ostpreußen zurückkehren? Es sah leider nicht danach aus.

Sie, die Domkandidaten, fielen über die Hauptstadt her, »wie die Rotte Korah. Sie waren kurzhaarig, jungenhaft und entbehrten jeglicher Würde, wie sie noch die verbleichende Ahnengalerie geistlicher Neandertaler von den Flurwänden des Konviktes ausströmte. Kurz: Sie waren, wie sie waren. Der Ephorus rang die Hände«, schrieb Arthur in sein Notizbuch und hielt weiter fest: »Wir saßen, wo die Spötter sitzen. Wir saßen in den Logenplätzen der Oper dank seltsamer Freikarten und machten uns lustig über die, welche das Gewese auf der Bühne ernst nahmen. Wir erklommen die Domkuppel und klebten an ihrer Innenwölbung wie Fliegen in einer Glocke, unter uns in unvorstellbarer Tiefe Kanzel und Altar von der verlorenen Winzigkeit einer Streichholzschachtel. Wir schossen mit dem Fahrstuhl den Funkturm hinauf, nur bange, er könnte über das Ziel hinaussausen, und standen mit weichen Knien auf dem äußeren Rundgang in unbeschreiblicher Höhe, nur von einem luftigen Gestänge getragen. Danach sahen wir, vom Funkturmrestaurant aus, die Dämmerung über die Großstadt fallen und die bunten Lichtreklamen über sie hingeistern. Wir träumten wochenlang vom ›Träumenden Mund‹ und sangen mit Hans Albers ›Komm auf die Schaukel, Luise‹. Wir fuhren zur Kirschblüte ins Werder, und nicht alle wussten mit Sicherheit zu sagen, wie sie zurückgekommen waren. Auch badeten wir in der Krummen Lanke, wo man nicht baden sollte. Wir besuchten den Preußischen Landtag und vernahmen entzückt den Zwischenruf: ›Ruhe im Stall!‹. Wir besuchten eine Versammlung im Sportpalast und durften erstmalig den Papst bestaunen, durch einen Pappkopf kenntlich und von den Ausmaßen eines Kingkong, bis die Polizei uns hinauswarf. Wir verfolgten mit großen Augen die Menschenweihehandlung der Geistmenschen und stritten uns in Freidenkerversammlungen mit prächtigen jungen Kerlen herum. Wir leisteten unter Aufbietung letzter Anstandsreste Widerstand gegen die immer übler werdende Atmosphäre einer Bußversammlung im Zirkus Busch, nur in der Vorfreude, wie Jakob Günther wohl in seiner folgenden ›atheistischen‹ Seminarpredigt darauf antworten würde. Wir waren in der Skala anzutreffen wie in der Ackerstraße, in der Charité wie auch, vorläufig studienhalber, in ›Moabit‹. Wir kreisten in einem Rundflug über der Riesenstadt und bestaunten die Rotationsmaschinen des Ullstein-Verlages. Wir rutschten auf der Rolltreppe in den obersten Stock des Hochhauses, um uns zwischen einer Weiße mit Schuss oder einmal Soda von dem betäubenden Zauber des Saxophons mit einem Tango einlullen zu lassen.«

Welcher Arthur war das denn? Seit wann gefiel im Tango? Und wie passte die Begeisterung für die hauptstädtischen Attraktionen zu seiner Sehnsucht nach der Kurischen Nehrung? Wohnten da etwa zwei Seelen in seiner Brust?

»Ich finde Tango schrecklich«, tat Arthur Gunther gegenüber ein ganz anderes Mal kund. Genau. »Eine derartige Musik kann nur eine todkranke, gottverlassene Zeit schreiben, die keine Hoffnung und keine Zukunft vor sich sieht. Hör dir dies Gejaule und Gejammer, diese Verhöhnung von Musik und Gesang, diese Gottesverleugnung an, und es ist an der Zeit, dass Christus hervortritt und den Kranken anherrscht: Willst du gesund werden?«

Ach du liebe Zeit. Da war sie, die andere Seele.

Gunther, sein unerschütterlich freundlicher Freund, geriet nicht aus der Fassung, sondern ließ sich auf das Gespräch ein, obwohl er sich wunderte, wie Arthur plötzlich so außer sich geraten konnte. Er, Gunther, hatte die Musik gerade sehr genossen. Sie war harmonisch unverfänglich, regte zum Tanzen an und verbreitete eine wundervolle Stimmung unter den jungen Leuten. Wer war hier der Kranke? Sein Freund Arthur bemühte sich offensichtlich um Haltung, nur, um welche, das änderte sich je nach Wetterlage etwa alle drei Tage.

Dennoch, Gunther blieb freundlich. »Mag sein, dass du es so haben möchtest, dass Christus an dieser Stelle seine Herrschaft ausübt. Aber die Gefragten würden widersprechen: ›Hier hat niemand nach Ihnen gerufen, lieber Herr Jesus‹, würden sie sagen. Was für eine Musik sollten sie denn nach ihrer Genesung hören oder spielen wollen? Sie würden doch kaum Choräle blasen. Sie brächten es höchstens zu Fanfarenstößen und würden anfangen, Märsche zu schreiben. Aber damit wäre nicht viel gewonnen. Überhaupt, warum regst du dich auf? Erträgst du es nicht, wenn andere Menschen sich wohlfühlen?«

Arthur war einen Moment sprachlos. Dieser Gunther aber auch, was für ein kluger Kopf. Und so direkt! Ein guter Freund. »Dir gefällt die Musik, nicht wahr?«, fragte er vorsichtig.

»Ja, und ich bin nicht krank. Woher wollen wir überhaupt wissen, welche Musik Jesus mochte? Vielleicht hat er gerne getanzt?«

»Nein, ganz bestimmt nicht. Warum sollten die Evangelisten uns einen tanzenden Jesus verschwiegen haben?«

Da waren beide mit ihrem Latein oder Griechisch oder Hebräisch am Ende und konnten nur noch ihre Fantasie zu Hilfe nehmen. Weiter als bis zu den tanzenden Derwischen kamen sie nicht. Auch Gunther wagte zu bezweifeln, dass Jesus sich in Trance getanzt hatte. Das würde ja ein völlig neues Licht auf ihn werfen. Gab es damals so etwas überhaupt schon? Nein, davon war ihnen nichts bekannt. Jesus war ein wortgewaltiger Lehrer gewesen, der alle seine Sinne beisammenhielt, kein Ekstatiker, kein Schwärmer. Ende der Diskussion.

***

Wenn Arthur für sich sein wollte, fuhr er mit der S-Bahn ins Grüne (das bald winterlich weiß wurde), oder trödelte im Tiergarten herum. Erstaunt stellte er fest, was sich die Berliner alles für Winterfreuden einfallen ließen. Auf dem Müggelsee wurde nicht nur eisgesegelt, sondern es wurden auch ganz sonderbare Wettkämpfe zwischen Schlittschuhseglern und Eisradfahrern ausgetragen. Was für eine putzige Idee.

Arthur lieh sich hin und wieder einen Segelschlitten aus, kam auch in Fahrt, nur mit den müggelseeischen Windverhältnissen nicht klar. Der See war einfach zu klein. Wenn man gut vor dem Wind lag oder auch hart am Wind segelte, musste man schon wieder den Kurs ändern, weil entweder das Ufer auf einen zuschoss, der Wind drehte oder abflaute und man die schwere Kiste per Hand wieder auf Kurs bringen musste. Ein herrlich endloses oder endlos herrliches Dahingleiten wie auf dem Frischen oder Kurischen Haff war nicht möglich, was aber die eisbegeisterten Berliner nicht am fröhlichen Treiben hinderte. Sie fanden auch im Kleinen ihr Vergnügen. Arthur wollte das nicht bewerten, war er doch quasi auf der Durchreise und nicht Bewohner dieser Stadt. Schön war es. Die Geräusche ähnelten denen daheim, die Luft war scharf und die Sonne spiegelte sich auf dem blanken Eis. Und all die Berliner in ihrer ausgelassenen Fröhlichkeit waren mit einem Mal gar nicht mehr so unsympathisch, zumal sie es an Kameradschaft denen gegenüber, die sportliche oder andere Missgeschicke zu erleiden hatten, nicht fehlen ließen. Auch Arthur ließ sich gerne helfen, als plötzlich der Wind nachließ und er seinen Schlitten quer über den ganzen, plötzlich doch recht großen See zum »Hafen« schleppen musste.

Mit mindestens einem weiteren Bewohner Berlins wollte Arthur sich in nächster Zeit treffen – mit Bruno Doehring, dem Domprediger. Der Verwandtschaftsgrad? Onkel Max hatte Auguste, eine Schwester von Bruno, geheiratet. Also war Bruno der Schwippschwager von Karl und somit eine Art Schwipponkel von Arthur. Zunächst jedoch besuchte Arthur die Gottesdienste im Berliner Dom inkognito, jedenfalls seinem Schwonkel gegenüber, wie er Bruno Doehring insgeheim nannte. Im Dom hatte er auch als Domkandidat seine Verpflichtungen. Unter anderem die, sich dort regelmäßig sehen zu lassen.

## Der Berliner Dom

Geschmack hin oder her, der Berliner Dom war innen wie außen ein beeindruckendes Bauwerk und suchte in Deutschland seinesgleichen. Wobei er für diese Suche nicht viel Energie aufbrachte. Er war, was er war, und nicht, was er sein würde. Das konnten Gebäude nicht und das war auch gut so. Geschmack hin oder her, der Berliner Dom hatte beeindruckende Prediger. Geschmack hin oder her, der Berliner Dom hatte eine fulminante Orgel, die fast ausschließlich von Könnern bespielt wurde. Geschmack hin oder her, der Berliner Dom hatte einen profilierten und traditionsreichen Knabenchor. Das alles war so großartig, dass ein Gottesdienst, also ein Dienst am Gotte mindestens der Christenheit, schon allein dadurch stattfand, dass alle genannten Elemente gemeinsam in Erscheinung traten. Genau dafür war der Berliner Dom gebaut und eingerichtet worden. Natürlich sollte die Pracht auch den Menschen gefallen, das war ja wohl kein Widerspruch. Arthur hingegen war hin- und hergerissen, was einem andächtigen Gottesdiensterleben im Wege stand.

Andere taten sich nicht so schwer, sondern lebten ihre Vorlieben aus. So gab es Menschen, die alles auf einmal genossen und anschließend wahnsinnig erfüllt zu ihrem Sonntagsbraten eilen konnten. Auch diejenigen, deren Begeisterung sich besonders am Bauwerk entzündete, kamen uneingeschränkt auf ihre Kosten. Der Dom stand ihnen zur Verfügung, mit allem Pipapo. Vor dem Gottesdienst schritten sie ehrfürchtig auf ihn zu, stolz auf die stadtprägende Silhouette, die intelligente Gewichtsverteilung in Korrespondenz mit dem Stadtschloss, die verhinderte, dass das Gotteshaus in der Spree versank; stolz auf seine Portale, geschmückt mit vielfältigen Reliefs, die zum Berührpolieren einluden.

Waren die Menschen gar noch Glieder der Domgemeinde, meinten sie, ein Stückchen von jedem gehörte auch ihnen. Sie durchschritten den Eingangsbereich, nahmen wohlgefällig das ihnen höflich gereichte Gottesdienstprogramm entgegen und setzten sich auf ihre angestammten Plätze. Stoisch ertrugen sie die Winde, die unablässig durch die zahlreichen Schwingtüren fuhren und ihnen, hatten sie sich versehentlich nicht warm genug angezogen, kalte Füße, einen steifen Hals oder Schlimmeres bescherten. Sie nahmen in Kauf, dass womöglich gerade auf ihrem Platz der Chor wieder einmal schlecht, der Prediger mittelmäßig und nur die Orgel wirklich gut zu hören war. Sie freuten sich am Sonnenlicht, das kunstvoll umgeformt durch die Fenster fiel. Sie legten den Kopf in den Nacken - der Hals war noch nicht steif - und ließen sich vom hohen Kuppelraum in die andere Welt, selbstverständlich die göttliche, entführen. Vergoldete Dinge schimmerten in ihre Augenwinkel hinein und fügten zum göttlichen noch ein märchenhaft-reiches Element hinzu.

Die vielen Mitmenschen - etwa tausendsechshundert konnten sitzen, Stehplätze gab es fast ebenso viele - verstärkten all die eigenen Empfindungen und wurden zu Brüdern und Schwestern im Geiste. Der Dom war, wie gesagt, großartig, noch bevor dem lieben Gott aus eigener Kraft gedient werden musste. So konnten auch diese Besucher irgendwie allgemein gehobenen Sinnes und Körpers den Heimweg antreten. Der Dom schenkte ihnen zumindest einmal wöchentlich eine Größe, die zwar nicht über ihre eigentliche hinausragte, sich aber so anfühlte. Sie liebten es.

Arthur tat das nicht. Mit seinen 1,84 Metern ragte er auch in Berlin über eine Menge Köpfe hinaus. Das musste genügen. Prunk und Protz waren ihm zuwider, sie lenkten ihn ab, waren für eine protestantische Kirche untragbar. Die akustischen Unwägbarkeiten des großen Innenraumes taten das ihrige, ihm seine Andacht zu vermiesen. Dann konnte man auch gleich einen Gottesdienst unter freiem Himmel abhalten, fand er. Da zog es wenigstens nicht, sondern war höchstens windig.

Andere Gäste kamen, um die größte Orgel Deutschlands zu hören. Der Domorganist Walter Fischer war zu dieser Zeit leider schon schwer krank und verstarb noch 1931 in einem Harzer

Sanatorium. Doch andere, mehr oder minder namhafte Organisten vertraten ihn und versuchten sich an den Werken, die Fischers Standardrepertoire gewesen waren. Er hatte Johann Sebastian Bach und Max Reger als seine kompositorischen Leitsterne benannt. Und die Domorgel konnte, sofern die Organisten sie dazu brachten, wirklich alles. Hell und klar schallten die Bach'schen Präludien und Fugen von der Orgelempore, saft- und kraftvoll, einen manchmal fast erschlagend, kamen die Reger'schen Werke daher. Das Beste von allem, da aus beiden eins wurde, war die Reger'sche Fantasie und Fuge über den Namen B-A-C-H, Opus 46. Unsagbar schön, großartig, wahnsinnig schwer zu spielen und sowas von göttlich inspiriert. Und, das musste man Orgel und Orgelbauer lassen: Die Orgel füllte akustisch den Raum bis in die letzte Ritze. Ihr war der Dom weder zu groß noch zu klein. Die beiden passten zueinander und das Ergebnis dessen war, zu der Meinung kam eben diese Fangruppe, das Beste, was der Dom zu bieten hatte.

Arthur fand das auch, mochte aber weder die Musik Johann Sebastian Bachs (zu komplex) noch dic von Max Reger (zu komplex). Aber ja, die Orgel war ein Meisterwerk und der Gemeindegesang dazu nicht schlecht. Unzählige Leute waren gekommen, um Liturgie und Choräle in den Luftraum des Domes zu schmettern. Doch anders als im Freien entwickelte sich ein Klanggewaber, das mindestens sechs Sekunden lang nachhallend herummulmte. Ein verunklarendes Phänomen, dem babylonischen Sprachgewirr verwandt. Die Orgel allein sorgte dafür, dass die akustische Orientierung nicht verloren ging, indem sie durch ständiges Impulsgeben die im Raum verirrten schwächelnden Klänge durch neue übertönte.

Eine andere Untergruppe von Dombesuchern kam wegen des Staats- und Domchores. Zum Beispiel die Verwandten der

Knäblein, Knaben, Jünglinge und Männer, die dort mitsangen. Da kamen einige hundert Fans zusammen. Hochbegabte Künstler und Komponisten hatten diesen Chor geformt, einer wie Felix Mendelssohn Bartholdy zum Beispiel. Entsprechend vielfältig war das Repertoire, entsprechend hoch die Qualität des Gesangs.

Arthur nahm das anders wahr. Der Chorklang schien ihm zu hart. Wobei er sich nicht sicher war, ob er einfach nur ein anderes Klangideal hatte, oder ob die Töne tatsächlich so scharf in seine Ohren schossen. Manche der romantischen Stücke gefielen ihm, die zeitgenössischen, ob kitschig oder herb, nicht. Er erkannte zwar an, dass sich einige weg vom Schwülstigen wieder zum Leichten und Singbaren hin orientierten – das alte Vorbild Heinrich Schütz wurde hervorgekramt –, doch die Sprödigkeit der Moderne wollte nicht in sein Ohr. Sie tat ihm weh, war ihm lästig, schien ihm profilierungssüchtig. Dann sollten sie lieber wieder Heinrich Schütz singen und sich nicht an einem Aufguss desselben versuchen. Jeder Komponist musste seinen eigenen Stil entwickeln und mit ihm die Hörgewohnheiten der Zeitgenossen herausfordern. Manche Komponisten wurden erst nach ihrem Ableben von der Hörerschaft »entdeckt«. Arthur war nicht in Entdeckerlaune. Er klappte seine Ohren zu und ersehnte den nächsten, ganz normalen protestantischen Choral.

Den größten Zulauf bekamen die Gottesdienste in der Regel von den Fans des Dompredigers Bruno Doehring. Seine Predigten waren legendär. Das heißt, auf alle Fälle war sein Predigen legendär. Gespannt wartete Arthur, was da kommen mochte. Karl Barth hatte Doehring früher einmal einen »elenden Windbeutel und theologischen Hanswurst« genannt. Arthur versuchte, seinem Schwonkel vorurteilsfrei zu begegnen.

Zunächst wollte er einer Predigt lauschen, um Doehring dann, hoffentlich angefüllt mit Begeisterung, seine Aufwartung zu machen.

Die Predigt war ein Naturereignis erster Güte, aber kein lauschiges. Donnergetöse wechselte mit leiseren, jedoch nicht minder intensiven Tönen. Die Wortwahl war ausgefeilt, mal volkstümlich-unverblümt, mal triefend von Pathetik. Formulierungen wie »du stutzt, lieber Freund«, ließen Arthur aufhorchen, brachten ihm aber leider das vorhergehende oder nachfolgende Wort nicht näher. Er kam aus dem Stutzen gar nicht mehr heraus. Seine Ohren wurden so reizüberflutet, dass sein Verstand Mühe hatte, Inhaltliches herauszufiltern. Es war ihm zu viel. Viel zu viel. So zu viel, dass letztlich nur Akustisches bei ihm ankam. Es zischte, zwitscherte, dröhnte, dräute, säuselte, barmte, zürnte und brüllte nur so von der Kanzel, dass Arthur meinte, eher im Tierpark zu sitzen als in einer evangelischen Kirche.

Kurzum, als Arthur den Dom nach dem Gottesdienst verließ, hatte er das Gefühl, einen erheblichen Anteil seiner Zellen als Relief an der Wand gelassen zu haben, ähnlich wie einst von Max Reger in einem anderen Zusammenhang gefordert. (Reger hatte dem Dirigenten zur Uraufführung seines 100. Psalms geschrieben: »Die Zuhörer müssen wie ein Relief an der Wand kleben. Ich will, dass der Psalm eine niederschmetternde Wirkung bekommt!«). Genau das schien auch Bruno Doehring von seinen Hörern zu erwarten.

## Arthur trifft Bruno

»Was für ein Getöse!«, äußerte Arthur nach der Hörpremiere zu Gunther. Sie lehnten am Geländer der Spreebrücke neben dem Dom und schauten auf die zahlreichen Wasservögel, die um sie herum auf Nahrungs- oder Partnersuche waren.

»Das ist der beste deutsche Prediger derzeit«, widersprach ihm Gunther milde. »Er formuliert schlicht, aber gerade deshalb brillant. Und seine nationalen Gedanken, christlich-sittlich gedacht und ausgesprochen, gefallen mir. Jede Predigt von ihm wühlt auf, ich bin hinterher ganz erfüllt, fast wie nach einer Wiederbelebung. Und das geht wohl nicht nur mir so. Guck dir doch die Tausendschaften an, die da aus dem Dom wanken. Sie sind noch ganz benommen.«

»Was denn nun, benommen oder wiederbelebt?« Arthur war auch belebt, allerdings auf zornige Art.

»Du ewiger Sprachpedant! Gib es zu, Doehring hat Talent.«

»Ja. Dramatisches Talent und eine sehr gute Artikulation«, bestätigte Arthur. »Aber er gehört ins Theater, nicht auf die Kanzel. Auf der Bühne darf er nach Herzenslust flöten, säuseln oder donnern.«

»Also weißt du! Jetzt übertreibst du wieder. Es wäre schade, wenn die Kirche ihn ans Theater verlieren würde«, meinte Gunther. »Unsere Aufgabe wird es künftig sein, die Hörer anzurühren und die Botschaft des Evangeliums so zu verkünden, dass sie wach und tätig werden und nicht vor Langeweile einschlafen. Doehring macht das meisterhaft und ist authentisch. Er meint, was er sagt. Und er ist der Schrift verpflichtet. Ein unbedingtes Vorbild.«

»Du liebe Zeit, du schwärmst ja richtig! Mein Vorbild ist er nicht«, beschied Arthur. »Meines ist Bultmann, das weißt du.

Und auch wenn ich vor Karl Barth nicht auf die Knie fallen würde – selbst dieser ist der Meinung, dass bei Doehring etwas zu viel Euphorie im Spiel ist. Gut, er ist kaisertreu, das macht ihn wieder sympathisch und würde meinem Vater gefallen. Und du hast recht, es klingt nach echter Leidenschaft, und so, als würde er glauben, was er sagt. Aber das macht es nicht besser. Vieles ist völlig untheologisch, merkst du das nicht? Wozu hat er studiert? Um jetzt frei von der Leber weg über das zu reden, was ihm im Hier und Heute vor die Füße fällt? Also wirklich heute, sozusagen direkt, bevor er die Kirche betritt? Für dich und mich gibt er diese Aufführung, er geht auf seine Zuhörer ein, das glaube ich gerne, aber eine Predigt ist das nicht. Außerdem pauschalisiert er ständig, vereinnahmt, ohne zu reflektieren oder mindestens zu relativieren. Das gefällt dir? Den zweiten Luther zu geben, das kann er lange versuchen. Dazu müsste er ganz anders reden. Nicht pathetisch, sondern wahrhaftig. Doehring wird volkstümlich genannt, ich denke, dass er volkstümelt. Luther hat sich nie angebiedert. Dass er dem Volk aufs Maul geschaut hat, sollte ihm helfen, sich allgemeinverständlich auszudrücken und nicht, so zu reden, dass es dem Volk gefiele.«

Gunther sah Arthur besorgt an. »Du ärgerst dich. Das musst du nicht. Mir geht es nicht um seine Theologie. Das können wir später gerne anders machen. Mir geht es um seine Rhetorik. Da können wir viel lernen, meinst du nicht?«

»Dass er ein guter Rhetoriker ist, will ich gar nicht abstreiten. Doch vor lauter Effekthascherei benimmt er sich, als hätte es die theologische Aufklärung nicht gegeben. Von der Form her spricht er, als würde die göttliche Weisheit direkt ihren Geist in seinen Kehlkopf träufeln. Ich mag das nicht hören, es stößt mich ab. Ich bin enttäuscht.«

»Mit deiner Meinung stehst du aber ziemlich alleine da. Du bist doch nur neidisch, weil du weißt, dass du es niemals so weit bringen wirst.«

»Woher willst du das denn wissen?«, fragte Arthur erstaunt. Solche Töne hätte er von Gunther nicht erwartet. Arthur wusste, dass er nie Prediger am Berliner Dom werden würde, es lag ihm gar zu fern. Doch sein Freund konnte das nicht wissen, darüber hatten sie nie gesprochen. Warum sprach er ihm ab, es einmal weit zu bringen?

Eine Möwe schoss auf Arthur zu, als wollte sie ihn aufspießen. Er duckte sich gerade noch rechtzeitig, so dass sie knapp an seinem Kopf vorbeizischte. Was für ein aufdringlicher Flugverkehr in Berlins Mitte.

»Wieso denkst du, dass ich neidisch bin?«, fragte Arthur nach einer Weile, in der beide nur auf das Wasser der Spree geschaut hatten.

»Weil du so zornig bist. Deshalb wirst du es niemals bis auf die Domkanzel schaffen. Und darüber bist du dann gleich noch zorniger. Die Trauben hängen zu hoch für dich, mein Lieber, das ärgert dich.«

Arthur staunte nicht schlecht über die Gedankengänge seines Gegenübers. »Das ist reine Spekulation. Du bist doch nicht Sigmund Freud. Zornig klang übrigens auch, was Doehring von sich gab.«

»Ja, aber er war nicht zornig. Er beherrscht sich und seine Ausdrucksmöglichkeiten. Er ist souverän. Das bist du nicht.«

»Nein«, gab Arthur zu. »Souverän bin ich nicht und werde ich nie sein, kann es nicht und will es nicht. Denn außer Gott gibt es keinen Souverän!«

Darauf gab es wohl nichts mehr zu sagen. Arthur blieb abflauend zornig und gänzlich unsouverän auf der Brücke zurück, während Gunther sich freundlich winkend entfernte. Arthurs Neigung, seinen berühmten Verwandten zu besuchen, war unterdessen gegen Null geschrumpft.

Er würde brieflich bei seinem Vater nachfragen, ob Doehring und der Vater diesen Besuch wirklich von ihm erwarteten. Der Vater antwortete postwendend und eindeutig. Ja, es sei verabredet, dass Arthur sich bei Bruno melden solle. Das möge er nun bitte tun, möglichst, bevor sein Aufenthalt in Berlin vorbei sei.

Ironisch wurde Karl immer nur, wenn er eine klare Aussage etwas abmildern wollte. Gehorsam befolgte Arthur die Anweisung und ersuchte Bruno Doehring um einen Termin. Wohl war ihm nicht dabei. Sie trafen sich zu einem Spaziergang im Lustgarten. Es wurde ein wunderschöner Nachmittag, an dem Bruno Arthur total um den Finger wickelte. Doehrings ostpreußischer Humor brach sich an allen Ecken und Enden Bahn, sogar ihrem gemeinsamen Dialekt ließ er unerwartet freien Lauf, so dass Arthur von einem Erstaunen ins andere fiel. Sie unterhielten sich über dies und das, waren sich trotz des großen Altersunterschiedes von fast dreißig Jahren in vielem einig, witzelten über die Berliner, über die so genannte Hochkultur der Theater- und Opernhäuser (von der Arthur allerdings noch immer herzlich wenig verstand) und besprachen Heimat- und Verwandtschaftliches. Auch die arme Agathe wurde am Rande erwähnt, hatte doch Doehring einen Brief von ihr erhalten. Über seine Schwester mochte Arthur allerdings nicht weiter reden. Er hatte nur eine diffuse Vorstellung davon, was mit ihr geschehen war, seit er sie vor sieben oder acht Jahren in Berlin besucht hatte. Schnell wechselten sie das Thema, denn es war viel netter, über Arthurs Cousine Marie in Marienau (die mit dem Ei vom Himmel, Brunos Nichte), über Essen und Trinken in Ostpreußen und andere angenehme Dinge zu plaudern. Über Politik, Theologie, Gottesdienste, Kirchen und Kirchliches sprachen sie nicht. Es schien fast so, als wollte Doehring einmal Urlaub von all dem nehmen. An diesem Nachmittag war er einfach nur ein freundlicher Zeitgenosse für seinen Großneffen oder Kleincousin aus Königsberg. Sie verabredeten sich, bald wieder einmal zusammenzukommen.

Als Doehring schon im Gehen begriffen war, schaute er noch einmal zurück. »Ach, Arthur, das wollte ich dich noch fragen. Hast du eigentlich vor, deine Schwester zu besuchen? Sie ist ja seit einiger Zeit wieder in Berlin.«

Arthur fiel aus allen Wolken. Das letzte Mal, als er von Agathe gehört hatte, war sie irgendwo im Hollsteinischen gewesen. Warum hatte sein Vater ihm nichts gesagt?

»Wo ist sie denn?«

»Sie befindet sich in der Heil- und Pflegeanstalt Buch. Ich weiß das, weil die Verantwortlichen mich gefragt haben, ob ich die Vormundschaft übernehmen würde. Das habe ich abgelehnt. Ich wäre diesem Amt bei all meinen beruflichen und sonstigen Verpflichtungen nicht gewachsen. Das muss jemand übernehmen, der das leisten kann.«

Ja, wenn das so war. Bei der großen Herde schneeweißer Schafe, die Doehring unter seiner Kanzel versammelte, würde ein schwarzes Schaf ziemlich auffallen. Vor allem eines, was, wenn auch entfernt, mit ihm verwandt war. Vielleicht blökte es immer dazwischen, mitten in das andächtige Schweigen seiner Artgenossen hinein. So dachte Arthur und war am Ende des Gespräches wieder von seinem Schwonkel enttäuscht. War nicht der Hirte für jedes einzelne Schaf verantwortlich? Stand nicht in der Bibel: »Wenn ein Mensch hundert Schafe hätte und eins unter ihnen sich verirrte, lässt er nicht die neunundneunzig auf den Bergen, geht hin und sucht das verirrte? ... So ist's auch nicht der Wille bei eurem Vater im Himmel, dass auch nur eines von diesen Kleinen verloren werde.« Hatte er, Arthur, etwas am Pfarrerberuf falsch verstanden? Oder war er seinem Schwonkel gegenüber ungerecht? Der hatte ja wirklich viel um die Ohren. Doch warum hatte ihm der Vater nichts von alledem erzählt? Selbstverständlich würde er Agathe besuchen. Seine Schwester war in Berlin! War das nicht eine gute Nachricht? Dennoch musste der Besuch sorgfältig vorbereitet werden. Zunächst jedoch hatte Arthur mit seiner Ausbildung zu tun. Zu Agathe würde er im kommenden Jahr fahren.

## Das Domkandidatenstift

Für das Domkandidatenstift, in dem Arthur vergönnt war, sich final auf seinen pfarrherrlichen Berufsstand vorzubereiten, war in der Oranienburger Straße ein imposantes, wenn auch etwas fabrikähnliches Gebäude errichtet worden. Die Idee war, den Studierenden dort noch ein Extrasemester zu bescheren, in dem sie lernen sollten, Theorie und Praxis ihres künftigen Berufes in Übereinstimmung zu bringen. Das hatte sich ein Friedrich Wilhelm ausgedacht, und der nächste Friedrich Wilhelm, der IV., setzte die Idee um. Anno 1854 konnte das Stift eröffnet werden. Was aber lernte Arthur nun genau an diesem Domkandidatenstift?

Ach, wirklich allerhand, denn der Ephorus des Stiftes, Georg Burghart, gab seinen Studenten unentwegt Sinnvolles zu tun und zu lernen auf. Seine Predigten fand Arthur übrigens viel besser als die Doehrings. Sie kamen bescheidener, dennoch substanzieller daher und waren nicht ganz so seelenvoll im Vortrag, Gott sei Dank.

Burghart war ein rechter Praktiker, der seine Schutzbefohlenen gründlich auf die anstehenden Aufgaben vorbereiten wollte. So ließ er sie im Kirchenrecht, in der Jugend- und Wohlfahrtsgesetzgebung, gar in Psychologie bis hin zu den Grenzen der Psychiatrie unterrichten. Das alles vollzog sich auf der Basis gemeinschaftlicher Zusammenarbeit. Ständig besprachen alle alles mit allen. Arthurs und der anderen Referate über dieses und jenes, ihre Predigtversuche - alles wurde von allen gleichermaßen beobachtet, auf- und abgewertet, ganz nach Sympathievergabe oder Kritikwilligkeit der Kandidaten. Auf die »Angeklagten« wurde in der Regel wenig Rücksicht genommen. Diese rächten sich dann nach entsprechendem Rollentausch zum nächstbesten Zeitpunkt.

Bei juristischen Fragen hakte Arthurs Gehirn manchmal aus, weil viele Formulierungen so abstrakt waren. Manche Paragrafen betrafen jedoch seine zukünftige Arbeit ganz direkt. Einer davon war der so genannte »Kanzelparagraf«, der im Jahre 1871 auf Bismarcks Betreiben hin in das Strafgesetzbuch eingefügt worden war. Der Reichskanzler zeigte sich ziemlich genervt von den Geistlichen, die von der Kanzel aus seine oder anderer bedeutsamer Leute Politik kommentierten oder gar kritisierten. Deshalb ließ er in den Text hineinformulieren: »Ein Geistlicher oder anderer Religionsdiener, welcher in Ausübung oder in Veranlassung der Ausübung seines Berufes öffentlich vor einer Menschenmenge; oder welcher in einer Kirche oder an einem anderen zu religiösen Versammlungen bestimmten Orte vor Mehreren Angelegenheiten des Staates in einer den öffentlichen Frieden gefährdenden Weise zum Gegenstande einer Verkündigung oder Erörterung macht, wird mit Gefängnis oder Festungshaft bis zu zwei Jahren bestraft.«

Arthur war baff. Dann hätte Jesus ja auch Festungshaft bekommen. Ach, richtig, Jesus war viel schlimmer bestraft worden, nämlich mit dem Tod. Doch Arthur lebte im zwanzigsten Jahrhundert - seit dem Erlass des Paragrafen waren fünfzig Jahre vergangen. Er zumindest hatte sein zukünftiges Amt bisher so verstanden, dass er sehr wohl als Korrektiv des weltlichen Geschehens von der Kanzel her einzugreifen hätte, wenn er es für notwendig erachtete. Natürlich durfte er damit nicht den öffentlichen Frieden gefährden, zum Beispiel eine Revolution anzetteln. Doch Kritik am Staat sollte erlaubt sein, oder? Unter seinen Studienfreunden jedenfalls war es verpönt, unpolitisch zu sein. Was denn nun? Sollte ein Pfarrer sich politisch bilden, sein Wissen aber für sich behalten? Nein, nicht sein Wissen, sondern seine Ansichten. Diese und andere Fragen diskutierten die Domkandidaten. Seit die Weimarer Republik ausgerufen worden war, lag viel mehr Politik in der Luft als zu Kaisers Zeiten. Das konnte man doch auf der Kanzel nicht ignorieren. Was sollten das denn für blutleere Predigten werden!

Eine Art Missregelung erregte ebenfalls Arthurs Interesse. So erfuhren er und seine Mitkandidaten zu ihrem Erstaunen, dass gerade eben, also im Jahre 1931, eine noch neue Bestimmung der Weimarer Republik wieder rückgängig gemacht worden war, die besagt hatte, dass kirchliche Gesetze vor ihrer Verkündigung dem zuständigen Minister zur Kenntnisnahme vorgelegt werden müssten. Was hatte das zu bedeuten? Zum einen das Gesetz selbst, zum anderen dessen Rücknahme? Sollten die zukünftigen Pastoren sich ernsthaft bemühen, in das unübersichtliche Bestimmungsgeflecht zwischen Staat und Kirche einzudringen? Es war schwierig genug, dass es überhaupt eine mehrfache Gesetzgebung in einem Land gab. Wenn dann noch die katholische Kirche das Ihre dazu tat, wer sollte da den

Überblick behalten? Da war es doch eigentlich richtig gewesen, die kirchliche Gesetzgebung vom Staat wenigstens gegenlesen zu lassen.

Arthur war froh, dass er nicht ein Jurastudium begonnen hatte. Und nun kam dazu noch die Psychologie. Sie war ihm mehr als fremd. Er hatte dieses Wissensgebiet (handelte es sich hier überhaupt um Wissen?), das ja gewissermaßen der Seelsorge Konkurrenz machte, bisher nicht ernst genommen und brachte auch kein Talent dafür mit. Dennoch war er dankbar für die Horizonterweiterung, die sich, soviel sah er ein, durchaus dem Nützlichen zuordnen ließ.

Dankbar war er auch für die Unterweisung in praktischen Dingen. So bezog der Ephorus seine Kandidaten in das alltägliche Geschehen rund um das Stift ein. Was für Bau- und Erweiterungsarbeiten standen an? War es wirklich sinnvoll, die dreißig Kachelöfen gegen eine Zentralheizung auszutauschen? Natürlich sparte man so den hauptamtlichen Heizer ein. Aber Kachelöfen bescherten eine ganz andere Art von Wärme, und der Heizer war ein zuverlässiger Kerl. Solche Dinge wurden mit den Kandidaten besprochen, um ihr Verständnis für reale Aufgaben, die später sicherlich an sie herangetragen würden, zu wecken.

Was Arthur regelrecht begeisterte, was ihm entgegenkam und sein besonderes Talent stärkte: Er erhielt Sprechunterricht. Ein paar Tipps hatte ihm vor langer, langer Zeit bereits Agathe mit auf die Trittleiter gegeben. Aber jetzt, jetzt wurde es ganzkörperlich.

»Happ, Hepp, Hipp, Hopp, Hupp! Bewegen Sie ihr Zwerchfell, Herr Kandidat. Sie müssen den Atem werfen!«

Die klitzekleine Frau, die hier das Kommando hatte (Arthur pflegte zu sagen, sie sei nicht größer als ein Stuhl), ließ nicht locker. »Gerade stehen! Bei jeder Atemübung mit der Ausatmung beginnen. Sehen Sie mich an! Sie reden nicht mit dem lieben Gott, sondern mit mir!« Fräulein Adele Landshoff richtete sich zu ihrer vollen Größe auf, das hieß, zu ihren vollen ein Meter achtundvierzig. Nein, sie sei nicht mit Susanna Landshoff verwandt, teilte sie unermüdlich allen Nachfragenden mit. Arthur gehörte nicht zu den Fragestellern; er kannte weder Namen noch Personen aus Schauspielerkreisen.

»Jetzt rufen Sie bitte laut ›Hallo!‹!«

»Hallo!«

»Ich sagte laut!«

»Hallo!«

Fräulein Landshoff schritt zur Tat. »Bitte noch einmal!« Während Arthur erneut zu rufen versuchte, griff ihm das Fräulein mit beiden Händen unvermutet fest in die Seiten.

»Huch!«, schrie Arthur auf. Fast wäre seine Stimme gekippt.

»Genau. Das habe ich gemeint. Ihr ganzer Körper muss rufen. Aber natürlich nicht mit Ihrer Kinderstimme. Tief bleiben! So tief es geht, so kräftig es geht. Mund auf, Nase auf! Stellen Sie sich vor, Ihr Publikum wäre einige hundert Meter von Ihnen entfernt. Sie müssen sie erreichen! Und das nicht nur einmal, sondern eine halbe Stunde lang.«

Mund auf, Nase auf, Arthur rief, was das Zeug hielt. Erst, als er im Sinne von Fräulein Landshoff rufen konnte, erlaubte sie ihm, in der Lautstärke zurückzugehen. Die Nase durfte dabei nicht näseln, also irgendwie künstlich irgendwo hinten verschlossen werden. Hach, er kannte einige, die gut näseln konnten. Die würden sich noch wundern!

Mit einem ordentlich vom Zwerchfell angetriebenen gegenseitigen »Bäh!« wurde die Stunde beendet. Fräulein Landshoff lächelte in sich hinein. Dieser ostpreußische Kandidat, der hatte es drauf. Der hätte auch Kapitän werden können.

Wenn sie wüsste!

Zu sprecherzieherischen Übungszwecken durfte Arthur einmal auf die Kanzel des Berliner Domes steigen. Inzwischen experimentierte man mit Mikrofonen und Lautsprechern, allerdings noch wenig Erfolg versprechend. Das beste Rezept, der schwierigen Akustik in Kirchen gerecht zu werden, war immer noch, langsam, kraftvoll, laut - nicht schreiend - und deutlich zu sprechen. Die Kanzel des Domes war an die für sprecherische Zwecke günstigste Stelle und hoch genug gebaut - man musste viele Stufen erklimmen -, so dass es keine unlösbare Aufgabe war. Die Kanzelübung ergab sich im Advent. Arthur hatte die Weihnachtsgeschichte vorzutragen, so, wie sie zuvor noch nie vernommen worden war und landauf, landab ohnegleichen bleiben würde. Ja, tatsächlich, das war der Anspruch von Fräulein Landshoff und auch sein eigener. Davor schön mit den Lippen flattern oder blubbern, danach ein sonores ba be bi bo bu produzieren (natürlich in der Sakristei, nicht auf der Kanzel), und los ging es.

Arthur gab sein Bestes und siehe, es war gut genug. Sogar sehr gut, wurde ihm bescheinigt. Gebannt lauschte er dem Klang der eigenen Stimme. Er konnte es! Und nun noch vom Altar aus das liturgische Singen zelebrieren. Auch das ging gut vonstatten. Andere hingegen hatten große Mühe, den Raum zu füllen.

Ja, es war gut, dass er nach Berlin gekommen war.

Als er gerade begann, sich etwas auf sein Können einzubilden - er hatte tatsächlich nicht nur die Lesung gut hinter sich gebracht, sondern gerade eine Art Predigt gehalten - sprach ihn der Konviktsleiter an.

»Warum wollen Sie Pfarrer werden, lieber Arthur? Sie wollen doch Pfarrer werden, nicht wahr?«

Arthur versuchte sich im Rückwärtsgehen, um die rettende Sakristei zu erreichen. Was für eine Frage! Der Ephorus machte ihn ganz nervös. Arthurs Hände begannen, an seinen Anzugknöpfen hinauf- und hinabzugleiten.

»Also, ich will Gott auf der Spur bleiben, ja, das will ich irgendwie.«

»Und dazu müssen Sie Pfarrer werden, also irgendwie?«

»Vielleicht können Sie mich das später noch einmal fragen? Bitte lassen Sie mir ein wenig Zeit für die Antwort. Hat Ihnen meine Predigt denn gar nicht gefallen?«

»Es geht hier nicht um das Gefallen. Ja, ich frage Sie später noch einmal. Und dann erwarte ich eine Antwort, ohne irgendwie und also.«

Einige Tage gingen ins Land, so dass Arthur schon hoffte, dass der Ephorus seine Frage vergessen hätte. Was sollte er auch antworten? Er liebte die biblischen Texte, er hielt sich gerne in Kirchen auf, er glaubte, also irgendwie, an Gott, er stellte es sich schön vor, Pfarrer zu sein, er wollte ein guter Hirte für seine Gemeindeschäfchen werden.

* * *

Aus gruppendynamischen Gründen und zur Steigerung der geistlichen Sammlung war es am Domkandidatenstift üblich, die erste Semesterhälfte mit einer Abendmahlsrüste zu beschließen, also einem gemeinsamen Wochenende, an dessen Ende das gemeinschaftliche Einnehmen des heiligen Abendmahls stand.

Das war nun bei diesem Kandidatendurchgang so eine Sache. Nicht nur Arthur hatte Grund zum Nachdenken. Auch der Konviktsvater sorgte sich, ob er diesem unreifen Studentenhaufen guten Gewissens das heilige Mahl überhaupt darreichen dürfe, ohne sich vor Gott und an ihnen schuldig zu machen. Zu sehr waren die jungen Herren dem städtischen Leben der Hauptstadt erlegen; das Streben nach innerer Reife und die Vorbereitung auf ihr künftiges Amt war ihnen, so schien ihm, fast zur Nebensache geworden.

Es gab für die Studenten keinerlei Nötigung zur Teilnahme am Abendmahl. Aber eine Flucht vor der heiligen Handlung sollte es auch nicht geben. Wies nicht ein Ausweichen direkt auf eine verfehlte Berufswahl hin?

Als das Ende der Rüstzeit nahte und damit das Abendmahl, trat Arthur als einer der letzten in die Kirche und setzte sich auf die hinterste Bank. Warum, um Gottes Willen, wollte er Pfarrer werden?

Und dann geschah es. Ein Wort traf ihn mitten ins Herz und beantwortete alle Fragen, die ihm gestellt werden würden oder die er sich stellen würde. Es war der Lobgesang der Maria: »Meine Seele erhebt den Herrn und mein Geist freuet sich Gottes meines Heilandes.« Oder, auf lateinisch und gesungen besonders schön: »Magnificat anima mea Dominum.«

Alles war nun ganz einfach. Die Freude war da und sie würde bleiben, allezeit. Davon war Arthur überzeugt. Als dann der Ephorus tatsächlich noch einmal die Frage stellte, streng, Aug in Auge, bekam er seine Antwort ohne jegliches Zögern und sie genügte ihm: »Wegen der Freude. Meine Seele soll und möchte sich erheben und mein Geist sich freuen an Gott.«

Jawohl, Arthur hatte ein religiöses Erlebnis gehabt, eines von der Art, bei dem sich ein Mensch mit allem verbindet, was im Himmel und auf Erden ist. Mit seinem Ephorus, mit seinen Studienfreunden, mit der Stiftskirche, mit Wolken, Luft und Himmel, mit Maria, mit Jesus, mit Gott. Später, gegen Abend, fragte er sich, ob er von nun an zu den ganz Frommen gehören würde. Aber so fühlte es sich nicht an.

Längst war es draußen dunkel geworden, doch die Studenten wollten noch nicht auf ihre Zimmer gehen. Der Ephorus riet ihnen zu einem stillen Rundgang durch unbelebte Nebenstraßen. Arthur übernahm die Führung. Es trieb ihn und er trieb sie, nicht etwa zur Eile - wozu denn - aber in eine bestimmte Richtung. So ganz war er in diesen Straßen noch immer nicht zu Hause, auch machten Schneereste und Wasserpfützen, hingeworfene Abfälle und herumfliegendes Papier den Gang nicht gerade zu einem Vergnügen. Aber offenbar hatte er ein Ziel. Unvermittelt erreichten sie die Spree. Arthur wandte sich nach links, obwohl die Freunde genau in die andere Richtung strebten. Am Fluss war die Beleuchtung durch die wenigen Gaslaternen ziemlich jämmerlich, auf der gegenüberliegenden Flussseite nicht besser. Gut, dass es ein Geländer gab. Es musste ein Wehr in der Nähe sein, weil das Wasser zunehmend zu strudeln begann. Das Rauschen und Tosen nahm zu.

Auf dem Geländer saß einer und starrte in den Strudel. Instinktiv erkannte Arthur, was hier vor sich ging, sprang auf den Mann zu und riss ihn herunter.

»Ist ja alles vergeblich«, sagte der Mann, als er auf das Pflaster taumelte und aufgehoben wurde. Aber das glaubten Arthur und die anderen nach der heutigen Abendmahlsfeier besser zu wissen. Nachdem sie dem Mann, einem Arbeitslosen, in einer Kneipe ein Eisbein spendiert hatten, schafften sie ihn nach Hause. Der Empfang war wie befürchtet. Auch sie wurden von der besseren Hälfte als Trunkenbolde beschimpft. Aber das Schimpfen verteilte sich nun auf alle Bolde, so dass der Hauptschuldige nicht so viel abbekam. Doch es dauerte eine Weile an. Als endlich Ruhe eingekehrt war, schütteten sie die Bestände ihrer Geldbörsen zusammen, um den Leuten die nächsten Tage zu erleichtern. Und weil ihnen das Ergebnis zu mager erschien, kamen sie im Laufe der nächsten Tage noch ein paarmal wieder. Arthur gab sogar das für die Heimfahrt Angesparte dahin. Sein Erlebnis, das ihn mit allem und allen verbunden hatte, lebte offensichtlich noch in ihm fort.

Arthur würde Weihnachten in Berlin verbringen müssen. Aber das machte ihm überhaupt nichts aus. Was für eine großartige Stadt! Trotz und wegen der Elenden, die wie er in der Gegenwart zu leben hatten und nicht in der zukünftigen Welt. Arthur wusste nun ganz genau, warum er hierhergekommen war.

## Arthur und Agathe

Zu Beginn des neuen Jahres begann Arthur, sich auf die Begegnung mit seiner Schwester vorzubereiten. Zunächst unterrichtete er seinen Vater von seinem Vorhaben und bat ihn, ihm alles Wissenswerte über Agathes Befinden mitzuteilen. Wie zu erwarten, ließ Karl es an Offenheit fehlen und erzählte ihm nur bruchstückhaft, wie es Agathe in letzter Zeit ergangen war und welche Ereignisse zu ihrer Einweisung in die Anstalt und letztlich auch zu ihrer Entmündigung geführt hatten. Als nächstes konsultierte Arthur im Vertrauen seinen Psychologiedozenten und erzählte ihm von seiner Schwester, was er wusste. Aus der vom Vater benannten Diagnose »Querulantin mit wahnhaften Anteilen« schloss sein Lehrer, dass sie an Wahnvorstellungen oder manisch-depressivem Irresein leiden würde. Er fragte, ob jemand aus der Familie ein ähnliches Leiden entwickelt habe. Davon war Arthur nichts bekannt. Ob Agathe Schweres erlebt hätte? Das konnte Arthur nicht ausschließen. Er erzählte ihm das wenige von den Berliner Geschehnissen um Agathe, das ihm sein Vater anvertraut hatte.

Der Dozent nickte. Er konnte sich nun schon ein Bild machen. »Wenn sie Querulantin ist, werden Sie es schwer haben, Preuß. Querulanten haben häufig ein starkes Gerechtigkeitsgefühl und oft hat man sie tatsächlich einmal ungerecht behandelt. Daraus kann sich ein verhängnisvoller Kreislauf entwickeln, aus dem die Patienten keinen Ausweg finden, weil, wie wir Menschen nun einmal sind, es nicht auszuschließen ist, dass ihnen erneut Unrecht geschieht. Und weil sie deshalb oft nicht einmal mehr ihrem Therapeuten - so sie denn einen haben - trauen. Schon für weniger empfindliche Menschen ist es nicht leicht, einen Streit konstruktiv beizulegen. Manche angeblich normalen Menschen sind ein Leben lang nicht in der Lage, sich mit bestimmten Dingen oder Menschen auszusöhnen. Wenn sie Glück haben, schaffen sie es auf dem Totenbette. Ja, wahrscheinlich werden Sie es schwer haben. Vergessen Sie dabei nicht: Bei ihrer Schwester wird es um Leben und Tod gehen, nicht um einen Spaziergang durch ein Sanatorium. Wappnen Sie sich! Erwarten Sie nichts Positives und lassen Sie sich nicht provozieren, bleiben Sie ruhig. Und überlegen Sie sich gut, warum Sie sie überhaupt besuchen wollen.«

Arthur dankte für den Rat, doch ihm sank der Mut. War es richtig, seine Schwester zu besuchen? Was konnte er ihr schon bieten? Wollte er ihr einen Gefallen tun oder nur etwas beweisen, den fürsorglichen Bruder geben? Nein, er wollte einfach nur seine Schwester wiedersehen. Und so traf er die Entscheidung.

Am Montag, dem 1. Februar 1932, an Agathes dreiundvierzigstem Geburtstag, war es so weit. Um die Mittagszeit machte

Arthur sich auf den Weg nach Berlin-Buch. Der Winter hatte viel Schnee in die Berliner Randbezirke gebracht. Die Kiefern mit ihren Schneehäubchen ähnelten den masurischen auf schwesterliche Weise, doch das nahm Arthur nicht wahr. Er hatte die Nacht zuvor schlecht geschlafen, am Morgen fast nichts gegessen und schwitzte so stark an den Händen, wie seit seiner Pubertät nicht mehr. Am liebsten hätte er die Notbremse gezogen, falls es so ein Ding in einer S-Bahn überhaupt gab.

»Herr Schaffner, bitte lassen Sie mich aussteigen. Ich bin in der falschen Richtung unterwegs!« Natürlich sagte er nichts dergleichen. »Reiß dich zusammen, Preuß«, zischte er durch die Zähne. »Reiß dich zusammen! Schließlich bist nicht du es, der in einem Irrenhaus leben muss.«

Zum Glück war die S-Bahn ziemlich leer und er hatte ein Abteil für sich. Ein Gegenüber hätte wahrscheinlich gedacht, der junge Mann sei ein Irrer auf der Rückkehr in die Anstalt.

Bei Agathe war er angemeldet. Sie erwartete ihn. Dass sie sich auf ihn freute, davon war nicht die Rede gewesen. Er hatte die Telefondame gefragt, wie es seiner Schwester ginge und was er ihr mitbringen könne. Und ob er Agathe fotografieren dürfe.

»Obst«, hatte sie gesagt. »Bringen Sie Obst mit. Es geht ihr nicht gut, aber sie ist bereit, sie zu treffen. Ob sie fotografiert werden möchte, soll sie selbst entscheiden. Empfangen wird sie Sie im Besuchsraum des Verwaltungsgebäudes. Bitte bringen Sie keine Blumen mit!«

»Warum denn nicht?«

»Wegen der Vasen. Sie könnte sich oder andere mit den Scherben verletzen.«

Wieso Scherben? Schmiss Agathe mit Vasen oder anderen Gegenständen? Aßen sie und alle anderen als unheilbar eingestuften Kranken – »Pensionäre«, wie sie höflich genannt wurden – ohne Messer und Gabel und wurden die Speisen auf Pappgeschirr gereicht? Würden sie sonst aufeinander losgehen oder sich selbst zerschneiden? Arthur hatte keine Ahnung. Vermutlich war die Realität, in der er sich mit Agathe treffen würde, viel schlimmer, als er sie sich vorgestellt hatte. Vielleicht war Agathe wirklich verrückt. So verrückt, dass er es nicht ertragen könnte.

Obst hatte er besorgt. Verschiedene Apfelsorten und sogar drei Orangen. Dazu Backpflaumen und getrocknete Bananen.

Die Heil- und Pflegeanstalt Buch – die Bezeichnung »Irrenanstalt« war abgeschafft worden, um die Vorurteile der Bevölkerung gegenüber psychisch Kranken abzubauen – war ein beeindruckendes Gelände mit einem Ensemble verschieden großer, aber architektonisch durchweg ansprechender Gebäude. Zunächst musste Arthur sich an der Pforte melden. Der Pförtner blätterte in einem Heft, nickte freundlich und erklärte ihm den Weg. Wenn er das Haus gefunden habe, solle er sich schon einmal in den Besuchsraum setzen, seine Schwester werde geholt.

Arthur wanderte durch den verschneiten Anstaltspark und fand sich nach der Beschreibung problemlos zurecht. Im Verwaltungsgebäude meldete er sich beim Personal und wurde ans Ende des langen Flures geschickt. Das Innere des Hauses hielt, was das Äußere versprochen hatte. Die gefliesten Böden waren spiegelblank und die großen Fenster geputzt. Alles wirkte reinlich und gepflegt.

Vor dem beschilderten Besuchsraum blieb Arthur einen Augenblick stehen, dann klopfte er. Als niemand antwortete, öffnete er die Tür und trat ein. Das Zimmer war auf den ersten Blick hell und freundlich. Auf den zweiten hatte es ein großes, vergittertes Fenster und das Mobiliar - ein Tisch mit vier Stühlen, an einer Wand zwei weitere Stühle, an der anderen Wand stand eine Liege - war am Boden festgeschraubt. Er setzte sich so, dass er die Tür im Auge behalten konnte. Nach etwa zehn Minuten wurde sie geöffnet und Agathe trat in Begleitung einer Pflegerin ein. Arthur gefror das Herz, als er seine Schwester sah.

»Ich lasse sie jetzt allein und warte vor der Tür«, sagte die Pflegerin. »Sie haben eine Stunde Zeit.«

»In Ordnung«, sagte Arthur beflissen. »Wir behalten die Uhr im Auge.«

Agathe war an der Tür stehen geblieben. Arthur erhob sich und tat einen Schritt auf sie zu.

»Bleib wo du bist!«, sagte sie. »Ich will dich anschauen!«

Er gehorchte. Sie musterten sich.

Nicht dass sie irgendwie irre wirkte, fand Arthur, nicht einmal verwirrt. Auch nicht ungepflegt. Im Gegenteil, sie sah sogar auf besondere Weise schön aus. Sie hatte so etwas Freies, Wildes an sich. Und das noch nach den fünf langen Jahren der Irrenhaft. Die dunkelblonden Haare trug sie in einem lockeren Knoten, bekleidet war sie mit einem weich fallenden Kleid aus grauem Wollstoff, das ihr fast bis an die Knöchel ging. Mussten sie denn keine Anstaltskleidung tragen? Der Kragen des Kleides war aus Tuch und ungestärkt. An ihrer schlanken Gestalt, ihrer noch immer mädchenhaften Erscheinung war nichts Adrettes oder gar das manchmal Strenge, an das Arthur sich aus seiner Kindheit erinnern konnte. Auch erschien sie kräftig, nicht blass oder kränklich.

Was Arthurs Herz beim ersten Erkennen hatte aussetzen lassen, war ihr Blick. Nicht eiskalt, nein, ein intensiver Blick, die Augen fast schwarz vor Trauer und Zorn, gleichzeitig bar jeder

Hoffnung. An ihrer Nasenwurzel hatte sich eine steile Falte gebildet, so tief, als würde diese Kerbe, als würden die Augenbrauen, ja, die ganze Stirn, selbst im Schlaf keine Glättung erfahren. Wenn das, was zu sehen war, dem entsprach, was in ihrem Inneren vorging, dann musste sie tagtäglich leiden, tagtäglich zwischen Hoffnung und Zorn schwanken, emotional überhitzt, dabei gefangen durch äußere und innere Umstände.

Agathe sah sich einem sehr großen, schlanken jungen Mann gegenüber. Dunkles Haar, blaugraue Augen unter starken Brauen. Auch er entwickelte eine deutliche Kerbe an der Nasenwurzel, hatte einen kräftigen Mund, darunter ein nicht minder ausgeprägtes Kinn. Familienähnlichkeit, was sonst. Arthur trug einen dunklen Anzug mit weißem Hemd und Schlips. Die Tracht stand ihm gut und verlieh ihm eine Würde, die wohl nach mehr innerer Festigkeit aussah, als er im Moment zu bieten hatte.

»Du bist groß geworden«, sagte Agathe am Ende der Musterung. Freundlich, wie eine Tante zu ihrem Neffen, den sie lange nicht gesehen hatte. »Komm her!«

Doch Arthur meinte, keinen Schritt gehen zu können; jegliche Kraft hatte ihn verlassen. Aus diesem Raum, aus dieser Situation würde er nicht heil herauskommen, das spürte er. Und dazu musste niemand mit Blumenvasen oder Essbesteck werfen. Es genügte zu wissen, dass er ihr und sie ihm nicht helfen konnte. Dass ihnen beiden nicht zu helfen war. Das hatte er mit dem ersten Blick erkannt. Er war hier falsch, er war die falsche Person. Sein Vater hätte hier sein müssen. Oder jemand, der wirklich Macht hatte, die Situation zu ändern. Ein Engel.

»Lieber Gott, hilf! Schicke uns einen Engel. Oder auch zwei«, betete Arthur. Zögerlich trat er auf Agathe zu und zog sie an sich.

Mit erschreckender Heftigkeit klammerte sie sich an ihn. »Nimm mich mit hinaus, bitte, nimm mich mit. Ich kann hier nicht bleiben! Du musst mich mitnehmen! Es ist grauenvoll hier. Ich gehöre hier nicht her, ich bin nicht verrückt. Das weißt du!« Immer lauter trug sie ihre Forderungen vor, umklammerte seine Schultern und schüttelte ihn.

Behutsam befreite er sich und trat einen Schritt zurück. Arthur war dreiundzwanzig Jahre alt. Als er seine Schwester das letzte Mal gesehen hatte, war er noch lange nicht volljährig gewesen. Ihn traf keine Schuld, an nichts. Doch jetzt war er ein erwachsener Mann. Musste er heute Verantwortung übernehmen? Wenn ja, hätte er niemals herkommen dürfen. Das war kein normaler brüderlicher Krankenbesuch. Hier war etwas Elementares im Gange. Hier ging es um Leben und Tod. Genau, wie ihm sein Psychologieprofessor angekündigt hatte. Er hatte es zwar gehört, doch mangels Erfahrung mit solchen Situationen gedacht, seine gute Absicht würde genügen, um den Besuch erfreulich zu gestalten. Dass etwas grundlegend anderes von ihm erwartet wurde, als temporär den liebevollen Bruder zu geben, machte ihm Agathe nun unmissverständlich klar.

»Setz dich!«, befahl sie.

Er nahm Platz. Agathe wählte den Stuhl ihm gegenüber.

»Ich war nie krank und bin es auch jetzt nicht«, begann sie. Sie sprach ruhig und mit ihrer prägnanten Lehrerinnenstimme. »Und deshalb möchte ich, dass du veranlasst, dass sie mich entlassen, dass ich nach Hause kann. Und dass wir von dort aus betreiben, dass ich wieder unterrichten darf. Dass die Entmündigung zurückgenommen wird. Ich verstehe überhaupt nicht, dass ich immer noch hier bin. Habt ihr meine Briefe nicht bekommen? Ich habe darin genau erklärt, was vorgefallen ist, wie ich die Sache sehe und wie ich denke, dass man die Probleme lösen kann.«

»Vater hat mir die Briefe nicht zum Lesen gegeben.«

»Wieso hat er dir die Briefe nicht gegeben? Du bist doch erwachsen! Wolltest du sie vielleicht gar nicht lesen?«

So war es nicht gewesen. Doch dazu konnte er nichts sagen. Er wollte sich nicht rechtfertigen. Agathe war wieder aufgestanden und lief im Zimmer umher. Arthur beobachtete sie.

»Darf ich ein Foto von dir machen?«, fragte er unvermittelt.

Sie fuhr zu ihm herum. »Wozu soll das gut sein? Beantworte lieber meine Frage!«

»Das kann ich nicht. Woher soll ich wissen, was du geschrieben hast, wenn Vater deine Briefe zurückgehalten hat? Das muss ich erst mit ihm besprechen. Und das werde ich auch. Jetzt hätte ich einfach gern ein Foto von dir. Schließlich bist du meine einzige Schwester.«

»Mehr fällt dir nicht ein, als mich zu fotografieren? Aber bitte, fotografiere mich! Dann kannst du den Eltern und allen anderen zeigen, dass ich lebe, gesund bin und mir keine Hörner, kein Buckel oder andere Scheußlichkeiten gewachsen sind!«

Arthur fotografierte sie, ohne ihr ein Lächeln abzufordern. Als er seinen Fotoapparat wieder verstaut hatte, legte er die Hände auf den Tisch und sah sie offen an.

»Vater hat mir auf meine Fragen jedes Mal bestätigt, dass es dir gut geht, dass es gut ist, dass du in der Anstalt bist und dass ich mir keine Sorgen machen soll. Das habe ich geglaubt.«

»Lügen, nichts als Lügen! Er hat gelogen! Und du hast ihm geglaubt. Ja, warum auch nicht. Als Lügner kannten wir ihn nicht. Aber du kanntest mich. Du hättest nachfragen können. Ich habe euch vertraut. Ihr habt mich alle verraten.«

Das war zu viel für Arthur. Auch er erhob sich, hielt aber Abstand zu Agathe. »Ich habe dich nicht verraten!«, gab er zurück. »Ich habe oft an dich gedacht. Aber ich hatte keinen Grund, Vater zu misstrauen.«

»Und warum hat er mich nicht besucht? Ist er krank? Hat er Angst vor mir? So viele Jahre meines Lebens, was denkst du eigentlich, wie das ist, sie zu vergeuden? Eingesperrt zu sein, ohne dass ich etwas verbrochen habe? Mit echten Irren in einem Zimmer, die nur krankes Zeug reden? Mit noch mehr Irren bei der Arbeit, beim Essen, im Hof, im Park, wo du auch hingehst, laufen dir Irre über den Weg! Und dann die Schreie! Die Pflegerinnen und Ärzte sind auch schon verrückt. Niemand hört mir zu. Sie lassen mich sinnlose Dinge tun, arbeiten nennen sie das. Was bekomme ich dafür? Schlechte Kost, schlechte Behandlung, unsaubere Zimmer und hässliche Menschen, wohin das Auge blickt. Wer hier irre ist, das bin jedenfalls nicht ich. Du hast doch keine Ahnung. Das ist unerträglich. Vater ist ein Verbrecher! Er gehörte hier eingesperrt!«

Sie wirkte, als würde sie gleich die Wände hochgehen und fixierte ihn, als wollte sie mitten in seine Gedanken hineinspringen, ihm ins Hirn steigen.

»Was siehst du mich so an! Ich habe von all dem nichts gewusst, das musst du mir glauben. Ich dachte, es ginge dir gut und es hätte seine Richtigkeit, dass du hier bist. Das ist doch eine moderne Anstalt! Vater hat sich erkundigt, und alle haben es ihm bestätigt, dass du hier gut aufgehoben bist. Und außerdem glaube ich nicht, dass alle anderen Unrecht haben und nur du allein im Recht bist. Warum sollte jemand wollen, dass du hier lebst, wenn es keinen Grund dafür gibt? Es ist doch bestimmt etwas vorgefallen, erinnere dich! Vor neun Jahren in Berlin, da warst du schon in einer schwierigen Situation, das habe ich gespürt. Schon damals hast du nicht zugehört und allen anderen die Schuld an deinen Verhältnissen gegeben. So hat es Vater von Johannes gehört.«

»Ach, Johannes. Der hat mich auch verraten. Ich habe mich empört und ich wollte mein Recht. Wenn ich jetzt herauskäme, dann könntet ihr Angst haben und ein schlechtes Gewissen, weil ihr mir so viel Unrecht getan habt. Das könnt ihr gar nicht wiedergutmachen. Aber ich werde mich nicht rächen. Rache ist nicht süß, sondern dumm. Ich werde für meine Rehabilitierung kämpfen. Und du wirst mir dabei helfen. Ich hasse Vater. Wie konnte er mir das antun! Und wenn du mich noch lange so erschrocken ansiehst, dann hasse ich dich auch. Ich bin kein Monster.«

»Das weiß ich doch. Außerdem nehme ich dich ernst«, sagte Arthur. »Und ich verstehe, dass du unbedingt nach Hause willst. Ich will auch, dass du nach Hause kommst. Und ja, ich bin erschrocken, dass es dir so schlecht geht und auch darüber, wie du mit mir redest. Aber ich weiß nicht, wie ich bewerkstelligen soll, dass du hier wegkommst. Wenn es so einfach wäre, wärst du doch schon längst hier raus. Ich kann nur erst einmal nachfragen, bei den Ärzten und auch beim Vater, wie die Situation ist. Und vielleicht auch einen Rechtsbeistand nehmen. Aber das wird Zeit brauchen.«

»Ich habe keine Zeit. Hier werde ich wahnsinnig. Du wirst nur Lügen zu hören bekommen. Es muss anders gehen. Du bringst mich hier raus. Auch andere sind geflohen. Ich habe es schon einmal geschafft, und da war ich allein.«

Das war der Moment, in dem Arthur schlapp machte. Dieser Situation war er nicht gewachsen. Erwartete sie allen Ernstes, dass er eine Entführung inszenierte? Das hatte mit seinem Leben nichts zu tun, das war Kino. Er wollte ihr helfen, sicher, er fühlte sich verpflichtet. Doch was konnte er sich und seinen Eltern zumuten? Wer sollte sich zu Hause um Agathe kümmern? Der Vater würde einen Herzschlag bekommen, wenn sie plötzlich so vor der Tür stünde. Und er, Arthur? Er musste studieren, das zweite Examen ablegen. Seinen Weg gehen.

Agathe würde, wenn sie tatsächlich herauskäme, mehr Hilfe benötigen, als sie glaubte. Sie mochte zwar nicht irre sein, aber sie war auch nicht normal, das war nicht zu übersehen. Daheim gab es niemanden, der sich um sie kümmern konnte. Vater und Tochter würden sich wahrscheinlich an die Gurgel gehen. Eine Entführung? Wo sollten sie denn hin? Nach Amerika? Das war grotesk.

Agathe schien zu spüren, wie Arthur sich aus dem Gespräch herauszog, wie ein Schiff, das abgelegt hat und dabei ist, die offene See zu erreichen. Und sie zurückzulassen.

»Arthur? Hörst du mir zu? Hilfst du mir? Holst du mich raus?«

Er stand auf. »Ich werde es versuchen, das verspreche ich. Ich frage meinen Psychologieprofessor, was es für Möglichkeiten gibt, wie die Bürokratie aussieht, was wir unternehmen können. Ich komme bald wieder. Dann besprechen wir alles. Ich kann nichts überstürzen. Und ich kann dich schon gar nicht entführen. Das geht schief. Wir können doch nicht nach Amerika auswandern. Schließlich willst du ja nach Hause und nicht ins Exil. Und das funktioniert nur, wenn wir die Regeln einhalten.«

»Du lügst«, schrie Agathe. »Du lügst. Du wirst nicht wiederkommen. Du bist ein Verräter, genau wie Vater. Du bist mein Bruder nicht mehr. Verschwinde! Verschwinde!«

Ihre Stimme gellte so, dass die Pflegerin hereinstürzte, um für Ordnung zu sorgen.

Arthur hielt Agathe das Netz mit den Früchten hin. »Hier, ich habe dir Obst mitgebracht. Lass es dir schmecken. Im Winter sind Vitamine wichtig.«

Ehe sie es verhindern konnten, holte Agathe eine Apfelsine aus dem Netz und warf sie Arthur an den Kopf. »Vitamine, dass ich nicht lache! Du bist doch der Irre! Meinst du, Vitamine könnten mich retten? Verschwinde! Lass mich in Ruhe! Ich hasse euch alle! Wenn ihr mich nicht rausholt, seid ihr Mörder!«

»Ich bin kein Mörder«, sagte Arthur leise und hob die Frucht auf, die äußerlich keinen Schaden genommen hatte. »Wenn du das denkst, bist du wirklich verrückt. Wenn ich noch einmal kommen soll, schreib mir. Ich bin noch ein paar Monate hier. Da ist meine Berliner Adresse.« Er legte den vorbereiteten Zettel auf den Tisch.

Agathe spuckte darauf. »Mach, dass du wegkommst.«

»Ja«, sagte Arthur, »das mache ich. Schreib mir! Und ich werde Vater nach den Briefen fragen.«

Agathe würdigte ihn keines Blickes mehr. Gefolgt von der Pflegerin stürmte sie aus dem Raum.

Arthur versuchte sich zu fassen. Was für ein Desaster. Alles war falsch. Ein riesengroßes Missverständnis. Die Ursache, so hatte ihm der Vater erzählt, lag in dem verunglückten Rechtsfall in Berlin, aus dem Agathe nur herausgekommen war, weil man sie für unzurechnungsfähig erklärt hatte. Er war sich ganz sicher, dass sie im Recht gewesen war. Deshalb hatte sie diese Entwicklung nicht hinnehmen wollen, nicht hinnehmen können. Was war nur Schreckliches daraus geworden! Und er saß hier und sollte Verantwortung für etwas übernehmen, was andere verschuldet hatten. Er sollte seine Schwester retten? Wie denn? Agathe war nicht normal genug, einen wie auch immer gearteten Alltag ganz ohne Beistand zu meistern. Jedenfalls nicht auf Knopfdruck.

Er hätte schreien und toben mögen. Alles herausbrüllen. Seinen Frust, seinen Zorn, seine Trauer um Agathe, die Kluge, Schöne. Seinen Selbsthass über das Unvermögen zu handeln. Mit dem Kopf an die Wand schlagen, mit den Fäusten an die Tür trommeln, den Schuldigen das Gesicht zerkratzen. Doch wer waren die Schuldigen? Die Haare wollte er sich raufen, doch sollte er zu sehr außer sich geraten, würden sie vielleicht auch ihn dabehalten. Was also tun, wenn Toben und Schreien Kindern und Irren vorbehalten blieb? Warum war das überhaupt so? War das der Kern des Irreseins, dass der davon Betroffene alle Hemmungen abgelegt hatte, außer sich zu geraten? Dass er oder sie sich zum Schreien und Toben entschlossen hatte, den Schalter umlegend, quasi vorwärts über die Schwelle zur Kindheit schreitend, vorwärts in die Vergangenheit, in der andere Regeln gegolten hatten? Und damit dem entfliehend, das ihnen unzumutbar aufgebürdet worden war? Was bitte sollte daran verrückt sein? Das war doch Notwehr.

Arthur stand auf, ging in eine Ecke des Zimmers und tat etwas, was er noch nie getan hatte. Er kniete nieder. Dann lehnte er die Stirn gegen die kühle Wand und versuchte zu beten. Ach, wie unerträglich war die Situation auch für ihn. Wirklich seltsam, schoss es ihm durch den Kopf. Ich möchte schreien und toben und darf es nicht. Sie aber dürfen alles tun. Sie bekommen für ihre Tobsuchtsanfälle sogar einen extra Raum, in dem sie sich nicht wehtun können. Ja, sie sind wie Kinder, und die Beruhigungszelle ist das Kinderzimmer. Sie können wohl nicht mehr erwachsen sein. Aber ich, ich muss erwachsen sein.

»Agathe, wo bist du, komm zurück, hilf mir!«, brach es zu seinem Entsetzen aus ihm heraus. Nun schrie er also doch. Und dann weinte er hemmungslos.

Ein Gebet fiel ihm, dem zukünftigen Pfarrer, nicht ein. Was hätte er auch beten sollen? »Lieber Gott, tu dies und das? Lass mich dieses oder jenes tun? Mach, dass alles wieder gut wird?« Das war nicht sein Gottesverständnis. Er mochte keine Bestellungen beim lieben Gott abgeben. Das, was hier geschah, war Menschenwerk. Und würde als Menschenwerk weitergehen und ein ebenso menschengemachtes Ende finden. Wie würde das Ende aussehen? Endlich kamen ihm die richtigen Worte in den Sinn, die stärksten, die er kannte. Ja, sie formulierten auch eine Bestellung, eine Bitte. Aber diese Bitte war so alt, dass ihr vielleicht mehr Kraft innewohnte als einem normalen Bittgebet. Ihm fiel der aaronitische Segen ein. Der Segen, der ihm in allen Kirchen begegnete, der priesterliche Segen. Als Vikar hatte er ihn einmal vom Altar aus sprechen dürfen.

Und so legte Arthur all sein Hoffen und Wünschen in diese Worte und sprach, auf den Knien liegend, das Gesicht zur Wand gekehrt, mit kräftiger Stimme Agathe, seiner Schwester, die uralten Worte zu: »Der Herr segne dich und behüte dich. Der Herr lasse sein Angesicht leuchten über dir und sei dir gnädig. Der Herr hebe sein Angesicht über dich und gebe dir Frieden.« Und dann schloss sich doch eine Flut von Bitten und Wünschen an. Für Agathe und für sich. Für die Klinik, für die Stadt, das Land, die Welt. Es sollte alles wieder gut werden. Das Böse sollte weichen, ausgelöscht werden, hier und jetzt, für immer und ewig. Er wollte die Welt heilen, der Heiland sein. Er erbat Rettung, erflehte Hilfe, beschwor den allmächtigen Gott, gab sich dem Bitten und Flehen ganz hin, mitsamt seinem ganz anderen Gottesverständnis. Die Freude, die ihn nach seinem

Adventserlebnis noch wochenlang begleitet hatte, konnte dem allen hier nicht standhalten. Aber er fand Trost. Und Hoffnung, dass die Freude wiederkehren würde.

Wie lange er gekniet hatte, wusste er später nicht mehr. Vielleicht eine Stunde? Völlig entkräftet richtete er sich irgendwann auf, sammelte seine Siebensachen ein und verließ den Raum. An diesem Tag sprach er kein Wort mehr, zu niemandem. Er, der sich eine kleine Weile als Lebensretter gefühlt hatte, konnte nichts tun. Weder mit Geld noch mit guten Worten.

Von Agathe erhielt er wenige Tage später einen Brief, geschrieben, als litte sie unter Tollwut. Völlig untypisch für sie, die sie so ordentlich war. Krakel, Kleckse, Papierfetzen, Verwischtes. Von Tränen gezeichnet. Voll vergossenen Salzes. Er zeigte den Brief seinem Professor.

»Ihre Schwester bekommen sie in diesem Zustand unter keinen Umständen aus der Anstalt heraus«, sagte dieser. »Jedenfalls nicht in nächster, auch nicht in übernächster Zeit. Anscheinend verweigert sie die Einnahme von Medikamenten. Wahrscheinlich denkt sie, dass man sie vergiften will. Tut mir leid, ich sehe hier keinen Weg.«

Arthur beantwortete Agathes Brief mit freundlichen Worten. Schrieb ihr, sie solle ihre Medikamente nehmen, viel spazieren gehen und ihre Gedanken auf etwas Gutes richten. Sie solle an ihrer Genesung arbeiten. In einem Jahr werde er wiederkommen.

An der letzten Zeile saß er stundenlang. Er konnte seiner Schwester doch nicht alles Gute wünschen, sie nicht bis zum nächsten Wiedersehen lieb grüßen. So setzte er für sie an das Briefende den aaronitischen Segen. Doch er ahnte, dass, welche Worte auch immer er fand, sie nicht genügen würden, selbst diese Segensworte nicht.

## Ostpreußen hat Arthur wieder

Nach diesen Geschehnissen war Arthur froh, Berlin wieder verlassen zu dürfen. Schien es ihm doch so, dass jeder Kilometer, den er zwischen sich und Agathe brachte, die Verantwortung minderte, die er seit der Begegnung mit seiner Schwester auf sich lasten fühlte. Der Vater war zuständig, nicht er, Arthur, der Halbbruder, noch jung an Jahren. Heimgekehrt, sprach er seinen Vater dennoch auf Agathes Situation an. Karl verbat sich, quasi wortlos, jegliche Einmischung. Arthur konnte nichts bewirken.

Als Reaktion auf die Zumutung, sich mit seiner kranken Tochter beschäftigen zu müssen, überkam Karl wieder einmal der Wandertrieb. Anlässlich eines Aufenthaltes in Pillau fuhr er mit dem Dampfer »Phönix« nach Kahlberg. Den Rückweg wollte er unmotorisiert, also zu Fuß, bewältigen. Die siebenundvierzig Kilometer hatte er vorab mit dem Finger auf der Karte Ruckzuck zurückgelegt. Seine darauf basierende Berechnung erwies sich als falsch. Der Dampfer brauchte drei Stunden für die Tour, ein Mensch würde für den Fußweg voraussichtlich etwa neun benötigen. Und ein siebzigjähriger Karl wohl noch ein-zwei Stündchen mehr. Das hatte er nicht bedacht. Er wollte nur einen Nachmittagsspaziergang machen. Einen Fuß vor den anderen setzen.

Längst war aus dem Nachmittag Nacht geworden. Die Kieschaussee, ein Baum am nächsten, nahm kein Ende. Kein Haus, kein Fuhrwerk. Zu seiner Erlösung fand der Erschöpfte am Ende einen Fischer, der ihn, lange nach Mitternacht, von Pillau Neu-Tief nach Alt-Pillau übersetzte. Dort fiel er mit durchgelaufenen Füßen (ja, tatsächlich, die Schuhe waren noch heil, weil er sie unterwegs abgelegt hatte, um die Blasenbildung zu stoppen) dank des leichten Schlafes der Pfarrfrau in das Gästebett des Pfarrhauses und stand fürs Erste nicht mehr auf. Da hatte er noch einmal Zeit zum Nachdenken. Was Agathe betraf, zeitigten die einsamen Stunden ihres Vaters leider keinerlei Ergebnisse. Er war für die Umstände ebenso wenig verantwortlich wie sonst irgendwer, dachte er. Und er konnte rein gar nichts an ihnen ändern. Niemand konnte das. War es so?

***

Sich selbst von jedweder Verantwortung freisprechend, widmete sich Arthur ausschließlich theologischen Fragen und schrieb an seiner Examensarbeit. Das Thema, das man ihm gesetzt hatte, lautete: »Worauf gründet sich und was leistet religionslose Moral?«

Er hätte die Beantwortung in zwei Sätze fassen können, aber um seines Weiterkommens willen beschrieb er dreißig Seiten. Die Kurzfassung in zwei Hauptsätzen: »Religionslose Moral gründet sich auf den Hochmut der Menschen.« Und: »Sie leistet gar nichts.«

In Arthurs Augen waren die Fragen theologisch abwegig und damit überhaupt hinfällig. Seine Antworten begründete er mit den Bibelworten: »Ohne mich könnt ihr nichts tun.« und »Was aber nicht aus dem Glauben kommt, das ist Sünde.«

Ha, so klar-stark diese Worte auch waren, für die Prüfungskommission waren sie zu starker Tobak. Die Herren husteten und röchelten derart, dass sie sich dabei ihres theologischen Denkens entäußerten. Hätten sie es bei sich behalten, hätten sie Arthur nämlich bestehen lassen müssen. Taten sie aber nicht. Arthur blieb auf seiner Examensarbeit mit einem »Thema verfehlt. Nicht bestanden« sitzen und hatte somit das ganze zweite Examen vergeigt.

Was war denn los mit dieser Prüfungskommission? War sie im Labyrinth ihrer Meinungsbildung zu der Ansicht gelangt, dass menschliche Moral etwas Eigenständiges wäre? So eigenständig, dass sie gar hin und wieder ganz ohne Gott auskäme? Die Hüter der Kirche hatten ihr Thema verfehlt, nicht Arthur. Lag das daran, dass es inzwischen die frisch gegründeten und noch frischer daherkommenden »Deutschen Christen« gab? Diese innerevangelische Kirchenformation, bei der die Nationalsozialisten Pate standen? Die Christen, deren Jungs und Mädels in Rasse, Volkstum und Nation eine ihnen von Gott geschenkte Lebensordnung sahen? Und wenn man erst einmal etwas geschenkt bekommen hat, tritt der Schenkende schließlich in den Hintergrund und der Beschenkte ist Handlungsbevollmächtigter, zumindest, was seine Geschenke angeht? Geschenkt ist geschenkt, wiederholen ist gestohlen, lieber Gott. Das galt nun auch für die Bibel, denn auch die war dem deutschen Volk geschenkt worden. Natürlich nicht damals, vor Tausenden von Jahren. Aber spätestens jetzt, 1932. In diesem Buch der Bücher traten nur so unpassend viele Juden auf, vor allem im Alten Testament. Das Neue ging ja noch, musste aber doch an vielen Stellen umgedeutet werden. Arthur durfte zwar aus diesem Geschenk zitieren, doch die Deutungshoheit darüber hatte nicht er, also irgendein kleiner Möchtegerntheologe, sondern das deutsche Volk und stellvertretend für dieses die Deutschen Christen und deshalb auch die Königsbergische Prüfungskommission, die mehrheitlich deutschchristlich war.

Arthur hatte damals diese Erklärung für die ablehnende Haltung der Kommission nicht parat und es wurde ihm auch keine andere gegeben. Nur einer der Oberkonsistorialräte näherte sich ihm freundlich, allerdings nicht mit Worten. Zu Arthurs Verblüffung gab er ihm einen Kuss auf die Stirn. Arthur verstand gar nichts mehr. War das ein Bruder- oder ein Judaskuss? Was sollte hier ohne Worte gesagt werden?

Zum Glück hatte Arthur noch eine Chance, einen zweiten Versuch. Für diesen verfügten ihn die Konsistorialräte als Prädikant nach Masuren, wo er sich bewähren und gleichzeitig erneut eine Examensarbeit schreiben sollte. Für das Bestehen dieser zwei Prüfungen hatten sie Adlig Kessel ausgesucht. Ein Örtchen mit um die neunzig Einwohnerchen.

Um Himmels Willen, das hatte er nicht gewollt! Adlig Kessel lag nämlich im masurischen Irgendwo. (Wobei das Irgendwo nur durch ein N vom Nirgendwo getrennt war. Und was war schon ein N?) Zum Glück war einer seiner Studienkameraden, der alte Bibelkreisfreund und nette Friedrich Buttkus, quasi nebenan Pfarrer geworden. In Drygallen, einem etwas größeren Örtchen, durch etwa fünfzehnmal so viele Leutchen bewohnt wie Adlig Kessel, und wie dieses ebenfalls im Kreis Johannisburg gelegen.

Als alter Freund und neuer Nachbar wurde Arthur im Sommer 1932 zu Friedrichs Hochzeit eingeladen. Arthur legte die zweite Examensarbeit beiseite, holte sich sein Fahrrad, fuhr damit ein Stückchen zum nächsten Bahnhof, ein Stückchen mit dem Zug – Drygallen hatte Anschluss an die Welt in Form einer Bahnstation – und noch ein kleines Stückchen mit dem Fahrrad. Einigermaßen durchgerüttelt, aber fröhlichen Herzens gesellte er sich gerade noch rechtzeitig zur Hochzeitsgesellschaft, um dem feierlichen Akt beizuwohnen. Als er die Braut das erste Mal erblickte, staunte er nicht schlecht. Was war sie hübsch! Eine Westdeutsche, aus Wuppertal. Der Geburtsname der hübschen Magda war Lefort, das klang ziemlich Französisch. Eine

Französin, du liebe Zeit. Arthur hatte vergessen, wie Friedrich es angestellt hatte, ihrer habhaft zu werden. Nach Arthurs Geschmack war sie ein wenig zu sehr gelockt, aber das würde in Drygallen sicherlich nicht lange vorhalten.

Mindestens ebenso hübsch wie die Braut, aber überhaupt nicht gelockt, war eine der Brautjungfern: Käthe. Ja, sie war es! Herzlich Willkommen in Ostpreußen, herzlich Willkommen in Arthurs Nähe! Inzwischen achtzehn Jahre alt, war sie den Lockungen der extra aus der Kreisstadt angereisten Frisöse erfolgreich entgangen, obwohl alle Damen auf sie eingeredet hatten: »Käthe, nur eine Welle!« Was sollte sie mit einer Welle? Wohin sollte sich die denn wellen? Um den halben oder um den ganzen Kopf herum? Was für eine alberne Vorstellung.

Käthe musste den ganzen Tag lächeln. Wie ernst Magda das alles nahm! Natürlich sollte eine Braut so hübsch wie möglich aussehen und es war ein wichtiger Tag in ihrem Leben, jaja. Aber so ein Tag musste doch auch ein wenig Freude machen, ein wenig lustig sein. Käthe machte er Freude. Es gab so viele putzige Leute zu beobachten. Die masurische Landbevölkerung schien originell zu sein. Nein, sie waren nicht besonders gut aussehend, eher bäuerlich-derb. Aber das störte überhaupt nicht. Dafür wirkten die meisten, als hätten sie das Herz auf dem rechten Fleck. Und sie hatten einen wunderbaren Dialekt, Käthe konnte nicht genug davon bekommen. Nach der Zeremonie versuchte sie so dicht wie möglich – aber so unauffällig wie nötig, um nicht von ihrer Familie aufgegriffen zu werden – Anschluss an die Ortsgrößen zu gewinnen. Da gab es so manchen Witz zu hören, der wohl nicht für ihre Ohren bestimmt war. Herrlich.

Bei ihrem Tun hatte sie augenscheinlich die Aufmerksamkeit eines jungen Menschen erregt, der nicht zur Landbevölkerung gehörte. Das war ein hochgewachsener Kerl. Selbst Friedrich, ihr frisch gebackener Schwager, reichte nicht ganz an ihn heran. Irgendwann fasste sich der große junge Mensch ein Herz und bat den Bräutigam, ihn der jungen Dame - der Schwester der Braut, also ihr, der Käthe - vorzustellen.

Käthe ließ schon wieder ein - oder waren es zwei? - Grübchen sehen. Was gab es denn immerzu zu lächeln? Arthur hatte sie schon die ganze Zeit dabei beobachtet. Sie gab sich völlig unbefangen. Arthur taute an ihrer Seite auf wie das Hochzeitsspeiseeis in der Sommersonne. Fast wäre er zerflossen, so warm wurde ihm in Käthes Nähe. Die derart Wärmende sorgte durch ihre intelligenten und humorvollen Bemerkungen - ein bisschen Spottlust war auch dabei - dafür, dass er nicht ganz die Fasson verlor. Schließlich musste er seinen Verstand beisammenhalten, um den Gesprächsfaden nicht zu verlieren und wie ein Hinterwäldler, vielleicht noch offenen Mundes?, daherzukommen, der er ja schließlich nicht war. Irgendwann am Ende der Feierlichkeiten angelangt, stellten Arthur und Käthe fest, dass sie sich nur ungern voneinander trennten. Was war denn hier passiert? Sie hatten Gefallen aneinander gefunden. Und das, obwohl Käthe kein bisschen blond und Arthur kein bisschen katholisch war. Zügig tauschten sie ihre Adressen aus. Von Wuppertal nach Adlig Kessel waren es luftlinienmäßig über tausend Kilometer, da hätten Brieftauben gut gepasst. Sie hatten aber keine. Die Reichspost bekam das auch hin mit ihrer langjährigen Erfahrung, gerade im Liebesbriefgeschäft.

Käthe und Arthur schrieben sich, was das Zeug hielt. Sie wetteiferten um gelungene Formulierungen und hatten sich unendlich viel zu erzählen. Arthur über seine ihm anvertrauten Schäfchen, Käthe über ihr Studium, beide über die Vergangenheit, Gegenwart und Zukunft. Sie tauschten sich über Glaubensfragen aus und über Politik. Es war wundersam, wie gut sie sich verstanden.

Käthe gefiel Arthurs zumeist ernsthafte, manchmal romantisierende Betrachtungsweise von Land und Leuten. Immer gab er einen Schuss Selbstironie hinzu, so dass die Sätze bei aller inhaltlichen Schwere unterhaltsam dahinflossen, jedoch niemals oberflächlich wurden. Arthur gefiel Käthes Humor, ihre Fröhlichkeit, ihre großartige Allgemeinbildung und, tatsächlich, ihre Intelligenz. Ihr Schreibstil war unauffälliger, jedoch nicht weniger gut.

Derartig geistig beflügelt und zwischenmenschlich angerührt bewährte sich Arthur auf seiner Prädikantenstelle und schrieb die neue Examensarbeit zur Zufriedenheit seiner Prüfer. Zu allem Überfluss: Nach dem bestandenen zweiten Examen wollten ihn die Masuren als richtigen Pfarrer haben.

Arthur, der Bultmann-Barth-Schüler, sollte im masurischen Irgendwo Pfarrer werden. Bitte nicht. Ja, natürlich mochte er die masurischen Flüsse und Seen, die weiten, tiefen Wälder, die Einsamkeit mit allem Drum und Dran. Doch die Abgeschiedenheit der Dörfer und Städtchen, häufig gar zu viele Kilometer weit voneinander entfernt, nur zu Fuß, mit dem Pferdefuhrwerk oder Fahrrad zu erreichen, die strengen Winter und nicht zuletzt die eigenwillige Mentalität der masurischen Bevölkerung machten ihm Angst. Arthur wollte, wenn er schon keine Stadtpfarrstelle bekam, auf die Frische Nehrung. Dort gab es wenigstens in Sichtweite Städte mit städtischem Leben. Und diese waren wirklich stattlich – ganz anders als die masurische Kreisstadt Johannisburg, die mit ihren vielleicht 5.000 Einwohnerchen ziemlich armselig daherkam. Auch war sie im Verlaufe verschiedener Kriege, insbesondere infolge des Weltkrieges, nicht stattlicher geworden, im Gegenteil.

Aber, so sagte man ihm, er könne sich das nun einmal nicht aussuchen. Als Kirchenbeamter müsse er sich den Weisungen des Dienstherren fügen. Außerdem sei er der einzige derzeit zur Verfügung stehende Pfarrer, der masurisch sprechen könne. Arthur konnte gar nicht masurisch. Bloß weil er manchmal ein paar Ostpreußenwitze zum Besten gab, war er noch lange nicht dieser seltsamen Sprache mächtig. Die gab es doch eigentlich gar nicht. Selbstverständlich verstand er die Bauern und Bäuerinnen und sie verstanden ihn, es war ja allerhand Deutsches an den Wörtern, die sie benutzten. Masurisch sprechen konnte er deshalb noch lange nicht. Doch wenn er denn unbedingt sollte, dann würde er sich Mühe geben. Was blieb ihm schon anderes übrig?

Putzig war es, dieses Sprachkonglomerat. Und putzig schienen ihm auch die Masuren zu sein. Ob das der richtige Ansatz war, ihr Hirte zu werden, darüber sollten sich andere Gedanken machen. Nämlich die, die ihn unbedingt in Adlig Kessel haben wollten.

Eilululu, du tiefdunkler Fluss - hoffentlich bot ihm nicht nur ein Mädchen den Gruß, sondern kam auch zu ihm herüber, eines, das er gut verstehen könnte. Vor dem dreißigsten Lebensjahr nicht heiraten? Im masurischen Irgendwo eine regelrecht absurde Vorstellung. So fielen Arthur diese Worte zu. Oder fielen sie Käthe zu? Die Quellenlage ist da nicht eindeutig. Der Spruch passt zu beiden und deshalb passt er überhaupt:

»Bin ich nicht für mich - bin ich nicht.
Bin ich nur für mich - warum bin ich?«

Flugs steckte Arthur (oder Käthe) den Brief in einen Umschlag und schickte ihn an Käthe (oder Arthur), damit der/die jeweils andere half, die Frage zu beantworten. Kommt Zeit, kommt Rat, pflegte Rose, Käthes Mutter, in fast jeder Lebenslage zu sagen. Ein anderer guter Spruch.

# 6. Kapitel:

Adlig Kessel, Göttingen, 1932–1934

## Die Kirche »Unserer Lieben Frauen«

Im Oktober 1932 wurde Arthur in Adlig Kessel in der evangelischen Kirche »Unserer Lieben Frauen«, kurz genannt Marienkirche, ordiniert und als Pfarrer in seine Gemeinde eingeführt. (Bei der Bezeichnung »Unserer Lieben Frauen« sind nicht mehrere liebe Frauen gemeint, sondern nur eine, die besondere. Maria. »Frauen« war früher eine Beugungsform von »Frau«.)

Arthur hatte sich seinen Berufswunsch erfüllt, nicht aber den des Ausübungsortes. Die Nichterfüllung betraf jedoch nur das masurische Irgendwo. Die Kirche gefiel dem Pfarrer. »Unter der Regierung Kaiser Wilhelms II. und dem Protektorat der Kaiserin Auguste Viktoria erbaut in dankbarer Erinnerung an die zweihundertjährige Jubelfeier des Königtums in Preußen mit Hilfe freiwilliger Beiträge aus allen Teilen der Provinz.« So zu lesen auf einer steinernen Tafel an der Außenwand der Kirche.

Die Kirche »Unserer Lieben Frauen« war etwas ganz Besonderes. Ihre Erbauer hatten das Kunststück vollbracht, sie von außen größer erscheinen zu lassen, als sie tatsächlich war, und sie von innen größer wirken zu lassen, als sie von außen erschien. Diese Sinnestäuschungen hatten zur Folge, dass regelmäßig am Heiligen Abend und anderen großen Festen die Verwunderung darüber aufwuchs, dass wegen Überfüllung nicht alle Kirchgänger, die sich dieser Kathedrale genähert hatten, auch einen Sitzplatz einnehmen konnten. Dazu kam, dass sie von jeder Seite anders aussah. Symmetrie war nicht vorgesehen und daher auch nicht vorhanden. Es war so, dass die Besucher, je nachdem, aus welcher Himmelsrichtung sie die Kirche ansteuerten, eine andere Kirche sahen. Wenn sie dann aus irgendwelchen Gründen ihr heimatliches Gotteshaus beschreiben sollten, mochte es passieren, dass sie sich nicht einig werden konnten. Die Kirche war eine Persönlichkeit ersten Ranges, auch (oder) weil sie in Wirklichkeit ziemlich klein war. Die Gesamtlänge des Gebäudes betrug etwa fünfunddreißig Meter, das eigentliche Kirchenschiff war sechzehn Meter lang und gut zehn Meter breit. So hatte Arthur im erdnahen Bereich einhundertsechzig Quadratmeter für seine Gemeinde zur Verfügung. Nun ja, das war eigentlich gar nicht so wenig. Auf der Seitenempore war auch noch etwas Platz und es gab eine nette Orgel. 1905 war ein gutes Baujahr – es fehlte der Kirche an nichts.

Eine weitere bauliche Wunderlichkeit präsentierte sich, sobald ein sonniger Sonntag anbrach. Der Altar, ordnungsgemäß in den Osten der Kirche gestellt, wurde vom hinter ihm liegenden, echt neogotischen Dreifachfenster – das obere kreisförmig, die beiden unteren spitzbogig, allesamt wunderhübsch bunt – mithilfe der Morgensonne erhellt. Doch ebenso fiel direktes Sonnenlicht durch die Nordfenster – ja, so schien es, das Sonnenlicht. Überall schimmerte es herum, leuchtete jede Ritze, jedes Mäusenest aus. Gut, die Kirche war möglicherweise nicht ganz streng ost-west-mäßig ausgerichtet. Aber dieses Licht, das war doch nicht normal! Sonne im Nordfenster!

Da konnte man gleich noch viel besser an die Auferstehung von den Toten glauben, meinten die Masuren.

Schön war sie, Arthurs erste Kirche. Jedes Mal, wenn er sie betrat, fühlte er sich beglückt und auch ein wenig stolz, in aller Bescheidenheit. Bei Gott ließ es sich vortrefflich wohnen. »Wie lieb sind mir deine Wohnungen, Herr Zebaoth! Meine Seele verlangt und sehnt sich nach den Vorhöfen des Herrn; ... Der Vogel hat ein Haus gefunden und die Schwalbe ein Nest für ihre Jungen - deine Altäre, Herr Zebaoth, mein König und mein Gott. Wohl denen, die in deinem Hause wohnen, die loben dich immerdar.«

Mit Kirchenschiff und Kanzel als Kommandobrücke war er Pfarrer und Kapitän in einem. Arthur predigte Sonntag für Sonntag. Jeden Sonntag gab es eine neue Predigt, keinen Aufguss einer schon gehaltenen Ansprache. Arthur hatte viel zu sagen, warum sollte er sich wiederholen? Hin und wieder kam ihm der Kanzelparagraf in den Sinn, der lag gleichsam auf der Lauer. Wie politisch durfte er predigen? Vorsicht war geboten, doch er musste der Gemeinde Orientierung bieten. Sonntag für Sonntag nahm er die Herausforderung an, die rechten Worte zu alten und neuen Themen zu finden. Wobei er dazu neigte, seiner Hörerschaft mehr Antworten zu geben, als sie Fragen im Sinn hatten.

Nicht alle geistlichen Amtshandlungen gelangen ihm auf Anhieb so gut wie das Predigen. Leider gab es bei den richtig heiligen Handlungen, den »Kasualien«, in der Regel nur einen Versuch. Einmal hatte er anlässlich einer Kindstaufe vergessen, die Geburtsurkunde des Kindes mit zum Altar zu nehmen. Am Rande der Panik durch die Situation manövrierend, fragte er den nächststehenden Paten, wie das Kind hieße. Daraufhin nannte der seinen eigenen Namen. So taufte Arthur das Kind auf den Namen seines Taufpaten. Das gab einen Aufruhr! Denn unter welchem Namen lebte nun dieses Kind vor Gott und den Menschen? War es fortan eine gespaltene Person? Vor Gott Fritz und vor den Menschen Franz?

Das nahmen ihm die Adlig Kesseler übel. Aber wiederum hatten sie eine neue Geschichte zu erzählen, das war erfreulich. Im Gegenzug tat Arthur ihnen einen Gefallen, der ihre in die Kirchenbücher einzutragenden Hochzeits- und Kindsgeburtstermine betraf. Einer seiner Vorgänger hatte regelmäßig den Hochzeitstag mit dem Geburtstag des ersten Kindes verglichen und von Fall zu Fall den schriftlichen Kommentar abgegeben: »Die bräutlichen Ehren waren erschlichen.« Diese Unsitte übernahm Arthur nicht. Und es gefiel ihm auch nicht, dass es in der Kirche bei der Bekanntgabe des Aufgebotes heißen sollte: »Es werden aufgeboten und wollen in den Stand der heiligen Ehe treten die Jungfrau sowieso …«. Arthur ließ die »Jungfrau« weg, denn die Kindlein, die später zur Unzeit geboren wurden, waren ebenso wenig das Ergebnis einer wundersamen Jungfrauengeburt, wie es der historische Jesus gewesen war.

Die masurischen Bauern hinderten Arthur nicht am neuen Vorgehen. Es war doch nur vernünftig und schon lange ländliche Praxis, mithilfe vorehelicher Beziehungen zu testen, ob die Ehe mit Kindern gesegnet sein würde. Das war wichtig für den Fortbestand der Familien. Wenn dann die morgendliche Übelkeit einsetzte, stand dem Aufgebot nichts mehr im Wege.

Beerdigungen waren nicht ganz so heilig wie Taufen. Den jeweils richtigen Ton zu treffen, gelang Arthur in seinen Ohren recht gut - die Ohren der Angehörigen jedoch stellte er häufig nicht zufrieden. »Bei dem kann man noch nicht einmal weinen!«, hörte er die Leute sagen, nachdem er seine wohlüberlegte Ansprache abgeschlossen hatte und dabei war, die Trauergemeinde zur Grabstelle zu führen.

Ja, sollte er lieber den »Tränenschulze« geben? Pfarrer Georg Wilhelm Schulze, bereits 1901 verstorben (Arthur kannte diesen Amtskollegen demzufolge nicht persönlich, hatte aber im Domkandidatenstift viel über ihn gehört), war eine Legende unter Theologiestudenten. Ihm sagte man nach, er hätte schon nach zwei Sätzen die versammelte Trauergemeinde zum Weinen gebracht. Was für eine grauenvolle Vorstellung! Das Kirchenschiff voll von schniefenden Menschen mit nassen Augen und feuchten Taschentüchern. Wer vermochte dann noch die Worte der Heiligen Schrift aufzunehmen? Diesem Zerrbild eines Pfarrers wollte Arthur unter keinen Umständen nacheifern. Trotzdem überdachte er seinen Ansatz, was Beerdigungen anging. Sollte er die Bemerkung, dass man bei ihm nicht weinen könne, als Lob oder als Tadel werten? Sentimentalität hasste er, zumindest in theologischen Zusammenhängen. Andererseits hatte er im Studium gelernt, dass es wichtig sei, den Menschen beim rechten Trauern zu helfen. Der Seelsorger müsse sie in ihrer Trauer aufsuchen, eine gute Weile mit ihnen trauern und dann mit ihnen gemeinsam emporschweben zum göttlichen Trost. Eine komplizierte Angelegenheit, ganz ohne Frage. Das Wissen stand Arthur also zur Verfügung. Das Talent, es seelsorgerlich umzusetzen, fehlte ihm. Doch er war Kapitän auf diesem Schiff und niemand anders. Schon gar nicht irgendein Leichtmatrose aus seinem kleinen Adlig Kessel, nein, natürlich, schon gar kein Bauer, der es besser zu wissen meinte. Wohl nicht! Arthur würde den Kurs vorgeben, unabhängig vom Wind, den seine Gemeindeglieder um dieses oder jenes machten. Mochten sie doch weinen, wenn ihnen danach war. Er würde dazu nicht das Kommando erteilen. Eigentlich würde er sie, so stellte er erstaunt fest, selbst bei Beerdigungen lieber zum Lachen bringen. Bei allem Ernst natürlich.

Gedacht, getan. Und so sorgte Arthur von seiner Kommandobrücke aus nicht nur für Empörung, sondern hin und wieder auch für Erheiterung. Und seine Masuren gewöhnten sich daran, denn auch sie hatten Humor und konnten Geschichten erzählen. In masurischer Sprache, die Arthur bald ganz hervorragend beherrschte.

## Arthur muss politisch werden

Eines Tages im gerade angebrochenen Jahr 1933 trat der Superintendent, das geistliche Oberhaupt des Kirchenkreises, an Arthur heran. »Was? Sie sind Schüler von Karl Barth und dann nicht bei den Deutschen Christen?«

Was für eine gemeine (Fang)Frage. Oder wusste es der Herr nicht besser? Vielleicht war er einfach nur unbedarft. Weder Karl Barth noch Rudolf Bultmann sympathisierten jemals mit den Deutschen Christen. Im Gegenteil - sie bekämpften sie unabhängig voneinander bereits in ihren Anfängen.

Arthur konnte der Frage leider nichts entgegensetzen. Wie die meisten der Amtsbrüder aus seinem Kirchenkreis, vermochte er nicht zu sagen, was es mit den Deutschen Christen auf sich hatte. Er wusste auch nichts darüber, wie sich Karl Barth zu den Deutschen Christen verhielt und hatte kirchenpolitisch sowieso nur wenig Durchblick, war in keiner Weise gewappnet gegen das, was sich Nationalsozialismus nannte. Aktuelle Informationen blieben hinter dem »Korridor« und - kilometerweit vom nächsten Amtskollegen entfernt - oft undurchsichtig und zwielichtig. Ihr Wahrheitsgehalt war kaum zu überprüfen, wie bei jeglicher Form von Mund-zu-Mund-Propaganda. Ein klares Entweder-oder, Arthurs bevorzugte Strategie, ergab sich häufig deshalb nicht, weil es kein klares Erkennen gab. Und so neigte Arthur dazu, seinem Superintendenten zu folgen, es sei denn, es stand dem aus biblischer Sicht etwas entgegen. Über die Deutschen Christen war in der Bibel jedoch nichts zu finden. Und Karl Barth hatte sinngemäß gesagt (und das war auch bis zu Arthur gedrungen): »Wir tun nichts anderes, als dass wir Theologie betreiben, als wäre nichts geschehen.« Das konnte bedeuten, so zu tun, als wäre nichts geschehen, oder, weiter die eigene theologische Linie zu verfolgen, trotz allen Geschehens ringsumher. Wo blieb der gute Rat?

Zur gleichen Zeit verfiel Arthurs ehemaliger Leitwolf aus dem Elbinger Bibelkreis dem Führer. Gustav Adolf Gedat, genannt »Guckel«, beschrieb in seinem Buch »Auch das nennt man Leben« ekstatisch die Rede Adolf Hitlers im Sportpalast, gehalten am 10. Februar 1933: »Draußen Schreie und Rufen der Menge, Jubel schwillt an, steigert sich, zunehmend, lauter und immer lauter, alle fallen mit ein, … tausende … zehntausende … Stürme brausen durch die Weite des Raums, stärker und immer stärker, schwellen an zu Orkanen … Leidenschaft ist entflammt.

Der Führer ist da!

Vorn steht der Mann, dem Deutschland das Neue verdankt.

Lange konnte er nicht sprechen. Der Jubel der Menge will nicht enden.

Es spricht der Führer, und um ihn sitzen die Menschen, glaubend, hoffend, alles von ihm erwartend. Unheimlich ist das Schweigen, durch das seine Stimme dringt, fordernd, zwingend. Dann rasen die Stürme des Beifalls, und er muss warten und warten, denn der Jubel der Menge will nicht enden.

Es spricht der Führer ... mich zwingend, fordernd. Ich ahne es ... ich bin im neuen Deutschland ... Sehnsucht ist erfüllt ... in ihm hat die Sehnsucht der Millionen deutscher Menschen in aller Welt einen Ausdruck gefunden. Das neue Deutschland ist da .... Der Mann ist sein Führer!

Kann aber einer der vielen im Saal das ganz erfassen, was ich erlebe? Erfüllung klingt mir in den Ohren ... Erfüllung ... und immer das gleiche. Stürmende Freude hat mich erfasst und macht mich fast trunken.«

Fast? Guckel, was soll denn noch kommen? Du bist doch schon besoffen.

Leider geriet dieses Machwerk damals nicht in Arthurs Hände, sonst wäre er vermutlich allein wegen des ekstatischen Geseires auf Abstand zu solcherart deutschen Christen gegangen, hätte ein gewisses Maß an Klarheit gewonnen. Denn er war nicht mehr der jugendliche Schwärmer, er war ein studierter Mann. Er hätte gemerkt, dass Guckel und andere auf schlimmste Abwege geraten waren. Hätte er?

Arthur trat den Deutschen Christen bei – der Superintendent führte die meisten seiner Pfarrer diesem Bunde zu. Arthur sah auch nach dem Desaster des Weltkrieges für Deutschland keine Veranlassung, sich des Volkes der Dichter und Denker zu schämen. Der Krieg hatte ihm gar nicht gefallen, doch die Deutschen waren deshalb noch lange kein verkehrtes Volk. Er und seine Amtsbrüder erkannten in der deutschen Kultur ein Geschenk und in der Fortführung der Geschichte einen Auftrag Gottes. Das Geschenk war dankbar anzunehmen und der Auftrag ernsthaft und verantwortungsbewusst zu erfüllen.

Am 5. März 1933 wurde die NSDAP stärkste Kraft im deutschen Reichstag. Arthur hatte nicht die NSDAP, sondern die Zentrumspartei gewählt. Die aber hatte so schlecht abgeschnitten wie niemals zuvor, einfach jämmerlich. Pech gehabt, Arthur! Pech gehabt, alle anderen!

Die ostpreußischen Wahlberechtigten hatten sich besonders häufig für Adolf Hitler entschieden. Wäre es nach ihnen gegangen, hätte seine Partei die absolute Mehrheit erhalten. Warum eigentlich? Das fragte sich nicht nur Arthur. Die Antwort war relativ einfach. Die Ostpreußen erhofften sich von Hitler, diesem energischen Kerl, dass er und seine Partei sie aus der unwürdigen Korridor-Situation befreien und ihnen anschließend großen wirtschaftlichen Aufschwung bescheren würde.

Es gab unzählige Möglichkeiten, sich für Führer, Volk und Vaterland einzusetzen. Für die Jugend zum Beispiel in der HJ, dem BDM, dem DJ und bei den DJU (in der Hitlerjugend, dem Bund Deutscher Mädel, dem Deutschen Jungvolk usw.). Die Jüngeren bekamen schon im Kindergarten hübsche Geschichten vom lieben Führer zu hören. Leute, die sich noch nicht scheuten, ihren Witz zu versprühen, meinten, es fehle nur noch eine NS-Organisation für Säuglinge, die man am besten als »AA-Männer« in die Reihen der Führergefolgschaft eingliedern sollte. Vielleicht war es temporär doch nicht so schlecht, als Mädchen geboren zu sein.

Die Machtergreifung Adolf Hitlers war für Arthur - Witze hin oder her - ein Ärgernis. Arthur mochte keine Schreihälse. Hitler übertönte alle bisherigen mit seinem widerwärtigen Gekreisch um das Vielfache. Wie konnten Menschen von so etwas begeistert sein?

Hitlers Antritt in Ostpreußen begann mit einer Rundfunklüge. Der Sieg des Führers sei spontan mit dem Geläut des Königsberger Doms gefeiert worden, wurde dort berichtet. Das Glockengeläut wurde gleich mitgeliefert. Der Königsberger Dom schüttelte sich angewidert, die Königsberger trauten ihren

Ohren nicht. Den meisten ostpreußischen Gläubigen außerhalb Königsbergs wurde jedoch erst Tage später zugetragen, dass sie eine Schallplatte mit dem Geläut des Halberstädter Domes zu hören bekommen hatten. Ja, dachten denn die Rundfunkverantwortlichen, die Königsberger würden ihr Domgeläut nicht kennen? Das Gemeindeblatt, welches die Fälschung aufdeckte, wurde verboten, allerdings war es da bereits in Umlauf gekommen. Bis die Nachricht zu Arthur nach Masuren gelangte, verging ziemlich viel Zeit. Arthur nahm solche Dinge zur Kenntnis, bewegte sie in seinem Herzen, hob sie in einem Winkel auf, dann ging er weiter seiner Arbeit nach.

Adolf Hitler, größter Schreihals vor dem Herrn, unterstützte auf seine Weise die Ziele, die die Deutschen Christen vertraten. Wobei diese eigentlich ihm zu Diensten waren, sich nun aber bestätigt fühlten. Was für ein genialer Schachzug. Obwohl sie Hitler folgten, schien es plötzlich, als wäre er einer der ihren. So klang es jedenfalls in seiner ersten Reichstagsrede am 23. März 1933. Da schmetterte er in einer grundsätzlichen Erklärung, dass die nationale Regierung (also nicht seine Partei – das war ein deutlicher Hinweis), in beiden Konfessionen wichtigste Faktoren zur Erhaltung unseres Volkstums sehe. Hielt er Religion für Folklore? Ein nicht uninteressanter Gedanke, fand Arthur. Wenn man ihn übernehmen würde, müsste man ultrareligiösen Verstiegenheiten nicht mehr so viel Aufmerksamkeit widmen.

Natürlich wurde erwartet, dass die Kirchen die Arbeit an der nationalen und sittlichen Erhebung des Volkes, die sich die Regierung zur Aufgabe gestellt hatte, würdigten. Da konnte Arthur nicht »Ach, du liebe Zeit!« sagen, hier wurde ein »Jawohl!« erwartet. Die Hauptvokabel der Masuren, das schöne Wort »Erbarmung!« mit zweimal rund und weich gerolltem R, lag für ihn hier allerdings noch näher. Doch etwas zu würdigen, hieß ja nicht, alles zu bejahen. Schon gar nicht, was dieser ordinäre Herr Hitler von sich gab oder gar erließ. Das Gesetz zur Wiederherstellung des Berufsbeamtentums vom 7. April 1933 zum Beispiel, das in seinem dritten Paragrafen ausführte: »Beamte nichtarischer Herkunft sind in den Ruhestand zu versetzen.«

Arthur kannte keinen nichtarischen Beamten persönlich, wusste aber, dass es einige Pfarrer gab, auf die dieser seltsame Begriff passte. Anscheinend sollten diese Kollegen aufhören zu arbeiten. Das war absurd. Immerzu nötigten der Schreihals und seine Partei die Menschen dazu, sich über Sachen Gedanken zu machen, die ihnen selbst im Traum nicht eingefallen wären. War das eine positive oder eine negative Herausforderung? Arthur wollte sich nicht auf diese Weise politisieren lassen. Aber er musste, zumindest im Rahmen seiner dienstlichen Verpflichtungen.

Sein ehemaliger Lehrer, Rudolf Bultmann, protestierte gegen die Diffamierung der Juden. Sie stelle eine dämonische Verzerrung dar und sei nicht vom Geist der Liebe getragen. Weiter sagte er 1933 in seiner Theologischen Enzyklopädie: »Volk ist im echten Sinne kein biologisches, sondern ein geschichtliches Phänomen, das heißt, unsere Teilhabe daran ist nicht eine Frage der Abstammung, sondern ist eine Frage der Existenz.«

Dieser Text wäre für Hitler bestimmt zu komplex gewesen, aber er bekam ihn wahrscheinlich gar nicht in die Hand. Arthur leider auch nicht. Er bekam nur mit, dass sich in der Nachbarschaft ein Ortsgruppenleiter der NSDAP darüber aufregte, dass der Pfarrer in seinem Bezirk ständig über Texte des Alten Testaments predigte. Der Ortsgruppenleiter behauptete, dass die Leute deshalb die jüdischen Geschäfte nicht ausreichend boykottierten. Sie hätten anscheinend nicht verstanden, dass der Boykott der jüdischen Geschäfte eine dem deutschen Volk aufgezwungene Abwehrmaßnahme sei, mit der man gegen die Gräuelpropaganda vorgehen müsse, die die - natürlich in jüdischen Händen befindliche - ausländische Presse gegen Deutschland betreibe. Diese Hetzschriften bewirkten schließlich, dass deutsche Waren im Ausland boykottiert wurden. Und das sei nicht hinnehmbar, erregte sich der Ortsgruppenführer. Erbarmung? Gab es nicht. Es gab das Gegenteil. Zur Abwehr der »jüdischen Gräuel- und Boykotthetze« wurde ein Zentralkomitee gegründet und am 1. April - entgegen der jahrhundertealten Tradition des Aprilscherzes - offiziell zu einem Boykott aller jüdischen Geschäfte aufgerufen. Deutsche! Wehrt euch! Kauft nicht bei(m) Juden! - Die Juden sind unser Unglück! - Meidet jüdische Ärzte! - Geht nicht zu jüdischen Rechtsanwälten!

Dieser Boykott war zunächst nicht sehr erfolgreich. Zum einen, weil an einem Sonnabend - für Juden der Sabbat - die meisten Juden ihre Geschäfte sowieso geschlossen hielten. Zum anderen, weil viele überhaupt nicht wussten, welche Geschäfte auf welche Weise jüdisch waren. Und sollte man Geschäfte mit arischen Geschäftsführern, die aber in jüdischem Besitz waren, auch boykottieren? Dennoch, der Anfang war gemacht.

Ob Arthur an der schrecklichen Aktion etwas auszusetzen fand, ist nicht überliefert. Überliefert hingegen ist, dass der evangelische Generalsuperintendent Otto Dibelius am 1. April 1933 folgendes äußerte: »Schließlich hat sich die Regierung genötigt gesehen, den Boykott jüdischer Geschäfte zu organisieren - in der richtigen Erkenntnis, dass durch die internationalen Verbindungen des Judentums die Auslandshetze dann am ehesten aufhören wird, wenn sie dem deutschen Judentum wirtschaftlich gefährlich wird. Das Ergebnis dieser ganzen Vorgänge wird ohne Zweifel eine Zurückdämmung des jüdischen Einflusses im öffentlichen Leben Deutschlands sein. Dagegen wird niemand im Ernst etwas einwenden können.«

Was sowohl die niedere als auch jede andere Geistlichkeit nicht zu lesen bekam, war eine Notiz, die sich der Propagandaminister Joseph Goebbels einige Monate später machte, nachdem er einer Geheimansprache Adolf Hitlers gelauscht hatte. »Wir werden selbst eine Kirche werden«, schrieb er als Schlussfolgerung auf das Gehörte in seine Kladde. Ganz sicher war er, dass diese Kirche ohne Juden auskommen werde, sowohl in ihrer schriftlichen Lehre als auch beim Personal.

## Geschichten aus dem Irgendwo

In Adlig Kessel erledigte Arthur unterdessen weiter seine pastörlichen Angelegenheiten. Er hatte Sorgen. Kleine übergenug, große zu viel. Es wurde Zeit, die Sorgen mit jemandem zu teilen. Aber da war ja immer noch der tiefdunkle Fluss.

Bei den kleineren Sorgen handelte es sich überwiegend um Sorgen, die ihm die masurischen Gemeindeschäfchen bereiteten. Zum Beispiel: Arthur wurde zu einer Sterbenden gerufen, um ihr das Abendmahl zu reichen. In dieser heiligen Handlung war er inzwischen geübt, so dass er sich ganz unbesorgt auf den Weg machte. Als er das Haus der vermutlich bald trauernden Familie betrat, traf er niemanden an. Auch die im Sterben liegende Großmutter fand er nicht vor. Auf sein lautes Rufen hin kam eines der halbwüchsigen Kinder, vermutlich ein Urenkelchen, angelaufen, zog ihn in das Esszimmer und zeigte in eine Ecke.

»Da ist die Großmutter«, sprach das Kind.

Arthur konnte im Halbdunkeln nichts erkennen. Hier lag ja alles kunterbunt durcheinander. Die Möbel waren abgedeckt, die Stühle standen verkehrt herum auf dem Esstisch.

»Wo bitte ist die Großmutter?«

Das Kind trat an eines der Fenster und hob ein Laken an, das über eine vermeintliche Eckbank gebreitet war. Hervor kam das runzlige Gesicht der Großmutter, die mit hoffnungsvollem Augenaufschlag Arthur direkt ins Gesicht blickte und ihren Mund zu einem breiten, wenn auch zahnlosen Lächeln verzog.

»Da haben sie einen Schreck jekriegt, was, Herr Pfarrer?«

Tatsächlich war er kurz zurückgezuckt, dann hatte er verstanden, zumal das Kind umgehend die Erklärung lieferte. Der Raum, in dem die bisher Unverstorbene lagerte, wurde bereits für die bevorstehende Beerdigungsfeier festlich geweißelt. Zum Schutz der Dahinscheidenden vor rieselndem Putz und Farbgeklecker hatte man sie fürsorglich mit einem Laken zugedeckt.

Arthur waltete seines Amtes, jedoch nicht ohne seinerseits öfter als bei dieser Amtshandlung im Allgemeinen üblich zu lächeln. Er fand das Ganze überaus komisch. Es war komisch. Seine Sorge: Durch solche Begebenheiten würde ihm auch noch das letzte bisschen Pathos bei einer, also vor allem bei dieser, Beerdigung abhandenkommen. Wer sollte da noch weinen?

Ein weiteres Beispiel: Eines schönen masurischen Tages wurde Arthur nach Lyssuhnen abgeholt, einem vier Kilometer entfernten Örtchen. Der Bauer, dem der Besuch galt, sah ihn kommen und trat den Rückzug an. Er wollte den Pfarrer plötzlich doch nicht mehr sprechen. Der Rückzug erfolgte im Rückwärtsgang, langsam, ganz langsam, in aller dem Bauern zur Verfügung stehenden Würde. Vorsichtig hinter sich tretend, Aug in Auge mit Arthur, der ihm wie hypnotisiert folgte, landete er in der Speisekammer, deren Tür gerade offen stand. Dort befand sich ein riesiger Bottich mit Gänsedaunen. In diesen fiel der Bauer rückwärts hinein und war anschließend nicht wiederzuerkennen. Arthur entwich nun seinerseits rückwärtsgehend, um nicht den Würdeverlust des Bauern durch den Verlust der pfarrherrlichen Fassung zu vergrößern. Das geplante Gespräch fand nicht statt.

Der Bauer erzählte die Geschichte beim nächsten Gang ins Wirtshaus, wurde ausgelacht, ergrimmte und wollte aus der Kirche austreten. Darüber wurde noch mehr gelacht. Deshalb trat er am Ende doch nicht aus. Worüber hatte er mit dem Pfarrer sprechen wollen?

Ein vorerst letztes Beispiel für eine kleinere Sorge: Echte Mühsal bereitete Arthur die Größe seines Sprengels. Die dörflichen Friedhöfe lagen drei bis sieben Kilometer von Kirche und Pfarrhaus entfernt. Bei schlechtem Wetter war die Anfahrt eine Herausforderung, zumal die bäuerlichen Gefährte, auf die er geladen wurde, jeglichen Komfort vermissen ließen.

Bei seiner nächsten Fahrt nach Lyssuhnen, er war auf dem Weg zur Bibelstunde, kam Arthur ein Fuhrwerk mit dem Sohn des Amtsvorstehers entgegen. Arthurs Kutscher hob die Hand zum Hitlergruß, das war schließlich inzwischen Vorschrift. Da bei der Abschlussphase der spontan-zackigen Bewegung die Zügel klatschend auf dem Hinterteil des Pferdes landeten, verstand dieses die Handbewegung als Anfeuerung. Anstatt sich elegant am Gegenverkehr vorbeizubewegen, geriet der Gaul hügelabwärts in Trab. Der Schwengel schlug ihm auf die Fersen (bei Pferden genannt Gleich- und/oder Fesselbeine) und er ging durch, das Fuhrwerk mal nach rechts, mal nach links hinter sich her schlenkernd. Das Gefährt hatte keine Bremse und näherte sich diesem oder jenem Baum. Gerade noch rechtzeitig vor einer Karambolage mit so einem Holz kippte der Wagen um. Arthur flog zehn Meter durch die Luft, kam abseits des Weges auf einem Stein nieder und brach sich den linken Arm an. Der Kutscher brach sich eine Rippe und die Fahrt war zu Ende.

Zum Glück konnte Arthur die zahllosen Geschichten bestens in Worte fassen und der lieben Käthe oder seinen Eltern brieflich eine Freude machen oder sie zum Gruseln bringen. Käthe amüsierte sich köstlich. Natürlich war ein angebrochener Arm unangenehm, aber Arthur hatte offensichtlich stabile Knochen, denn es hätte schlimmer kommen können. Und wenn er so humorvoll darüber schreiben konnte, war das Schlimmste wohl überstanden.

Aber da waren ja noch die großen Sorgen: Der Staat schrieb für den 23. Juli 1933 Kirchenwahlen aus. Diese Einmischung war unerhört! Mindestens so unerhört war, dass es nur neun Tage Vorbereitungszeit gab. Selbstverständlich wurden die Deutschen Christen staatlicherseits angepriesen. Die kurzfristig gegründete und propagierte Gegenbewegung »Evangelium und Kirche« mit dem Slogan »Kirche muss Kirche bleiben« hatte an vielen Orten kaum Chancen. Plötzlich gab es überall neue Gemeindekirchenräte, überwiegend durch NSDAP-Mitglieder besetzt, die vorher selbst manchmal gar nichts von ihrem »Glück« gewusst hatten und überhaupt nicht in die Gemeindelandschaft passten, ja nicht einmal aktive Gemeindeglieder waren. In Arthurs Kirchengemeinde war es allerdings nicht ganz so schlimm. Zum einen ließen die Masuren sich nicht so leicht aus dem Tritt bringen, zum anderen hatte Arthur sich nach Kräften bemüht, eine Polarisierung zwischen den Gemeindegliedern zu verhindern.

Leider war das an großen Sorgen längst nicht alles. Die Diskussion um den Arierparagraphen in der Kirche wurde immer dringlicher geführt. Durften Judenchristen weiter Pfarrer sein? Ja, warum denn bitte nicht? Jesus war schließlich auch Jude, das war nicht aus der Welt zu schaffen, Gott sei Dank.

Arthur erinnerte sich an seine jüdischen Schulkameraden. Einer von ihnen hatte ihm in seinem Elternhaus auf dem Klavier »Toska« vorgespielt. Nicht unbedingt Arthurs Musikgeschmack, aber großartig in der Ausführung. Sechs von den dreizehn Abiturienten aus seiner Klasse waren Juden und hatten sich Seite an Seite mit ihm durch das Abitur gekämpft. Nie war ein böses Wort zwischen ihnen und den anderen Schülern gefallen. Freundschaftliche Bande hatten sich damals allerdings auch nicht entwickelt. Warum eigentlich nicht? Hatten die Klassenkameraden sich abgesondert oder waren sie abgesondert worden? Sie waren anders. So anders, wie jeder von uns jungen Herren bei Weitem anders als der andere war, erinnerte sich Arthur. Oder etwa doch noch ganz anders? Daran erinnerte sich Arthur nicht. Was wohl aus ihnen geworden war?

In Adlig Kessel waren 1914 die Kirchenbücher verbrannt, was Arthur vor dem Gewissenskonflikt bewahrte, jemandem eine jüdische Großmutter in seinen arischen Stammbaum schreiben zu müssen oder ihm zuliebe eine barmherzige Urkundenfälschung zu wagen, wie es manchem Amtsbruder auferlegt war. Politisch sah es nun so aus, dass viele Theologen und andere Kirchenvertreter ein maßvolles Vorgehen des Staates gegen die Juden für gerechtfertigt hielten. Noch viel mehr andere Leute taten das auch. Sie zogen zur Rechtfertigung ihrer Haltung besonders gern das für alles und noch mehr geeignete Vorbild Martin Luther heran. Er wurde demnächst vierhundertfünfzig Jahre alt und bot sich rechtzeitig zur Machtübernahme Hitlers als oberdeutscher Politikversteher an. Schließlich hatte er das heutige Problem bereits vor hunderten von Jahren erkannt und formuliert: »Ein solches verzweifeltes durch böstes, durch giftetes, durch teufeltes Ding ist's um diese Juden, so diese 1400 Jahre unsere Plage, Pestilenz und alles Unglück gewesen sind und noch sind. Summa, wir haben rechte Teufel an ihnen. Das ist nichts anderes. Da ist kein menschliches Herz gegen uns Heiden. Solches lernen sie von ihren Rabbinern in den Teufelsnestern ihrer Schulen.« In seinem Werk »Von den Juden und ihren Lügen« aus dem Jahr 1543 fragte sich Luther: »Was sollen wir Christen nun tun mit diesem verdammten, verworfenen Volk der Juden?« Und er beantwortete die Frage selbst mit einem Vorschlag, der sieben Schritte zur »scharfen Barmherzigkeit« enthielt - vom Niederbrennen der Synagogen bis hin zum Lehrverbot für Rabbiner.

Hitler war es ein Vergnügen, hin und wieder mit einem Lutherzitat aufzuwarten. Von Luther selbst sagte er: »Luther war ein großer Mann, ein Riese. Mit einem Ruck durchbrach er die Dämmerung, sah den Juden, wie wir ihn erst heute zu sehen beginnen.«

Sprachlich lagen seine Auslassungen allerdings nicht ansatzweise auf Luthers Niveau, denn das Bild, ruckartig die Dämmerung zu durchbrechen, war mindestens eigenartig. Doch trotz seiner sprachlichen und anderen Defizite wurde Hitler immer häufiger mit Luther verglichen. Der Professor für Kirchengeschichte in Erlangen, Hans Preuß - ein Namensvetter von dir, Arthur, doch hoffentlich nicht verwandt - veröffentlichte 1933 in der angesehenen Allgemeinen Evangelischen-Lutherischen Kirchenzeitung einen Aufsatz unter dem Titel »Luther und Hitler«. Beide waren deutsche Führer, beide zur Errettung des Volkes berufen, beiden ging der Schrei nach einem großen Manne der Rettung voraus, beide waren aus dem Bauernstand, sie traten in den dreißiger Jahren ihres Lebens als gänzlich unbekannte Leute auf, beide liebten ihr Vaterland, die Frauen traten für beide aus der Öffentlichkeit zurück in die Häuslichkeit, beide lehnten den Parlamentarismus ab und kämpften einen Zwei-Frontenkrieg und als leuchtende Schlussparallele: »Luther und Hitler fühlen sich vor ihrem Volke tief mit Gott verbunden. … Man hat gesagt, dass deutsche Volk habe dreimal geliebt: Karl den Großen, Luther und Friedrich den Großen. Wir dürfen nun getrost unseren Volkskanzler hinzufügen. Und das ist wohl die lieblichste Parallele zwischen Luther und Hitler.« Eine lieblichste Parallele? Arthur wollte davon nichts wissen, das war ja alles absurder Kram. Sein Lehrer, Rudolf Bultmann, war schon zu Arthurs Studienzeit gegen jegliche Form von Antisemitismus resistent gewesen, soviel konnte Arthur noch aus seinem Gedächtnis abrufen. Der Antisemitismus war schließlich keine Erfindung von Adolf Hitler. In Arthurs Umfeld gab es leider keinen Bultmann, jedoch allerhand Juden, zum Beispiel in Johannisburg. So hätte er neben den Masuren auch die jüdische Bevölkerung des Landstrichs – es waren viele aus Polen zugewanderte Fischer darunter – zur Überprüfung jeglicher Thesen heranziehen können. Tat er aber nicht. Sie waren ihm nicht anvertraut. Sie waren ihm nicht vertraut. Traute er ihnen (nicht)?

## Über den tiefdunklen Fluss

Käthe wagte es unterdessen, trotz oder mithilfe von Nichtwahrnehmung beziehungsweise Unterschätzung der Brisanz der innerdeutschen Verwerfungen, von zu Hause auszuziehen. 1933 studierte sie ein wunderschönes Sommersemester lang in Göttingen.

In ihr Tagebuch schrieb sie: »Hier ist es herrlich! Gestern ist Mutter endlich wieder nach Hause gefahren, nachdem wir zusammen ein Zimmer für mich gesucht haben. Sie ist wohl recht beruhigt über die schöne Lage und die seriöse Wirtin. … Vor Semesterbeginn habe ich noch freie Zeit. Ich bin frei! Ich bin allein! Heute habe ich Stadt und Umgebung erkundet. Ein hoher lichter Buchenwald und unten, soweit das Auge reicht, ein weißer Anemonenteppich. Die Schönheit überwältigte mich; das Bewusstsein, diesem Wunder allein, also ohne einen anderen Menschen gegenüberzustehen, machte mir Angst.«

Vermutlich nicht, um ihr die Einsamkeit zu nehmen, legte ihr der Vater nahe, dem Nazi-Studentinnenbund beizutreten. Er selbst trat im Sommer 1933 in die NSDAP ein. Tatsächlich war er auf Hitlers Propagandamaschinerie hereingefallen, die jeder gesellschaftlichen Gruppe das versprach, was diese sich wünschte. Herbert Lefort folgte diesem Wunschdenken. Die Niederlage Deutschlands und der Verlust seiner elsässischen Heimat hatten ihn hart getroffen. Der wirtschaftliche Niedergang infolge des Versailler Vertrages ebenso. Sein größtes Motiv war aber wohl, dass er als ausführender Regierungsbediensteter die Pflicht verspürte, der regierenden Partei beizutreten. Nach der, so nannte er sie, »demokratischen Kaspertruppe der Weimarer Republik«, begrüßte er Hitler als starken Mann, als den Nachfolger des Kaisers. Hitler würde für Ordnung und eine straffe Führung sorgen.

***

Im Sommer, während der Semesterferien, wollte Käthe ihre Schwester in Drygallen besuchen. Zur Vorfreude auf die Reise gesellten sich kleine wohlige Erschauerungsanfälle, wusste sie doch, wer sie - außer ihrer Verwandtschaft natürlich - im tiefsten Masuren erwartete. Der dicke Packen mit Briefen des ostpreußischen Jünglings, der inzwischen evangelischer Pfarrer geworden war, lag wohlverwahrt an geheimer Stelle in ihrem Wäscheschrank.

Weder ihrer Schwester noch den Eltern hatte sie bisher etwas von ihrer brieflichen Beziehung zu Arthur erzählt. Sie ahnte, dass es Schwierigkeiten geben würde, sollte sich aus dieser Bekanntschaft etwas Ernsteres entwickeln. Wobei für sie das Ernstere solch einer Angelegenheit wieder einmal einen anderen Namen hatte: Freude. Käthe machte sich auf die tausend Kilometer lange Reise - eine weitere Freude! Schließlich war sie immer noch jung und frei.

Die Familie Buttkus hatte Zuwachs bekommen: ein Söhnchen. Käthe nahm ihren Neffen in Augenschein. Was für ein seltsames Wesen. Es roch fast immer gut, zappelte im wachen Zustand herum und sah niedlich aus, wenn es nicht gerade schrie. Wenn es schrie, sah es furchterregend aus und hörte sich auch so an. Käthe konnte sich vorstellen, dass das Geschrei selbst ein Raubtier in die Flucht schlagen würde. Das war wohl auch so vorgesehen. Den masurischen Wölfen zum Beispiel, denen würde Hören und Sehen vergehen, ganz bestimmt. Natürlich sollte auch dem Hauptsäugetier, der Mutter, signalisiert werden, dass jetzt, und nicht irgendwann einmal, unbedingte Zuwendung gewünscht war. Ein Glück, dass dieses Wesen Käthe nicht direkt betraf. Trotzdem übernahm sie als frisch gebackene Tante ein Mindestmaß an Verantwortung und schob den Kleinen so manches Mal durch die Landschaft. Auf mehr mochte sie sich jedoch nicht einlassen. Weder wollte sie ihn wickeln noch ihm Nahrung zuführen. Sie war neunzehn Jahre alt und hatte anderes im Kopf. Die Zusammenhänge zwischen dem, was sie im Kopf hatte, und möglichem Kindergeschrei erschlossen sich ihr nicht unmittelbar. Schließlich hatte sie bisher noch immer niemand aufgeklärt.

Das Subjekt, das ihr in Gedanken so nahe war, kam wie erhofft für eine Woche nach Drygallen herüber: Arthur. Friedrich und Magda dachten sich nichts dabei, war der Freund doch häufiger bei ihnen zu Gast. Außerdem waren sie zu sehr mit den eigenen Angelegenheiten beschäftigt, um das Offensichtliche wahrzunehmen. So konnten Arthur und Käthe viel Zeit miteinander verbringen. Was lag näher für Arthur, als Käthe mit aufs Wasser zu nehmen? Wie überall in Masuren war der nächste See nicht weit und ein Ruderkahn schnell gefunden. Arthur gab stundenlang den Bootsmann, rammte weder Ufer noch andere Wasserfahrzeuge, handhabte elegant und kraftvoll die Ruder und war mit sich und der Welt zufrieden. Bis ihm irgendwann schwante, dass Käthe vielleicht nicht so gerne auf dem Wasser war wie er. Sie wurde stiller und stiller, war auch recht blass.

»Du kannst doch schwimmen, Käthe, nicht wahr?«, fragte Arthur sie anlässlich ihrer dritten Ruderpartie.

»Selbstverständlich kann ich schwimmen«, antwortete sie pikiert.

»Ja, warum guckst du dann so missvergnügt? Hast du etwas Falsches gegessen, ist dir übel?«

»Nein! Es ist das viele Wasser. Es ist so tief und dunkel. Schau doch hinein!« Käthe beugte sich über den Bootsrand und starrte angestrengt in das schwarze Wasser.

Arthur tat es ihr nicht nach. Was sollte da schon sein?

Käthe wusste es besser. »Siehst du, wie es da wuselt und gruselt? Entweder es ist grün von Schlingpflanzen oder schwarz und abgründig. Stell dir vor, was da unten in der Tiefe alles herumwabert. Wenn ich mich hinabbeuge, dann sieht es mich an. Und dann schaudert es mich.«

»Wenn du dich hinabbeugst, dann siehst du dich und niemanden sonst. Und wenn du dich noch weiter hinabbeugst, fällst du hinein.« Arthur klatschte mit dem Ruder auf das Wasser, so dass sich Käthes Abbild in den Wellen auflöste. »Jetzt bist du verschwunden, siehst du? Jetzt ist da unten nur noch der wilde Wassermann, der tief im See wohnt. Aber der kommt fast nie an die Oberfläche. Ich passe schon auf, dass er dich nicht holt.«

»Das sagst du so. Du nimmst mich nicht ernst. Ich habe Angst vor dem Wasser, vor dem Wassermann auch, wobei es den natürlich nicht gibt. Aber die Schlingpflanzen, die gibt es. Sie wollen mich verschlingen, warum sonst sollten sie so heißen. Findest du sie nicht auch gruselig?«

Fort war die Romantik. Schluss aus. Das Wasser, Arthurs liebstes Element, sie mochte es nicht.

»Gefällt es dir denn gar kein bisschen, das Rudern auf dem schönen See?«

»Ein bisschen schon. Aber vielleicht müssen wir nicht jeden Tag hinaus.«

Du liebe Zeit, was sollten sie denn sonst unternehmen? Zum Pilze sammeln war es zu früh im Jahr und außerdem hatte es nicht genügend geregnet. Also fuhren sie gemeinsam Fahrrad, wobei es da nicht viel Gemeinsames gab, denn Arthur fuhr vor Käthe und Käthe demnach hinter ihm her. Besonders unterhaltsam war das nicht. Er zerbrach sich den Kopf. Dann hatte er eine Idee. Sie würden gemeinsam wandern, Blumen und Pflanzen sammeln und diese von der Kräuterfrau im Ort bestimmen lassen. Das war schön und nützlich zugleich. Und abends würden sie musizieren und sich gegenseitig etwas vorlesen. Vielleicht durfte er ihr sogar das Lied vom wilden Wassermann vorsingen?

So geschah es, einschließlich des Liedes:

Es freit ein wilder Wassermann
in der Burg wohl über dem See.
Des Königs Tochter musst er han,
die schöne junge Lilofee.

Sie hörte drunten Glocken gehn
im tiefen, tiefen See.
Wollt Vater und Mutter wiedersehn,
die schöne junge Lilofee.

Und als sie vor dem Tore stand,
vor der Burg wohl über dem See,
da neigt sich Laub und grünes Gras
vor der schönen jungen Lilofee.

Und als sie aus der Kirche kam
von der Burg wohl über dem See,
da stand der wilde Wassermann
vor der schönen jungen Lilofee.

Sprich, willst du hinunter gehn mit mir
von der Burg wohl über dem See.
Deine Kindlein weinen nach dir,
du junge schöne Lilofee.

Und eh ich die Kindlein weinen lass
im tiefen, tiefen See,

scheid ich von Laub und grünem Gras,
ich arme junge Lilofee.

Da war sie wieder, die Romantik, Gott sei Dank! Das Lied begleitete Käthe bis in die Träume und die ihnen verbleibende gemeinsame Zeit in Drygallen verging wie im Fluge. Und so begab es sich, dass Arthur – er wusste selbst nicht, wie ihm geschah – bei Käthe um Käthes Hand anhielt, sie sich ihm versprach und daraus ein Verlöbnis entstand, auch wenn weit und breit keine Burg zu sehen war. Friedrich und Magda erwischte es kalt, als Arthur und Käthe eines schönen Sommermorgens noch vor dem Frühstück ihre Verlobung bekannt gaben.

Magda war fassungslos, vergaß darüber aber nicht ihre Manieren. »Bitte setzt euch. Lasst uns erst mit dem Essen beginnen.«

Der Hausherr sprach das Tischgebet, dann wurde das Brot herumgereicht und alle bedienten sich an den leckeren Frühstückszutaten. Butter vom Nachbarn, Himbeermarmelade aus dem eigenen Garten und Waldhonig vom Förster. Dazu gab es frische Milch.

»Wissen unsere Eltern Bescheid?«, fragte Magda ihre Schwester, nachdem alle versorgt waren. »Hast du sie gefragt? Hast du, Arthur, um Käthes Hand angehalten? Ich bezweifle, dass sie eurer Verbindung zustimmen.«

»Wieso sollten sie das nicht tun?«, fragte Arthur erstaunt. »Gegen deine Ehe mit Friedrich hatten sie doch auch nichts einzuwenden.«

»Unsere Ehe ist Teil des Problems«, meinte dieser. »Das hört sich seltsam an, ich weiß. Aber Magda war katholisch und ist konvertiert, um mich, den evangelischen Pfarrer, heiraten zu können. Käthe ist katholisch und müsste nun ebenfalls konvertieren, um von dir, dem nächsten evangelischen Pfarrer, geheiratet zu werden. Ihr glaubt doch nicht im Ernst, dass meine katholische Schwiegermutter gestatten wird, dass ihr beide Töchter auf diese Weise aus dem Haus kommen?«

Da war er plötzlich, der Ernst.

»Soweit ich informiert bin, muss hauptsächlich der Vater zustimmen. Und dein - bald hoffentlich auch mein - Schwiegervater ist evangelisch. Er wird nicht mit zweierlei Maß messen.« Arthur war zuversichtlich.

»Ich glaube auch nicht, dass mein Vater etwas dagegen hat«, mischte Käthe sich ein. »Er hat dich im letzten Jahr kennengelernt und ihr habt euch gut verstanden, nicht wahr? Außerdem macht er immer, was ich sage.« Sie wollte irgendeinen Ernst gar nicht erst zum Bleiben auffordern.

»Das mag ja in der Regel zutreffen, aber es gibt noch etwas, das du nicht wissen kannst, Arthur. Vielleicht weißt du es ja auch nicht, Käthe.« Friedrich ließ die nächste Katze aus dem Sack. »Damit Magda konvertieren und mich heiraten durfte, hat ihre Tante Luise, also auch deine Tante, liebe Käthe, einem katholischen jungen Mann das Theologiestudium finanziert. Er erhält im nächsten Jahr die Priesterweihe. Das war sozusagen als Ablöse, Ausgleich, ja vielleicht sogar als Buße gedacht. Ich kann mir nicht vorstellen, dass die Tante noch einmal etwas springen lässt. Warum sollte sie so viel Geld aufbringen, nur, damit ihre zweite Nichte auch noch die katholische Kirche verlässt?«

»Das kann doch keine Angelegenheit des Geldes sein. Hier geht es um Liebe!«, entrüstete sich Käthe.

Arthur hing begeistert an ihren Lippen.

»Ich würde so oder so konvertieren«, führte sie weiter aus. »Da können sie gar nichts machen. Wir leben schließlich im zwanzigsten Jahrhundert. Ich bin im heiratsfähigen Alter, Arthur ist Beamter mit einem gesicherten Einkommen, es ist doch alles so, wie es sein soll. Und der liebe Herr Jesus, wenn ich den bitte anführen darf, hat die Kirche nicht erfunden, sondern tat damals und verrichtet auch heute noch seine Werke überkonfessionell. Wenn die Ehe ein heiliges Sakrament sein soll, bei dem Jesus seine Hand im Spiel hat, dann kann man hier nicht solche menschengemachten Barrieren aufbauen.«

Arthur starrte sie bewundernd an. Er hätte es nicht besser formulieren können.

»Sei es, wie es sei«, meinte Magda salomonisch. »Wir wollen uns durch diese Angelegenheit nicht das schöne Frühstück verderben lassen. Von mir jedenfalls euch beiden einen herzlichen Glückwunsch.«

Friedrich schloss sich dem selbstverständlich an. Und natürlich würde er seinen Freund darin unterstützen, ebenfalls eine Lefort über den tiefdunklen Fluss zu holen.

Käthes telegrafische Nachricht nach Wuppertal löste einen Eklat aus. Die streng katholische Tante, Käthe eigentlich sehr zugetan, erhob vehement Einspruch gegen die geplante Verbindung und es kam fast zum Bruch mit ihrer Schwester Rose, Käthes Mutter. Ihre Eltern waren insgesamt in einer schwierigen Situation, ganz abgesehen von den konfessionellen Fragen. Sie fanden es furchtbar, auch ihr zweites Kind an das ferne Ostland zu verlieren. Ja, so fühlte es sich an. Doch wollten sie tatsächlich nicht mit zweierlei Maß messen. Wie hätten sie es begründen können, dass das, was Magda hatte tun dürfen, für Käthe nicht infrage kam? Zumal beide Eltern den religiösen Dingen gar nicht so viel Wert beimaßen. Doch Roses Schwester war nicht nur eine moralische, sondern auch eine finanzielle Instanz. Als alleinstehende Studienrätin verfügte Tante Luise über ein Einkommen, von dem bisher auch ihre Schwester samt Familie profitierte. Sie hatten ihr wirklich viel Geld zu verdanken, zum Beispiel die Finanzierung von Käthes Studium. Das ja nun sein Ende finden würde, da Käthe schauderhafterweise eine masurische Pfarrfrau und keine Mathematikprofessorin werden wollte. (Wobei zu ihrer Ehren- oder auch Eherettung gesagt werden muss, dass in Deutschland zu dieser Zeit solche Karrieren nur in den seltensten Fällen überhaupt im Bereich des Vorstellbaren waren). Dennoch, so meinte Tante Luise: Was für eine Vergeudung an Geist und Geld! Das war Undank und Unvernunft. Die Tante würde der Familie den Geldhahn abdrehen. Das wiederum war Erpressung. Käthe, was hast du dir dabei gedacht? Käthe freute sich und ließ ihren geliebten Vater die Angelegenheit zu ihren Gunsten regeln.

Am Ende gab Tante Luise ihren Widerstand zwar auf, brach jedoch ihren Kontakt zu Käthe ab. Sie war verschnupft. Käthe fand das bedauerlich, verstand es nicht, beließ es dabei und wendete sich fröhlich anderen Dingen zu. Sie nahm ihr Studium nicht wieder auf und bereitete sich umsichtig auf ihre neue Rolle als Haus- und Ehefrau vor. Tatsächlich besuchte sie einen Hauswirtschaftskurs und einen, der medizinische Kenntnisse für »die Frau als Hausärztin« vermittelte.

## Der »Lümmel-Krause« sorgt für Klarheit

Die Stichflamme, die Arthurs schwelende Abneigung den Deutschen Christen gegenüber so in Brand setzte, dass er explosionsartig aus diesem Verein hinausgeschleudert wurde: Es war unter aller Würde, was der »Lümmel-Krause« auf der Versammlung der Deutschen Christen im Berliner Sportpalast am 13. November 1933 zu verkünden hatte. Reinhard Krause, seines Zeichens Religionspädagoge, breitete vor zwanzigtausend begeisterten Fans seine Sicht eines neu zu entwickelnden deutschen Christentums aus. Wieder wurde Luther, das völkische Vorbild, herangezogen. Die Reformation sollte im Geiste des Nationalsozialismus vollendet werden. Dazu waren alle »Undeutschen«, ob Hirten oder Glieder der Gemeinden, aus den Gottesdiensten zu entfernen. Es war widerwärtig. Als Arthur die Rundfunkübertragung hörte, bekam er fast einen Hörsturz. Krauses Tiraden erreichten unter frenetischem Getöse ihren Höhepunkt, als er forderte, das Alte Testament von seiner jüdischen Lohnmoral und den Viehhändler- und Zuhältergeschichten zu befreien. Der Beifall gab Arthur den Rest und er übergab sich in die nächstgelegene Kloschüssel.

Gott sei Dank traten nach Krauses fürchterlichen Äußerungen in den darauffolgenden Wochen nicht nur Arthur, sondern auch viele andere entsetzte Glaubensschwestern und -brüder aus den Deutschen Christen aus, so dass Arthur sich nicht isoliert fühlte, als er diese Vereinigung verließ, zumal es ihm einige seiner Kollegen gleichtaten. Er hatte es gerade einmal neun Monate in dieser »Glaubensbewegung« ausgehalten. Es gab einfach zu viel Unrat, den die Deutschen Christen anhäuften, während sie zu viel des Guten hinwegfegten.

Käthe fand Arthurs Austritt nicht amüsant. Sie fand ihn besorgniserregend. Deshalb warb er eindringlich um ihr Verständnis und erläuterte ihr schriftlich seinen Schritt. Er müsse schließlich seines Amtes walten. Und dazu gehöre nicht, die Bibel abzuschaffen, weder in einem Stück noch teilweise. Schließlich sei Gottes Wort das Einzige, an dem man sich noch festhalten könne. Arthur tat, was er konnte, um in Würde und verantwortungsvoll seines Amtes zu walten. Seine theologische

Ausbildung bei Bultmann und Barth half ihm dabei. Die Bibel bot genug Stoff, um ihn zu begleiten und sie gab ihm Sicherheit. Dennoch: »Erbarmung!«

## Agathe braucht einen neuen Vormund

Agathe hatte nicht nur einige Anstalten verschlissen, auch ihre amtlich bestellten Vormunde gaben sich die Klinke in die Hand. War sie doch gar zu schwierig und jeder neue Vormund machte die Erfahrung des alten, dass er von seinem Mündel bald verdammt, verurteilt, beschimpft und schlimmstenfalls bespuckt wurde. Das war einfach nicht auszuhalten. Deshalb musste der zuständige Gemeindewaisenrat einmal mehr auf die Suche gehen und schrieb an das Amtsgericht Lichterfelde am 9. November 1933: »Es war uns nicht möglich, einen geeigneten Vormund für Fräulein Agathe Preuß zu finden. Wir wandten uns daher an den Direktor der Brandenburgischen Landesanstalt Eberswalde, der uns folgende Herren namhaft machte:

Der Vetter, Herr Hofprediger Bruno Doehring, Berlin

Der Vater, Karl Preuß, Lehrer i. R.

Wir bitten, von diesen beiden Herren einen Vormund zu bestellen.«

Dabei hatten sie dank bürokratischer Missverhältnisse übersehen, dass der Hofprediger schon einmal gefragt worden war. Beide Herren lehnten ab. Der erstere, weil es weiterhin seine zeitlichen Möglichkeiten überstieg, sich um Agathe zu kümmern, der zweitere, weil er sich als zu alt befand. Insofern wurde empfohlen, einen Pflichtvormund für Agathe zu benennen. Ja, nun, das Jugendamt Zehlendorf lehnte dies ab. Wir wäre es mit dem Jugendamt in Eberswalde? Das zog sich hin und zog sich her, Agathe zu betreuen, das war schwer.

## Maulkorberlass und durch die Blume reden

Käthe hatte Erbarmen mit Arthur und entwickelte Verständnis für seine politische Haltung, doch ebenso hatte sie Angst um ihn. Er regte sich so furchtbar auf. Ob das gut war in seiner Position? Ihre Eltern machten sich ebenfalls Sorgen. Ein Kirchenbeamter durfte sich nicht zu sehr positionieren. Schließlich war er der Hirte aller Gemeindeschäfchen und musste sie zusammenhalten. Genau das wolle er, hatte er argumentiert. Deshalb werde er in gar nichts mehr eintreten und so auch nicht polarisieren.

Am 4. Januar 1934 gab der frische, aber noch nicht eingeführte Reichsbischof Ludwig Müller, eine »Verordnung betr. die Wiederherstellung geordneter Zustände in der Deutschen Evangelischen Kirche« bekannt, allgemein als »Maulkorberlass« bezeichnet. Jeder »Missbrauch des Gottesdienstes zum Zwecke kirchenpolitischer Auseinandersetzungen, gleichviel in welcher Form, habe zu unterbleiben.«.

Nein, Arthur wollte die Kanzel nicht missbrauchen. Aber das Wort Gottes verkündigen, das würde er. Unliebsame Bibelworte in der Bibel steckenlassen? Das kam nicht infrage. Er fand großartig, was in der Barmer Theologischen Erklärung zur gegenwärtigen Lage der Deutschen Evangelischen Kirche stand. Nach ihr würde er sich richten. In der Ende Mai 1934 entstandenen Erklärung stand unter anderem: »Wir bekennen uns angesichts der die Kirche verwüstenden und damit auch die Einheit der Deutschen Evangelischen Kirche sprengenden

Irrtümer der ›Deutschen Christen‹ und der gegenwärtigen Reichskirchenregierung zu folgenden evangelischen Wahrheiten: ›Ich bin der Weg und die Wahrheit und das Leben; niemand kommt zum Vater denn durch mich.‹«

Stark fand Arthur auch ein weiteres Jesuswort, das sie ausgewählt hatten: »Wahrlich, wahrlich ich sage euch: Wer nicht zur Tür hineingeht in den Schafstall, sondern steigt anderswo hinein, der ist ein Dieb und ein Mörder. Ich bin die Tür; so jemand durch mich eingeht, der wird selig werden.« Genau. »Ich bin die Tür!« – was für eine großartige Aussage. Über diesen Text würde er zum nächstmöglichen Zeitpunkt predigen. Diebe und Mörder waren entweder welche oder, wenn sie keine waren, mussten sie sich ja nicht angesprochen fühlen.

Zunächst bekam er die Gelegenheit, im Rahmen von morgendlichen Rundfunkandachten die derzeit unvermeidbare inhaltliche Gratwanderung zu trainieren. Der Landesjugendpfarrer Georg Heinrich Erich Engelbrecht hatte ihn gebeten, schriftlich einige Andachten zu formulieren und dem Königsberger Rundfunk einzureichen. Arthur war hocherfreut und legte sich ins Zeug. Nur, als er sich die Ausstrahlung der ersten Andacht anhörte, traute er seinen Ohren nicht. Was da gesagt wurde, glich einer neuheidnischen Andacht, klang eher keltisch als christlich. Von seinem eingereichten Text war fast nichts übrig geblieben. Außerdem befleißigte sich der Rundfunksprecher – hätten sie nur Arthur sprechen lassen! – eines derartig salbadernden Tonfalls, dass schon aus diesem Grund das Zuhören zur Qual wurde.

Arthur rief Engelbrecht an. (Ja, Arthur hatte in seinem Adlig Kesseler Pfarrhaus einen Telefonanschluss, da war er ganz schön privilegiert.) »Mein lieber Georg Heinrich Erich, das war Missbrauch, was gestern mit meiner Andacht getrieben wurde.

Es heißt aber, wir sollen keinen Missbrauch treiben. Also weder in der einen noch in der anderen Richtung.«

Georg Heinrich Erich schreckte aus seinem auch nicht alltäglichen Alltagsgeschäft auf. »Kannst du bitte etwas konkreter werden? Was hast du denn auszusetzen? Dass nicht alles Wort für Wort so übernommen wird, wie du es geschrieben hast? Das hatte ich dir vorher gesagt. Warum regst du dich so auf?«

»Weil das, was ich inhaltlich zu sagen hatte, mit keinem Wort erwähnt wurde. Es ging nur noch um die Natur. Dabei hatte ich die Natur als Metapher verwendet, falls du verstehst, was ich meine. Übrig geblieben ist nur noch der Ausdruck, nicht aber der Inhalt. Eine leere Hülle!«

Es knisterte in der Leitung, dann rauschte es. »Hallo, Arthur, bist du noch da?«

Arthur war noch da. Wahrscheinlich hatte er mit seinem Zorn die Telefonleitung überfordert. »Ja. Entweder ihr bringt den Text noch einmal, und zwar ungekürzt und mit meinen Worten, oder ich ziehe meine bereits eingereichten Andachten zurück.«

Das wäre bedauerlich, fand Pfarrer Engelbrecht. Er schätzte Arthurs Andachten sehr. Er würde intervenieren.

Sein Einspruch war erfolgreich. Am nächsten Morgen wurde Arthurs Original-Andacht gebracht, noch dazu vorzüglich dargeboten. Unverkennbar, dass Arthurs Text sprachlich an seinem Lieblingsschriftsteller, Ernst Wiechert, orientiert war. Unverkennbar aber auch, dass Arthur die Zeichen der Zeit verstanden hatte. Im Gegensatz zu seiner sonst direkten Art, hatte er sich in der Kunst versucht, »durch die Blume« zu sprechen. Wahrlich keine leichte Übung. Das Ergebnis war ganz passabel, fand er.

»Herbstanfang … Hinter den sterbenden Wäldern ertönen die Rufe der Kraniche wie Trompetensignale zum Rückzug von verlorenen Schlachtfeldern. Da aber kommt es über uns. ›Sehnsucht‹, sagen die Menschen … eine Sucht, die rettungslos den Menschen fortspült, den sie ergreift. … Wir wissen, was Sehnsucht, Fernweh, Heimweh ist, dieser ewige Aufbruch nach Italien oder nach dem Norden, dieser Abenteuerdrang und Wandertrieb, diese Unruhe im Blut. … Doch lasst uns das Sehnen nun recht verstehen, auf dass all unser Sehnen, Suchen und Fragen uns mehr sei als romantischer Traum und Schwarm. Es ist das Eingeständnis, dass nicht wir selbst unser Heil sind und dass die Erlösung auch nicht in uns ruht. … Wir sind enttäuscht und unbefriedigt von uns selbst und suchen darum die Ferne, aber meinen doch nicht eigentlich die Ferne und meinen nicht die Sonne, nicht Italien noch Island - auch all das kann unsere Sehnsucht nicht stillen. Fahren wir gen Himmel, so bist DU da; steigen wir unter die Erde, so bist DU es auch, auf den wir stoßen; und fliegen wir mit Flügeln der Morgenröte dorthin, wo Meer und Himmel einander berühren: Wir entdecken Gott!«

Verdolmetscht, kurz gefasst und von der Blume befreit: Das Heil und jedwede Erlösung in uns selbst oder einem menschlichen Gegenüber zu suchen, bringt nichts, auch nicht, wenn man noch so oft »Heil Hitler« ruft. Und weiter: Hitler, deine Ehrerbietung gegenüber Mussolini und deine Verklärung alles Nordischen - lass es! Sei nicht hyperaktiv und sieh nicht gierig hier- und dorthin. Was du dort suchst, braucht kein Mensch. Gott ist das Maß aller Dinge.

Wäre Rudolf Bultmann Arthurs Andacht zu Ohren gekommen, er hätte vermutlich eine andere Sprache angemahnt und darauf bestanden und dabei geholfen, aus nebulös formulierter Leichtkritik klare Konturen herauszuarbeiten. Aber Rudolf Bultmann lebte anderswo ein ganz anderes Leben als Arthur. Er war Professor, außerdem eine Berühmtheit. Arthur war ein hochgewachsener und dennoch kleiner, ziemlich einsamer Landpfarrer, umgeben von sturen masurischen Bauern, vereinzelten Pfarrerkollegen, ansonsten von viel Grün und Blau, Wasser, Himmel, Tieren und Pflanzen.

Ganz nebenbei versuchte der einsame Landpfarrer mithilfe des ihm zugeordneten Dienstmädchens Anna Dudek, das Pfarrhaus so herzurichten, dass der Ankunft seiner Braut nichts mehr im Wege stand. Leider hatten weder er noch Anna dafür Talent, weswegen die Versuchsphase nur wenige Tage andauerte. Sollte sich doch die künftige Hausfrau um alles kümmern.

# 7. Kapitel:

Adlig Kessel, Eberswalde, 1934–1936

## Und dennoch wird geheiratet

Ihre Ängste um Arthurs möglicherweise für ihn mit Nachteilen verbundene Positionierung in politischen Zusammenhängen hinderten Käthe nicht daran, im Sommer 1934 ihre Heimat zu verlassen, um gemeinsam mit ihrer Mutter ihr künftiges Zuhause zu inspizieren und der sich in grauenvollem Zustand befindlichen evangelischen Kirche beizutreten. Sie erledigten alles Notwendige, um jedwede Hindernisse im Blick auf die Vermählung mit Arthur aus dem Weg zu räumen. Hauswirtschaftlich war Käthe inzwischen qualifiziert; sie hatte sich sogar eigens mit einem großartigen Satz schärfster Küchenmesser ausgerüstet.

Die beiden Frauen wurden am Adlig Kesseler Bahnhof von Anna abgeholt, die zwecks Gepäcktransportes mit dem Leiterwagen vorgefahren war. Das Pfarrhaus, nahe der Kirche »Unserer Lieben Frauen« auf einer kleinen Anhöhe gelegen, war ein zweigeschossiger Backsteinbau, das Obergeschoss mit schrägen Wänden und alles in allem nicht zu groß für ein junges Ehepaar. Arthur führte die beiden durchs Haus. Schön war es, alles in allem. Und dennoch, Käthes hauswirtschaftlicher Wissenszuwachs in Ehren, sie musste allen Mut zusammennehmen, um sich nicht ganz schnell ganz weit weg zu wünschen. Die Küche sah grauenvoll aus. Nicht nur, dass Arthur es hatte an Reinlichkeit fehlen lassen. Damit war zu rechnen gewesen. Der Herd - eigentlich ein gutes Stück, mit Holz oder mit Kohle zu beheizen - sah aus, als hätten ihn sich Generationen von Chemie- und Physiklehrern als Gerät für ihre Laborversuche geteilt. Auf offenem Feuer, versteht sich. Die geschwärzten Töpfe sahen zwar stabil aus und sicherlich konnte man mit den gusseisernen Bratpfannen sämtliche potenziellen Räuber und andere Störenfriede in die Flucht schlagen, aber sie waren ebenso Zeugnisse kochtechnischer Experimente, die danebengegangen waren. In dieser Küche hatten bisher deutlich erkennbar ein Professor oder zumindest ein Assistent gefehlt, um der physikalisch-chemischen Zerstörungswut Einhalt zu gebieten.

Der einzige aus der Küchensituation abzuleitende Vorteil für Käthe war, dass es auch ihr Recht sein würde, in der Küche Versuch und Irrtum zu bemühen. Schließlich war sie Naturwissenschaftlerin. Das Dienstmädchen machte nicht den Eindruck, als hätte es Käthe in Haushaltsdingen etwas voraus.

»Kommt Zeit, kommt Rat«, meinte Rose, wobei sie das eigene Entsetzen vor ihrer Tochter gut zu verbergen wusste. Diese Einsamkeit! Das viele Wasser! Vom Wasser quasi umzingelt zu sein, wer sollte das denn aushalten? Das fragte sie sich, aber nur im Stillen. »Du machst einfach eins nach dem anderen. Vielleicht entpuppt sich der Herd ja als echtes Schmuckstück, wenn die verschiedenen Verbrennungsrückstände erst einmal abgetragen sind. Der Backofen sieht gut aus. Wahrscheinlich ist er nicht benutzt worden. Pass auf, wir backen erst einmal einen ordentlichen Rührkuchen, werfen ein paar Beeren aus dem Garten drauf und dann ist die Küchenpremiere perfekt.«

Also gingen die beiden Beeren suchen. Der zum Pfarrhaus gehörende Garten war riesengroß. Hier fehlte kein Professor, sondern ein Gärtner.

Gärtnern war nicht Teil von Käthes Ausbildung gewesen. Wurde von ihr erwartet, dass sie Kartoffeln zog oder die Blumen für den Altarschmuck heranzüchtete? Davon hatte Arthur nichts gesagt. Auch Magda hatte nichts Derartiges angedeutet.

»Wohlan«, sprach sie, unbewusst in Arthurs Duktus fallend, »das schaffe ich«. Sie würde sich nicht schrecken lassen, sie würde nicht wieder nach Wuppertal entweichen. Zu ihrem Erstaunen wuchs eine leise Vorfreude in ihr. Ein eigener Garten!

Sie holten Arthur dazu, vielleicht hatte er schon entdeckt, wo die Beeren standen. Und tatsächlich, Erdbeeren, Johannisbeeren, Himbeeren, Brombeeren, alles da. Zwar sahen die Johannisbeersträucher struppig aus, die Erdbeeren waren völlig ineinander verwachsen und die Dornenhecke aus Brombeeren hätte jedem Dornröschenschloss zur Ehre gereicht. Aber das würde sie hinbekommen. Die Himbeeren trugen viele kleine, wunderbar süße Beeren. Der Belag für den ersten Kuchen war gesichert.

»Die schmecken und sehen aus wie Waldhimbeeren«, meinte Rose. »Sie sind ausgewildert.«

»Bestimmt brauchen sie nur Zuwendung«, meinte Arthur. »Stell dir vor, was du sonst noch alles ziehen kannst«, schwärmte er gleich darauf, mit weit ausholender Geste Käthe, den Gesamtgarten, die nähere und weitere Umgebung, vermutlich ganz Masuren umfassend. »Kartoffeln, Salat, Mohrrüben, Petersilie, Schnittlauch. Die Apfel- und Birnbäume haben auch gut angesetzt. Vanillepudding mit Apfelmus, das ist etwas Wunderbares. Birnenkompott ist großartig.«

Rührend war es, wie Arthur sich den Speisefantasien hingab. Bestimmt war er hier bisher nicht verwöhnt worden. Wie kochte man gleich Vanillepudding? Vanilleschoten, Milch, Speisestärke, Puderzucker, Ei. Und Birnenkompott? Dazu brauchte man nur Zucker, Nelken und ein bisschen Zitrone. Das ging doch schon ganz gut, Käthe.

»Woher bekomme ich die Zutaten? Ein Geschäft habe ich hier nicht gesehen. Muss ich mit dem Fuhrwerk nach Johannisburg fahren? Pferde haben wir ja wohl keine. Außerdem sind die mir zu groß.«

»Du kannst mitfahren, wenn sich die Gelegenheit ergibt. Jeder Bauer hat hier ein Fuhrwerk und muss immer mal in die Stadt. Dann kannst du auch gleich den Akku für unseren Rundfunkempfänger aufladen lassen. Aber es gibt auch Lieferanten. Du musst nur rechtzeitig deine Bestellungen für Brot und Fleisch und alles andere aufgeben. Und was den Garten angeht, wenn dir das zu viel wird: Es gibt Frauen in der Gemeinde, die dir dabei helfen können. Ich werde das beim nächsten Gottesdienst abkündigen.«

»Nein«, sagte Käthe, »bitte nicht. Ich möchte das selbst hinbekommen. Die Frauen hier haben genug zu tun, das sieht man doch. Sie sollen nicht denken, ich wäre arbeitsscheu.«

Rose war inzwischen einigermaßen beruhigt, ja, fast zufrieden. Das Haus war schön, recht modern (auch wenn das Licht von Petroleumlampen erzeugt wurde) und hatte sogar fließendes Wasser. Zwar entfloss das Wasser keiner Fernleitung, sondern dem Kellerreservoir, aber immerhin. Da der Hausherr, also Arthur, nicht immer verfügbar war, kam von Zeit zu Zeit extra der Herr Schwarz zum Pumpen ins Haus. Man konnte der künftigen Pfarrfrau vieles, doch wohl nicht alles zumuten. Dennoch, es ließ sich nicht leugnen: Käthe würde technisch gesehen ins 19. Jahrhundert zurückkehren. Das war kein Ernst, das war ein Abenteuer, befand sie.

Als Ergebnis der gemeinsamen Sichtung des Vorhandenen bestellten sie dieses und jenes an Mobiliar und Aussteuer. Nach und nach wurde die von beiden Elternpaaren und, man höre und staune, auch von Tante Luise finanzierte Wohnungseinrichtung angeliefert. Käthe bekam sogar einen eigenen Schreibtisch, um die Haushaltspost erledigen und ihren ehemaligen Klassenkameradinnen und allen anderen schon jetzt vermissten Lieben schreiben zu können. Sie kehrte gar nicht mehr nach Wuppertal zurück, sondern blieb in Masuren und Rose blieb auch gleich da, nämlich gleich bis zur Hochzeit der jungen Leute. Herbert kam rechtzeitig zum Spektakel hinterhergereist.

Am 9. August 1934 war es so weit. Arthur und Käthe heirateten in der Kirche »Unserer Lieben Frauen« zu Adlig Kessel. Arthur trug Frack mit Zylinder, Käthe erschien in Weiß, von den Schuhen bis zum offenen Schleier. Es stand ihr trefflich, obwohl ihre Frisur nach Meinung einiger Damen aus der Verwandtschaft zu wünschen übrigließ, denn sie kam wie immer ungelockt daher. Zart und anmutig wirkte sie neben Arthur, wie ein liebliches französisches Schneewittchen. Eine echte Schönheit war in Adlig Kessel gelandet oder gewassert, wie Rose es zu nennen geruhte, und die Dorfbevölkerung kam aus dem Staunen gar nicht mehr heraus. Eine böse Stiefmutter gab es nicht und der Prinz war alles andere als ein Zwerg.

Schwager Friedrich hielt Käthe zuliebe eine besonders einfühlsame Traurede. Er konnte gut mit Frauen umgehen, die über die dunklen Flüsse gekommen waren. Leider war das gleichzeitig ein Abschied von ihm und seiner Familie, da er und die liebe Magda samt Söhnchen planten, westwärts nach Demmin, in die Nähe der Buttkus-Familie umzusiedeln. Die

Probepredigt an St. Bartholomäus zu Demmin war zwar noch nicht gehalten, aber sie würde gut gehalten werden, da waren sich alle sicher. Und so würde das frisch gebackene Brautpaar in Adlig Kessel ohne die Familie Buttkus im Masurischen heimisch werden müssen.

Einige Hochzeitsfotos zeigten Arthur mit selbstzufriedenem Lächeln im Gesicht. Er hatte es geschafft! Das Mädchen war nicht nur über einen tiefdunklen Fluss zu ihm gekommen, sondern hatte viele Flüsse und sogar Ströme überwunden. Irgendwann würde er die Wasserstraßen dokumentieren, die seine Braut ihm zuliebe überquert hatte.

Käthe hingegen sah auf den meisten Fotos ziemlich in sich gekehrt aus. »Wo bin ich hingeraten?«, stand in ihrem Gesicht geschrieben. Die Antwort: In ein Leben, das sie aus allem heraustragen würde, das ihr bekannt war und Sicherheit gegeben hatte. Ihre Grübchen zeigten sich gar nicht oder nur als Kleinstkerbe.

»Ich muss den Verstand verloren haben. Entweder ich werde glücklich oder ich gehe im großen Masurenland verloren. Hier muss ich aufs Ganze gehen«, wisperte sie ihrem Vater zu, als der sich einmal neben sie setzte.

Tröstend legte er den Arm um ihre Schultern. »Keine Angst«, sagte er. »Das geht allen Bräuten so, ob sie nun um die Ecke einheiraten oder in die Ferne ziehen. Frag deine Mutter! Du wirst hier Wurzeln schlagen. Schau dir deinen Liebsten an, er ist ein guter Kerl. Du wirst nicht verloren gehen.«

Käthe war fürs Erste getröstet. Schließlich hatte ihr Vater immer recht.

Hedwig und Rose, die beiden Mütter, fielen sich dagegen ein ums andere Mal weinend in die Arme. Also hatte ihr Vater vielleicht doch nicht recht.

»Ach, ach, ach, mein Arthurchen!«, war von Hedwig in regelmäßigen Abständen zu hören.

Rose hielt dagegen: »Nun, nun, nun, es ist doch nicht so schlimm, liebe Hedwig, ihr wohnt ja nicht so weit! Ach, ach, ach, mein armes Käthchen, so fern von zu Hause, so jung und so allein!«

Nachdem in dieser Angelegenheit weiblicherseits sämtliche absehbaren Katastrophen benannt waren, stellten Karl und Herbert in aller Seelenruhe fest, dass sie zwar längst nicht immer einer Meinung waren, dennoch eine geistige Verwandtschaft verspürten, die hoffen ließ, dass sie sich im Laufe der Zeit zu einer Freundschaft entwickeln würde. Das Brautpaar hatten sie nach einigen Schlückchen von diesem und jenem längst aus dem Blick verloren, ihre Ehefrauen schon eine Weile zuvor.

Nach dem offiziellen Teil verließen Arthur und Käthe die Gesellschaft und spazierten Hand in Hand durch Haus und Garten. So mit ihrem Liebsten vereint, sah für Käthe alles gleich wieder viel freundlicher aus. Was für ein Wechselbad der Gefühle. Als alle Gäste in ihren Zimmern oder ganz fort waren - eine Hochzeitsreise würde es für das Brautpaar nicht geben - zogen sie sich in ihr eheliches Schlafzimmer zurück, im ersten Stock gelegen. Nach einem gemeinsam geworfenen Blick aus dem Schlafzimmerfenster, zwanzig Kilometer Weitblick bis zum Wasserturm von Nikolaiken, küssten sie sich, beide etwa gleich unerfahren, und die Furcht vor dem Unbekannten verflüchtigte sich mit der ersten Berührung. Arthur hatte so schöne warme Hände, war groß und stark und dennoch behutsam. Käthe war jung und schön, dazu lebendig und sich ihrer selbst bewusst. So war das also, wenn Mann und Frau einen Bund eingingen. Sie gaben, was sie zu geben hatten und nahmen, was sie bekamen. Und machten daraus noch viel mehr.

Einige Zeit später ging Käthe einen weiteren Bund ein, und zwar einen mit der großen Kiefer, die sich neben Arthur als einzige Gesellschaft zwischen ihr und dem weiten Land da draußen anbot. Sie erkor sie zu ihrer Vertrauten, wenn Arthur im Masurischen unterwegs war. Sie sprach zu ihr, lehnte sich an sie, achtete auf sie. Arthur akzeptierte die Liaison.

***

Wenige Tage nach der Hochzeit sortierten Käthe und Arthur die Glückwunschpost nach Briefen, Schachteln, Dosen, Päckchen und Paketen und sahen sich alles an. Sie begannen mit den Briefen. Manche waren eine echte Herausforderung. Sie hatten fünf oder mehr eng beschriebene Seiten und kamen auch inhaltlich gewichtig daher. Besonders Arthurs ehemalige Studienkameraden hatten sich ordentlich ins Zeug gelegt. Käthe und Arthur amüsierten sich über die Schriftwerke, mithilfe derer sich die Geistesarbeiter einen regelrechten Wettstreit lieferten, auch in Sachen unleserlicher Schrift. Die Briefe von Käthes Freundinnen waren leichtere Lektüre, besser lesbar, lebendig und witzig geschrieben.

Auf dem nächstgezogenen Kuvert stand kein Absender und es enthielt nur ein einziges Blatt. Käthe las:

»Lieber Arthur, wie Vater mir mitgeteilt hat, hast Du inzwischen eine Ehefrau. Schade, dass Du es mir nicht selbst geschrieben hast. Schade auch, dass ich Euch nicht besuchen kann. Niemand lässt mich hier weg, das weißt Du ja. Bitte besucht mich bald, damit ich Deine Frau kennenlernen kann. Dann könnt Ihr mich hier herausholen und ich kann bei Euch wohnen. Sicher ist in Eurem Pfarrhaus Platz genug für drei Personen. …«

»Arthur, wer ist das?«, fragte Käthe beklommen und reichte ihm den Brief. »Lies es bitte selbst. Wen sollen wir wo herausholen und wer will bei uns wohnen?«

Arthurs Gesicht hatte alle Farbe verloren. Zögerlich nahm er seiner Frau das Schreiben aus der Hand. »Der Brief ist von meiner Halbschwester, von Agathe. Sie ist nicht ganz richtig im Kopf. Sie ist in einer Irrenanstalt untergebracht.«

Käthe war fassungslos. »Warum hast du mir nichts von ihr erzählt?«

»Mein Vater wollte nicht, dass ich es irgendjemandem erzähle. Meine Mutter ist seine zweite Frau. Agathes Mutter ist schon lange tot.«

»Ich bin nicht irgendjemand. Ich bin deine Ehefrau. Ich möchte so etwas nicht durch Zufall erfahren.« Käthe war immer noch aufgebracht. »Hast du noch mehr Verwandte, von denen ich etwas wissen sollte, aber nichts weiß?«

»Nein.« Arthur sah sie unglücklich an. »Du hast recht, ich hätte es dir sagen müssen.« Er legte den Brief beiseite. »Bitte lass uns mit der anderen Post weitermachen. Agathe ist ein Kapitel für sich. Sie will uns keine Freude machen, wie die vielen anderen hier. Das kann sie gar nicht.« Er zog einen anderen Brief aus dem Stapel. »Liebes Brautpaar, herzlichen Glückwunsch …«

»Lass das! Agathes Brief gehört zur Hochzeitspost. Wir sollten ihn zu Ende lesen. Ich möchte wissen, was sie von uns will, auch wenn sie nicht ganz bei Trost ist. Vielleicht können wir sie trösten.«

Arthur glaubte das nicht, aber sie lasen den Brief zu Ende. Der einigermaßen manierliche Beginn verlor sich bald in einer Flut aus Anwürfen und Schmähungen. Irgendwo stand noch in aller Widersprüchlichkeit, dass Agathe Arthur nie wiedersehen wolle. Die letzten Zeilen waren verwischt und unleserlich.

»Sie hat geweint«, sagte Käthe. »Sie will da raus. Können wir nichts tun?«

»Nein. Sie ist nicht zu beherrschen. Ob sie recht hat oder nicht, spielt leider keine Rolle. Für eine normale Art von Zusammenleben ist sie nicht geeignet. Sie hat längst vergessen, wie das geht. Ich habe sie lieb, aber wir können ihr nicht helfen. Du siehst doch, wie sie uns alle beschimpft! Wenn sie hier leben sollte, müssten wir sie einsperren und einen Wärter engagieren. Das geht schon aus praktischen Gründen nicht. Einmal davon abgesehen, was das für mich als Pfarrer bedeuten würde, wenn hier meine verrückte Schwester lebte. Das würde die Gemeinde nicht verkraften.«

»Vielleicht spinnt sie weniger, wenn sie ein ordentliches Zuhause hat. Willst du nicht noch einmal mit deinem Vater reden?«

Von Wollen konnte keine Rede sein. Es war längst alles gesagt, es gab kein Vor und kein Zurück in dieser Angelegenheit.

»Das werde ich«, versprach Arthur dennoch. »Doch du erzählst deinen Eltern bitte nichts davon. Und auch niemand anderem.«

Nein, sie würde nichts erzählen. Sie war jetzt erwachsen und das war, wie sich herausstellte, auch unbedingt notwendig. Eine Verrückte in Arthurs Familie! Oder vielleicht doch nicht verrückt? Arthur wusste es selbst nicht recht. Umso schlimmer.

Spätabends im ehelichen Bette liegend, redeten sie weiter. Arthur war der Meinung, dass man Agathe seinerzeit - es war nun schon über sieben Jahre her - zu Unrecht in die Anstalt eingeliefert hatte. Oder zumindest zu schnell. Jemand hätte versuchen sollen, sie außerhalb einer Klinik zu behandeln. Es gab doch in Berlin bestimmt Psychiater, die helfen konnten. Hatte man aber gar nicht erst versucht. Und nun war es zu spät.

Käthe rechnete nach. Mindestens zweitausendfünfhundert Tage voller Unrecht hatten sich für Agathe angehäuft. Konnten sie wirklich nichts tun? Vielleicht gab es hier in der Nähe eine Anstalt, so dass sie Agathe wenigstens häufiger sehen und sie vielleicht sogar in ihr Haus einladen könnten. Sie würde das Thema später noch einmal anschneiden. In einem halben Jahr vielleicht. Nach weiteren einhundertdreiundachtzig schlechten Tagen für Agathe. Zunächst aber musste sie sich in Adlig Kessel zu Hause fühlen, sich einleben, um als Hausherrin auftreten zu können. Erst dann durfte sie zu allem und zu diesem besonderen Fall ihre Meinung sagen und hoffen, gehört zu werden.

Eine Woche später wagten sie sich an die restliche Hochzeitspost und an die noch unausgepackten Geschenke. Böse Überraschungen gab es keine mehr. Karl hatte für sie in der Königsberger Papierhandlung P. Englick & Otto Quatz ein fünfhundert Seiten dickes Notizbuch (18 x 21 cm) gekauft. Es war weder mit Goldrand noch einem besonders eindrucksvollen Einband versehen, aber solide gebunden und mit gutem Schreibpapier ausgestattet. Da er nicht wissen konnte, ob es auch benutzt würde, hatte er nicht allzu viel Geld in diese Gabe stecken wollen. Arthur und Käthe beschlossen, es als gemeinsames Tagebuch zu führen. Spielerisch verewigten sie auf dem Etikett ihre Initialen - zunächst das einfache AP und KL als Überschrift. Sich heftig umschlingend und oval das Etikett umrundend folgten die vereinigten KLAP, KALP, PLAK. Abschließend setzten sie ein furioses KAP in die Mitte des Etiketts. Um des entstehenden Wortes willen hatte Arthur Käthe den Vortritt gelassen.

Käthe wagte den ersten Tintenstrich im Inneren des Buches, und zwar in

Adlig Kessel, am 10.9.34

»Wir wissen nicht, ob wir Tagebuch - oder wie man es nennen will - schreiben sollen. Manchmal wollen wir gern, dann aber auch wieder nicht. Ob ich doch anfange? Einen Monat nach unserer Hochzeit? Ich möchte mit dir zusammen schreiben. Aber das geht wohl nicht, nein? Schreibe du später dazu, du kannst es ja viel, viel besser als ich.«

***

Käthes hauswirtschaftliche Feuerprobe war von besonderer Art. Es begab sich zwei Monate nach ihrer Hochzeit, das Pfarrhaus war gerade fertig eingerichtet, als von draußen ein ziemlicher Lärm in Arthurs Amts- und Käthes Wohnstube drang. Als Arthur aus dem Fenster schaute, glaubte er, seinen Augen nicht zu trauen. Ein langer Zug von Fuhrwerken, die mit Klobenholz beladen waren, bewegte sich auf der Aryser Chaussee in Richtung Pfarrhaus. Die ersten bogen schon in den Hof ein.

Wortlos begannen die Fuhrleute das Holz abzuladen und aufzustapeln. Auf seine Frage, was diese Aktion zu bedeuten habe, gab man Arthur Bescheid, dass das Holz für das Pfarrhaus sei, als Teil seiner Besoldung. Arthur, der junge Pfarrer, gerade sechsundzwanzig Jahre alt, war sprachlos. So viel Holz konnten sie in ihrem Leben nicht verbrennen! Trotzdem hätte er sich den schwer arbeitenden Männern gerne erkenntlich gezeigt, aber wie? Er konnte sie wohl schlecht zum Essen einladen, dazu waren es zu viele. Käthe wusste Rat. Sie hatte kurz zuvor, einem Rezept ihrer Schwiegermutter folgend, einige Flaschen Bärenfang angesetzt, die in der Speisekammer zum Genießen an kalten Tagen bereitstanden. Nun war es zwar nicht sehr kalt, aber konnten die Masuren denn Nein sagen, wenn so etwas angeboten wurde? Hoffentlich war er gut geraten, der Bärenfang.

Nach einem Probeschluck war sie davon überzeugt und schenkte aus, was die Flaschen hergaben. Die Männer wussten es zu schätzen, zumal nach getaner Arbeit. Ein anerkennendes Zungenschnalzen zeigte an, dass der Pfarrfrau der Bärenfang gelungen war.

Die Pferde blieben nüchtern.

Nach kurzem Kopfnicken, das Dank und Verabschiedung zugleich ausdrückte, wurden die Pferde angetrieben, und Fuhrwerk um Fuhrwerk verließ den zum Holzplatz avancierten Pfarrhof. Zurück blieb ein verdutztes Pfarrerehepaar. Der Bauer Losch aus Lischijami war anschließend wochenlang damit beschäftigt, das Holz ofengerecht aufzubereiten. Arthur sprach ihm Dank und Anerkennung aus und auch er bekam seinen Bärenfang. Der masurische Winter konnte kommen.

## Politik und kein Ende in Sicht

Arthur beteiligte sich erst einmal nicht am Beschreiben der Blätter des Tagebuches. Für ihn gab es zu viel anderes zu tun und zu bedenken. Gerade hatte es sich bis zu ihm herumgesprochen, dass sein Schwonkel Bruno Doehring zwar dulden musste, dass der ziemlich ungeliebte Reichsbischof Müller am Vormittag des 23. September 1934 im Berliner Dom in sein Amt eingeführt wurde, doch hielt der gute Bruno vor Tausenden Berlinern noch am Nachmittag desselben Tages eine Art Gegenpredigt. Was für ein kerniger Ostpreuße, der Oberdom- und

Hofprediger! Der wusste augenscheinlich, was er wollte und konnte.

Ein Gemeindehirte hingegen, der nicht wusste, wo er stand, konnte seine Schafe nicht hüten. Arthur kämpfte darum, nicht die Orientierung zu verlieren. Mit Spannung, bei äußerlich gewahrter Neutralität, verfolgte er im Herbst die Gründung der Bekennenden Kirche in Ostpreußen. Das gab vielleicht Turbulenzen innerhalb der Pfarrerschaft! Da war von Landesverrat die Rede, es gab Suspendierungen vom Pfarrdienst und die Elbinger Deutschen Christen erwarteten sogar die sofortige Sicherungsverwahrung und baten um strenge Bestrafung der »Rädelsführer und Verwirrer der Gemeindeglieder«. Schämt euch, dachte Arthur. Das war nicht nur unkollegial, das war Verrat. Zumal in Elbing sein ehemaliger Studienfreund Gunther, der früh in die NSDAP eingetreten war und dort sogar Funktionen bekleidete, Mitglied der Bekennenden Kirche geworden war. Der freundliche Gunther kämpfte an vorderster Front im Kirchenkampf, da musste doch etwas dran sein. Vor allem, weil er es sofort mit der Staatspolizei zu tun bekam. Gunther hatte anlässlich einer größeren Veranstaltung ein Plakat drucken und an die Litfaßsäulen kleben lassen, auf dem stand:

»Unglaub und Torheit brüsten sich frecher jetzt denn je;
darum musst du uns rüsten mit Waffen aus der Höh.
Du musst uns Kraft verleihen, Geduld und Glaubenstreu
und musst uns ganz befreien von aller Menschenscheu.«

Auf ein anderes Plakat ließ er eindrucken:

»Es gilt ein frei Geständnis in dieser unsrer Zeit,
ein offenes Bekenntnis bei allem Widerstreit,

trotz aller Feinde Toben, trotz allem Heidentum
zu preisen und zu loben das Evangelium.«

Es gab ein Heidentheater. Bei der Vorladung wurde Gunther gefragt, wie er dazu käme, solche aufrührerischen Hetzverse zu dichten? Nun, diese Verse waren keine Eigenschöpfung, sondern standen im Kirchengesangbuch und waren von Philipp Spitta im Jahre 1827 aufgeschrieben worden. So seine Antwort. Da staunten die Herren von der Polizei. Beschlagnahmt wurden die Plakate dennoch. Gunther passierte zum Glück nichts.

Arthur kommentierte und besprach das alles höchstens im Privaten, zum Abendessen mit Käthe beispielsweise, und verhielt sich im Gegensatz zu Gunther, wie er meinte, politisch unauffällig. Seines Amtes waltete er unterdessen mit der ihm eigenen Direktheit und theologischen Kompromisslosigkeit. Unauffällig ging anders.

Er las zum Thema Kirchenverwirrung alles, was er in die Finger bekommen konnte. Da gab es zum Beispiel die Veröffentlichung »Der Akademiker zwischen Christentum und Deutscher Glaubensbewegung« von Ernst Bronisch-Holtze. Der Berliner Amtskollege hatte eine Sicht der Dinge, die sich Arthur umgehend zu eigen machte. Schon auf der zweiten Seite stand: »Wir sagten, dass wir der wahren, echten, aus der Tiefe kommenden Revolution auch unsere letzte Tür öffnen; einem frischen lebendigen Sturmhauch – Ja; einer trüben zerstörenden Sturzflut – nein! ... Unsere christliche Religion wird von einem Teil derer, die sich Träger der geistigen deutschen Revolution nennen, in ihrer Ganzheit in Frage und in ihrer Gültigkeit für den deutschen Menschen von heute aufs entschiedenste in Abrede gestellt.« War das mutig! Wieso durfte Bronisch-Holtze das veröffentlichen? Hier in Masuren hätten die Kirchenfürsten

Kopf gestanden. So einer zum Beispiel wie der damalige Bischof der Provinz Ostpreußen, Fritz Kessel. Ein unangenehmer Mensch, der sein Amt missbrauchte und vielen ihre Existenzgrundlage nahm. Zum beruflichen Alltag seines »Hirtentums«, denn Bischöfe waren schließlich die Hirten der ihnen anvertrauten Pfarrer, gehörten Gehaltskürzungen, Versetzungen und Ausweisungen seiner Gemeindepfarrer.

In Arthurs Pfarrkonvent berichtete ein Kollege von einem Zusammentreffen mit diesem Kessel. Er sei aus der Veranstaltung in Königsberg nur deshalb heil herausgekommen, weil er sich hinter dem Altar versteckt hielt, bis sich die Turbulenzen gelegt hatten. Er, ein Pfarrer! Er fühle sich noch jetzt gedemütigt. Was war geschehen? Als der Nazibischof zu einem kirchenpolitischen Vortrag in die Kirche zu Königsberg-Sackheim kam, sang die Gemeinde als erstes Lied Martin Luthers Choral »Aus tiefer Not schrei ich zu dir«. Zu Beginn der Zeile »... denn so du willst das sehen an, was Sünd und Unrecht ist getan, wer kann, Herr, vor dir bleiben?« stürzten sich unter den billigenden Blicken des Bischofs Anhänger der Deutschen Christen und SA-Männer in Uniform auf die Gemeindeglieder und wollten sie am Singen hindern. Wie das? Ein Lied von Martin Luther! Es kam zu Tätlichkeiten: Kinnhaken wurden verteilt, Leute die Kirchentreppe hinuntergeworfen (nicht überliefern konnte der Kollege, wer hier wen geworfen hatte), dem Organisten wurde der Wind abgestellt. Die Veranstaltung geriet zu einer Katastrophe.

Arthur versuchte sich vorzustellen, was er in dieser Situation getan hätte. Wäre er auf die Kanzel gestiegen und hätte den Bischof heruntergezerrt? Oder hätte er sich auch hinter dem Altar wiedergefunden? War er froh, dass er das nicht hatte miterleben müssen. Was sollte denn aus der evangelischen Kirche werden, wenn im Gottesdienst, ihrer Hauptveranstaltung, nicht einmal mehr die Lieder des Kirchenvaters gesungen werden durften? Wie konnte man in diesem Chaos wirkungsvoll Stellung beziehen? Wer wusste Rat?

Die Verwirrung war komplett, als das sogenannte »Vorläufige Kirchenregiment der Deutschen Evangelischen Kirche« am 23. November eine Kundgebung abhielt, deren Ergebnisse als Rundbrief an alle Kirchengemeinden gingen. In dem Rundbrief hieß es unter anderem: »Wir ergreifen in dieser Stunde höchster Gefahr die Leitung der Deutschen Evangelischen Kirche und wissen uns getragen vom Vertrauen des gesamten im Kampf um Bekenntnis und Verfassung stehenden evangelischen Christen Deutschlands. … Wir fordern die Kirchen und die Gemeinden der Deutschen Evangelischen Kirche, ihre Vertretungskörper und die kirchlichen Amtsträger … auf, das vorläufige Kirchenregiment anzuerkennen und die Beziehungen zu ihm aufzunehmen.«

Das war ein Putsch! Arthurs Kopf wollte in die eine Richtung, sein Herz in die andere. Wo sollte er mit den Füßen hin? Welcher Kirchenleitung sollte er sich unterordnen? Beiden vielleicht? Das wäre Kirchenbigamie. Erbarmung!

»Kümmere dich um deine Arbeit, lass die Politik außen vor«, sagte Schwiegervater Herbert regelmäßig, wenn er wieder einmal zu Besuch kam. »Du hast Familie.«

Aber Arthur hatte auch eine Gemeinde und ein Amt. Er musste sich positionieren; Lügen ließ er sich weder auftischen noch wollte er sie weiterverbreiten. Wenn einem die eigenen Bischöfe unterstellten, dass man unter dem Deckmantel des Religiösen Kommunisten Wühlarbeit gegen den Führer verrichten ließ, war das die Höhe. Er kannte keinen einzigen Pfarrer, der etwas mit Kommunisten zu schaffen haben wollte. Diese

Bischöfe waren Lügner. Da klang das vorübergehende, falsch, das vorläufige Kirchenregiment, bei Weitem ehrlicher.

Arthur hielt, nein, klammerte sich an die Bibel. In ihr fand er alle Orientierung, die er brauchte. Das war keine Überraschung, denn man hatte ihn gelehrt, dass es so sein würde. Doch der Praxistest war etwas anderes als die papierne Theorie. Arthurs Amtsverständnis kam ihm in all dem Ungemach zu Hilfe. Das freundliche Hirtenbild stellte er vorübergehend in eine Ecke seines Denkgebäudes und übernahm wenigstens für sein kleines Gemeindeschiff das Amt des Kapitäns. Er hatte die Bibel und er hatte gelernt, sie auszulegen. Nichts anderes war sein Auftrag.

## Andere Umstände

Leider verlor Arthur bei aller Konzentration auf seine Amtsgeschäfte hin und wieder die liebe Käthe aus den Augen. Und das, obwohl sie »in anderen Umständen« war. Arthur fuhr nicht nur häufig dienstlich über Land, sondern besuchte öfter, als Käthe lieb war, akademische Veranstaltungen, die ihn weit in den Westen führten. Er ließ sie allein. Das war nicht gut. Ungerecht war es auch. Sie hatte ihm seinen Wunsch, im Irgendwo nicht allein zu sein, erfüllt. Käthe (be)hütete das Haus, ob er da war oder nicht. Sie aber, bei aller »guten Hoffnung«, fühlte sich ein ums andere Mal in den Weiten Masurens wie verloren. Hatte ihre Mutter doch Recht behalten.

Verzagt beschrieb Käthe weiter allein das Tagebuch: »Der Blick vom Garten aus weit übers Land. So weit will ich gar nicht sehen. Kahle Apfelbäume meine Gefährten. Ihr könnt ja nichts, außer stumm dazustehen.

Stand am Zaun ich,
schaut nach Norden
übers stille, weite Land.
Wie bin ich getröstet worden,
da ich deinen Mantel fand.«

Die Einsamkeit trat in Konkurrenz zu Arthur. Sie hielt Käthe fortan öfter umfangen als ihr Gemahl.

»Meine Gebete sind Pfeile - zum Himmel getrieben.
Und fallen doch wieder zur Erde.
Wie Tautropfen sollten sie sein -
die Sonne kommt und nimmt sie auf.
Vielleicht, Herr, siehst Du meine Tränen an.«

Käthe war eine tapfere Person. Sie nahm sich zusammen, schon um des ungeborenen Kindes willen. Damit sich die einsamen Tage nicht endlos hinzogen oder ihr andernfalls die Stunden davongaloppierten, machte sie sich einen Wochenplan, auf dem sie ihre Pflichten festschrieb:

Montag bis Freitag Aufstehen um 6 Uhr, dann ein nettes Frühstück. Danach eine Stunde Gartenarbeit, so gut es noch ging. Eine Schwangerschaft war schließlich keine Krankheit. Zwischen 8 und 12 Uhr kam die nicht enden wollende Hausarbeit dran. Um 12 Uhr gab es Mittagessen mit anschließender Ruhepause. Zwischen 14 und 16.30 Uhr nahm sie sich angenehme Dinge vor: Leute im Ort zu besuchen, einen Spaziergang zu machen, Klavier oder Orgel zu üben. Am Freitag mussten während dieser Zeitspanne allerdings Handarbeiten und Strümpfestopfen erledigt werden. Nicht gerade beliebt bei Käthe. Anschließend, nach einer Kaffeepause, waren Dinge wie

Bibel lesen und Briefe schreiben dran. Gegen 19.30 Uhr gab es Abendbrot. Sollte ihr Gatte anwesend sein, waren dabei auch private oder pfarramtliche Angelegenheiten zu besprechen.

Noch etwas anderes tat sie um ihrer Selbsterhaltung willen: Sie stellte Arthur freundlich, aber bestimmt zur Rede, wann immer sich die Gelegenheit dazu bot. Zum Beispiel, wenn sie einmal einen gemeinsamen Weg hatten. Leider gab es, auch wenn er körperlich anwesend war, keine Garantie dafür, dass er sich ansprechen ließ. Er sagte zwar nicht: »Nun wollen wir wieder schweigen«, sobald Käthe das Wort an ihn richtete. Aber er entzog sich ihr auf andere Weise.

»Arthur, du musst nicht immer fünf Meter vor mir herlaufen. Der Weg ist breit genug für uns beide. Ich möchte mich mit dir unterhalten! Ich bin es, deine Ehefrau! Wir sind schließlich sprechende Wesen. Ich kann mich nicht die ganze Zeit nur mit den Blumen oder Käfern unterhalten. Das halten wir beide nicht aus.«

Arthur würde das sehr wohl aushalten. Nach solcher Ansprache wartete er kurz, doch nach wenigen Meterchen gemeinsamen Weges zog er wieder davon. Wenn er gar zu weit vorauseilte, so, als wäre er ein Schlittenhund in Führungsposition, pfiff Käthe nach ihm. Was blieb ihr anderes übrig?

Der in besseren Zeiten zwischen ihnen vereinbarte Pfiff ging so: a,d,e,fis,a,h,d,a.

Arthur blieb stehen, sah sich nach ihr um. »Was ist denn?« Wollte die Antwort nicht hören.

Käthe war nicht nur ein tapferer, sondern auch ein fröhlicher Mensch. Insofern kam sie irgendwann, nicht immer, aber immer öfter, selbst mit dieser Eigenheit ihres Gatten klar. Spätestens beim gemeinsamen Essen wurde dann alles Wichtige besprochen. Doch einfach mal über dies und das zu plaudern, das ging mit Arthur nicht. War er noch der, in den sie sich verliebt hatte? Damals jedenfalls war vom Schweigen nicht die Rede gewesen.

Zum Glück gab es da noch die Postfrau. Bürgermeisterei und Postagentur lagen in einem Haus. Der Postmeister, ein Invalide aus dem Weltkrieg, hatte eine kluge, muntere, humorvolle, stets hilfsbereite Frau. Käthe und Frau Ruchay wurden Freundinnen. Beide hatten Männer, die als Gesellschaft nicht immer taugten. Auch mit der Gutsfrau hatte Käthe versucht, in eine Beziehung zu treten, aber die war ziemlich schrullig und gar nicht unterhaltsam. Die Gastwirtsleute von nebenan waren keine guten Menschen, fand Käthe, die kamen auch nicht infrage. Aber eben Frau Ruchay, die liebe Irmgard.

Sie verlebten schöne Stunden miteinander, trösteten sich über ihre Männer hinweg, tauschten Kochrezepte und Handarbeitsideen aus und redeten über alles, was das Leben sonst noch für sie bereithielt. So war es und es war fast gut. Was aber geschah mit dem jungen Paar, mit Arthur und Käthe? Passten die beiden überhaupt zueinander? Diese Frage sollte sich ein masurisches Pfarrerehepaar auf gar keinen Fall stellen. Was hätte denn ein »Nein« als Antwort bedeutet? Speziell in Käthes Fall? Eine Rolle rückwärts, in den Schoß der Familie, katholisch werden, Physik studieren? Undenkbar. Im Falle von Arthur? Eine andere Frau suchen, die über den tiefdunklen Fluss käme? Oder etwa eine masurische Eingeborene freien? Fragen sollte man nur stellen, wenn man die Antworten auch hören wollte.

Außerdem, so einfach war das nicht. Käthe liebte ihren Arthur und er liebte wohl auch seine Käthe. Käthe liebte außerdem ihr Haus und ihren Garten. Und den weiten Blick über das Land, besonders dann, wenn jemand in Sichtweite war, diesen Blick zu teilen, und dieser Jemand ihr Ehemann war. Doch

Arthur sollte sie gefälligst ein bisschen besser behandeln: nett, freundlich und höflich zu ihr sein. Arthur konnte tatsächlich nett, freundlich und höflich sein. Aber das war sein Ausnahmezustand. Mit dieser Entwicklung hatte Käthe nicht gerechnet. Niemand hatte sie darüber aufgeklärt, dass sich in der Brautschauphase die meisten Menschen im Ausnahmezustand präsentierten und spätestens bei auftretender Verliebtheit noch die rosarote Brille auf die eigene Nase kam. Warum lernte man das nicht in der Schule? Weil die Unwissenheit, wie Käthe nun erfahren musste, wohl dem guten Zweck diente, eine Ehe einzugehen und Kinder in die Welt zu setzen. Denn wer die rosarote Brille aussparte und den Ausnahmezustand mied, wer zutraulich und in aller Offenherzigkeit von vorneherein Verschrobenheiten und unvorteilhafte Eigenschaften präsentierte, würde auf dem Heiratsmarkt kaum erfolgreich sein.

Da hatten sie anscheinend alles richtig gemacht, befand Käthe abschließend in einer für sie nicht untypischen gedanklichen Volte. Jetzt, nicht mehr ganz so verliebt wie noch vor einem Jahr und schon gar nicht mehr so wie vor zwei Jahren, hatte Arthur Normalformat. Das hieß: kurz angebunden, manchmal schroff, fast immer introvertiert. Aber es hieß zum Glück auch: selbstironisch und humorvoll, manchmal unvermutet liebevoll und zärtlich. Nicht besonders gut zuhörend, sich auch nicht in Käthe hineinversetzend, jedenfalls meistens nicht. Aber er war kein Bösewicht, er war ein guter Kerl, dazu intelligent und verantwortungsbewusst. Und gar nicht so selten gab es schöne gemeinsame Momente. Mit Musik, theologischen Gesprächen und mit Geschichten. Und wenn Käthe eine gute in petto hatte, durfte auch sie erzählen. Aber bitte nichts vom Dienstmädchen-Hausfrauen-Einkaufs-Koch-Putz-Schmutz oder sonstigem Alltag. Und auch keinen Klatsch und Tratsch, wer mit wem warum wo was getan oder nicht getan hatte. Die besten Geschichten schenkten sie sich gegenseitig.

Arthur war der Meinung, dass Käthe sehr gut zu ihm passte. Im Haushalt fand sie sich nach ein paar Episoden mit angebrannten Kartoffeln und versalzenem Rührkuchen recht gut zurecht. Selbst vor dem Wasser verlor sie nach und nach die Furcht, zumal sie mit Arthur im gleichen Boot sitzen konnte und nicht nach ihm pfeifen musste. Arthur war schnell dabei gewesen, ein Wasserfahrzeug anzuschaffen. Ein Fischerkahn konnte billig erworben werden und lag bald in einer kleinen Bucht des Kesselsees. Nach ersten Ruderfahrten musste ein Segel her.

Käthe schrieb in das Tagebuch: »Ich hab's genäht. Das musste aber dreimal geändert werden. Erst war das Segel zu kurz, nach der Verlängerung zu schmal und nach nochmaliger Verbreiterung endlich richtig. … Ich habe viel Angst bei unseren ersten Fahrten gehabt. Das Steuern hat mir dann aber Spaß gemacht und ich habe auch bei Dunkelheit alle Häfen gefunden.«

Das morgendliche oder manchmal auch abendliche Schwimmen im Kesselsee wurde für beide bald zu einem geliebten Ritual. Unabhängig von Wind und Wetter, bald auch von den Jahreszeiten (bis auf das Eisbaden, das machte zu viele Umstände), gingen sie Hand in Hand zum Wasser und schwammen eine Runde. Mehr als einmal wurden sie dabei von der Landbevölkerung gesichtet.

»Erbarmung, Herr und Frau Pfarrer janz nackt!«, sagte eine Bäuerin aus der Gemeinde, als sie die beiden nur mit Badeanzug und -hose bekleidet zum Kesselsee gehen sah. Käthes (und ebenso Arthurs) schlichte und durchaus stoffsparende Badebekleidung war sozusagen das Gegenprogramm zu der Kleiderordnung, die Käthe - wie auch allen Pfarrfrauen vor ihr - von der »Generalin« verordnet worden war, die sich dabei sicherlich an dem 1932 von einem konservativen Politiker verordneten »Zwickelerlass« orientierte. Diese »Generalin« war die Frau des Generalsuperintendenten, in Ostpreußen auch Provinzialbischof genannt, Fritz Kessel. Sowohl er als auch seine Frau erfreuten sich bei der ostpreußischen Pfarrerschaft keiner großen Beliebtheit, weder in Bekleidungs- noch in sonstigen Fragen. Da sie glücklicherweise nicht in Adlig Kessel, sondern in Königsberg wohnten, pfiff Käthe auf ihre Vorschriften und zog an, was sie für richtig hielt. Zwickel gehörten nicht zu ihrer Auswahl. Zu Arthurs auch nicht.

## Agathe wird nicht sterilisiert

Nach Arthurs Kurzbesuch mit anschließendem Vertröstungsbrief - wie lange war das jetzt her? Etwa drei Jahre? - hatte Agathe tatsächlich versucht, an ihrer Genesung zu arbeiten. Der Versuch misslang, zumindest in den Augen derer, die für sie verantwortlich waren. Sie war auch schon wieder umgezogen worden und residierte jetzt in der schön gelegenen Brandenburgischen Landesanstalt in Eberswalde. Aber was tat das schon zur Sache? Es zwitscherten andere Vögel als in Buch, wobei es nur andere Vögel waren, nicht andere Vogelarten. Agathe war äußerlich ruhiger geworden - innerlich rieb sie sich auf. Briefe schrieb sie keine mehr, Besuche erhielt sie nicht.

Andere Personen steigerten jedoch ihre Aktivitäten im Blick auf die Heiminsassen. Und, »Gott sei Dank!«, sagten nicht wenige: Die Nationalsozialisten machten keine halben Sachen. So konnte am 1. Januar 1934 das Gesetz zur Verhütung erbkranken

Nachwuchses in Kraft treten. Auch in Eberswalde machte man sich ans Werk. Agathe war zwar theoretisch schon kurz vor den Wechseljahren, aber sie hatte noch regelmäßig ihre Monatsblutungen und sah dazu noch gut aus, jung für ihr Alter. Und, was viel entscheidender war, sie nahm Männer als solche zur Kenntnis. Natürlich nur die, die dem starken Geschlecht wenigstens dem Anschein nach Ehre machten. Das waren verschwindend wenige, aber es gab sie, selbst hier in dieser Irrenanstalt, und manche Besucher waren auch recht interessant. Also musste bei Agathe zur Verhütung erbkranken Nachwuchses etwas unternommen werden. Bei der Antragstellung auf Sterilisation seitens der Bevollmächtigten wurde berücksichtigt, dass im Zusammenhang mit Agathes Einweisung vor zehn Jahren auch ihre sogenannte »ungeordnete Lebensweise« eine Rolle gespielt hatte. Schließlich sollte sie in einem Dreierverhältnis gelebt und dazu noch mit fremden Männern korrespondiert haben. Im Rahmen der Durchführung des Gesetzes mussten die Kliniken sicherstellen, dass Patientinnen und Patienten mit entsprechender Diagnose – Schizophrenie zählte auf alle Fälle dazu – sich nicht fortpflanzten. Das hätte man bei Agathe aber nur gewährleisten können, wenn sie in die geschlossene Station verfrachtet worden wäre. Von Zeit zu Zeit tat man das auch, aber nicht durchgehend, da sie inzwischen einen vergleichsweise hohen Arbeitswert hatte, wenn sie denn gut beieinander war. Also regelte man das anders. Die Sterilisation war, rein operativ gesehen, kein großes Ding, wenn ordentliche Ärzte sie unter ordentlichen Bedingungen vornahmen. Nur selten verstarben die Betroffenen an den Folgen der Operation.

Agathe wurde nicht gefragt, ihre Angehörigen nicht informiert. Als die Genehmigung durch den Amtsrichter vorlag und Agathe der Operation zugeführt werden sollte, wusste sie dennoch, was die Stunde geschlagen hatte. Sie wehrte sich so heftig gegen ihre Überstellung, dass zwei Pfleger und zwei Schwestern benötigt wurden, um sie zu halten und zu fixieren. Ein klarer Fall von Zwangssterilisation – für die Ärzte aber auch ein ebenso klarer Fall von Notwendigkeit für diese Maßnahme. Nur einer der Ärzte sah das anders. Und er setzte sich durch, nachdem er sich eine Viertelstunde Zeit genommen hatte, Agathe zu befragen. Ihm schien, dass sie durchaus Chancen für eine Entlassung hätte. Und für diesen Fall, entschied er, sollte sie ihre körperliche Gesamtausstattung behalten.

Auch Monate nach dem physisch nicht stattgefunden Eingriff hatte sie sich von dem Schrecken nicht erholt. Agathe, die Angst davor hatte, dass man ihr Böses antat, war Böses angetan, wenn auch nicht vollendet worden. Therapeutisch gesehen ein Totalversagen der Menschen, in deren Obhut sie gegeben worden war. Wen scherte es?

## Der Standhafte

Käthe war da, wenn Arthur sie brauchte. Wenn sie seiner Meinung nach genug zusammen gesprochen oder irgendetwas verrichtet hatten, zog er sich in sein Amtszimmer oder in ein anderes Refugium zurück. Perfekt für ihn; für Käthe so, wie es damals der Frau im Hause zustand. Wobei sie erfolgreich daran arbeitete, ihre Einflusssphäre zu vergrößern. Arthur ließ sie gewähren, solange sie sein Ruhebedürfnis akzeptierte. Besser gesagt, sein Denkbedürfnis. Er musste über so vieles nachdenken. Zum Beispiel darüber, dass das Deutsche Reich am 16. März 1935 die Allgemeine Wehrpflicht wieder eingeführt hatte. Was bedeutete das allgemein betrachtet? Was bedeutete es für ihn?

Was für ihn und seine Frau, seine werdende Familie? Es war gegen den Versailler Vertrag. Es war Unrecht. Und es bedeutete ganz konkret, dass auch Arthur irgendwann seiner Wehrpflicht würde nachkommen müssen. Schließlich war er erst siebenundzwanzig Jahre alt, also im besten Soldatenalter. In Wachträumen sah er sich schon mit einem Maschinengewehr durch die masurischen Blaubeeren robben und Käthe einmal mehr weinend am Gartentor stehen, das Kind auf dem Arm. Was hatte Hitler vor? Stimmte es, dass die Sowjetunion eine akute Bedrohung darstellte? Die östlichen Nachbarn?

Zu Hause in Adlig Kessel wurde es dennoch gemütlicher. Arthurs Eltern kamen über Ostern zu einem längeren Besuch. Käthe rundete sich stetig und der Bauch war ihr bei der Hausarbeit zunehmend im Wege. Eine Schwiegermutter als Haushaltshilfe wurde da gerne gesehen. Ja, gewiss, es gab das Dienstmädchen Anna, aber Annas größtes Talent war das Herumstehen.

Karl und Hedwig hatten zwar gerade einen Umzug in eine kleinere Wohnung bewältigt, nahmen es aber gerne auf sich, den jungen Leuten im Frühling ein wenig Gesellschaft zu leisten. Vater Karl war pflegeleicht, spazierte im Garten umher oder saß in der Stube und blätterte in einem von Arthurs theologischen Büchern. Hedwig nahm Käthe unter ihre Fittiche und ihr Küchenregiment. Einziger Streitpunkt der beiden Frauen: Käthes Pfeifkünste. An die mochte Hedwig sich einfach nicht gewöhnen.

»Liebe Käthe, wer hat dir das denn beigebracht? Ein Mädchen pfeift doch nicht.«

»Liebe Mutter, wer sagt denn so etwas? In Wuppertal pfeifen alle Mädchen. Und hier in Masuren bin ich kein Mädchen mehr.«

Das eine konnte Hedwig nicht überprüfen, das andere nicht abstreiten. Dennoch. Sie klopfte sich ihre mit Mürbeteig bekrümelten Hände ab. »Ich mag es nicht, wenn du pfeifst. Ich kann mich dann nicht konzentrieren. Mir geraten ja alle Zutaten durcheinander!«

Ja, wenn das so war. »Dann pfeife ich nur noch im Garten oder wenn du nicht dabei bist.«

»Warum pfeifst du denn überhaupt? Muss das sein?«

»Es muss nicht, aber es möchte und macht mir Freude. Ich kann es gut, findest du nicht?« Käthe pfiff eine pfiffige Melodie.

»Hör auf! Das ist doch viel zu hoch. Da kann man ja nicht einmal mitsingen.«

Käthe musste lachen und konnte nicht mehr pfeifen. »Du musst mich eben zum Lachen bringen, dann kann ich nicht mehr pfeifen.«

Hedwig seufzte. So oft, wie Käthe pfiff, sollte sie sie zum Lachen bringen? Ausgeschlossen.

Kundig angeleitet und ohne die eben beschriebene Pfeifaktivität, begann Käthe, ihre nur oberflächlich erworbene elsässisch-wuppertalsche Kochkunst zugunsten der ostpreußischen hintenanzustellen. Manchmal wusste sogar Anna etwas beizutragen. Sie kannte zu dem einen oder anderen Gericht das passende Gedicht und trug es gerne auswendig vor, was Käthe dazu bewog, ihr bisheriges Urteil, die Intelligenz von Anna betreffend, infrage zu stellen. Hier ein besonders schönes und langes Opus:

## Königsberger Fleck

Ein Hoch im janzen deutschen Land
dem Manne, der die Fleck erfand!
Der war jewiss nich dammlich, nei,
nahm vonne Kuh die Innerei
und kochte für die alten Preußen,
wonach sie sich ja heut' noch reißen.
Ganze Völkerstämme schon
aßen Fleck aus Tradition.
Wer ausse kalte Heimat is,
der kennt auch Fleck, das is jewiss.
Wenn einer sagt, er kennt nich Fleck –
denn kommt er nich aus uns're Eck.

Möchtest du heute Fleck dir kochen,
holst dir e paar scheene Knochen,
und denn brauchst lediglich dazu
dem Magen vonne tote Kuh.
Dem schneidst in ganz ganz kleine Sticker.
Bloß nich in so große Flicker!
Und soll es richtig schmecken, stürze
dich auf allerlei Gewürze:
Salz, Pfeffer, Piment und Lorbeerblatt,
auch Thymian, wenn ihm hast parat,
glaub  mir, es is auch nich von Iebel,
schmeißt noch rein e saft ge Zwiebel!

Beim Kochen stremt ein Duft durchs Haus!
Du denkst, du hältst es meist nicht aus.
Der Fleckjeruch tut dir umfächeln.

Wärst nu e Hundche, wird'st bloß hächeln.
Dir jankert nache Fleck sojleich,
man du musst warten, bisse weich.
Das Wasser steht all unt're Zung.
Nu bet' man, dass de Kuh war jung!
War se nämlich all auf Altenteil,
denn dauert noch e scheene Weil,
bis de Fleck so richtig gar.
Das merkst beim Kauen, is doch klar.

Wenn se nu gar is, denn denk dran,
denn kriemelst rein dem Majoran.
Zuguterletzt - da plimperst rasch
e bißche ausse Essigflasch.
Und willst du ganz pikant Fleck essen,
darfst dem Mostrich nich verjessen.
E trock'ne Semmel möchte' gut sein -
Un denn kniest dich richtig rein!

Beim dritten Teller, ich wett' drauf,
knöpfelst dir de Bix all auf.
Nu sag' man selbst, bei diesem Essen
Kannst doch Weib und Kind vergessen!
Solange alte Preußen leben,
wird's Königsberger Fleck auch jeben.
Jern schrieb' ich es an jede Wand:
Ein Hoch dem, der die Fleck erfand!

Was für ein wunderbarer Dialekt! Käthe begann sofort zu üben. Der Speise hingegen mochte sie so viel Lob nicht zollen, zumal sich die Herstellung derselben, wie erwähnt, ziemlich in die

Länge zog. Zum Glück musste sie aber nicht auch noch die gesamte Reinigungsprozedur mit Kalklauge usw. über die Fleck bringen. Das hatte ihr Johannisburger Fleischer schon getan.

***

Der Ostersonntag 1935 fiel auf den 21. April und war ein warmer, sonniger Tag. Käthe fragte beim Osterfrühstück in die Runde, ob jemand wisse, warum der Sonntag »Sonntag« heiße. Sollte sonntags immer die Sonne scheinen? Das tat sie erfahrungsgemäß nur unregelmäßig, ganz nach Wetter- und nicht nach Wochentagslage.

Karl wusste es natürlich. Und beim Erklären fiel es Käthe wieder ein; sie hatte es in der Schule gelernt. Allerdings nicht so gut erklärt bekommen wie jetzt von ihrem Schwiegervater.

»Sonntag bedeutet, das hörst du ja selbst heraus, ›Tag der Sonne‹. Fast jeder Wochentag ist nach einem Planeten oder einem Gott benannt, wobei die Sonne ja kein Planet ist und auch kein Gott, wovon man zum Zeitpunkt der Namensgebung aber ausging. Montag ist der Tag des Mondes, der ja auch kein Planet ist, aber wer will da so streng sein. Dienstag hat einen größeren Umweg genommen. Willst du es genau wissen?«

»Ja, wenn wir einmal dabei sind. Hauptsache wir verpassen nicht den Ostergottesdienst.«

»Also der Dienstag kommt nach Dies Martis, nach dem römischen Kriegsgott Mars, im Altfranzösischen hieß er ›tiesdei‹, das klingt doch schon ganz ähnlich. Im Althochdeutschen wurde daraus ›ziestag‹, im Niederdeutschen ›dingesdach‹, da sind wir dann fast beim Dienstag angekommen.«

»Du bist ja ein wandelndes Lexikon«, staunte Käthe.

»Ich war Volksschullehrer«, sagte Karl. »Da muss man auf fast jede Frage eine Antwort haben. Aber weiter im Text. Der Mittwoch fällt aus der Reihe, dafür aber in die Mitte der Woche. Donnerstag kommt nach unserem alten Donnergott Donar, der Freitag nach Frija und nicht nach Freya, wie man vielleicht denken könnte. Frija ist Hüterin des Herdfeuers und des Haushaltes. Das Wort hat nichts mit frei, sondern mit Frau zu tun – der Freitag ist kein freier Tag, leider auch nicht für die Frauen. Dass er ein Frauentag sein könnte, davon wurde auch noch nichts bemerkt«.

Käthe kicherte. »Vielleicht lässt sich beides noch ändern.«

Karl vollendete unbeirrt: »Nun kommen wir zum Sonnabend. Heißt weiter südlich und westlich auch Samstag. Der Samstag heißt nach dem Saturn. Bei uns ist das anders. Unser Sonnabend bedeutet, dass es der Abend vor dem Sonntag ist. Inzwischen heißt nun der ganze Tag so. Zufrieden?«

»Ja, danke. Mir fallen bestimmt noch viele Fragen ein, die ich dir stellen könnte. Ein andermal natürlich.«

Das fanden die anderen auch. Arthur musste sich noch seinen Talar überwerfen und alle sollten sich innerlich und äußerlich doch bitte von diesem Heidenkram auf einen christlichen Ostergottesdienst umstellen. Die Familie lief zur Kirche hinüber.

Für dieses Osterfest hatte eine Art masurischer Föhn den meterhohen Schnee weggepustet. Im Garten wetteiferten die Frühblüher um den besten Augenschein. Am Nachmittag zückte Arthur den Fotoapparat. Allerdings fotografierte er nicht die lieblichen Blümchen, sondern streng dokumentarisch den vom letzten Schneesturm oder hungrigen Wildschweinen umgeworfenen Gartenzaun. Wer sollte das nun wieder reparieren! Der Zaun war ja nur noch Kleinholz. Anschließend fotografierte er die tiefe Rinne, in der das Schmelzwasser den Hang hinabgelaufen und – das war Käthes Idee gewesen – an seinem Ende in stufenförmig angelegte Blechschüsseln eingeschossen war. Sollte es ein trockenes Frühjahr werden, hatten sie allerhand Wasser zum Gießen vorrätig. Die Wiese mit den Krokussen fotografierte er zuletzt. Er tat es überhaupt nur Käthe zuliebe, wohl wissend, dass auf diesem Foto alle Pflanzen grau sein würden.

Nach Ostermontag und dem Restapril kam auch 1935 der Mai, Käthes Geburtstags- und Lieblingsmonat. Als sie am 1. Mai das Haus verlassen wollten, ging das nicht. Sie waren eingeschneit. Die Schneeschieber standen ordentlich verwahrt im Schuppen. Da war kein Rankommen und guter Rat teuer. Arthur ermannte sich und stieg aus dem im Erdgeschoss gelegenen Wohnzimmerfenster in den Schnee. Er reichte ihm bis zur Hüfte. Der unreparierte Zaun war nicht mehr zu sehen. Vielleicht geschah unter dem Schnee ja ein Wunder, und der Zaun fügte sich wieder zusammen.

Während Käthe im warmen Haus das Frühstück zubereitete (Anna wohnte im Dorf und war entweder im Schnee stecken geblieben oder gar nicht erst aufgebrochen), schob Arthur den Weg zwischen Haustür und Schuppen frei. So mochte es bei den Eskimos zugehen. Mit einem Mal überkam ihn die Lust, eine Schneehütte zu bauen. Für Käthe zum 1. Mai. Ein Iglu würde ihr bestimmt gefallen, trotz der anderen Umstände. Am späten Nachmittag, nach getaner ernsthafter Arbeit, holte er sich die Schaufel und machte sich ans Werk. Es sollte ein Zweipersonen-Iglu werden und er gab sich große Mühe, es stabil zu errichten. Schon zu Übungszwecken, sagte er sich. Schließlich würde er bald Nachwuchs bekommen und für den wäre eine Schneehütte bestimmt herrlich.

Käthe war begeistert. Nacheinander krochen sie in das kugelige Ding, setzten sich auf den alten Teppich, den Arthur irgendwo aufgetrieben hatte, und freuten sich wie Kinder über ihren Unterschlupf. Allerdings konnte Käthe nicht allzu lange in dem Iglu sitzen. Es war zwar davon auszugehen, dass schwangere Eskimofrauen schon in Ermangelung einer Alternative gerne in Iglus saßen, aber schwangere elsässische Ostpreußinnen waren das nicht gewöhnt. Käthe stellte eine große brennende Kerze in die Schneehöhle und Arthur fotografierte das Stillleben. Nach zwei Tagen setzte die Schneeschmelze ein und nach etwa einer Woche war die weiße Pracht verschwunden. Das Iglu hielt sich etwas länger, doch bald darauf blieben ihnen auch davon nur noch das Foto und die schöne Erinnerung. Frühling!

Käthe rechnete fest damit, dass der hohe Schnee Krokussen und Tulpenspitzen den Garaus gemacht hatte. Hatte er nicht. Als wäre nichts geschehen, füllten sich die Blechschüsseln mit frischem Schmelzwasser und die wintergrasliche Wiese mit ihren bunten Tupfen kam unverändert zum Vorschein. Nur das Kleinholz des kaputten Zaunes war noch kleiner geworden. Ohne Widerstand zu leisten, ließ es sich einsammeln und zu einem Haufen schichten. Den Kerzenstumpen aus der Schneehütte ließen sie im Gras stehen. Wenn das Kind da war, wollten sie ihn noch einmal anzünden.

Käthes Niederkunft sollte rein rechnerisch auf Sonntag, den 28. Juli fallen. Bis dahin waren es noch etwa drei Monate. In Vorbereitung der Geburt des neuen Erdenbürgers wurden etliche Maßnahmen ergriffen. Hedwig übernahm die praktischen. Karl übernahm nichts, störte aber auch nicht.

Arthur und Käthe oblag die Aufgabe, sich Gedanken über einen Rufnamen von ihm oder ihr zu machen. Zwillinge würden es nicht werden, das hatte die Hebamme definitiv festgestellt. Die Zweitnamen lagen quasi fest. Karl und Herbert oder Hedwig und Rose. So weit so gut. Schnell stellten sie Einigkeit darüber her, dass der zu findende Jungenname sein Pendant im Mädchennamen haben sollte und umgekehrt. Also Paul oder Paula, Richard oder Richarda und so weiter. Sie hatten es sich einfach vorgestellt, aber das war es nicht. Da beide für sich ein Vetorecht in Anspruch nahmen - so war es verabredet -, machten sie auch kräftig Gebrauch davon. Erschwert wurde die Suche dadurch, dass viele der gefälligen Namen kein Pendant im anderen Geschlecht hatten. Sebastian und Sebastiane? Möglich, aber ungewöhnlich. Alles, was mit Anne war, hatte leider auch kein männliches Pendant, jedenfalls kein direktes. Höchstens Anno, Anno Preuß, also »im Jahre des Preuß«. Nein, nein. Manche, die ihnen klanglich gefielen, wie zum Beispiel Daniel und Daniela, »Gott ist mein Richter oder meine Richterin«, kamen vom Sinn her nicht infrage. Wer wollte schon immer an einen Richter denken? So ging das hin und her. Wobei Arthur Käthe in der Sprachpedanterie bei Weitem überbot. Dafür trumpfte sie mit schönen, aber wenig praktikablen Vorschlägen auf. Eine Weile redeten sie um Jorin und Jorinde herum, oder um Jorinde und Joringel, schon wegen des wunderbaren Grimm'schen Märchens. Aber den Namen Joringel hatten sie als Vornamen noch nie gehört, Jorin eigentlich auch nicht. Außerdem war Jorin mit dem Namen »Georg« verwandt, was irgendetwas Bäuerliches bedeutete. Das hatte mit ihnen und ihrer Herkunft nichts zu tun. Außerdem ging Jorinde eigentlich nur mit Joringel. Falls sie also Jorin und Jorinde wählen würden, müsste das nächste Kind Joringel heißen. Aber soweit wollten sie nicht vorausplanen.

Irgendwann versteifte Käthe sich auf Michael und Michaela. Der Name gefiel Arthur gar nicht. »Wer ist wie Gott?« schien ihm als Rufname zu bedeutungsschwanger. Natürlich war nichts dagegen zu sagen, dass ihr Kind sich mit dieser Frage auseinandersetzte. Aber doch nicht vom Taufbecken bis zum Sterbebette. Klanglich fand er an der Kombination nichts auszusetzen.

»Dann bestehe ich darauf«, bestand Käthe darauf. ›Wer ist wie Gott?‹ ist doch eine gute Frage. Ob unser Kind sie täglich stellt, kann es einmal selbst entscheiden. Ich bestehe wirklich darauf. Sonst sitzen wir noch zum Christfest hier und überlegen, ob sie Christian oder er Christiane heißen soll.«

»Nehmt doch Konstantin!«, erklang eine tiefe Stimme aus dem Hintergrund. Karl, der die endlose Diskussion aus der Ferne mitbekommen und dessen Ohr bei Käthes »Ich bestehe darauf!« aufgehorcht hatte, versuchte, die drohende Endlosschleife zu durchbrechen. »Konstantin oder Konstanze. Der oder die Standhafte. Daran gibt es doch nichts auszusetzen, oder?«

Konstantin Karl Herbert oder Konstanze Hedwig Rose Preuß, sie hatten es geschafft!

Noch vor der Geburt von Konstantin oder Konstanze begann Arthur endlich mit seinen Tagebucheintragungen, und zwar am 27. Juni 1935, anlässlich des Ablebens des Katers Peterchen. Also mit etwa zehn Monaten Verspätung im Blick auf Käthes ersten Eintrag. »Du und ich hätten es nicht gedacht, dass ich in unserm Tagebuch zum ersten Mal zur Feder greifen würde, als die erste große Trauer unseres gemeinsamen Lebens uns ergriffen hatte. Peterchen ist tot. Vorgestern Abend haben wir ihn begraben, am Ostrand des Pfarrlandes zwischen den Kiefern, wo das Gelände steil zum Gut abfällt und wo man über die Insthäuser hinweg weit über den Kesselsee hinschaut. Es war etwa zehn Uhr abends. Zwischen den Kiefern schienen Sterne. Es war gut, dass es Abend war und wir einander und zumal anderen gegenüber verborgen bleiben konnten.

Ich weiß nun, dass ein Tier nicht weniger vor Gott gilt als ein Mensch und dass der Tod der gleiche ist, ob er zu Menschen kommt oder zu Tieren, jedenfalls derselbe letzte Feind. Ich glaube nicht, dass du oder ich Gott anklagten, aber seinen Feind, den letzten. Wir weinten. Aber wohl nicht über uns. Vielleicht auch. Denn wir sind ärmer geworden. Über den Tod in der Welt, dass an einer Welt nichts dran ist, in der so etwas wie Tod möglich ist. Ich wollte dich fragen, ob Peterchen wohl noch gebetet habe, ehe es zum Sterben kam. Aber ich schämte mich. ›Er ist doch einer von den Einfältigen‹, sagtest du und dachtest an das Reich Gottes. Weiß Gott, aber da war es mit meiner Fassung zu Ende.«

Käthe hatte schon so manches Mal davor die Fassung verloren, das brachte ihre Situation so mit sich. Nun stand die Geburt ihres ersten Kindes unmittelbar bevor und die Tränen saßen längst nicht mehr so locker.

***

Konstantin Karl Herbert Preuß erblickte wie geplant am Sonntag, dem 28. Juli 1935, mit tatkräftiger Unterstützung von Hebamme Johanna (»Der Herr ist gnädig« ) das Licht der Adlig Kessel'schen Pfarrhauswelt. Er war Arthur wie aus dem Gesicht geschnitten.

Für Käthe änderte sich das Leben zum zweiten Mal von Grund auf, für Konstantin zum ersten Mal.

Arthur war stolz auf seine Familie, glücklich und aufs Neue ein wenig verliebt in seine Frau. Grundsätzlich änderte sich für ihn nichts. Deshalb kann nahtlos weiter über seine Amtsführung berichtet werden, während der er sich mehr oder minder erfolglos bemühte, zu gleichen Teilen unparteiisch und kompromisslos zu sein.

## Wer schreit für die Juden?

Eine Devise, jüngst vom derzeit in der Nähe von Stettin amtierenden, auch Arthur namentlich bekannten Dietrich Bonhoeffer vorgegeben, ging ihm nicht aus dem Sinn: »Nur der darf Gregorianik singen, der laut für die Juden schreit!«

Arthur hatte für Gregorianik wenig übrig und folgerichtig war sie in seiner Gemeinde auch nicht Teil der Gottesdienstgestaltung oder von Konzerten. Insofern musste er sich durch Bonhoeffers Worte nicht angesprochen fühlen. Aber natürlich verstand er, was gemeint war. Vielleicht mochte Bonhoeffer auch keine Gregorianik, weil sie zu sehr ein Kunstprodukt war. Und er meinte, dass in Anbetracht des Umgangs mit den Juden ein emotionaler und hörbarer Ausdruck des Schmerzes passender wäre als das kultivierte Singen. Doch Arthur wollte nicht schreien. Es fehlte ihm der Beweggrund. Er war nicht elementar betroffen. Er würde bei entsprechender Gelegenheit vielleicht vor Angst, vor Wut, vor Schmerz schreien. Oder um jemanden zu finden, der sich im Wald verlaufen hat. Oder um jemanden zu finden, der einen aus dem Wald herausführt. Nichts von diesen Beweggründen traf auf Arthur zu. Stellvertretend zu schreien, das wäre doch auch nur ein Kunstprodukt. Und er war ja nicht einmal stellvertretend betroffen, meinte er zu wissen. Die meisten seiner arischen Amtskollegen in Ostpreußen dachten ähnlich.

Arthur betrafen andere Angelegenheiten; sie waren für ihn sogar brisant: Eines Tages führte Arthur mit einem Brautpaar ein Traugespräch. Er war gerade dabei, den beiden zu erklären, was er an welcher Stelle sagen oder fragen würde, wann die Ringe zu wechseln wären und auf welcher Altarstufe sie zwecks Segnung niederzuknien hätten.

»Ein Deutscher kniet nicht«, fiel ihm der Bräutigam ins Wort.

»Aha«, erwiderte Arthur. »Dann lassen Sie sich doch von Himmler trauen. Aber nicht in meiner Kirche.«

Da hatte er den Richtigen auf dem falschen Fuß erwischt und umgekehrt. Arthur wurde von der Gestapo abgeholt, verhört und – Dank des über jeden Zweifel erhabenen NSDAP-Mitgliedes Herbert Lefort, das gerade zu Besuch war und für seine Aussage zugunsten seines Schwiegersohnes sogar in Uniform auftrat – nach nur einem Tag wieder entlassen. Es wurde Pfarrer Preuß infolge zugestanden, dass die kirchliche Trauung von A bis Z zu den von ihm zu verantwortenden Amtshandlungen zähle. Da habe wohl der Bräutigam etwas falsch verstanden.

Arthur war davongekommen. Der Bräutigam verstand gar nichts mehr. Hatte er nicht alles richtig gemacht? Jedenfalls ließ er sich seiner Braut zwar nicht von Himmler, jedoch in einer anderen Kirche, weitab von Adlig Kessel, antrauen. Auch dort musste er knien. Das tat nun nichts mehr zur Sache, ihm war der Widerspruch vergangen.

Ein nächstes Mal landete Arthur im Gefängnis, als er anlässlich der Beerdigung eines Konfirmanden den Wunsch des trauernden Vaters unerfüllt ließ, am Grabe das Horst-Wessel-Lied anzustimmen. Wieder kam er nach nur einem Tag frei. Es wurde der Trauergemeinde (nicht von Arthur) vorgeschlagen, das Horst-Wessel-Lied auf der sich der kirchlichen Beisetzung anschließenden privaten Feier anzustimmen. Nicht überliefert ist, ob Arthur die Beerdigung gehalten oder einen Amtsbruder um Vertretung gebeten hat. Der Junge musste schließlich unter die Erde.

Über der Erde kam man aus dem Staunen nicht mehr heraus. Zum Schreien kam es dagegen wieder nicht, weder bei Arthur noch bei den meisten anderen. Am 15. September 1935, Konstantin, der Standhafte, konnte noch lange nicht stehen, war aber nun immerhin schon gut anderthalb Monate alt, beschloss der Deutsche Reichstag einstimmig die Nürnberger Gesetze. Kommentare von Arthur und Familie zu diesen ganz und gar neuartigen Regeln sind nicht überliefert. Die Preußens und Leforts waren alle so arisch, dass für sie aus nichts irgendwelche Konsequenzen erwuchsen. Wobei, hieß nicht einer von Arthurs Vorfahren Ephraim? Einer der Urgroßväter? Ach, das war damals - der gute Ephraim lebte von 1766 bis 1829 - bestimmt ein Modename. Da hatte vielleicht Gotthold Ephraim Lessing Pate gestanden. Und wenn nicht, war das jüdische Blut inzwischen ziemlich verdünnt. Keine Gefahr.

Was Arthur hingegen sehr beschäftigte, war, dass die Nationalsozialisten anfingen, die religiöse Grundausbildung der Kinder zu behindern. Das war starker Tobak! Der Religionsunterricht wurde in Randstunden verlegt und den Eltern nahegelegt, ihre Kinder nicht mehr hinzuschicken. Geistliche sollten keinen Religionsunterricht mehr erteilen, aber an den pädagogischen Hochschulen wurden die religionspädagogischen Lehrstühle nicht mehr besetzt. Da war guter Rat teuer. Nein, ausverkauft. Tausche Religion gegen Ideologie, Christentum gegen Heidentum, Heiliges gegen Heilloses. Dennoch fortwährend »Heil« sagen zu müssen, war das nicht ein Widerspruch? Erbarmung!

Arthur hielt dagegen, ganz nach Vorschrift. Wer am heiligen Abendmahl teilnehmen wollte, musste sich in seinem Amtszimmer in das Abendmahlsregister eintragen lassen. Durch die Tür kamen die Leute herein, brav einer hinter dem anderen und wurden Name für Name eingetragen. Und zu jedem Namen gab es eine Eintragung zu dem bei dieser Gelegenheit gespendeten Opfer, denn die Kirche musste ja von etwas leben. Dann kam der Nächste. Meistens ging alles gut. Aber es ging in dem Augenblick nicht mehr gut, als der Krugwirt erschien, der ein besonders unangenehmer Nazi war. (Käthe konnte die Wirtsleute ohnehin nicht leiden.) Im Suff habe er das halbe Briefträgerhaus zerlegt, erzählte man sich. Das heißt, das Inventar. Dieser Mensch erschien also in Arthurs Amtszimmer. Arthur schickte ihn unverrichteter Dinge nach Hause, damit er nicht am heiligen Mahl zu Schaden käme. Ganz neutral war das, und ganz kompromisslos. Anschließend tat es ihm leid. Vielleicht wäre der Wirt durch Einnahme des heiligen Mahles selbst auch etwas heiliger geworden. Das hatte Arthur nun verhindert.

Herbert nahm Arthur bei einem seiner Besuche einmal mehr beiseite, und riet ihm, sich weniger zu exponieren. Er könne ihn schließlich nicht jedes Mal heraushauen. Arthur erklärte ihm, dass er sich nicht exponiere, sondern nur reagiere. Und zwar auf Dummheit. Das sei Teil seines Amtsverständnisses und außerdem ein angeborener Reflex. Dafür habe sein lieber Schwiegervater doch gewiss Verständnis. Und wenn nicht, dann möge er bitte in der frisch erschienenen Broschüre »Was ist Offenbarung« nachlesen. Zum Beispiel diesen von Arthur verfassten Abschnitt: »Das Gebot für die Kirche ist, inmitten allen Stimmengewirrs unbeirrt nur auf diese Stimme der Offenbarung Gottes und auf seine Aufträge zu lauschen, unbekümmert darum, ob Menschen diese Aufträge begrüßen, genehmigen, einschränken oder ignorieren.«

Sein Schwiegervater las es brav und machte sich noch größere Sorgen. Denn mit dieser Schrift wanderte Arthur auf einem so schmalen Grat – der war ja manchmal gar nicht mehr zu sehen, der Grat.

Arthur balancierte weiter. Einmal hatte er mit einem Bauern Krach, weil der nicht wollte, dass sein Sohn ein Buch anrührte, also auch die Bibel nicht und nicht das Gesangbuch. Arthur beschimpfte ihn kompromisslos und gänzlich unpädagogisch. Als dann der Bauer damit dran war, Arthur zur Bibelstunde abzuholen, benutzte er dazu ebenso kompromisslos seinen Dungwagen. Nun, er hatte kein anderes Fuhrwerk. Aber er hätte sich für den Pfarrer ein anderes Fuhrwerk borgen können. Wollte er aber nicht.

Das war eine der merkwürdigsten Fahrten, die Arthur je erlebt hatte. Beide saßen in Schweigen versunken auf dem Kutschbock, hinter sich den feuchten Stalldung. Je nach Lüftchen und eingeschlagener Himmelsrichtung drang der Gestank in ihre Nase. Wenn der Bauer gehofft hatte, bei Arthur Entsetzen auszulösen, sah er sich enttäuscht. Mit elegantem Schwung sprang sein Pfarrer vom Bock, wischte sich an einem Putztuch die Schuhe ab und trat gemessenen Schrittes in den Gemeinderaum. Dort erklärte er den Anwesenden den Grund für den mitgebrachten Gestank und nahm Platz. Die Bibelarbeit hielt er spontan über Amos 5: »Ich bin euren Feiertagen gram und verachte sie und mag eure Versammlungen nicht riechen. Und wenn ihr mir auch Brandopfer und Speiseopfer opfert, so habe ich kein Gefallen daran und mag auch eure fetten Dankopfer nicht ansehen. Tu weg von mir das Geplärr deiner Lieder, denn ich mag dein Harfenspiel nicht hören! Es ströme aber das Recht wie Wasser und die Gerechtigkeit wie ein nie versiegender Bach.« Wobei Arthur sich durchaus als Teil der dort angesprochenen Gemeinschaft sah. Er roch an diesem Abend schließlich nicht besser als die übrige Gemeinde.

Mindestens eine wirklich erfreulich-schöne Geschichte gab es am Gründonnerstag, anno 1936: Da kam Muttchen Dudda zum Pfarrer. »Ich leb doch mit meinem Vetter im Zank, im selben Dorf. Wir reden nicht miteinander, wir grüßen nicht, wir sehen einander nicht. Aber so kann ich doch morgen, am Karfreitag, nicht zum Abendmahl gehen!«

»Nein, das können Sie nicht. Dann müssen Sie einmal hin zu Ihrem Vetter und mit ihm darüber reden und sagen: Morgen ist Karfreitag, morgen will ich zum heiligen Abendmahl gehen, so kann das zwischen uns nicht weitergehen!«, beschied Arthur.

»Nein, das kann ich nicht, das ist ja gar nicht möglich!«

»Das ist möglich – im Namen Gottes, gehen Sie da hin!«

Das war ein Befehl. Muttchen Dudda ging im Namen Gottes und Arthurs zu ihrem Vetter. Der fiel ihr fast um den Hals vor Freude und Dankbarkeit. Am Karfreitag kam sie in so großer Freudigkeit zum Abendmahl, dass die Kirche »Unserer Lieben Frauen« noch heller erleuchtet war als sonst. Friede, Freude, Plinsen.

Neben Arthurs Alltagsgeschichten geschah anderes, von dem bisher gar nicht die Rede war. Nur elf Kilometer von der Kirche »Unserer Lieben Frauen« entfernt, lag die Johannisburger Synagoge. Sie war inzwischen mehrfach zum Ziel von Anschlägen geworden. Wie die Adlig Kesseler Kirche war auch dieses Gotteshaus noch nicht alt. Nun aber wurde es angegriffen. Viele der jüdischen Einwohner Johannisburgs hatten inzwischen nicht nur aus diesem Grund das Weite gesucht.

Hatte Käthe bei ihren verschiedensten Besorgungen in der Kreisstadt nicht gesehen, dass die jüdischen Geschäfte mit Nazi-Parolen beschmiert worden waren? Das sah man doch beim Einkaufen. Gehörte sie zu den deutschen Kunden, die trotzdem jüdische Läden aufsuchten? Wohl nicht. Wenn doch, dann wäre sie fotografiert worden und man hätte ihr Konterfei in den Schaukästen unter dem Titel »Judenknechte« gefunden. So machte man das damals in Johannisburg. Nichts gehört und nichts gesehen? Und schon gar nichts stand davon etwas im Tagebuch von Käthe und Arthur.

Vielleicht hatten sie sich darauf geeinigt, politische Themen auszusparen, falls es einmal jemandem einfiel, in ihrem Haus und dem Tagebuch herumzuschnüffeln. Vielleicht hatten sie sich darauf geeinigt, das Thema Juden überhaupt auszusparen. Da kam ihnen entgegen, dass die Juden bereits verstanden hatten, dass sie ein- oder ausgespart werden sollten und, wenn sie vorausschauend und vermögend genug waren, von sich aus danach trachteten, davonzukommen. Dabei hatte endlich einmal ein kirchliches Gremium einigermaßen klare Worte zu der Judenhetze gefunden. Das geschah in einer »Denkschrift der Vorläufigen Kirchenleitung an Hitler«. Dort stand: »Wenn hier Blut, Volkstum, Rasse und Ehre den Rang von Ewigkeitswerten erhalten, wird der evangelische Christ durch das erste Gebot gezwungen, diese Bewertung abzulehnen. Wenn der arische Mensch verherrlicht wird, so bezeugt Gottes Wort die Sündhaftigkeit aller Menschen, wenn dem Christen im Rahmen der nationalsozialistischen Weltanschauung ein Antisemitismus aufgedrängt wird, der zum Judenhass verpflichtet, so steht für ihn dagegen das christliche Gebot der Nächstenliebe.«

Hitler antwortete nicht darauf. Wahrscheinlich wollte er nicht mit vorläufigen Gremien korrespondieren.

Von Arthur ist zu dem Pamphlet keine Stellungnahme überliefert. Aus seiner schon zitierten Schrift »Was ist Offenbarung« spricht hingegen eine Art kirchlich tradierter Antijudaismus, nannte er doch den Anspruch der Juden, das auserwählte Volk zu sein, eine Anmaßung, nannte ihn dünkelhaft. Allerdings schrieb er ebenso dazu: »Wir haben von uns aus niemanden zu verdammen und überhaupt wenig Anlass, das Negativum zu verkünden.« Auch Arthur wollte nicht dünkelhaft sein.

Was er völlig ablehnte, war jedwede Rassentheorie – die so genannte »Stimme des Blutes« oder die »Stimme der Rasse«. Diese Art eines völkischen Kirchenverständnisses setzte er mit dem jüdischen Gottesverständnis gleich. Konsequent stellte Arthur sich auch dem entgegen: »Wer auf einem Standpunkt steht, kann jeden anderen Standpunkt grundsätzlich nur ablehnen. Wer auf dem Standpunkt Christi steht, kann nicht zugleich auf dem Standpunkt von Mose oder Abraham stehen, ebenso wenig wie auf dem Standpunkt von Paulus oder Luther, Hindenburg oder Hitler.«

Um nicht nur im Adlig Kesseler Saft zu schmoren, telefonierte Arthur hin und wieder mit seinem lieben Studienfreund Gunther, der weiterhin in Elbing seinen Dienst tat. Imposante Leute wie Martin Niemöller gingen bei Gunther ein und aus. Arthur informierte sich auf diese Weise und sie schwatzten über dieses und jenes. Auch über Arthurs Schrift zur Offenbarung. Jeder von ihnen wanderte auf einem schmalen Grat. Manchmal wanderten sie nicht, sondern mussten regelrecht akrobatisch herumturnen. Wieso nur war der Grat für jeden gleich schmal, die Möglichkeiten des Abstürzens aber so vielfältig?

Arthur hatte in seiner Abhandlung, die hochkomplex daherkam, das Finale denkbar einfach gestaltet: Die Christen haben

Christus als den einzig wahren Dolmetscher zwischen Gott und Mensch erkannt. Die Kirche ist dazu da, den Menschen die Schriften der Bibel, die unsere einzigen Quellen der Worte Christi sind, nahezubringen, das Kennenlernen zu ermöglichen. Das ist ihre Aufgabe. Die Kenntnis und das zu erhoffende Verständnis der biblischen Schriften ermöglichen es dem Christen, sich in der Welt zu orientieren. Christus ist dabei der Maßstab und niemand sonst. Das zu postulieren und zu bewahren, sind ebenfalls Aufgaben der Kirche. Deutlich artikulierte er dabei, dass sich alles, auch die aktuell handelnden Personen in Politik und Kirche, am Maßstab Christi zu messen hätten, an ihm sei kein Vorbeikommen. Damit relativierte und degradierte er sämtliche Versuche, sich an dem Juden Christus vorbeizumogeln. Und zwar so deutlich, dass nicht nur seinem Schwiegervater angst und bange wurde. Arthur schrieb: »Man konnte kürzlich erstaunliche Thesen lesen: Im Mittelpunkt deutschen Christenglaubens steht nicht die Bibel, steht auch nicht der Jesus von Nazareth, der vor 2000 Jahren gelebt hat. … Im Mittelpunkt deutschen Christenglaubens steht das religiöse Glaubens- und Gedankengut, das die deutsche Seele in der Zeit nach der Christianisierung geschaffen hat. Christus spielt also gar keine Rolle mehr! Die Thesen sind mithin rein heidnisch.«

Auf schmalem Grat, gegen den Strom, der Bilder wären viele, Arthurs Situation zu beschreiben. War das anstrengend, einigermaßen unversehrt durch diese Zeiten zu kommen und dabei noch seine Familie samt Gemeindeschäfchen vor Schaden zu bewahren.

# 8. Kapitel:

Kückenmühle, Adlig Kessel, Königsberg, 1936–1939

## Du bist verrückt, mein Kind

Nachdem Agathe den meisten Menschen aus den Augen geraten war, wurde es zunächst nicht besser mit ihr. Von der winzigen Hoffnung, dass sie eines Tages ihres Lebens wieder froh werden könnte, war nach der Attacke auf ihren Unterleib nichts übrig geblieben. Wer weiß, was ihr noch alles bevorstand. Sie schüchterte vor sich hin, querulierte nur noch verhalten. Manchmal stritt sie zwar aus alter Gewohnheit mit dem Personal, aber diese kleinen Ausbrüche nahm nicht einmal sie selbst ernst. Auch war sie kaum noch für nützliche Verrichtungen zu gewinnen.

Nicht in der Annahme, dass ihr ein Tapetenwechsel Richtung Osten Besserung oder gar ein paar innerfamiliäre Besuche bescheren würde, sondern aus Kostengründen, überführte man sie am 30. März 1936 von Eberswalde in die Kückenmühler Anstalten für Blöd- und Schwachsinnige nach Stettin. Obwohl die Eberwalder Anstalt für über tausend Geisteskranke konzipiert worden war, reichten die Betten nicht aus, beziehungsweise wurden für andere Patienten benötigt. So wurde Agathe gemeinsam mit Hunderten anderen Pfleglingen in die »Außenpflege« gegeben. In Kückenmühle konnte ihre Unterbringung wesentlich preisgünstiger gestaltet werden.

> Du bist verrückt, mein Kind,
> du kommst nach Kückenmühl,
> wo die Verrückten sind,
> da musst du hinziehn.

Diesen Spruch hatten sich die Stettiner für ihre Anstalt ausgedacht. Die Kückenmühler Anstalten waren eine Einrichtung der Pommerschen Inneren Mission, also ein evangelisch geprägtes Heim. Als Erstes wurde Agathe dort ärztlich untersucht und befragt. Erstaunlicherweise war sie bereit, Fragen zu beantworten. Sie war nicht mehr die Jüngste mit ihren siebenundvierzig Jahren, sah aber jünger aus. Und noch immer hatte sie ihre Monatsregel. Also begann erneut die Diskussion - allerdings nicht mit ihr -, ob sie für eine Zwangssterilisation infrage käme. Der Anstaltsdirektor, Pastor August Stein, war ein verantwortungsbewusster Mensch. Schließlich hatte er die Zwangssterilisierung bereits 1931 anlässlich der Evangelischen Fachkonferenz für Eugenik in Freysa begrüßt und mitbeschlossen sowie kundgetan, dass auch kirchliche Einrichtungen sie akzeptieren sollten. Im Hauptartikel des Anstaltsjahresberichtes von 1936 stand dann auch: »Wir tun unsere Arbeit ganz bewusst als Christen und als Deutsche. Als Christen um der Barmherzigkeit Gottes willen, als Deutsche um unserer Volksgemeinschaft willen, dass die Elendesten dieser Gemeinschaft gepflegt werden und alles geschieht, um solches Elend und solche Krankheit zu verhüten.«

Zu Agathes Glück ließ der Direktor Erkundigungen einziehen, warum man in Eberswalde keine Zwangssterilisation an ihr vorgenommen habe. Die Antwort: wegen ihres ganz besonders vehementen und deshalb erfolgreichen Widerstandes gegen diesen Eingriff. Nun, dann würde er diesen Eingriff auch nicht vornehmen lassen.

Da war Agathe nun bei den Verrückten in Pommern. Letzte Hoffnung erstorben oder nicht - ab sofort ging es ihr besser, sie mochte es kaum glauben, hatte es nicht mehr zu hoffen gewagt.

Möglicherweise bekam sie hier bessere Medikamente verabreicht. Möglicherweise hatte sie den Höhepunkt ihrer Querulanzia überschritten. Möglicherweise hatte sie die Hoffnung aufgegeben und damit jedwedes zwanghafte Streben. Und, noch eine Möglichkeit: Vielleicht gab es in Kückenmühle, abseits der städtischen und politischen Brennpunkte, eine Atmosphäre des Angenommenseins und der Geborgenheit, der echten Fürsorge, und es entstand bei ihr ein Grundgefühl von Zuversicht und Stabilität. Agathes Wandlung zum Besseren ist jedenfalls belegt.

Im Freien umwehten sie Brackwasser- und Ostseedüfte. Vielleicht würde sie bald in die Heimat entlassen werden? Aber hier war es ja auch recht nett. Vor allem die Gottesdienste gefielen ihr. So oft sie die Gelegenheit bekam, ging sie in die Anstaltskirche. Die neugotische Kirche, geweiht im Advent 1889 (Agathes Jahrgang!), war nicht groß, hatte aber alles, was eine Kirche brauchte - von der Orgel bis zur Kanzel. Im Stillen nannte Agathe die Kirche ihre große Schwester. Sie beide teilten das Schicksal, es andauernd mit Irren, Blöden und Schwachsinnigen zu tun zu haben.

Die große Schwester rief Agathe zu sich und erteilte ihr den Auftrag, ihre schöne Stimme erschallen zu lassen. Von da an legte Agathe so viel Leidenschaft in den gottesdienstlichen

Choralgesang, dass Anstaltspfarrer und Kantor auf sie aufmerksam wurden. Auch machte sie sich unablässig Notizen zu den gottesdienstlichen Abläufen. Hatte der Pfarrer den Predigttext und die anderen Lesungen korrekt ausgewählt? Hatte das Antependium die richtige Farbe? Wenn nicht, sprach sie den Pfarrer nach dem Gottesdienst an. Werner Dicke, damals stellvertretender Anstaltsdirektor, war ein milder Hirte und nahm es ihr nicht übel, zumal Agathe jedwede Kritik in freundlicher Form äußerte. Da lebten in der Anstalt ganz andere Störenfriede, mit denen er es in- und außerhalb der Gottesdienste zu tun hatte.

Der Organist, der die Orgel bediente und den Anstaltschor leitete, hatte ebenfalls bemerkt, dass seine Gemeinde musikalisch reicher geworden war. Agathe wurde dazu ausersehen, ihm umzublättern und zu registrieren. Diesen Tätigkeiten ging sie allerdings nur ein einziges Mal nach, denn sie war viel zu aufgeregt für solch feinmotorisch anspruchsvolle Handgriffe. Insofern schmiss sie dieses eine Mal beim Umblättern die Noten runter, zog mehrfach falsche Register und stellte einmal sogar das Gebläse ab. Aus der Traum von der musikalischen Assistenz! Dieses Totalversagen nahm sie sich sehr übel und kam beinahe nicht darüber hinweg. Doch der Kantor tröstete sie, indem er sie in den Chor aufnahm. Das war nur wenigen Pfleglingen vorbehalten.

Agathe war fast glücklich. Sie lernte alle Lieder und Chorstücke auswendig, so dass sie während des Singens kein Auge von dem Kantor lassen musste. Da sie von der Kirchenempore aus sangen, fiel das außer dem Kantor niemandem auf und das war gut so.

Auf dem Platz vor der Kirche stand ein großer Findling. Wie er dort hingeraten war, wusste Agathe nicht. Vielleicht war er vom Himmel gefallen. Hatte sie die Kirche zur Schwester genommen - ihn erkor sie sich zum Bruder. Er gab ihr von seiner Wärme und seiner Seele ab, ohne etwas dafür zu verlangen. Er liebte sie also. Wenn sie sich unbeobachtet fühlte, schmiegte sie sich an ihn und liebkoste ihn.

So hangelte sie sich an kleinen Glücksmomenten durch die Zeit und vergaß beinahe, dass sie eigentlich im Elend lebte. Da ihre letzten Briefe, noch in Eberswalde geschrieben, von der Verwandtschaft nicht beantwortet worden waren, gab sie das Schreiben ganz auf. Sie hatte Besseres zu tun.

So kam es, dass ihre Verwandtschaft gar nichts von ihrer Verlegung nach Kückenmühle erfuhr. Nicht einmal den Pflichtvormund, den ehrenwerten G. Schallat vom Schuhaus Schallat in Eberswalde hatte man informiert. Folgerichtig beschwerte er sich darüber und bat darum, ihn von der Vormundschaft zu entbinden. Mit deutschem Gruß! Sein Nachfolger wurde Walter Wersch aus Berlin-Zehlendorf.

## Jedermanns Eid

Familiär war bei den Preußens in Adlig Kessel alles in bester Ordnung. Nach zwei Jahren unbestrittener kindlicher Vorherrschaft Konstantins erblickte Raphael (»Gott heilt« - ein Erzengel sollte unbedingt namentlich dabei sein, Raphaela wäre auch gegangen) das Licht der Welt. Er war seinem Großvater mütterlicherseits, dem lieben Herbert, wie aus dem Gesicht geschnitten.

Konstantin hatte kein Problem mit Raphaels Anwesenheit. Meistens vergaß er sie, denn er neigte dazu, sich auf das für ihn Wesentliche zu konzentrieren. Alle anderen freuten sich über das neue hübsche Kerlchen.

Außerfamiliär war fast nichts mehr in Ordnung. Das Kirchenchaos in ostpreußischen Landen hatte sich vergrößert und vergrößerte sich immer weiter. Inzwischen regierte man den Kirchengemeinden schon in die Verwendung der Kollekten hinein. Die Gestapo marschierte in die Gottesdienste und beschlagnahmte alles eingesammelte Geld, dessen Verwendungszweck ihnen nicht passte. Wer das nicht dulden wollte, wurde festgenommen. Mittlerweile tummelten sich in den Gefängnissen ein Haufen Glaubensbrüder. Ende des Jahres 1937 saßen 73 von Arthurs Amtskollegen im Gefängnis, weil sie gegen die Einmischung der Nazis in die kircheneigenen Angelegenheiten protestiert hatten. Auch Gunther gehörte zu ihnen, zumal er aus der NSDAP ausgetreten war, was bei dieser gar nicht gut ankam. Selbst das Gefängnispersonal solidarisierte sich gelegentlich mit den frommen Bösewichtern, konnte es doch keine Schuld an ihnen finden. Das war nun erst recht ärgerlich für die Nazis.

Den hirtenlosen Gemeinden wurde kirchlicherseits angeraten, sich nicht verbittern zu lassen und sich darin zu üben, der Obrigkeit untertan zu sein. Wiederum sollten sie aber furchtlos das Evangelium bezeugen und ohne ihre Pfarrer Gottesdienste und Gebetsstunden abhalten, und zwar treulich Sonntag für Sonntag und an allen anderen Tagen zur üblichen Stunde. Dem Auftrag kamen viele Gemeinden tapfer nach. Eigenwilliger Widerstand kam hinzu: Manche Gemeinden ließen die Kirchenglocken so lange schweigen, bis der Pfarrer aus der Haft entlassen war. In einem Dorf am Kurischen Haff fuhren die Fischer nicht zum Fischfang und die Frauen nicht zum Markt, bis der Pfarrer freikam. Niemand konnte die Glocken zum Läuten und die Fische zum Sich-Fangen-Lassen zwingen. Anderswo weigerten sich die Bauern, ihre Toten ohne Pfarrer zu bestatten. Da hatten die Nazis nun wirklich ein Problem. Unbeerdigte Leichen stapelten sich in den Friedhofshallen. Niemand konnte dazu gezwungen werden, sie ohne geistlichen Beistand zu verscharren. Das hätte bei der Landbevölkerung riesigen Ärger gegeben. Um diesen sehr speziellen Ärger zu vermeiden, wurden manche Pfarrer vorzeitig aus dem Arrest entlassen.

Irgendwann war der Kollektenärger ausgestanden – alle durften wieder sammeln, für wen oder was sie wollten. Erich Koch, der Gauleiter der NSDAP in der preußischen Provinz Ostpreußen, ein angeblich recht frommer Mann, hatte nämlich gesagt: »Was gehen uns die Kollekten an. Mögen doch die Pfarren sammeln, wofür sie wollen.« Das war gut und richtig! Nicht gut und richtig war: Die gesamte evangelische Jugend, soweit sie in Verbänden existierte, wurde der Hitlerjugend angeschlossen. Nur die Schülerbibelkreise hatten sich diesem Ansinnen durch Selbstauflösung entzogen und tagten fortan mehr oder minder geheim unter pfarrherrlichem Schutze, wo es denn schutzwillige Pfarrherren gab. Arthur wäre vermutlich schutzwillig gewesen, aber bei ihm im Irgendwo gab es solche Kreise nicht. Im Übrigen traten in Ostpreußen prozentual viel weniger evangelische Christen aus ihrer Kirche aus als im sonstigen Reich, was immer das zu bedeuten hatte.

Arthur widerstand dem antikirchlichen Gebaren der Machthaber, allerdings tat er das nach wie vor nicht demonstrativ im Rahmen seiner öffentlichen Aufgaben. Er übte sich weiter darin, eine Blume nach der anderen zwischen die Zeilen seiner Worte oder Schriften zu legen und dabei politisch neutral, jedoch kompromisslos zu bleiben. Unter anderem zu diesem Zweck hatte er ohne Genehmigung begonnen, einen Gemeindebrief herauszugeben, der allen Interessenten gegen eine geringe Bezugsgebühr zugestellt wurde. Käthe lieferte hübsche Federzeichnungen zu jeder Ausgabe. Vor dem Sonntag Palmarum, auch »Palmsonntag« genannt, im Jahr 1938 am 10. April gelegen, war im Gemeindebrief Nr. 10 zu lesen: »Das Wuppertaler Thielmann-Quartett singt am Palmsonntag im Vormittagsgottesdienst um 10 Uhr Lieder in der Kirche. Trotz der Reichstagswahl, zu der wir selbstverständlich alle ohne Ausnahme unser Ja abgeben werden, wird es Euch allen, abgesehen von den Wahlvorständen, möglich sein, diesen Gottesdienst zu besuchen.«

Diese Einladung beeindruckte selbst die Johannisburger Kreisstädter so sehr, dass sie extra mit einem Omnibus aufs Land gefahren kamen. Ob sie dabei wohl die Wahl verpassten? Man ist gewillt zu denken, dass der Auftrittstermin nicht zufällig gewählt worden war, und zu hoffen, dass das »alle ohne Ausnahme« ein Quäntchen an feinsinnigem Spott transportieren sollte.

Der zu bekreuzende Stimmzettel war allerdings das Gegenteil von feinsinnig: Das »Nein« war klitzeklein im Vergleich zum riesig unterkreisten »Ja«. Eine differenziertere Abstimmung war nicht vorgesehen.

Die Einheitsliste der NSDAP erreichte offiziell 99,1 Prozent der Stimmen. 0,9 Prozent waren ungültig. Angeblich hatte also niemand mit seinem Stift den Neinkreis angepeilt. War das zu glauben?

Nachdem es Adolf Hitler gelungen war, den Wahlsieg zu erringen und seine Macht zu festigen, kamen ihm und seinen Untertanen viele Ideen. Manche waren furchtbar, andere erbärmlich. Ein Beispiel für erbärmlich: Dem Preußischen Ministerium für Wissenschaft, Erziehung und Volksbildung fiel ein, eine so genannte Expertenkommission damit zu beauftragen, die masurischen Ortsnamen zu vertreudeutschen. Auch Namen von Seen, Waldstücken und Fluren mussten dran glauben. Arthurs Kirchspiel kam zum Glück noch einigermaßen glimpflich davon. Um dem Vergessen entgegenzuwirken, sollen an dieser Stelle alte und neue Namen genannt werden. Alxnupönen wurde zu Altsnappen (was immer das zu bedeuten hatte), Bilitzen zu Waldenfried (das lag in Arthurs Kirchspiel Adlig Kessel), Meschkrupchen zu Meschen, Pillkallen zu Schlossberg, Spirokeln zu Hohenfried, Stallupönen zu Ebenrode, Trzonken zu Mövenau (auch im Kirchspiel Adlig Kessel gelegen, diese Änderung störte Arthur nicht so sehr), Wannagupchen zu Habichtsau (Umbenennung bereits 1935), Uszpiaunen über Uschpiaunen (1936) zu Kiesdorf und die Scheschuppe wurde zum Ostfluss.

Als Arthur anlässlich einer weiteren Esstischkonversation – wieder einmal waren Karl und Hedwig zu Besuch – auf die Angelegenheit zu sprechen kam, waren alle empört.

»Dann müsste man Dresden in Dickicht umbenennen, Berlin in Sumpf und Wien in Waldbach«, meinte Karl. »Auf die Idee kommt aber niemand.«

»Was du schon wieder weißt«, freute sich Käthe. »Willst du nicht einmal einen Gemeindenachmittag dazu halten?«

»Aber Käthe!«, mahnte Hedwig. »Das ist doch politisch!«

»Genau, das ist politisch! Was heißt denn politisch, Vater? Geht das nicht alle etwas an, das Politische? Geht es nicht genau darum?«

Allen außer Käthe war das Thema unangenehm. Ob nicht Anna vielleicht …?

»Käthe, das Dienstmädchen …«, raunte Arthur seiner Frau zu.

»Ich glaube nicht, dass sie uns belauscht«, gab diese zurück. »So eine ist sie nicht. Und wenn doch, was hört sie dann? Dass wir die alten Namen besser finden als die neuen? Na und?«

»Politik beschäftigt sich mit den Angelegenheiten eines Gemeinwesens«, nahm Karl den Gesprächsfaden wieder auf.

»Insofern habt ihr recht, wenn ihr sagt, dass diese Namensneugebungen politischer Natur sind. Was noch lange nicht bedeutet, dass alle mitzubestimmen hätten. Das kann man bedauern oder auch nicht. Ich für mein Teil finde das ausnahmsweise sehr bedauerlich.«

Damit sprach er allen aus dem Herzen.

»Wir nennen die Orte einfach weiter, wie sie bisher hießen«, schlug Käthe vor.

»Das geht nicht«, hielt Arthur dagegen. »Ich muss die Amtssprache benutzen, bin ich doch eine Amtsperson. Die Kirchenbücher müssen amtlich korrekt geführt werden und so weiter. Ich fürchte, diese schönen Namen gehören der Vergangenheit an.«

Es war schlimm, doch Widerstand an dieser Stelle zwecklos. Zumal es inzwischen so viel gab, dem zu widerstehen Arthur sich berufen fühlte, dass es zur Profession gereicht hätte. Hauptamtlicher Widerstandskämpfer im Ehrenamt. Das Böse näherte sich von allen Seiten. Doch noch war es nicht mitten unter ihnen, so schien es wenigstens. Arthur wollte nicht in den Widerstand gehen. Er war Pfarrer und er hatte Familie. Er wollte die ihm Anbefohlenen nicht verlassen. Offener Widerstand gegen die politischen Verhältnisse hätte ein Abschiednehmen von allem bedeutet, für das er bisher gelebt und gearbeitet hatte. Trotz aller Eigensinnigkeit seiner Berufsauffassung – der Wille zur bedingungslosen Aufopferung gehörte nicht dazu. Was nutzte ein Hirte seinen Schafen, wenn er in der Ferne Wölfe jagte und dabei umkam?

Ferne Wölfe waren zum Beispiel die, die seinem Amtskollegen Martin Niemöller, dem Vorsitzenden des Pfarrernotbundes (einem Bund, dem Arthur nicht angehörte) das Leben schwermachten. 1937 hatten sie Niemöller verhaftet, machten ihm im

Februar 1938 den Prozess und sperrten ihn, seinen Freispruch nach verbüßter Haftstrafe ignorierend, aus »Sicherheitsgründen« wieder weg. Auch Niemöller hatte Familie. Arthur schauderte es. Den Wolf im eigenen Gatter würde er schon verjagen. Das Rudel in der Ferne - mochte es doch heulen. So war die Welt. So waren die meisten Menschen. So war Arthur.

Das Böse rückte noch näher, als er und andere Leidensgenossen, nämlich unter anderen die des Jahrganges 1908, im Sommer 1938 einer so genannten »Ergänzungseinheit« zugeführt wurden. Nach der Musterung, bei der ein Herzklappenfehler diagnostiziert wurde, bescheinigte man Arthur nur die »Garnisonsbefähigung Heimat«. Um auch heerespraktisch befähigt zu sein, bekam er vom 8. Juni bis zum 6. August eine militärische Grundausbildung.

Zur Zeit der Weimarer Republik gab es keinen Wehrdienst. Arthur hatte keine Ahnung von militärischen Dingen. Wenn es nach ihm gegangen wäre, hätte das so bleiben können. Stattdessen lernte er, mit Pistole, Handgranate und dem Karabiner 98k umzugehen. Mit dem letztgenannten Dings konnte er Geschosse abfeuern, die in einer Sekunde 750 Meter zurücklegten. Zu seinem Schrecken stellte er fest, dass ihm das Schießen Spaß machte und dass er recht gut darin war. Nicht dass er etwas traf, was in 750 Metern Entfernung zu sehen war. Jedenfalls nichts Kleines. Aber ein 300 Meter weit entferntes Ziel zu treffen, lag im Bereich seiner Möglichkeiten. Arthur hatte gute Augen, eine sichere Hand und entwickelte für sein schreckliches Schießgewehr sogar ein gewisses Feingefühl. Musste er sich dafür schämen? Er bemühte sich, nicht darüber nachzudenken.

Das Schicksal einer verordneten Bewaffnung teilte er übrigens mit seinem geliebten Dampfer »S. S. Möwe«, dem Schiff mit dem samtenen Signalton. Die »Möwe« wurde bereits 1937 zu einer ersten Übung eingezogen, erhielt einen Signalmast, 1938 dann schwere Sockel, auf die Geschütze montiert werden konnten, sollte es einen Ernstfall geben.

Arthur entpuppte sich als treffsicher und tat sich auch bei Fußmärschen hervor. Wobei er allerdings darauf achten musste, seiner Truppe nicht allzu weit voraus zu sein. Bei der turnerischen Sportausbildung versagte Arthur hingegen. Er konnte nicht gut klettern, noch weniger gut springen und am Boden brachte er auch nichts zuwege. Rudern, Segeln und Schwimmen stand nicht auf dem Programm. Er war nun einmal bei der Infanterie, nicht bei der Marine.

»Das sieht man dir gar nicht an, dass du so unsportlich bist«, wunderten sich seine Kameraden. Daran konnte Arthur nichts ändern.

Die Ausbilder ließen es mit ihren »weißen Jahrgängen«, also den bisher vom Wehrdienst verschonten, ansonsten ziemlich ruhig angehen. Die Ferngläser wurden zur Vogelkunde herangezogen und Arthur konnte sich wieder auszeichnen. Es gab viele Decken und viel Gras, auf dem gelagert werden konnte. Manch einer fand die Zeit und den Ort für ein außerplanmäßiges Nickerchen am Waldesrand. Im Vergleich zu den in Arthurs Berufsleben vorherrschenden Turbulenzen bescherten ihm die Wochen der militärischen Ausbildung friedliche Zeiten. Er lernte erstaunlich viele nette junge Herren kennen und lud einige von ihnen sogar manchmal ins Adlig Kesseler Pfarrhaus ein. Käthe hatte nichts dagegen, konnte sie doch anlässlich einer unterhaltsamen Gesellschaft ihre Kochkünste weiter vervollkommnen und anschließend in den Genuss interessanter Gespräche kommen. An Arthurs Aussehen in Uniform gewöhnte sie sich allerdings nicht. Es sah so schrecklich militant aus. Dazu kamen allerhand fantastische Vorstellungen. So sah sie ihn wiederholt mit einem blutigen Einschussloch vor ihren Augen zusammenbrechen. Woher kam dieses Bild? Aus ihrer Fantasie eben. Von der hatte sie mehr als genug.

Nach dem erfolgreichen Absolvieren der Grundausbildung versuchte man, Arthur zum Offizier zu küren. Doch er bestand weder den einen noch den nächsten Offizierslehrgang, wohl infolge seiner Opposition beziehungsweise der offenbaren Einmaligkeit seiner Anschauungen. So wurde er irgendwie aus Gnaden zum Gefreiten ernannt, einem Rang, der zu nichts nütze war. Jedenfalls nicht dazu, eine Truppe zu befehligen.

Letzter Eindruck, letztes Kommando: »Richtpunkt vorwärts der Batterie der Kesseler Kirchturm! Von Grundrichtung 100 mehr! Neue Grundzahlen!«

Dazu schrieb Arthur: »Es ist beinahe komisch. Wohl nirgends mehr spielen die Kirchen noch solch eine Rolle im öffentlichen Leben wie bei der Artillerie und eventuell noch in der Nautik. … Richtpunkt vorwärts, rechts, links, rückwärts der Batterie der Kirchturm soundso, die Kapelle soundso …«

* * *

Im gleichen Sommer kam über Arthur und die Pfarrerkollegen die Forderung der Kirchenleitung, dem Führer einen Eid zu leisten. Der sollte so klingen: »Ich werde dem Führer des Deutschen Reiches und Volkes, Adolf Hitler, treu und gehorsam sein, die Gesetze beachten und meine Amtspflichten gewissenhaft erfüllen, so wahr mir Gott helfe.«

Es war nicht auszuhalten. Bei seiner Ordination hatte Arthur gelobt, das ihm anvertraute Amt im Gehorsam gegen den dreieinigen Gott in Treue zu führen, das Evangelium von Jesus Christus, wie es in der Heiligen Schrift gegeben und im Bekenntnis ihrer Kirche bezeugt ist, rein zu lehren, die Sakramente ihrer Einsetzung gemäß zu verwalten, ihren Dienst nach den Ordnungen seiner Kirche auszuüben, das Beichtgeheimnis und die seelsorgerliche Schweigepflicht zu wahren und sich in seiner Amts- und Lebensführung so zu verhalten, dass die glaubwürdige Ausübung des Amtes nicht beeinträchtigt wird.

Jetzt sollte er dem Schreihals einen Eid leisten? Er wusste nicht ein noch aus. Vielen Kollegen ging es ebenso. Immer wieder wurden neue Termine für die Eidesleistung angesetzt, weil die Pfarrer dem Ansinnen gar nicht oder nur zögerlich nachkamen. Mit deutscher Gründlichkeit wurde über jeden von ihnen Buch geführt. Das Prozedere zog sich über Monate hin. Manche leisteten den Eid irgendwann um des Friedens in ihrer Gemeinde willen, manche unter dem zu den Akten gegebenen Vorbehalt, dass das Ordinationsgelübde Vorrang haben müsse.

Das Perfide war, dass sich die Vereidigung als vorauseilender, nein, gar als unverlangter Gehorsam herausstellte. Die Kirchenfürsten waren von Hitler wieder einmal an der Nase herumgeführt worden, was sie, weil sie es nämlich nicht merkten, dazu brachte, unverlangt selbst die Initiative zu ergreifen. So legte der pflichtbewusste Präsident des Berliner Oberkirchenrates, der Rechtsanwalt Dr. Werner, schriftlich nieder: »Wer in ein geistliches Amt … berufen wird, hat seine Treuepflicht gegenüber Führer, Volk und Reich … zu bekräftigen … Wer sich weigert, den … Eid zu leisten, ist zu entlassen.«

Von Seiten des Reichsleiters Martin Bormann, dem Chef des Stabes von Rudolf Heß, dem Stellvertreter des Führers, wurde, nachdem sich die Mehrheit der Pfarrer diesem entwürdigenden Akt unterworfen hatte, ein Erlass an alle Gauleiter verschickt: »Dem Eid kommt lediglich eine innerkirchliche Bedeutung zu. Partei und Staat nehmen zu dieser Vereidigung als einer rein kirchlichen Angelegenheit keine Stellung. Es darf in der Haltung der Partei den kirchlichen Stellen oder einzelnen Angehörigen des geistlichen Standes gegenüber kein Unterschied gemacht werden, ob ein Geistlicher den Eid auf den Führer geleistet hat oder nicht. Der Herr Reichskirchenminister hat ebenfalls veranlasst, dass aufgrund einer etwaigen Verweigerung des Eides auf den Führer keine Disziplinarverfahren gegen Geistliche eingeleitet werden sollen.«

Obwohl dieser Erlass bereits Mitte Juli des Jahres 1938 herausgegangen war, versuchte die Kirchenleitung noch bis in den Herbst hinein, ihre Pfarrer zur Eidesleistung zusammenzutreiben. 415 ostpreußische Pfarrer hatten am Ende Adolf Hitler die Treue geschworen, auch Arthur. Spielte es eine Rolle? Ja.

Um dem allen wenigstens zeitweise zu entgehen, genehmigte Arthur sich eine Bootsfahrt in seinem persönlichen Kahn. Die Hinfahrt nach Johannisburg legte er allein zurück, auf der Rückfahrt wurde er von Käthe begleitet, die hinwärts mit dem Zug gefahren war. Eine wunderbare Fahrt, ganz der Welt entrückt. Arthur führte das Tagebuch mit, so dass es zu einigen Eintragungen kam: »... Und nun wird aufgetakelt. Du sagst, liebe Käthe, ich liebe großartige Worte. Mag sein. Aber es ist nun eben einmal kein Klepperboot, das da an der Mole festgemacht hat - damit kann jeder fahren, der viel Geld hat - es ist natürlich auch keine Segelyacht - damit können nur ganz wenige fahren, die noch mehr Geld haben, und bei den hiesigen Flussläufen mit stellenweise 20 cm Wassertiefe und 2 m Breite würde ihnen auch ihr vieles Geld nichts nützen. Nein, es ist ein schwarzer flacher Fischerkahn. 5,70 m lang und 1,15 m breit, Tiefgang je nachdem. Damit pflegen nur Auserwählte zu fahren. Fischer und solche, die keinen Hochmut besitzen.

Also takele ich auf. Das Segel – ja, das Segel! Es gab eine Zeit, da sah es aus wie eine Serviette am ragenden Mast. Dessen genierte ich mich und ließ es Dich verlängern. Danach sah es aus wie ein Handtuch. Dessen genierte ich mich noch mehr und ließ es Dich verbreitern. Nun sieht es aus wie ein Segel. Einen Anker habe ich auch, damit die andern mich beneiden, und nun kann's losgehen. … Ich kehre mich noch einmal um, ob uns da auch nicht jemand nachwinkt. Und wirklich, von der Friedhofsanhöhe über den Gutshäusern winkt ein weißes Tüchlein einen lieben Abschiedsgruß. Dank Dir!«

Die Hinfahrt verlief ruhig, wenn auch nicht ohne bootsmännisch notwendige und von Arthur meisterhaft bewältigte Aktionen. Die Rückfahrt mit Käthe wurde als Nachtfahrt gestaltet. Das war für beide eine schöne Herausforderung. »Es wurde Zeit zum Aufbruch. Die Dunkelheit nahm zu. Ich hätte nicht gedacht, dass die ›hellen Nächte‹ der Sommersonnenwendezeit bei bedecktem Himmel so dunkel werden könnten. … Und nun hieß es rudern. Wieder rudern. Decken und Mäntel waren reichlich vorhanden, in die du dich hüllen konntest, zumal ich ihrer auf der Ruderbank nicht bedurfte. Langsam, sehr langsam zog das Waldufer von Faulbruchswerder vorüber, langsam, sehr langsam wurde der Lichtschein der Stadt schwächer und das Dudeln und Lärmen der Leierkästen vom Rummelplatz leiser und unwirklicher, bis schließlich die Lupker Waldecke sich vor die Lichter der Stadt und vor die letzten Geräusche ihres abklingenden Tagewerks schob. Wir aber fuhren mit wachen, aufmerksamen Sinnen in die düstere Nacht hinein. … Nirgends ein Licht, nirgends eine Menschenseele, auch kein Tierlaut in der Runde. Dunkel das fließende Wasser, schwarz die Waldufer, kaum merklich sich abhebend gegen den dunklen Himmel. Wir verloren das Gefühl für Zeit und Raum in der Uferlosigkeit dieser Nacht. An den unförmigen Umrissen eines Schleppers, der am Waldufer, ohne irgendwelche Positionslaternen zu setzen, dem Geisterschiff des Fliegenden Holländers gleich, vor Anker gegangen war, fuhren wir klopfenden Herzens vorbei in Erwartung irgendeines Abenteuers, das aber ausblieb.«

Ruhe gesucht und gefunden.

***

Nicht zur Ruhe kam ein Amtskollege von Arthur, Leopold Beckmann, Pfarrer in Königsberg-Ponarth, Mitglied der Bekennenden Kirche. Er hatte keinen Schwiegervater bei der NSDAP, der ihm mit Rat und Tat zur Seite stand. Beckmann positionierte sich derart, dass er nach und nach all seine Würden und zum Schluss das ganze Amt verlor. Bereits Anfang 1938 war Beckmann in den Wartestand versetzt worden. Damit er auch wirklich nur wartete und kein Unwesen trieb, nahm ihm die Gestapo den Kirchenschlüssel ab. Fortan hielt er seine Gottesdienste im Konfirmandensaal. Nachdem ihm die Gestapo auch das verboten hatte, predigte er im Wohnzimmer des Pfarrhauses.

***

Im November 1938 brannten im ganzen Deutschen Reich die Synagogen, auch in Ostpreußens Hauptstadt. Überliefert ist, dass Königsberger Bürger, als sie die infolge der Geschehnisse aus ihren Häusern vertriebenen Juden durch Königsberg ziehen sahen, sprachen: »So werden wir selbst einmal durch Königsberg ziehen.«

Eine aus dieser Zeit stammende Meinungsäußerung von Arthur oder einem anderen Familienmitglied zu diesen Vorgängen ist nicht überliefert. Eine kritische Meinungsäußerung aus einer Pfarrerposition heraus wäre auch, wie das Beispiel der wenigen zeigt, die sie dennoch tätigten, lebensgefährlich gewesen.

Im Gegensatz zu den vertriebenen Juden wurde Erich Koch, Gauleiter und Oberpräsident der Provinz Ostpreußen sowie ein herausragendes Mitglied der evangelischen Kirche, nach dem 9. November 1938 sehr reich. Schließlich ergab sich für ihn als ostpreußischem Machthaber die Gelegenheit, sich und seinen engsten Mitarbeitern und Helfershelfern das Vermögen der beraubten Juden einzuverleiben. Niemand hinderte ihn daran.

Für die Juden, die im Deutschen Reich verblieben waren, wurde eine Kennkarte eingeführt und sie erhielten den Zwangsvornamen Sara oder Israel, allerdings nur, wenn sie nicht sowieso schon einen typisch jüdischen Vornamen trugen. Die nichtjüdischen Deutschen, also auch Arthur samt Familie, bekamen keine Zwangsvornamen.

»Welche Zwangsvornamen würdest du denn für uns auswählen?«, fragte Arthur bei einem der sonntäglichen Tischgespräche, nachdem Käthe das Thema angesprochen hatte. Die Gelegenheit war günstig, denn die Kinder waren bei den Königsberger Großeltern.

»Ach du liebe Zeit!«

»Es gibt keine liebe Zeit mehr!«, sagte Arthur leicht genervt.

»Ach du liebe Zeit, der Spruch meint doch nur, dass die Zeit selbst für nichts was kann«, erklärte Käthe ihrem in Aufruhr befindlichen Mann, während sie ihm die Gemüseschüssel reichte. Es gab Wruken. Mit Salz, Pfeffer und Zitronensaft gewürzt, dazu mit Petersilie aus dem eigenen Garten bestreut. Schön sahen sie aus, die Wruken. So tiefgolden. Noch etwas Butter darüber und fertig war die Delikatesse. Dazu gab es Bratwurst.

»Also, was für Vornamen würdest du wählen?« Arthur ließ nicht locker, während er, mit fester Hand Messer und Gabel führend, seine Bratwurst zersäbelte.

»Das hat doch keinen Sinn, das mit den deutschen Vornamen. Gegen welche Namen sollen wir uns denn abgrenzen? Wir sind doch in Deutschland.«

»Gut, dann stell dir vor, wir wären in China. Was wären dort typisch deutsche Vornamen?«

Mit China wollte Käthe sich eigentlich nicht beschäftigen. Dennoch versuchte sie, die Frage zu beantworten. »Hans, Günther, Horst, Helga, Ursula, Ingrid«, zählte sie auf.

»Hahahaha!«, lachte Arthur leicht hysterisch. »Hans kommt von Johannes - das ist ein hebräischer Name. Günther, ja der könnte hinkommen. Horst auch. Helga kommt aus dem Nordischen, Ursula kommt aus der Antike und Ingrid aus dem Isländischen. Von sechs Namen sind also nur zwei original deutsch.«

Befremdet blickte Käthe ihren Mann an. »Woher weißt du denn so etwas? Du bist ja wie dein Vater!«

»Ja, warum auch nicht. Schließlich sind wir blutsverwandt. So eine arische Blutsverwandtschaft kann man ja heutzutage nicht genug hervorheben. Aber davon einmal abgesehen: Im Bücherschrank steht immer noch unser Vornamenbuch. Hast du schon vergessen, wie wir wochenlang darin nach Vornamen für unsere Kinder gesucht haben?«

»Nein. Ob das Buch aber noch dem heutigen Standard entspricht, ist zu bezweifeln. Soweit ich weiß, dürfen auch Deutsche ihren Kindern nur noch Namen geben, die richtig deutsch sind. Da müssen wir sehr aufpassen, welchen wir das nächste Mal auswählen. Raphael wäre vermutlich nicht mehr dabei. Gott sei Dank, dass wir schon einen Raphael haben.«

Ja, Gott sei ganz viel Dank. Inzwischen stand nämlich das Kompott auf dem Tisch. Quarkschaum mit Vanillezucker und selbst gepflückten Preiselbeeren. Bei diesem leckeren Essen durfte einem das Reden vergehen. Das Danken aber keinesfalls, beschloss Arthur.

Ach du liebe Zeit, warum war alles so kompliziert geworden? So kompliziert zum Beispiel wie die Frage nach dem Führereid, die für einige Kollegen Arthurs noch immer im Raum stand.

Am 25. November meldete Konsistorialpräsident von Bochmann an die ostpreußische Kirchenleitung: »Den Eid haben in Ostpreußen abgelehnt: Brehm, Lenkitsch, Grosskreutz, Dumschat, Potschka, Mickeluhn, Toepel, Losch, Leidreiter, Dr. Quitt, Dr. Hirsch. Diese wurden zur verantwortlichen Vernehmung auf den 17. bzw. 24.11. geladen. Niemand erschienen.« Das waren wohl die letzten elf Aufrechten. Eine Tragödie, wie sie kein Literat, sondern das wirkliche Leben schrieb.

Für den renitenten Pfarrer Beckmann in Königsberg-Ponarth wurde der Kirchengemeinde ein Ersatzpfarrer in Aussicht gestellt. Am Heiligen Abend des Jahres 1938 erhielt die Gemeinde die freudige Kunde, dass sie einen Hilfsprediger bekommen würde. Wo der wohnen sollte? Nicht in einem Krippelein, nicht auf Heu und auf Stroh. Am 29. Dezember 1938 forderte das Konsistorium den Finanzbevollmächtigten des Kirchenkreises auf, von seinem Hausrecht Gebrauch zu machen. Pfarrer Beckmann, seine Frau und die neun gemeinsamen Kinder wurden zwangsgeräumt und hatten zur Silvesternacht kein Dach mehr über dem Kopf. Hilfsprediger Kretzer hingegen konnte sich über mangelnden Wohnraum nicht beklagen. Aber es gab sie, die Beckmann-treuen Gemeindeglieder, ganz ohne Eidesleistung. Während Arthur im fernen Adlig Kessel gegen Mitternacht eine kernige Silvesterpredigt hielt, stellte eine Königsberger Ärztin dem Ehepaar Beckmann ein Zimmer ihrer Praxis als Wohnraum zur Verfügung. Zwei der neun Kinder kamen bei den Großeltern unter, andere bei Gemeindegliedern, Freunden und Kollegen.

## Irgendwo ade, tut Scheiden weh?

Konstantin war ein ausgeglichener, fröhlicher Junge, derart pflegeleicht, dass er häufig in irgendeiner von ihm gewählten Ecke vergessen wurde. Die Verantwortlichen waren froh, dass er so gut mit sich auskam. Gefährliche Situationen entstanden nicht oder wurden durch ihn eigenständig bewältigt. Besonders gerne hielt sich Konstantin in der Kirche auf. Stundenlang spielte er dort, im Hellen wie im Dunkeln. Auf den Emporen, im Kirchenschiff, in der Gruft. Er spielte Pfarrer und Kantor, sang mit lauter Stimme alle Lieder, die ihm einfielen, stapelte Gesangbücher auf und um, rannte die Langstrecke des Mittelgangs auf den Altar zu, eilte im Slalom um Taufstein, Säulen und Traustühle. Als die Eltern seinen Lieblingsaufenthaltsort herausfanden, ließen sie ihn dort gewähren, schauten nur hin und wieder nach ihm oder schickten Anna, das Dienstmädchen, um sich Gewissheit über Konstantins Unversehrtheit zu verschaffen.

Raphael teilte Konstantins Liebe zum Aushäusigen nicht. Ihm genügten der Sandkasten vor dem Haus oder die Schaukel im Garten, außerdem wollte er lieber in der Nähe von Käthes Rockzipfel sein. Das nächste Kind befand sich noch nicht im Außen. Es zappelte in Käthes Bauch herum.

Preußens Kinder ging es, im Gegensatz zu denen der Beckmanns, sehr gut. Gar nicht gut ging es hingegen der Kirche.

Adolf Hitler arbeitete an ihrer Abschaffung. Im März 1939 stellte der Nationalsozialistische Pressedienst des Reichspropagandaministeriums befriedigt fest, dass der Studiengang Theologie zahlenmäßig den objektiven wie auch relativen Tiefstand erreicht hatte. Nur noch ein Zehntel des tatsächlichen Bedarfs an zukünftigen Theologen und Pfarrern hatten sich in dem Fach eingeschrieben, an dem der Staat das bei Weitem geringste Interesse besaß. Bei dem fürchterlichen Gerangel um Stellen, Beförderungen, Inhalte und politische Positionierungen wurde eine Pfarrstelle augenscheinlich als Schleudersitz angesehen, nicht als Grundlage für einen sicheren Broterwerb. Dazu kam die sogenannte Entkonfessionalisierung des öffentlichen Lebens. Das Christentum war eine Auslaufreligion, das Pfarramt dem folgend ein Berufsauslaufmodell. Hitler kommentierte die Analyse mit dem ihm eigenen Charme: »Am besten erledigt man die Kirche, wenn man sich selbst als positiven Christen ausgibt.« Wie er das wohl meinte? Jedenfalls eine schlicht formulierte, aber ziemlich komplexe Aussage.

Anfang des Jahres 1939 folgte Bruno Doehring, Arthurs wortgewaltiger Berliner Verwandter, einer Einladung des deutschen Exil-Kaisers, Wilhelm II. (ausgeschrieben Friedrich Wilhelm Viktor Albert von Preußen), der ihn gebeten hatte, zu seinem achtzigsten Geburtstag eine Predigt über den Text: »Ich bin der Herr, und keiner mehr! Der Ich das Licht mache und schaffe die Finsternis, der Ich Frieden gebe und schaffe das Übel. Ich der Herr, der solches alles tut! Und selig ist, der sich nicht an mir ärgert« zu halten. Der Ex-Kaiser hatte damit zwei Bibeltexte aneinandergereiht, aber ein alter Kaiser durfte sich wohl fast alles wünschen.

Bruno Doehring tat ihm den Gefallen und hielt vor erlauchter Runde die bestellte Predigt, wobei es ihm ein deutlich erkennbares Vergnügen bereitete, das Menschenwerk aller Zeiten als solches zu benennen und zu bewerten. Allerdings überreichte er dem Exkaiser damit auch eine Art Persilschein (den es damals wohl noch nicht gab), da er ihn mithilfe seiner Textauslegung von beinahe jeder Eigenverantwortung freisprach. Er hielt eine Predigt, die sich kraftvoll durch Texte und Zeiten wand.

Arthur hatte beruflich bewegte Zeiten erlebt, sich aber bisher nicht durch kraftvolles Winden ausgezeichnet. In Fortsetzung seiner 1936 verfassten Abhandlung »Was ist Offenbarung?« brachte er nun zu Papier: »Das Wort vom Kreuz – eine Torheit? Eine Gotteskraft!« Schon im Vorwort erschreckte er die Leute, indem er sagte, dass dieser Aufsatz nicht in erster Linie erbauliche, sondern klärende Absichten habe. In dieser Zeit war Klarsicht eine gefährliche Art, den Augenschein zu überprüfen. Einigermaßen unbeirrt klärte Arthur alle darüber auf, dass Jesus zwar Jude, aber dennoch unverzichtbar und sein Tod am Kreuz keinem Schwächeanfall geschuldet war. Gott solidarisierte sich mit dem Menschen Jesus, damit mit dem Menschen an sich, und benannte Jesus als Vorbild für alle: »Sehet, welch ein Mensch!« Das konnte auch wörtlich übersetzt werden mit: »Sehet, das ist der Mensch!« oder im übertragenen Sinne mit: »Sehet, das ist der Mensch, den ich gemeint habe. Das ist mein Mensch. So sollt ihr Menschen sein, von Anfang bis Ende.« Jesus war kein Lämmchen, kein Dulder, kein Opfer.

Arthur wollte mit seinen Ausführungen all dem Irrsinn etwas entgegensetzen, all den Verleumdern, die sich anmaßten, Jesus als Schwächling, als kein bisschen vorbildlich und schon gar nicht anbetungswürdig hinzustellen. Arthur schrieb und schrieb. Er war kein Grünschnabel mehr, sondern ein in kürzester Zeit notgereifter Pfarrer.

Das siebte Jahr seiner masurischen Pfarrherrlichkeit nahm Fahrt auf. Er war drei Mal im Gefängnis gewesen und hatte auch sonst eine interessante Amtszeit hinter sich. In Königsberg war man auf ihn aufmerksam geworden. Man achtete sein rhetorisches Talent, würdigte sein Bemühen, in seiner Gemeinde keine Spaltung zuzulassen und hatte erkannt, dass er nicht so ganz zur ländlichen Bevölkerung passte. Man lud ihn ein, sich auf die Beckmann'sche Pfarrstelle in Königsberg zu bewerben.

Die Ponarther Gemeinde umfasste dreißigtausend Seelen, wobei sich nicht genau sagen ließ, wie viele von ihnen tatsächlich kirchlich zu nennen waren. Jedenfalls war schon die schiere Zahl beeindruckend. Das war kein Dorf, weiß Gott nicht! Es passte, dass Arthur gerade beschlossen hatte, von seinem Walten im Irgendwo genug zu haben. Er bewarb sich.

Er hatte die Querelen um den Gemeindepfarrer Beckmann aus der Ferne mitbekommen und billigte eigentlich nichts von dem, was dort stattgefunden hatte. Er billigte nicht das Verhalten des Pfarrers, aber auch nicht die schlimmen Konsequenzen für dessen Familie. Es war ein unhaltbarer Zustand für alle Beteiligten. Ein neuer Pfarrer musste kommen, zum Schlichten und zum Führen. Arthur fühlte sich berufen, genau das zu tun. Auch deshalb erklärte er sich bereit, die verlangte Probepredigt mit dem Halten des Ponarther Konfirmationsgottesdienstes zu verknüpfen. Das war gewagt, denn er und die Konfirmanden kannten sich nicht. So bereitete er sich besonders sorgfältig auf den Gottesdienst vor, ein gutes Frühstück inbegriffen.

Er hatte sich gerade mit der Familie des Hilfspredigers an deren hübsch gedeckten Tisch gesetzt, als der Gemeindekirchenratsvorsitzende ins Haus gestürmt kam.

»Herr Pfarrer, die Konfirmation hat bereits stattgefunden!«

Arthur ließ das Frühstücksei ungeköpft und sah ihn entgeistert an. »Wie bitte?«

»Die Konfirmanden sind geschlossen zu Pfarrer Beckmann gegangen. Er hat sie um sieben Uhr in der Löbenicht-Kirche konfirmiert. Sogar die Gestapo war dabei, hat aber nicht eingegriffen. Alles ist glatt gegangen.«

Arthur sammelte sich kurz. Er würde sich hüten, die Gemeinde noch mehr zu entzweien. Es war doch großartig, wenn Konfirmanden zu ihrem Pfarrer hielten. »Dann können wir ja alle zusammen einen fröhlichen Nach-Konfirmationsgottesdienst feiern.«

Nun musste sich der Gemeindekirchenratsvorsitzende sammeln. »Danke!«, brachte er heraus. »Danke, dass Sie es uns nicht noch schwerer machen.«

Der fröhliche Nachkonfirmationsgottesdienst fand statt. Arthur verknüpfte in seiner Predigt punktgenau die Aussage des Predigttextes - Licht soll aus der Finsternis hervorleuchten, Gott hat einen hellen Schein in unsere Herzen gegeben - mit der aktuellen Gemeindesituation und wurde nach dem sich dem Gottesdienst anschließenden Gespräch unverzüglich vom Gemeindekirchenrat gewählt. Das Konsistorium brauchte ein wenig länger, um sich in aller Konsequenz den jungen Amtsbruder in diesem Pfarramt vorzustellen. Zwar hatten sie ihn zur Bewerbung ermuntert, doch schließlich war er in mancherlei Hinsicht kein unbeschriebenes Blatt mehr.

Ausgerechnet zu diesem Zeitpunkt meinte die Gestapo einmal mehr, Arthur aus dem Verkehr ziehen zu müssen. Er hatte sich erneut positioniert und, ganz unpolitisch, bei der Kirchenleitung über einen Urlaubsvertreter des Gauleiters Erich Koch beschwert. Dieser Knilch hatte die Lehrerschaft in unzulässiger

Weise bevormundet und ihnen jedwede Form des Religionsunterrichtes verboten. Alle Lehrer des Kirchspiels, bis auf Lehrer Bolz aus Rostken, befolgten ab sofort die verwerflichen Anweisungen des Urlaubsvertreters. Arthur, Sohn eines aufrechten Lehrers, dem derartige Charakterschwankungen fernlagen, erhob Einspruch. Damit versetzte er zwar das masurische Kirchspiel in Unruhe, aber es machte auch Eindruck auf die Kirchenoberen und war natürlich wieder einmal im Sinne der Verkündigung, keine Frage. Die Kirchenleitung intervenierte bei Koch und dachte weiter darüber nach, ob Arthur nach Königsberg gehörte. Als Erich Koch aus dem Urlaub zurückkehrte, beschied er als ehemaliges Mitglied des Christlichen Vereins Junger Männer, dass der Religionsunterricht wieder aufzunehmen sei.

Sinnbildlich für Arthurs und für die allgemein gegenwärtige Lage ereignete sich eine Naturkatastrophe. Auf einem Weg von zwanzig Kilometern Breite fegte von Spanien nach Finnland jagend ein Wirbelsturm über Arthurs Kirchenkreis hinweg, riss Bäume nieder, ließ eine komplette Segelregatta auf dem Spirdingsee kentern und erschlug einen seiner Konfirmanden.

Einige Tage zuvor war Arthur von seinem eigenen Kantor direkt nach dem Empfang des heiligen Abendmahls, also gleich am Sonntag, noch vor dem Mittagessen, Arthur ahnte nichts davon, bei der Gestapo angezeigt worden. Wieder einmal hatte er die »falschen« Personen vom Abendmahl ausgeschlossen, nämlich jene Lehrer aus der Wankelgruppe, die vor Kurzem eilfertig dem Koch-Vertreter darin gefolgt waren, den Religionsunterricht einzusparen. Mit dem Ausschließen hatte Arthur sicherlich recht. Aber ebenso sicher hatte er die Leute beleidigt und sich bei vielen anderen unbeliebt gemacht. Warum nun gerade sein Kantor darin einen Grund sah, ihn zu denunzieren, ist nicht bekannt. Vielleicht, weil Arthur besser singen konnte als sein Kirchenmusiker? Vielleicht, weil Käthe zu gut Klavier spielte und manchmal dazu pfiff?

Zwei Tage nach dem Wirbelsturm fuhren riesige Männer der Staatspolizei vor, geheim war an denen nichts, und schnappten sich Arthur kurz vor dem Mittagessen. Schade um die von ihm nicht gegessenen Königsberger Klopse. Die schrankförmigen Gestalten brachten ihn ins Polizeigefängnis Allenstein.

Das alles geschah Ende Juni 1939, kurz bevor Käthe mit ihrem dritten Kind niederkommen sollte. Auf ihr Nachfragen sagten die Gestapoleute nur, sie möge Arthur eine Zahnbürste mitgeben. Immerhin. Aber warum keine Seife?

Es nützte Arthur nichts, dass er unterwegs mit dem weniger schrankförmigen Offizier ein Gespräch zu führen versuchte. »Sie wissen schon, dass auch Adolf Hitler Christ ist, nicht wahr?«, fragte Arthur in dem Bemühen, eine für ihn vorteilhafte Konversation einzuleiten.

Der Offizier antwortete nicht.

»Dann wissen Sie aber sicher, dass Jesus Jude war? Sie verstehen dann bestimmt auch, dass in den Bibeltexten neben ihm noch andere Juden vorkommen, nicht wahr? Jesus hatte unter ihnen eine ganze Schar von Anhängern.« Die Floskel »nicht wahr?« bemühte Arthur nur selten. Hier hörte er gar nicht mehr auf, damit herumzufloskeln, wie peinlich, befand er für sich. Und dass Jesus jüdische Anhänger hatte, war ja derzeit nicht so beliebt bei den Nazis. Sei bloß still, Arthur!

Der Offizier ging nicht auf Arthurs Ansprachen ein. »Die Kirche ist überflüssig geworden, deshalb sind auch ihre Pfarrer überflüssig geworden«, bemerkte er lapidar.

Da fürchtete sich Arthur und verstummte.

Käthe lavierte durch die höchst dramatische Situation. Der Telefonanschluss war durch den Wirbelsturm zerschlagen worden. So versuchte sie, per Anhalter nach Johannisburg zum Superintendenten vorzudringen. Kreuz und quer lagen umgestürzte Bäume auf der Chaussee. Es dauerte schier endlos, bis sie nach Johannisburg durchkam und dem Superintendenten berichten konnte. Der rief sofort Konsistorialrat Sulimma an (der besaß ein goldenes Parteiabzeichen), und Sulimma kümmerte sich so erfolgreich um die Lösung des Problems, dass Gauleiter Erich Koch erneut einschritt. Er, der auf strenge Geburtenkontrolle achtete, wollte unbedingt verhindern, dass eine hochschwangere deutsche Frau wegen einer Gestapoaktion ein Kind verlor.

Arthur erhielt seine Hosenträger zurück - solch gefährliche Bekleidungshilfsmittel hatten in der Zelle nichts zu suchen und waren ihm vorsorglich abgenommen worden - und durfte wieder nach Hause, hatte allerdings dieses Mal die Zahnbürste eine Woche lang in Anspruch nehmen müssen und keine Wechselwäsche dabeigehabt. Nach seiner Entlassung stand für ihn endgültig fest: Diese masurische Kirchengemeinde taugte nicht mehr für ihn. Der Kantor als Verräter hatte das Fass zum Überlaufen gebracht. Arthur las noch einmal die Predigt, die sein Freund Gunther ihm vor zwei Jahren geschickt hatte. Damals, im Juni 1937, hatte Arthur es noch für leicht übertrieben gehalten, was Gunthers Superintendent, Dr. Schack, von der Kanzel aus vortrug: »Einer unter euch wird mich, wird uns verraten. Mit diesem Gefühl, mit dem der Herr Christus sich einst an den Abendmahlstisch setzte, betreten wir heute oft die Kanzel. Denn es ist heute kaum ein Gottesdienst, in dem nicht unter den Gemeindegliedern eine Person sitzt, die nicht gekommen ist, um Gottes Wort zu hören, sondern um aufzuschreiben, was gesagt worden ist, um es dann mit der nötigen Entstellung weiterzugeben an die staatlichen und polizeilichen Stellen.«

Schließlich rang sich das Königsberger Konsistorium die Zustimmung zu Arthurs Bewerbung ab. So seltsam es allen, die Arthur kannten, erscheinen musste - er war tatsächlich der perfekte Kompromisskandidat. Nicht so radikal wie Beckmann, aber auch kein Opportunist. Den hätte die Kirchengemeinde nämlich niemals akzeptiert. Also gab die Kirchenleitung ihr Jawort und Arthur, schlappe einunddreißig Jahre alt, wurde Hauptstadtpfarrer. Familie Preuß bereitete sich auf den Umzug vor.

* * *

Nicht nur während dieser Zeit belebte Adolf Hitler seine Amtszeit mit immer neuen, furchtbaren Ideen, die er, schließlich war er an der Macht, jeweils schnellstmöglich in Taten umsetzen ließ. Nun gerade, im Frühsommer 1939, war die Aktion Gnadentod dran. Nein, Adolf Hitler hatte die Erbgesundheitslehre, auch Eugenik genannt, nicht erfunden. Sie wurde europaweit diskutiert. Aber er fand sie ausgezeichnet (sie hätte auch von ihm sein können) und er war handlungsbereit. In seinen Augen war sie modern, sozial, fortschrittlich und dazu noch wirtschaftlich sinnvoll.

»Gibt es Menschen, die so stark die Eigenschaft eines Rechtsgutes eingebüßt haben, dass ihre Fortdauer für die Lebensträger wie für die Gesellschaft dauerhaft allen Wert verloren hat?« Diese Frage war bereits 1934 im »Zentralorgan der Internationalen Vereinigung Sozialistischer Ärzte« gestellt und mit »Ja« beantwortet worden.

Deutschland verfügte, wie jedes Land der Erde, über viele Menschen, deren Lebenswert nicht nur von sozialistischen Ärzten infrage gestellt wurde. An diese Menschen wollte man nun Hand anlegen. Was aber würden die Leute sagen, wenn er diese »Lebensunwerten« kurzerhand töten ließe, fragte sich Adolf Hitler, denn er war zwar genial, aber durchaus abhängig von Volkes Stimme. Eine Antwort lag ihm in Form einer vor Jahren erstellten, wenn auch nicht repräsentativen Umfrage bereits vor, ansatzweise auch wissenschaftlich untermauert: Die meisten Leute würden gar nichts sagen. Hitler durfte ihr stillschweigendes Einverständnis voraussetzen, aber es musste alles heimlich geschehen. Das heißt, die Leute wollten im konkreten Fall nicht gefragt werden und auch nichts über die Tötung erfahren.

Und so schusterten Adolf und seine Getreuen ein Verfahren zusammen, das darauf basierte, allen mit der mörderischen Aufgabe Betrauten eine Art Rechtssicherheit zu gewähren, Öffentlichkeit darüber aber nicht herzustellen. Sie machten sich ans Werk.

Dem entgegen erblickte im Juli 1939 Michaela das Licht von Adlig Kessel. Die Erzengelin, die den Teufel – leider nicht endgültig – besiegt hatte und ihn unter dem Kampfgetümmel vermutlich angeschrien und die Antwort gleich mitgeliefert hatte: »Wer ist wie Gott? Du bestimmt nicht!«. Michael wäre auch gegangen und Arthur hatte seinen Widerstand bezüglich des Namens aufgegeben. Dass dieser Name dem biblisch-hebräischen Kulturkreis entstammte, war den Standesbeamten offensichtlich nicht bekannt. Michaela war Käthe in Klitzeklein und noch allerhand dazu. Französisches Gesicht, fragiler Körperbau, wacher Geist, gute Stimme. Die Eltern waren froh und dankbar.

***

Bevor in die ostpreußische Hauptstadt umgezogen werden konnte, musste die Königsberg-Ponarther Kirchengemeinde noch schnell den Messingkäfer aus dem Pfarrhaus vertreiben. Er war zwar ein hübsches Kerlchen, auch nicht ganz furchtbar schädlich, aber lästig. Der mehrfache Bewohnerwechsel des Pfarrhauses hatte ihn in Unruhe versetzt, und so war er bald in hundertfacher Gestalt erschienen, um nach dem Rechten zu sehen. Diese Krabbelmassen konnte man der neuen Pfarrersfamilie nicht zumuten. Einige besonders tapfere Gemeindeglieder räucherten so kräftig im Hause herum, dass sich die Messingkäfer beleidigt zurückzogen und ihre Vermehrung reduzierten. Sie ganz auszumerzen, gelang nicht. Ihr körperliches Erscheinen im Wohnungsbild war jedoch nicht mehr nachweisbar.

In Adlig Kessel war die Zeit des Abschiednehmens gekommen. Was sollte mit dem neuen Katerchen geschehen? Zum Kummer von Konstantin - Raphael war für diese Art Empfindung noch nicht reif genug, Michaela schon gar nicht - blieb das Tierchen, wo es war, denn es würde sich nicht gut umgewöhnen können, sagten die Leute. Allerdings wurde versprochen, in Königsberg mindestens eine Katze zu halten, denn Mäuse waren auch in diesem Pfarrhaus unterwegs und Katzen der wirkungsvollste Mäuseschreck.

Das Dienstmädchen Anna wollte den Preußens unbedingt ein lebendes Huhnchen mitgeben. Etwas Lebendes sollte es sein, etwas zum Wärmen. Aber was sollten sie in der Großstadt mit dem Huhnchen? Eines allein hätte auch zu großes Heimweh entwickelt. Da schlachtete Anna das Huhnchen und sie aßen es gemeinsam auf.

Ein Abschiednehmen folgte dem nächsten.

Käthe warf, obwohl das sprachlich nicht korrekt ist, mehrere letzte Blicke über den Gartenzaun in die Weite des Landes. Immer war der letzte Blick nicht endgültig genug, trug nicht die gesamte erforderliche Bedeutung in sich, um abschließend zu sein, diese Lebensphase abzuschließen, mit ihr für immer Schluss zu machen. Deshalb folgte ein weiterer. Sie würde sie nicht mitnehmen, die vorletzten Blicke, nur den letzten. Deshalb musste der wirklich alles haben. Sollten die vielen Blicke doch hierbleiben und die nächste einsame Person zum Werfen animieren. Der letzte Blick allerdings gehörte ihr, ihn wollte sie so gestalten, dass er als Kunstwerk unter ihrer alleinigen Deutungshoheit verblieb.

Käthe zog gerne fort. Sie war voller Vorfreude, auch auf die Erinnerungen an ihre Heldentaten im masurischen Irgendwo. Mit wohligem Schaudern an meterhohe Schneewehen denken! Sich an lange einsame Herbstnächte erinnern und vom wärmeren Pfarrhaus und weicherem Bett aus an Windheuler, Zaunes- und Zähneklappern zurückdenken. Ach, würde das schön sein, es nachzufühlen, ohne es je wieder erleben zu müssen. Da kamen Käthe viele echt philosophisch-lyrische Gedanken.

Konkret sah ihre Zukunft so aus: Das städtische Pfarrhaus war größer und repräsentativer als ihr jetziges. Es hätte auch als kleines Herrenhaus durchgehen können. Vielleicht war es nicht ganz so fest gebaut, wie das bodenständige Adlig Kesseler Haus. Aber es wirkte hell und freundlich und war nicht so zugewachsen. Und sie würden ordentlich Personal haben: eine neue Anna (das ständige Mädchen) und Lieselotte (das Pflichtjahrmädchen). Außerdem Frau Pomowski, die einmal in der Woche zum Waschtag kam, der im separaten Waschhaus (!) stattfand. Ein großer Garten gehörte auch zum Haus. Vier Morgen Land für Obst und Gemüse, das waren in diesem Fall mindestens hundert mal hundert Meter. Dazu noch ein angrenzender Park. An Kraut und Rüben würde es somit nicht mangeln.

An Arbeit auch nicht. Platz für Kater und Katzen war vorhanden, so dass die Kinder nichts vermissen würden. Und dann war da noch die große, schöne Stadt. Königsberg versprach so viel, es war so bedeutend!

Arthur begleitete Käthe einige Male zum Gemeinsam-einen-letzten-Blick-Werfen an den Zaun. Beide waren sich einig. Sie waren dankbar, hier gewesen zu sein und dankbar, Adlig Kessel verlassen zu dürfen. Sie hatten hier ihre Liebe gefunden, bewahrt und vergrößert, eine Familie gegründet, hatten gelernt, viel und hart zu arbeiten. Sie hatten freudige und lustvolle Momente genossen. Doch insgesamt war ihnen an diesem Ort mehr Kraft genommen als gegeben worden. Fortan musste das Kirchspiel Adlig Kessel ohne sie auskommen.

Aber ganz so einfach war es nicht, denn nichts war Schwarz oder Weiß. Der vor wenigen Wochen durchs Land gefahrene Wirbelsturm hatte in einem fürchterlichen Kräftemessen Arthurs schweres Ruderboot aus seiner Verankerung gerissen und auf den See hinausgetrieben. Arthur sah es nie wieder. Nun wurde der Kahn unfreiwillig zu einem Symbol dessen, was sie doch vermissen würden. Die Ruhe, die Weite, das Ländliche, das Urtümliche, das Geheimnisvolle, das Unbeherrschbare. Das Archaische, das Unmittelbare, das Rauschen der Stille, das Kämpfen mit den Naturgewalten, das Universelle und, ja genau, das Universale.

»Du besorgst dir in Königsberg ein neues Boot«, sagte Käthe, sich aus der übergeordneten Ebene lösend. »Du hättest es sowieso nicht mitnehmen können. Auf dem Pregel kannst du rudern und segeln, wenn du willst sogar bis zum Frischen Haff. Ich nähe dir ein neues Segel.«

»Vielleicht magst du ja manchmal mitkommen«, flocht Arthur hoffnungsvoll ein.

Käthe mochte dazu nichts sagen. Das in Masuren allgegenwärtige Wasser gehörte eigentlich auch zu dem, was in der Gegenwart am besten rückschauend zu betrachten war, nach dem Wirbelsturm erst recht. Nun ja, Königsberg war eine Hafenstadt. Ohne Wasser war sie nicht zu haben.

Als die Familie Preuß am 15. August 1939 ihr neues Heim betrat, ließ sein Zustand nichts zu wünschen übrig. Den interessanten Käferausräucherungsgeruch, der den Räumen noch eine Zeit lang anhaftete, nahmen die Neuankömmlinge bald nicht mehr wahr.

## Agathe wird umgeräumt

Die Kückenmühler Anstalten gerieten total in Unordnung, als am 25. August 1939 die staatliche Anweisung erging, bis zum Ende des Monats fünf Häuser mit insgesamt vierhundertfünfzig Betten für Lazarettzwecke zur Verfügung zu stellen. In nur sechs Tagen! Da die Pfleglinge in so kurzer Zeit nicht in andere Einrichtungen verlegt werden konnten, begann ein hektisches Umhergeziehe innerhalb der in der Anstalt verbleibenden Häuser. Rücksichtslos wurden die Irren und Verwirrten, die Fallsüchtigen und sonstigen Versehrten mit ihren wenigen Habseligkeiten über das Gelände gescheucht.

So unvollständig körperlich oder geistig ausgestattet sie alle sein mochten, beim Stichwort »Lazarett« wurden sogar die Gehörlosen hellhörig. Auch Agathe verfügte noch über genügend geistige Mittel, sich ihren Reim auf das Geschehen und die Bemerkungen der Angestellten zu machen. Wenig begeistert zog sie in ein anderes Haus, schließlich wurde es nicht komfortabler, sondern enger für alle. Aber sie zeigte sich willig und half sogar beim Umräumen. So lästig das alles für die Anstaltsverwaltung war, so kam doch für die Insassen durch die Aktion ein wenig Abwechslung in den Anstaltstrott.

# 9. Kapitel:

Königsberg, 1939–1940

## Nebentätigkeiten

Zwei Wochen lang war die schöne neue Welt der Preußens in der Pestalozzistraße 3, Telefonnummer 44320, mit erfreulichen Tätig- und Müßigkeiten angefüllt. Konstantin als Neukönigsberger wollte immerzu Straßenbahn fahren. Das war so faszinierend mit all dem Drum und Dran wie Anfahren, Bremsen, Klingeln, Türen auf und zu, mit Schaffner und den vielen verschiedenen Menschen, die er noch nie gesehen hatte. Da musste Käthe ganz schön hinterher sein, dass er ihr nicht abhandenkam, so selbstverständlich selbständig wie er war. Auch hinter anderen Leuten musste sie her sein. Das Pflichtjahrmädchen Lieselotte, eine Hilfskraft, die bei fast gar nichts half und der offensichtlich nicht zu helfen war, liebte den Müßiggang und vor allem das Schaukeln im Pfarrgarten. Da das Gelände weitläufig war, schickte Käthe mehrfach täglich Anna, das sogenannte »ständige Mädchen«, hinter Lieselotte her, um diese von der Schaukel zu holen. Da waren beide des Längeren im Pfarrgarten unterwegs. Anscheinend fühlten sich die Mädchen Käthe kameradschaftlich verbunden und sahen sie nicht als Autoritätsperson. Erst als Arthur ein Donnerwetter auf sie niedergehen ließ, wurde es besser und sie entschaukelten und enttrödelten sich einigermaßen.

Anna war für das Kochen zuständig. Sie konnte sehr gut kochen, lief allerdings den lieben langen Tag barfuß herum, wo immer sie sich gerade befand, also auch auf den Küchenbodenfliesen. Dagegen halfen weder Käthes Ermahnungen noch Arthurs Donnerwetter. Prompt holte sich Anna eine Erkältung nach der anderen und kam einige Tage lang für die Küchenarbeit nicht infrage. So geschah es auch vor dem ersten Pfarrkonvent, der bei den Preußens im Pfarrhaus stattfinden sollte. Die Königsberger Klopse, die Käthe eigenverantwortlich zubereiten musste - Gott sei Dank, waren es nicht ihre ersten -, gelangen nach dem Rezept aus Doennigs Kochbuch recht gut, nur hatte sie die Kartoffeln vergessen. Von denen stand im Rezept nämlich nichts. Zum Glück waren reichlich Klopse da und eine gute Mehlschwitze in die Brühe gerührt, so dass Arthurs Kollegen auch ohne Beilage satt wurden. Aber ein Geschichtchen zum Erzählen gab dieses Fehlkochwerk für alle Beteiligten her. Käthe nahm es gelassen, nach dem Motto: Ist mein Ruf erst ruiniert, kocht es sich ganz ungeniert.

Wenig erfreulich und höchst verdächtig war, dass in den letzten Augusttagen Bezugsscheine für Lebensmittel eingeführt wurden. Diese Scheine schränkten Käthes Kochmöglichkeiten beträchtlich ein. Normalversorgungsberechtigte - so hießen die Leute in diesem Zusammenhang - bekamen pro Woche: 700 g Fleisch oder Fleischwaren, 280 g Zucker, 110 g Marmelade, 150 g Nährmittel (also Getreide, Stärke, Hülsenfrüchte z. B.). Dazu pro Tag ein Fünftel Liter Milch und 60 g Milcherzeugnisse, Öle und Fette. Tee gab es ganze 20 g im Monat und pro Woche 62,5 g Kaffee oder Kaffee-Ersatz. Das war deutlich weniger, als Käthe gerne zur Verfügung gehabt hätte.

Und nun waren die ersten 14 Tage der Preußens in Königsberg aus der Gegenwart in die Vergangenheit gewechselt.

## Krieg!

Am 15. Tag, dem 1. September 1939, zog Adolf Hitler mit allen Deutschen in den Krieg. Wobei auch dieses Mal ein Bedarf, mit Karl das Heer zu ergänzen, nicht ermittelt wurde.

K R I E G. Ein hartes Wort. Erst ein knallend-knackender, dann ein rollender Konsonant. Dann das lange IE als Signalton. Das G im Auslaut wieder hart. Kurz ausgesprochen, knackrollfiepknackend; zu rufen, so lang und laut, wie Stimme und Rufluft es hergaben, die Konsonanten schnell vorbei, das gellende I mit Überlänge: »Krrriiiiiiiiiiiiiiiiiiiiiiiiiiiiiiiiiiiiiik!«

Nicht nur für musikalische Leute eine Zumutung. Abgesehen von allen anderen damit verbundenen Zumutungen hieß es, dass jeder Volksgenosse sich die ab sofort notwendigen Einschränkungen in der Lebensführung und Lebenshaltung auferlegen müsse. Was hatte das deutsche Volk dazu zu sagen? Es war nicht überrascht. Es ließ sich zu gar nichts hinreißen.

Ohne feierlich-pathetische Mobilmachung vollzog sich in aller Stille, oft unter dem Schutz der Dunkelheit, das große Zusammenziehen der Truppen. Ostpreußen wurde zum Aufmarschraum für die 3. Armee. Ein eindrucksvolles kriegerisches Aufgebot. Doch trotz der Kampagne, die das Propagandaministerium gegen die polnischen Nachbarn führte, blieben die Deutschen reserviert. Schließlich war ihre Erinnerung an den Weltkrieg und seine Folgen noch frisch. Sie litten im Gegensatz zu den Führenden nicht unter Gedächtnisschwund.

Was sagte die Führung der Deutschen Evangelischen Kirche zu dem Geschehen? »Zu den Waffen aus Stahl hat unsere Kirche unüberwindliche Kräfte aus dem Wort Gottes gereicht: die Zuversicht des Glaubens, dass unser Volk und jeder einzelne in Gottes Hand steht, und die Kraft des Gebets, die uns in guten und bösen Tagen stark macht«, behauptete sie am 2. September. Das konnte man so oder so interpretieren - clever formuliert. Sie verlautbarte weiter: »Seit dem gestrigen Tage steht unser deutsches Volk im Kampf für das Land seiner Väter, damit deutsches Blut zu deutschem Blute heimkehren darf.« Man sah das Blut schon regelrecht rinnen, das deutsche.

Von der Bekennenden Kirche erschien kurz nach Kriegsausbruch eine Stellungnahme, die den Pfarrern eine Art Wegweisung sein sollte. In ihr stand, dass die »deutsche Kriegspredigt« aus der Zeit des Weltkrieges eine Entartung gewesen sei, die unzulässigerweise die Sache Gottes mit der irdischen Sache eines kämpfenden Volkes verknüpft habe. Das solle so nicht wieder geschehen!

Was Arthur am ersten Sonntag nach dem Kriegsgeschrei, am 3. September, von der Kanzel predigte, ist nicht überliefert. Sein Königsberger Kollege, Dompfarrer Dr. Quittschau, redete sich dagegen um Amt und Würden, so schlecht war er auf den Krieg, auf Adolf Hitler, ach, auf ganz vieles der damaligen Zeit zu sprechen. Er wurde erst zwangsbeurlaubt, und zwar mit der Begründung, dass er im Konfirmandenunterricht den Hitlergruß verweigert habe. Das mochte wohl stimmen. Der eigentliche Grund war aber seine, allerdings theologisch begründete, Antikriegspropaganda. Wenig später wurde er in den Wartestand versetzt, weil er im Gottesdienst im Rahmen der Fürbitten für inhaftierte Kollegen gebetet hatte. Im Wartestand befand er sich in guter Gesellschaft mit anderen Amtskollegen, durfte aber natürlich nicht mehr im Königsberger Dom predigen.

Bereits einen Monat nach Kriegsbeginn, am 1. Oktober 1939, dem Erntedankfest, steigerte sich die evangelische Kirche verbal in den Krieg hinein: »Wir danken Ihm [dem lieben Gott, nicht etwa Adolf Hitler], dass jahrzehntealtes Unrecht durch das Geschenk seiner Gnade zerbrochen und die Bahn freigemacht ist für eine neue Ordnung der Völker, für einen Frieden der Ehre und Gerechtigkeit.« Warum nur diese Begeisterung? Hatten sie vergessen, dass im Matthäusevangelium stand: »... wer das Schwert nimmt, der soll durchs Schwert umkommen.«? Warum nahmen sie die eigene Lehre nicht ernst? Warum hielten sie nicht an ihr fest? Arthurs Zorn wuchs. Es fühlte sich an wie ein heiliger Zorn. Seine Gegner gewannen an Kontur. Doch wer war Arthur, sich ihnen zu stellen?

Mit Kriegsbeginn relativierte sich für Arthur und Käthe alles Positive, was ihnen der Umzug beschert hatte. Und das lag nicht daran, dass der Kauf von Alkohol und Nikotin jetzt mit einem Kriegszuschlag belegt worden war. Das interessierte sie herzlich wenig. Der Kriegsbeginn relativierte die Freude, aus dem Irgendwo entkommen zu sein. Die Freude, in der ostpreußischen Hauptstadt leben zu dürfen. Die Freude, den Kindern künftig eine gute Schulbildung bieten zu können. Nein, eigentlich relativierte er die Freude nicht, er nahm sie ihnen. Nichts fühlte sich mehr sicher an; nichts war mehr sicher. Vielleicht war das Irgendwo ja ein Land voller Verheißungen gewesen, das sie leichtfertig verlassen hatten? Und wenn nicht voller Verheißungen, dann wenigstens ein Ort, der ihnen alles zu geben hatte, was sie zum Leben brauchten? Wieso hatten sie ihn Irgendwo genannt, wenn er doch dort war, wo sie waren?

Der Krieg überfiel alle wie ein später Maifrost, der in die Obstblüten kroch und sie zerstörte. Aus die Blütenträume, aus die Freude.

Natürlich ging das Leben weiter, wie sollte es auch nicht. In Ostpreußen ging es, bis auf die massenhaften Truppendurchzüge, sogar weiterhin friedlich zu. Doch Königsberg war zur Operationsbasis geworden. Flugzeuge stiegen auf und gingen nieder, die Schichau-Werft reparierte U-Boote und baute Minensucher. Unruhe lag in der Luft. Die Stadt vibrierte, stand unter Dampf, wie ein Schiff vor dem Ablegen. Den Königsbergern war mulmig zumute. Etwas wartete auf sie. Ein Etwas, das sie lieber nicht kennenlernen wollten.

Käthe hatte dafür besondere Sensoren. Es war ihr, als würden plötzlich alle Dinge unter Strom stehen. Alles, was sie anfasste, zuckte unter ihrer Berührung zusammen. Als hätte sich die Oberflächenspannung der Gegenstände erhöht. Vielleicht auch die ihrer Haut. Sie hätte sich nicht gewundert, wenn bei den alltäglichsten Berührungen kleine Blitze aufgezuckt wären. Vielleicht kam das ja noch. Seltsamerweise war auch mehr Staub zu wischen. Die Mädchen beschwerten sich darüber.

Verstärkt wurde die allgemeine Unruhe, das mulmige Gefühl, durch die Anordnung zur Verdunkelung der Wohnungen und Straßen, die Verpflichtung zum Luftschutz und das Verbot des Hörens ausländischer Sender. Alle Fenster mussten mit dunklem Papier beklebt oder mit einer speziellen Verdunkelungsblende abgedichtet werden. Bei den vielen Fenstern des Pfarrhauses ein Unding! So lag es nahe, an einigen Fenstern auch tagsüber die Verdunkelung zu belassen. Aber wie sah das denn aus! Es war deprimierend.

Und dann kam der Fliegeralarm. Nicht oft, nicht regelmäßig. Das Unvorherhörbare erhöhte die Spannung auf schwer erträgliche Weise. Wenn der Alarm schließlich losging, brachte er keine Entspannung. Auch wenn die scheußliche Klangorgie nur zur Probe und zu ihrer aller Sicherheit ertönte. Wenn das Geheul also losging, egal, zu welcher Tages- oder Nachtzeit, war es ganz sicher um ihrer aller Sicherheitsgefühl geschehen. Besonders schlimm wurde es, wenn die Sirenen sich zu einem Heulchor aufschwangen, wenn sie kurz nacheinander begannen, versetzt jaulten. Das war nicht betörend, sondern schrecklich. Die Entwarnung, erkennbar an dem langen, geraden Ton, brachte wiederum keine innere Entwarnung. Der vorhergehende Angriff auf den Hörnerv war Nervenkrieg und klang stundenlang in den Ohren nach. Das Gerenne in den Pfarrhauskeller war dagegen eher eine sportliche Übung. Die Preußens und anderen Bewohner nahmen zwar die vorgeschriebenen Gasmasken mit, befanden aber, dass sie diese hässlichen Dinger zunächst nicht benutzen würden. Was dachte sich der Staat dabei, seine Bürger derart herumzukommandieren? Das geistige Bevormunden genügte denen wohl nicht mehr? Jetzt sollten sie auch noch rennen?

Anna hasste diese Aktionen besonders. Sie war recht füllig und daher immer die letzte, die es bis in den Keller schaffte. Das demütigte sie. »Wozu soll das bloß gut sein?«, beschwerte sie sich bei ihrem Dienstherrn, als sie schnaufend unten angelangt war und die Tür endlich hinter ihr verriegelt werden konnte. »Wir haben doch die stärkste Luftwaffe aller Zeiten. Und sowieso die stärkste Luftabwehr. Das kann man jeden Tag in der Zeitung lesen. Wozu dieses Theater? Ich mache das nicht mehr mit!«

Arthur hätte ihr fast recht gegeben, besann sich aber. Vorsicht war geboten. »Das kann ich leider nicht zulassen«, erwiderte er leicht verspätet. »Ich bin für dich verantwortlich.

Wenn du oben bleibst, wird man mich zur Rechenschaft ziehen.«

Viele Einwohner weigerten sich inzwischen, in die Keller zu gehen, wenn der Probealarm begann. Das war doch Zeitverschwendung! Polizei und Hilfspolizei kurvten wie wild durch die Stadt, um alle in die Keller zu treiben. Kaum waren sie weg, gingen die Leute in ihre Wohnungen zurück oder wieder den Verrichtungen nach, die sie gerade hatten unterbrechen müssen. Anna murrte weiter, beschwerte sich, doch Arthur blieb fest. Er wollte keinen Ärger, nicht, wenn er sich vermeiden ließ. Und dieser ließ sich vermeiden.

Die Straßenbeleuchtung fiel aus. Das hatte zwar den Effekt, dass Mond und Sterne heller zu scheinen schienen, fand Käthe, also es hatte den Anschein, als schienen sie heller - Käthe würde Arthur fragen, wie es sich in diesem Fall sprachlich mit dem Schein, dem Sein und dem Anschein verhielte -, aber es war so unwirklich. Licht und Schatten waren unscharf geworden, gingen ineinander über. Weil alles verschwamm, würden die feindlichen Bomberpiloten auch keine Ziele mehr ausmachen können. Außer natürlich in mondhellen Nächten, bei strahlendem Vollmond etwa. Dass sie ihre Bomben wieder mit nach Hause nehmen würden, bloß weil die Ziele etwas unscharf waren, konnte Käthe sich allerdings nicht vorstellen. Was würde also geschehen? Und wie sah es jetzt wohl in Adlig Kessel aus? Mussten die Leute dort auch ihre Häuser verdunkeln? So ein kleines Nest würde doch sicherlich nicht beschossen werden. Ach ja, Adlig Kessel. Ach ja, der Konjunktiv. Was wäre, wenn oder wenn nicht. In Adlig Kessel hatten Mond und Sterne immer so hell vom Himmel geschienen. Ach ja, du liebe, alte Zeit.

Im Schutze der unbeleuchteten Nacht veranstalteten Jugendliche vielerorts Fahrradrennen und nutzten die neuartige Finsternis zu allerlei Unfug. Deshalb wurden Kinder und Jugendliche angewiesen, bei Einbruch der Dunkelheit nicht mehr das Haus zu verlassen, auch nicht während alarmfreier Zeiten. Die kleinen Preußens hatten gar nicht vor, im Finstern draußen herumzulaufen, selbst Konstantin nicht. Aber die Hausmädchen gingen abends gerne bis zum Tor an die Straße, um zu schauen, was es im Dunkeln eben so zu schauen gab. Arthur und Käthe ließen sie gewähren.

***

Kurz nach dem Überfall auf Polen stellten die Engländer den Deutschen ein Ultimatum. Sie sollten sofort die Kriegshandlungen einstellen, sonst würde Großbritannien Deutschland den Krieg erklären. Hermann Göring sagte, als er davon erfuhr: »Wenn wir diesen Krieg verlieren, dann möge uns der Himmel gnädig sein!«

Der Himmel? Welcher Himmel denn? Der Himmel, das waren Wolken, Sonne, Mond und Sterne. Der Himmel war wie immer, nur dass eben die Gestirne heller zu scheinen schienen. Hoffte Göring darauf, dass Deutschland gnädigerweise wenigstens dieses Leuchten erhalten bliebe?

***

Das Paradies auf Erden, wo sollte das noch einmal liegen? Irgendwo im Osten, wo die Sonne aufging? Aber war nicht überall Osten? In Königsberg-Ponarth zum Beispiel, nordöstlich von Danzig gelegen, lag das Paradies offensichtlich nicht, befand Käthe. Nie war das Leben perfekt, fast nie konnte man es in vollen Zügen genießen, nie war das Glück zu halten. Der

Krieg nun war das blanke Antiparadies. Für Käthe gab es noch ein weiteres, nämlich ein privates Antiparadies: Sie wurde schwerhörig. Es war nicht nur so, dass sie begann, schlechter zu hören. Es kamen Geräusche in ihren Kopf. Andauernd hörte sie ihren Herzschlag. Das Blut rauschte in den Ohren wie ein Wasserfall, mit jedem Herzschlag schäumte es auf. Wobei der Beginn ihres Leidens nicht einfach zu datieren war. Käthe meinte, dass das Rauschen nach einem Fliegeralarm begonnen hätte. Ihr neuer Hausarzt vermutete allerdings, dass Hörverlust und Ohrgeräusche im Zusammenhang mit dem Kinderkriegen stünden. Ja, tatsächlich. Käthe erinnerte sich, dass bereits nach Konstantins Geburt ein leises Rauschen im linken Ohr begonnen hatte. Sie war damals gar nicht dazu gekommen, es zu beachten. Was war schon ein leises Rauschen? Es war auch jetzt nicht so schlimm, dass sie ein Hörrohr oder gar eines dieser schrecklichen, sich ständig überhitzenden elektrischen Hörgeräte benötigen würde. Arthur mit seiner sonoren Stimme drang allemal zu ihr durch. Auch die Kinder konnte sie gut verstehen; sie hörte nur nicht, wenn sie in der Ferne nach ihr riefen oder verstand nicht, was sie ihr ins Ohr flüsterten.

Doch alles in allem war es ziemlich schwer zu ertragen. Sie hatte keine Ruhe mehr, nur noch nachts im Schlaf, wenn sie ihn denn gefunden hatte. Das Dauerrauschen in ihrem Kopf entwickelte sich zu einer Plage. Bis sie – schließlich war Käthe ein fröhlicher Mensch, der nicht dazu neigte, Plagen über sich ergehen zu lassen, sondern, wenn möglich, etwas mit ihnen anstellte – eines Tages auf die Idee kam, sich das Rauschen unterzuordnen. Das brachte sie im Tagebuch so zu Papier:

»1. Ich beschließe, dass das Rauschen (zu) mir gehört. Ich kann daran spüren, wie es mir gerade geht. Rauscht es leise, geht es mir gut. Rauscht es laut, sollte ich Acht geben. Rauscht es ganz laut, muss ich eine Erholungspause einlegen.

2. Wenn es mich gar zu sehr stört, bestimme ich, dass das Rauschen nicht zu mir gehört. Wie das Geschrei auf der Straße nicht zu mir gehört oder anderer Lärm. Ich lagere das Rauschen aus. So wird es zu einem Geräusch, das von außen kommt. Wie der Regen, der vor dem offenen Fenster rauscht, der Wasserfall, der im Gebirge vom Felsen fällt, wie der Sturm im Wald. Ich kann all das ausblenden, also kann ich auch mein Rauschen ausblenden.«

Es funktionierte. Käthe, das war einfach genial. Natürlich litt sie weiter darunter, dass ihre Ohren keine Ruhe geben wollten. Aber meistens kam sie damit klar, sogar besser als Arthur. Er litt für Käthe mit, mochte sich gar nicht vorstellen, wie es in ihr aussah, wie sich die Welt für sie anhörte. Natürlich störte es ihn auch, dass sie häufig nachfragen musste und er alltägliche Dinge, die fast zu bedeutungslos waren, um sie überhaupt auszusprechen, mehrmals sagen musste.

»Käthe, kannst du bitte einmal kommen?«, rief er ziemlich häufig durchs Haus, wenn sie einmal wegen irgendetwas kommen sollte. Keine Reaktion. »Käthe!!«

»Ja, Herr Pfarrer, was ist denn?«

»Ich habe Käthe gerufen, nicht dich!«

»Frau Pfarrer hat sie nicht gehört. Sie sitzt gerade an ihrem Schreibtisch. Soll ich ihr Bescheid geben?«

Jetzt gab es für Arthur drei Möglichkeiten. Entweder bat er Anna, Käthe Bescheid zu geben. Oder er bat sie nicht darum und rief noch lauter nach Käthe und bat erst im Anschluss an sein lautestes Geschrei um den Bescheid. Oder er schmiss den Schreibtischstuhl um, kam aus dem Arbeitszimmer gesprungen wie ein Kobold aus seinem Versteck, rannte zu Käthe und schrie ihr ins Ohr, warum sie denn nicht hören würde. Gott sei Dank tat er das nur einmal, denn Käthe bekam so einen Schreck, dass sie zu weinen anfing.

Käthes Schwerhörigkeit war eine Prüfung für die Belastbarkeit ihrer Ehe. Ehemann und Ehefrau bestanden sie und so bestand auch die Ehe. Für die Kinder hatte das Leiden ihrer Mutter keine Bedeutung. Sie kannten sie von Geburt an und entwickelten sich an ihr entlang. Sie gehörte, so wie sie war und wurde, in ihre kleine Welt.

Das einzige Positive, was dem Kriegsausbruch abzugewinnen war, war die von Hitler ausgerufene Amnestie, die auch alle bis dahin noch gegen Arthur anhängigen Verfahren niederschlug.

Bei einem der sonntäglichen Tischgespräche versuchte Käthe, die ehemalige Mathematikstudentin, dem Thema Krieg auf abstrakter Ebene beizukommen. Vielleicht half das, die unterschwellige Angst, die Furcht vor dem Schrecklichen, vor dem noch namenlosen Grauen, in Schach zu halten. Käthe bemühte sich um einen lockeren Gesprächseinstieg.

»Was ergibt minus und plus addiert in der uns bekannten Zahlenwelt?«, fragte sie in die Runde und gab die Antwort gleich selbst. »Das kommt ganz darauf an, wie groß die Zahlen hinter dem Plus und dem Minus sind. Wenn wir den positiven Bereich stärken und den negativen schwächen, überwiegt das Positive. Soweit zur Addition und Subtraktion. Was aber sind negative Zahlen? Negative Zahlen bezeichnen etwas, was kleiner ist als null. Sie bewerten nicht das Negative im psychologischen Sinne. Negative Zahlen dienen als rechnerische Hilfskonstruktion, die sogar im Alltag nützlich ist. Minus drei Hühner sind noch weniger Hühner als null Hühner, obwohl es weniger als null Hühner gar nicht zu geben scheint. Wobei ich nicht darauf zu sprechen kommen will, warum es null Hühner und nicht null Huhn heißt, obwohl ja von null Hühnern nicht einmal ein einziges Huhn im Raum stehen beziehungsweise im Topf kochen kann. Also ein Beispiel negativer Hühner im Alltag: Minus drei Hühner könnten bedeuten, dass ich jemandem drei Hühner schulde. Das ist natürlich schade, also auch ein bisschen negativ. Aber in der Regel hat man ja die Hühner, die man jemandem schuldet, bereits gegessen. Das ist dann wieder positiv, wenn sie denn geschmeckt haben.«

Alle stierten Käthe an.

»Wohin soll das führen?«, fragte ihr Schwiegervater in Käthes Atempause hinein. Er konnte ihrer Ansprache zwar intellektuell folgen, wollte es aber nicht. »Heute hatten wir doch gar kein Huhn. Also null Huhn und schon gar keine Hühner.«

»Genau. Also ich komme gleich zur Sache. Mir geht es um den Krieg, das große Negativum. Zunächst aber verweilen wir noch kurz bei den Hühnern: Erst, wenn man dem Gläubiger die Hühner oder einen entsprechenden Gegenwert zurückgegeben hat, besitzt man wieder gar kein Huhn, also null Hühner. So viele, wie auch wir gerade haben. Nun komme ich zum Multiplizieren. Vor ein paar hundert Jahren hat man festgelegt, dass minus mal minus plus ergibt. Die Methode funktioniert bei Hühnern leider nicht. Minus drei Hühner mal minus drei Hühner sind auf gar keinen Fall plus neun Hühner. Sonst brauchte ja kein Huhn mehr Eier zu legen, wenn es sich rein mathematisch vermehren könnte. Das leuchtet ein, nicht wahr? Was nun den Krieg angeht, funktioniert das noch anders, allerdings nur gesetzt den Fall, wir würden den Krieg mit einem Minuszeichen versehen. Krieg mit Krieg multipliziert ergibt keinen Frieden, sondern noch mehr Krieg, da stimmt der mathematische Ansatz wieder. Die kriegführenden Leute behaupten aber, durch mehr Krieg würden wir mehr Frieden bekommen. Sie haben nicht recht. Mehr Krieg bedeutet weniger Frieden, mehr Frieden bedeutet weniger Krieg, aber das wussten wir schon vorher, ohne meine Ausführungen, nicht wahr?«

Jawohl, Käthe. Doch wann würde sie zum Kern ihrer Ausführungen gelangen? Da alle diese Art der Unterhaltung genossen, war ihr die allgemeine Aufmerksamkeit noch sicher.

»Wenn wir mit dem Krieg persönlich nichts zu tun hätten, sondern nur zuschauten, könnte ich da sehr gut mitrechnen«, meinte Arthur. Auch er war seiner Frau gedanklich gefolgt. »Aber es ist doch anders. Sämtliche Kriegsparteien, egal, wie viele dazu gehören - sie sind alle als negativ einzuschätzen -, sollten sich am besten gegenseitig bis auf den letzten Mann aufreiben. Wie das mathematisch zu beschreiben wäre, ist mir allerdings nicht präsent. Also, wenn sich alle aufgerieben haben, hätten wir endlich den als überaus positiv einzuschätzenden Frieden. Vielleicht ist der Frieden dann eine ganz große Null.«

»Es gibt keine verschieden großen Nullen, also auch keine ganz große Null«, korrigierte Käthe ihn milde, überließ ihm dann aber weiter das Wort.

Arthur war verblüfft über seinen eigenen Gedankengang und führte sich selbst ertüchtigend weiter aus: »Wenn man davon ausgeht, dass alle, die aktiv Krieg führen, sich gegen das fünfte Gebot stellen - Du sollst nicht töten!, eindeutiger geht es schließlich nicht -, dann wäre es doch zu begrüßen, dass sich diese Leute gegenseitig umbrächten. Übrig blieben die Friedfertigen.«

Da war sie wieder, die Debattierfreude bei den Preußens.

»Das glaubst du doch selber nicht, oder?«, beteiligte sich nun auch Hedwig an dem Gespräch. »Ich möchte gar nicht so genau wissen, wie friedfertig wir zum Beispiel wären, wenn uns jemand angreift. Ich würde dann bestimmt mein bestes Küchenmesser oder Vaters Axt ergreifen und das nicht nur, um herumzufuchteln. Käthe hat recht: Lasst uns das Positive stärken, dann müssen wir niemandem den Tod wünschen.«

Ein gutes Schlusswort für dieses eigenwillige Tischgespräch, obwohl Käthe noch gar nicht dazu gekommen war, das von ihr gewünschte Ergebnis herzuleiten: Dem Krieg war rechnerisch nicht beizukommen. Wenn weder durch Addition noch durch Multiplikation der Krieg mit oder gegen sich selbst auf null gerechnet werden konnte, konnte er niemals aus sich selbst heraus beendet werden.

Es gab viele Tischgespräche dieser Art, oft mit Gästen aus Nah und Fern. Manche der Themen fanden sich in Arthurs Predigten wieder. Für weiteren Gesprächsstoff sorgte, dass einige von Arthurs Gemeindegliedern begannen, die unsinnigsten Sachen auf Vorrat zu kaufen: Regenschirme, Weckgläser, Fahrräder, Gummireifen, Kinderwäsche, sogar Möbel, Porzellan und Pelze. Wollten die einen Laden aufmachen? Kinderwagen ohne Kinder, Pelze ohne Winter, Gummireifen ohne Wagen, was sollte das?

Arthur legte ihnen nahe, mit der Hamsterei aufzuhören. Hierbei war er ganz staatstragend. Wenn man alles wegkaufte, was nicht niet- und nagelfest war, würde das die von vielen befürchtete Inflation doch nur beschleunigen. Und die, die die Sachen wirklich brauchten, bekämen sie nicht. Wozu er die Leute noch aufforderte? Sie sollten einander gefälligst nicht denunzieren. Denn das wäre der Gemeinschaft, der der Gläubigen und überhaupt, nicht zuträglich, und damit auch nicht dem Staat. Darüber kam bei den Gemeindegliedern eine richtige Diskussion in Gang. Käthe war beunruhigt. Die Denunzianten würden Arthur bestimmt erst recht ganz furchtbar denunzieren. Aber, o Wunder, niemand zeigte hinterher jemanden an. Das sollte doch auch dem Führer gefallen, so eine gemeinschaftliche Gemeinde. Wobei es immer häufiger geschah, dass Arthur die Dinge völlig anders sah als Adolf Hitler. Arthur war schon klar, dass er es mit seinen alternativen Handlungsanweisungen nicht übertreiben durfte; eine erneute Inhaftierung würde in Kriegszeiten wahrscheinlich mehr als eine Zahnbürstenlänge andauern.

## Danzig ist wieder da

Gleich zu Beginn des Krieges, ab dem 1. September 1939, verleibten die Nationalsozialisten die Freie Stadt Danzig wieder dem Deutschen Reich ein. Man nannte es Wiedervereinigung. Der tapfere SS-Wachsturmbann Eimann unter der Leitung des tapferen SS-Sturmbannführers Kurt Eimann erstürmte das Direktionsgebäude der damals unmöglicherweise genannten »Dyrekcja Okręgowa Kolei Państwowych Gdańsk« (ins Deutsche übersetzt: Regionale Staatsbahndirektion Danzig), aus dem heraus sich polnische Eisenbahner heftig, aber vergeblich der Einnahme widersetzten. Nein, die Polen waren nicht nur mit Schaffnerkellen und Fahrkartenknipsern zur Verteidigung gerüstet. Dennoch hatten sie keine Chance gegen die brachialen Deutschen.

Der lästige polnische Korridor verschwand und Königsberg war keine Exklave mehr. Dazu hatte auch der gut gerüstete Dampfer Möwe beigetragen: Mit Kriegsbeginn durfte er die polnische Insel Hel (deutsch: Hela) beschießen und dabei helfen, sie dem Deutschen Reich zurückzuverleiben. Das machte sie ganz prima, die »Möwe«. Die Hel(a)er Festungsbesatzung konnte gegen das Dampferchen nichts ausrichten, weil es nur einen Meter fünfzig Tiefgang hatte und immer dicht unter Land blieb. Die »Möwe« fuhr einfach unter den Granaten durch, verblieb stets im toten Winkel der Festungsbatterien, juchhe. Die Geschosse pfiffen nur so über Deck und die Seeleute mussten ordentlich die Köpfe einziehen. Das Schiff blieb heil. Bereits Ende September kapitulierte Polen und wurde von Deutschland und der Sowjetunion durch einen Grenz- und Freundschaftsvertrag zwischen den neuen Freunden aufgeteilt. Polen und seine Bevölkerung wurden dadurch eigentlich gar nicht mehr gebraucht. Deshalb nannte man Polen dann »Nebenland«. Die Polen waren Nebenländler geworden. Sie wohnten einfach neben anderen Ländern, nicht aber in einem Land. Nachbarn waren Nebenländler nicht.

Am 1. November 1939 richtete die Deutsche Reichsbahn in dem eroberten Danziger Gebäude die Reichsbahndirektion ein, die für die Bahnstrecken im Reichsgau Danzig-Westpreußen zuständig war. Die Großeltern Lefort wagten es und zogen ostwärts, nach Zoppot in die Danziger Bucht. Herbert hatte die Berufung als Bahnbeamter nach Danzig angenommen, sobald die Stadt wieder reindeutsch geworden war. Wobei Rose seinen Versetzungswunsch heftig unterstützte. Sie wollte nämlich auch versetzt werden. Sie wollte näher an ihre Töchter und Enkel heranrücken. Aber sie wollte auch, dass ihr lieber Herbert etwas, oder besser jemanden, hinter sich ließ. Eine der Sekretärinnen aus seiner Dienststelle hatte es gewagt, Roses Herbert schöne Augen zu machen. Treuherzig, wie er war, hatte er das zu Hause erzählt. Dass die schönen Augen ihm gefallen hatten, konnte Rose im Laufe der Erzählung heraushören. Auch, dass die Dame fünfzehn Jahre jünger als Herbert war. Du liebe Zeit!

Wer weiß, was ihm noch alles gefallen würde! Herbert, das will niemand so genau wissen. Zieh du mal nach Zoppot.

Die Rückeroberer der Danziger Reichsbahndirektion hatten sich zwei Monate Zeit genommen, etwaige Blut- oder andere Kampfesspuren aus Herberts künftigem Büro zu entfernen. Aber dann war wirklich alles sauber. Seine Aufgabe war es hinfort, die Kasse der Reichsbahndirektion Danzig zu verwalten – ein verantwortungsvoller und gut dotierter Posten. Dazu gab es eine schöne Wohnung in Zoppot, keine zehn Minuten bis zum Strand und zum eigenen Strandkorb. Von dem netten Ostseebad waren es schlappe zwölf Kilometer nach Danzig, ein Katzensprung für einen Reiseprofi wie Herbert. Alles in allem nicht um die Ecke von Königsberg, etwa hundertachtzig Kilometer lagen zwischen den beiden Städten, aber gefühlt schon fast in Rufweite. Käthe war selig. Ein Wermutstropfen: Auch in Zoppot – in Danzig sowieso – machten Herbert andere Frauen schöne Augen. Wie das kam? Es lag an seiner Ausstrahlung. Er rasierte sich den Schnurrbart ab, wirkte dadurch dreieinhalb Jahre jünger und freute sich des Lebens.

»Du läufst herum wie ein junger Geck!«, schimpfte Rose.

»Ich bin ein junger Geck!«, erwiderte Herbert freudestrahlend.

Rose verschlug es die Sprache. Fortan ließ sie ihn geckeln und gockeln. Was sollte sie machen.

***

Seitens des Deutschen Reiches gab es neben den vielen Siegesbotschaften nach Kriegsbeginn im Herbst noch eine weitere gute Nachricht zu verkünden. Sie wurde vom Führer persönlich auf den 1. September 1939 rückdatiert, damit alle Befugnisse, die er vorab den beiden in dem Erlass genannten Personen mündlich erteilt hatte, noch im Nachhinein legitimiert wurden:

»Reichsleiter Philipp Bouhler und Dr. med. Karl Brandt sind unter Verantwortung beauftragt, die Befugnisse namentlich zu bestimmender Ärzte so zu erweitern, dass nach menschlichem Ermessen unheilbar Kranken bei kritischster Beurteilung ihres Krankheitszustandes der Gnadentod gewährt werden kann.«

Das sprach sich sogar in Theologenkreisen herum. Denn auch in die christlichen Anstalten und Einrichtungen schickte der Staat Krankenaussortierungskommissionen, so zum Beispiel in die von Pastor Friedrich von Bodelschwingh geleiteten Betheler Anstalten. Dieser Anstalt war seit 1905 eine Kirchliche Hochschule angegliedert, so dass die dort Studierenden Zeugen einer Auseinandersetzung der Kommission mit von Bodelschwingh wurden. Sie berichteten später, dass er sich den Krankensammlern mit folgenden Worten entgegengestellt hatte:

»Ich gebe ihnen keinen von diesen Kranken heraus. Dann müssen sie schon mich selbst mitnehmen.«

Die todbringenden Leute zogen wieder ab. Bald darauf wurde die Kirchliche Hochschule staatlicherseits zwangsgeschlossen.

So etwas sprach sich herum. Ob bis zu den Preußens, ist nicht überliefert.

## Im Heim

Nachdem am 15. September 1939 die ersten siebenundsiebzig Verwundeten in Kückenmühle eingetroffen waren - schnell stieg ihre Anzahl auf zweihundert - wurde das Lazarett am 15. Oktober wieder aufgelöst. Die Front lag inzwischen schon zu weit ostwärts. Dafür sollten nun baltendeutsche Rückwanderer nach dem damals schon altbekannten Motto »Heim ins Reich« - oder »Reich ins Heim« oder so - bei ihnen einkehren und das taten sie auch. Bald waren es 120 Leute; Männer, Frauen und Kinder.

Da viele der Kückenmühler Pfleger Kriegsdienst leisten mussten, hatten die verbliebenen Angestellten viel zu viel zu tun. Alle Pfleglinge, die noch einigermaßen beieinander waren, mussten helfen. Am liebsten hätte Agathe den Kindern der Reichsheimkehrer Unterricht erteilt, aber das wurde ihr selbstverständlich nicht gestattet. Die Kinder wurden von den Kranken ferngehalten. Nur manchmal konnte Agathe sich den Kleinen nähern, wagte aber nicht, sie anzusprechen.

»Mutter, was will denn diese Frau? Sie guckt immer so komisch.«

»Komm mein Kind, mit der haben wir nichts zu schaffen.«

Oder besser: »Mutter, guck mal, die nette Frau da drüben. Bestimmt will sie mir etwas schenken. Sie winkt immer so freundlich.«

»Dann geh doch einmal zu ihr und sage ›Guten Tag!‹.«

Das Mädchen ging zu Agathe, sagte »Guten Tag!«, knickste artig und erhielt zur Belohnung neben einem freundlichen Lächeln einen Apfel und die Einladung, mit Agathe zu dem großen Findling zu gehen, um auch dem »Guten Tag!« zu sagen.

Nein, so lief es leider nicht ab.

Trotz fehlenden mündlichen Austausches war Agathe froh, dass endlich nicht nur Irre oder Verletzte, sondern auch einigermaßen normale Menschen auf dem Anstaltsgelände herumliefen. Ließ das nicht hoffen?

Gelegentlich erkundigte sich die Berliner Bürokratie nach dem Befinden der nach Kückenmühle entliehenden Patienten.

Wie war ihr körperlicher und geistiger Zustand? Wie fühlten sie sich? Bekamen sie viel Besuch? Führten sie eine rege Korrespondenz in die Heimat? Und so weiter. Ganz genau wollten sie es wissen.

Herr Wersch, Agathes Vormund, kam seiner Pflicht nach und bestellte ein Gutachten. Mit seinem Mündel sei soweit alles in Ordnung, bis auf die geistige Gesundheit, hieß es darin. Fräulein Preuß attestiere sich ihre geistige Gesundheit zwar stets selbst, aber nach wie vor sei sie nicht in der Lage, ein eigenständiges Leben in Freiheit zu führen. Post bekomme sie nicht, Besuch auch nicht.

## Ein bisschen Alltag in Königsberg

Der Winter 1939/1940 war ein mörderisch kalter Winter. Nicht nur in Königsberg war er das, aber im Nordosten des Reiches war es besonders kalt. Kartoffeln und Kohlen waren knapp. Die einen sollten von innen wärmen, die anderen von außen. Nun fehlten beide, und das, wo alle sowieso schon dünner geworden waren und immerzu froren, weil ihnen der Wärmespeck auf den Rippen fehlte. Nur kurz erlaubte sich Käthe, an das Holz zu denken, das auf dem Adlig Kesseler Pfarrgrundstück schön zerkloppt und wohl geschichtet darauf wartete, in die pfarrhäuslichen Öfen gesteckt zu werden. Ach ja.

Manche Gemeindeschäfchen ließen hinter vorgehaltener Hand Bemerkungen fallen, dass man nicht wieder hungern und frieren wolle wie im Weltkrieg. Damals habe man erst im dritten Kriegsjahr frieren müssen, jetzt sei es schon nach einem Vierteljahr so weit. Und auch einige der Ponarther Werkstätten müssten vielleicht den Winter über schließen. Man habe eben einen Krieg ohne genügende Vorbereitungen angefangen.

Arthur und Käthe äußerten sich nicht dazu. Sie kamen einigermaßen zurecht, denn auch diese Kirchengemeinde hatte ihnen einen Vorrat an Holz und Kohlen bereitgestellt. Dennoch wurde an Wärme gespart. Alle trugen selbst im Haus mehrere Kleidungsstücke übereinander. Doppelbesockungen wurden zum Standard. Wie gut, dass beide Großmütter so gut stricken konnten und ihnen die Wolle nicht ausging.

Andere Großmütter oder -väter, also andere alte Leute aus Arthurs Gemeinde, starben durch die Kälte. Offiziell wusste er davon nichts. Inoffiziell? Ja, vielleicht das eine oder andere uralte Gemeindeglied, das er vor kurzem unter die Erde gebracht hatte. Von der Todesursache »durch Erfrieren« hatte allerdings nichts auf dem Totenschein gestanden.

Und sonst? Was bot Königsberg-Ponarth den Neuhauptstädtern? Königsberg-Ponarth war nicht Großstadt. Es war Vorstadt mit kleinstädtischem, vielerorts fast dörflichem Charakter. Es war prima, weiter im fast Ländlichen zu leben, aber am Städtischen jederzeit Anteil haben zu können. Nur dass es ein »und sonst« im Krieg nicht mehr gab. Zitterten nicht beim Lächeln die Mundwinkel? Wollte nicht Lachen in Weinen übergehen? War nicht Arthurs aufflammender Zorn wie ein Donner vor dem eigentlichen Gewitter? Waren nicht Käthes Tränen ein Rinnsal, das jederzeit zur Sturzflut werden konnte? Wo war, du liebe Zeit, die liebe Zeit geblieben?

Das Walten des Hausarztes, der rege Gebrauch des Nachschlagewerkes »die Frau als Hausarzt« sowie Käthes natürliche Gabe, Krankes in Gesundes zu verwandeln, ließen die drei Kinder die gängigen Kinderkrankheiten gut überstehen und andere bekamen sie nicht. Wobei Käthe sich mehr als einmal nicht scheute, auch ihren alten Wuppertaler Hausarzt, Doktor Nobbe, brieflich um einen zweiten Rat zu bitten. Auf diese Weise verhinderte sie zum Beispiel, dass an Konstantin vorzeitig eine Bruchoperation vorgenommen wurde.

Zum Wohlbefinden trug bei, dass die Großeltern Preuß häufig zu Besuch kamen und besonders Hedwig aus Käthes Haushalt und der Kinderstube nicht mehr wegzudenken war. Raphael und Michela genossen es, an Hedwigs üppigen Matronenbusen geschmiegt, Geschichten erzählt und Bücher vorgelesen zu bekommen. Es traf sich gut, dass Konstantin, wie schon in Adlig Kessel, zumeist in eigenen Angelegenheiten unterwegs war. Sonst hätten sich vielleicht alle drei Kinder um den Platz auf Großmutters Schoß streiten müssen.

Neben seinem Hang, die Straßenbahn aufzusuchen, war Konstantin seiner Gewohnheit treu geblieben, sich so oft wie möglich in den nächst verfügbaren Sakralraum zu begeben und dort stundenlang sein Wesen zu treiben. Das war in diesem Fall

## die evangelische Ponarther Kirche.

Ja, nun, sie war keine Arme-Leute-Kirche, ja, nun, sie war keine Reiche-Leute-Kirche. Sie war eine Kleine-Leute-Kirche. Vielleicht hatte sie auch deshalb keinen Namen, sondern hieß nur evangelische Ponarther Kirche. Zu der Zeit, als sie erbaut wurde - um 1895 herum -, musste dringend eine Kirche her, weil Ponarth wuchs und wuchs und es keinen Raum gab, der groß genug war, alle Gemeindeschäfchen zu versammeln. Gerade wegen der Dringlichkeit und daher Wichtigkeit wollte aber plötzlich jeder mitreden. Vor allem die Herrschaften, die sie dann gar nicht benutzen würden, die Kirche, also irgendwelche Oberräte im Konsistorium zum Beispiel.

Wegen dieser Unstimmigkeiten machte die Ortsgemeinde kurzen Prozess und beschloss, den Bau in eigener Regie zu übernehmen. Sie würde schließlich auch das Land zur Verfügung stellen und war sowieso für das Ortsbild verantwortlich, das die Ponarther jeden Tag zu Gesicht bekamen. Das hieß natürlich, dass sie auch die Regie über die Finanzen zu übernehmen hatte. Der Beginn der Regietätigkeit bestand darin, zu überlegen, wie viel Kirche sie sich leisten konnten und woher denn das Geld eigentlich kommen sollte. Schnell stellte sich heraus, dass in diesem Fall die Maßeinheit für die Ponarther Kirche nur Bescheidenheit heißen konnte. Eine Einheit Bescheidenheit entsprach einem Sitzplatz und betrug 106 Mark und 40 Pfennige. Mit sechshundert Sitzplätzen für Erwachsene, dreihundert Sitzplätzen für Kinder und zweihundert Stehplätzen hoffte man, den kirchgängerischen Platzbedarf der Ponarther evangelischen Christen decken zu können. Sehr reiche Reiche, reiche Reiche, ein bisschen Reiche und gar nicht Reiche spendeten und spendeten und spendeten. Es reichte nicht. So entschloss man sich, ein Darlehen aufzunehmen. Ein kaiserliches Gnadengeschenk in Höhe von zehntausend Mark, schnell erbeten, schnell versprochen und schnell verplant, kam tatsächlich, so dass dem Vorhaben nichts mehr im Wege stand.

Mit dem Bauen ging es ebenso schnell voran. Die Bauleute hielten sich an die verabredeten Pläne und der Bauherr erlag nicht der Versuchung, von der geplanten einfachen Schlichtheit oder schlichten Einfachheit des Kirchenbaus abzuweichen. Am 23. Juli 1897 wurde die Kirche eingeweiht, da war von Inflation noch nichts zu spüren. Ein Glück, denn sonst wäre die Einheit Bescheidenheit ins Irrationale gewachsen.

Wie sah sie aus, die Kirche, auch noch zu Arthurs Zeiten? Schlicht und schön. Ein neugotischer Ziegelbau, der sich darin gefiel, aus hellrosa, rosa und roten Ziegeln zu bestehen. Vor allem die rosa Ziegel strahlten die Leute freundlich an.

Die Kirche hatte einen asymmetrischen Grundriss, das war gerade modern. Wenn man für sie den Schiffsvergleich bemühte - im Bug der Altar, im Heck der Kirchturm -, sah man, dass das Schiff starke Schlagseite hatte und der Stapellauf unbedingt verhindert werden musste. Es gab nämlich nur eine Seitenempore und der Turm stand auch nicht mittig. Also sollte man sie sich besser nicht als Schiff vorstellen, was Arthur bisweilen schade fand. Dazu stand sie wegen des Straßenverlaufes und der Ausrichtung des zur Verfügung stehenden Baulandes horizontal-schräg in der Landschaft. Der Altar kam im Nordwesten zu stehen, da war nichts zu machen.

Aus Kostengründen hatte man kein steinernes Gewölbe über das Nicht-Schiff gewölbt, sondern über dem Haupt- und Seitenraum je ein hölzernes. So konnte man, wenn man den Kopf in den Nacken legte, direkt den verkleideten Dachstuhl anschauen. Er war hell lasiert, die Fasen der Bretter waren weich geschliffen und farbig abgesetzt. Diese Farbnuancen gaben dem Ganzen eine gewisse Unschärfe und damit dem Betrachter ein Gefühl von Weite. Bereits das Eingangsportal hatte Erwartungen geweckt, wurde es doch optisch bis in den Giebel gezogen. Die Erwartungen wurden allesamt erfüllt - der Innenraum wirkte hoch und frei. Und auch das war der Maßeinheit Bescheidenheit zu verdanken. Nichts stand im Wege, versperrte den Blick auf den Altar. Die dezenten Farben (steingrüne Wände) und Muster (aufgemalte Teppichmuster und gemalte Ornament- und Backsteinfriese) waren dergestalt, dass sich der Blick nicht im Detail verfing.

Damit die Ponarther Gläubigen auch in strengen Wintern nicht an den Kirchenbänken festfroren, wurde die Kirche mit zwei eisernen Öfen, System Hohenzollern, beheizt. Um zu verhindern, dass jemand die Gelegenheit bekam oder sich nahm, seine erkaltenden Glieder direkt an einen der Öfen zu lehnen – gerade Kinder hätten das vielleicht reizvoll gefunden – waren die Öfen mit reich ornamentierten Gittern aus Schmiedeeisen umzäunt. Ein bisschen sahen sie wie Ungetüme aus, die man in einem Käfig halten musste. Wenn sie beheizt wurden, waren sie gefährlich.

Die Ponarther Kirche erhielt zwei Glocken: eine mit dem Schlagton gis (455 kg) und eine mit dem Schlagton h (248 kg). Also läuteten sie mit einer kleinen Terz vor sich hin. Das war nett und milde, aber kein großes Geläut.

Als Arthur die Kirche übernahm, war sie noch immer ziemlich neu, etwa vierzig Jahre alt. Viele Ponarther hatten inzwischen weiteres Geld gespendet, das für eine dezente Entschlichtung der Innenausstattung verwendet worden war. So gab es jetzt farbige Fenster hinter dem Altar und eine neue Orgel. Zur Einweihung am 23. Juli 1897 hatte man sich noch mit einer gebrauchten, nicht auf den Raum abgestimmten Orgel begnügen müssen.

Leider gab es zu Beginn von Arthurs Amtszeit gerade keinen Kirchenmusiker. Käthe gab ihr Bestes, konnte aber die Orgel nicht optimal bedienen. Dazu gehörte eben ein bisschen mehr als solides Klavierspiel.

Eine Orgel verstimmte sich manchmal. Das tat ein Klavier auch, aber bei der Orgel schmerzten die schiefen Töne unvergleichlich heftiger. Ein gelernter Kirchenmusiker könnte die Töne wieder geraderücken – Käthe konnte das nicht. Insofern standen ihr für die Gottesdienstbegleitung nicht alle Töne zur

Verfügung, manche waren sogar tabu. Nur half das Tabu hier nicht weiter. In der Aufregung anlässlich des gottesdienstlichen Spieles befingerte sie doch manchmal eine der Tabu-Tasten, und schon gab es entweder Misstöne oder, noch schlimmer, einen Heuler. Der klang etwa so wie die Entwarnung beim Fliegeralarm. Was war nun technisch gesehen ein »Heuler« in orgelnden Zusammenhängen: Eine Orgelpfeife war angeblasen worden, die anschließend aufgrund eines Fehlers der Spiel- oder Registertraktur nicht mehr zum Schweigen zu bringen war. Es sei denn, man schaltete den Orgelmotor aus. Aber dann verstummte nicht nur der Heuler. Deshalb markierte Käthe die entsprechenden Tasten – in der Regel waren es maximal zwei – mit roter Farbe, was allerdings nicht immer half. Schließlich musste sie auch in die Noten gucken. Einmal die falsche Taste erwischt, schon heulte es wieder. Da konnte sie die Choräle noch so enthusiastisch zu Ende spielen, der falsche Ton blieb stehen und röhrte zwischen den Harmonien herum. Denn er wurde, da die für ihn zuständige Taste oder ein ähnlich entscheidender Mechanismus eben hing, dauerhaft mit Wind versorgt. Stellen wir uns ein Segelschiff vor, das bei starkem Wind mit vollen Segeln aufs Ufer zusteuert. Wobei das Segelschiff unweigerlich zum Stehen kommt, mit Karacho. Der Vergleich funktioniert also nicht. Ein Segelschiff ist ja sowieso, ob vor oder hinter dem Wind segelnd, viel zu leise, um es mit einem Heuler zu vergleichen. Vielleicht lässt sich ein Heuler doch nur mit einem anderen Heuler vergleichen.

Während Käthe tapfer auf den Schlussakkord zuhielt, ihn erreichte und die Hände von den Tasten nahm, hielt der Heuler durch und dachte gar nicht daran, das Ende des Stückes zur Kenntnis zu nehmen. Es kam, wie es kommen musste: letzter

Akkord des Orgelwerkes – Musik vorbei – Heuler weiter ohne Musik – Erheiterung der Gemeinde – Motor aus – Heuler aus – Käthe zornig.

Ein Kantor musste her. Die Stelle wurde ausgeschrieben. Leider rissen die schriftlichen Bewerbungen weder die Preußens noch die Kirchengemeinde zu großer Begeisterung hin. Die Person, die ihnen auf dem Papier noch am ehesten zusagte, war eine Frau. Also wurde sie als Erste für ein Probespiel im Gottesdienst eingeladen. Vorher bekam die Orgel noch eine Stimmung verordnet und die Heuler wurden durch Fachleute eliminiert.

Die Frau war groß und dünn und trat im Anzug mit Krawatte auf. Das hätte niemanden gestört, man war schließlich nicht unmodern. Doch leider konnte sie nicht besonders gut Orgel spielen. Sie wechselte den ganzen Gottesdienst über nicht einmal die Register, sondern versuchte einzig durch Betätigung der Walze, auch »Schweller« genannt, einen gewissen Facettenreichtum in Sachen Lautstärke zu erzielen. Das war künstlerisch unbefriedigend und ging Käthe auf die Nerven. Sie besann sich nicht lange und schloss mithilfe der Vorrichtung am Spieltisch die Lamellentür des Schwellwerkes. Ein fataler Übergriff! Was Käthe nämlich entgangen war: Abgesehen von einigen Registern des Schwellwerkes hatte die Organistin keine weiteren Pfeifen in Betrieb genommen. Mitten im Choral »Großer Gott, wir loben dich« wechselte die Orgelbegleitung in den fast unterschwelligen Hörbereich. Der Schrei »Frau Pfarrer!« übertönte alles und hallte durch die Kirche. Erheiterung der Gemeinde.

Die Frau bekam die Stelle nicht. Der zweitplatzierte Bewerber war blind. Der Gemeindekirchenrat gab sich reserviert. Man könne doch während der Kriegsverdunkelungen keinen Blinden anstellen. Das entbehrte zwar der Logik, nur fiel das außer Arthur niemandem auf. Er plädierte vehement dafür, den Kirchenmusiker wenigstens zum Probespiel einzuladen. Schließlich war der Musiker Absolvent der Evangelischen Kirchenmusikschule in Halle an der Saale, einer ganz neuen Einrichtung von sehr gutem Ruf.

Fast musste man Angst um die Kirche bekommen, als Gerhart Jonasch während des Gottesdienstes eben nicht nur herumwalzte, sondern alle Register zog. Entstand durch seine Art des Orgelspiels die Redewendung »alle Register ziehen«? Alle zur Verfügung stehenden Mittel nutzen! Alle Kräfte einsetzen! Genau! Das erinnerte an das Kapitänskommando »Volle Kraft voraus!«, das Arthur so liebte.

Gerhart Jonasch, ein noch junger Mann, hatte Temperament. Er wusste die Orgel zu nehmen und ließ bei der sich dem Probespiel anschließenden Befragung auch erkennen, dass er durchaus in der Lage sei, technische Probleme selbst zu beheben. Das Fach Orgelbau habe er zu seiner zweiten Leidenschaft gemacht. Arthur war begeistert, Käthe ebenso. Der Gemeindekirchenrat? Ach, lieber nicht. Wie sollte denn Herr Jonasch hierhin und dorthin, das schien alles so kompliziert. Müssten sie dann nicht noch einen Assistenten einstellen? Nein, das können wir nicht bezahlen, das können wir nicht verantworten, wir können nicht die Fürsorge für ihn übernehmen.

Jonasch blieb gelassen. »Ich habe weder für das Kirchenmusikstudium noch für andere Dinge bisher einen Assistenten benötigt, sonst wäre ich nicht hier. Natürlich brauche ich für bestimmte Dinge zunächst ihre besondere Unterstützung. Aber das wird immer weniger Zeit und Mühe in Anspruch nehmen, glauben Sie mir. Das können Ihnen im Übrigen meine Studienkollegen bestätigen!«

Zu guter Letzt sprach Arthur ein Machtwort. »Wenn sich der kleine Konstantin im Dunkeln in der Kirche zurechtfindet, dann wird das Kantor Jonasch wohl auch tun. Es geht in erster Linie um Musik. Einen überzeugenderen Orgelvortrag habe ich lange nicht gehört. Und auch unsere Chormitglieder haben ein positives Votum abgegeben. Was wollen Sie denn noch?«

»Dann stellen wir ihn auf ein Jahr zur Probe ein.«

»Nein«, befand Arthur kategorisch. »Das ist unhöflich. Wir würden ihn ja nicht musikalisch oder von der Persönlichkeit her auf die Probe stellen, sondern testen, ob und wie gut er sich zurechtfindet. Das macht man nicht. Das machen wir nicht.«

Da auch das Machtwort nicht half, wandte Arthur sich an den zuständigen Evangelischen Oberkirchenrat. Oskar Söhngen, damaliger Oberkonsistorialrat und Musikdezernent der Deutschen Evangelischen Kirche, griff ein. Schließlich hatte Gerhart Jonasch einen A-Kirchenmusikabschluss, der musste doch, bei entsprechender Leistung, für etwas nütze sein.

Und so wurde Gerhart Jonasch eingestellt und gab fortan keine Ruhe mehr in der evangelischen Ponarther Kirche. Das heißt, manchmal schon. Da ließ er es inmitten seiner Orgel-Übzeiten ganz leise werden, ganz still. Stellte den Orgelmotor aus, saß auf seiner Orgelbank und lauschte in den Raum. Da war doch was?

»Konstantin?«

Kein Mucks.

»Konstantin, ich weiß, dass du da bist!«

Kein Mucks.

»Ich kann dir gerne Licht machen, wenn du möchtest!«

Woher wusste der Blinde, dass das Licht aus war?

»Du brauchst keine Angst zu haben!«

»Ich hab keine Angst!«

»Dann komm hoch zu mir, ich zeige dir alles!«

»Ich kenn doch schon alles!«

»Nein, kennst du nicht!«

Irgendwann ließ Konstantin sich herbei und kam zum Kantor Jonasch auf die Orgelempore. Es war wirklich ziemlich duster in der Kirche, doch das machte beiden nichts aus.

Jonasch - Herr Kantor sollte Konstantin zu ihm sagen, dass hatte Käthe ihm eingeschärft - zeigte und erklärte ihm nicht nur die Orgel von innen und von außen, sondern führte ihn auch in die Welt der Blinden ein. Nein, er war nicht gerne blind und Konstantin wollte bitte auch niemals blind werden. Aber es gab Dinge, die ein Blinder besser konnte als ein Sehender. Und deshalb machte Konstantin ganz fest die Augen zu und Kantor Jonasch brachte ihm bei, wozu die Ohren, die Hände und Füße gut sein konnten. Von Zeit zu Zeit wanderten die beiden Hand in Hand durch die Kirche und einer lernte vom anderen. Gerhart Jonasch sang einen lauten Ton. Viel Nachhall war nicht, weil die Kirche eine Holzdecke hatte. Trotzdem konnte der Kantor feststellen, wo er sich gerade befand und Konstantin bestätigte ihm, dass er es richtig gehört hatte. Manchmal machten sie das Licht an und der Junge erzählte Kantor Jonasch, was er sah. Jonasch war erst mit sieben Jahren blind geworden und erinnerte sich noch an Farben und Formen. Konstantin beschrieb die Muster an den Wänden, das Gestühl, den Fußboden, die Lampen und die Öfen. Jonasch brachte ihm bei, wie man den Tastsinn schulen konnte. Nicht nur die Hände samt aller Finger waren dabei von Nutzen, sondern auch die Füße. Manchmal zogen beide die Schuhe aus und liefen auf Strümpfen durch die Kirche.

»Das ist Zement. Wie sieht der aus?«

»Grau und mit winzigen Löchlein.«

»Und das sind Bodenfliesen. Wie sehen die aus?«

»Es sind Muster drauf. So Striche und Riefen. Da musst du Papa fragen, was die bedeuten, Onkel Jonasch.«

Schon seit dem zweiten Stelldichein im Kirchenraum sagte Konstantin »Onkel Jonasch« und »du« zu dem Kirchenmusiker. Das hatte der selbst vorgeschlagen.

»Warum gehst du nicht immer barfuß, wenn du doch mit den Füßen sehen kannst?«, fragte Konstantin.

»Als Kind habe ich das getan und hatte richtig viel Hornhaut auf der Sohle. Trotzdem habe ich mich häufig verletzt, weil auf den Wegen so viel herumliegt, in das man hineintreten kann. Glasscherben oder rostige Nägel zum Beispiel. Das ist gefährlich. In einen Hundehaufen zu treten, ist auch nicht schön. Deshalb habe ich dann doch meistens Schuhe getragen. Im Winter ist es sowieso zu kalt, um barfuß zu gehen.«

»Manche Leute finden es unheimlich, wenn du hier im Dunkeln Orgel spielst, Onkel Jonasch.«

»Was ist denn daran unheimlich?«

»Weiß ich nicht. Ich sage es dir ja nur weiter.«

Das würde Jonasch mit seinem Chef besprechen müssen. Dachten die Leute, er wäre ein Geist? Sollte er deswegen mehr Strom verbrauchen als nötig? Sie wussten doch, dass er blind war.

»Ich finde es schön im Dunkeln«, sagte Konstantin. »Ich höre den Raum dann besser. Auch die Kirchenmäuse.«

Jonasch lächelte. Was für ein niedlicher Knirps. Und so furchtlos.

»Komm, lass uns nach vorne gehen. Zeig mir den Altar.«

»Darf ich das denn?«

»Natürlich, das darf jeder. Man darf nur nichts wegnehmen oder kaputt machen.«

Sie stiegen die drei Stufen zum Altar hinauf und berührten das Leinentuch. Jonasch nahm die schwere Bibel in die Hand und strich über die Seiten.

»Die ist mit Goldrand«, berichtete Konstantin stolz. »Aber sonst ist hier nichts aus Gold. Dafür ist nicht genug Geld da, hat Papa gesagt.«

»Ich glaube, das macht der Kirche nichts. Sie ist sehr schön, nicht wahr?«

»Ja«, sagte Konstantin.

## Lebenswert

Zu dieser Zeit war Konrad Lorenz als ordentlicher Professor und Direktor des Instituts für vergleichende Psychologie an die Königsberger Albertus-Universität berufen worden. Familie Preuß nahm seine Tätigkeit nicht zur Kenntnis, sonst hätte sie vielleicht bei ihren Tischgesprächen die Gelegenheit genutzt, über seine Thesen zu diskutieren. Seine Thesen? In der Zeitschrift »Der Biologe« wurde zum Beispiel folgender Text von ihm veröffentlicht: »Ob wir das Schicksal der Dinosaurier teilen, oder ob wir uns zu einer ungeahnten, unserer heutigen Gehirn-Organisation vielleicht gar nicht erfassbaren Höherentwicklung emporschwingen, ist ausschließlich eine Frage der biologischen Durchschlagskraft und des Lebenswillens unseres Volkes. Im Besonderen hängt gegenwärtig die große Entscheidung wohl von der Frage ab, ob wir bestimmte, durch den Mangel einer natürlichen Auslese entstehende Verfallserscheinungen an Volk und Menschheit rechtzeitig bekämpfen lernen oder nicht. Gerade in diesem Rennen um Sein oder Nichtsein sind wir Deutschen allen anderen Kulturvölkern um tausend Schritte voraus.«

Trotz, beziehungsweise in Unkenntnis dieser Erkenntnisse, hatten die Tischgespräche bei den Preußens stark an Dynamik gewonnen, waren intensiver, ja, anspruchsvoller geworden. Das lag daran, dass fast jeden Sonntag Kantor Jonasch mit am Tisch saß. Bald brachte er auch seine frisch gebackene Ehefrau mit, die sehr sympathisch war, Käthe aber leider ihre Rolle als Starsolistin im Kirchenchor streitig machte. Käthe gab sich souverän im Zurücktreten. Jonasch verfügte über Temperament, Witz, Stolz und fundiertes Allgemeinwissen - eine unwiderstehliche Kombination für alle, die an guter Unterhaltung interessiert waren.

Das Vertrauen zwischen den Tischgenossen wuchs in gleichem Maße, wie es anderen gegenüber abnehmen musste. Um mehr zu erfahren, als in den Zeitungen zu lesen und im deutschen Rundfunk zu hören war, stellten Arthur und Freunde so manches Mal einen ausländischen Sender ein. Im kleinsten Kreis konnten sie über das Gehörte sprechen. Zum Beispiel darüber, was denn der am 9. April 1940 begonnene Skandinavienfeldzug für einen Sinn haben sollte. Wer wollte denn warum in diese zwar netten, aber ziemlich kalten Länder ziehen, deren Bewohner eindeutig kein Interesse daran zeigten, deutsch zu werden? Da oben war es doch noch länger dunkel als in Königsberg! Vielleicht brauchte man sie zur Auffrischung deutschen Blutes? Sie waren alle so schön blond. Aber etwas wie eine Verpaarung konnte man doch auch auf friedlichem Wege erreichen, oder? Man konnte die Dänen doch schlecht in deutsche Schlafzimmer schießen (das war Käthes Formulierung).

Was der blinde Kantor zu den Thesen von Psychologieprofessor Konrad Lorenz gesagt hätte? Sicher wäre Jonasch sein schönes Lachen vergangen. Vermutlich hätte er Käthes Sonntagsbraten nicht bei sich behalten.

Jonasch hatte überhaupt seinen Stolz, auch wenn der ihn manchmal in ungünstige Situationen brachte. Häufig ging er allein vom Pfarrhaus zur Kirche, wobei er die verkehrsreiche Brandenburger Straße überqueren musste. Das tat er bewusst ohne Blindenbinde. Einmal stieß er auf diesem Alleingang mit einem Passanten zusammen.

Dieser fragte erbost: »Sie sind wohl blind?«

Als Jonasch wahrheitsgemäß mit »Ja!« antwortete, konnte nur Arthur, der glücklicherweise kurz nach Jonasch des Weges kam, im letzten Moment Tätlichkeiten verhindern.

Bei Blinden hatte die natürliche Auslese nicht richtig funktioniert, das war zumindest Konrad Lorenz sonnenklar. Blinde wurden zu der Fragestellung nicht konsultiert. In einer weiteren Veröffentlichung von 1940 erörterte Lorenz u. a. die Notwendigkeit einer »Ausmerzung ethisch Minderwertiger« und sagte voraus: »Versagt diese Auslese, misslingt die Ausmerzung der mit Ausfällen behafteten Elemente, so durchdringen diese den Volkskörper in biologisch ganz analoger Weise und aus ebenso analogen Ursachen wie die Zellen einer bösartigen Geschwulst.«

Ja, du liebe Zeit, wie sollte diese Ausmerzung denn in der Praxis aussehen? Der Führer und andere Deutsche hatten sich diese Frage bereits gestellt und eine Antwort gefunden.

## Agathe wird entfernt

Am 25. April 1940 landete auf dem Schreibtisch des Kückenmühler Anstaltsdirektors Stein die Anordnung des Polizeipräsidenten der Stadt Stettin vom 24. April, in der stand, dass die Kückenmühler Anstalten keine neuen Irren mehr aufnehmen dürften und sämtliche vorhandenen binnen dreier Monate zu entfernen oder zu verlegen seien. Dabei stand auch: »Die Verwaltung des Provinzialverbandes Pommern wird den Anstalten, soweit notwendig, dabei behilflich sein.«

Als Begründung für die Anordnung war unter anderem zu lesen, dass Stettin inzwischen um Kückenmühle herumgewachsen sei. Damit waren die Irren mitten unter die Normalbevölkerung geraten.

Wörtlich stand da: »Wenn es sich im Allgemeinen auch um ruhige Kranke handelt, so ist doch bei Geisteskranken nie vorauszusehen, ob sie nicht doch bei sich bietendem Anlass gereizt und gemeingefährlich werden können. Abgesehen davon, dass die Kückenmühler Anstalten ihrer jetzigen starken Belegung wegen die Sicherheit der in den anliegenden Wohnsiedlungen lebenden Volksgenossen gefährden, kann es nicht verantwortet werden, dass eine Heilanstalt ohne ausreichende Abgrenzung gegen die Außenwelt mitten im Stadtgebiet verbleibt.«

Ja, warum hatten denn die Volksgenossen nicht einfach davon Abstand genommen, hier zu siedeln? Die Anstalten waren schließlich nicht vom Himmel gefallen! Die Argumentation war doch nur ein Vorwand: Das Reich brauchte die meisten Insassen nicht mehr. Sie verursachten Kosten und waren zu nichts nütze. Das Reich wollte über die Gebäude frei verfügen können.

Vor Schreck begann der Anstaltsdirektor fürchterlich aktiv zu werden. Allerdings nur in Bezug auf die bestmögliche Verlegung seiner eigenen Person. An eine Entfernung seiner Person im Sinne des Schreibens dachte er dabei nicht. Alle anderen Aktivitäten überließ er großzügig dem zweiten Anstaltsgeistlichen, Pastor Werner Dicke. Dieser versuchte, Mittel und Wege zu finden, der Auflösung der Anstalten Einhalt zu gebieten. Er fand sie nicht. Nach Beendigung des vergeblichen Widerstandes waren 1.500 Insassen zu entfernen, beziehungsweise zu verlegen.

Agathe wurde am 14. Juni 1940 entfernt. Ihren Namen und das Geburtsdatum trug sie auf der Haut. Eine Pflegerin hatte diese zum Abtransport notwendigen Angaben mit rotem Kopierstift, der vorher angefeuchtet werden musste, damit der Farbfluss nicht stockte, auf ihren Rücken geschrieben und dabei bitterlich geweint.

Nachdem der Kittel wieder richtig saß, nahm Agathe die Krankenschwester in den Arm und sagte: »Jetzt bin ich wie Jesus. Ich will nicht sterben, aber ich muss. Sei nicht traurig, ich finde keine Schuld an dir.«

Den letzten Satz hatte zwar nicht Jesus, sondern Pilatus gesagt, aber es war trotzdem ein liebevoller Satz. Die Pflegerinnen kamen dieser Tage aus dem Weinen gar nicht mehr heraus.

Woher viele der Patienten das mit dem Sterben wussten? Ja, sie waren doch nicht alle blöd. So etwas sprach sich herum, auch wenn das Gehörte bei den meisten Außenstehenden zum einen Ohr hinein und zum anderen wieder heraus gelangte, ohne ihr Interesse zu wecken. Bei den Patienten und dem Anstaltspersonal lief das anders. Sie waren betroffen, der Weg vom Ohr zum Hirn zum Herz ganz unverstellt. In Agathes Verlegungspapieren stand: »von Kückenmühle nach unbekannt«.

Noch am Tage ihrer Verlegung wurde sie in der Tötungsanstalt Brandenburg/Havel mit Kohlenmonoxid vergast. Der

Prozess ihres Ablebens war Teil einer Versuchsanordnung für massenhaftes »humanes Sterben«. In der Brandenburger Einrichtung wurde die Wirkung von Kohlenmonoxid getestet, außerdem wurde Tötungspersonal für weitere Aktionen angelernt. Ein Arzt leitete das Vergasen ein und derselbe Arzt kontrollierte den Erfolg der Maßnahme. Da war nicht jeder für geeignet, das wollte gelernt sein.

Durch ein Fenster konnten der Doktor und seine Lehrlinge sehen, wie Agathe schon nach fünf Minuten in sich zusammensank, ohne dass vorher bei ihr oder den anderen Entfernungskandidaten ein größeres Gewese erkennbar geworden wäre. Sprich: Sie starben unverzüglich und problemlos. Dennoch wurde weitere fünfundzwanzig Minuten Gas gegeben, um unerwünschte Auferstehungsphänomene zu vermeiden. Diese Tötungsart wurde unter den Verantwortlichen »Desinfizieren« genannt.

Agathes Leichnam wurde anschließend mitsamt den Körpern der anderen Ermordeten im hauseigenen Krematorium verbrannt. Den Verstorbenen konnten die Gebeine anschließend nicht mehr zugeordnet werden. Damit das deutsche Gesundheitswesen mehr als nur durch die Beseitigung unnützer Esser vom Ableben ihrer Opfer profitieren konnte, ging die Sterbemeldung erst vierzehn Tage nach der Entfernung von Agathe und ihren Leidensgenossen heraus. Für diese vierzehn Tage konnten noch Versicherungsbeiträge kassiert werden. Übertreiben wollte man diese Art der Finanzoptimierung allerdings nicht. Das Deutsche Reich war schließlich ein Rechtsstaat.

## Wer so stirbt

Dieser Rechtsstaat hatte sich inzwischen weitere Länder einverleibt: die Niederlande und Belgien. Selbst das große Frankreich war zu einem Waffenstillstand genötigt worden. Es gab so viele Gründe zu feiern, dass die Leute gar nicht wussten, womit anfangen. Wiederum hatte der Krieg nun auch mit physischer Macht in Deutschland Einzug gehalten. So ballerte die Royal Air Force inzwischen auf Land, Sachen und Leute mit englischen Bomben aus deutscher Luft. Musste das denn sein? Bisher war doch alles so schön gewesen.

Die Meldung zu Agathes Ableben erreichte Karl Preuß am Freitag, dem 12. Juli 1940. Nicht, dass er vorher in Feierlaune gewesen wäre. Dennoch fiel er aus allen Wolken. Die Nachricht von ihrem Tod war das erste Zeichen, das er seit langer Zeit von Agathe, also zu Agathe, erhielt. Eigentlich seit mehreren Jahren. Leider war die Nachricht sehr unpersönlich. Lebenszeichen konnte man sie auch nicht nennen. Irgendwie war die Zeit auch ohne Agathe vergangen, nicht wahr, Karl? Wann hatte Hedwig das letzte Weihnachtspaket an ihre Stieftochter geschickt? Wann hatte der letzte Schriftverkehr stattgefunden? Sie wussten es beide nicht zu sagen.

Auf der Sterbeurkunde, die der Benachrichtigung beigelegt war, stand »Tod durch Lungenentzündung«. Es folgte der Hinweis auf den Verbleib der Asche. Sie würde in nächster Zeit an das Königsberger Friedhofsamt gehen. Asche? Das setzte doch ein Verbrennen des Leichnams voraus. Das war nicht richtig, nicht üblich! Das war viel zu modern! Karl war nicht modern.

Modern oder nicht, das alles war überhaupt nicht richtig, aber natürlich in diesen Fällen notwendig und daher inzwischen üblich. Als Begründung für die Verbrennung des Leichnams wurde akute Seuchengefahr angegeben. War Lungenentzündung eine Seuche? Nun ja, Keime waren sicher vorhanden gewesen.

Zum Trost hatte der behandelnde Arzt noch in einem freundlichen Schreiben formuliert: »Bei der unheilbaren geistigen Erkrankung ihrer Tochter ist der Tod eine Erlösung für sie und ihre Umwelt.«

Was an dieser Stelle noch erwähnt werden muss: Bei Agathes Eintreffen in der Brandenburger Tötungsscheune war sie von einem Arzt untersucht worden. Er machte sich Notizen über ihren Gesundheitszustand, damit später auf dem Totenschein etwas stehen würde, das zu der entfernten Person passte. Agathe war, wie er feststellte, kerngesund, insofern hätte eine chronische Erkrankung nicht gepasst. Lungenentzündung ging hingegen immer, wobei der Juni natürlich nicht der typische Monat für diese Diagnose war. Die Unterschrift des Mordarztes war gefälscht; er hatte einen Decknamen verwendet.

Agathe war tot. Ihre Asche auf dem Postweg. Karl machte sich Gedanken. Wieso war sie in Brandenburg gestorben und nicht in Eberswalde? Warum hatte man ihn nicht von der Verlegung informiert? Ach, in Eberswalde war sie gar nicht mehr gewesen, sondern in Kückenmühle. Das war ja fast um die Ecke! Ein Telefonat mit den Kückenmühler Anstalten klärte ihn darüber auf, dass es diese eigentlich nicht mehr gab. Jedenfalls nicht so, wie noch vor dem Jahreswechsel. Warum man ihm von all dem nichts gesagt habe? Es sei alles so schnell gegangen, auch nicht sehr geordnet. Und nach ihr gefragt habe er ja nicht.

Dann hatte Agathe sich die Lungenentzündung sicher auf der Reise nach Brandenburg zugezogen? Dazu konnten die Nicht-Mehr-Anstalts-Bevollmächtigten auch nur Vermutungen anstellen.

»Hedwig, glaubst du, dass Agathe an einer Lungenentzündung gestorben ist?«

Hedwig blickte ihrem Karl tief in die Augen.

»Ich mag nicht glauben, dass du dich darüber mit mir unterhalten willst. Frag doch Dr. Grigoleit, was er dazu meint.«

Auch Dr. Grigoleit, ihr freundlicher Hausarzt, blickte Karl tief in die Augen. »Mein lieber Preuß, wollen Sie das wirklich so genau wissen? Ich kenne die Krankengeschichte Ihrer Tochter nicht. Aber wenn sie zuletzt in Kückenmühle war, dann war sie geisteskrank. Geisteskranke haben es derzeit besonders schwer, was ihr Überleben angeht. Genauso wie andere chronisch Kranke oder Hochbetagte. Wenn Agathe an einer Lungenentzündung gestorben sein soll, können wir das zwar infrage stellen, aber damit wäre niemandem gedient. Tod durch Lungenentzündung ist jederzeit eine plausible Diagnose, glauben Sie mir, zumal ihre Widerstandskraft bei der derzeitigen Mangelernährung in den Anstalten nicht die beste gewesen sein dürfte.«

Karl glaubte ihm. Am zweiten Tag nach Erhalt der Todesnachricht fuhren Karl und Hedwig mit der Post unterm Arm in die Pestalozzistraße 3. Das hatten sie sowieso vorgehabt, weil am 14. Juli Konstantins fünfter Geburtstag zu feiern war.

Nach dem fröhlichen Geburtstagsnachmittag mit Kanonsingen und Kinderspielen nahm Karl seinen Sohn beiseite. Sie zogen sich ins Amtszimmer zurück. Es wurde ein schlimmes Gespräch. Ungestellte Fragen lagen auf der Lauer und die gestellten hingen in der Luft herum. Antworten im Wartestand wurden neben die Fragen an die Decke gehängt. Was für ein Gedränge! So viel Unausgesprochenes hatte es zwischen Vater und Sohn noch nie gegeben. Irgendwann ging Arthur ins Kinderzimmer und bat Käthe, mit ihm zu kommen. Sie würde vielleicht sprechen, fragen und verstehen können. Die Kinder blieben in Hedwigs Obhut.

Käthe konnte nicht glauben, was die Männer ihr zu sagen versuchten. Wieder und wieder las sie die Schriftstücke, hoffnungsvoll jeden Buchstaben drehend und wendend, als ob sich daraus ein Verständnis des Gelesenen ergeben würde. Die Hoffnung erfüllte sich nicht. Dass Agathe tot war, dem war augenscheinlich nichts entgegenzusetzen. Verstehen konnte sie es nicht. Niemand von ihnen konnte das.

»Dabei wollte ich doch, dass wir sie besuchen«, sprach Käthe zu sich selbst. »Ich wollte sie in unsere Nähe holen. Sie war in unserer Nähe! Das ist unfassbar. Ich habe sie vergessen!«

Einige der ungestellten Fragen und nicht gegebenen Antworten polterten vor ihre Füße.

Käthe hob sie auf. »Vater, wusstest du, dass sie in Kückenmühle war?«

»Nein, das wusste ich nicht. Ich dachte, sie wäre in Eberswalde.«

»Wann hast du dich das letzte Mal nach ihr erkundigt?«, setzte Käthe nach.

»Das weiß ich nicht mehr.«

Käthe begann, das Amtszimmer abzuschreiten. »Und du, Arthur? Wann hast du das letzte Mal nach ihr gefragt?«

»Nicht, seit wir verheiratet sind. Seit wir über sie gesprochen haben, ist sie mir ganz aus dem Sinn gekommen. Ich dachte, du würdest dich darum kümmern.«

»Ich? Warum ich? Aber ja, du hast recht. Das wollte ich auch, das hatte ich mir vorgenommen. Dann kam der Umzug nach Königsberg, dann der Krieg. Nichts war mehr, wie es sein sollte. Ich habe sie vergessen.«

Karl sah auf seine Fußspitzen, Arthur blickte aus dem Fenster. Sie hatten Agathe nicht vergessen. Was sie getan hatten, dafür gab es andere Wörter, eines schlimmer als das andere. Unterlassene Hilfeleistung. Beihilfe. Mittäterschaft. Doch diese konnte keiner von ihnen aussprechen. Sie hätten sich an ihnen verschluckt. Und so hängen die Wörter vielleicht noch immer in Arthurs Königsberger Amtszimmer unter der Zimmerdecke.

Nach und nach ließ es sich nicht mehr leugnen, dass Agathe ein Opfer der Nazis geworden war. Inzwischen hatte sich vieles herumgesprochen. Vor allem Käthe erfuhr allerhand von den weiblichen Gemeindeschäfchen, von den Chordamen und von ihren Hausangestellten. Wie aber sollten die Preußens mit diesem Wissen umgehen? Die irre Schwester des Pfarrers für Volk und Vaterland desinfiziert und entfernt? (Wobei diese Vokabeln den Preußens nicht bekannt waren.) Das durfte niemand erfahren! Stillschweigen wurde vereinbart. Nicht einmal die Tischgemeinschaft sollte davon erfahren. Das hier war eine private Angelegenheit. Oder etwa nicht?

Vereinzelt erhoben sich Gegenstimmen kirchlicher Würdenträger zu Hitlers Mordaktionen. Ein schriftlicher Extrakt der Petition des evangelischen Bischofs Teophil Wurm aus der württembergischen Landeskirche an den Reichsinnenminister Frick landete sogar auf Arthurs Schreibtisch: »Ich kann nur mit Grausen daran denken, dass so, wie begonnen wurde, fortgefahren wird. … Gott lässt sich nicht spotten … Entweder erkennt auch der NS-Staat die Grenzen an, die ihm von Gott gesetzt sind, oder er begünstigt einen Sittenverfall, der auch den Verfall des Staates nach sich ziehen müsste.«

Hitler entschied sich für das »oder«.

Auch die Predigten des weit bekannten Berliner Pfarrers Heinrich Grüber machten die Runde. »Für Jesus gibt es kein unwertes Leben, wie man heute zu sagen pflegt. Heute hat man sich angewöhnt, schwachsinnige und geisteskranke Menschen als minderwertig oder gar lebensunwert zu bezeichnen. … Wir wissen, dass auch erbbiologisch vollwertige Menschen sittlich und sozial minderwertig sind.«

Arthur halfen diese Texte nicht weiter. Was ihm geholfen hätte, wäre eine klare Stellungnahme seiner direkten Vorgesetzten gewesen. Die aber gab es nicht. Und er konnte sie auch nicht zwischen irgendwelchen Zeilen finden. So musste er selbst entscheiden. Seine nicht irre Schwester war ermordet worden, so sah er die Dinge. Die Asche war unterwegs. Sie würden sie beerdigen. Aber ganz bestimmt nicht unter Einbeziehung der Öffentlichkeit.

Der Aschemix aus Agathe & anderen kam im August im Königsberger Friedhofsamt an. Anscheinend hatte es gerade einen Engpass an Aschekapseln gegeben, so dass das blecherne Dings, das die sterblichen Überreste von wem auch immer beherbergte, starke Ähnlichkeit mit einer Konservendose hatte. Vielleicht war es ja eine.

Man rüstete das Amt mit Wandregalen auf, um die in großer Menge eingetroffenen Dosen aufstellen zu können. In den Regalen wurden die Gefäße alphabetisch aufgereiht. Das sah ordentlich aus. Akten wurden nicht angelegt, da die Ascheschwemme keinesfalls dokumentiert werden sollte. Die Handhabung dieser Angelegenheit nach erfolgter Benachrichtigung der Angehörigen war folgendermaßen: Entweder die Dose stand noch, dann war sie noch nicht abgeholt worden. Oder die Dose war weg. Man hatte sie abgeholt oder auf Bitten der Angehörigen vom Institut bestatten lassen oder sie war, nach einer gewissen Frist, von diesem weggeschmissen worden.

Karl wurde benachrichtigt, dass die Asche den Postweg verlassen habe und abholbereit sei. Er machte sich auf den Weg, nahm den Behälter im Foyer des Amtes entgegen und brachte ihn, wie mit Arthur verabredet, in dessen Haus. Bis zur Beisetzung, geplant für den 18. November, sollte die Asche im Ponarther Pfarrhaus verbleiben. Doch wo genau? Unter dem Ehebett? Nein. Irgendwo im Keller? Nein. Nicht bei den Ratten, Mäusen und anderen Wesen. Küche oder Speisekammer? Nein. Kinderzimmer? Nein. Esszimmer? Nein. Es blieb nur Arthurs Amtszimmer. Er stellte die Dose auf das Fensterbrett, die Beschriftung mit Blick in den Garten. So stand sie direkt neben einem großen Blumentopf, in dem seine Lieblingspflanze, eine blühfreudige Azalee, gedieh. In diesem Jahr übertraf sie sich selbst an Blütenpracht. Ein guter Ort.

Vergib mir, Agathe, dachte er, sobald er sich ihrer erinnerte. Das geschah häufig. Besonders, wenn er Sprechstunde hatte und Besuch von seinen Gemeindeschäfchen bekam. Immer war Agathe irgendwie dabei, egal, was besprochen wurde. Manchmal mischte sie sich sogar ein, sprach mit ihm, gab Widerworte, diskutierte.

Als er ihr berichtete, dass Hitler, nein, dass die Deutschen begonnen hatten, die britische Zivilbevölkerung zu zerbomben, ließ die Azalee, unter der Agathe stand, drei Blüten fallen.

***

Eines anderen Tages kam die Mutter von Edwin Fischer in Arthurs und derzeit auch Agathes Sprechstunde. Der Junge hatte einige Male im Konfirmandenunterricht gefehlt, nun lag er mit der Diagnose »Knochentuberkulose« im Krankenhaus in Frauenburg. Das und noch mehr wollte sie ihrem Pfarrer mitteilen.

»Es steht schlecht um das Kind«, sagte Frau Fischer, nachdem sie auf der Kante von Arthurs Besucherstuhl Platz genommen hatte. »Die Ärzte haben keine Hoffnung. Edwin weiß das. Aber er möchte so gerne eingesegnet werden! Aber das wird wohl nicht gehen. Die Schwestern sind zwar katholisch und sehr nett, aber die Ärzte und sowieso die Verwaltung sind Nazis. Die lassen keinen Pastor hinein.«

»Da machen Sie sich mal keine Gedanken, Muttchen Fischer. Setzen sie sich erst einmal richtig hin, damit sie nicht vom Stuhl fallen.«

Muttchen Fischer rückte auf der Sitzfläche drei Zentimeter nach hinten, dann wieder drei Zentimeter nach vorne. Sie wusste, was sich im Amtszimmer eines Pfarrers gehörte. Der intervenierte nicht noch einmal. Er machte Mut an anderer Stelle. Agathe hörte interessiert mit.

»Das werde ich schon regeln! Wenn Edwin will, dass ich ihn besuche, kann mich niemand wegschicken!«

Da hatte er recht. Auf Bestellung durfte ein Pfarrer sehr wohl einen Krankenbesuch machen. Hätte das für Agathe ebenso gegolten? Selbstverständlich. Die reguläre Krankenhausseelsorge war allerdings von den Nazis abgeschafft worden. Doch nur in den staatlichen Einrichtungen, nicht in den kirchlichen. Agathe hatte in einer evangelischen Anstalt gelebt.

Getröstet verließ Muttchen Fischer das Pfarrhaus. Der Pastor war ein mutiger Mann, jawohl. Vielleicht konnte er sogar Wunder?

»Du bist tot, Agathe«, sprach Arthur unterdessen zu der blütenumflorten Blechbüchse. »Dir geht es jetzt besser als dem Edwin. Lass mir wenigstens diesen Trost.«

Die Azalee ließ nur eine Blüte fallen, was immer das auch nicht zu bedeuten hatte.

Deutschland hatte Freunde hinzugewonnen, nämlich Italien und Japan. Azaleen kamen ja auch aus Japan, wie nett. Die Welt wurde irgendwie größer und kleiner zugleich, fand Arthur. So wie das war, wenn man durch einen Feldstecher guckte. Es kam darauf an, wie herum man das Glas hielt. Großes konnte noch größer, aber auch kleiner geguckt werden. Kleines konnte größer, aber auch noch kleiner geguckt werden. Normal war das nicht. Normalerweise wäre Japan als fernes Land, Italien als Reiseziel für Gutbetuchte und eine Azalee als hübsche Blume zu sehen. Aber so war das gerade nicht. Sie hatten das rechte Maß verloren und das menschliche Ermessen gefunden. Nichts gegen Japan, nichts gegen Italien, nichts gegen die Azalee. Arthur wollte nicht nach menschlichem Ermessen handeln. Das erschien ihm zu furchterregend. Ach, käme doch der Herr der himmlischen Heerscharen daher und würde aus dem Wettersturm zu den Nazis sprechen, wie ehedem zu Hiob. Doch Hiob war ein ehrbarer Mensch gewesen, der mit Gott im Gespräch geblieben war. Hitler war ehr- und gottlos.

Am 3. Oktober machte sich Arthur auf den Weg zu Edwin. Da kein durchgehender Zug mehr fuhr, zumindest nicht für die Zivilbevölkerung, nahm er sein Fahrrad mit. Hinter Heiligenbeil holte er es aus dem Gepäckwagen, schnallte seinen Talarkoffer mit dem Abendmahlsgerät auf den Gepäckträger und radelte los. Die Chaussee war gut und glatt. Auf den Feldern arbeiteten Frauen; sie buddelten Kartoffeln aus. Arthur winkte ihnen, aber sie hielten ihn wohl für einen Tunichtgut und buddelten weiter.

Der Frauenburger Dom kam in Sicht und schon hoppelte der Pfarrer mit seinem Fahrrad über das Kopfsteinpflaster in Richtung Klinik. Ihm war beklommen zumute. Nicht wegen des Naziprofessors. Diesen Fall wollte er schon überstehen. Nein, Arthur würde dem Tod gegenübertreten, während der seine Arbeit verrichtete. Es war für Arthur nicht das erste Mal, weiß Gott nicht. Aber zum ersten Mal trafen sie sich bei einem seiner Konfirmanden.

Als er die Klinik betrat, begrüßte ihn eine Schwester in ausladender Hauben- und Gewändertracht. »Es ist alles vorbereitet, Herr Pfarrer«, sagte sie freundlich. Die Bastion des Regimes war ohne Arthurs Zutun überrannt worden. »Bitte kommen Sie. Mutter und Sohn erwarten sie.«

Als er das Krankenzimmer betrat, fiel sein Blick sofort auf den weißgedeckten Tisch; ein Kruzifix und zwei Leuchter standen darauf. Dann sah er das weiß bezogene Bett samt Edwin. Das eingefallene Antlitz, die seltsam großen, völlig klaren, aber doch ängstlichen Augen des Jungen. Beim Blick auf die jämmerlichen Ärmchen musste Arthur sich inwendig auf die Zunge oder die Lippen oder Wangen beißen, sich kurz abwenden, sich am liebsten sonst etwas antun. Aber dann war er gesammelt und es stand auch keine Angst mehr in Edwins Augen.

Sie hielten die letzte Konfirmandenstunde seines Lebens. Natürlich keine Stunde. In wenigen Minuten versuchte Arthur zusammenzufassen, was das christliche Glaubensbekenntnis meint: im Wesentlichen die frohe Botschaft von der Heimkehr des verloren geglaubten Sohnes zu seinem Vater. Das Wort Heimkehr verstand Edwin natürlich gut und dass es bei der Heimkehr ein großes Fest- und Freudenmahl gibt und dass der Herr Christus uns schon auf dieser Erde einen Vorgeschmack jenes Freudenmahles zuteilwerden lässt.

Und dann sprachen sie, so gut es ging – und die Mutter hielt mit, soweit sie es unter Tränen konnte – das kirchliche Glaubensbekenntnis und baten Gott im Himmel um seinen Segen für alles, was noch kommen mochte, um Geduld und innere Kraft. Anschließend reichte Arthur beiden das heilige Mahl und legte

Edwin die Hand auf das Haupt. Dazu sprach er den Psalm, den sein Konfirmand noch vom Unterricht her im Gedächtnis behalten hatte: »Der Herr ist mein Hirte, mir wird nichts mangeln.«

So war nun Edwin zur letzten Reise eingesegnet und auf den Weg gebracht. Aber sie durften noch ein wenig beieinanderbleiben und einen bescheidenen Abschiedsschmaus halten, wie es sich für eine rechte Einsegnung gehörte. Die Mutter hatte einen Napfkuchen gebacken und die Schwester Kaffee aufgebrüht. So setzten sie das heilige Mahl mit keinem unheiligeren Mahl fort, ohne den Anflug von Schwelgen, aber mit großer Dankbarkeit. Und dann musste Arthur sich wieder inwendig in die Backen oder die Lippen beißen oder sich dies oder das antun, um nicht überwältigt zu werden: Denn nun kam er mit diesem Jungen auf den Friedhof und das Grab und die Beerdigung zu sprechen, so, als könne es gar nicht anders sein.

Edwin kannte den Friedhof. Dort würde auch sein Grab liegen, das Grab eines mit dem heutigen Tage Erwachsenen, und er würde keinen Kindersarg mehr bekommen. Sie sprachen behutsam und ohne Schrecken darüber.

Dabei äußerte Edwin einen Wunsch: »Bitte stellt eine Bank neben meinem Grab auf, damit ab und zu Mutter oder Vater darauf sitzen und bei mir sein können.«

So würde es geschehen. Arthur nahm Abschied von Mutter und Sohn. In der Tür wendete er sich noch einmal um und nickte Edwin zu.

Zu Hause wartete Edwins Konfirmandengruppe auf Arthur. Er richtete den Kindern die Grüße ihres Mitkonfirmanden aus, der sie in einer so unfasslichen Weise überrundet hatte. Acht Tage später war Edwin tot. Und nach weiteren drei Tagen warfen sie den Hügel auf. Eine grüne Bank fand daneben ihre Aufstellung.

Wer so stirbt, der stirbt wohl, sagte Arthur am Abend nach der Beerdigung zu seiner Schwester in der Dose. Sie gab ihm recht.

Am 18. November, einem Montag - dem »Pastorensonntag«, montags hatte Arthur immer frei - fand Agathes Beisetzung auf dem Altstädtischen Friedhof in Anwesenheit von Karl, Arthur und Käthe statt. Auf diesem Friedhof kannte sie niemand und es war zu hoffen, dass es auch keine Zufallsbegegnung mit irgendeinem Bekannten geben würde. Ein Friedhofsbediensteter hatte alles vorbereitet, so dass der Akt in technischer Hinsicht reibungslos vonstattengehen konnte. Inzwischen befand sich die Asche in einer fachmännisch verlöteten Aschekapsel, die wiederum in einer einfachen Urne aus Kunstharz Platz gefunden hatte. Hinter dem kleinen Erdloch stand ein schlichter Grabstein mit Agathes Namen, Geburts- und Todesdaten. Wobei das korrekte Todesdatum den Preußens nicht bekannt war, auf dem Grabstein stand das nachdatierte. Darunter der Spruch: »Gott der Herr wird den Tod verschlingen auf ewig. Und er wird die Tränen von allen Angesichtern abwischen und wird aufheben die Schmach seines Volks in allen Landen; denn der Herr hat's gesagt.« Soweit die Hoffnung.

Sie verabschiedeten den Friedhofsarbeiter, denn sie wollten noch eine private Andacht halten und anschließend die Urne eigenhändig versenken. Arthur hatte sich in Vorbereitung auf die Zeremonie ein paar Notizen gemacht, um für den Moment gerüstet zu sein. Er war nicht gerüstet, konnte seinen ausformulierten Text nicht vorlesen. So lange hatte er daran gesessen, die richtigen Worte gesucht, aber nicht gefunden. Sie passten nicht, keines der Worte wollte ausgesprochen werden. Sie verweigerten sich; sie waren alle falsch und wussten das. Sie schämten sich.

Da ihm die übliche Beerdigungsformel – Erde zu Erde, Asche zu Asche, Staub zu Staub – nicht ausreichend schien, um die nicht gefundenen richtigen Worte zu ersetzen, nahm Arthur seine Bibel mit der Konkordanz zur Hand und fand einen Text im Buch des Predigers Salomo. Er trug ihn vor: »Denk an deinen Schöpfer in deiner Jugend, ehe die bösen Tage kommen und die Jahre sich nahen, da du wirst sagen: ›Sie gefallen mir nicht‹; ehe die Sonne und das Licht, Mond und Sterne finster werden und Wolken wiederkommen nach dem Regen, zur Zeit, wenn die Hüter des Hauses zittern und die Starken sich krümmen und müßig stehen die Müllerinnen, weil es so wenige geworden sind, und wenn finster werden, die durch die Fenster sehen, und wenn die Türen an der Gasse sich schließen, dass die Stimme der Mühle leiser wird und wenn sie sich hebt, wie wenn ein Vogel singt, und alle Töchter des Gesanges sich neigen; wenn man vor Höhen sich fürchtet und sich ängstigt auf dem Wege, wenn der Mandelbaum blüht und die Heuschrecke sich belädt und die Kaper aufbricht; denn der Mensch fährt dahin, wo er ewig bleibt, und die Klageleute gehen umher auf der Gasse; ehe der silberne Strick zerreißt und die goldene Schale zerbricht und der Eimer zerschellt an der Quelle und das Rad zerbrochen in den Brunnen fällt. Denn der Staub muss wieder zur Erde kommen, wie er gewesen ist, und der Geist wieder zu Gott, der ihn gegeben hat.«

Es war ein kalter und stürmischer Tag. Der Wind verwehte manche der Worte und das am Ende gemeinsam gesprochene »Amen« verlor sich im Rauschen des nun einsetzenden Regens. Karl spannte seinen großen schwarzen Regenschirm auf und beschirmte Käthe, während sie die Urne in das Loch hinabließ. Anschließend warfen alle drei mit bloßen Händen die neben dem Loch aufgehäufte Erde auf die Urne, bis die Erde verbraucht und die Urne nicht mehr zu sehen war. Dann legten sie den mitgebrachten Kranz aus Chrysanthemen auf den Erdhügel. Auf der Schleife stand »in Trauer« und die Vornamen der nächsten Angehörigen: Karl, Hedwig, Arthur, Käthe, Konstantin, Raphael, Michaela. Warum sie meinten, die Kinder mit nennen zu müssen, wussten sie selbst nicht. Vielleicht im Blick auf die Zukunft. Vielleicht würde die nächste Generation besser trauern.

»Alles Humbug«, murmelte Käthe, als sie vom Grab zurücktrat. »Sie ist da sowieso nicht drin.«

»Besser Humbug als gar nichts«, gab Arthur ebenso leise zurück. »So haben wir wenigstens einen Ort und ein paar Worte, die uns an sie erinnern.«

»Was sind denn Worte? Du hättest nicht sprechen, sondern schreien müssen. Wir hätten schreien müssen.«

»Du kannst immer noch schreien«, sagte Arthur. »Willst du das? Hier an diesem Grabe schreien?«

»Ich will gar nichts«, erwiderte Käthe. »Bei mir reicht es nicht mal mehr zum Konjunktiv. Ich glaube, mir wird schlecht.«

»Was redet ihr da?«, wollte Karl wissen, dessen Ohren das Gemurmel nicht deuten konnten.

»Käthe ist übel. Lasst uns gehen!«

Schweigend verließen sie den Friedhof und gingen nach Hause.

Eine grüne Bank hatte niemand aufgestellt. Die Azalee hieß Arthur in seinem Amtszimmer willkommen. Der Platz unter ihren Blüten war leer. Was machte das schon? Die Dialoge mit Agathe hatten ja sowieso nur in seinem Kopf stattgefunden. Da konnte er sich genauso gut auch mit einem leeren Platz unterhalten.

War das so? Tatsächlich. Auch der leere Platz unterhielt sich mit Arthur. Außerdem sendete die Azalee verschiedenste

Signale aus. Fallende Blüten, neue Knospen, Blätterwachstum. Auch schien sie manchmal die Farbe zu wechseln. War das alles neu oder verhielt sie sich schon länger so?

»Ich bin die Azalee«, sprach Agathe in seinem Kopf. »Pass gut auf mich auf!«

Ach du liebe Zeit. Arthur, pass du mal gut auf dich auf. Auf die Azalee natürlich auch.

Hedwig hatte sich dem Versenkungsakt ihrer Stieftochter nicht zugesellen wollen und die Kinder sollten sowieso nicht dabei sein. Deshalb hütete sie während der Beisetzung die Enkel. Durch ihre Zeugenschaft wurde ein Ausspruch überliefert, den der dreieinhalbjährige Raphael auf dem Topf sitzend von sich gegeben hatte, etwa zu der Zeit, als die Urne in die Erde kam: »Friedhof, Friedhof. Dann muss man immer zufrieden sein. Wenn man Friedhof hat, muss man immer zufrieden sein.«

Wir wissen nicht, ob Agathe Grund zur Zufriedenheit hatte, denn wir wissen nicht einmal, ob sie wirklich Friedhof hatte. Was wir wissen ist, dass ihre Mörder sie, ihre Leidensgenossinnen sowie deren Angehörige so geringschätzten, dass sie nicht einmal bereit waren, die Gebeine der Verblichenen zu sortieren und für die Überreste ordentlich zugeordnete Aschenäpfchen zu beschaffen. Den Aschemix zu versenden, war zynisch, ihn zu begraben dennoch kein Humbug. Alles, was anlässlich von Agathes Beerdigung gesagt und getan worden war, hatte auch Bedeutung für ihre ermordeten Mitschwestern. Denn auch ihr Staub musste wieder zur Erde kommen, wie er gewesen war, und ihr Geist wieder zu Gott, der ihn gegeben hatte.

Arthur und Käthe konnten dieses Mal nicht an sich halten, sie tätigten jeweils einen Eintrag in ihr Tagebuch. Dass Agathe gestorben war, wenigstens das. An Lungenentzündung, wenigstens das. Dass sie begraben worden war, wenigstens das. Und das mit der Zufriedenheit, wenigstens das. Das Zitat von Raphael, wenigstens das. Und dass ihnen das alles furchtbar unwirklich erschien. Zum Schluss stand bei Käthe das Wort Unrecht, dahinter ein Fragezeichen. Bei Arthur stand das Wort Unglück, ohne Fragezeichen.

# 10. Kapitel:

Königsberg, Kückenmühle, 1940–1942

## Andere Möglichkeiten des Ablebens

Sehr viele Leute wurden zum Wehrdienst einberufen. Das ging ganz schön zackig vonstatten. Wenn das mit der Zufriedenheit stimmte, konnten sich alle schon auf den Friedhof freuen. Im Vorfeld des Ablebens der Betroffenen konnte Zufriedenheit jedoch nicht erlangt werden, denn gerade in kirchlichen Kreisen gingen die Verantwortlichen ganz schön ungerecht bei der Auswahl der Einzuziehenden vor. Im Irdischen wurden eindeutig Pfarrer bevorzugt, also nicht einberufen, da für den kirchlichen Dienst als unabkömmlich reklamiert, die sich nicht auf die Seite der Bekennenden Kirche geschlagen hatten. Andersherum ausgedrückt: Allen, die nicht Mitglied der Bekennenden Kirche waren, entstanden im Irdischen Vorteile daraus. Arthur war einer von den Bevorteilten, ihn zogen sie nicht ein. Die Pfarrer der Bekennenden Kirche hingegen wurden fast alle eingezogen, unabhängig davon, ob sie eine Familie zu versorgen, eine große Kirchengemeinde zu betreuen hatten oder nicht. Obwohl die Heeresleitung dagegen war, wurden ihnen in Abwesenheit darüber hinaus seitens der Kirchenleitung die Pfarrstellen entzogen und neu besetzt.

Viele Kirchengemeinden protestierten, weil sie »ihren« Pfarrer wiederhaben wollten. Mindestens ein Protest ist überliefert. Der Gemeindekirchenrat aus Ebenrode protestierte gegen die Neubesetzung der Pfarrstelle beim Konsistorium als »einen feindseligen Akt einer zivilen Behörde gegen einen Soldaten, der im Felde steht«. Der bearbeitende Konsistorialrat bestellte einen der Rädelsführer ein und beschimpfte ihn als »Lümmel«, weil er nicht einsichtig sein wollte. Anschließend schmiss er ihn aus der Amtsstube.

Am Verfahren der Kirchenleitung änderte das nichts. Wenn sie aber wegen Pfarrermangels keinen zweckdienlichen Ersatzpfarrer auftreiben konnten, durfte kurioserweise so manche Pfarrfrau den Dienst ihres eingezogenen Mannes weiterführen. Was aber keinesfalls bedeutete, dass die Stelle gesichert war.

Arthur fand das alles unmöglich. Das durfte doch nicht sein! Die Kollegen riskierten ihr Leben und verloren währenddessen ihre Existenzgrundlage? Unvorstellbar. Arthur versuchte dennoch, es sich vorzustellen. Also: Erst stahl die Wehrmacht den Leuten die Arbeitszeit (sie konnten ihren Beruf nicht ausüben, weil sie anderswo waren), dann stahl die Kirche ihnen den Arbeitsplatz (während sie anderswo waren), dazu wurde ihnen noch im Falle ihres Fallens das ganze Leben gestohlen (sie verblieben ganz im Anderswo). Diebstahl auf drei Ebenen. Eigentlich hätte die staatstreue Kirche sich ganz anders verhalten müssen. Nämlich: die Pfarrersfamilien und Kirchengemeinden der Pfarrer, die eingezogen waren, unterstützen und, im Falle der Rückkehr der Gemeindehirten, diesen eine ehrenvolle Begrüßung, im Falle des Ablebens, ihnen ein ehrendes Gedenken bescheren sollen.

Die Wehrmacht fand das Verhalten der Amtskirche auch nicht gut, weil die eingezogenen Pastoren, nachdem sich der dreifache Diebstahl herumgesprochen hatte, zunehmend dienstunwillig wurden. Schließlich konnte es ihnen passieren, dass sie nach dem Endsieg nach Hause kehrten und ihre Arbeitsstelle gehörte jemand anderem.

Weitere Ungerechtigkeiten in Sachen »du wirst/bleibst eingezogen oder nicht« gab es auch im Blick auf andere Bevölkerungsgruppen. So sollten nach einem Erlass des Oberkommandos der Wehrmacht die Mischlinge ersten Grades sowie die jüdisch Versippten - arische Ehepartner in sogenannten Mischehen - aus der Wehrmacht entlassen werden. Ausnahmen sollte es nur mit persönlicher Genehmigung Hitlers geben.

Das menschliche Ermessen des Führers hatte inzwischen dazu geführt, dass die Japaner am 7. Dezember ohne Kriegserklärung die US-Flotte im Pazifik beschossen. Deshalb erklärten die USA und Großbritannien den Japanern den Krieg. Weswegen dann Adolf Hitler den US-Amerikanern den Krieg erklärte. Endlich hatte er sich menschlich vermessen. Folgerichtig übernahm er kurz darauf den Gesamtbefehl über das deutsche Heer mit den Worten: »Das bisschen Operationsführung kann jeder machen.«

## Schafe, Wölfe, Hirten

Am Mittwoch, dem 18. Dezember 1940, wurden die Kückenmühler Anstalten zwangsweise dem Provinzialverband von Pommern übereignet. Die dazu gehörigen bürokratischen Maßnahmen sind gut dokumentiert. Von Menschen ist in der Dokumentation nicht die Rede.

Dem zweiten Anstaltsgeistlichen, Pastor Werner Dicke, der das nun alles erfolgreich und vor allem geordnet über die Bühne gebracht hatte, wurde vom Präsidenten des Central-Ausschusses für Innere Mission, Herrn Pastor Frick, mit einem deftigen »Heil Hitler« in herzlicher Verbundenheit und wärmsten Grüßen schriftlich gedankt: »... Zugleich möchte ich Dir aber im Namen des Central-Ausschusses den herzlichsten Dank für Deine zuverlässige, mannhafte und geschickte Erledigung all der schwierigen Fragen, die mit der Aufhebung von Kückenmühle sich ergaben, aussprechen.«

Wie kann man mannhaft sich ergebene Fragen erledigen? Das ist rein sprachlich beurteilt ziemlich verfrickelt. Eine ganz andere Frage: Was ist ein Pastor? Zunächst einmal ein Mensch mit einer Spezialisierung: ein Seelenhirte. Ein Pastor soll Seelen(herden) hüten. Im biblischen Gleichnis vom guten Hirten gibt der Hirte sein Leben für die Schafe. Es ist ein schönes Gleichnis und der evangelische Pastor heißt Pastor im Blick auf diese Bibelstelle. Vielleicht aber wurde dem Seelenhirten Dicke gedankt, weil er sein Leben eben nicht gegeben hatte. Denn wenn alle Pastoren ihr Leben gegeben hätten, wären sie in dem Moment ausgestorben gewesen, in dem sich der letzte erfolglos gegen die Wölfe (Wölfe im übertragenen Sinne) gewehrt hätte. Dann hätte es nur noch Wölfe gegeben. So aber gab und gibt es noch immer Pastoren und noch immer Wölfe und auch noch lebendige Seelen, die zu hüten sind.

Agathe ist tot. Ihre Seele jedoch - ganz unabhängig von Hirten und Herden - ist lebendiger denn je. Sie schwebt um Jesus und Gandhi und die anderen besonders Guten herum, steckt in dieser oder jenen Azalee und ist endlich zufrieden. Hoffentlich. Hoffnung und Zufriedenheit kennen sich leider nicht so gut.

## Vorbild oder nicht?

Was für ein fürchterliches Jahr. Kurz vor Weihnachten, Arthur stand, wie allen Amtskollegen, der Kopf inzwischen sonst wo, wurde der in Kreisen der Bekennenden Kirche hoch angesehene Berliner Pfarrer Heinrich Grüber auf Befehl des Leiters des Reichssicherheitshauptamtes, Reinhard Heydrich, verhaftet und in das Konzentrationslager Sachsenhausen verschleppt. Das sprach sich sogar bis Ostpreußen herum. Dass es Konzentrationslager gab, und dass Grüber in so einem einsaß. Grüber war ein Judenfreund, so hieß es. Kein Grund, ihn zu verhaften, befand Arthur. Seit wann war es kriminell, jemandes Freund zu sein?

Grübers Büro, eine »Hilfsstelle für nichtarische Christen«, half Juden, aus Deutschland wegzukommen. Da Grüber mitsamt seinem Büro Adolf Eichmann unterstand, der auf andere Weise für die Entfernung der Juden zuständig war, hatte Pfarrer Grüber das zweifelhafte Vergnügen, mit dem Judensachverständigen Eichmann – Sachverstand wurde ihm tatsächlich nachgesagt – immer mal wieder ein Gespräch führen zu müssen.

In einer solchen Besprechung über Auswanderung fragte Eichmann: »Erklären Sie mir den Grund, warum Sie sich für diese Juden einsetzen. Sie haben keine jüdische Verwandtschaft. Sie haben es nicht nötig, für diese Menschen einzutreten. Niemand wird es Ihnen danken! Ich begreife nicht, warum Sie es tun!«

Grüber antwortete: »Sie kennen die Straße von Jerusalem nach Jericho! Auf dieser Straße lag einmal ein überfallener und ausgeplünderter Jude. Ein Mann, der durch Rasse und Religion von ihm getrennt war, ein Samariter, kam und half ihm. Der

Herr, auf dessen Befehle ich allein höre, sagt mir: Gehe du hin und tue desgleichen.«

Der neuzeitliche Samariter Grüber war nun verhaftet worden. Er hörte eben auf einen anderen Herrn als Eichmann.

Arthur und seine Familie wurden nicht Zeugen von Judendeportationen oder anderen Zumutungen, bei denen sie rein physikalisch nicht hätten wegsehen können. Sie wurden in diesem Sinne nicht geprüft. Aber sie gehörten auch nicht zu denen, denen man zum Beispiel das Verstecken von Juden angetragen hätte. Niemand bemühte sie in diesen Zusammenhängen. Sie selbst bemühten sich ebenfalls nicht. Manchmal vielleicht theoretisch. So wie bei der Lektüre zu Grübers Wirken. Ein großartiger Mann. Ein Vorbild? So weit würde Arthur nicht gehen, nein, sicher nicht.

Am ersten Weihnachtsfeiertag, nach gelungener Predigt und einem erstaunlich reichhaltigen Weihnachtsschmaus – Käthe hatte so viele liebe Gemeindefreundinnen, die ihnen so viel Liebes taten –, kam die Tischgesellschaft beim Einnehmen der Quarkspeise auf Probst Grüber zu sprechen.

»Sollen wir nun Leuten wie Niemöller und Grüber nachfolgen?«, stieß Arthur die Diskussion an. »Wir Pfarrer, die an so untergeordneter Stelle Dienst tun? Es ist uns doch nicht aufgetragen. Wenn es uns aufgetragen wäre, dann würden wir es wissen, den göttlichen Auftrag spüren.«

Käthe hörte aufmerksam zu. Von dieser Diskussion wollte sie kein Wort verpassen. Es betraf sie schließlich unmittelbar.

»Es würde niemandem nützen, wenn du dich zum Märtyrer machtest«, beschied sie. »Du würdest in irgendein Lager gesteckt, bestimmt nicht zu den Koryphäen nach Sachsenhausen. Du hättest keine Aufmerksamkeit und deine Gemeinde wäre verwaist, von uns ganz zu schweigen.«

Kantor Jonasch war noch mit seinem Nachtisch beschäftigt, aber seine Gattin hatte ihre Speise vertilgt.

»Lieber Herr Pfarrer, sie sind Pastor, kein Politiker. Im großen Berlin, wo man auf viel höherer Ebene Gemeinschaft hält und auch ganz andere Nachbarn hat, ob nun direkt oder im übertragenen Sinne, da muss man sich auch anders positionieren, da wird man ständig herausgefordert. Ponarth ist eine Vorstadtgemeinde. Sie müssen die Probleme angehen, die uns hier vor Ort betreffen. Nach bestem Wissen und Gewissen, das ist selbstverständlich.«

Jonasch legte die Serviette beiseite und räusperte sich. Arthur blickte ihn gespannt an. Meistens brachte sein Kantor die jeweilige Diskussion auf den Punkt. Er hoffte auch heute darauf.

»Ich denke, wir sollten alles mit mehr Bedacht tun als sonst. Allem mehr Zeit geben. Dann vermeiden wir es, zu viele Fehler zu machen, Fehlentscheidungen zu treffen, zu leichtsinnig, zu forsch oder zu zornig zu handeln. Wenn wir erwachen, sollten wir den kommenden Tag bedenken. Wenn wir uns zu Bette legen, den vergangenen Tag. Wenn uns jemand um etwas bittet, sollten wir der Bitte Raum geben. Wenn wir etwas ablehnen, sollten wir die Ablehnung begründen können. Wir sollten mit einer Art Blindenstock unterwegs sein. Mit einem Stock, der uns dabei hilft, Abstand zu halten und achtsam zu sein. Also das tun, was ich normalerweise zu vermeiden suche, wenn mein Stolz mich wieder einmal gepackt hat und ich gegen eine Laterne oder einen Passanten anrenne.«

»Können Sie für uns ein konkretes Beispiel nennen?«, bat Käthe, die sich vorzustellen versuchte, mit einem imaginären Blindenstock durch den Tag zu marschieren.

Jonasch schmunzelte. Ein konkretes Beispiel für einen im übertragenen Sinne zu benutzenden Blindenstock.

»Bitte sehr: Jemand klingelt an Ihrer Tür. Sie öffnen und sehen einen Menschen vor sich, dem Sie dieses und jenes, aber nichts Gutes zutrauen. Ein Braunhemd zum Beispiel. Bewahren Sie die Ruhe. Zucken Sie nicht zurück. Wenn möglich, bitten Sie ihn herein. Erst, wenn er beginnt, Unmögliches von Ihnen zu verlangen oder groben Unfug zu reden, stellen Sie ihn zur Rede. Nicht grundsätzlich, sondern konkret. Zum Beispiel beschuldigt er Ihren Mann, dass er im letzten Gottesdienst lauter Lieder hat singen lassen, die dem Krieg entgegenstünden. Ihre erste Möglichkeit ist nun, ihn zu bitten, wiederzukommen, wenn Ihr Mann zu Hause ist. Die zweite wäre, ihm den Vorschlag zu unterbreiten, mit ihm gemeinsam das entsprechende Lied anzuschauen. Verleih uns Frieden gnädiglich, zum Beispiel. Das Lied stammt von Martin Luther und ist etwa vierhundert Jahre alt. Also was ich meine: Versuchen Sie, eigene Aggressionen gar nicht erst aufkommen zu lassen und ein sachliches Gespräch zu führen.«

Ach, du liebe Zeit, das konnte sie ja nicht einmal, wenn Arthur mal wieder jähzornig war. Oder etwa doch?

»Danke«, sagte Käthe. »Achtsamkeit und Verlangsamung sind gute Ansätze. Ob sie auch praktikabel sind?«

Arthur bezweifelte es. »Mit klugen Leuten mag das ja funktionieren. Mit Dummen kann ich mir nicht vorstellen, sachliche Gespräche zu führen.«

»Dumme kann man bitten, dass sie erklären, was sie gemeint haben. Damit vergeht auch Zeit und die Angriffslust gleich mit. Was ich aber eigentlich sagen wollte: Versuchen Sie nicht, die großen Probleme zu lösen, sondern die, die Ihnen tagtäglich begegnen. Wenn diese dann sehr groß werden, werden auch mit Gottes Hilfe Ihre Antworten wachsen.«

Was für ein schöner Gesprächsabschluss. Arthur nahm sich vor, anfallende Probleme täglich neu zu bewerten und seine Lösungsversuche größenmäßig auf sie abzustimmen. Mit Gottes Hilfe.

## Agathe wird gesucht

Der Pflichtvormund von Agathe, Walter Wersch, war verwirrt. Wo steckte denn sein Mündel? Wieder einmal wollte das Amtsgericht Zehlendorf von ihm einiges wissen, aber er konnte keine Auskunft geben. Zwar hatte er herausgefunden, dass Agathe verlegt worden war, nicht aber, wohin. Niemand gab Auskunft. Was war denn da los? Frustriert schickte er im Januar 1941 alle Anfragen wieder zurück, notierte aber dazu, dass er weiter bemüht sein würde, den Aufenthalt seines Mündels herauszubekommen.

Eine Antwort bekam er, geschrieben am 3. März 1941 von der Gemeinnützigen Kranken-Transport-GmbH aus Berlin W9: »Auf ihre Zuschrift vom 19. 1. 41, die uns zuständigkeitshalber zugeleitet wurde, teile ich Ihnen mit, dass die Feststellungen nach den hier vorhandenen Unterlagen ergaben, dass die Kranke Agathe Preuß in die Heil- und Pflegeanstalt Bernburg verlegt worden ist. Ich habe ihr Schreiben zur weiteren Erledigung nach dort abgegeben. Heil Hitler!« Schreiber oder Seiler oder so.

Da Herr Wersch in mehrere Richtungen forschte, erhielt er ein weiteres Dokument, was ihm seltsam vorkam. Mit einem Anschreiben vom 11. 3. 1941 von der Landespflegeanstalt Brandenburg an der Havel wurde ihm Agathes Sterbeurkunde zugestellt: »Sehr geehrter Herr Wersch! Ihr Schreiben vom 19. 1. 41

an die Städtische Heil- und Pflegeanstalt Berlin-Buch [von dort aus wurde noch bis zu ihrem Tod ein Teil der Kückenmühler Patienten verwaltet] wurde uns zuständigkeitshalber zugeleitet, da Ihr Mündel, die Patientin Agathe Preuß, inzwischen in die hiesige Anstalt verlegt worden ist.«

Offensichtlich war Agathe geklont worden, was Herr Wersch so natürlich noch nicht erfassen konnte. Was hatte das zu bedeuten?

Weiter stand dort: »Wir bedauern, Ihnen heute mitteilen zu müssen, dass die Kranke hier am 26. Juni 1940 infolge einer lobären Pneumonie verstorben ist. Da uns Ihre Anschrift nicht bekannt war, konnte eine ehere Benachrichtigung leider nicht erfolgen. Der Vater der Verstorbenen ist sofort nach dem Ableben seiner Tochter in Kenntnis gesetzt worden. Wir haben Ihnen zum amtlichen Gebrauch eine Sterbeurkunde besorgt und fügen dieselbe anliegend bei. Heil Hitler!« Unleserliche Unterschrift.

Also gab es nun eine Sterbeurkunde, am 10. März 1941 ausgestellt vom Brandenburger Standesamt, auf der vermerkt war, dass Agathe am 26. Juni 1940 um 5.35 Uhr in ihrer Wohnung, Neuendorfer Str. 90c, verstorben sei. Agathe hatte zeit ihres Lebensendes wieder eine eigene Wohnung gehabt? Und es war jemand dort anwesend, als sie verstarb? Ein netter Freund? Ein Arzt? Um diese Uhrzeit? So war es nicht. Es war anders. Es gab und gibt in der Brandenburger Neuendorfer Straße 90c keine Wohnungen. In der Neuendorfer Straße 90c lag die Tötungsanstalt.

Die Antwort von Herrn Wersch bestand darin, darum zu bitten, aus der Vormundschaft für Agathe entlassen zu werden, da diese mittellos gestorben und somit nichts mehr zu erledigen sei. Den Hitlergruß verkniff er sich und grüßte nur verbindlich mit der anschließenden Bitte, die ihn betreffenden Unterlagen per Einschreiben zurückzubekommen. Ihm kam so einiges spanisch vor und es war ihm wichtig, wenigstens sein eigenes korrektes Handeln lückenlos dokumentiert zu wissen.

## Häusliches

In Königsberg fand um diese Zeit nach wie vor nicht viel Kriegerisches statt. Natürlich hatten die Königsberger von den Überlegungen der polnischen Politiker gehört, ganz Ostpreußen zu Polen zu schlagen. Aber das war ja lächerlich. Schließlich hatte sich Joseph Goebbels öffentlich darüber lustig gemacht. Und der Polenfeldzug war ganz hervorragend gelungen. Das würde doch hoffentlich so weiter gehen!

Bei den Preußens änderte sich nur insofern etwas, als dass die Kinder wuchsen, wobei das nichts Neues war. Und sie bekamen eine Einquartierung. Ein Regimentsarzt war bei ihnen eingezogen. Nun ja, er benahm sich unauffällig, machte auch nicht den Versuch, Anschluss an die Familie zu gewinnen. Das war angenehm.

Arthur durfte weiter seinem Pfarrdienst nachgehen. Einen besonderen Schwerpunkt legte er neuerdings auf seine sonnabendlichen Rüstgottesdienste, auch Wochenschlussandachten genannt. Das Lied, das er jedes Mal am Ende des Gottesdienstes singen ließ, bestand nur aus einer Strophe und prägte sich in dieser Zeit besonders ein:

»Unsern Ausgang segne Gott, unsern Eingang gleichermaßen, segne unser täglich Brot, segne unser Tun und Lassen, segne uns mit sel'gem Sterben und mach uns zu Himmelserben.«

Da war in aller Kürze das Wichtigste gesungen, sozusagen von A bis Z. Und immer wieder das Wort »Segen«, das Gegenwort zum »Fluch«. Mochte der Segen seine Kraft entfalten, Woche für Woche.

Käthe nahm sich fest vor, wieder regelmäßiger zu den Andachten zu gehen. Aber sie hatte immer so viel zu tun. Und sie war immer so müde. Eine Eintragung im Tagebuch vom 21. April 1941 lautet: »Jetzt fangen die Arbeiten im Garten an. Das ist schön, bloß ich kann leider nicht mehr viel Anstrengung vertragen. Das kommt mir so lächerlich vor, denn schließlich bin ich doch noch nicht so furchtbar alt!«

Nein, sie war noch nicht einmal dreißig Jahre alt. Aber sie hatte schon drei Kinder geboren und musste von früh bis spät im großen Pfarrhaus rackern. Vielleicht fehlten ihr einfach ein paar Botenstoffe, zum Beispiel welche für gute Stimmung. Oder auch ein paar Spurenelemente, Mineralien, Vitamine und so weiter. Die Ernährungslage hatte sich seit Kriegsbeginn kontinuierlich verschlechtert. Inzwischen standen dem Normalverbraucher pro Woche 2400 g Brot, 80 g Butter, 125 g Margarine, 65 g anderes Fett, 100 g Marmelade, 500 g Fleisch, 250 g Zucker und 100 g Nährmittel zu. War das nun viel oder wenig? Es war nicht genug. Und so war Käthes Schwächeln nicht verwunderlich.

Sie erklärte sich das anders: »Ich tauge ja selber nicht viel, bin meist nur unvernünftig und gehe zu spät schlafen. Aber ich will mir jetzt Mühe geben, vernünftig zu sein. Der ganze Haushalt läuft ja dann glatter.«

Ach du liebe Zeit! Wahrscheinlich hatte sie einfach lange gelesen, um für sich ein paar schöne ruhige Minuten am Tag zu ergattern. Die Minuten dehnten sich dann eben aus. Ein Glück, dass einige Wochen zuvor ein neues Pflichtjahrmädchen eingetroffen war. Im Gegensatz zur dauerschaukelnden Liselotte, die kurzzeitig von der völlig ungeeigneten, oft am Zaun stehenden Lena ersetzt worden war, und dem ständigen, häufig erkälteten Mädchen Anna, gehörte Heide ab sofort quasi zur Familie. Sie war Vollwaise und fühlte sich in der munteren Schar der Preußens sehr wohl. So kam sie eher als die jüngere Schwester Käthes daher, denn als Hausdienerin. Käthe tat ihre Anwesenheit gut, auch, weil dadurch das innerhäusliche Geschlechterverhältnis ausgewogener war.

Sie schrieb in ihr Tagebuch: »Ich bin sehr froh über Heide. Sie gibt sich so wachen Mutes und hat ein gutes Herz und ein aufrichtiges Gemüt. Mit den Kindern versteht sie es allerdings noch nicht so gut. Sie ist zwar freundlich zu ihnen. Da sie aber selbst keine Geschwister hat, gar keine Erfahrung, gelingt ihr der richtige Umgang noch nicht ganz.«

Über den Krieg schrieb Käthe fast nichts und stellte das auch fest: »Der Krieg geht weiter. Ich weiß nicht, ob ich schon viel vom Krieg geschrieben habe. Wohl nicht.« Nur, dass der einquartierte Regimentsarzt sich sehr nützlich gemacht habe, als die Kinder allesamt Keuchhusten bekamen, stand da. Unaufdringlich gab er gute Ratschläge, so dass der Verlauf der Krankheit ein vergleichsweise milder war. Leider quartierte man den Arzt bald wieder aus, denn er wurde weiter östlich gebraucht. Käthe schrieb ihm einen Nachruf ins Tagebuch: »Wir haben ihn, ohne ihm eigentlich nähergekommen zu sein, fast lieb gewonnen.« In der nächsten Zeile entwich sie bereits wieder dem Thema Krieg: »Der Flieder ist bald verblüht. So lange mussten wir in diesem Jahr auf alles Schöne warten. Und dann kam alles beinahe zu gleicher Zeit.« Sie meinte wohl die Blüten im Garten. Und das Folgende: »Die Kinder sind jetzt lieb und vernünftig. Du hältst sie [gemeint ist: Arthur] aber noch für vollkommen unerzogen. Ich glaube, es ist nicht so schlimm damit. Man muss sich immer böse stellen, damit man nur ja nicht für gutmütig gehalten wird. Denkst du auch so?«

Arthurs Antwort ist nicht überliefert. Vermutlich machte er sich nicht ernsthaft Gedanken darüber. Er war nicht der, der er sein würde, sondern benahm sich in der Regel so, wie ihm gerade zumute war. Mal leutselig, mal streng, mal genervt, mal humorvoll, mal verspielt, selten einfach nur freundlich. Nicht, dass er seine Kinder als Plage empfand. Eher als temporäre Störung. Wobei sie selten gemeinsam störten, zu unterschiedlich waren ihre Neigungen. Konstantin ging nach wie vor seiner eigenen Wege. War er aber da, nahm er seine Rolle als Ältester ernst und kommandierte seine Geschwister herum. Raphael störte das nicht besonders, er war ein fröhlicher, quirliger Kerl und entfernte sich mit Wirbelsturmgeschwindigkeit, sobald er die Pläne seines Bruders erahnte. Michaela dagegen konnte Konstantin nicht entkommen. Sie glich das mit lautem Geschrei aus. Das ging Konstantin auf die Nerven und er beschwerte sich bei Käthe. Er hatte schließlich Michaela nur davon abhalten wollen, irgendetwas Unvernünftiges zu tun, zum Beispiel, irgendeine Schublade zu leeren, sich die Finger zu klemmen oder Käthes Hautcreme an der Tapete des Kinderzimmers zu verreiben. Seine Lieblingsmethode, Michaela von irgendetwas abzuhalten, war, ihr mit Arthurs Schuhlöffel eins auf den Kopf zu geben. Michaela mochte das nicht. Ein Segen, dass Konstantin im September in die Schule kommen würde.

## Christenmenschen

In einem geheimen Schreiben erklärte der Reichsminister Martin Bormann allen Gauleitern, also auch Arthurs Gauleiter, Erich Koch, dass der Nationalsozialismus mit dem Christentum nicht vereinbar wäre. Am besten wäre, man würde die kirchlichen Einflussmöglichkeiten restlos beseitigen. Wobei diese anspruchsvolle Aufgabe erst nach dem Endsieg zu erledigen sei.

Dieses geheime Schreiben kannte Arthur nicht. Die Auswirkungen des Schreibens bekamen Arthur und seine Amtsbrüder jedoch zu spüren. Wobei der Gauleiter Koch an Arthur anscheinend einen Narren gefressen hatte. Er bestellte ihn wiederholt ein, belegte ihn mit Anweisungen, tat ihm aber praktisch nichts zuleide. Hatte Arthur Narrenfreiheit? War er ein Narr? Oder bewahrte sich Herr Koch eine Art christlicher Scheinwelt, in der auch Arthur auftreten durfte? Schließlich erzählte der Gauleiter gerne von sich, dass er im Gehorsam, im Glauben und in Liebe gegen Gott und nach den Lehren der evangelischen Kirche erzogen worden wäre. Er sprach von Liebe zu den Eltern, zum Volk und Vaterland, zu den Mitmenschen und zu allen Lebewesen. Belegt ist, dass er den Evangelischen in seinem Gau mehr durchgehen ließ, als es andere Gauleiter taten. Dafür hielt er sich an anderen Bevölkerungsgruppen schadlos, an Juden und Polen zum Beispiel.

Der so bevorzugte Arthur quälte sich mit dem Leben herum. Wenn es doch nur ein einfaches Leben wäre! Arbeiten, essen, schlafen, seine Frau lieben, Kinder bekommen, Kinder großziehen. Wie beim Vieh auf der Weide oder den Vögelein in Wald und Flur. Warum nur ging es bei den Menschen so hässlich zu? Arthur wurde nicht damit fertig. Natürlich war ihm klar, dass das Leben ohne Dramen nicht funktionierte. All die

Dramen, selbst die Geburt, waren doch entweder Vorbereitung auf den Tod – er spielte immer schon mit – oder er bekam gleich die Hauptrolle. Das war auch beim Vieh auf der Weide oder den Vögelein in Wald und Flur nicht anders. Das war normal. Aber jetzt, zu Hitlers Kriegszeiten, war nichts mehr normal. Dabei wollte Arthur doch nur seine ihm anvertrauten Gemeindeschäfchen taufen, ihnen die biblische Weisheit verkünden, sie konfirmieren, trauen und irgendwann friedlich zu Grabe tragen. Im letzten Akt!

Arthur versuchte sich in Achtsamkeit, Verlangsamung, hielt Abstand und gab sich auch sonst alle Mühe. Er kam nicht gegen den Ungeist an. Der Ungeist schien inzwischen überall zu Hause zu sein. Auch in der katholischen Kirche Ostpreußens. Das hatte sie gerade mit einem Hirtenbrief des Bischofs Kaller von Ermland vom 25. Januar 1941 bewiesen: »Wir bekennen uns freudig zur deutschen Volksgemeinschaft. … Mit Bewunderung schauen wir auf unser Heer, das im heldenhaften Ringen unter hervorragender Führung beispiellose Erfolge erzielt hat. … Gerade als Gläubige, von der Liebe Gottes durchglühte Christen stehen wir treu zu unserem Führer, der mit sicherer Hand die Geschicke unseres Volkes leitet.«

Selbstverständlich war Adolf Hitler klug genug, das Ganze als Anbiederung zu verstehen und damit zu verwerfen.

## Wer nicht hören kann, muss fühlen

Die ersten Monate des Jahres waren ins Land gegangen. Ostern und Pfingsten waren vorbei, der Heilige Geist hatte sein Bestes gegeben. Der Garten stand in voller Pracht. Zeit für die Deutschen, die Sowjetunion zu überfallen. Das taten sie am 22. Juni.

Rums, ließen die Russen am frühen Morgen des nächsten Tages ein paar Bomben auf Königsberg-Hufen fallen. Angeblich mit geringer Wirkung. Die Einschläge auf das Königsberger Stadtgebiet erfolgten nur vier Kilometer Luftlinie von der Pestalozzistraße entfernt. Sie waren dort zu hören und wurden nicht als taktischer Kleinkram empfunden. Selbst Käthe mit ihren schlechten Ohren bekam die Detonationen mit, nach dem Motto: »Wer nicht hören kann, muss fühlen!«. Käthe hörte und fühlte alles, was die Bomben taten. Die Leute aus der Hornstraße, der Gluckstraße und der Tiergartenstraße empfanden es ebenfalls nicht als Kleinkram, beschossen zu werden. Schließlich waren ihre Häuser getroffen worden. Und eine Dame aus der Gluckstraße wurde durch Bombensplitter schwer verletzt. Es stärkte nicht gerade das Vertrauen in die Überlegenheit der Deutschen, dass der Fliegeralarm fast zeitgleich mit dem Detonieren der Bomben ausgelöst worden war. Also zu spät. Das nervige Heulen war schlimm genug, aber da es noch nicht einmal als Warnung taugte, wurde es fortan als ebenso bedrohlich empfunden, wie die Bombenabwürfe selbst.

Im Pfarrhaus liefen die Dinge gar nicht gut. Kantor Jonasch wollte nicht mit in den Luftschutzkeller kommen. Sobald der Alarm erklang, geriet er in Panik und klammerte sich an dem erstbesten Möbelstück fest, das er erreichen konnte. Selbst seine Frau vermochte es nicht, ihn zur Vernunft zu bringen.

»Sei vernünftig!«, flehte sie ihn an. »Du willst doch ganz bestimmt nicht alleine hier oben bleiben. Stell dir nur einmal vor, eine Bombe schlägt ein. Da bist du völlig hilflos!«

»Das ist mir lieber, als verschüttet zu werden. Dann bin ich wenigstens sofort tot. Geh in den Keller. Sofort! Lass mich hier!«

»Nein! Das kann ich nicht. Gerhart, nimm Vernunft an!«

Gerhart hielt sich längst die Ohren zu. Nicht einmal Arthur konnte ihn dazu bewegen, wenigstens ins Erdgeschoss zu gehen. Vor Angst schlotternd verblieb Jonasch, wo er gerade war. Sich an den Stuhl oder Tisch klammernd, sich am Schrank festhaltend, an der Garderobe, am Klavier, an allem, was einen Halt versprach.

Plötzlich befand sich Konstantin bei ihm im Raum. »Komm, Onkel Jonasch, komm mit. Ich möchte, dass wir im Keller etwas singen. Dazu brauchen wir dich.«

Konstantin war noch einmal aus dem Keller entwischt. Ohne Onkel Jonasch mochte er da unten nicht sein. Schon die Vorstellung, dass der blinde Kantor ganz alleine in seiner Wohnung wäre, ertrug er nicht.

»Es ist nicht gut, dass der Mensch allein sei«, hat Fräulein Regenbrecht im letzten Kindergottesdienst gesagt. Das steht in der Bibel!«

Jonasch musste lächeln. »Das ist aber anders gemeint«, sagte er. »Da geht es um Mann und Frau.«

»Das ist doch ganz egal. Komm mit, ich kann nicht ohne dich im Keller sein, ich muss sonst immerzu an dich denken. Das macht mir Angst.«

Das Schlottern des Kantors hatte tatsächlich so weit nachgelassen, dass er mit nach unten kommen konnte. Beim nächsten Fliegeralarm holte ihn Konstantin gleich ab, das ging ganz ohne Diskussion.

Eine Bombe fiel auf, eine andere neben den Zoo. Die beiden erschreckten sämtliche dort befindlichen Wesen. Einige seltene Vögel kamen durch die Druckwelle gar zu Tode, Eier konnten nicht zu Ende gebrütet werden und einige der überlebenden Vögel litten anschließend an posttraumatischen Störungen, die damals allerdings noch nicht so hießen, schon gar nicht bei

Tieren. Sie hatten Schlafstörungen und waren ziemlich aggressiv. Wobei das ebenso auf Nager und andere Kleinsäuger zutraf. Manche mussten eingeschläfert werden, weil sie sich nicht mehr einkriegten.

Der Krieg war physikalisch, also physisch, in Königsberg angekommen. Erbarmung!

Der Geistliche Vertrauensrat der Deutschen Evangelischen Kirche telegrafierte dennoch oder gerade deshalb an Adolf Hitler anlässlich der Eröffnung des neuen Kriegsschauplatzes: »Sie [die Deutsche Evangelische Kirche] ist mit allen Gebeten bei Ihnen und bei unseren unvergleichlichen Soldaten, die mit so gewaltigen Schlägen darangehen, den Pestherd zu beseitigen, damit in ganz Europa unter Ihrer Führung eine neue Ordnung entstehe und aller inneren Zersetzung, aller Beschmutzung des Heiligsten, aller Schändung der Gewissensfreiheit ein Ende gemacht werde!«

Wovon redeten die? Weiter schrieben sie von hinreißend bewegten Stunden und beteuerten »aufs Neue die unwandelbare Treue und Einsatzbereitschaft der gesamten evangelischen Christenheit des Reiches«. Das klang doch nach einem Rendezvous, einem verliebten Stelldichein, nicht nach einem Überfall. Und es war gelogen. Sie durften gar nicht für die gesamten Christen des Reiches sprechen. Und kamen doch daher, als würden sie sogar in Gottes Namen reden.

***

Käthe und die Kinder verließen so bald wie möglich die gefährdete Hauptstadt und fuhren im Juli nach Zoppot zum Strandurlaub, in der Hoffnung, dass die Ostsee für die Russen nicht auf der Abschussliste stand. So oft wie möglich ging sie mit den Kindern ins Wasser, versuchte gar, ihnen das Schwimmen beizubringen. Da sie ein bisschen wasserscheu war, gab sie nicht die beste Schwimmlehrerin ab. Spaß hatten sie trotzdem. Von dem schier unendlichen Sandkasten Ostseestrand konnten die Kinder nicht genug bekommen. Käthe auch nicht. Sie baute so unentwegt an Sandburgen, Wassergräben und Tunneln, ließ Schiffchen schwimmen, sammelte Steine und Muscheln, dass sie gemeinhin der Kinderschar zugerechnet und eines Tages sogar gefragt wurde, wo denn die Mutter sei.

Noch mehr Aufsehen erregte es, als sie an einem windstillen Tag begannen, am Strand Kanons zu singen. Und zwar dreistimmig. Das war ja nun fast zirkusreif, zumal die kräftigste Stimme aus Raphaels Halse erscholl, der mit seinen gerade einmal vier Jahren schon allein gegen die anderen ansingen konnte und das weidlich auskostete. Nur Michaelas Stimmchen irrte etwas unkontrolliert an der Melodie vorbei, doch auch sie tat mindestens verbal kund: »Froh zu sein bedarf es wenig und wer froh ist, ist ein König!«

Wäre Käthe anschließend mit dem Hut herumgegangen, hätte sie einiges einnehmen können. Aber Könige und Königinnen müssen ja nicht mit dem Hut herumgehen.

Das Ehepaar Jonasch hatte eine Auszeit genommen und sich zu einem Urlaub entlang der Saale verabschiedet. Dort war es gerade relativ kriegsruhig. Arthur hatte sich zu einem Vertretungsdienst ins masurische Oberland aufgemacht, wo der Amtsbruder schon länger kriegsbedingt dienstverhindert war. Arthur hatte dort – bis auf eine zu haltende Trauansprache, der er sich mit Anstand befleißigte – kaum etwas zu tun. So blieb ihm genügend Zeit, wieder einmal weit in die geliebte ostpreußische Landschaft vorzudringen, davon zeugen viele Fotos. Einige Fischer und die ortsansässige Pfarrfrau samt Kinderschar duldete er als Randerscheinungen auf den Bildern, in weiter Ferne als kleine Unwesen im Wesentlichen sichtbar. Die Fotografien waren technisch gut gelungen - gestochen scharf und mit starken Kontrasten. Doch plötzlich war das Schwarz-Weiße auf den Abzügen nicht mehr weich liniert und mit malerischem Schwung versehen, sondern voll scharfer Zacken und Grate, hart und unfreundlich. Der Kiefernwald war nicht mehr lichtdurchdrungen, sondern wirkte düster und unwirtlich. Die Durchblicke ins weite Land hatten nichts Liebliches mehr, sondern weckten ein Gefühl von Verlorenheit. Stimmte die Belichtung nicht? War die Kamera defekt? Hatte er keinen Blick mehr für die Idylle, die sich ihm darbot? Oder war die Welt nicht mehr fähig, sich als Idylle zu präsentieren? Als wäre ein Schleier zerrissen und alles in grelles Licht getaucht worden. Nicht mehr zum Schwelgen auffordernd, sondern lebensfeindlich und unerbittlich. Arthur würde nachsehen, ob das nur auf den neueren Fotos so war, oder ob sich auch seine früheren Aufnahmen verändert hatten. Dann wäre der Beweis erbracht, dass all das Scharfe und Unwirtliche im Auge des Betrachters lag.

Käthe und den Kindern ging es besser. In Zoppot schien sie noch heil, die Welt, und es gab neben See und Strand lauter Schönes zu erleben: liebe Eltern (für Käthe), liebe Großeltern (für die Kinder), leckeres Essen, ein Kurhaus mit Kurkapelle, Spaziergänge durch Wald und Feld mit Blaubeersammeln und Blumenpflücken, Reiten auf dem Kuresel, Sonne, Sonne, Sonne und überhaupt keine Bomben. Ach, könnte es doch immer so bleiben! Nein, könnte und konnte es nicht. Käthes Platz war der an der Seite ihres Mannes in Königsberg und die Kinder gehörten zu ihren Eltern. Also fuhren sie braun gebrannt, rund und gesund zurück. Kaum waren sie zu Hause, rumste es erneut. In der Nacht zum 29. August erfolgte ein Luftangriff auf

Königsberg. Wieder nur ein kleiner. Schließlich lief es gut für die Deutschen: Außer der Schweiz war inzwischen fast ganz Europa durch sie besetzt.

## Kein Aufschrei

Bei so viel Raumgewinn konnten Hitler und die anderen Mordbuben endlich an die Weltherrschaft denken. Dazu gehörte auch, sich zu überlegen, wer auf welche Weise in dieser Welt (noch) leben sollte. Sie begannen, etwas in die Tat umsetzen, was als Idee schon lange in ihren Köpfen existierte und was sie regional bereits vorab getestet hatten: Ab dem 1. September 1941, einem Sonntag, hatten alle Juden im Deutschen Reich, die das sechste Lebensjahr vollendet hatten, den Judenstern zu tragen.

Ein Aufschrei ging durch das deutsche Volk! Nein, ging er nicht. Wenn sich vereinzelt Widerstand gegen diese Kennzeichnung regte, war er jedenfalls nicht erfolgreich. Gab es bei Preußens ein Tischgespräch zu diesem Thema? Resümierte Herr Jonasch, dass er sehr dankbar dafür sei, dass er den Stern nicht sehen könne? Es ist vorstellbar, aber nicht überliefert. Jedenfalls ließ er sich den Judenstern genau beschreiben.

Der gelbe Stern war von den auserwählten Personen sichtbar auf der linken Brustseite jedes Oberbekleidungsstückes in Herznähe fest aufgenäht zu tragen. Vorsicht! In diesen Leuten schlug ein Judenherz! Um auch den sehenden Nichtjuden – was für ein Herz wohl bei denen schlug? – den Anblick der Sterneträger zu ersparen, gab es mehr und mehr Orte, an denen Juden sich nicht mehr aufhalten durften.

***

Am 2. September wurde Konstantin in die Pestalozzi-Schule, der Volksschule in der Pestalozzi-Straße, eingeschult. Jüdische Kinder gab es in seiner Klasse nicht; sie waren an deutschen Schulen schon vor seiner Schulzeit aussortiert worden. Insofern gab es dort auch keine kleinen sechs- oder mehrjährigen Jungen mit Judenstern, die Konstantin hätten auffallen können. Aber es gab jede Menge anderer Jungchen, die auf engem Raum beieinander saßen. Was war ein Klassenzimmer räumlich gesehen schon gegen ein Kirchenschiff?

Konstantin fiel es trotz der neuen Verhältnisse nicht schwer, still und konzentriert zu lernen. Er hatte, wie einst sein Vater, verinnerlicht, dass zu vieles Plappern einen daran hinderte, mitzubekommen, was es sonst noch auf der Welt gab. Insofern benahm er sich ordentlich, entging somit auch körperlicher Züchtigung und fand sich schnell zurecht. Mit den anderen Kindern verband ihn nicht viel, aber sie ließen ihn in Ruhe, da nichts an ihm war, was sie hätte aufreizen können. Die Schule lag gleich nebenan, deshalb hatte er auch auf dem Schulweg keine Gelegenheit, auf Abwege zu geraten. Das einzige Problem, das die Schule mit sich brachte, war, dass er sich öfter langweilte als früher. Schließlich konnte er dem Unterricht nicht entfliehen. Deshalb verstärkte er gekonnt den Zugang zu seiner inneren Welt. Die Lehrer bemerkten es nicht, denn immer, wenn er aufgerufen wurde, war er auf der Höhe des Unterrichtsgeschehens.

Außerhalb von Konstantins Schulidylle war weiterhin alles sehr unangenehm. Zum Beispiel in den Kirchen. Dort wurde nichtarischen Christen die Teilnahme am Gemeindeleben verwehrt. Das war insofern nicht schwer zu befolgen, als man sie jetzt gut erkennen konnte. Diese Aufforderung ignorierte Arthur allerdings ohne mit der Wimper zu zucken. Das konnte er, denn hier trat das Unrecht für ihn klar zutage, da musste er niemanden um Rat fragen. Dennoch beherzigte er den Rat seines Kantors und überlegte sich das alles ganz genau und in Ruhe. Es passte gut zu seinen Überlegungen, dass er sich an dieser Stelle in der Gesellschaft der Bekennenden Kirche befand, die es ebenfalls ablehnte, dass rassische Unterschiede in ihrem Gemeindeleben Bedeutung erhielten. Arthur konnte sich bei seiner Argumentation auf bereits theologisch Vorformuliertes stützen: Mit der Aufforderung, Juden auszugrenzen, stellte sich die Kirchenleitung gegen die Heilige Schrift. Abgesehen davon, dass Jesus Jude gewesen war – wer das nicht wusste, der wollte es nicht wissen –, waren auch seine Jünger und Jüngerinnen Juden und Jüdinnen gewesen. Jesus hatte befohlen: »Gehet hin und machet zu Jüngern alle Völker.« Die Kirche würde überhaupt nicht existieren, wenn das Christentum seinerzeit nicht von Juden erfunden worden wäre.

Arthurs nicht bekennende Kirchenleitung sah das anders: »Durch die christliche Taufe wird an der rassischen Eigenart eines Juden, seiner Volkszugehörigkeit und seinem biologischen Sein, nichts geändert. Eine deutsche Evangelische Kirche hat das Leben deutscher Volksgenossen zu pflegen und zu fördern. Rassejüdische Christen haben in ihr keinen Raum und kein Recht.« Sie hatten den Verstand verloren.

Und es ging immer so weiter. Arischen Leuten verbot man den freundschaftlichen Kontakt mit Juden in der Öffentlichkeit. Das war nun nicht das Problem der Preußens. Sie pflegten keinen freundschaftlichen Kontakt zu Juden. Trotzdem. Freunde sollte man sich selbst aussuchen dürfen. Das hatten sie beim letzten Tischgespräch erschöpfend besprochen und einvernehmlich festgestellt.

Nun hätte es heißen können: »Lasst doch die Juden das Reich verlassen, dann sind wir sie los!« Stattdessen wurde den Juden verboten, das Deutsche Reich zu verlassen und zeitgleich wurde damit begonnen, sie wegzuschaffen, sie zu entfernen, um sie zu ermorden. Das geschah auch in Königsberg überhaupt nicht heimlich. Es waren gar zu viele, die sich da zu Fuß durch die Stadt schleppten. Dreißig Kilogramm an Habseligkeiten durfte jeder von ihnen mitnehmen. Viele hatten sich noch mehr aufgeladen. Der letzte Königsberger Jude, dem es gelang, der Verschleppung zu entgehen und zu fliehen, war der 83-jährige renommierte Arzt und Vorsitzende der jüdischen Gemeinde, Hugo Falkenheim. Im Oktober 1941 ließ er sich in einem geschlossenen Wagen nach Barcelona befördern und gelangte von dort aus mit einem Frachtdampfer nach Havanna. Alle Juden, die jetzt noch im Lande lebten, waren verloren. An solchen wie Agathe hatten die Mörder geübt, dann ihr Gesellenstück abgeliefert; beim Judenmord übernahmen sie Schlüsselpositionen beim Bau und Betrieb der Einrichtungen und schickten sich an, Meistermörder zu werden. Sie dachten dabei fast an alles Denkbare, aber besonders gut waren sie beim Denken undenkbarer Dinge und deren Ausführung.

Durch die Vertreibung und Vernichtung der jüdischen Bürgerinnen und Bürger nahm das mit den Judensternen bald wieder ab. Es gab viele Menschen, die betroffene Gesichter machten. Es gab viele Menschen, die sich das in den Häusern zurückgelassene Eigentum der Entfernten ansahen und dann aneigneten.

***

Im Herbst 1941 trafen russische Bomben den Königsberger Vorstadtbahnhof Rat(h)shof. Das war zwar nur ein kleiner Industriebahnhof, aber auch dieses Mal war das Rumsen in Königsberg-Ponarth zu hören. Andere Kriegserscheinungen waren inzwischen allgegenwärtig. So hieß es in einem Aufruf anlässlich der bestehenden Papierknappheit: »Der deutsche Buchhändler gibt in diesem Winter seine Bücher nicht denjenigen, die sie kaufen wollen, sondern denen, die sie brauchen.« Entspannungsschriften wurden die hierfür infrage kommenden Druckwerke genannt. Sie sollten diejenigen im psychischen Sinne entspannen, die im physischen Sinne am wenigsten entspannt sein konnten – die vom heroischen Geist getragenen Kämpfenden und Sterbenden an der Front. Auch andere Händler gaben ihre Sachen nicht an die, die sie haben wollten. So fielen die Weihnachtsgeschenke in diesem Jahr ziemlich dürftig aus. Und auch der Jahreswechsel brachte kaum frohe Momente. Im Gegensatz zur »Normalbevölkerung« mussten die noch lebenden Juden Anfang des Jahres 1942 alle in ihrem Besitz befindlichen Pelz- und Wollsachen abliefern. Also nicht nur die, die sie erübrigen konnten. Deshalb blieben sie nun noch öfter zu Hause als sowieso schon, denn sie froren jetzt ganz erbärmlich.

Kurz nach dieser Maßnahme wurde am 20. Januar 1942 in Berlin die sogenannte »Endlösung der Judenfrage« beschlossen. Ein Ausschnitt aus dem von Adolf Eichmann angefertigten Protokoll der so genannten Wannseekonferenz lautet so: »Anstelle der Auswanderung ist nunmehr als weitere Lösungsmöglichkeit nach entsprechender vorheriger Genehmigung durch den Führer die Evakuierung der Juden nach dem Osten getreten. Diese Aktionen sind jedoch lediglich als Ausweichmöglichkeiten anzusprechen, doch werden hier bereits jene praktischen

Erfahrungen gesammelt, die in Hinblick auf die kommende Endlösung der Judenfrage von Bedeutung sind. ... In großen Arbeitskolonnen, unter Trennung der Geschlechter, werden die arbeitsfähigen Juden straßenbauend in diese Gebiete geführt, wobei zweifelsfrei ein Großteil durch natürliche Verminderung ausfallen wird. Der allfällig endlich verbleibende Bestand wird, da es sich bei diesen zweifellos um den widerstandsfähigsten Teil handelt, entsprechend behandelt werden müssen, da dieser, eine natürliche Auslese darstellend, bei Freilassung als Keimzelle eines neuen jüdischen Aufbaues anzusprechen ist (siehe die Erfahrung der Geschichte). Im Zuge der praktischen Durchführung der Endlösung wird Europa von Westen nach Osten durchgekämmt.«

***

Am 21. Januar 1942 bekam Arthur seinen Einberufungsbefehl. Arthur und Käthe bereiteten sich auf eine neue Art von Abschied vor, denn die Einberufung schien ihnen dieses Mal unwiderruflich zu sein. Und doch, Arthurs Reklamation für den kirchlichen Dienst blieb in Kraft, weil sie vom Generalkommando ausging. Da hatte mal wieder jemand die Hand über Arthur gehalten. Die Preußens waren auch dieses Mal sehr dankbar.

Käthes Schwager Friedrich hatte nicht dieses Glück. Er war zum selben Termin einberufen worden und musste tatsächlich gehen. Magda war todunglücklich. Käthe nahm es beschämt zur Kenntnis.

## Volksgesundheit

Die Propagandamaschine der Nazis gab ihr Bestes, den Krieg weiterhin als großartige Angelegenheit darzustellen. Die Leute, das viel gepriesene Volk, hatten aber kein Interesse an diesem Quatsch. Jaja, Erfolge schon, jaja, wir müssen den Krieg gewinnen und werden es vielleicht auch. Aber die Leute sahen auch, dass ihre Lebenszeit dadurch nicht besser wurde. Und insofern sollte sie ihnen auch niemand schönreden. Sie waren da ziemlich illusionslos. »Die da oben« sollten ihnen doch bitte nichts weiter vormachen. »Die da oben« waren aber angewiesen aufs deutsche Volk. Und zwar auf das gesunde deutsche Volk.

Eines Tages kam Käthe ganz beschwingt nach Hause. Sie spazierte in Arthurs Amtszimmer und überraschte ihn mit einem Vorschlag: »Übermorgen Abend gibt es einen Vortrag zur Volksgesundheit. Ich möchte hingehen. Kommst du mit?«

»Wieso, was ist denn an diesem Vortrag so bemerkenswert? Du bist doch in Gesundheitsfragen bewandert, du brauchst doch keine Weiterbildung.«

»Der Vortrag heißt: ›Die Nervosität in ihrer Beziehung zur heutigen Zeit‹. Was für ein bemerkenswertes Thema, findest du nicht? Der Dr. Reim, der das vorträgt, kommt aus Stuttgart. Er macht anscheinend eine Art nervöse Rundreise. Ich möchte schon gerne hören, was sich hinter dem Titel verbirgt. Vielleicht gibt er uns Tipps, wie wir es anstellen können, nicht nervös zu werden, wenn der nächste Fliegeralarm kommt. Die würde ich gerne kennen!«

Arthur reagierte verhalten ungehalten. »Das ist bestimmt Kokolores. Aber wenn du magst, geh hin. Ich bringe dich gerne und hole dich auch wieder ab. Zwischendurch kann ich die Eltern besuchen.«

Gesagt, getan. Oberstabsarzt Dr. Reim entpuppte sich als freundlicher Mittvierziger, dunkelhaarig, schmales Gesicht, lange Nase, insgesamt irgendwie jüdisch aussehend, aber ohne Judenstern, versteht sich.

Tja, die Nervosität also. Der Doktor hatte viele anschauliche Karten mitgebracht, auf denen die Nerven des Menschen eingezeichnet waren. Kein Wunder, dass da immer mal etwas durcheinandergeriet! Diese Schlängelei, das war ja unglaublich! Die Nervosität nun komme von einer Überreizung der Nerven durch äußere Einwirkungen. Natürlich reagierten empfindliche Leute empfindlicher als unempfindliche. Heutzutage, das sei ja wohl jedem klar, gebe es viele äußere Einflüsse. Für manche zu viele. Da konnte Käthe nur zustimmen. Wobei sie das schon vorher gewusst hatte. Nur die Nervenbahnen, die sah sie heute zum ersten Mal. Und was konnte man nun machen, wenn man nicht mehr so nervös sein wollte? Die Frage stand im Raum.

Ja, also. Da gab es erstens die Möglichkeit des Abstumpfens. Nein, das war nichts Negatives! Man legte sich ein dickes Fell zu, den Begriff kannten sie doch alle, nicht wahr? Eine Art Gewöhnung an ein Etwas, das störend war. Wie bei chronischen Schmerzen zum Beispiel. An die musste man sich auch gewöhnen, das ging. Natürlich nur, wenn sie nicht zu stark waren.

Käthe fand, dass Dr. Reim gut argumentierte. Sie verglich seine Äußerungen mit ihrer Art, die Ohrgeräusche zu behandeln. Die blendete sie aus, so gut es eben ging, nahm sie nicht mehr zur Kenntnis. Sie stumpfte ab. Aber nein, das Wort gefiel ihr nicht.

Zweitens gab es die Möglichkeit, die äußeren Umstände anders zu bewerten. Zum Krieg gehörten nun einmal Sirenen,

Bombenangriffe und Luftschutzkeller. Da konnte man täglich nervös werden, man konnte es aber auch lassen und sagen, jaja, es ist Krieg, da ist es immer etwas lauter als sonst.

Auch das hörte sich vernünftig an, fand Käthe. Trotzdem stellte sich langsam ein gewisses Unbehagen bei ihr ein und sie wurde nervös. Also hatte sie wohl kein dickes Fell und war auch nicht gelassen genug? Oder der gute Doktor neigte ein bisschen zum Schönreden? Am gelassensten war man zweifellos, wenn man tot war. Und zu Übertreibungen neigte man dann auch nicht mehr. Oha. Das würde sie zu Hause gründlich besprechen müssen.

Drittens gab es die Möglichkeit, statt sich in die Nervosität hineinzusteigern, aktiv zu werden, nützliche Dinge zu tun, sich abzulenken. Ja, das kannte Käthe auch. Natürlich. Wieder ein gutes Rezept. Doch jetzt kam sie darauf, was sie bei dem Vortrag unterbewusst als störend empfunden hatte: Bei ihren Ohrgeräuschen blieb ihr gar nichts anderes übrig, als gelassen mit ihnen umzugehen. Der Ohrenarzt hatte ihr gesagt, dass sie sonst nichts dagegen tun könne. Aber hier, beim Thema Nervosität im Krieg, denn über nichts anderes redeten sie gerade, da musste man anders herangehen. Da konnte man doch etwas tun: Mit dem Krieg aufhören! Das war ja sowas von banal. Aber Käthe wusste im gleichen Moment, dass sie das hier nicht ansprechen durfte.

Insofern schaltete sie zunächst einfach ab, bis ihr eine vierte Möglichkeit einfiel, die sie umgehend ansprach, als der Stabsarzt seinen Vortrag beendet hatte. Käthe fragte Dr. Reim, ob es nicht wirkungsvoller wäre, der allgemeinen und besonderen Nervosität mit besserem Essen entgegenzuwirken, und nicht, wie angekündigt, schon wieder die Lebensmittelzuteilungen zu verknappen. Einem siegreichen Feldherrn wäre es doch sicher möglich, sein Volk angemessen zu verpflegen. Ihm so eine Art Nervennahrung zuzuführen.

Referenten und Publikum blieb die Spucke weg. Was traute sich diese Dame! Nun, sie sprach aus, was die meisten schon die ganze Zeit gedacht, worüber sie aber die ganze Zeit den Mund gehalten hatten. Ganz fest verschlossen hatten sie ihn. Doch diese junge, sympathische Frau, die sprach das einfach aus. Und lächelte noch freundlich dabei.

Ihre Grübchen vertieften sich, als der Doktor antwortete: »Das mag ihnen vielleicht schlüssig erscheinen. Unsere Forschung hat aber ergeben, dass zum Beispiel zu viel Zucker die Nerven angreift. Zu wenig Zucker hingegen kann man gar nicht essen.«

Zucker? Wer redete denn von Zucker? Es ging um ganz normale Dinge wie Brot, Fleisch, Fett und Vitamine.

»Ich wohne in Königsberg-Ponarth«, erklärte Käthe. »Dort leben viele schwer arbeitende Menschen. Sie verstehen nicht, warum solch ein Mangel herrscht. Deshalb verlieren sie manchmal die Nerven, werden also nervös. Und wenn sie dann noch merken, dass andere, mit der entsprechenden Stellung, überhaupt keinen Mangel leiden, dann werden die sicherlich noch nervöser.«

Was sie dabei verschwieg, war, dass die Ponarther in der Regel mit einem Nahrungsmittel noch ganz gut versorgt waren, nämlich mit dem Bier, das sie selber herstellten. Je nach Naturell beruhigte der Trank zunächst. Er konnte aber auch dafür sorgen, dass alle Nerven gleichzeitig blank lagen, spätestens am Tag darauf.

Jetzt wurde der Arzt etwas schärfer. »Woher wissen sie das eigentlich so genau, Frau, äh, wie war doch gleich ihr Name?«

»Den hatte ich noch gar nicht genannt. Mein Name ist Käthe Preuß. Ich bin Pfarrfrau. Das bringt es mit sich, dass mir viele Menschen ihre Sorgen und Nöte erzählen. Sie erzählen mir diese Dinge nicht, damit ich sie vergesse. Sie haben mir auch erzählt, dass sie nicht verstehen, warum sie etwas von ihren Wintersachen abgeben sollen. Bei uns ist es oft sehr kalt. Und wenn man friert, zittert man. Sind das dann nicht auch die Nerven?« Käthe geriet in Fahrt. Nicht umsonst war sie bei ihren Gemeindeschäfchen so beliebt. Sie nahm sich ihrer Sorgen an, war immer freundlich und verfügte über mehr praktisches und anderes Wissen, als man ihr zugetraut hätte, ihr, dieser jungen Hüpferin. Sie wollte gerade fortfahren, als sie Arthur entdeckte. Er war zu einer der Seitentüren hereingekommen und hatte am Rande Platz genommen. Als sich ihre Blicke trafen, legte er warnend den Zeigefinger auf den Mund.

Der Doktor versuchte sich indes an einer Antwort und verhedderte sich. Ja, das seien schon auch die Nerven, aber andere. Hier ginge es um Kältereize. Das eine Zittern habe mit dem anderen nur insoweit etwas zu tun, als nicht die Nerven zitterten, sondern die Muskulatur. Das Kältezittern sei dazu da, Wärme zu erzeugen, das andere Zittern hingegen, dem könne man, ja, auch mit Wärme begegnen. Käthe hörte nicht mehr hin. Plötzlich versagten ihr die Nerven. Sie musste an die Sondergerichte denken, die während des Krieges noch weniger zimperlich mit Andersdenkenden verfuhren als sonst, und bei denen es hieß: »Es ist nicht vom Vorkommnis auszugehen, sondern vom Entschluss.« Und was ein Entschluss war, entschieden natürlich diese Gerichte, auch wenn der vermeintliche Entschließer noch nicht einmal unentschlossen gewesen war. Käthe war hier, unter Zeugen, sehr entschlossen als Andersdenkende in Erscheinung getreten. Sie war verloren.

Doch Käthe, der Andersdenkenden, geschah nichts. Dr. Reim kam noch in ihrer Anwesenheit zum Ende und verabschiedete sich persönlich von ihr mit der Bemerkung: »Bleiben Sie, wie Sie sind, Frau Pfarrer. Solche wie Sie werden gebraucht.«

Das stürzte Käthe in tiefste Verwirrung. Hatte sie sich missverständlich ausgedrückt oder hatte er sie sehr gut verstanden und meinte es ernst mit seinen freundlichen Worten? Sie wagte es zu hoffen.

Käthe ging dazu über, sich mit bildender Kunst zu beschäftigen. Wenn es schon zu wenig zu essen gab, musste Ersatz gefunden werden. Für die Kinder malte sie Merkzettel in bunter Bilderschrift, für sich selbst und für alle, die Interesse zeigten, Aquarelle und Kreidezeichnungen in Hülle und Fülle. Die Kinder liebten die bunten Blätter und begannen ihrerseits überall im Haus bemalte Zettel zu verteilen. Käthe sammelte alle ein und bewahrte sie auf. Abends wurde sie ihren guten Vorsätzen untreu, vergaß das Zubettgehen und las bis spät in die Nacht hinein. Am liebsten Erzählungen und Gedichte von Hermann Hesse oder Annette von Droste-Hülshoff. Mit Letzterer fühlte sie sich seelenverwandt. Das half ihr zwar nicht, am nächsten Morgen ausgeschlafen aus den Federn zu kommen, aber nicht umsonst gehörte gute geistige Nahrung unabdingbar zu einem gesunden Körper samt Nervenkostüm. Das hatte der gute Dr. Reim auch vergessen zu erwähnen.

# 11. Kapitel:

Königsberg, 1942–1943

## Käthe und die wahre Liebe

Für Arthur und Käthe gab es mehr zu tun, als zu schaffen war. Ob das wohl mal anders wird, fragte Käthe ihr Tagebuch am 2. Februar 1942. Und noch etwas fragte sie, wünschte sie sich: »Ob ich einmal die wahre Liebe lernen werde? Ich möchte es so gerne. Anfangen will ich jeden Tag nun bei dir und den Kindern. Dass ich nicht so ungeduldig bin, sondern freundlich und leise. Und dieses Buch soll darüber wachen, ob ich mich mit Ernst bemühe, oder es wieder verbummle. Ich nehme mir vor, regelmäßig darüber zu berichten. Die Seiten hier werden es ja offenbar werden lassen, wie ich es treibe. Die Kinder sind jetzt ungehorsam. Es liegt wohl an mir. … Meine Leitung ist nicht straff und ernst genug. Aber woher soll ich das alles bloß haben? Einmal wird es doch werden müssen. Ich will mir auch Mühe geben.«

Drei Tage später schrieb Käthe: »Wenig Erfolg gehabt. Doch oft daran gedacht.«

Vielleicht war der Grund ihres Misserfolges, dass Käthe in ihrer Kindheit so viel Freiheit genossen hatte. Sie war nicht autoritär erzogen worden. Sie wollte nicht autoritär erziehen und offensichtlich konnte sie es auch nicht. Im Königsberger Pfarrhaus aber herrschte der Pfarrherr-Gatte, der stets seine Ruhe haben wollte. Nun hing Käthe zwischen den Kinderstühlen und dem pfarrherrlichen Thron. Und sorgte sich, dass es ihr an Liebe fehlen könnte.

Wieder einmal stürzte Arthur wutentbrannt aus seinem Amtszimmer. »Kann hier nicht endlich einmal Ruhe sein? Käthe, wo bist du schon wieder? Der Raphael tobt durch den Flur. Hörst du das nicht? Raphael, geh in die Küche, sonst setzt es was!«

Raphael hatte gerade den langen Flur als Slalomstrecke genutzt und war dabei mit seinem Stock absichtsvoll rechts und links an Türen und Wände gekracht. Außer Arthur hatte das niemanden gestört, weil sich alle weiblichen Wesen aus gutem Grund, nämlich dem der Essenszubereitung, in der Küche aufhielten. Konstantin war in der Schule.

Raphael war am Ende des Flurs angelangt, rutschte auf dem Treppengeländer gen Parterre und rannte schnurstracks in die Küche, verfolgt von Arthur.

»Kann denn nicht wenigstens eine Person auf den Knaben achten? Käthe, ich erwarte, dass du für Ruhe sorgst, wenn ich arbeite.«

Raphael hing an Heides Schürzenzipfel.

»Käthe, ich rede mit dir!« Drohend stand der Hausherr vor dem versammelten Personal, zu dem er augenscheinlich auch seine Ehefrau zählte.

»Arthur, wenn du so mit mir sprichst, bekommst du keine Antwort.« Käthe hielt sich tapfer an einer Rührschüssel fest, in der sie gerade eine appetitlich aussehende Kartoffelpuffermasse hergerichtet hatte.

»Du hast mit mir zu sprechen, wenn es etwas zu sprechen gibt. Ich erwarte von euch allen, dass ihr für Ruhe sorgt. Wenn meine Frau dazu nicht in der Lage ist, mache ich euch alle verantwortlich!« Furchtbar echauffiert verließ Arthur die Küchenszenerie und marschierte zurück an seinen Schreibtisch.

In der Küche herrschte betroffenes Schweigen, nur von Käthes Schluchzen unterbrochen.

»Der Herr Pfarrer ist ein jähzorniger Mann«, wagte Heide anzumerken. »Das dürfen Sie nicht persönlich nehmen, Frau Pfarrer. Er hat es nicht leicht heutzutage.«

»Aber ich habe es wohl leicht?« Käthe empörte sich. Das half ihr, das Schluchzen zu beenden. »Wir haben alle unser Tun. Was ist denn schon dabei, wenn Raphael ein wenig Lärm macht. Dann muss ihn der Vater eben selbst einmal zur Ordnung rufen. Aber nein, der kann immer nur nach mir rufen! Soll er doch! Dann höre ich eben gar nicht mehr!«

Nach dem Zornesausbruch ihres Mannes war Käthe mit ihrer Weisheit am Ende. Es konnte doch nicht alles ihre Schuld sein! Sie gab sich große Mühe, war das denn gar nichts wert? Ihr reichte es, es stand ihr bis sonst wo. Sie schnappte sich ein paar Sachen, packte ihre Handtasche und flog, man könnte auch sagen floh, in einer Junker G 24 der Deutschen Lufthansa nach Danzig zu ihren Eltern. Sollte doch Hedwig kommen und allen zur Lautlosigkeit verhelfen. Sie musste ja wissen, wie es ging, hatte ihr das auch schon einige Male erklärt, so dass es tatsächlich mehr als einmal zum Streit zwischen diesen beiden so intelligenten wie herzensguten Frauen gekommen war.

Arthur bekam einen Mordsschrecken. Käthe war geflohen und hatte nicht einmal einen Abschiedsbrief hinterlassen. War das etwas Ernstes? Wollte sie ihn und die Kinder im Stich lassen? Das wäre unerträglich.

Großmutter Hedwig zog vorübergehend ein, desgleichen Großvater Karl, der nicht einsehen wollte, dass er sich in seiner

Wohnung auch einmal hätte selbst versorgen können. Arthur zeigte sich butterweich und gar nicht pfarrherrlich. Die Kinder waren wie die Lämmchen. Diese Ruhe auf einmal, sie war kaum auszuhalten. Käthe, du fehltest an allen Ecken und Enden, das war auch nicht auszuhalten. Deshalb also rief Arthur so häufig nach ihr. Weil er es ohne sie überhaupt nicht aushielt. War das wahre Liebe? Stark verunsichert rief Arthur bei seinen Schwiegereltern an.

***

Als Käthe wieder nach Hause kam, hatte sich die Welt gedreht. Selbst die Schwiegermutter hatte dieses und jenes verstanden. Nämlich, dass die drei Kinder lebhaft, aber lieb waren und sich nicht dazu eigneten, die dressierten Püppchen zu geben. Wie originell sie waren. Ganz herzig. Arthur sollte öfter für die Kinder da sein. Er würde versuchen, sich zu mäßigen. Er schrieb das nicht ins Tagebuch, sondern bat Käthe, dass sie ihm helfen möge, diese Vorsätze nicht zu vergessen. Schon wieder Käthe vorn, Käthe hinten. Kaum zur Tür herein, sollte sie schon wieder alles richten.

Als zusätzliche Hilfe wurde den Preußens und der Kirchengemeinde eine Gemeindehelferin beschert. Die half zwar nicht im Haushalt, brachte aber für die Gemeindearbeit Entlastung. Susanna Grigoleit konnte anpacken. Sie war zuverlässig, intelligent, eine ganz treue Person. Das Beste an ihr: Sie ließ sich nicht durch die Eigenheiten des Pfarrherren verdrießen und schon gar nicht vertreiben. Ein Juwel. Auf solcherlei Weise gestärkt zehrte Käthe noch lange von ihrem »Ausflug«, obwohl der Kriegsalltag schnell wieder Einzug hielt.

Im Juni 1942 erfolgten vier sowjetische Bombenangriffe durch Langstreckenbomber, im August einer durch Marine-

Flugzeuge der Baltischen Rotbannerflotte. Wo kamen die denn plötzlich her? Steckte die Rotbannerflotte nicht bei Leningrad? Das war doch furchtbar weit weg und außerdem standen und lagen da die Deutschen, oder etwa nicht? Das konnte nur ein Versehen sein. Versehen hin oder her, die Bomben richteten Schaden an. Und es zeigte sich, dass mehr Feuerwehrleute gebraucht wurden. Deswegen wurden neben den regulären Feuerwehreinheiten Jugend- und Frauenfeuerwehrgruppen gebildet. Das war ja ein Ding. Sollten etwa die Frauen auch noch an die Front?

So viele Themen für die Tischgesellschaft. Da musste man ja fast schon im Vorhinein eine Tagesordnung und eine Rednerliste erstellen, damit nicht alle durcheinander redeten, sobald die Münder leer waren. Einmal wusste Käthe aus ihren Gemeindeschäfchenquellen zu berichten, dass es bald für die jüdischen Kinder keinen Schulunterricht mehr geben würde. Kein Schulunterricht hieß, gar kein Unterricht. Weder durch besoldete noch durch unbesoldete Lehrkräfte. Warum sollten denn die armen Kinder nichts mehr lernen dürfen? Sie durften doch sonst schon fast nichts.

Das Judenthema verebbte aber bald wieder. In eigener Sache ließ es sich eben viel besser diskutieren. Zum Beispiel darüber: Neuerdings sollten die Preußens ihrem Blockwart melden, wenn sie verreisen wollten. Auch Schlafgäste mussten angemeldet werden. Die Angaben dienten als Grundlage für ganz besondere Berechnungen. Die Verantwortlichen wollten wissen, nach wie vielen Leichen oder Lebenden im Fall der Fälle zu suchen sein würde, wie schrecklich.

Was gab es sonst noch? Arthur wurde nachdrücklich dazu aufgefordert, bei seinen abendlichen Fahrradfahrten den Blendschutz über seine Lampe zu stülpen. Sein Argument, dass er dann ja nichts mehr sehen könne, zog nicht. Nun, um Unfälle zu vermeiden, stiegen die Fahrradfahrer bei Neumond oder starker Bewölkung eben ab. Fahrradlaufen war schon eine sehr spezielle Fortbewegungsart. Das dauerte. Gerhart Jonasch musste schmunzeln. Verdunklung? Mit der kannte er sich aus. Für den abendlichen Fußmarsch konnte er einige praktische Tipps geben. Und er bot an, Arthur bei Bedarf seinen Blindenstock auszuleihen. Der würde ihm helfen, unsichtbare Hindernisse zu ertasten, bevor er mit ihnen zusammenstieß.

Die Tischrunde unterhielt sich auch über die Königsberger Taubstummenanstalt in der Schleiermacherstraße. Die Nationalsozialisten hatten sich nicht gescheut, den regulären Bildungsteil der Anstalt abzuschaffen, stattdessen aber die Taubstummen für lärmintensive Arbeitsplätze anzulernen und dort einzusetzen. Das war ziemlich unerhört. Käthe, selbst schwerhörig, wusste, wie lärmempfindlich sie war, wie besonders schmerzhaft laute Töne sein konnten.

***

Trotz oder wegen all der Arbeit und Unwägbarkeiten gab es in diesem Jahr keinen Urlaub für die Preußens. Aber es gelang ihnen, am 9. August ihren 8. Hochzeitstag zu feiern. Beide Elternpaare kamen zu Besuch. »Es waren schöne Stunden«, schrieb Käthe ins Tagebuch. »Meine Eltern fahren im Herbst wahrscheinlich ins Elsass. Wie gerne möchte ich da mit. Sie wollen mich ja mitnehmen, aber das geht doch nicht. Jetzt im Krieg so weit reisen? Und dann wissen, dass die Lieben hier zu Hause Fliegeralarm haben? Ach, die alte Heimat. Wie gern möchte ich eine neue Heimat haben. Ich habe mich zwar gerade in Ostpreußen eingelebt. Aber Heimat ist es mir doch nicht geworden. Vielleicht Masuren ein wenig. Ich bin immer sehr ergriffen, wenn ich nach Kessel komme. ... Die Kinder! Ich hab zu wenig Zeit für sie. Bin auch, trotz der vielen guten Vorsätze, recht oft unlustig. Das sind die fehlenden Ferien. Dazu kommt noch der Fliegeralarm. Den Kindern geht es aber ganz gut. Jetzt, Ende August, scheint der Sommer endlich noch erscheinen zu wollen. Jedenfalls ist es seit einigen Tagen wunderbar warm und die Kinder können in ihren Lufthöschen draußen herumspringen. Wind, Sonne, Wärme, Licht müssen sie sich für den langen Winter aufsammeln. Wie mag er nur werden? Und in Russland? Hoffentlich fallen vorher schon einige Entscheidungen, so dass die Soldaten es in diesem Winter nicht mehr so schwer haben!«

## König ohne Thron

Fast noch regelmäßiger als Kantor Jonasch samt Ehefrau war seit September 1942 Pfarrer Beckmann bei den Preußens zu Gast. Manchmal, wenn die Beckmanns all ihre Kinder unter Freunden und Verwandten verteilt hatten, gemeinsam mit seiner Frau. Der alte Widersacher, Vorgänger und somit irgendwie Konkurrent von Arthur. Wie das? Das beschreiben am besten Beckmanns eigene Worte: »Zwei Männer mit bisher gegensätzlichen Anschauungen stellen sich gemeinsam unter Gottes Wort, und das Wort wirkt. Beide werden Brüder.«

Seit der Verbrüderung war Beckmann fast wöchentlich da; manchmal besuchten ihn die Preußens auch in seinem Haus in Prappeln. Der Austausch zu theologischen, politischen und privaten Problemen wurde quasi ab der ersten Sekunde leidenschaftlich gesucht und geführt. Wobei Beckmann, sozusagen als Stubenältester, zumeist den Ton angab und fast immer das letzte Wort hatte. Wenn Arthur wieder einmal schwärmerisch abhob, politisch herumfabulierte und aus seiner Sicht unwiderlegbare theologische Verkündigungen tätigte, hielt Beckmann ihm die Frage entgegen: »Wo steht das geschrieben, Bruder Preuß?«

Stur wie ein Findlingsblock war er, der Pfarrer Beckmann. Aber darauf konnte man Gemeinde bauen, meinten alle seine Freunde. Und Arthur landete nach derart unsanft unterbrochenem Höhenflug prompt, wo er war: in der Realität des Mittagstisches und in kluger Gesellschaft.

Käthe schrieb dazu in das Tagebuch: »Ich müsste Seiten und Seiten schreiben, wenn ich darüber berichten wollte. Ich glaube, wir werden alles auch so nicht vergessen. Sein erstes Hiersein. Unser fünfstündiger Besuch in Prappeln. …«

Natürlich konnte sie das nicht alles aufschreiben. Nicht nur, weil es zu lange gedauert hätte. Da kam wohl auch allerhand zur Sprache, was nicht auf dem Papier erscheinen durfte.

***

Im November des Jahres raffte sich die Vorläufige Kirchenleitung der Bekennenden Kirche dazu auf, eine Denkschrift in Auftrag zu geben, die sich mit dem derzeitigen Unwesen des Staates auseinandersetzte. Darin war unter anderem zu lesen, was ein Staat eigentlich sein und leisten sollte: »Der Staat ist seinem Wesen nach politische Ordnung im Sinn der Ermöglichung und Förderung der Gemeinschaft von Personen. Er darf daher die kreatürliche Entfaltung der Personen nicht hindern (Zeugung, Geburt, Ernährung, freie Körperbewegung, Ruhebedürfnis, Entwicklung körperlicher und geistiger Tüchtigkeit darf nicht unterdrückt werden). Auch wo die politische Führung Maßnahmen durchführt, muss die körperliche und geistige Gesunderhaltung der Betroffenen gewährleistet sein. Sie muss die geschichtliche Eigenart eines Volkes (Sprachverteilung, Sitten und Bräuche, gewachsene Korporationen, ehrwürdige Überlieferungen) schützen und pflegen. Sie darf nicht die religiöse Freiheit unterbinden (wenn auch ihre Ausübung ordnen). Das gleiche gilt für künstlerische, wissenschaftliche und wirtschaftliche Tätigkeit, die von sittlich verantwortlichen Menschen im Ganzen einer sittlich gebundenen Gemeinschaft geleistet wird.«

Anscheinend machte dieser Staat von alleine gar nichts mehr richtig, wenn man ihm so etwas vorschreiben musste. Da half nur noch Singen. Ja, im Ernst! Käthe machte sich die Freude, Gesangsunterricht zu nehmen. Sie hatte zwar im Chor ihre Solistinnenrolle verloren, weil Frau Jonasch immer zur Stelle war, wenn es galt, sich hervorzutun, aber es gab trotzdem viel zu singen. Hin und wieder - viel zu selten? Nein, das wollte niemand sagen, obwohl Frau Jonaschens Stimme nicht mehr ganz frisch war, pardon! - war die Kantorenfrau unpässlich. Dann musste Käthe ran.

Die Gesangslehrerin, Henny Gagel, war eine temperamentvolle Dame von gut sechzig Jahren. Manchmal sagte sie »Kind« und »du« zu Käthe, was Käthe gefiel. Endlich wieder lernen und irgendwie jung sein dürfen. Käthes Stimmumfang von über drei Oktaven entzückte Frau Gagel. Das Pfeifregister beherrschte Käthe auch, da konnte sogar die »Königin der Nacht« einstudiert werden: »Ha, ˆha, ˆha, ˆha, ˇha, ˆha, ˇha, ˆhaa, ˇha, ˆha, ˆha, ˆha, ˇha, ˆha, ˇha, ˆhaa!«

Das Pfeifregister hatte übrigens rein gar nichts mit dem von Käthe üblicherweise dargebotenen Pfeifen zu tun.

Käthe lernte außerdem, Koloraturen zu singen. Das Üben war ein Vergnügen, auch weil die Kinder sofort in den Gesang einfielen. Das war ein Gequieke und Gejuchze! Ich singe, also bin ich. Käthe trällerte sich durch das Haus. Allerdings nur, wenn Arthur nicht da war. Höhepunkte der Darbietung waren Gesangskonzerte, die Frau Gagel mit ihren Schülern und Schülerinnen gestaltete. Käthe schnitt dabei hervorragend ab.

Leider hatte außer Frau Gagel niemand für Käthes dreigestrichenes e Verwendung, auch Kantor Jonasch nicht. Ihr Pfarrfrauendasein in eine vielversprechende Opernkarriere zu verwandeln, das mochte ihr die Henny wieder und wieder nahelegen - daraus konnte nichts werden. Käthes Hauptaufgabe lag in der Kindererziehung und mit der gab es noch immer ausreichend ungelöste Probleme. Wobei Käthe im Tagebuch vermerkte, dass es auch durchaus an Arthurs »Ärgerlichkeiten« liegen mochte, dass sie darüber so oft aneinandergerieten. »Hoffentlich finden wir in allem den rechten Weg«, schrieb Käthe im November 1942.

Das war zu der Zeit, als etwa 250.000 deutsche und rumänische Soldaten bei Stalingrad durch Sowjettruppen eingeschlossen waren und keinen Weg herausfanden. Diese Ausweglosigkeit wurde dann der »Kessel von Stalingrad« genannt. Adolf Hitler meinte dazu: »Die 6. Armee igelt sich ein und wartet Entsatz [die Befreiung] von außen ab.« Wie die Igel eben oder die Bären im Winterschlaf. Winterschlaf war etwas ganz Natürliches, sogar Anheimelndes. Man durfte Winterschläfer nur nicht wecken, weil sie sonst Hunger bekamen, nichts zu essen fanden und erfroren.

Aus Arthurs Weihnachtspredigt von 1942 stammen diese Worte: »Es sind zwei Wirklichkeiten, die in diesen Tagen hart aufeinanderstoßen: die Wirklichkeit deines Erwachsenendaseins mit der Wirklichkeit der kindlichen Welt. Du kannst keinen Augenblick behaupten, dass du dich in deiner Rolle wohlfühlst, sondern würdest es im Gegenteil für ein Unglück, wenn nicht für ein Verbrechen halten, bekäme es jemand fertig, das Kind aus seinem Weihnachtsparadies zu vertreiben und in deine Welt zu stoßen, die im Gegensatz zu der Welt des Glaubens und Schauens, in der das Kind lebt, eine Welt der Sorge, des Todes, des Krieges, des Verstandes, des Zweifelns, vielleicht der Skepsis ist. ... In einem grandios-genialen Anachronismus zeichnet Lukas gleichsam mit den modernen Mitteln des Zeitraffers und des Fernobjektivs den Kaiser Augustus als den Fürsten dieser Welt bei der Schätzung der Erde als den Hintergrund des eigentlichen Gottesgeschehens. Während der Fürst dieser Welt sich und der Welt den Anschein zu geben sucht, als sei sein Reich von dieser Welt, über die Erde und ihre entlegensten Orte sich erstreckend, ja, als erstrecke sich sein Herrschaftsbereich auch über die eigentliche Gotteswelt (sogar der noch ungeborene Gottessohn steht als in seiner Mutter auf die Wanderschaft Getriebener unter seinem Befehl!), naht sich in solchem entfernten Erdenwinkel die Stunde, da ein König ohne Thron und Gefolge zur Welt kommen wird, der das Ende des ›Augustus‹, des ›Erlauchten‹ und seinesgleichen bedeuten wird. Irrtümliche Meinung, dass Augustus die Welt schätzen könne. Der Schein trügt. Der die Welt abschätzen wird, ist schon im Kommen. Aber der die Welt im Ernst schätzen wird, wird deshalb keine Revolution anzuzetteln brauchen: Sein Gericht hebt in der Stille an, und zwar in dem Augenblick, wo einer alle Macht zu haben und zu entfalten scheint, und die ganze Welt scheinbar wie wild geworden, wirklich wie in einer ›Völkerwanderung‹, nach seinem Befehl durcheinanderrennt.«

In Ostpreußen gab es nicht mehr viel zu essen. Wobei Leute wie der Gauleiter Erich Koch nicht wenig zu essen hatten. Solche wie er wussten, von wem sie sich Speis und Trank besorgen konnten. Einer von Kochs Nahestehenden, Kreisleiter Wagner, bald auch »Konserven-Wagner« genannt, machte in dieser Hinsicht besonders von sich reden. Er zweigte für den Eigenbedarf mehrere LKW-Ladungen Fleischkonserven ab und vergrub die Büchsen auf seinem Anwesen. Das blieb nicht geheim, weil er sie nämlich nicht eigenhändig vergrub, sondern durch grabungswillige Arbeitskräfte vergraben ließ. Bald hieß es: »Bist du in Nöten, dann geh nach Köthen! Dort kannst du erben die schönsten Konserven!« Wobei dieses Köthen im Kirchspiel Grünhayn lag und nicht im Anhaltischen.

Als Wagner sich ertappt fühlte, ließ er Dung und Jauche über die Dosen abkippen und erklärte den Inhalt für ungenießbar, ja, für verdorben. Das war die Gelegenheit für viele, besonders für kindliche Lebensmittelbesorger, die Dosen wieder auszugraben. Was war das für ein Schmaus! Ungenießbar? Ganz bestimmt nicht! In Bezug auf verdorbene Speisen hatten sie viel mehr Kompetenz als so ein verwöhnter Konserven-Wagner.

Auf Hitlers Taktik in Bezug auf Stalingrad gab es viele Reaktionen, vor allem, nachdem der Entsatz von außen ausgeblieben und die 6. Armee sich in Entsetzen aufgelöst hatte. Eine so große Niederlage hatte es in diesem Krieg noch nicht gegeben. Prompt fingen die Leute an, auch darüber Witze zu machen: »Nächstens gibt es mehr Butter, weil die Führerbilder entrahmt werden.« Oder: »Zarah Leander wurde ins Führerhauptquartier verpflichtet, sie muss dem Führer vorsingen: ›Ich weiß, es wird einmal ein Wunder geschehen!‹«. Die Linientreuen beschwerten sich in ihren Berichten und schrieben, dass die Leute bei Geselligkeiten einen politischen Witz nach dem anderen erzählen würden. Das Gefühl dafür, dass sich das Anhören und Weitererzählen solcher Witze für den anständigen Deutschen und Nationalsozialisten nicht gehöre, sei weiten Kreisen der Bevölkerung und auch einem Teil der Parteigenossenschaft offenbar abhandengekommen.

Gespräche in Gaststätten wurden allerdings bald seltener, denn Anfang Februar 1943 wurde verordnet, dass alle nicht kriegswichtigen Betriebe des Handels, Handwerks und Gaststättengewerbes geschlossen werden sollten. Doch die Umsetzung zögerte sich hinaus und hinaus und nochmals hinaus – wofür nicht nur die »Drückeberger« sorgten, also die Leute, die sich den kriegswichtigen Aufgaben mehr oder weniger geschickt zu entziehen vermochten, sondern auch das Beharrungsvermögen derjenigen, die es nicht einsahen, all ihre lieb gewordenen Lebenszusammenhänge dem Krieg zum Opfer zu bringen. Das deutsche Volk hatte den Respekt vor seinen Anführern verloren. Deutsche Frauen verliebten sich nicht nur aus Mangel an Alternativen in fremdvölkische Arbeiter und Kriegsgefangene, ob diese nun blond waren oder nicht. Die noch vorhandenen deutschen Männer und auch viele Frauen drückten sich, wo sie nur konnten, vor kriegswichtigen Arbeiten. Und das, nachdem Propagandaminister Goebbels am 18. Februar 1943 den »totalen Krieg« ausgerufen hatte. Der konnte lange sowas ausrufen. Die Deutschen verstanden ihn sogar, schließlich hatten sie den totalen Krieg bereits. Sie wollten ihn aber nicht haben.

Die Preußens gingen sowieso nicht in Gaststätten. Doch Witze wurden auch bei ihnen erzählt. Die Kinder konnten mit den Pointen noch nicht viel anfangen, durften aber am allgemeinen Gelächter teilhaben, was sie genossen und durch entzückende Kichereinlagen verstärkten.

***

Am 5. April 1943 wurde der protestantische Theologe Dietrich Bonhoeffer wegen »Wehrkraftzersetzung« verhaftet und ins Untersuchungsgefängnis der Wehrmacht in Tegel gebracht. Dietrich Bonhoeffer? Einer der wenigen lauten Rufer in der Wüste, der viele irritierte, besonders seine Kollegen. Er war so politisch, das sollte doch nicht sein. Und dabei immer so öffentlich. Und so ökumenisch. Und ein Mann von Welt.

Das alles war Arthur nicht. Trotzdem fand er die Inhaftierung skandalös. Bonhoeffer handelte nicht egoistisch, nicht eigennützig. Er brachte vieles auf den Punkt um des christlichen Glaubens und der Gebote Gottes willen. Arthur wollte auch immer alles auf den Punkt bringen. Aber irgendwie wurden die Punkte zu Pünktchen und die verschwammen ihm dann bald vor den Augen. Wenn er dann doch mal etwas auf ein Pünktchen gebracht hatte, konnte ihm das auch Ärger bringen, aber im Vergleich zu Bonhoeffers Ärger war es dann nur ein Ärgerchen.

Der berühmte Bonhoeffer war, wie Arthurs Kollege Beckmann, schon lange in der Bekennenden Kirche. Das wurden Gespräche am Mittagstisch, da sprangen die Teller in die Luft und die Sahne auf dem Kompott wurde sauer. Es fehlte nur noch, dass die Kirschen »Blubb« machten und zu gären anfingen. Das malte sich jedenfalls Käthe aus, während die theologisch-politischen Auseinandersetzungen zwischen den Herren heftiger wurden und andauerten. Da Käthe zu solchen Gesprächen nicht viel beizutragen hatte, konnte sie ihrer Fantasie freien Lauf lassen. Das machte Freude und sie bekam wenigstens einen geistigen Schwips.

Eines Tages kritisierte Beckmann, dass Arthur zwar hervorragende Predigten halten, den Gemeindeschäfchen im persönlichen Umgang aber herzlich wenig Beachtung schenken würde. Das überließe er viel zu häufig der lieben Gattin. Käthe war ganz Ohr.

»Lesen Sie nach, was Dietrich Bonhoeffer über den ›Dienst‹ geschrieben hat«, wurde Arthur von Beckmann aufgefordert. »Dort steht nämlich«, Beckmann kramte aus seiner Jackentasche ein schmales Büchlein hervor, »Gemeinsames Leben« tituliert: »Es ist eine seltsame Tatsache, dass gerade Christen und Theologen ihre Arbeit oft für so wichtig und dringlich halten, dass sie sich darin durch nichts unterbrechen lassen wollen. Sie meinen damit Gott einen Dienst zu tun, und verachten dabei den ›krummen und den doch geraden Weg‹ ... Es gehört aber zur Schule der Demut, dass wir unsere Hand nicht schonen, wo sie einen Dienst verrichten kann, und dass wir unsere Zeit nicht in eigene Regie nehmen, sondern sie von Gott füllen lassen. ... Nur wo die Hände sich für das Werk der Liebe und der Barmherzigkeit in täglicher Hilfsbereitschaft nicht zu gut sind, kann der Mund das Wort von der Liebe und der Barmherzigkeit Gottes freudig und glaubwürdig verkünden.«

»Das ist die Sichtweise von Dietrich Bonhoeffer. Das darf er gerne so schreiben. Aber heißt es nicht auch ›Dienet einander, ein jeder mit der Gabe, die er empfangen hat‹? Ich kann nun einmal besser predigen, als mir die Sorgen der alten Frauen anhören. Sie sprechen sowieso viel lieber mit Käthe als mit mir.«

»Das kommt Ihnen gerade recht, nicht wahr?«

»Ja. Aber daran kann ich nichts Schlechtes erkennen. Wenn ich nicht schwimmen kann, sollte ich nicht Schwimmmeister werden. Wenn ich nicht kochen kann, werde ich bestimmt nicht Koch. Wenn ich zur Seelsorge wenig tauge, sollte ich nicht vorgeben, ein guter Seelsorger zu sein.«

»Lieber Bruder Preuß, wenn es die alten Frauen in der Gemeinde nicht gäbe, gäbe es auch keine jungen Leute. Sie sollen ja auch gar nicht den Psychologen geben. Aber zuhören, das sollten sie schon hin und wieder und das können sie auch! Und wenn Sie es nicht gerne tun, müssen Sie sich überwinden.«

»Vielleicht sollte ich das wirklich. Aber es sträubt sich alles in mir, den Leuten anders als von der Kanzel herab meine Zeit zu widmen. Nett und freundlich sein, das können viele. Gut zu predigen, das haben nur wenige gelernt. Soll ich diese meine Begabung etwa geringachten?«

»Nein, selbstverständlich nicht. Aber ein wenig öfter könnten sie schon zu den Menschen herabsteigen. Fangen Sie am besten mit ihrer Familie an!«

Das saß. Das war starker Tobak. Arthur verstummte.

»Jetzt habe ich Sie verletzt. Das tut mir leid. Das steht mir nicht zu. Auch ich bin hochmütig. Lassen wir es gut sein. Vielleicht können wir das Thema ein anderes Mal vertiefen. Ich wollte doch nur Ihr Interesse an Bonhoeffer wecken.«

»Das brauchen sie nicht. Ich habe ihn schon vor zehn Jahren gelesen«, behauptete Arthur. »Zum Beispiel seinen Artikel zu ›Die Kirche und die Judenfrage‹. Wir sollten dem Rad selbst in die Speichen fallen, schrieb er. ›Die Rasse darf nie Kriterium für die Zugehörigkeit zur Kirche sein.‹ Das hat sich mir eingeprägt.«

»Und?«

»Nichts und. Ich war damals der Meinung, dass es nicht zu unseren Aufgaben gehört, uns in die Politik einzumischen. Der Staat sollte ein ordentlicher Staat sein, die Kirche eine ordentliche Kirche. Wir haben inzwischen keinen ordentlichen Staat mehr, auch keine ordentliche Kirche. Wenn die Kirche damals Bonhoeffer gefolgt wäre, hätten wir Hitler möglicherweise stoppen können, das gebe ich zu. Jetzt gibt es keine Kirche mehr, die dazu in der Lage wäre. Es gibt nur noch uns.«

»Es gab immer nur uns.« Gerhart Jonasch brachte es wieder einmal auf den Punkt. »Und uns gibt es immer noch.«

***

Am Morgen des 29. April 1943 brachten die Russen in Königsberg etwas auf den Punkt, nämlich die größte Bombe, die ihre Langstreckenbomber tragen und abwerfen konnten. Die Bombe hieß »großkalibrige Sprengbombe FAB-5000NG« und wog 5.000 Kilogramm.

Neben den Russen wurden auch andere aktiv, was Ostpreußen anging: die Engländer und die Amerikaner. Der britische Außenminister Anthony Eden und Franklin D. Roosevelt, der Präsident der Vereinigten Staaten, hatten sich darüber unterhalten, was denn aus Ostpreußen werden sollte, sah es doch jetzt schon so aus, als würde Hitler den Krieg verlieren. Das Ergebnis der Unterhaltung: Ostpreußen sollte an Polen fallen.

Aber noch war es nicht so weit. Zurück zu den Bomben und nach Königsberg: Auch dieses Mal fielen sie nicht auf Ponarth. Sie trafen das Stadtzentrum und den Jahn-Sportplatz. Im Zentrum ging ziemlich viel kaputt. Menschen und Tiere starben. Auf dem Sportplatz passierte oberflächlich weiter nichts, da war um die Uhrzeit noch niemand unterwegs. Aber es ist davon auszugehen, dass viele Kleinstlebewesen aus ihren Zusammenhängen gerissen und zu Tode gebracht wurden. Was für ein Jammer, dass die Menschen das Fliegen gelernt hatten. Wenn sie wenigstens nur einfach so herumflögen! Vögel warfen schließlich auch nicht im Flug ihre Eier ab, egal was die Verwandten in Marienau von Karl behauptet hatten, der ja angeblich wie ein Ei vom Himmel fiel. Käthes und Gerhart Jonaschs Nerven lagen jedenfalls wieder einmal blank. Definitiv machte der Verlust eines Sinnes die anderen umso empfindlicher.

Kurz darauf, im wunderschönen Monat Mai, kapitulierten die deutschen und italienischen Truppen in Nordafrika. Das war in Ordnung, fanden nicht nur die Preußens. In Nordafrika hatten deutsche Soldaten schließlich gar nichts zu suchen, weil sie da nichts verloren hatten.

## Die Pfingstfahrt

Andere meinten etwas zu verlieren, was ihnen nie gehört hatte – Arthur wurde etwas geschenkt: eine Chorfahrt. Der Evangelische Singkreis Ponarth fuhr vom 12. bis 15. Juni 1943 in die Elchniederung, im Norden Ostpreußens gelegen. Käthe konnte leider nicht dabei sein – sie musste zu Hause die Kinder hüten. Die drei waren jetzt zu lebhaft für eine nur großelterliche Betreuung.

Eine Reise in dieser Zeit? Arthur schrieb in das Tagebuch: »O du liebe Niederungskleinbahn, du Pflegetochter der Postkutsche, du Ferienidyll! ›Na Jungs, alle mitgekommen?‹, fragte der Gewaltige mit dem roten Schulterriemen unsere Mädels mit freundlicher Stimme, indem er sich gemütlich von Trittbrett zu Trittbrett schwang. ›Ja‹, antworteten wir beglückt und wussten, von nun an würde er uns für alle Zeiten kennen und wir ihn. Er würde unser Schaffner sein! … Der Kuchen, den der freundliche Gemeindekirchenrat eigenhändig und in Mengen gestiftet hatte, war der beste, den wir uns seit langem vorzustellen gewagt hatten, und selbst das lernten wir, dass fortan die Frage nach Lebensmittelkarten einen ganz unangemessenen Rückfall in ›verflossene‹ Kriegszeiten bedeutet hätte. Denn so sind uns alle begegnet, hier und in Karkeln, in Schaakendorf und Inse: Sie haben ihre Opfer gebracht, auf dass wir die Fülle hätten; sie haben uns Frieden vorgegaukelt, auf dass wir den Krieg vergäßen; sie haben von ihrem kriegsbeschränkten Bedarf uns mitgeteilt, auf dass wir im Überfluss lebten. Das werden wir ihnen allen wohl niemals vergessen können.«

Es war zwar eine Chorfahrt, die Arthur geschenkt bekam, doch er hatte nicht nur zu singen, sondern auch zu predigen. Und zwar in sechs Gottesdiensten. Da es eine Pfingstfahrt war, ging es um den Heiligen Geist. In jeder von Arthurs Ansprachen ließen sich kleine politische Einsprengsel finden, zumindest für die, die ihre Ohren gespitzt hatten. Zum Beispiel in der ersten Predigt (zu Hesekiel 36,22–28). Bei dieser Bibelstelle geht es um Exilanten, die wieder nach Hause kommen dürfen. Arthur meinte dazu, dass eine Rückkehr ins Mutterland auch unerfreulich werden könne, wenn nämlich das Heimatland zwar völkisch, dafür aber gottlos geworden sei. Und er sprach davon, dass es mit Gottes Hilfe ein Zurückdrehen des Rades der Geschichte geben könne.

Nun, davon steht bei Hesekiel nichts. Da hätte es einer Zeitmaschine bedurft. Es war doch so viel geschehen, so viel mit Todesfolge, was niemals rückgängig gemacht werden konnte. Hesekiel hatte aber auch gesagt, und Arthur vergaß diesen Teil des Textes nicht: »Ich will euch ein neues Herz und einen neuen

Geist geben und will das steinerne Herz aus eurem Fleisch wegnehmen und euch ein fleischernes Herz geben.« Ein Neuanfang für alle, die ein neues Herz im Leibe trugen. Wenn das nur möglich wäre!

Das größte Geschenk an dieser Reise war für Arthur, dass er erfuhr, das Christsein funktionieren konnte. Christliche Gastfreundschaft, christliches Geben und Nehmen, christliche Gemeinschaft. Dass jemand Gäste beherbergte und beköstigte, war ja nichts Außergewöhnliches. Aber dass man das um Christi willen in der Verbundenheit des Glaubens tat, das begeisterte ihn. Pfarrer Beckmann hätte seine Freude gehabt. Arthur war durch eigenes Erleben dort angelangt, wohin sein Amtskollege ihn beim letzten Tischgespräch hatte lotsen wollen. Allerdings war Arthur – und das nicht absichtslos – Pfarrer in einer Großstadt geworden. Da regierten viel mehr die steinernen Herzen als hier auf dem Lande. Auch seines hatte sich verhärtet, jawohl. Das wollte er ändern, beschloss er. Das wollte er versuchen zu ändern, beschloss er. Er würde versuchen, das ändern zu wollen. Nein, er versuchte die Hoffnung zu bewahren, dass hieran etwas zu ändern wäre. Hier in Karkeln jedenfalls fühlte er endlich wieder, was das Wort »Feiertag« bedeutete. Die Karkelner arbeiteten nicht einmal am 3. Feiertag (dem Pfingstdienstag), und Arthur hatte nicht im Entferntesten das Gefühl, dass sie deshalb etwa weniger leisteten als andere.

Außerdem traf Arthur im Laufe der Reise auf Pfarrfrauen, die ihre inhaftierten, gefallenen oder noch nicht gefallenen Männer ersetzten. Das »mulier taceat in ecclesia« – »das Weib schweige in der Gemeinde« – war auf eine für ihn beschämende Weise (so schrieb er selbst) gegenstandslos geworden. Und dann noch ein Geschenk im Geschenk: Arthur sah seine geliebte Memel wieder.

Ei lulu lulu, du tiefdunkler Fluss ....

Als Arthur nach Hause kam, hießen ihn das daheimgebliebene Weib samt Nachkommenschaft fröhlich (das Weib) und ungestüm (die Nachkommenschaft) willkommen. Arthur schwärmte von all dem Erlebten. Sollte es ein nächstes Mal geben, müsse Käthe unbedingt mitkommen. Arthur erfreute alle mit seiner neuen Lebendigkeit, seinem weniger steinernen und mehr fleischernen Herz. Vier Tage Pfingstfahrt - vier Tage voll des heiligen Geistes - was für ein Gewinn.

## Aktion Gomorrha

Einige Tage nach Arthurs Rückkehr machte eine gute Nachricht die Runde: Der Berliner Pfarrer Grüber war aus dem Konzentrationslager entlassen worden. Krank, wie er war, musste er erst einmal Urlaub nehmen, doch dann wurde er wieder in sein Kaulsdorfer Pfarramt eingesetzt. Politisch knüpfte er nahtlos dort an, wo er drei Jahre zuvor aufgehört hatte. Zum Beispiel mit einer Predigt über den Text: »Denn ich schäme mich des Evangeliums nicht; denn es ist eine Kraft Gottes, die da selig macht alle, die daran glauben, die Juden zuerst und ebenso die Griechen.«

Wobei es in seinem Umfeld kaum noch Juden gab, die er hätte meinen können. Aber die wenigen, die es noch gab, hatte er im Blick. Denn in einer anderen Predigt sprach er genau das an und versuchte seiner Gemeinde gut zuzureden; sie indirekt zur Tat aufzufordern: »Vielleicht weißt du um einen, der versteckt lebt und der auf ein Stück Brot oder ein warmes Wort wartet ...«.

Abgesehen von solchen Ausnahmen war die evangelische Kirche in einem chaotischen Zustand. Pfarrer fehlten an allen

Ecken und Enden. Vor allem die Pfarrer der Bekennenden Kirche. Ihnen fehlte der Schutz der Institution Kirche. Und die Nazis mischten kräftig mit. So schrieb der Reichsschatzmeister an den Gauschatzmeister der Gauleitung der NSDAP Ostpreußen: »Für den Wechsel von ehemaligen Geistlichen, Ordensangehörigen und Kirchenbeamten in einen anderen Beruf ist von der Partei aus Hilfestellung zu leisten, sind Geldmittel bereitzustellen.«

Es ist nicht bekannt, wie viele Kirchenleute diesem verlockenden Angebot Folge leisteten. Bekannt ist hingegen, dass sich gerade die jungen Pfarrer der Bekennenden Kirche überlegten, wenn sie denn nun schon einmal bei der Wehrmacht gelandet waren, ob für sie nicht eine Offizierslaufbahn die bessere Laufbahn wäre. Aber viele baten ihre daheim gebliebenen Pfarrerkollegen um etwas anderes: »Bleibt tapfer dort! Kämpft den gehorsamen Kampf, trachtet auch ein klein wenig danach, dass ihr uns kein Trümmerfeld vorweisen müsst, falls wir dermaleinst müde, aber bereit und froh zum Dienst heimkehren dürfen. Denn alles tragen wir, aber ich glaube, ein kirchliches, geistliches Trümmerfeld ertragen wir jetzt nicht mehr.«

Dieser Soldatenrundbrief flatterte auch auf Arthurs Tisch. Geistliches Trümmerfeld? Nein, das gab es bei ihm nicht. Wiederum, was war denn das Gegenteil eines geistlichen Trümmerfeldes? Eine geistlich heile Welt? Die hatte er auch nicht zu bieten. Doch wohin wenden? Wo lag sie, die geistlich heile Welt? Konnte man sie überhaupt geografisch verorten? Zum Beispiel weiter östlich? Bestimmt nicht. Denn der Weg nach Osten war kurz und wurde immer kürzer. Er endete an einer Grenze, die vor nicht allzu langer Zeit noch gar keine gewesen war. Weiter westlich kam auch nicht infrage. Da fielen jetzt so viele Bomben, das hieß nicht nur »Operation Gomorrha«, das war eine. Einer der vielen umhererzählten Witze ging so: »Tausche goldenes Ehrenzeichen gegen Siebenmeilenstiefel.« Ja, aber wohin sollten sie den laufen, diese Stiefel? Weder die physisch noch die geistlich heile Welt konnte mehr verortet werden. Da hatte die geistliche endlich mal einen Vorteil. Sie konnte man, wenn man ein fleischliches Herz besaß, in sich selbst verorten.

Der Fliegeroffizier Sir Arthur Harris, einer der Hauptverantwortlichen bei der britischen Royal Air Force, auch »Bomber-Harris« genannt, entschied jeden Morgen anhand einer Prioritätenliste und der Wetterlage, welche Städte angegriffen werden sollten. Anscheinend wurde die Wetterlage häufig als ausreichend gut befunden, um Bomben abzuwerfen. In Hamburg zum Beispiel folgten regelrechte Feuerstürme, die wie Orkane durch die Stadt fegten. Ja, ein Bombenwetter war das bei der Aktion Gomorrha. Woher nahmen die US-Amerikaner und die Briten die Legitimation dafür, das deutsche Volk kaputt zu bomben? Waren alle Deutschen Sünder?

»Fast alle«, sagte Beckmann.

Im Königsberger Stadtzentrum wurde mit dem Bau von Splittergräben begonnen. Mitten in der Stadt. Was hatte das zu bedeuten? Königsberg war eine Festung mit alten Wallanlangen, außerdem gab es entlang der Ringchaussee, also des Deutschordenrings und des Wallrings und weiter draußen ringsherum die so genannte »Alte Fortlinie«. Aber das war doch von früher, damit konnte man heutzutage nichts mehr schützen. Außerdem war die Stadt längst darüber hinausgewachsen. Also konnte man sich höchstens eingraben und verstecken. Dafür die Splittergräben.

Damit sie eine Vorstellung von den Schutzmaßnahmen bekam, machte Familie Preuß einen Stadtspaziergang zu den Splittergräben.

»Das sieht ja komisch aus«, kommentierte Konstantin den gezackelten Verlauf der Grabungen. »Können die nicht geradeaus graben?«

Arthur konnte es erklären, obwohl er eigentlich nicht wollte. Sollte er den Kindern Angst machen? Aber es half nicht, er musste es erklären. »Der Graben ist zum Schutz vor Granaten, die splittern, wenn sie auf dem Boden auftreffen. Wenn der Graben gezackt ist, fliegen die Splitter nicht so weit, weil sie nicht um die Ecke fliegen können. Außerdem wissen die Feinde dann nicht so genau, wie der Graben verläuft. Es bringt sie durcheinander. Je mehr Ecken es gibt, desto größer ist der Schutz.«

»Bauen wir bei uns auf dem Grundstück auch so einen Graben?«, fragte Konstantin. »Ich wüsste schon, wo«, fügte er noch an.

»Nein, das tun wir nicht«, sagte Arthur. »Ehe wir uns im Garten vergraben, gehen wir ganz weg aus Königsberg. Aber daran wollen wir lieber nicht denken.«

»Schade«, sagte Konstantin. »Vielleicht könnte ich wenigstens ein kleines bisschen mit dem Graben anfangen? Es sind doch Ferien!«

Die Eltern erlaubten es. Den Kindern wurde ein Stückchen Garten zugeteilt, dort durften sie graben, so viel sie wollten. Allerdings kamen sie nicht sehr tief und verloren bald das Interesse. Es war so anstrengend. Aber einen kleinen Winkel hatten sie schon geschafft. Dort ließ sich fortan Michaela mit ihrem ganzen Spielkram nieder.

Andere Leute strengten andere Dinge an. »Nach den vorliegenden Meldungen aus allen Reichsteilen fühlt sich die Bevölkerung z. Z. einer starken Belastung ihrer seelischen Widerstandskraft ausgesetzt. Die Volksgenossen vermissen reale

Anhaltspunkte für den von ihnen geforderten Optimismus.« So die Einschätzung eines Parteispitzels.

Und Göring hatte angeblich zu Goebbels gesagt: »Ich habe bemerkt, dass die Leute nicht mehr mit Heil Hitler grüßen. Wie wäre es, wenn Sie zur Abwechslung mal wieder im Volk den alten Gruß Guten Tag propagieren wollten?« Goebbels Antwort: »Ausgeschlossen! Solange unser geliebter Führer lebt, wird es keinen guten Tag mehr geben.«

Und der nächste Vorwitzige fragte: »Was gibt es für neue Witze?« »Ein Jahr KZ«, lautete die Antwort.

Die Einstellung des deutschen Volkes dem Krieg gegenüber hatte sich seit Kriegsbeginn von Grund auf geändert. Aufrufe an die Volksgenossen, sich in der Heimat aktiv und kämpferisch in das Kriegsgeschehen einzubringen, verhallten ungehört. Die Menschen spürten, dass sie nichts mehr ausrichten konnten. Die Kriegsmaschinerie, die Hitler in Gang gesetzt hatte, ließ den Einzelnen als hilfloses Wesen zurück. Nein, das stimmte nicht. Die Wesen benahmen sich höchst unterschiedlich. Und immer noch viel zu viele ließen sich für die Hitlersche Tötungsmaschinerie in den Dienst nehmen. Sie waren noch nicht fertig, die Nationalsozialisten. Im Rahmen der »Kleinen Euthanasie« wurden erneut Heim- und Krankenhausplätze für die zurückweichenden Soldaten gebraucht. Und erneut wurden die noch nicht abgelebten, störendenden Insassen »entfernt«. Dazu schrieb der Direktor der Heil- und Pflegeanstalt Waldheim, Gerhart Wische: »Ich … habe reichlich zu tun, da fast alle Neuaufnahmen … zu mir kommen. Ich könnte diese Aufnahmen natürlich niemals unterbringen, wenn ich nicht entsprechende Maßnahmen zum Freimachen von Plätzen durchführen würde, was ganz reibungslos geht. Es fehlt mir allerdings sehr an den erforderlichen Medikamenten.«

Das Ganze nannte sich »Aktion Brandt«. Sie wollten einfach nicht mit dem Töten aufhören. Sie hörten einfach nicht auf, nicht auf, nicht auf.

# 12. Kapitel:

Königsberg, 1943–1945

## Arthur tritt in den Krieg ein

Der Generalstabschef der deutschen Luftwaffe, Generaloberst Jeschonnek, brachte sich um. Vermutlich war ihm die Erkenntnis gekommen, dass er sowohl bei der Luftkriegsplanung als auch bei der -durchführung alles falsch gemacht hatte. Leider schloss sich ihm niemand aus dem (Partei-)Kollegenkreis an. Heinrich Himmler zum Beispiel behelligte die Welt noch immer mit seinen abstrusen Ideen. Eine seiner Ideen war, dass er die anderen Völker als Sklaven für die Deutschen brauchen würde. Erst brachten sie ganz viele Leute um und dann fehlten ihnen die Sklaven?

Kurz bevor dieser Plan des Reichsinnenministers bekanntgegeben wurde, berief man Arthur ein. Und zwar am 10. September 1943. Vorübergehend fiel er in Schockstarre, denn sein Kriegseintritt konnte für ihn nun wirklich tödlich enden. Sich tot zu stellen, war zwar ein archaischer Reflex, half aber nichts. So stellte er sich tapfer, wurde gegen Pocken und Typhus, später auch gegen die Cholera geimpft, bekam ein Merkblatt über Selbsthilfe bei Kampfstoffeinwirkung, das ihn sofort wieder zutiefst beunruhigte, und war dann erst einmal weg. Allerdings nicht weit weg, denn er wurde dem Kraftfuhrpark der Königsberger Garnison zugeteilt. Auto fahren konnte er jedoch nicht, auch keine Autos reparieren. Also versetzte man ihn kurzerhand zur Königsberger Transportkommandantur. Dort hatte er mit dem Eisenbahnwesen zu tun und wurde überwiegend für Verwaltungstätigkeiten und Botengänge eingeteilt. Schon war die Todesnähe wieder ferngerückt, so schien ihm jedenfalls.

Beide Dienststellen hatten ihm bisher genehmigt, zu Hause schlafen zu dürfen. Als Arthurs Kommandant für Transportwesen eines Tages verkünden ließ, dass es nicht zu verantworten sei, dass die Soldaten zu viele Vergünstigungen - zum Beispiel das Schlafen im heimischen Bette - erhielten, erhob Arthur Einspruch. So zackig er konnte, nahm er Haltung an und verkündete seinerseits: »Wenn es den Soldaten draußen schlecht geht, ist das kein Argument dafür, dass es uns hier in der Heimat genauso schlecht gehen muss. Wir sollten vielmehr dankbar sein für jeden Tag, an dem es für uns noch so etwas wie die Abendstunden daheim gibt. Außerdem ist meine Gemeinde ohne Pastor. Ich muss wenigstens am Abend des Tages und am Sonntag der Gemeinde zur Verfügung stehen.«

Arthur stand es nicht zu, dem Kommandanten etwas zu verkünden. Deshalb wurde er in Ungnade aus dem Transportwesen entlassen und in seine alte Kompanie, die Kraftfuhrparkersatzkompanie, zurückversetzt. Dem Zu-Hause-Schlafen stand nun wieder nichts entgegen.

Trotz dieser Bevorteilung musste Käthe überwiegend ohne Ehemann, die Kinder ohne ihren Vater und die Kirchengemeinde ohne ihren Pfarrer zurechtkommen.

Wenige Tage nach seiner Rückkehr zur alten Kompanie wurde die Transportkommandantur an die Front verlegt. Kurz darauf waren fast alle Leute aus diesem Transportwesen tot.

Aber nun ging sowieso alles koppheister. Da half es auch nicht, dass sich einige aus der Kirchenleitung zu einem Mahnruf gegen den Krieg und für die Einhaltung des fünften Gebotes »Du sollst nicht töten!« entschlossen, waren sie doch inzwischen Mahner in der Wüste. Und das im geistlichen, zunehmend auch im physischen Sinne. Immer mehr wurde kaputt gemacht.

Der ehemalige und jetzt tote Luftkriegschef Jeschonnek bekam wahrscheinlich nicht mehr mit, wie große Teile Berlins, der Hauptstadt des Deutschen Reiches, bei gutem Wetter zum Jahresende in Schutt und Asche gelegt wurden. Er war augenscheinlich zur rechten Zeit aus dem Leben geschieden und hatte damit etwas richtig gemacht.

Als eine Ursache dieser und anderer Niederlagen wurde ausgemacht, dass sich noch immer zu viele vor einem Kriegseinsatz - ob nun an der Front oder an anderen kriegswichtigen Stellen - drückten. Besonders die NSDAP drückte sich. Viele »Hoheitsträger« wurden nicht eingezogen oder trieben sich fern der Front herum, während der gewöhnliche Volksgenosse ein richtig kämpfender Soldat werden musste. »Kleine Leute«, wie zum Beispiel die Bauern, mussten an die Front, obwohl sie doch eigentlich in der Heimat hochwichtige Arbeit zu leisten hatten. Die meisten wussten nicht mehr ein noch aus und waren kaum zu beschwichtigen. Gerade die Frauen fragten sich, zumal im Hinblick auf die Einberufung älterer männlicher Jahrgänge und auf die Werbung von Flakhelferinnen, warum so viele Truppen in den Städten des Reiches zu sehen waren. Was taten sie denn da? Sie gehörten doch an die Front!

Viele der Frauen fragten sich außerdem, was dieser Blödsinn mit dem Lebensbornverein und den »Frauen ohne Hochzeitskrone« noch sollte. Kinder in diese Welt setzen? Das konnte ihnen nun wirklich niemand mehr empfehlen, wo doch überall die Bomben fielen. Sie sagten geradeheraus, dass die Staatsführung überhaupt kein Recht habe, den Gedanken der kinderreichen Familie zu propagieren, solange sie nicht in der Lage sei, die Heimat vor den schrecklichen Luftangriffen zu schützen.

In Vertretung von Arthur hatte Käthe inzwischen so manche Gemeindeveranstaltung abgehalten. Dazu zählte auch der wöchentlich stattfindende »Frauenkreis«. Einige der jüngeren Frauen sprachen sie auf das Gebärthema an. Schließlich hatte ihre Pfarrfrau Erfahrung mit dem Gebären. Ach du liebe Zeit! Trotz ihrer Erfahrung war Käthe auf dieses politische Thema nicht vorbereitet. Aber sie beschloss, sich der Herausforderung zu stellen.

»Frau Pfarrer, was sagen Sie denn dazu, dass es neuerdings großartig sein soll, wenn wir Kinder kriegen, ohne verheiratet zu sein? Hauptsache der Mann ist erbgesund. Wir sind doch keine Zuchtkühe!«

An diesem Abend waren besonders viele Frauen gekommen. Vielleicht hatten sie sich verabredet. Es war ein wichtiges Thema und sicher besonders gut zu besprechen, solange der gestrenge Herr Pfarrer nicht dabei war. Die Frauen suchten sich einen Platz am langen Ausziehtisch im Esszimmer des Pfarrhauses. Käthe hatte das Esszimmer dem Gemeinderaum vorgezogen, weil sie dann im Notfall für die Kinder besser erreichbar war. Es gab Zitronenlimonade und für jede Frau zwei Haferflockenmakronen, bei denen sie allerdings mit Fett und Zucker hatte geizen müssen. Aber immerhin.

Genüsslich knusperten alle an dem Gebäck herum. Jede Haferflocke wurde extra lange durch den Mund geschoben. Ja, die Frau Pfarrer verstand es, aus dem bisschen Zucker echten Kandis zu machen. Genau diese kräftig braune, jedoch keinesfalls ins Graubraune tendierende Farbe musste Zucker haben, um gleichzeitig süß, säuerlich und ein bisschen bitter zu schmecken.

Käthe räusperte sich. »Das mit den Zuchtkühen, das ist ein gutes Stichwort. Wenn man es recht bedenkt, ist das doch eine sehr unnatürliche Angelegenheit. Draußen in der Wildnis, da würde es ganz anders zugehen. Da streiten sich erst einmal die Bullen, dann treibt der Gewinner-Bulle seine Familie, also, seine Herde zusammen, und wenn eine Kuh so weit ist, dann kommen sie und der Bulle zusammen. Bei den Zuchtkühen wird vorher ausgewählt, welche Kuh mit welchem Bullen zusammengebracht wird.«

Die Frauen wechselten erstaunte Blicke. Ihre kluge, junge Pfarrfrau! Nun ja, sie hatte einige Jahre in Masuren verbracht, da lernte man so etwas. Gab es da wilde Bullen? Meinte sie vielleicht Wisente? Waren die nicht ausgestorben? Aussterben wollte nun auch niemand.

Käthe war noch nicht fertig. »Es ist ja nichts dagegen zu sagen, dass wir Frauen uns gesunde Männer zu Ehemännern und damit zu Vätern unserer Kinder erwählen. Aber das machen wir doch, wenn möglich, sowieso schon. Was nicht geht, ist, Kinder um jeden Preis zu bekommen. Das ist unnatürlich. Wenn die Zeiten schlecht für Mäuse sind, bekommen die weniger Junge und nicht mehr. Genauso machen es die Kaninchen. Dann gibt es auch weniger Raubvögel, die von Kaninchen oder Mäusen leben. Und wenn die Zeiten wieder besser sind, ein weniger strenger Winter zum Beispiel, dann gibt es von allen Tieren wieder eine größere Population. Das ist natürlich. Und wenn das sogenannte dumme Vieh das auf diese intelligente Weise regelt, dann sollten wir nicht so viel dümmer sein und genau das Gegenteil tun. Es kann uns niemand zum Vorwurf machen, wenn wir in schlechten Zeiten weniger oder gar keine Kinder gebären. Wir sind es schließlich, die für unsere Kinder die Verantwortung tragen. Die nimmt uns nämlich niemand ab!«

Das war ja eine richtige Ansprache geworden.

Nun räusperte sich Heide. Sie war es nicht gewohnt, vor so vielen Leuten das Wort zu ergreifen, doch das Thema lag auch ihr am Herzen.

»Ich bin Waisenkind, wie Sie vielleicht wissen. Gott sei Dank, bin ich hier bei Pfarrers untergekommen. Aber vorher, was war das für ein Leben im Heim? Das steht doch schon in der Bibel, dass man nicht vom Brot allein lebt. Und Frauen sollen Kinder in die Welt setzen, die dann vielleicht bald zu Halb- oder gar zu Vollwaisen werden? Das ist nicht Recht. Wenn wieder Frieden ist, dann ist es auch Zeit, Kinder zu bekommen.« Sprach Heide, die hoffentlich einmal so viele Kinder bekommen würde, wie sie haben wollte. In guten Zeiten viele, in schlechten wenige Kinder.

Darauf konnten sich alle einigen. Das war natürlich und so sollte es sein. Sollte der Führer doch Kinder in die Welt setzen! Aber davon hatte man noch nichts gehört. Der war wohl zu sehr damit beschäftigt, den Krieg zu verlieren. Das sagten sie nicht, aber sie dachten es.

Es wurde noch ein fröhlicher Abend mit Gesang, Klavierbegleitung durch die Pfarrfrau und einer von Heide vorgelesenen Geschichte aus den wunderschönen »Träumereien an französischen Kaminen«. Auch hierfür war es wohl gut, dass Arthur nicht da war. Er hätte sicherlich eine Bibelarbeit angesetzt und bestimmt das Thema verfehlt. Käthe hatte während der regen Diskussion in ihrer Konkordanz geblättert. Zu Kühen stand so gut wie nichts in der Bibel, auf keinen Fall etwas, was zum Thema gepasst hätte.

Heide hatte das Märchen »Wie sich der Christoph und das Bärbel immer aneinander vorbeigewünscht haben« ausgewählt. Das war nicht so lang und gab allen im Anschluss an die Lesung noch einmal Gelegenheit, sich über die Liebe in schwierigen Zeiten auszutauschen. Erbgesunde Männer! Was für ein scheußlicher Begriff. Sie wollten ihn nie mehr hören.

***

Es ging bereits auf das fünfte Kriegsweihnachten zu. Das hatte sich wirklich niemand gewünscht, nicht einmal der Führer.

Allen Ängsten und bösen Ahnungen zum Trotz erhielt Arthur vom 10. Dezember bis zum 5. Januar Heimaturlaub. Das bedeutete, dass er alle Tage und Nächte zur freien Verfügung hatte. Ein fast normales Leben hatte ihn wieder, wie schön. Ein Urlaub im Sinne von Erholung wurde es allerdings nicht, denn natürlich versah er in der Advents-, Weihnachts- und Jahreswechselzeit seinen kirchlichen Dienst. Eher also ein Urlaub im alten Wortsinne - früher verstand man darunter die Genehmigung, sich entfernen, sich verabschieden zu dürfen. Die Leute durften zum »Ur« gehen und den um Erlaubnis fragen.

Anderen ging es schlechter, waren sie doch für jedweden Urlaub viel zu fern der Heimat. »Genieße den Krieg, denn der Friede wird fürchterlich«, sagte man damals. Es kam - wer wollte es den Volksgenossen verdenken - zu einer Lockerung der strengen Auffassung über die Verwerflichkeit der zusätzlichen Versorgung. Die schwarze Marktwirtschaft erblühte. Tabakwaren galten als neues Geld. Für ein Paket Pfeifentabak konnte man mancherorts ein Pfund Speck oder Butter bekommen. Für eine Zigarette gab es immerhin ein Ei, das nicht vorher vom Himmel gefallen war.

Ein Bürger bekam auf seinen Antrag auf einen Bezugsschein bezüglich einer Bratpfanne eine ablehnende Antwort, in der stand, dass sich wegen der Sicherstellung des Wehrmachtsbedarfs jedermann in seinen Bedürfnissen und Lebensgewohnheiten weitgehendst einzuschränken habe. Vielen war neu, dass der Besitz einer Bratpfanne zu den Lebensgewohnheiten zählte. Da hatte wohl selbst der Besitz einer Bratpfanne etwas mit Moral zu tun. Arthur hingegen war neu, dass man das Wort »weitgehend« auf diese Weise steigern konnte. Vielleicht zu weitestgehend. Aber eine Steigerung von »gehend« schien ihm nicht möglich zu sein. Die Steigerung von »gehend« konnte doch nur in der Steigerung der Geschwindigkeit liegen. Wenn man schneller ging, als man gehen konnte, dann lief man. Also hätte die Steigerung der Einschränkung der Lebensgewohnheiten nicht »weitgehendst«, sondern »weitestlaufend« erfolgen müssen. Dieses Wort gab es aber erst recht nicht.

Da musste man sich also ganz furchtbar durchs Leben schlagen, bisweilen sogar ohne Bratpfanne. Die Preußens ließen sich von diesen Umtrieben nicht anstecken. Käthe gab vielen von vielem etwas ab, ganz ohne Gegengabe. Die kam dann manchmal einfach so ins Haus.

Im Anschluss an die Winterferien wurde Konstantin wieder einmal nach Zoppot zu den Großeltern verfrachtet. So konnten die Leforts ein wenig für Entlastung sorgen, auch was die Verköstigung anging. Konstantin, der die dortige Schule besuchen durfte, schrieb nun schon sehr schön und gerne, daher auch häufig. Für ihn bemerkens- und daher schreibenswert: »Am 19. März esse ich wieder ein Eichen«. (Ein Hühnerei.) Tagelange Vorfreude.

Kurz darauf gab es noch einmal Grund zur Freude, denn Arthur bekam vom »Ur« wieder einen Urlaub erlaubt, und zwar drei ganze Wochen, bis nach Ostern. Dafür ging nun das Pflichtjahr von Heide zu Ende. Das bedauerten alle gleichermaßen. Zum Glück blieb sie in Königsberg und hielt weiter den Kontakt zu den Preußens und den übrigen lieb gewordenen Gemeindegliedern. Heide ließ sich zur Krankenschwester ausbilden. Eigentlich wollte sie Kirchenmusikerin werden, aber in diesen unsicheren Zeiten war das eine schwierige Angelegenheit für ein junges Mädchen; auch in normalen Zeiten war das damals noch kein gängiger Frauenberuf.

Leider geriet Arthur der Urlaub etwas daneben. Da er während der freien Tage seinem Pfarrdienst nachkam, hatte er auch eine Beerdigung zu halten. Er musste ein Kindchen beerdigen, das unglücklicherweise bei seinen Großeltern in Insterburg geweilt hatte, als dort sowjetische Bomben vom Himmel fielen. Es war dabei gestorben. In seinem Zorn über die Verhältnisse war Arthur folgende Formulierung eingefallen und bei der Beerdigung sprach er sie aus: »Besser mit Christus sterben, als in dieser Zeit ohne Christus leben.« Das war mindestens reif fürs Poesiealbum, aber Arthur war auch wieder reif für die Gestapo. Anzeige, erstattet wegen »defätistischer Propaganda« von einem Soldaten, der anlässlich dieser Beerdigung extra von der Front gekommen war. Da war Arthur offensichtlich mehr als nur die Formulierung misslungen. Es handelte sich doch um ein Kind! Bei einem Kind war davon auszugehen, dass es in jedem Fall noch gerne eine Weile gelebt hätte. Und die Eltern sahen das gewiss ebenso.

Jemand warnte Arthur vor der nun anstehenden Hausdurchsuchung, so dass er alle belastenden Unterlagen rechtzeitig aus dem Hause schaffen konnte. Bei der Gelegenheit schnitt Käthe die Eintragungen zu Agathes Ableben aus dem Tagebuch und vernichtete sie.

Der erste Gerichtstermin wurde wegen Mangels an Beweisen vertagt.

***

Im Frühjahr munkelten die Ostpreußen, dass zu Hitlers Geburtstag am 20. April Luftangriffe auf die größeren Städte geflogen würden. Leider hatte Adolf Hitler ihnen mit der Wolfsschanze bei Rastenburg ein Kuckucksei in ihr schönes Ostpreußen gelegt. Dafür würden sie büßen müssen, so meinten sie, während Hitler in seinem Hauptquartier zwar nicht unangreifbar, aber ziemlich sicher war.

Forstmeister Dannigkeit aus Wischwill war sehr erstaunt, als er einige Tage vor dem wichtigen Geburtstag die Nachricht erhielt, der Gauleiter Koch wünsche bei ihm am 20. April einen Auerhahn zu schießen. Der Einspruch von Dannigkeit, dass er selbst noch keinen solchen Hahn ausgemacht habe, erzielte keine Wirkung. Der Gauleiter traf am Abend des 19. April ein, pirschte, natürlich ohne Erfolg, am nächsten Tag in Wald und Flur herum, zeigte sich aber trotzdem guter Dinge. Seine Rückkehr nach Königsberg wurde bis zum späten Abend irgendwie hinausgezögert, also so lange, bis endgültig feststand, dass die Luft über der ostpreußischen Hauptstadt bomberfrei war und bleiben würde. Da der Gauleiter ein cleverer Typ war, täuschte er – seinem körperlichen Auerhahnpirschen entgegen – den lieben Führergeburtstag lang seine Anwesenheit in Königsberg vor, und zwar mithilfe einer im Rundfunk übertragenen Tonkonserve.

Arthur war überhaupt nicht clever, aber er hatte manchmal großes Glück. Manch Frommer würde sagen, Gott hielt seine Hand über ihm. Aber das ist ein viel zu komplexes Thema für so einen Spruch. Denn man kommt mit diesem Spruch nicht unweigerlich zu der Frage, die weniger Glückliche, zum Beispiel unglückliche Hinterbliebene, tatsächlich sehr häufig stellen: Wie kann Gott dieses oder jenes zulassen? Diese Frage ist nicht falsch, denn es gibt keine falschen Fragen. Sie wird manchmal durch fromme Sprüche wie den obigen regelrecht provoziert. Denn warum hat Gott seine Hand nicht auch über das arme, unschuldige Kindlein gehalten? Entweder Gott hält seine Hand immer oder er hält sie nie. Dennoch hängt alles mit allem zusammen, vielleicht ohne eine göttliche Hand, wohl aber nicht ohne Gott, dem denkbaren Schöpfer aller Zusammenhänge.

## Pfingstfahrt ins Oberland

Arthur war also überhaupt nicht clever, aber er hatte manchmal großes Glück. Der Ur gewährte ihm noch einmal Erlaub, und zwar vom 27. bis 31. Mai 1944 zwecks Durchführung einer Singkreisfahrt ins Oberland, südwestlich von Königsberg gelegen, wieder eine Pfingstfahrt. Die ganze Welt führte Krieg. Arthur fuhr singen.

Der Glückliche erhielt dazu eine Drucksache an den Ponarther Singkreis, zu Händen Herrn Pfarrer Preuß, abgestempelt am 18. Mai 1944: »Der umstehend genannte Chor ist für die Zeit vom 1. 4. 1944 bis 31. 3. 1947 durch den ›Verband evangelischer Kirchenchöre Deutschlands‹ der Reichsmusikkammer angeschlossen. Er ist gemäß dem zwischen der Deutschen Ev. Kirche und dem Präsidenten der Reichsmusikkammer abgeschlossenen Verträge vom 11. Oktober 1936 zum öffentlichen Musizieren berechtigt. Dieser Ausweis ist vom Präsidenten der

Reichsmusikkammer zur Kontrolle bestellten Personen auf Verlangen vorzuzeigen.«

Ja, das war zwar sprachlich ziemlich umständlich formuliert, aber sonst in Ordnung. Schön, dass es so einen Präsidenten und eine Reichsmusikkammer überhaupt noch gab.

Auf dieser Reise fuhren außer dem Pfarrer Preuß nur Mädchen und Frauen mit. Andere Männer waren nicht mehr abkömmlich und dem kriegsungeeigneten Gerhart Jonasch samt Gattin war das alles viel zu unwegbar. Dafür kam, wie von Arthur versprochen, die Hilfskantorin Käthe mit. Das war das Schönste für ihn. Die Kinder waren derweil in Zoppot gut aufgehoben.

Arthur schrieb in das Tagebuch: »Gestehen wir's ehrlich, dass wir als hinterbliebener Rumpfchor auf diesen plötzlichen Ausfall nicht eingespielt, die rühmliche Höhe der letzten Singkreisfahrt nicht erreichten. Wohl bediente Mutti Preuß nunmehr die Orgel (einmal sogar barfuß, weil ihr eine Sandale zwischen die Pedale gefallen war und nun dort herumklapperte) und sprang mit ihrem fröhlichen Sopran bei den vierstimmigen Sätzen sogar als Tenor! ein, aber wir hatten doch oftmals Not, einigermaßen säuberlich durchzukommen. … Und dennoch, wie waren diese Tage schön! Wir sind durch die Wunder Gottes geschritten wie die Träumenden. Schon dass diese Fahrt überhaupt zustande kam, dünkt mich wie ein Wunder, der ich mich seit den Tagen meines Soldatseins wie auf Händen getragen fühle. [Weil er so sehr bevorteilt war, mit seiner Königsberger Verwaltungssoldatentätigkeit.] Wer nun etwa das Urlaubsproblem bei der Wehrmacht kennt und insonderheit einen Einblick in meine augenblickliche Lage gewonnen hat [schließlich sollte ihm noch immer der Prozess gemacht werden], wird meine Dankbarkeit ermessen können, dass diese Fahrt nicht etwa an meinen persönlichen Verhältnissen scheiterte. ... Und nun soll ich von Pfingsten künden! Ich sehe all die fremden Gesichter vor mir, die Gesichter der Arbeiterfrauen, die der Woche Last und Hitze getragen haben und nicht zum Träumen kommen; die Gesichter der Bombengeschädigten, die sicherlich Träume haben, aber solche, die sie verwünschen und die ihnen niemand verheißen hat; ich sehe die Königsberger Umquartierten, die in kühler und abwägender Fremdheit das bevorstehende Geschehen auf sich zukommen lassen, sehe die leutselige Freundlichkeit der Hauseltern und ein leichtes Lampenfieber auf euren jungen Gesichtern – und denke bekümmert, wie es nun wohl Pfingsten werden soll! Aber was frage ich noch, warum sorge ich mich? Der Geist weht, wo und wann er will. Es ist also wohl zu jeder Stunde die Verlegenheit und menschliche Ausweglosigkeit die gleiche. Du kannst immer nur eines tun: Du kannst dich an die einmal gegebene Verheißung des Geistes klammern und mit ihr dich wagend in den Kampf gegen die ganz anderen Geister um dich stürzen. Dabei kannst und musst du zu deiner Rettung dich an das WORT halten und es auszulegen versuchen, treu und einfältig. Alles andere ist dann nicht mehr deine, sondern Gottes Sache.«

Die letzten Worte seiner ersten Predigt lauteten: »Gottes Geist wirkt den Frieden, der höher ist als alle Vernunft. ... In diese Spannung und Unruhe versetzt Gottes Geist den Menschen, und es ist nichts sehnlicher zu wünschen, als dass wir so aus dem Gleichgewicht gerieten, dabei wohl wissend: Den Frieden lasse ich euch, meinen Frieden gebe ich euch, nicht gebe ich, wie die Welt gibt. Euer Herz erschrecke nicht und fürchte sich nicht!«

Der Ponarther Singkreis beschloss den Gottesdienst mit dem Vers:

»Durch dein Engel die Wach bestell,
dass uns der böse Feind nit fäll.
Vor Schrecken, Geponst und Feuersnot
Behüt uns heint, o lieber Gott!«

Trost aus vergangenen Jahrhunderten. Den Text schrieb 1560 Nikolaus Hermann, die Melodie und der Chorsatz stammen von Melchior Vulpius (1609). Es hatte sich wohl seit damals nicht viel geändert. Böser Feind, Schrecken, Gespenster, Feuersnot. Noch vor wenigen Jahren waren diese Texte möglicherweise einfach dahingesungen worden als schöne und ein kleines bisschen schaurige Worte. Nun lernte Arthur es einzusehen, so seine eigenen Worte, dass Gott in beängstigender Fülle Mittel und Wege hatte, ihnen alle Sicherungen aus den Händen zu schlagen. Wieso eigentlich Gott? War das nicht Adolf Hitler? Wer war das?

Auf der Rückfahrt aus dem Paradies wurde es noch einmal sehr schön, denn das letzte Stück von Elbing nach Königsberg fuhren sie mit einem Schiff. Mit welchem? Mit der »Möwe«. Arthurs Tagebucheintrag ist voller Sentiment: »Ich spüre das mir von Kindheit so liebe und vertraute Rumoren der Doppelschrauben. Sehe, wie nach der Gewitterentladung des gestrigen Tages ein eisiger Wind unter Nebel und Nässe vom Haff her sich aufmacht und über Fluss und Kampen und über unsere deckenverhüllten, frierenden Gestalten hinstreicht und in weißen Fetzen an den verhangenen Hängen der Haffküste emporweht, bis die Sonne sieghaft durchbricht. Ich weiß, dass dieses alles mehr ist als ein Ausflug oder eine Stimmung oder eine Verzauberung. Weiß, dass auch dieses alles von Kindheitstagen an zu meinem Leben gehört und nun beglückend vertieft und verwandelt ist in dem Gemeinschaftserleben, das uns in diesen

Tagen zusammenschloss, und ich brauche mich meiner einfältigen Freude nicht zu schämen. … Ihr seid meine ZEUGEN geworden in diesen Tagen nicht nur der Erinnerungen meiner Kindheit, sondern auch des leidenschaftlichen Wollens und tiefsten und letzten Anliegens meiner Tage, die ich noch zu leben haben mag. Und was gäbe ich darum, wenn ihr auch meine Zeugen bliebet und ich euch wissen dürfte in der Lebenswirklichkeit des Gottesgeistes, in dem getrosten Leben einer frohen, neuen Kindschaft unter den Augen eines barmherzigen Vaters, der bis zur Stunde immer noch Geduld mit uns hat.«

## Kriegsunwesen

Der Sommer 1944 war heiß, die Sonne bekam sich gar nicht mehr ein. Man konnte froh sein, dass die Erde nicht aufgehört hatte, sich um die eigene Achse zu drehen, sonst wären wohl alle Ostpreußen verglüht. Erstaunlich fröhliche Kurzurlauber reisten zur Bernsteinküste an die Ostsee und planschten um die Wette in dem außergewöhnlich erwärmten Binnenmeer. Zwar waren überall in Königsberg Transparente mit Durchhalteparolen zu finden, schleppten sich mehr und mehr versehrte Soldaten an Krücken durch die Straßen, doch fand der Krieg noch immer überwiegend im Radio und nicht in Ostpreußen statt. Um etwaigen Luftangriffen der Alliierten zu entgehen, wurden Berliner Gören nach Ostpreußen verschickt

Den meisten Deutschen war inzwischen klar, dass es mit dem Siegen nicht mehr so recht voranging. In einem Buch von Georg Holmsten, »Kriegsalltag 1939–1945 in Deutschland«, sind Todesanzeigen aus dem Sommer 1944 abgedruckt. Die Trauerbotschaften zeigen deutlich, dass die Angehörigen der Verstorbenen zu diesem Zeitpunkt kein Blatt mehr vor den Mund nahmen. Die häufigsten Todesursachen waren ja inzwischen alles andere als »natürlich« und das wurde genauso dargestellt, ohne noch irgendetwas zu beschönigen. So schrieb die Familie von Schirach zum Ableben ihrer Emma am 16. Juli: »Sie erlag nach heldenhaft ertragenem Leiden den schweren Brandwunden, die sie beim Absturz eines Flugzeuges auf ihr Heim erlitten hat. ... Es wird gebeten, von Beileidsäußerungen abzusehen.« Oder eine Anzeige von Margot Eschmann: »Neun Monate nach dem Tode unseres kleinen Söhnchens wurde mir nun auch das Liebste genommen. Mein über alles geliebter Mann gab nach zweijähriger, glücklicher Ehe sein Leben für Deutschland. Am 8. Juli 1944 verstarb er an den Folgen einer am 7. Juli 1944 erlittenen schweren Verwundung in einem Feldlazarett im Osten. Er folgte seinem Bruder Klaus nach eineinhalb Jahren.« Auch das Ableben vom Gefreiten Gerhard Nemsow wurde mit keinerlei vaterländischem Stolz verbrämt: »Hart und unerbittlich traf uns die Nachricht, dass unser lieber, großer Junge, mein herzensguter Bruder, Enkel, Neffe und Vetter kurz vor Vollendung seines 21. Lebensjahres bei schweren Abwehrkämpfen an der Ostfront am 29. Juni 1944 sein junges Leben lassen musste.« Die Anzeigen wurden immer länger und es stand immer detaillierter darin, was der Krieg an Leben nahm. Viele Passagen lasen sich zunehmend wie Beschwerdebriefe.

Der Reichsverteidigungskommissar für Ostpreußen, Gauleiter Koch, organisierte den Bau eines Schutzwalles an der von den Sowjets bedrohten Ostgrenze. Zehntausende Menschen wurden von ihren Arbeitsplätzen geholt und mitsamt einer erklecklichen Anzahl von Pferden und Wagen Mitte Juli nach Osten geschickt, um dort Stellungsbau zu betreiben. Überall begann die NSDAP und ihre Gruppierungen das Kommando über militärische Zusammenhänge zu übernehmen. Die dämlichsten Anordnungen wurden erlassen und mussten bei Strafe befolgt werden. Bauern und Landarbeiter wurden zum Schippen abkommandiert, während die Wehrmacht sich daranmachte, die Ernte einzubringen. Damit wurde wohl sichergestellt, dass die Früchte des Feldes nicht in die falschen Hände, nämlich die der Bauersleute, fielen.

Auch Arthur musste jetzt hin und wieder eine Schaufel in die Hand nehmen. Aber das war seine geringste Sorge. Er hatte zwar kein Übermaß an Muskeln, verfügte jedoch über eine erhebliche Ausdauer. Seine größte Sorge: Ein zweiter Gerichtstermin war anberaumt worden, nachdem die Anklageschrift noch einmal überarbeitet worden war. Anlässlich dieses Termins - bei dem übrigens Kantor Jonasch zwecks Fürsprache auch vor Gericht erschien, aber nicht aufgerufen wurde - verurteilte man Arthur zu fünfzehn Monaten Gefängnis. Doch das Glück blieb ihm hold: Als Soldat durfte er die von einem zivilen Gericht verhängte Strafe nicht antreten. Außerdem stellte Rechtsanwalt Hoffmann, den die Bekennende Kirche gebeten hatte, den Delinquenten zu vertreten (obwohl Arthur nicht zu ihrer Mitgliedschaft zählte), in dem Urteil einen Formfehler fest und ging in Revision.

Der Juli 1944 hatte es in sich. Das Attentat auf Adolf Hitler am 20. Juli 1944 war ein leider erfolgloses Signal des militärischen Widerstandes gegen den »Gröfaz«, den »größten Führer aller Zeiten«. Was für ein Jammer. Hatte der Gröfaz in seiner unendlichen Befähigtheit doch zu verantworten, dass Ostpreußens Soldaten im Sommer 1944 nach schweren Rückzugskämpfen wieder an den Grenzpfählen ihres Heimatlandes angelangt waren. Sie mussten sich vorkommen wie im schlimmsten Albtraum. Nun beteiligten sie sich dort am allgemeinen Schippen.

Welcher Ostpreuße jetzt meinte, es wäre besser für ihn, sich anderswo aufzuhalten als in der Nähe der Russen, der konnte das lange meinen. Die Ostpreußen durften nicht fliehen. Falls der Russe wirklich käme, hätte jeder das als vorübergehende Unannehmlichkeit in Kauf zu nehmen. Nur Mütter mit Kindern, Alte und Gebrechliche durften aus den besonders gefährdeten Grenzorten ihren Wohnort verlassen, und das erst, nachdem sie es beantragt und genehmigt bekommen hatten. Genehmigen oder nicht genehmigen, das taten die Bürokraten, die Parteisoldaten, die, die sich an ihren Sessel klammerten und ihren Wehrdienst mithilfe von Stempeln und Stempelkissen absolvierten.

Für Käthe und die Kinder kam es nicht infrage, die Stadt Richtung Westen zu verlassen. Arthur war in Königsberg stationiert und wusste die Familie in der Nähe, Käthe wusste Arthur in der Nähe. Und dann gab es ja noch die Kirchengemeinde, die nicht im Stich gelassen werden durfte.

Kirchengemeindedienstseitig fand sich für den 9. August 1944 eine Bescheinigung an, die bescheinigte, dass Arthur sich an diesem Tag dienstlich in der Stadt aufhalten dürfe. Ein Zufall, dass dieser Tag gleichzeitig Käthes und Arthurs 10. Hochzeitstag war? Wohl nicht. Sie verbrachten diesen Tag in großer familiärer Eintracht mit gegenseitigem Vorlesen, Spiel und Gesang. Einen Tag später erließ der Reichsbevollmächtigte für den totalen Kriegseinsatz, Propagandaminister Joseph Goebbels, einen Erlass: »Das Kulturleben in allen seinen Sparten wird wesentlich eingeschränkt. U. a. wird schon in den nächsten Tagen der gesamte deutsche Nachwuchs für Film und Theater geschlossen in die Rüstungsindustrie überführt. Was den Stil des öffentlichen Lebens betrifft, so ist er nunmehr grundsätzlich den Erfordernissen des totalen Krieges anzupassen. Alle öffentlichen Veranstaltungen nicht kriegsmäßigen Charakters, wie Empfänge, Amtseinführungen, Fest- und Theaterwochen, Musiktage, Ausstellungseröffnungen und Gedenkfeierlichkeiten, die nicht der unmittelbaren Förderung unserer gemeinsamen Kriegsanstrengungen dienen, haben zu unterbleiben.« Am 11. August 1944 gab die Reichspost Einschränkungen des Post- und Paketverkehrs bekannt: »Reichspostminister Dr. Ohnesorge hat mit echt nationalsozialistischer Tatkraft in kürzester Frist ein Vereinfachungsprogramm ausgearbeitet und durchführungsreif gemacht, das der Rüstung und Wehrmacht mit einem Schlag viele Zehntausende von hoch qualifizierten Arbeitskräften und Soldaten zur Verfügung stellt. Als Sofortmaßnahmen werden durchgeführt: 1. Einstellen der Versendung von Drucksachen. 2. Einstellung der Versendung von Päckchen. 3. Weitgehende Einschränkung im Paketdienst. 4. Aufhebung der Briefzustellung am Sonntag oder einem anderen Tag der Woche. 5. In allen Städten wird die Briefzustellung auf einmal werktäglich beschränkt. 6. Weitere wesentliche Einschränkung der Briefkastenleerung.« Das war wirklich ein kluger Schachzug. Erfahrungsgemäß waren Briefträger recht unempfindlich gegen Wind und Wetter, körperlich gut beieinander und von Pflichtbewusstsein durchdrungen.

## Ach, Königsberg!

Trotz kämpfender Postboten und anderer Totalhelden fiel der Krieg etwa zwei Wochen später auf das Grauenhafteste über Königsberg her.

Von den vielen Probe- oder auch Fehlalarmen waren die Preußens und anderen Hausbewohner abgestumpft. Deshalb reagierten sie nur zögerlich, als in der Nacht vom 26. zum 27. August wieder einmal die Sirenen heulten. Natürlich waren sie schlagartig hellwach, dennoch am Überlegen, wie zügig der Luftschutzkeller aufzusuchen sei. Untypischerweise drängte gerade Gerhart Jonasch darauf, unter die Erde zu gelangen. Er war schon den ganzen Abend lang nervös gewesen, hatte seine Frau am Zubettgehen gehindert. Einer seiner Ersatzsinne hatte Alarm geschlagen, längst, bevor die Sonne untergegangen war.

»Nein, Charlotte, ich ziehe mich heute nicht aus. Das macht gar nichts, sich einmal ohne Schlafanzug zur Ruhe zu betten. Betrachte es als zivile Luftschutzübung. Wobei ich denke, dass wir heute noch Ärger bekommen.«

»Wie kommst du denn darauf? Was ist denn anders als sonst?«

»Es ist die Spannung. Es liegt eine starke Spannung in der Luft. So, als würde ein Gewitter heraufziehen. Nicht das typische, die Luft ist nicht schwül, trotzdem ist alles wie elektrisch aufgeladen, glaube mir.«

Charlotte glaubte ihm und unterließ es ihrerseits, sich auf übliche Weise bettfertig zu machen und ins Nachthemd zu schlüpfen.

»Lass uns in den Garten gehen«, meinte sie. »Da sind wir näher am Keller und müssen nicht so auf dem Sprung sein.«

Das war eine gute Idee. Sie setzten sich auf die Bank an der Südseite des Hauses, hielten sich an der Hand und warteten. Als die Sirenen zu heulen begannen, fuhr ihnen der Schreck nicht weniger in die Glieder als bei den vorherigen Alarmen, aber er traf sie vorbereitet.

»Da hörst du es! Ich habe recht gehabt!« Jonasch sprang auf und riss seine Frau fast von der Bank. »Los, sagen wir den anderen, dass es ernst ist!«

Sie eilten ins Haus. Gerhart Jonasch wartete an der Kellertreppe, während Charlotte die Preußens aus den Betten trieb. »Hört ihr, wie die Flak schießt, das ist kein Probealarm, die schießen wie die Irren!«

Auch Käthe hörte aus dem Getöse trotz aller Schwerhörigkeit dieses Mal eine andere Qualität heraus. Hastig klaubte sie die Kinder und notwendigsten Dinge zusammen und begab sich mit ihnen in den Keller.

Die Elemente waren in Aufruhr geraten. Die Erde bebte, die Wände zitterten, die Luft wurde von Geräuschen zerschnitten, die direkt aus der Hölle zu stammen schienen. Der erste Angriff mit 200 Lancaster-Bombern traf vor allem die Zivilbevölkerung in den nördlichen Wohnvierteln. Das war Absicht. Die Überlebenden sollten demoralisiert, kriegsmüde und vielleicht sogar widerständig werden. In den Stadtteilen Sackheim, Roßgarten, Tragheim und dem Kasernenviertel Cranzer Allee wurden Wohngebäude und Kasernen zerstört. Die getroffenen Straßenzüge wurden durch Bombentrichter, Schutt und Trümmer unpassierbar.

Die Pestalozzistraße mit all ihren Bewohnern blieb verschont. Königsberg-Ponarth lag ganz im Süden der Stadt. Zu sagen, »Sie kamen mit dem Schrecken davon«, wäre aber ein Euphemismus. Sie kamen nicht davon, sondern sie blieben und der Schrecken blieb auch.

Einen Tag später schaffte es Arthur, durch die Trümmer nach Hause zu gelangen und nach seiner Familie zu sehen.

»Ponarth interessiert die Russen nicht«, beschied er. »Es ist doch nur ein kleines Wohngebiet mit Friedhöfen und Schrebergärten. Bleibt zu Hause, geht, wenn nötig, in den Keller, dann können wir hoffen. Alles andere ist noch unsicherer. Bleibt!«

In der Nacht vom 29. zum 30. August warfen 189 Lancaster der »No. 5 Bomber Group« insgesamt 480 Tonnen Bomben auf die Stadt, nachdem sie trotz Treibstoffmangels zwanzig Minuten lang auf eine Lücke in der Wolkendecke gewartet hatten. Das war vielleicht unheimlich! Sie waren bereits da, waren zu hören, aber es geschah nichts und die Flak hatte kein Ziel, musste warten, um nicht zu viel Munition zu verpulvern.

An dem Abend zögerten die Preußens nicht, schon während des ersten Sirenentons in den Keller zu stürzen. Gerhart Jonasch war in seiner besonderen Art weiser Voraussicht bereits Stunden vorher im Keller verschwunden. Seit dem ersten großen Bombenangriff hatten die Spannungen, Ahnungen, Schwingungen oder wie man sein Vorfühlen sonst nennen wollte, nicht nachgelassen. Es war noch nicht vorbei, das spürte er. Für ihn machte es keinen Unterschied, ob die Sonne schien oder nicht. Deshalb erwog er ernsthaft, ganz in den Keller zu ziehen. Den kannte er inzwischen, der war ihm vertraut, im Leben nicht anders als im Sterben, so hoffte Jonasch.

Charlotte verweigerte sich dem totalen Kellergang und deshalb blieb auch Gerhart im Oberirdischen, verzog sich tagsüber jedoch in die Kirche und spielte Stunde um Stunde Orgel, dass sich die Balken bogen. Ja, auch er konnte wüten und toben. Der Gemeindekirchenratsvorsitzende, vor Ort der Stellvertreter des Pfarrers, ließ ihn gewähren und gestattete sogar einigen seiner Anbefohlenen, dem Organisten bei dessen Verzweiflungsspiel Gesellschaft zu leisten. Schließlich war noch niemals jemand durch Orgelspiel zu Schaden gekommen.

Nun aber hatten sich alle anwesenden Bewohner des Pfarrhauses in den Luftschutzkeller verfügt und harrten der Dinge, die ihnen hoffentlich nicht passieren würden. In dieser Nacht warf die erste Welle von Flugzeugen Flammstrahlbomben auf die Innenstadt, die zweite Welle warf große Sprengbomben auf die bereits brennenden Gebäude. Dadurch entstanden riesige Flächenbrände. Der gesamte Stadtkern mit dem jahrhundertealten Speicherviertel an der Lastadie, dem alten Hafen, und viele andere Stadtteile wurden durch das Feuer vernichtet. Die Brandbekämpfung im Speicherviertel musste aufgegeben werden. Aus den Hydranten ließ sich kein Wasser mehr ziehen, weil die Hauptwasserleitung von Bomben getroffen worden war. Die Saugstelle am Pregel konnte infolge des Feuers und der Hitze nicht mehr angefahren werden. Durch die erhitzten Straßenzüge rasten heulend Feuerstürme in Orkanstärke. Brennende Bauteile, sowieso alles, was brennbar und nicht niet- und nagelfest war, wirbelte umher und richtete weiteren Schaden an. Ständig änderten die Feuerstürme ihre Richtung; manchmal stürmten sie vertikal durch die Straßenfluchten, also von unten nach oben schießend. Während der kurzen Momente, in denen sich das Feuer vom Boden abhob, konnte man sich retten, sofern man schnell genug rannte und den Augenblick zu nutzen wusste. Mancherorts gelang es mit Hilfe einer »Wassergasse« - einem Wasserschirm, den die Feuerwehr durch ein Schlauchsystem aus dem Löschteich an der Steindammer Kirche oder den wenigen anderen noch verfügbaren Wasserquellen zog - einige Menschen zu retten.

Nach dem zweiten Luftangriff waren fast alle alten und kulturell wertvollen Gebäude wie die Schlosskirche, die Universität und das alte Speicherviertel ein Opfer der Flammen geworden. Der Königsberger Dom überstand den direkten Bombenangriff zunächst nur leicht beschädigt und brannte erst im Zuge der sich ausbreitenden Flächenbrände aus.

Über die Marienglocke, das zierliche Glöckchen, also über die große Glocke des Königsberger Doms, schrieb der damalige

Domorganist, Professor Wilhelmi: »Beim zweiten Angriff in der Nacht vom Montag zu Dienstag konnten im Dom unter einer eingefügten Betondecke fast 400 Menschen Schutz finden. Und dabei geschah es, dass mitten im Feuersturm die Eingeschlossenen plötzlich die Marienglocke im Nordturm sieben Mal anschlagen hörten; darauf ein dumpfer Fall auf die Betondecke. Nach drei Tagen fanden wir den zentnerschweren Klöppel. Besucher der Domgottesdienste wissen, dass beim Vaterunser der alte Glöckner Lenk die Marienglocke sieben Mal anzuschlagen hatte. So hat die Marienglocke bis zum letzten ›Atemzuge‹ ihre Gottesdienstpflicht erfüllt«.

Die Brände wüteten noch tagelang und noch länger lag über der inzwischen völlig dunklen Innenstadt eine Dunstglocke aus Staub und Asche. Die meisten der noch lebenden Einwohner verließen die Stadt, um in der näheren oder weiteren Umgebung ein Unterkommen zu finden.

Ach, Königsberg! Du brennender, stinkender Schutt- und Leichenhaufen!

Ein kleines Glück im Unglück war, dass es den Zoo und seine Insassen kaum getroffen hatte. Nur einige Giraffen und ein Warzenschwein hatten nicht überlebt. Unvorstellbar, dass noch lebende Bestien mitten durch das Inferno im Stadtzentrum getaumelt wären. Sie hätten einen ganz eigenen Schrecken erlitten und verbreitet. Aber das war nicht geschehen. Um Schadensverhütung bemüht, brachte der Zoodirektor, Dr. Hans-Georg Thienemann, das verbliebene Viehzeug andernorts unter. So schaffte er zum Beispiel einen besonders wertvollen Schafbock mit großen Hörnern, vielleicht war der ein Dickhornschaf oder ein Mufflon oder ein Dall-Schaf, auf das Grundstück der Familie Murnier. Leider geriet der Zooschafbock in eine Streitigkeit mit dem hofeigenen Hausschafbock und verlor dabei sein Leben. Genickbruch. Nun, das war doch wenigstens ein einigermaßen ehrenwerter Tod, den er dazu noch selbst herbeigeführt hatte, war doch der Hausschafbock angebunden gewesen, der Zooschafbock nicht.

Die menschlichen Opfer wurden in Massengräbern beerdigt. Das war das erste Mal, dass Arthur Leichen zu Gesicht bekam, zu deren Ableben keine Beerdigungsansprache von ihm erwartet wurde. Er hielt sie dennoch, in aller Kürze, egal wie viele es waren, zu jeder einzelnen Leiche, die er zu bewegen hatte.

Die Pestalozzistraße war auch dieses Mal verschont geblieben. Doch Käthe beschloss nach der zweiten Bombennacht, eine dritte nicht abzuwarten, und schlug sich am 30. August mit den Kindern zu ihren Eltern nach Zoppot durch. Am 1. September schrieb Arthur an seine Frau:

Gefreiter Preuß, Königsberg Pr.,
Kraftfahrpark Ers. Komp. 1
Wrangelkaserne, Gaskammer.

Königsberg, 1. 9. 44

Liebe Käthe, nun seid Ihr hoffentlich in Zoppot glücklich angekommen. Seid froh, dass Ihr draußen seid. Ihr habt es ja noch miterlebt. Es sieht entsetzlich in der Stadt aus. An Kirchen sind ausgebrannt oder vernichtet: Dom, Schlosskirche, Neurossgarten, Altrossgarten, Löbenicht, altstädtische, Burg-, Propsteikirche, wohl auch die evgl. Sackheimer. Unversehrt Tragheimer, Steindammer und die Randkirchen. Vater ist in Mehlsack [einem Örtchen, etwa 200 Kilometer südlich von Königsberg], Mutter bei uns in Ponarth, Pohlmanns fahren abends immer nach Kranz. Jeden Abend eine Völkerwanderung aus der

Stadt. … Oberstleutnant Haack hat wieder mit einer ihm selbst unheimlichen Furchtlosigkeit nach der Bombardierung Heldentaten beim Retten vollbracht. … Das Wort, das Dir lieb ist, aus der heutigen Bibellese 2. Kor. 12,9: ›Lass dir an meiner Gnade genügen; denn meine Kraft ist in den Schwachen mächtig‹, hat gestern großen Eindruck auf uns gemacht. Und nun Gott befohlen. In herzlicher Liebe grüße ich Euch alle.
Dein Arthur.«

Da hatte Arthur also wieder Zeit und Gelegenheit gefunden, sich in Ponarth um dieses und jenes zu kümmern und sogar eine Bibelstunde zu halten. Aber wer war denn dieser Oberstleutnant Haack?

Herbert Haack war Preußens neue Einquartierung. Der Berliner Pfarrerssohn war ihnen erst vor kurzem zugeteilt worden. Der junge Oberstleutnant, selbst studierter Theologe, bekam – im Gegensatz zum letzten einquartierten Offizier – sofort Familienanschluss und bemühte sich nach Kräften, Familie Preuß das Leben zu erleichtern. Was ihn betraf, verliebte er sich auch ein ganz kleines bisschen in die liebliche Pfarrfrau. Aber das tat dem Gesamtkonzept seiner Einquartierung keinen Abbruch. Käthe fand ihn sympathisch, aber zum Verlieben sah sie keinen Anlass, und wenn doch, wäre sie wahrscheinlich nicht in der richtigen Stimmung gewesen.

Mit den Bombenangriffen auf die Zivilbevölkerung war die Stimmung aller Königsberger im Keller, so wie von den Alliierten vorhergesehen und beabsichtigt. Bei Käthe hatte die Demoralisierung dergestalt funktioniert, dass sie nicht mehr ein noch aus wusste. Waren sie besser in Zoppot oder besser in Königsberg-Ponarth aufgehoben? Ein weiterer Bombenangriff würde sicher nicht erfolgen, die Hauptstadt war doch schon kaputt. Oberstleutnant Haack sah das anders. So blieb sie mit den Kindern noch eine Weile in Zoppot. Noch immer war es den Ostpreußen verboten zu fliehen. Da hatte Käthe Glück, denn die eigenen Eltern zu besuchen, das unterlag keinem Verbot, und Mütter mit Kindern durften nach wie vor verreisen. Nur, dass es den meisten wie Käthe erging. Sie wussten nicht, wohin. Die Bomben fielen inzwischen fast überall vom Himmel, im Westen wie im Osten. Und die feindlichen Armeen waren ebenso im Vormarsch. Insofern hatte Gauleiter Koch vielleicht recht, dass er die Leute nicht ziehen ließ? Denn wohin sollten sie ziehen?

»Wo soll ich fliehen hin, weil ich beschweret bin mit viel und großen Sünden? Wo soll ich Rettung finden? Wenn alle Welt herkäme, mein Angst sie nicht wegnähme.« Immerzu ging Käthe der erste Vers ihrer Lieblingsbachkantate durch den Sinn. Die Antwort gab ihr eine andere Strophe: »Ob mich der Tod nimmt hin, ist Sterben mein Gewinn, und Christus ist mein Leben; dem tu ich mich ergeben; ich sterb heut oder morgen, mein Seel wird er versorgen.«

Käthe war aus dem vollen Leben in die Nähe des Todes gerückt (worden).

***

Die Russen kamen mit Macht. Am 7. Oktober 1944 wurde der Befehl zur Räumung des Memellandes gegeben, da ein Durchbruch der Russen unmittelbar bevorstand, beziehungsweise stellenweise schon erfolgt war. Das Memelland liegt nordöstlich von Königsberg. Dort, wo sich die Memel, der tiefdunkle Fluss, noch immer befindet und wo das Lieblingsliebeslied von Arthur entstanden ist: »Ei lulululu, du tiefdunkler Fluss …« Das Memelland war einige Zeit ziemlich litauisch gewesen, dann eine Weile ziemlich deutsch. Nun änderte sich auch das wieder und insgesamt stand ganz Ostpreußen am Beginn des Beginnes von einem Vorgang, den das Wort »Flucht« hätte beschreiben können, wenn es nicht konterkariert worden wäre. Für das Wort »Flucht« steht im Dudenbedeutungswörterbuch: »Absetzbewegung, Ausbruch, Entkommen, Rückzug.« Man möchte sich in Sicherheit bringen und flüchtet oder flieht, nimmt Reißaus. Ein bisschen, eine kurze Strecke weit, ging das in Ostpreußen. Aber dann ging es nicht mehr weiter, sondern wieder zurück, nach Osten, nach Süden, nach Norden, wieder westwärts, hin und her, hoch und runter, rundherum. Wie nennt man eine Flucht, ein Fliehen, wenn die Ziele, die mit diesem Wort verbunden sind, gar nicht erreicht werden können? Ein Entkommen nicht möglich ist? Heißt das dann »vergebliche Flucht« oder gibt es dafür ein anderes Wort? Man sollte eines erfinden. Vielleicht »unflüchteln« oder »verfliehern«. Das Substantiv könnte »Unflucht« heißen.

Wenn man sich Ostpreußen als einen Kochtopf vorstellt, in dem es ständig brodelt, die Suppe längst gar ist, aber nicht ausgegeben werden darf, obwohl alle Hunger haben, es wird nur gerührt und gerührt, dann ist das vielleicht für irgendetwas ein stimmiges Bild, aber gleichzeitig ein schlecht gerührter Vergleich. Doch irgendwann wird es nicht mehr um einen Kochtopf gehen, sondern um einen Kessel. Worum ging es wirklich? Um eine festgefahrene Situation. Und um die schrittweise Einkesselung Ostpreußens mitsamt seiner Bevölkerung.

Die deutsche Bevölkerung wollte das Memelland zunächst nicht räumen und folgte dem Befehl nur sehr zögerlich, zumal die erste Räumung – Anfang August war schon einmal die Aufforderung ergangen – anscheinend zu früh angeordnet worden war. Das war sie nicht, wie jetzt deutlich wurde. Durch das Zögern kam es bei dem plötzlichen und sehr tiefen Einbruch der sowjetischen Panzer zu einer planlosen, überstürzten Flucht der armen Menschen, die erst vor einigen Wochen hoffnungsfroh zurückgekehrt waren und die Ernte eingebracht hatten. Ihr Zögern endete und wieder zogen lange Trecks zu den Memelbrücken. Die Einwohner der Stadt Memel und des Raumes nördlich davon retteten sich über die Kurische Nehrung. Auch Dampfer, Boote und Fähren brachten die Flüchtlinge aus der Gefahrenzone. Selbst der Dampfer »Möwe« bekam einen neuen Auftrag, nachdem er eine ganze Weile wieder für den Seebadverkehr auf dem Frischen Haff gefahren war.

Der Steuermann schrieb in sein Bordtagebuch: »Die ›Möwe‹ sollte die Stadt Memel evakuieren helfen. Der Kapitän fuhr über die Ostsee nach Memel. Das war gewagt. Er hätte den Pregel aufwärts und durch den großen Friedrichsgraben übers Kurische Haff fahren können. Aber das dauerte ihm zu lange. Und er schaffte es auch über See. Die Russen waren nun schon ganz dicht heran, stellenweise bis 1½ km, und da sollten wir mit dem Schiff vorbei übers Haff nach Labiau fahren. Sie haben das Schiff mit Tarnfarben angestrichen, mit allen nur möglichen Farben, und so gut, dass man es auf 1 km kaum noch ausmachen konnte, und dann sind wir Nacht für Nacht nach Labiau gefahren, zusammen mit einem großen Walfangschiff. Mit dem konnten wir ja nicht mithalten. Aber der Kapitän sagte immer: ›Kleinvieh macht auch Mist‹. Und so haben wir tapfer mitgeholfen: Wir bekamen die Stadt leer, ehe die Russen kamen. Plötzlich war in Memel keiner mehr zu sehen, die Bevölkerung war weg, die Truppen zogen ab. Der Kapitän ließ noch in aller Eile alles, was Beine hatte, Kohlen heranschleppen für das Schiff: die Kohlenbunker voll und auch das Heck noch mit Kohlen vollgeschüttet, und dann schleunigst über See ab. Unterwegs ein doller Kuhsturm, dass die Brecher, die kurzen Wellen der Ostsee, man so über Deck gingen, vorne rüber und am Heck wieder runter, die Kohlen an Deck gingen alle zum Deubel, da haben wir keine behalten, die wurden alle weggespült. Aber das Schiff kam doch wenigstens nach Hause. Eine ganze Nacht hat es sich auf der See herumgetrieben, weil es in dem Sturm nicht in die Hafeneinfahrt von Pillau rein konnte, aber dann ist es doch nach Hause gekommen.«

Die Front verlagerte sich immer mehr westwärts. Über die Notwendigkeit der Räumung der Kreise kam es andauernd zu heftigen Auseinandersetzungen zwischen Wehrmacht und Gauleitung. Hitler weigerte sich, Ostpreußen zum Operationsgebiet zu erklären, das wäre ja zu vernünftig gewesen, und damit der Heeresgruppe Befehlsbefugnis auch über den zivilen Sektor zu geben. So war der ewige Gauleiter Koch weiter der maßgebliche Mann. Jeder riskierte Kopf und Kragen, der von sich aus Räumungsmaßnahmen anordnete. Nur wenige Kreise durften räumen. Königsberg gehörte nicht dazu.

Am 16. Oktober brach die 3. weißrussische Front mit fünf Armeen zwischen Sudauen und der Memel zu ihrer Großoffensive auf. Auch an den anderen Fronten weiter südlich gewannen die Sowjets an Boden. Das Grollen an der Front schreckte ganz Ostpreußen auf. Die Briten hatten bereits am Vortag Tilsit bombardiert, also grollte es auch von oben.

Zu dieser Zeit hielten sich Käthe und die Kinder wieder einmal bei den Großeltern in Zoppot auf. Dort war kein Grummeln zu vernehmen.

Am 18. Oktober – anscheinend wurde ihm jetzt ein bisschen mulmig und er wollte nicht alleine mulmen – ließ Hitler seinen Aufruf zur Bildung des Volkssturms veröffentlichen, den er schon im September verfasst hatte. Die Dienstverpflichtung aller Männchen, Männer und Männlein zwischen sechzehn und sechzig Jahren erfolgte umgehend. Glaubte Hitler wirklich, mit all diesen X- und Y-Chromosomenträgern, die ungenügend bewaffnet und ausgerüstet, nicht ausgebildet und von nicht geschulten Führern, nämlich Funktionären aus der Partei, geführt werden sollten, den Millionenheeren der Alliierten mit ihren Tausenden von Panzern und Flugzeugen standhalten zu können? Ganz sicher glaubte er das nicht. Er war ein Mörder.

Die NSDAP hatte zunächst allen Einheiten des Volkssturms verboten, die Truppenkommandeure der Wehrmacht über ihren Einsatz zu informieren. So wusste keiner der militärischen Führer bis hin zum kommandierenden General, wo der Volkssturm stand, der doch die Truppen beim Siegen unterstützen sollte. War das genial?

Die Russen kamen weiter und es machte ihnen nicht allzu viel Mühe, denn das errechnete Kräfteverhältnis zwischen Deutschen und Russen ergab für die Infanterie 1:11, für die Panzer 1:7, für die Artillerie 1:20. Besonders ungünstig sah die Luftlage aus. Hier konnte nur ein Luftschutz der Hauptverkehrs- und Bahnlinien versprochen und hoffentlich gehalten werden. Durch Fliegerverbände hatte die Truppe selbst keinen Schutz zu erwarten. Hitler tat allerdings die Berechnung dieses Kräfteverhältnisses »als größten Bluff seit Dschingis Khans Zeiten« ab und behauptete, die Ostfront sei noch nie so stark gewesen wie jetzt. Der Chef des Generalstabes, Heinz Wilhelm Guderian, erwiderte darauf, »dass nach seiner Ansicht die Ostfront infolge ihrer dünnen Besetzung und ihrer geringen Ausstattung mit Reserven bei einem einzigen gelungenen russischen Durchbruch wie ein Kartenhaus zusammenfallen würde.« Hitler glaubte ihm nicht, sondern ließ sogar später noch vier Panzer-Divisionen nach Ungarn abtransportieren. Die Heeresgruppe wies in einem eingehenden Bericht nach, dass sie nunmehr ihre Aufgabe, Ostpreußen zu halten, nicht mehr durchführen könne. Aber das war ja in des Führers Augen nur ein Gewäsch von Leuten, die ihrer Aufgabe nicht gewachsen waren. Wegen dieser unfähigen Leute und nicht wegen irgendeiner Aussichtslosigkeit verließ Hitler am 20. November 1944 sein Hauptquartier, die Wolfsschanze in Ostpreußen. Sie war ihm mehr als drei Jahre ein sicherer Unterschlupf gewesen. Damit war es vorbei und er zog nach Berlin. Kurz darauf (Anfang Dezember und nicht ursächlich mit Hitlers Unflucht verknüpft) kehrte Käthe mit den Kindern aus Zoppot nach Königsberg zurück. Arthur lebte und diente inzwischen in der »Gas-Schutz-Geräte-Kammer« dem Kriegsweihnachten entgegen. Er fürchtete, dass auch ihn eine letzte »Sturmnacht« durchaus von der Seite seiner Lieben reißen könne. So schrieb er es, nicht ins Tagebuch, das befand sich in der Wohnung, sondern in ein kleines schwarzes Notizbuch, das er immer bei sich trug. Den Leerlauf seines Dienstes füllte er damit, dass er für die Seinen ein geistiges Testament in sein Büchlein niederschrieb. Er nannte es »Die Waldhütte«. Im Wald waren die Russen zwar schon längst, dennoch schien ihm, dass der Titel Traulichkeit und Sicherheit vermittelte. Mit dem Werk erteilte er Käthe quasi den Auftrag, das, was sich als Anlage in ihren drei Kindern abzuzeichnen schien, wohl wahrzunehmen und daraufhin und gemeinsam mit den Kinderlein Gott zu preisen mit »Augen, Ohren und allen Gliedern, Vernunft und allen Sinnen«. Also Lob und Dank im Angesicht des Todes. Nun, am Kreuze zu loben und zu danken, das war nicht einmal Jesus gelungen, lieber Arthur. Die überlieferten Kreuzesworte hatten nichts Lobendes oder Dankbares. Es sprach auch keine Zuversicht aus ihnen. Akzeptanz klang an, immerhin. War wenigstens diese von Käthe samt Kinderlein zu verlangen? Nein. Lob und Dank, vielleicht gar eine Euphorie des Todes, schon gar nicht. Das war nichts für gesunde, unversehrte Menschen. Wer nun wirklich da war und Käthe und alle anderen herausforderte, das war der Ernst.

Käthe schrieb ebenfalls viel. Vor allem Briefe an alle Lieben, die sie noch erreichen konnte. Am 12. Dezember schrieb sie einen Brief an ihre Lieblingstante Luise (die alleinstehende Schwester ihrer Mutter Rose, die seinerzeit mit Käthes Verheiratung an einen evangelischen Pfarrer nicht einverstanden gewesen war):

»Meine liebe Tante Luise!

So lange habe ich nichts von mir hören lassen. Es war viel Tumult, das ewige Hin und Her. Nun bin ich mit den Kindern wieder hier und es ist allmählich ›Ruhe‹ eingekehrt. Wir dürfen noch ein Lichtchen auf dem grünen Kranz anzünden und uns auf die hohe Zeit freuen. Wir haben viel Schönes erlebt. Schöne Gemeinschaft, mit Singen und Lesestunden. Ruhe in all der Unruhe der Tage.

Gestern war nun wieder eine Vorladung vor dem Sondergericht. Arthur ist freigesprochen worden. Das hatten wir nicht so ganz erwartet nach unseren bisherigen Erfahrungen. Aber die Verhandlung war sehr ordentlich und hatte Niveau. Arthur durfte und konnte frei heraus sprechen und man hörte hin. Richter und Staatsanwalt waren andere als bei der letzten Verhandlung. [Es handelte sich ja auch um die nächsthöhere gerichtliche Ebene; die Revision von Rechtsanwalt Hoffmann war erfolgreich gewesen.]

Es ist hier schön geworden vor Weihnachten. Arthur hat Abstellungsurlaub über Weihnachten beantragt. Ich hoffe, dass er ihn bekommt und dann ordentlich arbeiten kann.

Ob wir Weihnachten wohl einmal wieder zusammen feiern werden? Wenn Du kommen könntest!!!

Wer weiß, ob die Eltern kommen und wer weiß, ob wir hier noch in Ruhe beieinander sein können. Ich bin so glücklich, dass ich nun getrost und nicht mehr bang bin. Manchmal fällt mir Onkel Friedrichs Horoskop von dem dunklen Mann aus dem Osten ein, manchmal auch mein Traum vor langer, langer Zeit, wo ich von einem Russen erschlagen wurde, aber alles ist wohleingeordnet in dem, was auch den Traum bewirkte. Ich war ohne Angst und Not und faltete die Hände und rief zu Gott.

Wir werden nicht leichtfertig sein. Das verspreche ich Dir. Du sollst und darfst die keine Sorgen machen, aber beten, dass Gott uns und vor allem die Kinder nicht aus seinen Händen lässt. Dieses bitten wir auch für Dich.

Ich wünsche Dir eine gesegnete Weihnacht und denke sehr an Dich. Viele liebe Grüße von uns allen und einen Kuss von Deiner Käthe«

Trotz der machtvollen Annäherung der Russen hatte Käthe sich entschieden, in Königsberg sein und bleiben zu wollen. Verständlicherweise bereitete das anderen Menschen Sorgen. Zum Beispiel ihren Eltern, die meinten, im Westen sei es zwar nicht sicher, aber da würde wenigstens nicht der Russe kommen. Käthe bereitete es auch Sorgen, aber sie stellte sich ihnen. Sie wollte dort sein, wo ihr Zuhause war.

Arthurs Abstellungsurlaub wurde teilweise genehmigt. Er erhielt für die Zeit vom 16. bis zum 26. Dezember vom Ur die Erlaubnis, zu Hause arbeiten zu dürfen. So konnte er sich in die Vorbereitungen für die Advents- und Weihnachtsfeiertage stürzen.

Kurz bevor Arthur seinen Urlaub antrat, sprach sich herum, dass Winston Churchill vor dem britischen Unterhaus erklärt habe, dass er die Aussiedlung der Deutschen aus den Ostgebieten billigte. Bedauerlicherweise hatte er das nicht mit Gauleiter Koch abgesprochen. Viele Ostpreußen fühlten sich wie Pferde, deren Stall in Brand geraten war, die aber nicht hinauskamen, weil niemand ihre Boxen öffnete. Erich Koch brachte noch ein Sicherheitsschloss an der Stalltür an.

Natürlich war das Ganze ein hochbrisantes Thema für die pfarrhäusliche Tischgemeinschaft, die endlich wieder einmal beisammensaß, ohne das unbesetzte Stühle wie Zahnlücken im Frontalzahnbereich nach einem Lückenschluss schrien. Die beiden Hochsensiblen am Tisch, Käthe und Gerhart Jonasch, dominerten das Gespräch. Schließlich arbeiteten ihre Ersatzsinne auf Hochtouren und sendeten im Dauerfeuer, dass die Synapsen nur so knallten.

»Ostpreußen ist verlorenes Land«, eröffnete Jonasch das Gespräch, nachdem die Nachspeise, das bisschen Backobstkompott, vom Tisch war. »Ich weiß nicht, wie ich das alles einordnen soll. Ich komme mir vor, wie in einem Gesellschaftsspiel. Warum, in Gottes Namen, gibt Hitler Ostpreußen nicht auf und lässt die Russen einmarschieren? Natürlich erst, nachdem wir hier raus sind. So wie in Memel. Königsberg ist doch nicht mehr verteidigungswürdig. Wenn ich das auch nicht sehen kann, riechen kann ich es allemal.«

»Wir sind der verlorene Posten«, meinte Arthur. »Wir sollen die Sowjets beschäftigen, damit andernorts vielleicht noch eine Stabilisierung erfolgen kann. Ist es nicht seltsam, sich plötzlich dieser Redewendung zu besinnen und festzustellen, dass man selbst es ist, um den es hier geht?«

Alle schwiegen betroffen. So hatte es bisher noch niemand ausgesprochen. Ostpreußen, der verlorene Posten. Es war doch ihr schönes Ostpreußen, das verlorene Ostpreußen. Wieso war es plötzlich ein Posten?

»Ich kenne das Gefühl schon lange, mit meiner Meinung alleine dazustehen«, bekannte Beckmann. »Nur dachte ich bisher, es wäre eine selbst gewählte Alleinstellung. Jetzt wird sie uns aufgezwungen.«

Käthe hatte schon eine Weile tief Luft geholt (wobei sie das Ausatmen nicht vergaß). »Wir befinden uns also auf verlorenem Posten«, griff sie den Gesprächsfaden auf. »Das sehe ich auch so. Wir Erwachsenen, wir billigen das nicht, wir möchten nicht die Figuren in einem Gesellschaftsspiel sein. Das gefällt uns nicht, aber wir können es wenigstens reflektieren. Aber denkt doch einmal an die Kinder! Die werden einfach zu Kanonenfutter deklassiert, dabei sind sie doch die Zukunft unseres Landes. Meine Kinder! Erst sollten wir noch wie verrückt Kinder in die Welt setzen, und jetzt werden genau diese Kinder zum Abschuss freigegeben. Das ist das Letzte. Das ist nicht akzeptabel. Ich trete aus aus diesem System. Meine Kinder, seht sie euch doch an, die dürfen nicht sterben! Nicht so jedenfalls.«

Käthe stand auf.

»Wo willst du hin?« Arthur sah sie besorgt an.

»Ich will die Kinder holen. Lasst sie mit am Tisch sitzen. Vielleicht sehen wir dann klarer.«

Wenige Minuten später saßen Konstantin, Raphael und Michaela mit am Tisch. Sofort hob sich die Stimmung und alle redeten durcheinander.

»Was ist denn los?«, fragte Konstantin, der eigentlich ganz andere Pläne hatte, als mit den Altvorderen um den Tisch zu sitzen. Sie hörten doch sowieso nicht auf ihn.

»Wir wollen, dass ihr mit dabei seid bei unserem Gespräch.« Käthe erklärte das nicht weiter.

Raphael folgte seinem Bruder verbal. »Wieso denn bloß?«, fragte er fröhlich in die Runde. »Wollt ihr mit uns spielen? Ich würde gerne ›Mensch ärgere dich nicht‹ spielen. Onkel Jonasch, spielst du mit?«

Das war eines der Spiele, die mit Onkel Jonasch gingen. Das Spiel gab es nämlich auch für Blinde. Da war das Spielfeld einfach mit Vertiefungen und die farbigen Spielfiguren waren mit weiteren Merkmalen versehen. Die roten hatten drei Knöpfe am Körper, die gelben einen Schal um den Hals, die grünen einen Pickel auf dem Kopf und die blauen waren einfach glatt, ohne alles.

Onkel Jonasch lehnte ab. »Gerne heute Nachmittag. Jetzt versucht einmal, still zu sitzen und zuzuhören.«

Ach du liebe Zeit. Aber es funktionierte. Zu ungewohnt war es für die Kinder, mit am Tisch zu sitzen. Selbst Michaela gab Ruhe, allerdings nur, weil sie auf Arthurs Schoß sitzen durfte. Das geschah so selten, dass es für sie unglaublich schön war, ihr in dem Moment ausnahmsweise also überhaupt nichts fehlte. Sie kuschelte sich an Arthurs Männerbrust und zog sich ansonsten selig in sich selbst zurück. Sie fühlte sich auf gar keinen Fall an, als wäre sie auf verlorenem Posten, dachte Arthur und war sofort auch ein bisschen selig.

Das Gespräch erhob sich wieder.

»Das führt uns eindrucksvoll vor Augen, was oder wen es auf dem ›verlorenen Posten‹ wirklich zu verlieren gibt«, ergriff Pfarrer Beckmann das Wort. »Wenn ich meine Kinder noch dazu nähme, wären es schon zwölf von unseren Nachkommen, die am Tische säßen. Was aber bedeutet das?«

»Das bedeutet«, versuchte sich Käthe an einer Antwort und ihre Stimme wurde dabei ganz leise, »dass wir es da draußen mit Mördern zu tun haben. Mit Leuten, die vorsätzlich den Tod anderer in Kauf nehmen, um dieses oder jenes zu erreichen.«

Draußen waren Mörder. Und außerdem kamen die Russen. Das war eine ganz scheußliche Situation.

»Ja, aber was bedeutet das praktisch für uns?« Charlotte Jonasch wollte es wissen.

Käthe sah Arthur in die Augen. »Das bedeutet, dass wir es mit Verbrechern zu tun haben, die uns und unsere Kinder umbringen lassen, um ihr bisschen Leben vielleicht noch etwas zu verlängern. Und das bedeutet wiederum für uns, dass wir uns nach diesen Leuten nicht mehr zu richten haben. Wir tun ab jetzt nur noch das, was wir für richtig halten.«

So weit, so noch lange nicht gut. Alle blickten gespannt auf Käthe. Würde noch etwas kommen?

Da war sie selbst gespannt, behielt aber das Wort. »Was wir für richtig halten, sollten wir täglich neu herausfinden. Mit Gottes Hilfe. Da passt die heutige Tageslosung sehr gut. Ich lese sie euch vor.« Käthe hatte die Herrnhuter Losungen griffbereit: »›Ich will euch mehr Gutes tun denn je zuvor; und ihr sollt erfahren, dass ich der Herr sei.‹ Das ist natürlich wie meistens ein sehr erstaunlicher Spruch«, gab sie gleich einen Kommentar dazu.

»Ja«, meinte Arthur«, wieder einmal von der klaren Denkweise seiner Frau beeindruckt. »Tun, was wir für richtig halten, und das Tag für Tag. Länger können wir sowieso nicht mehr vorausplanen. Alles, was darüber hinaus zu tun ist, liegt nicht in unserer Hand und muss es auch nicht, wie wir eben gehört haben.«

Arthur würde sich den Mordbuben in den Weg stellen, damit sie ihr Werk nicht an seinen Kindern vollendeten. Wie? Das würde er Tag für Tag neu entscheiden. Als nächstes würde er seine Weihnachtsansprache vorbereiten. Mit Gottes Hilfe.

Wahrscheinlich hielt Arthur in diesem Jahr eine besonders eindrückliche Weihnachtspredigt, sie ist nur leider nicht überliefert. Allerdings schrieb Käthe ins Tagebuch, dass Arthur

Kameraden aus seiner Garnison zu einem freundlichen Weihnachtsabend ins Pfarrhaus eingeladen hatte. Die Gäste zeigten sich so berührt, dass sie beim Hauptmann erreichten, dass Arthurs »Abstellurlaub« über die Weihnachtstage hinaus, bis zum 29. Dezember, verlängert wurde.

Stellvertretend für Arthurs nicht überlieferte Predigt soll an dieser Stelle aus der 1944er Weihnachtsansprache von Heinrich Grüber zitiert werden: »Es ist an diesem Weihnachtstage 1944 für manche Mutter schwer, den Gabentisch der Kinder so kahl und leer zu sehen. ... Aber eins können wir in diesem Jahre, da uns kein Tand und Trubel die Zeit raubt und die Sinne blendet, besser als früher: Wir können mit unseren Kindern in dunkler Nacht still werden und erneut auf die Botschaft hören: Euch ist heute der Heiland geboren. ...

Lass hunderte und tausende Tüchtige und Mächtige ihre Straßen ziehen, lass den Pöbel aller Sorten hinter ihnen herrennen, bleib du in der Schar derer, die wissen, dass sie angesprochen sind, die aber sich auch bewusst bleiben, dass sie das Wort hinauszutragen haben. Wenn du dann übermorgen in deine Arbeit hineingehst, in diese lange schwere Arbeitswoche mit Entbehrungen, mit knappen Lebensmitteln und ständigem Alarm, ... dann bleib bei den Hirten, die Gott lobten und priesen, obwohl das Leben um sie her dasselbe geblieben war wie zuvor.«

Am 31.12.1944 schrieb Käthe wieder einen Brief an ihre Tante:

»Liebe Tante Luise! Am letzten Tag des Jahres will ich doch schnell noch einen Gruß an Dich schreiben. Ich hoffe sehr, dass Du beide großen Briefe erhalten hast. Ebenso haben wir Deine schönen Spielsachen und auch das Büchlein für Konstantin erhalten. Ich war sehr erstaunt, dass du sogar an mich denken konntest und danke Dir herzlich dafür. Wenn ich das Armbändchen umnehme, dann immer im Gedenken an Dich!

Die Kinder sind noch mit dem Schlitten draußen. Es schneit etwas und ist nicht allzu kalt und windig.

Es scheint noch gar nicht so lange her zu sein, da zog ich mit Schlitten oder Schlittschuhen los. Die Zeit vergeht so schnell!

Arthur und ich sind voll Dankbarkeit, dass wir die Weihnachtsfeiertage gemeinsam verleben durften. Viel Freude und Glück war in ihnen. Da wähnt man die Weihnachten der Friedenszeit für unmöglich und es kann nun erst recht so schön sein, weil man langsam und allmählich den eigentlichen Sinn verstehen lernt.

Heute werden wir noch einmal die Kerzen, die ich geschenkt bekam, mit lieben Freunden anzünden und alle zusammensitzen. Um Mitternacht ist Gottesdienst im Gemeindesaal. …

In Adlig Kessel war es um Mitternacht allerdings noch schöner. Nach dem Gottesdienst stiegen Arthur und ich auf den Turm und läuteten anstelle des Glöckners die Glocken. Erst die große, dann die kleine. Unter den Glockenklängen fuhren die Kirchgänger zu ihren Dörfern zurück. Es war etwas ganz Wunderbares. Damals war noch Frieden. Wie viele fallen in diesem Jahr, die im vorigen noch lebten?

Ich muss nun die Kinderlein reinrufen und das Essen für meine Leute kochen.

Lass Dir einen lieben Kuss geben von Deiner Käthe.«

***

Arthurs Urlaub hatte sein Ende gefunden und ging nahtlos in den Ausbau der unmittelbaren Verteidigungsanlagen Königsbergs über. Leider war fast alles, was schon während der Dauer des Krieges in dieser Hinsicht hätte unternommen werden können, nun nicht mehr durchführbar. Dazu kam, dass selbstverständlich die Front bei der Zuteilung von Material stets vorrangig zu bedienen war und sogar manches aus Königsberger Festungsbeständen abgegeben werden musste. Die Vorfeldverteidigungslinie wurde mit einem Schützengraben und etwas Stacheldrahthindernissen im Großen und Ganzen als fertig bezeichnet. Die Vorfeldverteidigungslinie - das war eine Art Außenring um Königsberg. In der Nähe dieses Ringes, bei Ludwigswalde, war Arthur im Einsatz. Ihn überzeugte die Schutzmaßnahme nicht. Er hielt sie nicht einmal für symboltauglich.

Die allgemeine Kriegslage in Deutschland zur Jahreswende 1944/1945 ließ sich so beschreiben: Im Westen waren Frankreich und Belgien wieder abhandengekommen. Nur noch in Holland standen deutsche Truppen. Dagegen standen alliierte Truppen im Raum Aachen bereits auf deutschem Reichsgebiet. Die Ardennenoffensive, von der Hitler einen Umschwung der Lage erwartet hatte, scheiterte und hatte wertvolle Reserven verbraucht. Die restlichen Panzerverbände schickte Hitler nicht etwa zur Verteidigung deutschen Bodens nach Ostpreußen, er war ja auch selbst nicht mehr dort, sondern zum Freikämpfen von Budapest, konsequent verwirrt, wie er nun einmal war. Italien war zum Teil bereits durch die Westmächte besetzt. Auf dem Balkan zogen sich die deutschen Truppen nach Norden zurück. Rumänien, jetzt auch auf Seiten der Russen, hatte der Gegner ganz besetzt. Ungarn hatte Sowjetrussland um Waffenstillstand gebeten.

Gegen Ostpreußen war der russische Aufmarsch beendet. Sie kamen nicht mehr, sie waren da, die Russen. Sie standen und ruhten sich aus. Nach Beendigung des Ausruhens wollten sie durch Vorstöße gegen die Weichsel und auf Elbing die Heeresgruppe Mitte vom westlichen Reichsgebiet trennen und durch Angriffe in Richtung Königsberg die deutschen Truppen in Ostpreußen einkesseln und vernichten. Da war er, der Kessel!

Im Norden, abgesetzt vom Vaterland, standen deutsche Truppen in Norwegen und die Kurland-Armee und das XXVIII. Korps kämpften um ihre Brückenköpfe Kurland und Memel herum. Diese dort gänzlich zweckfrei agierenden Kräfte zur Verteidigung der Heimat heranzuholen, konnte sich Hitler trotz wiederholter Bitten und gut begründeter Gefechtsverlaufsberichte nicht entschließen. Zaudernd gab er ab und zu eine Division frei, der »größte Führer aller Zeiten«. Parallel zu alldem schmissen Tag und Nacht Bomberströme von gewaltigen Ausmaßen ihre Last auf deutsche Städte im westlichen Reichsgebiet.

Soweit zur aktuellen Kriegslage. Das Wetter zum Jahreswechsel? Geringer Frost, leicht bewölkt, aber kein Schneefall. Recht angenehm. Der verlorene Posten entspannte sich kurzzeitig und hielt die Nase in die Sonne.

# 13. Kapitel:

Königsberg, Elbing, Danzig, Gotenhafen, Zoppot, Lübeck, Demmin, Januar–Februar 1945

## Januar 1945 in und um Königsberg

Hauptmann Albrecht war so nett, dem Gefreiten Arthur Preuß zu bescheinigen, dass er berechtigt sei, außerhalb der Kaserne zu übernachten. Diese Bescheinigung berechtigte nur zur Übernachtung innerhalb des Stadtortes Königsberg-Ponarth, jedoch nicht zum Ausgang nach 24 Uhr. Gültig für die Zeit vom 1. Januar 1945 bis 31. Januar 1945.

Schlafen durfte Arthur also wieder zu Hause. Das war für alle sehr schön. Für seine Pfarrertätigkeit war ihm dieser Ausgang jedoch kaum von Nutzen. Dazu kam, dass ihm sein Konsistorialpräsident, Dr. Gefaeller, das Predigen in seiner (also in Arthurs) Gemeinde verbot. Einen Pfarrer, der gegen den Krieg war, sollte man besser nicht auf die Kanzel lassen. Vielleicht war das eine Fürsorgemaßnahme. Vielleicht auch nicht. Pfarrer Beckmann, da hast du deinen würdigen Nachfolger! Arthur gefiel das nicht. Ein Pfarrer ohne Predigtauftrag? Ein Pfarrer wie Arthur ohne Predigtauftrag?

Zum Ausgleich betätigte sich Arthur, indem er schriftliche Thesen zur Konfirmationsgestaltung ausarbeitete. Dazu hatte er nun Zeit. Der verlorene Posten hielt noch immer die Nase in die Sonne, die Russen sahen ihm dabei geduldig und von ferne zu und das Thema lag Arthur schon lange am Herzen. Besonders hatte es ihm der Unterpunkt »Gelübde« angetan und er hielt fest, »dass im Raume der Kirche jeder Eid und jedes Gelübde abwegig ist.« Dies sei nicht nur eine grundsätzliche theologische Erkenntnis, dies habe ihn die Erfahrung gelehrt. »Ich aber sage euch, dass ihr überhaupt nicht schwören sollt, weder bei dem Himmel, denn er ist Gottes Thron, noch bei der Erde, denn sie ist der Schemel seiner Füße, noch bei Jerusalem, denn sie ist die Stadt des großen Königs. Auch sollst du nicht bei deinem Haupt schwören, denn du vermagst nicht ein einziges Haar weiß oder schwarz zu machen. Eure Rede aber sei: Ja, ja; nein, nein. Was darüber ist, das ist vom Übel«. Das stand so im Matthäus-Evangelium.

Ja, ja; nein, nein. Es hieß nicht, mal ja, mal nein, sondern wenn ja, dann ja, wenn nein, dann nein. Diese Haltung rückte Arthur mehr und mehr in die Nähe der Bekennenden Kirche. Obwohl er nach wie vor und im Gegensatz zu seinem Kantor nicht Mitglied der Bekennenden Kirche war, er die rote Bekenntniskarte nicht besaß, kümmerte sich diese Kirche nun um ihn. Sie nahm ihn in ihre Fürbittenliste auf und gestattete ihm, in ihren Kirchen zu predigen, zum Beispiel in der Steindammerkirche im Stadtzentrum.

Arthur sträubte sich innerlich noch immer dagegen, in eine Gemeinschaft von Leuten zu geraten, von denen er meinte, dass sie allzu konservativ und allzu traditionell und geistig wie geistlich zu unbeweglich wären. Doch er wollte predigen, das war sein Auftrag. Und nun durfte er es wieder, wenn auch nicht in seiner eigenen Gemeinde. Er gab sein Bestes.

Ein anderer tat das auch. Oberstleutnant Herbert Haack, derzeit sogenannter Hilfsprediger, wurde mit Arthurs Vertretung in Königsberg-Ponarth beauftragt. Der auch vorher schon sympathische Mitbewohner des Pfarrhauses wurde den Preußens eine echte Stütze. Es kam mit ihm wie mit Beckmann zu echter Brudergemeinschaft. Haack, der Mann mit den Tapferkeitsauszeichnungen aller Art, war ein fabelhafter Kerl, so Arthurs Wertschätzung.

Wenn Arthur des Abends nach Hause kam, führten das Männertrio Haack-Jonasch-Preuß, wo es gerade aufeinandertraf, theologische Diskussionen, so lange, dass Kantor Jonasch vom langen Stehen die Knie müde wurden (denn die Herren trafen meistens im Treppenhaus aufeinander). Was gab es alles zu entscheiden, zu bewerten, zu besprechen. Wenn es nicht um theologische Fragen ging, die immer sofort ins Politische gerieten, ging es um Flucht, was auch immer sofort ins Politische geriet. Noch immer war Flucht eine eher theoretische Angelegenheit, denn Königsberg wurde nicht angegriffen und Gauleiter Koch erlaubte noch immer niemandem, die Stadt fluchtartig zu verlassen. Also standen die theologischen Fragen wieder im Vordergrund. Was für ein Privileg in diesen Zeiten, solch einen Gesprächskreis zu haben, stehend, sitzend oder manchmal auch gehend.

Käthe berichtete ihrer Tante Luise auf einer Postkarte, wie sie diese Tage erlebte:

»Meine liebe Tante Luise,

heute kam Dein lieber Brief. Ich will Dir gleich meine kleine Antwort schicken. Meine Gedanken gehen sehr oft zu Dir. Ach, könnten wir doch jetzt einmal zusammen sein! … Die Arbeit hier ist in vollem Gange und macht uns viel Freude. [Da war wohl neben Arthurs neuem Predigtauftrag die Ponarther Gemeindearbeit gemeint, bei der Käthe nun den Hilfspfarrer Haack unterstützte, was eine schöne Abwechslung war, zumal

Herbert Haack Käthe mit etwas mehr Respekt begegnete, als sie es von ihrem Gatten gewohnt war.]

Die Kinder würden gerne in Zoppot zur Schule gehen. Sonst sind sie erstaunlich glücklich hier. Mein Vater ist ab 1. Januar pensioniert. Vielleicht kommen die Eltern für ein paar Tage hierher. Wenn sie die Reiseerlaubnis bekommen. – Lass Dich herzlich grüßen von uns allen – besonders aber von Deiner Käthe.«

Warum war es denn so kriegsruhig in und um Königsberg? Warum das Riesenbombardement im August und nun passierte hier nichts? Es war ein seltsamer Zustand. Lange hielt er nicht mehr an, obwohl der stellvertretende Reichsverteidigungskommissar Paul Dargel für ihn (und Hitler sowieso) folgerichtig aber entgegen den drängenden Vorstellungen der militärischen Führer noch am 11. Januar erklärte: Ostpreußen wird gehalten, eine Räumung kommt nicht infrage. Ja, genau. Schließlich war es schön ruhig hier. Die Russen hielten Winterschlaf. Da durften die Deutschen das auch tun. Während man schläft, kann man höchstens im Traum um sein Leben laufen. Die Ostpreußen träumten viel in dieser Zeit.

Die Ruhe hielt genau bis zum 13. Januar 1945. Das war der Tag, an dem die Russen aus ihrem Winterschlaf erwachten. Nein, eigentlich war das nicht korrekt. Sie hatten gewartet, bis der Winter einzog mit Frost und allem, damit ihren Panzern das Vorrücken über zugefrorene Sumpfstellen und Bäche gelang, ohne dass sie hängenblieben. Am 12. Januar setzte leichter Frost ein. Am nebligen Wintermorgen des 13. Januar, bei leichtem Schnee und Minusgraden, kündigte um 7 Uhr ein ohrenbetäubendes Krachen den Beginn der russischen Offensive an. Nördlich und östlich von Königsberg (zwischen Memel, über Tilsit, Gumbinnen und noch weiter südlich) wurde die Front über eine Breite von 150 Kilometern aufgerissen. Versuche, den

Gegner zum Stehen zu bringen, scheiterten, da die hierfür erforderlichen Kräfte fehlten. Der verlorene Posten entpuppte sich als verlorener Posten.

Die Front ließ sich nicht mehr schließen. Während der Russe immer neue Kräfte, bevorzugt Panzerverbände, in den Kampf warf, wurden die deutschen Divisionen aufgerieben. Doch nach wie vor wurde Königsberg, der nicht mehr so sehr stinkende, aber noch immer Schutthaufen und noch immer Hauptstadt Ostpreußens, nicht behelligt. Jedenfalls nicht durch Beschuss. Nur, dass die russischen Flugzeuge Tag und Nacht ungehindert über die Stadt hinwegflogen. Das war furchtbar unheimlich, auch weil es gar keinen Alarm mehr gab. Deutsche Flugzeuge waren nicht zu sehen, die gab es augenscheinlich ebenfalls nicht mehr. Die Angst der Bevölkerung wuchs. Die Russen waren gekommen, aber noch immer nicht da. Was war hier los?

Dafür kamen immer mehr Flüchtlinge nach Königsberg hinein. Das Flüchtern steigerte sich, die Unflucht nahm an Fahrt auf. Die meisten Flüchternden zogen von Ost nach West, einige von Süd nach Nord. Manche kamen auch von Westen, um zu bleiben, in der Hoffnung, dass Königsberg seinen Festungscharakter unter Beweis stellte und es hier noch Obdach und Nahrung zu finden gab. Der Buschfunk arbeitete auf Hochtouren und es verging kein Tag ohne neue Gerüchte. Man erzählte sich unglaubliche Geschichten über Gräueltaten der russischen Soldaten bei der Eroberung der ersten deutschen Städte, nach dem Motto »und sehr bald werden wir selber Schlimmes erleben«. Sie zogen umher und umher.

Nichtstotrotzdestodennoch, sei es aus Pflichtbewusstsein, dem Mut der Verzweiflung oder aus der Gewissheit, in und bei Gott sowieso immer aufgehoben zu sein und das anderen mitteilen zu wollen, veranstaltete Gerhart Jonasch am 21. Januar eine geistliche Abendmusik in der Ponarther Kirche - außer ihm tat das vielleicht in ganz Ostpreußen niemand mehr - mit Orgelwerken und der Kantate »Jesu, meine Freude« für Sopran, Alt, Bass, Streicher und Orgel von Dietrich Buxtehude. Die Frauenstimmen waren einigermaßen gut besetzt und Arthur lieferte den Bass, unterstützt durch seinen Hilfsprediger Haack. Es fand sich ein betagtes, aber beherztes Streichtrio und Gerhart Jonasch übernahm das Orgelspiel und die Gesamtleitung. Vielleicht wäre irgendein Zyniker auf die Idee gekommen, den Kantor zu fragen, ob er blind sei. Denn wer mochte angesichts des Elends noch Kantaten aufführen. Diesen Zyniker gab es jedoch nicht und die anderen hätten ihn auch zur Kirche hinausgetrieben. Gerhart Jonasch war zwar optisch blind, aber ansonsten mit großer Klarsichtigkeit gesegnet.

Der Text der Kantate war von Johann Franck im Jahre 1653 verfasst worden:

»Jesu, meine Freude,
meines Herzens Weide,
Jesu, mein Begier.
Ach wie lang, ach lange
ist dem Herzen bange
und verlangt nach dir!
Gottes Lamm, mein Bräutigam,
außer dir soll mir auf Erden
nichts sonst Liebers werden.

Unter deinem Schirmen
bin ich vor den Stürmen
aller Feinde frei.
Lass den Satan wittern,

lass den Feind erbittern,
mir steht Jesus bei.
Ob es jetzt gleich kracht und blitzt,
ob gleich Sünd und Hölle schrecken:
Jesus will mich decken.

Trotz dem alten Drachen,
trotz des Todesrachen,
trotz der Furcht dazu!
Tobe, Welt, und springe,
ich steh hier und singe
in gar sichrer Ruh.
Gottes Macht hält mich in acht;
Erd und Abgrund muss verstummen,
ob sie noch so brummen.

Weg mit allen Schätzen!
Du bist mein Ergötzen,
Jesu, meine Lust!
Weg ihr eitlen Ehren,
ich mag euch nicht hören,
bleibt mir unbewusst!
Elend, Not, Kreuz, Schmach und Tod
soll mich, ob ich viel muss leiden,
nicht von Jesu scheiden.

Gute Nacht, o Wesen,
das die Welt erlesen,
mir gefällst du nicht.
Gute Nacht, ihr Sünden,
bleibet weit dahinten,

kommt nicht mehr ans Licht!
Gute Nacht, du Stolz und Pracht!
Dir sei ganz, du Lasterleben,
gute Nacht gegeben.

Weicht, ihr Trauergeister,
denn mein Freudenmeister,
Jesus, tritt herein.
Denen, die Gott lieben,
muss auch ihr Betrüben
lauter Zucker sein.
Duld ich schon hier Spott und Hohn,
dennoch bleibst du auch im Leide,
Jesu, meine Freude.«

Das war damals und ist heute ein sehr politischer Text, der zugleich die übergeordnete Ebene aufsuchte, um in der allgemeinen Not schon vor dem persönlichen Abscheiden sich jemanden zur Seite zu stellen, der sowohl unangreifbarer wie auch machtvoller Akteur war. Denn wenn man in solcher Zeit, im Leide, an der Seite von Jesus Freude empfinden konnte, hatten wohl alle bösen Mächte dieser Welt nichts ausrichten können.

Die Kirche war bis auf den letzten Platz gefüllt. Das Knacken der Kloben in den vorgeheizten eisernen Öfen war in ein knisterndes Summen übergegangen. Gerhart Jonasch hatte sein tapferes Chörchen und das Königsberger Streichtrio im Altarraum um das Orgelpositiv geschart, so dass sich das Geschehen im Angesicht der Gemeinde abspielte.

Schon nach den ersten Tönen des Vorspiels meinte die Hörerschaft, in eine ferne Welt geraten zu sein. Dass sie so etwas noch erleben durften! Wunderschön war das. Beim Einsatz des

Chores war dann spätestens klar, dass sie alle in den Himmel geraten waren. Charlotte Jonasch war stimmlich leicht indisponiert, so dass Gerhart sie in den Alt gesteckt hatte, wo sie zuverlässig ihren Dienst tat. Umso mehr konnte sich Käthes Sopran im Chor und sogar solistisch hervortun, was ihr und anderen zur Freude geschah. Und wer stand neben ihr und sang alle Chorstücke mit und sein klarer Knabensopran mischte sich mit den anderen Stimmen auf das Lieblichste? Konstantin. Da war sie, die Freude, trotz allem Leide, trotz aller Teufel, Drachen, Todesrachen und weiterer Störenfriede.

Tränen flossen, Taschentücher wurden feucht, bei lauteren Stellen war auch ein Schluchzen möglich. Die letzte Strophe durften alle Zuhörer, die sich die ungewohnte Melodiehöhe zutrauten, mitsingen. Die anderen sangen auch mit, aber das machte nichts, denn ihr Gebrumm ging im allgemeinen Wohlklang auf (nicht unter). Alle fühlten sich, als hätten sie mit den Engeln gesungen.

Wäre die Ponarther Kirche ein Schiff gewesen, hätte sie an diesem Abend wohl abgelegt und wäre mit allen Passagieren auf Nimmerwiedersehen ins himmlische Reich hinter allen Horizonten aufgebrochen. Selbstverständlich wäre es nicht gekentert und wenn doch, hätte es auf dem Weg ins himmlische Reich keine Rolle gespielt. Denn die Engel des Herrn dienen den Reisenden ins himmlische Reich und geben allen Geleitschutz von der ersten Minute an.

***

Die Heimat-Schlaf-Erlaubnis für Arthur, die ihm auch das Mitsingen im Engelschor ermöglicht hatte, galt nichts mehr. Arthur wurde ab dem 22. Januar dauerhaft abkommandiert, die Befestigungsanlagen im Süden Königsbergs zu vervollkommnen und zu schützen. Er bekam einen Karabiner K 98 und eine Pistole (K) sowie Schaufel und Spaten.

Neben seinem Wache-Schieben hatte er den Auftrag, »Einmannbunker« zu bauen. Das ging eigentlich nicht, weil inzwischen der Winter gekommen und der Boden gefroren war. Aber mit vereinten Kräften bekamen sie einige Löcher zustande, in die die Einmannbunker eingelassen wurden. Was das für Dinger waren? Der so genannte »Feuerwehrgeneral«, Alfred Fiedler, hatte einen Einmannbunker mit Deckel als Schutz gegen Überrollung durch Panzer erfunden. Er wurde »Kochtopf« genannt. Diese Kochtöpfe bestanden aus engen Zementröhren mit einem Betondeckel als Panzerschutz. Sie wurden im Gelände, leider häufig an taktisch falschen Stellen, eingegraben. Da nur ein Mann in dieser Röhre Platz hatte, fühlte sich dieser, so auf sich gestellt, wie in einer Mausefalle. Außerdem, wer sagte den russischen Panzern, dass sie über diese Töpfe fahren oder nicht fahren sollten? Im Ernstfall fuhren sie meistens woanders lang.

## Im Kochtopf

Käthe war nun allein. Allein verantwortlich für sich und die drei Kinder. Und irgendwie auch für das Ehepaar Jonasch, das nun doch, trotz aller geistlichen Zuversicht, von einer Gemeinschaftspanik in die nächste fiel. Die Zusatzsinne des blinden Kantors arbeiteten wieder einmal auf Hochtouren. Die Kriegsgeräusche ringsumher – ob die der Überflieger oder das Grollen aus der Ferne – machten ihn fertig. Und im Falle einer konkreten Katastrophe nützten ihm seine mühsam erworbenen Fähigkeiten in punkto Selbständigkeit gar nichts mehr, das wusste er natürlich. Manchmal, so bemerkte er mit grauschwarzmeliertem Humor, erwäge er, sich in ein Fass zu begeben, damit das immerwährende Sich-Orientieren-Müssen endlich ein Ende habe. Nicht zum Sinnieren, sondern zum Konzentrieren. Kantor Jonasch als Konzentrat. Das würde auch seine Panik bekämpfen helfen. Im Falle einer gemeinschaftlichen Flucht könne man ihn einfach mitrollen.

***

Arthur war gar nicht so weit von der Pestalozzistraße entfernt stationiert. Ludwigswalde war gerade einmal fünf Kilometer von Ponarth entfernt. Es lag südwestlich von Königsberg, noch innerhalb der Vorfeldstellung. Insofern tauschten sie häufig Grüße aus und mehrfach gelang es ihm sogar, als Bote in eigener Sache, also körperlich, seine Familie zu besuchen.

Bei einem seiner Kurzbesuche sprachen sie, wie schon so oft, das Thema Flucht an. Käthe war unschlüssig, Arthur war der Meinung, dass der Platz der Pfarrersfamilie bei Pfarramt und Gemeinde wäre. Wenn schon er, der Pfarrer, nicht seines Amtes walten könne, so müsse die Pfarrfrau einspringen.

»Theoretisch magst du ja recht haben«, meinte Käthe, als sie an diesem Punkt angelangt waren. »Aber wir müssen auch an unsere Kinder denken. Sie sind schuldlos an all dem Übel und uns nicht weniger anbefohlen als unsere Kirchengemeinde. Nein, sie sind uns mehr anbefohlen, denn wir haben sie in die Welt gesetzt.«

Arthur schüttelte den Kopf. »Wir müssen unsere privaten Interessen hintenanstellen. Der Hirte darf seine Schafe nicht verlassen. Das bringt der Pfarrerberuf nun einmal mit sich.«

»Der Hirte ist doch gar nicht mehr da. Ich bin zwar deine Frau, aber vor allem auch die Mutter unserer Kinder. Wenn sich eine Möglichkeit bietet, sie vor Schaden zu bewahren, fühle ich mich dazu verpflichtet. Der liebe Gott will ganz bestimmt nicht, dass wir unsere Kinder einer höheren Idee opfern. Zumal diese höhere Idee, dieser schreckliche Krieg, mir schon lange nicht mehr göttlich inspiriert erscheint.«

»Das mag ja sein. Trotzdem bitte ich dich: Tue, was ich sage.«

Arthur ließ sich nicht von seiner Meinung abbringen.

Leider hatten sie nicht die Möglichkeit, das Gespräch zu einem einvernehmlichen Ende zu bringen, denn Arthurs Besuchszeit war abgelaufen und er musste sich verabschieden, um wieder ordnungsgemäß am Kriegsgeschäft teilzunehmen. Er drückte seinen Kindern einen Kuss auf die Stirn, umarmte Käthe und verschwand in der Dunkelheit des Winterabends.

Vor allem nachts hatten er und seine Kameraden viel zu tun. Die flüchtenden Trecks, die von allen Seiten nach allen Seiten unterwegs waren, schoben sich über die vereisten Chausseen, ja, auch oder sogar besonders nachts. Die mussten bewacht und beschützt werden.

Irgendwo im allgemeinen Gewühle sollte sich Arthur an diesem Abend noch melden. Irgendwo Posten stehen oder sitzen oder knien. Irgendwo warteten auf ihn in dieser Eislandschaft Schützengräben oder Schützenlöcher, die selbst gebastelten Kochtöpfe, in die noch Landser hineinpassten, auch so einer wie Arthur. Würden sie den Feind, der im Übrigen noch nicht ganz da war, nur unweit, aber nicht nah, aufhalten können? Arthur bezweifelte es. Nein, er hielt es für ausgeschlossen. Und es überkam ihn eine grausam hellsichtige Angst: Springst du jetzt in diesen dir zugewiesenen Kochtopf, bei diesem Ostwind, dieser brennenden Kälte, ziehen sie dich morgen bestenfalls dreiviertelerfroren, schlimmstenfalls tot heraus. Er entschied sich gegen diese Möglichkeiten und suchte nach einem anderen Unterschlupf für die Nacht. In einem Haus am Straßenrand hatten sich Landser zusammengepfercht. Keiner fragte nach einem Woher oder Wohin.

Als Arthur am Morgen den ihm bestimmten Kochtopf bezog, war man dabei, Dreiviertelerfrorene und ganz Tote aus den benachbarten Löchern zu ziehen. Er war davongekommen, weil er sich davongemacht hatte, ohne freilich jemanden im Stich gelassen zu haben, denn niemand wartete auf ihn, noch nicht einmal der Feind. Diesen und die folgenden Tage nutzte er, um ein Gedicht zu schreiben. Die Nächte verbrachte er wieder bei seinen Kameraden im Haus an der Straße.

»Bußlied der Flüchtenden, Wachposten Ludwigswalde,
23. bis 26.1.1945

Es klirrt der Frost in den Planen,
die Sielen knirschen im Eis,
Gefährt um Gefährt ächzt von dannen
zum Jüngsten Gericht, wie Gott weiß,
derhalb, weil man Hoffart zu weit spannt
und frevelndem Hochmut verfällt,
schwelgt: Heute da hört uns Deutschland
und morgen die ganze Welt!

Nun hat die Welt es vernommen,
wie's gell aus der Tiefe schreit.
Es ist ein Gottestag kommen,
der Becher des Zorns ist bereit.
Nun müssen wir alle aussaufen

die Hefe zum bittersten Rest,
mit einer Taufe uns taufen,
drin Christus uns heimsuchen lässt.

Dir galt ruhmredig nur Glaube
an die selbsteigene Kraft.
Nun künden's gar Blinde und Taube,
dass sie nur Verwüstungen schafft.
Doch sprichst du: »Wer will es mir wehren,
zu tun, was Natur mir gebot!«
So muss denn mein Arm es dich lehren,
dich Wurm, der lebendige Gott!

Du wirst nicht mehr stehlen, begehren,
denn ICH bin der Heilge, dein Gott.
Du aber wolltest nicht hören:
»Schweig still, der Himmel ist tot!
Du Narr, dessen Sünde ICH sahe
von alters gleich Bergeslast schwer:
Bin ICH denn ein Gott nur von nahe
und nicht auch von ferne her?

Hab längst zu den Vätern gesprochen:
ICH bin eurer Missetat müd.
Sie wird an den Kindern gerochen
ins dritte und vierte Glied,
wenn ihr nicht umkehrt und lernet,
wie ihr aus dem Heiligtum
den Greul der Verwüstung entfernet,
mein Grimm bliebe länger nicht stumm. –

Nun klirrt der Frost in den Planen,
die Sielen knirschen im Eis.
Gefährt um Gefährt ächzt von dannen
zum Jüngsten Gericht, wie Gott weiß.
Nun haben wir's bebend vernommen:
Allmächtiger Vater, dein Reich
ist nahe herbeigekommen.
Tut Buße, bekehret euch!

Ach HERR, hilf uns demütig werden
und schenk voll Erbarmen uns allen
nur einmal noch Friede auf Erden,
den Menschen ein Wohlgefallen.«

Nur einmal noch? Um ihn dann auf immer und ewig zu halten? Ein frommer Wunsch, wie all die anderen Zeilen aufgeschrieben in einer so genannten Zwischenzeit.

Innerhalb von zehn Tagen, vom 13. bis 23. Januar, war es den Sowjets gelungen, Ostpreußen vom übrigen Deutschen Reich abzuschnüren. Der Zangengriff war geglückt, der größte Teil Ostpreußens besetzt. Es war umzingelt, eingekesselt, eingekocht. Nichts wie weg, dachten sich noch mehr Leute. Sie verließen ihre Heimat, ganz ohne Befehl, zogen in die Winterkälte hinaus, an Arthur und seinen Kameraden vorüber, von überall her nach überall hin. Ob manche von ihnen Arthurs Gedicht vernahmen? Wenigstens sein Ende, das mit dem Friedenswunsch?

Leute, denen nichts Hilfreiches mehr einfiel, flohen aus dem Leben. Was sie sich selbst nahmen, konnte ihnen nicht mehr gestohlen werden. Ach, Ostpreußen!

Zu Wasser sah es nicht besser aus, wie ein Sohn des Kapitäns im Bordtagebuch der Möwe notierte: »Am 23. Januar, die ›Möwe‹ war gerade 8 Tage von der Werft runter, brachte unser Vater [Kapitän Arendt] mit uns, seinen Söhnen (wir hatten - verbotenerweise - dafür Urlaub auf Ehrenwort bekommen) unsere Familie mit dem Schiff aus Elbing raus. Wir hatten schon in Danzig die Russen hören können, die waren schon in Miswalde. Bis dahin hatte der Vater immer gemeckert, wenn die Mutter die Koffer packen wollte. Wenn sie die morgens gepackt hatte, packte er sie abends wieder aus. In Elbing dachte noch keiner an Aufbruch. Der Vater hielt mich für verrückt.

›Hast Du Dampf?‹ fragte ich meinen Bruder Helmut.

›Ja, Dampf habe ich‹, sagte er.

›Hast Du genügend Kohlen?‹

›Ja, Kohlen habe ich auch!‹

Und da kam denn auch mit einem Mal der Kreisleiter, nein, ein Ortsgruppenleiter, und gab den Befehl, nachmittags auszulaufen und die Ortsgruppe Neustadt nach Danzig zu evakuieren. Erst hatte es geheißen: Sollte es einmal dazu kommen, dann würden erst alle Glocken läuten und alle Sirenen gehen und dann wären immer noch ein paar Stunden Zeit, sich einem Treck anzuschließen. Aber es kam ganz anders. Wie sich das nun rumsprach! Im Nu war das Schiff überfüllt. Wieder diese furchtbaren Szenen am Kai, wenn wir nicht alle mitnehmen konnten.

Wir mussten das Schiff polizeilich absperren lassen. Und dann erst unterwegs! Bei der großen Kälte von minus 15 oder minus 20 Grad! Nicht alle konnten wir in die Kajüten oder unter Deck stopfen. Auch Mütter mussten draußen mit ihren Kindern bleiben und sie so gut, wie's ging, einpacken, und wenn sie sie in Danzig auspackten, waren sie tot.

Es war schrecklich und kam alles so plötzlich. Nun sollte es ganz schnell gehen – da haben sie nichts mehr von ihren Sachen gerettet, bloß das nackte Leben.

Am 23. Januar 1945 um 15.30 Uhr fuhren wir los. Vater hatte schon einen Schlaganfall hinter sich und war nicht mehr der Kräftigste. Er konnte nicht mehr fahren. Aber von der Reederei Zedler hatten wir Paul Kohlert zugewiesen bekommen; der war Motorbootführer bei Zedler gewesen und übernahm jetzt die Schiffsführung. Wir hatten nur polnische Gefangene als Besatzung an Bord. Da kam es auf jeden Deutschen an.

Es war höchste Zeit geworden: 4 Stunden später waren schon die Russen in Elbing.«

Damit war Ostpreußen für die Deutschen so ziemlich verloren. Die Erde drehte sich weiter. Und weiter lesen wir im Bordtagebuch der »Möwe«:

»23. 1. Um 16.00 Uhr [in Elbing] ausgelaufen mit Flüchtlingen nach Danzig. Um 18.00 Uhr von Backbord-Schraube alle 4 Flügel im starken Haffeis abgeschlagen.

Im Elbingfluss war die Fahrrinne einigermaßen von den Eisbrechern aufgebrochen. Aber auf dem Haff war alles verstopft. Das Eis fing schon an zu schieben. Wir mussten schwer arbeiten, immer vor und zurück. Und am Westmolenkopf mussten wir um 90 Grad wenden, um in Richtung Danziger Weichsel abzubiegen und die neue Fahrrinne im Haff zu gewinnen. Wir haben bei schwerem Schneesturm in dem Eis allein eine halbe Stunde gebraucht, bis wir diese Wendung von 90 Grad fertiggebracht hatten. Dabei haben wir uns die eine Schraube im Eis abgeschlagen! Und dann sind wir mit einer Schraube und einer Maschine weitergefahren! Ferner auf Steuerbord-Seite vorn in

Damentoilette in der Wasserlinie 4 Löcher vom Eis eingedrückt. Nachts 1.30 Uhr in Danzig eingelaufen.«

Zu der Zeit, als das Schiff in Danzig ankam, hatten sich Käthes Eltern endlich dazu durchgerungen, Zoppot zu verlassen. Sie verließen es genau an diesem 23. Januar, einem Dienstag, mit dem letzten Zug, einem Lazarettzug, gen Westen nach Demmin, zu Magda und ihren Kindern. Für die etwa 500 Kilometer Strecke benötigten sie eine Woche. Der Zug musste immer wieder umgeleitet werden, weil die Russen an verschiedenen Stellen durchbrachen. Von einem Besuch in Königsberg bei Käthe und den Kindern hatten die Leforts im Wortsinne Abstand genommen. Käthe war kriegsbedingt nicht zu erreichen gewesen und konnte von dem Wegzug ihrer Eltern, von ihrer Flucht, nicht mehr unterrichtet werden.

In dem nun eingekesselten ostpreußischen Reststück sah es grausig aus. Hier drängten sich von Norden, Osten und Süden kommend, Hunderttausende. Jetzt war ihnen auch der Weg nach Westen versperrt. Die Marsch- und Fluchtrichtungen kreuzten sich, liefen gegeneinander, Menschen und Fahrzeuge verstopften die Straßen. Bis zu allerallerletzt hatte völlige Unklarheit darüber geherrscht, wie sich die Bevölkerung im Falle eines russischen Angriffs verhalten sollte. Was nicht sein durfte, kam nicht einmal als Möglichkeit in Betracht und eine Unmöglichkeit war nicht planbar. Ostpreußen glich einem Ameisenhaufen, in den etwas Größeres als ein Ei vom Himmel gefallen war. Die Alliierten konnten das gut beobachten.

Käthe war vollkommen ratlos, denn Arthur kam nicht mehr nach Hause. Er war inzwischen unabkömmlich beim Wache schieben. Und nicht nur das – er war jetzt wirklich an der Front, den Russen körperlich furchtbar nahe, was diesen allerdings keine Angst einjagte. Zwar hatte Käthe Nachricht von ihm, dass er wohlauf sei, aber direkt war er für sie nicht mehr erreichbar. Sollten sie nun fliehen oder nicht? Wie konnten sie fliehen, wenn sie sich mit Arthur nicht einig geworden war? Er hatte ihr doch eindringlich nahegelegt, dass ausgeharrt werden sollte. Nein, es war keine einvernehmliche Absprache gewesen; in ihren Ohren hatte es wie ein Befehl geklungen. Musste sie wirklich auf ihren Mann hören, koste es, was es wolle? War es tatsächlich ihre von Gott gewollte Aufgabe, den Pfarrherren während seiner Abwesenheit zu vertreten? Hatte Käthe das, was Arthur an so vielen Pfarrfrauen bewundert hatte, nun auch zu leisten? Doch im Unterschied zu diesen verdienstvollen Damen wohnte sie nicht auf irgendeinem Dorf, das die Russen vielleicht gar nicht bemerken würden. Sie wohnte in der Hauptstadt. Die wurde von den Russen nicht übersehen. Die war sozusagen das Sahnehäubchen, das sie sich irgendwann – ja wann denn nun, worauf warteten sie noch? – einverleiben würden. Und die Kinder? Mussten die Arthurs Pflichten ebenfalls erfüllen? Das glaubte Käthe ganz und gar nicht. Wie lange würde diese Unsicherheit noch bestehen, wie lange sollte sie noch worauf warten?

Von Arthurs Eltern hatte Käthe auch lange nichts gehört. Waren sie noch in Königsberg oder waren sie aus dem ostpreußischen Kriegsgebiet ins Reich geflohen? Niemand hatte von ihnen mehr etwas gehört.

Käthe wartete. Sie hoffte auf einen Impuls, eine Eingebung, einen guten Rat. Am besten einen von oberster, von göttlicher Instanz. Auch deshalb hielt sie jetzt allabendlich eine Bibelstunde im Hause, in Vertretung ihres Ehegatten und zum Trost vieler, nicht nur der Hausgenossen.

* * *

Am 26. Januar traf General Schittnig mit dem Stab der 1. Division in Königsberg ein und übernahm die (bald? wann?) notwendige Verteidigung der Stadt. Zivilisten gab es unzählige, doch Truppen, Kämpfer, gab es kaum. Nur die Lazarette waren bis unter die Decke mit etwa elftausend Verwundeten angefüllt. Mit wem wollte oder sollte der Herr General die Stadt verteidigen?

Bereits an seinem ersten Königsberger Dienst-Tag wurde die Stadt durch russische Artillerie beschossen. »Endlich!« hörte man es raunen. Nein, das nun nicht. Aber endlich war das Warten vorüber.

Am nächsten Tag, dem 27. Januar, erließ die Gauleitung, also der Herr Koch, den recht unüberlegten Aufruf, dass die Bevölkerung bei einem russischen Panzervorstoß aus Richtung Tapiau - also von Osten her - sofort nach Pillau abzurücken habe, also gen Westen, Richtung Ostsee. Abzurücken? Was war denn das für eine Formulierung? Es handelte sich schließlich um Zivilisten. Um alte Männer, Frauen und Kinder.

Die entsprechende Anordnung folgte dem Aufruf noch am gleichen Tage und unmittelbar darauf begann eine wilde Flucht in Richtung Pillau. Zu Fuß, mit dem Fahrrad, mit Hand- und Kinderwagen strömten die Fliehenden nach Westen. Hinzu kamen Truppenfahrzeuge, die ins Samland, also nach Nordwesten, verlegt wurden. Eine Verstopfung auch letztmöglicher Wege war die Folge.

Im Aufruf hatte es geheißen, Königsberg über Pillau zu verlassen. Aber auch im Königsberger Hafen wurden noch einige Schiffe mit Flüchtlingen beladen. Natürlich reichte der Schiffsraum bei Weitem nicht für alle aus, die sich am Kai einfanden.

Käthe musste sich jetzt wirklich entscheiden, denn die Anordnung zur Flucht war ergangen, während Arthurs Anordnung dem entgegenstand. Am Morgen des 28. Januar hatte Käthe die Ungewissheit satt. Aber was denn nun tun? Jonaschens wollten in Ponarth bleiben, scheuten sie doch die Unsicherheit der Flucht. Ein Fass für Gerhart war weder bestellt worden geschweige denn eingetroffen. Außerdem hatten sie im Keller noch dieses und jenes gehortet, was sie nicht aufgeben wollten. Es war auch im Pfarrhaus kalt, aber draußen, da war es noch viel kälter.

Käthe nahm Konstantin beiseite, ihr großes Kind. Er war noch immer ganze neun Jahre alt. Ja, ein intelligenter Kerl, aber nicht ganz von dieser Welt. Doch das schien eher von Vorteil. Denn in dieser Welt, wer sollte sich da noch auskennen?

»Konstantin, sollen wir fliehen oder bleiben?«

»Fliehen.« Das kam ganz ohne Zögern.

Da war es auch bei Käthe mit dem Zögern vorbei. Arthur? War nicht da. Vielleicht gab es ihn schon gar nicht mehr. Plötzlich war alles ganz einfach. Und es wurde ihnen – passend zum endlich gefassten eigenen Entschluss – ein Engel geschickt. Ein Engel, dem ein Brief von Oberstleutnant Herbert Haack unter dem rechten Flügel steckte:

»Liebe Frau Pfarrer!

Mit diesem Brief schicke ich Ihnen meinen besten Soldaten. Er wird Ihnen mit Gottes Hilfe gewiss weiterhelfen. Er darf so lange bei Ihnen bleiben, bis Sie auf einem Schiff untergekommen sind.

Nächst Gott können Sie diesem Mann vertrauen, denn er ist in vielen Dingen erfahren, und ich schätze ihn sehr.

Meine Gebete begleiten Sie, Ihre Kinder, Ihren Mann, Jonaschs und Fräulein Grigoleit andauernd. Gott kann seine Kinder sicher durch alles hindurchführen. Vertrauen Sie fest auf diese Zusagen, die Jesus dem Glaubenden gegeben hat, dann brauchen Sie sich nicht zu fürchten. Gott führt und fügt dann alles.

Lassen Sie, wenn es nottut, Ihr Gepäck fahren. Es kommt einzig auf das Leben an. Gott kann auch so weiterhelfen, je weniger wir mitnehmen. Lot floh auch eilend aus Sodom und die Kinder Israel aus Ägypten ›als die Hinwegeilenden‹. Bei Ihrer Schwester in Demmin werden Sie gut aufgehoben sein.

Ihr Mann ist mit Ihrem Fortgehen einverstanden. Er sagte mir neulich, Pfarrer Beckmann sei ja hier, da wären Sie nicht mehr nötig. Er machte sich sogar Sorge, dass er Sie hiergelassen hatte.

Und nun, meine liebe Frau Pfarrer, sage ich Ihnen noch einmal, dass Sie mir auf dieser Erde die größte Freude bereitet haben: Ich weiß jetzt, was Glauben ist, ich weiß jetzt, was Liebe ist, mein Herz ist darum sehr froh.

Und nun seien Sie alle Gott befohlen.

Beten Sie für uns wie wir für Sie. Wir, Pfarrer Beckmann auch, bleiben im Gebet vor Gott ständig vereint und werden uns vor Christi Thron in seinem Reich wiedersehen.

Gott behüte Sie

Ihr Herbert Haack«

Dieser wunderbar gute Mann, Oberstleutnant Haack, war von militärischer Seite unterrichtet worden, dass ein Wehrmachtsdampfer im Königsberger Hafen erwartet wurde. So veranlasste er den schnellen Abtransport gleich aller Pfarrhausinsassen. Er hatte sich in dem Brief mit seiner Aussage, dass Arthur mit dem Fliehen einverstanden sei, weit aus dem Fenster gelehnt. Aber das nahm er auf seine Kappe. Schließlich hatte Arthur ihm an dem Abend, an dem er endgültig zu seiner Stellung ausrückte, kundgetan, dass er sich nun noch einmal vor Gott frage, ob es recht und überhaupt noch notwendig sei, Käthe die Flucht zu untersagen, da Bruder Beckmann ja jetzt die Gemeinde betreue. Die Antwort gab nun Oberstleutnant Haack, in Gottes Namen.

Das Ehepaar Jonasch konnte nicht alleine zurückbleiben und die Gemeindehelferin, Fräulein Grigoleit, auch nicht, denn sie hatte hier keine Angehörigen mehr und konnte der Frau Pfarrer auf der Flucht helfen, ihre Kinder zu betreuen. Wobei sich die Gemeindehelferin bis zur letzten Minute unsicher war, was sie in Gottes Namen denn tun solle. Da kam auch ihr der Hilfspfarrer Oberstleutnant Herbert Haack gerade recht. Er kannte Gottes Willen offensichtlich.

Das, was Herbert Haack bei der ganzen Aktion am meisten zu schaffen machte, war der Gedanke, was geschähe, wenn auch diese letzten »Gerechten« die Stadt verlassen hätten. Was dem »Sodom« Königsberg bevorstünde. Da er nun aber Käthe auf besondere Weise ins Herz geschlossen hatte, bereute er seinen Entschluss, sie hinwegführen zu lassen, nicht.

## Auf der Flucht

Der Aufbruch aus der Pestalozzistraße 3 erfolgte zügig, aber frei von Panik. Nicht gerade, als würde man in den Urlaub aufbrechen, dennoch in gewisser Weise routiniert.

Anscheinend hatte Käthes Unterbewusstsein schon für die Flucht vorausgepackt. Sie wusste genau, was mitzunehmen war. Selbst das Ehepaar Jonasch war trotz seiner vorangegangenen Ablehnung jeglichen Fluchtverhaltens erstaunlich gut organisiert und es genügten ihnen ein paar Handgriffe, um alles zurechtzustellen. Das Wichtigste: Warme Bekleidung, Wolldecken, komprimierte Nahrung, Wasserflaschen (am Körper zu tragen), Personaldokumente, kleine Erinnerungsstücke, kleinere Wertgegenstände, bei Preußens noch die Teddybären der Kinder. Das alles packten sie in mehrere Koffer, die der Haack'sche Engel – nennen wir ihn Samuel, »Gott ist mein Ziel«, seinen wahren Namen kennen wir nicht – auf dem größten verfügbaren Schlitten festband.

Der 28. Januar war ein Sonntag. Bei ihrem letzten Rundgang durch das Pfarrhaus beschloss Käthe, die Abendmahlsgeräte auf dem Altartisch im Esszimmer stehen zu lassen. Die heiligen Näpfe waren noch unberührt, weil am Vorabend niemand aus der Gemeinde gekommen war, um das Abendmahl zu feiern. So aufgestellt, gerieten sie möglicherweise plündernden Personen in die flinken Finger, doch Käthe wollte positiv denken. Schließlich war Pfarrer Beckmann noch da und würde alles für das nächste Ma(h)l benötigen.

Begleitet von dem permanenten Tönen der Martinshörner machten Käthe und ihre Lieben sich zum Königsberger Hafen auf. Sofern ein größeres Schiff im Hafen lag, gaben die Löschfahrzeuge Alarm, um die Einwohner aufzufordern, zum Hafen zu gehen. Die Luftschutzsirenen konnten nicht mehr jaulen, die Stromversorgung war zusammengebrochen.

Die seltsame Ruhe, die Königsberg in den vergangenen Wochen umgeben hatte, war dahin. Die Russen schossen aus allen Rohren auf die Stadt, vor allem von oben. Tiefflieger, durch keine Flak mehr behindert, flogen dicht über die Häuser und machten Jagd auf jeden, der ihnen vor die Maschinengewehre kam.

Ein Fass für oder gar mit Gerhart Jonasch gehörte also nicht zur Fluchtausstattung. Es fehlte ihm sehr, war er doch zu Fuß so unbeholfen und Frau Charlotte hatte keine Hand für ihn frei.

Deshalb bekam er einen großen Rucksack umgehängt und links Konstantin, rechts Raphael an die Hand. Das war ein Gespann! Einmal konnten sich die zwei nicht einigen, beziehungsweise sahen keine Notwendigkeit dazu, und Raphael rannte rechts, Konstantin links an einem Laternenmast vorbei. Rums! machte es an Kantor Jonasch. Zum Glück war er mit vorgeneigtem Kopf gegangen und hatte eine dicke Fellmütze auf. Er nahm es mit Humor. Die Jungchen kamen aus dem Kichern gar nicht mehr heraus. Was für eine wunderbare Ablenkung! Aber so konnte es nicht bleiben. Also musste Kantor Jonasch sich am Schlitten festhalten.

Käthe und ihre Gefährten hatten Glück. Ihr kleines Grüppchen bewegte sich zwar überwiegend durch offenes Gelände, war aber anscheinend für die Angreifer aus der Luft nicht interessant genug. Hoffentlich blieb das bis zum Hafen so. Aber war nicht die Hoffnung die Schwester der Angst? Was für ein infernalisches Getöse ringsumher. Gerhart Jonasch war nun wieder dicht an der Panik und natürlich völlig orientierungslos. Zu allem Überfluss kippte der Schlitten mit den Koffern mehrmals um, woran der blinde Kantor als Anhängsel nicht ganz unbeteiligt war. Sie hatten es jetzt sehr eilig und es war für niemanden Trost im Ungemach, dass der unebene Boden mit dem verharschten Schnee auch anderen Schlittenführern Probleme bereitete. Nur Samuel bewahrte sie davor, sich in völlige Auflösung zu begeben. Auf dem einen Arm trug er Michaela, mit dem anderen zog er den Schlitten und mit sanfter, aber klangvoller Stimme brachte er schließlich selbst den hysterischen Kantor zur Räson. Unbeschadet erreichten sie den Freihafen, Hafenbecken 1. Der Wehrmachtsdampfer, den Oberstleutnant Haack für ihre Fahrt im Blick gehabt hatte, war jedoch schon abgefahren. Tausende von Menschen stauten sich im Hafen.

Am Kai lag unter Dampf und abfahrbereit ein anderes Schiff, der Frachtdampfer namens »Elbing VIII«. Er war eines der letzten Schiffe, die vom Königsberger Hafen ablegen durften. Alle anderen stachen nur noch von Pillau aus in die Ostsee.

In dem Moment, als sie den Kai erreicht hatten, wurden die kleine Schar und all die anderen von russischen Bombern, sechs an der Zahl, Konstantin zählte mit, ins Visier genommen. So schnell sie konnten, rannten sie in einen der riesigen Keller der Lagerhallen am Hafen, den Schlitten mit seiner Fracht Samuel überlassend. Dabei verlor sich die Fluchtgesellschaft vorübergehend aus den Augen. Kurze Zeit später sammelte Samuel sie wieder ein und führte sie zurück zum Anleger. Doch wie sollten sie auf das Schiff gelangen, vor dem sich schon wieder Tausende von Menschen drängelten und schoben?

Der Engel-Soldat drang auf wundersame Weise durch die Menschenmassen, bewegte sich wie schwebend zwischen Kai und den Andrängenden und geleitete die kleine Gruppe zur Gangway. Ein Kind nach dem anderen warf er über die Reeling auf den Dampfer. Danach mussten sie Käthe und ihre Leute auch auf das Schiff lassen. »Die Mutter gehört zu den Kindern, lasst den Blinden durch!«, so oder ähnlich tönte Samuel und die Menge gehorchte ihm. Anschließend sorgte er dafür, dass auch ihr Schlitten auf das Schiff befördert wurde, in der Hoffnung, dass sich die Koffer während der Fahrt nicht selbständig machten. Es gab passend zum Menschengewühl ein totales Durcheinander der Gepäckstücke.

So geschah es, dass Käthe und ihre Lieben samt ihrer Habseligkeiten unbeschadet von Königsberg wegkamen.

Auf dem Schiff wurden sie mit hunderten anderen in Empfang genommen. Es waren viel zu viele für den kleinen Dampfer. Damit er Tempo machen und die für seine Verhältnisse weite Reise durch den Pregel, über einen Zipfel des Frischen Haffes nach Pillau und dann über die Ostsee nach Stettin ohne Zwischenstopp absolvieren konnte, hatte er große Mengen Kohlen aufgenommen. Auf diesen unter Deck gestauten Briketts kamen nun Käthe und ihre Schar zu sitzen. Da waren sie vor Wind und Wetter geschützt, aber natürlich nicht vor dem Seegang. Spätestens nachdem sie die Ostsee erreicht hatten, schlingerte es zum Gotterbarmen. Zum Glück wurde niemand aus der kleinen Gruppe seekrank.

Sie fuhren bis Leba, dann bekam das Schiff einen Maschinenschaden und wurde fortan von einem Lotsendampfer geschleppt, allerdings nicht bis Stettin, sondern nur bis Gotenhafen. Heil und gesund, wenn auch vom Seegang kräftig durchgewalkt, kamen sie dort an. Gotenhafen (früher »Gdingen«) lag nur wenige Kilometer nordwestlich von Zoppot.

Unterdessen war ein von Käthe im Eilverfahren gefertigtes Briefchen, mit krakeliger Schrift auf die Rückseite des alten Umschlages geschrieben, über den in Königsberg gebliebenen Samuel an Herbert Haack gelangt: »Auf dem Schiff bin ich gelandet. Tausend Dank! Alles wollen wir Gott anbefehlen. Vielleicht sehen Sie meinen Mann? Ich bin nun wieder ruhig. Ihre Käthe Preuß.«

***

Am selben Tag war es auch Karl und Hedwig gelungen, Königsberg zu verlassen. Karl wollte eigentlich nicht weg, wollte in Königsberg bleiben, in dieser starken Stadt. Überhaupt: Bleiben, eine gute Devise. Aber Hedwig wollte nur noch raus. Diesem Irrsinn entkommen. Leider konnten sie ihre Schwiegertochter nicht erreichen, nicht benachrichtigen. Waren Käthe und die

Kinder überhaupt noch in der Stadt? Wo Arthur war, wussten sie schon gar nicht. Schweren Herzens machten sie sich auf den Weg, gemeinsam mit ihren Nachbarn vom Haus gegenüber, der Familie Maltusch. Ein Schiff, das von Königsberg aus fuhr, erreichten sie nicht mehr. Und so entschlossen sie sich wie viele andere, über das Eis des Frischen Haffes in Richtung Danzig, gen Westen, zu laufen. Das waren etwa hundertvierzig Kilometer Fußweg. Ganz schön viel, ganz schön weit, es war Winter, es war bitterkalt. Hedwig war siebenundsechzig, Karl dreiundachtzig Jahre alt.

***

Alle Preußens waren gerade noch rechtzeitig aus der Stadt gekommen. Bereits zwei Tage später hatten die Russen Königsberg eingeschlossen. Es gab noch eine kleine Schneise entlang der Haffküste in Richtung Heiligenbeil, aber die war nur für das Militär gangbar. Die Zivilbevölkerung hatte keine Fluchtmöglichkeiten mehr.

Am 30. Januar, als Käthe und ihre Leute in Gotenhafen eintrafen, lag dort das ehemalige Kraft-durch-Freude-Schiff »Wilhelm Gustloff« vor Anker. Schnell sprach sich herum, dass das Schiff noch am Abend auslaufen sollte. Käthe und ihre Mitgefährten verließen eilends die »Elbing VIII«. Die »Gustloff« lag abfahrbereit am Nachbarkai. Sie mussten sie erreichen! Verzweifelt drängelten sie sich – kein hilfreicher Engel in Sicht – durch die Menge. Käthe stand mit Konstantin und Michaela kurz vor der Gangway, dicht hinter ihr die anderen aus ihrer Gruppe, als sie zum Zurücktreten aufgefordert wurden. Wegen Überfüllung wurde ihnen der Zutritt verwehrt. Sie mussten sich fügen.

Mutlosigkeit überfiel sie. Was nun? Sollten sie bei Käthes Eltern in Zoppot Unterschlupf suchen? Käthe und Konstantin machten sich auf die Suche nach einem Telefon. Natürlich waren alle Leitungen entweder überlastet oder nicht mehr intakt. Sollten sie auf gut Glück nach Zoppot fahren? Es bestand noch Zugverkehr. Wenn ja, sie alle? Oder war es sinnvoller, die Gruppe aufzuteilen? Es war kalt und die Züge sicher nicht beheizt. Aber auch wenn die Eltern gerade nicht da wären, gab es ja noch deren Wohnung. Und bestimmt etwas zu essen. Und eine warme Stube. Und die Front war weit weg. Und auf das Schiff waren sie sowieso nicht gekommen. Das nächste würde erst morgen gehen.

Sie würden sich aufteilen. Das Ehepaar Jonasch und Fräulein Grigoleit sollten in Gotenhafen bleiben, um ihnen allen die Chance zu sichern, auf das nächste Schiff zu kommen. Käthe würde mit den drei Kindern zu den Großeltern fahren und diese vielleicht sogar zum Mitfahren bewegen. Sie brachen auf, relativ unbeschwert und voller Hoffnung.

Unterdessen machten sich das Ehepaar Jonasch und Fräulein Grigoleit daran, sich unter die Leute zu begeben, die auf das nächste Schiff warteten. Den Schlitten hatten die drei dabei und Kantor Jonasch hielt unentwegt Körperkontakt zu dem aufgetürmten Gepäck, damit auch ja kein Stück abhandenkam. Die Menschen um sie herum verhielten sich rücksichtsvoll. Hoffentlich blieb das so. Die »Cap Arcona« lag am Kai, war aber für die Flüchtlinge bisher nicht freigegeben worden; die für die Fahrt zu treffenden Vorbereitungen mussten abgeschlossen werden. Am nächsten Morgen sollte es so weit sein. Dann waren hoffentlich Käthe und die Kinder längst wieder im Hafen.

Die Vier hatten Zoppot in kurzer Zeit erreicht, denn es waren nur etwa zehn Bahnkilometer zurückzulegen. Trotz schmerzender Füße – Käthe musste die Kinder abwechselnd auf ihre, also Käthes, Füße stellen, damit sie überhaupt vorankamen, woran das wohl lag, das mit den Schmerzen? – erreichten sie vom Bahnhof aus laufend das Haus der Eltern, Große Unterführung 7b. Da auf ihr Klingeln niemand öffnete, klingelte Käthe bei den Nachbarn, den Klimkowskis. Gott sei Dank, wenigstens dort war jemand zu Hause.

»Ach, die liebe Frau Preuß, ach, ach, ach, und alle Kinderchen. Ja, wissen Sie denn nicht, dass Ihre Eltern schon vor einer Woche zu Magda nach Demmin aufgebrochien sind?«

Käthe erschrak. Davon hatte sie nichts gewusst. Eigentlich wollten die Eltern doch nach Königsberg kommen. Aber ja, sicher doch, es war natürlich viel besser so ...

»Kommt erst einmal rein und wärmt euch auf. Die Wohnung der Eltern ist noch frei, da könnt ihr euch ausruhen. Ich heize mal schnell in der Küche durch.«

Die Nachbarin, kurzerhand zum Du übergegangen, Käthe wirkte doch fast so jung wie ihre Kinder, wechselte in den Aktionsmodus.

Sie betraten die Wohnung der Leforts. Die Kinder liefen sofort ins Schlafzimmer, warfen sich noch in Mänteln und mitsamt ihren Winterschuhen auf die großelterlichen Betten und schliefen sofort ein. Käthe zog ihnen die Schuhe von den Füßen und deckte sie mit den Daunenbetten zu, wobei sie ein wundersames, trautes Gefühl ergriff. Der Duft des Parfüms ihrer Mutter hing noch in der Luft, die Tür des Kleiderschrankes stand halb offen und sie sah die Bügel mit den Jacken ihres Vaters ordentlich aufgereiht auf der rechten Seite der Kleiderstange hängen. Oh, das war fast zu viel für unsere tapfere Käthe. Zum Glück rettete Frau Klimkowski sie vor einem unkontrollierten Tränenausbruch. Die Nachbarin stand in der Schlafzimmertür und winkte Käthe zu sich heran.

»Kommen Sie, Frau Pfarrer, trinken Sie eine schöne Tasse Tee«, sprach sie die anscheinend gerade wieder respektabler gewordene Tochter ihrer Wohnungsnachbarn an und bat sie in die Küche.

Käthe schaute sich um, während die gute Frau Wasser für einen schönen Kräutertee aufsetzte und einige Schnitten Fettbrot zurechtmachte. Nicht das, was Käthe sich eigentlich erhofft hatte, aber doch so viel mehr als nichts.

Dankbar blickte sie auf das gastliche Angebot, registrierte allerdings auch, was alles an Altvertrautem nicht mehr in der Küche stand. Frau Klimkowski entging das nicht.

»Liebe Frau Pfarrer, ihre Eltern haben nicht damit gerechnet, noch einmal zurückzukommen. Und dass Sie noch einmal kommen, damit haben sie erst recht nicht gerechnet. [Das stimmte beides so nicht. Die Eltern gingen, wie viele andere Zoppoter auch, davon aus, dass ihre Flucht gen Westen nur eine vorübergehende sein würde. Eigentlich sollten die Nachbarn alles für sie aufbewahren.] Ihre Eltern haben mir gestattet, ihr Hab und Gut an Bedürftige zu verteilen. Sie können sich vorstellen, wie schnell ich die guten Dinge losgeworden bin.«

Ja, das konnte Käthe sich vorstellen. Und dass einige dieser Dinge auch bei der Nachbarin selbst gelandet waren, konnte sie sich ebenfalls vorstellen. Erstaunlich, dass die Federbetten unangetastet geblieben waren. Aber auch dafür hatte Frau Klimkowski eine Erklärung.

»Das Bettzeug habe ich nicht weggegeben. Das sollte den nächsten Mietern bleiben. Oder den Flüchtlingen. Wer immer als nächstes kommen wird. Sie können es natürlich gerne mitnehmen.«

Das konnte Käthe leider nicht, obwohl es verlockend war, sich vorzustellen, statt auf Briketts auf Gänsefedern zu liegen. Ihr Bequemlichkeitsbedürfnis musste sich hintenanstellen.

Gerne nahm sie die Tasse mit heißem Kräutertee entgegen, in die Frau Klimkowsi großzügig noch einen Schuss Bärenfang hineingegeben hatte. Der alkoholschwangere Dampf des heißen Getränkes stieg Käthe gar lieblich in die Nase und der erste Schluck war so köstlich, dass ihr nun doch die Tränen in die Augen schossen.

»Ach, ach, ach, liebe Käthe, du sollst doch nicht weinen. Bestimmt wird alles wieder gut. Du fährst nach Demmin und triffst dort alle deine Lieben wohlbehalten an. Hab keine Angst!«

Zu ihrem eigenen Entsetzen ließ Käthe sich von Frau Klimkowski in den Arm nehmen und an den mütterlichen Busen drücken. Sie kannte die Frau doch gar nicht richtig! Und außerdem war sie hier die Mutter. Trotzdem tat es gut, so freundlich umfangen zu werden. Nach einer gar nicht so schrecklichen Sekunde löste sich Käthe aus der Umarmung.

»Ich fürchte, ich sollte an den Aufbruch denken. Vielleicht kommen wir heute noch auf das Schiff, das wäre wunderbar.«

Schweren Herzens weckte sie die Kinder, die sicher gerne stundenlang weitergeschlafen hätten. Mit großen Augen schauten sie sich um. Ach, hier waren sie! Wie schön! Zum Glück mussten sie nicht gleich in die Kälte hinaus, denn vor dem Aufbruch wurden auch sie noch großzügig bewirtet. Begeistert drängten sich die Kinder an den warmen Küchenofen, fielen über die Fettbrote her und schlürften ihren Tee, natürlich ohne Bärenfang. (Nein, ein ganz kleines bisschen hatte Frau Klimkowski ihnen hineingeschüttet, altersentsprechend mengengestaffelt, versteht sich. Das diente schließlich der guten Durchblutung und hatte noch niemandem geschadet, auch ihren Kindern und Enkeln nicht.) Und siehe da, die Wangen röteten sich und die Kinderfüße wurden endlich bis in den letzten Zeh warm.

»Können wir nicht bleiben?«, fragte Raphael seine Mutter. »Hier ist doch alles, was wir brauchen. Und vielleicht kommen die Großeltern ja bald wieder.«

Konstantin übernahm das Antworten. »Nein, das können wir nicht. Unsere Sachen sind bei Onkel Jonasch und der wartet schon auf uns. Der kann doch gar nicht alleine fliehen. Außerdem fahren wir spätestens morgen zu Tante Magda und den Großeltern. Da ist es noch viel schöner als hier!«

Das hoffte Käthe auch.

Widerstrebend nahmen sie Abschied von der elterlichen Wohnung. Eine ruhige Nacht in einem warmen Bett, dafür hätte Käthe allerhand gegeben. Aber Konstantin hatte recht. Sie mussten zurück nach Gotenhafen. Was Konstantin nicht gesagt hatte, was aber auf der Hand lag: Auch in Zoppot würde der Krieg verloren gehen. Und hier wären sie ganz auf sich gestellt. In Demmin hingegen wohnte ihre Schwester in einem respektablen Pfarrhaus mit unendlich vielen Zimmern. Ach, wie Käthe sich plötzlich nach ihrer großen Schwester sehnte. Energisch blies sie zum Aufbruch, bedankte sich trotz der entstandenen Vorbehalte mit einer ihrerseits herzlichen Umarmung und einem »Gott behüte Sie!« bei Frau Klimkowski und machte sich mit ihrer kleinen Schar auf den Weg zum Bahnhof. Da dem gerade nichts im Wege stand, fuhr ihr Zug pünktlich ab.

Sie erreichten den Hafen und fanden nach einigem Suchen auch die übrige Fluchtgemeinschaft wieder. Jonaschs hatten erfolgreich dafür gesorgt, dass sie inmitten der Wartenden eine recht günstige Ausgangsposition einnahmen. Es hatte sicherlich geholfen, dass der hochgewachsene Kantor mitsamt seinem umklammerten Gepäck eine eindrucksvolle Erscheinung abgab. Vielleicht sah er wenigstens von weitem einem Zentaur ähnlich (oben viel Mensch, unten, mit Gepäck, viel Masse). Vielleicht aber gab es doch noch genug anständige Menschen, die einem Blinden Respekt und Mitgefühl entgegenbrachten.

***

Am frühen Abend verließ die »Wilhelm Gustloff« ohne Käthe und die Ihrigen den Hafen. Weit kam sie nicht. Das russische Unterseeboot »S 13« beschoss das deutsche Schiff. Um 21.30 Uhr erhielt es querab Stolpmünde drei finale Torpedotreffer. Von den Rettungsbooten konnten nicht alle zu Wasser gelassen werden. 1.252 Schiffbrüchige wurden gerettet und 5.350 ertranken.

***

Etwa zur Zeit dieser Tragödie kamen Käthes Eltern in Demmin an. Die Schülerschaft der Kleinstadt machte mit Handwagen Bahnhofsdienst. Was für eine großartige Sache! Sie karrten das Gepäck der Leforts zu Magda in das Pfarrhaus, Baustraße 36. Der zwanzigminütige Weg schien den müden und entkräfteten Eltern endlos, dennoch waren sie guter Dinge, war ihnen doch die Flucht gelungen. Sie freuten sich auf ihre große Tochter, auf ihre Enkelkinder und auf ein schönes, weiches, mit Wärmflaschen vorgewärmtes Bett. Ach, sie freuten sich einfach.

***

In Gotenhafen hingegen wurde es kalt und kälter. Ein Schneesturm setzte ein. Aber für niemanden kam es infrage, die einmal ergatterte Warteposition aufzugeben. Man schützte sich vor Wind und Wetter, so gut es ging. Selbst die kleinen Kinder jammerten nicht oder nicht mehr.

Endlich wurde die »Cap Arcona« für die Flüchtlinge freigegeben. Sie war ein Luxusdampfer und ehemals das strahlende Flaggschiff der Hamburg-Südamerika-Linie. Der Dampfer wurde nach dem »Kap Arkona« auf der Insel Rügen benannt. Was für ein Schiff! Etwa 200 Meter lang, 26 Meter breit, zwei Turbinen, 24.000 Pferdestärken und Platz für etwa 1.000 Passagiere. Doch die beeindruckenden Zahlen konnten nicht darüber hinwegtäuschen, dass das Schiff in keinem guten Zustand war. Seit knapp sechs Jahren lag es nun schon als grau gestrichene Wohnkaserne in Gotenhafen herum. Wichtige Ausrüstungsgegenstände waren als Ersatzteile an aktive Schiffe abgegeben worden. Nun, im Januar 1945, waren mehrere große Passagierschiffe - unter ihnen die »Cap Arcona« - hastig und mehr oder weniger provisorisch für die Zwecke des Personentransportes instandgesetzt und bereitgestellt worden.

Die Flüchtenden waren beeindruckt. Selbst Gerhart Jonasch war beeindruckt, ließ er sich doch alles bis aufs Kleinste beschreiben und erspürte mit seinen Zusatzsinnen die körperliche Ausstrahlung dieses Kolosses. Im Gegensatz zur »Gustloff« war die »Cap Arcona« ein Dampfschiff, und was für eines! Die Einstiegsluke war so groß wie ein Scheunentor und auf dem Steg, also auf der Laufplanke, hätte ein Pferdewagen fahren können. Doch trotz des vorhandenen Platzes und aller Vorabstrategien hatten Käthe und ihre Lieben Mühe, auf das Schiff zu kommen. Das lag zum einen an der sofort einsetzenden rücksichtslosen Drängelei, zum anderen daran, dass die drei Kinder wieder wahnsinnige Schmerzen in den Füßen hatten. Sie konnten nicht mehr laufen.

Drei der Erwachsenen – Käthe, Fräulein Grigoleit und Kantor Jonasch – nahmen sich je eines der Kinder auf die Füße und näherten sich so dem Schiff. Der blinde Jonasch hatte noch die meiste Kraft und hielt, geleitet von dem als Gallionsfigur auf ihm stehenden Konstantin, tapfer auf die Gangway zu. Das blieb nicht unbemerkt. Ein uniformierter Kavalier (möglicherweise der Engel Samuel in anderer Gestalt) schuf eine Gasse für die Formation, beteiligte sich am Schlittenziehen, und unser Grüppchen gelangte unversehrt, wenn auch erschöpft, auf das Schiff. Dort wurden sie mitsamt ihrem Gepäck – nur der Schlitten verblieb am Ufer – und ziemlich vielen anderen Mitreisenden in die Kabine 545 gesteckt. Die Kabine lag in der Nähe des Maschinenraumes, war vorgewärmt und trotz der Enge fast ein bisschen gemütlich. Sie waren in Sicherheit.

Zu diesem Zeitpunkt wusste nur die Schiffsbesatzung, mit welchen Gefahren sie auf See zu rechnen hatten. Die Nachricht vom Untergang der »Gustloff« war unter Verschluss gehalten worden und hatte sich daher noch nicht herumsprechen können.

Die »Cap Arcona« legte am Abend des 31. Januars ab. An Bord befanden sich etwa 9.800 Menschen. Das Schiff bekam Geleitschutz von einigen kleineren Kriegsschiffen, denn das Schicksal der »Gustloff« sollte die »Cap Arcona« nicht ereilen. Der Kapitän hoffte, in winterlicher Nacht und bei starkem Eisnebel nach Westen durchzukommen. Die wartungsbedürftigen Maschinen ließen nur eine langsame Fahrt zu, da die Gefahr bestand, dass sie sonst ausfielen. Die latente U-Boot-Bedrohung nahm dadurch sehr konkrete Formen an. Bei der mit intakten Turbinen möglichen Höchstgeschwindigkeit von 20 Knoten und einem Zickzackkurs wäre sie nicht von Bedeutung gewesen.

Aber vielleicht wussten die Gegner ja nicht, dass sie eine Art dampfbetriebenes Wohnschiff vor sich hatten. Sie sah großartig aus, die »Cap Arcona«.

Beim Auslaufen aus der Danziger Bucht wurden sie trotz aller Schutzmaßnahmen von einem russischen U-Boot mit Torpedos angegriffen. Es gelang der Schiffsführung jedoch, durch - wenn auch langsamen - Zickzackkurs dem Beschuss auszuweichen. Zum Glück auch an den folgenden Tagen.

Eine ausreichende Versorgung der vielen Menschen an Bord konnte natürlich nicht gewährleistet werden. Jeder musste essen, was er mitgebracht hatte oder durch Tausch erhalten konnte. Getränke gab es von der Schiffsküche, wenn man sich dort anstellte. Gelegentlich wurde Brot ausgegeben.

Auch die Säle des ehemaligen Luxusschiffes waren mit Flüchtlingen belegt. Die Leute lagen eng auf Tuchfühlung beieinander, ob bekannt, verwandt oder fremd. Selbst auf den breiten Stufen der Treppenaufgänge lagen Menschen. Auf dem Oberdeck hingegen hielten sich nur wenige auf. Zum »Promenieren« war es zu kalt. Außerdem fürchteten die meisten Leute um ihr Gepäck.

Käthe und ihre Lieben hatten es also schön warm. Das knappe Essen nahmen sie in Kauf, blieb ihnen doch nichts anderes übrig. Außerdem zehrten sie noch tagelang von den Mitgebebroten Frau Klimkowskis, die sich, möglicherweise wegen ihres, wenn auch geringfügig ausgeprägten, schlechten Gewissens selbst übertroffen hatte. Glanzstück des Proviants war ein riesiges Stück Speck, das Gerhart Jonasch ohne Argusaugen, aber nicht weniger genau, unter Verschluss und Beobachtung hielt. Der Höhepunkt der Tagesverpflegung war für alle in dem Moment erreicht, wenn Charlotte Jonasch ihren Mann darum bat, den Speck herauszurücken. Mit dem Schweizer Taschenmesser ihres Mannes säbelte sie Stück um Stück von dem Fettklops ab und alle wurden gerecht bedient.

Da sie sich in der Bewachung ihrer Habseligkeiten abwechseln konnten, spazierte Käthe manchmal auf dem Schiff herum. Was ihr dabei besonders ins Auge fiel: In jedem der Säle hing ein anderes Hitlerbild. Was ihr an den unterschiedlichen Hitlerbildern auffiel: Sie sahen alle gleich aus.

Bei einem ihrer Spaziergänge wäre sie fast abhandengekommen, die liebe Käthe. Bis an die Nase vermummt stand sie auf einem der See zugewandten Bootsdeck. Irgendwie war sie auf ihrer Suche nach frischer Luft auf das so genannte A-Deck geraten und versuchte nun, zwischen den Rettungsbooten einen Ausblick zu erhaschen. Da war aber kein Ausblick. Da war nur der Eisnebel, der sich sofort an ihre Brauen heranmachte, sich in ihre Nase setzte und sogar an den Wimpern festhielt. Alles um sie herum sah seltsam aus. Noch nie in ihrem Leben war sie an so einem Ort gewesen. Fast war ihr, als würde sie sich auflösen. Gab es sie überhaupt noch? Wo war sie? Gab es noch Himmel, Erde und Meer? Wo waren sie? Musste sie nach ihnen suchen? Sollte sie springen? Würde sie fliegen können? Rief das Meer nach ihr? Rief der Wind nach ihr? Rief Arthur nach ihr? Der Gedanke an Arthur traf sie wie ein Dolchstoß. Sie hatten sich verloren. Für immer? Wo war er? Stand auch er im Nebel, wartete auf sie? War etwas Schlimmes geschehen? Käthe verlor sich, die Zeit blieb im Raum stehen, nichts geschah mehr, alles blieb, alles war an das Ende des Seins gekommen und wartete.

»Kleines Fräulein, so allein hier draußen?«

Käthe fuhr zusammen. Ein älterer, ziemlich dicker Mann hatte sich ihr bis auf Armeslänge genähert.

»Wieso allein? Ich bin zu zweit!«, fuhr sie ihn ungehalten an. Was war denn das für ein Dickerchen? Wie konnte man heutzutage so fett sein? Sicher war er ein Dieb oder zumindest ein Schreibtischtäter mit unbegrenztem Zugang zu diesem und jenem.

Der Mann schreckte zurück. Er hatte eine arme Irre vor sich!

»Ist ja schon gut«, murmelte er und tat einige Schritte rückwärts. »Gehen Sie besser wieder nach unten. Sie könnten hier erfrieren!«

Das brachte Käthe zu sich. »Sie haben recht, vielen Dank«, entgegnete sie liebenswürdig, als hätte sie ihn nicht gerade angefahren.

Der Mann kam aus dem Kopfschütteln gar nicht mehr heraus. Diese jungen Dinger! Erst einen auf lebensmüde machen und dann die Grübchen zeigen. Was für ein liebliches Gesicht sie hatte, die seltsame Frau. Weiter kopfschüttelnd blickte er ihr nach, wie sie im Eisnebel in Richtung des Speisesaales verschwand.

Käthe eilte, so schnell sie konnte, in ihre Kabine zurück. Draußen war es ihr nicht mehr geheuer. Da würde sie nur noch in Begleitung hingehen. Wie lange sie wohl auf dem Bootsdeck gewesen war? Hatte der dicke Herr ihr gerade das Leben gerettet? Wohl nicht, beschloss sie. Sie wäre nicht gesprungen. Aber es hatte sich schon sehr seltsam angefühlt, während der Nebel sie umschlossen hielt. So entrückt. Sie war entrückt worden. Wie es Arthur wohl ging? So oft musste sie an ihn denken. Erleichtert öffnete sie die Tür zu ihrer Kabine, sank zwischen ihre Lieben und erzählte ihnen eine unterhaltsame, aber auch ein wenig sonderbare Geschichte. Sie hätte im Eisnebel Arthur gesehen? Die Kinder wurden ganz aufgeregt. Nein, nein, nicht wirklich. Nur wie im Traum. Ach so. Gut, dass die Mutter wieder bei ihnen war.

***

Just zu dieser Stunde riss eine Granate ein Loch in das Kinderzimmer des Ponarther Pfarrhauses. Kurz darauf wurde das übrige Haus – Arthur war zwar noch immer in der Nähe stationiert, aber eben nicht präsent; Pfarrer Beckmann war dienstlich unterwegs und Oberstleutnant Haack militärisch anderswo im Einsatz – von deutschen Soldaten mit Beschlag belegt.

* * *

Die Fahrt der »Cap Arcona« von Gotenhafen nach Schleswig-Holstein dauerte fast fünf Tage, weil das Schiff so langsam fuhr. Vor Neustadt in Holstein ankerte der Luxusdampfer im offenen Wasser, denn der Hafen war viel zu klein für ihn.

Nach und nach, im Laufe einer Woche, wurden die fast 10.000 Flüchtlinge auf das Städtchen losgelassen. Die ersten wurden am 4. Februar mit Motorbooten ausgebootet. Käthe und ihre Lieben hatten das Glück, zu diesen ersten zu gehören und wurden bei mildem, sonnigem Wetter ans Ufer geschafft. Vorsichtig setzten sie erst einen und dann auch den zweiten Fuß an Land. Mühsam ihr Gepäck schleppend, erklommen sie die steinerne Uferbefestigung, sich gegenseitig haltend, stützend und emporzerrend. Oben angekommen, wurden sie in eine Baracke geleitet, die als Kantine einer Marinekaserne diente. Hier bekamen sie eine reichhaltige Mahlzeit – Graupenbrei mit echten Fleischstückchen! – vorgesetzt. Was für ein Festmahl. Doch den meisten Leuten bekam das Essen nicht; für sie war es nach tagelangem Fasten zu viel des Guten. Käthe und ihren Lieben erging das nicht so. Der Speck hatte seine kräftigende Wirkung nicht verfehlt und der Magen war an fleischlich-fette Speisen gewöhnt.

In der Baracke wurden sie gefragt, wohin sie wollten. Vielleicht nach Dänemark? Das klang nicht schlecht. Aber nein, sie wussten, wohin sie wollten: Käthe und die Kinder nach Demmin, das Ehepaar Jonasch nach Halle an der Saale und Fräulein Grigoleits Ziel war die Reichshauptstadt Berlin. Jetzt hieß es Abschied nehmen. Das war gar nicht so einfach. Nein, es war richtig schwer. Wann würden sie sich wiedersehen? Sollten sie nicht besser für immer zusammenbleiben? Tränen flossen, Hände wurden gedrückt, Wangenküsse ausgetauscht, gute Wünsche gestammelt und schließlich gab es kein Halten mehr und alle lagen sich in den Armen.

Auf dem Bahnhof verloren Käthe und die Kinder die anderen schnell aus den Augen. Aber es war alles gesagt und die verschiedenen Wege wollten nun gegangen werden.

Fräulein Grigoleit kam heil und gesund in Berlin an und wurde dort von ihrer Schwester in Empfang genommen. In Halle an der Saale vertrat Kantor Jonasch sehr bald den zum Volkssturm eingezogenen Oskar Rebling an der Orgel der Marktkirche. Da ging die Post ab!

Käthe und die Kinder fuhren mit einem Personenzug bis Lübeck. Dort bekamen sie Butterbrote und Tee und auch sonst ging alles geordnet vonstatten. Sie verbrachten eine Nacht in einer Baracke neben dem Bahnhof, dann ging die Fahrt weiter und nach viermaligem Umsteigen trafen sie bereits am 5. Februar in Demmin ein. Sie waren neun Tage unterwegs gewesen.

# 14. Kapitel:

Demmin, Königsberg, Danzig, Demmin, Februar–März 1945

## Käthes Flucht gelungen …

Käthes Gemütsverfassung war schwer zu beschreiben. Ihre körperliche können wir mit dem Wort »elend« zusammenfassen. Kopf und Herz befanden sich noch zur Hälfte in Königsberg, die anderen Hälften versuchten sich mit Arthur zu verbinden, weitere hatte sie auf See gelassen. Mehr als drei Hälften konnte sie beim besten Willen nicht mobilisieren. Käthe war nicht ganz da, obwohl der äußere Nebel sich längst gelichtet hatte. Zum Glück konnte Konstantin aushelfen; er hatte alle Sinne zur Verfügung und auch alles Übrige war heil in Demmin angekommen. Der Bahnhof war ihm von einem früheren Besuch bei Tante Magda noch erinnerlich, so dass er sich schnell zurechtfand. Außerdem reckte unübersehbar und in nicht allzu weiter Ferne die Bartholomäuskirche ihren Turm in den Himmel. Von dort aus würde er sich auf alle Fälle zurechtfinden. Zum Glück waren aber auch die Schülerhilfstruppen wieder in Aktion. Er musste ihnen nur die Adresse nennen, schon wurde ihr Gepäck auf den Bollerwagen geladen, Michaela kam obendrauf, und sie setzten sich in Bewegung.

Langsam erwachte Käthe aus ihrer erneuten Entrücktheit. Sie waren in Demmin! Sie hatten es geschafft. Gleich würde sie ihre Schwester und hoffentlich auch ihre Eltern umarmen können. Du liebe Zeit, vielleicht war sie wieder da, die liebe Zeit.

Schritt für Schritt gingen sie den langen Weg, Schritt für Schritt fiel die Anspannung von ihnen ab, Schritt für Schritt züngelte das kleine Vorfreudenflämmchen stärker empor. Schritt für Schritt kamen sie ihren Lieben näher und dann waren sie angekommen. Sie bedankten sich bei ihren Gepäckfahrern, dann hob Käthe Michaela hoch, damit sie den Klingelknopf drücken konnte. Es schellte gewaltig. Wer würde ihnen öffnen?

»Der Großvater!«, sagte Konstantin. Er hatte ihn bereits am Schritt erkannt.

Das Wiedersehen mit allen und nochmals allen nahm fast kein Ende, begann immer wieder von Neuem. Alle sprachen durcheinander, hielten sich umschlungen, boten sich Speisen und Getränke an oder saßen selig lächelnd in irgendeiner Ecke.

Magda tauchte nur kurz in das allgemeine Freudenbad ein. Sie war diejenige, die schon seit Wochen den Laden zusammenhielt, für Sauberkeit, Ordnung und Verpflegung zu sorgen hatte. Nun würden diese Sorgen zunehmen. Sie freute sich, selbstverständlich tat sie das. Sie war sogar mehr als froh, dass ihre Schwester und die Kinderlein heil in Demmin angekommen waren. Aber es gab nun noch mehr für sie zu tun.

Magdas Pfarrhaus war bis oben hin mit Verwandten und anderen Einquartierten vollgestopft. Die Eltern hatten im Kinderzimmer Quartier genommen. Käthe und ihre Kinder durften das eheliche Schlafzimmer beziehen. Schwager Friedrich war an der Front.

In den Gemeinderäumen im Erdgeschoss wohnte eine Stettiner Flüchtlingsfamilie: Mutter, Großmutter und sieben Kinder. Das waren nette Leute; selbst die Kinder waren hilfsbereit und anstellig. Dennoch, Magda hatte von früh bis spät Verantwortung zu tragen und so viel zu tun, dass sie nicht immer wusste, wo ihr der Kopf stand. Auch außerhalb des Pfarrhauses warteten viele Aufgaben auf sie. Sie arbeitete für das Rote Kreuz, das am Bahnhof eine Hilfsdienststelle eingerichtet hatte, um die ankommenden Flüchtlinge zu versorgen, kleinere Verletzungen und Erfrierungen zu behandeln und den Insassen der Flüchtlings- und Lazarettzüge Kaffee und Tee zu reichen. Auch die pfarrgemeindlichen Pflichten waren zu erfüllen. Magdas Tage wurden lang und länger. Dazu kam, dass im Pfarrhaus so wie in allen anderen Demminer Haushalten der Strom knapp war. Es gab nur von 12 bis 14.45 Uhr Strom. Und dann immerhin von 18 Uhr abends bis 7 Uhr in der Frühe. Aber das sollte bald noch mehr reduziert werden. Die logistischen Herausforderungen waren herausfordernd.

Ob mit oder ohne Strom - in den Demminer Tischlereien herrschte Hochbetrieb. Für die zahllosen Flüchtlinge mussten Betten gebaut werden. Viele der Flüchtlinge bekamen zunächst nur einen Strohsack und wurden in Massenquartieren untergebracht, zum Beispiel in Klassenräumen. Magda erzählte ihrer Schwester, dass manche von ihnen so entkräftet waren, dass sie es nicht einmal mehr bis zum »Örtchen« schafften, so dass die »Jauche« teilweise durch die Klassenräume und gar die Treppen hinunterfloss. Das war ein Gestank! Die armen Menschen. Da ging es Käthe und den Kindern viel besser. Sie hatten ein eigenes Zimmer und durften es sich in Magdas und Friedrichs Ehebetten gemütlich machen. Tatsächlich passten sie auch alle hinein und wollten das gar nicht anders haben. Mehr Platz als in der Schiffskabine war das allemal.

Einige Tage nach ihrer Ankunft ließ Käthe für sich und die Kinder von der Kreishauptamtsleitung, dem Amt für Volkswohlfahrt, Gau Pommern, einen Quartierschein für die Baustraße 36 ausstellen. Damit waren sie nun auch offiziell in Demmin angekommen, hatten die Berechtigung, bei Magda im Hause zu wohnen und durften die zu ihrem Flüchtlingsstatus gehörenden Rechte und Pflichten in Anspruch nehmen. So gut sie konnte, stand Käthe ab sofort auch ihrer Schwester zur Seite, half ihren Eltern in praktischen Dingen und machte sich in der Kirchengemeinde nützlich. Das alles fühlte sich nicht schlecht an. Gut war es aber auch nicht, nein, war es nicht.

## Festung Königsberg

Am 7. Februar – da hatten Käthe und die Kinder bereits zwei Tage die schönen Betten genossen – schrieb Oberstleutnant Haack an Pfarrer Beckmann, der nach wie vor in Arthurs Gemeinde ohne konsistoriellen Auftrag, aber gerne gesehen, Vertretungsdienste leistete:

»Sehr verehrter Herr Pfarrer Beckmann!

Da ich bisher Amtsbruder Preuß nicht erreichen konnte, möchte ich Ihnen mitteilen (für den Fall, dass er bei Ihnen sich noch erkundigen kann), dass seine Frau mit den drei Kindern vor etwa 1½ Wochen gut mit einem nach Stettin durchgehenden Schiff mitgekommen ist. Es war einer der letzten Dampfer, die unsere Stadt verließen. Ich selbst konnte bei der Abreise nicht mehr dabei sein, ich hatte aber einen Soldaten beauftragt, der es alles gut zu Wege gebracht hat. Auch das Ehepaar Jonasch und Fräulein Grigoleit sind auf das Schiff gekommen.

In letzter Minute vor der Abfahrt des Dampfers hat Frau Pfarrer Preuß noch beiliegenden Zettel an mich und Ihren Mann geschrieben. Ich schicke ihn mit. [Käthes Briefchen ist uns bereits bekannt.]

Gott sei unser Sünden gnädig und nehme uns an. Wie dankbar können wir sein, dass wir Seinen Namen kennen und Ihm trauen dürfen. Welchen Frieden haben wir dadurch mitten in der Angst dieser Welt. ...«

Nachdem die Gerechten Königsberg verlassen hatten (so hatte Oberstleutnant Haack Käthe und ihre Lieben für sich ja im Stillen genannt), stützte sich die Abwehrkraft von Königsberg nur noch auf den veralteten Fortgürtel von 1882. Die alten Festungswerke hielten zwar modernem Artilleriebeschuss stand, doch sie hatten einen Nachteil: Sie konnten leicht zur Falle werden, weil sie nur über einen einzigen und auf der Rückseite gelegenen Zugang verfügten. Dennoch überschätzten die Sowjets die »Festung« und hielten sich nach wie vor zurück. Deshalb also ihr langes Zögern.

***

Haacks über Beckmann geleiteter Brief erreichte Arthur erst viele Tage später. Als Arthur am 18. Februar Urlaub zum Besuch seiner Familie erhielt und diese nicht zu Hause vorfand, wusste er noch nichts von ihrer Flucht und erschrak zutiefst. Wo waren sie?

Heide, das ehemalige Pflichtjahrmädchen, lief ihm vor der Kirche direkt in die Arme.

»Heide, wo sind sie? Wo ist meine Familie?«

»Ich weiß es nicht! Ich habe eben erst gesehen, dass niemand mehr da ist. Warum haben sie mir nicht Bescheid gesagt? Ich wäre so gerne mitgekommen! Ich bin dann ins Haus gegangen und habe die Soldaten gebeten, ordentlich mit den Sachen umzugehen. Manche versprachen es, manche grinsten. Ein Offizier hat mich ganz mitleidig angesehen. Am besten, Sie machen sich selbst ein Bild. Vielleicht können Sie für Ordnung sorgen.«

Das würde Arthur gewiss versuchen. Zunächst musste er aber herausbekommen, wann und wohin Käthe und die Kinder geflohen waren. Heide wusste nichts, aber einige andere der in Ponarth verbliebenen Gemeindeglieder konnten ihm berichten, wann Käthe und ihre Leute das Pfarrhaus verlassen hatten.

Seinen Schreck schrieb Arthur sich noch am selben Tage von der Seele und adressierte den Brief an Käthe bei Preuß/ Buttkus, Demmin, obwohl er nicht wusste, ob sie und die Kinder tatsächlich nach Demmin geflohen waren. Er hoffte, dass der Brief sie dort erreichen würde.

»Liebe Käthe,

habe heute 12 Stunden Urlaub zum Besuch der Familie gehabt und Euch nicht gefunden. Das war furchtbar. Aber Ihr wisst wohl, weshalb Ihr Euch dem Gericht Gottes hofftet entziehen zu können. Die Gemeinde habt Ihr aber erschüttert.

Pfarrer Beckmann hat den Gottesdienst gehalten, ich habe gegen 3 Uhr noch einmal eine kleine Gemeinde gesammelt.

Aber ich mache Euch keine Vorwürfe. Ich selbst bin auch immer in Angst.«

Am Tag darauf kamen seine Eltern nach mühseligem Fußmarsch über Schnee und Eis in Danzig an. Auch davon hatte er keine Kenntnis.

***

Noch einmal gelang es solchen Leuten wie Oberstleutnant Haack, den Weg von Königsberg in Richtung Pillau freizukämpfen, so dass der Zivilbevölkerung wieder ein Fluchtweg offenstand. Die Russen hatten zu diesem Zeitpunkt und speziell an diesem Ort Disziplinprobleme, vor allem durch übermäßigen Alkoholkonsum. Wahrscheinlich waren sie irgendwo auf große Lagerstätten von Bärenfang gestoßen. Ihre Fahrzeuge waren auch nicht einsatzbereit, denn sie waren über und über mit Beutegut beladen.

Arthur saß noch immer in seinem Schützengraben südlich von Königsberg. Jeden Abend, wenn die Dämmerung in die Baumkronen fiel, klackte es, wie wenn Fallen klacken, und ab und zu hob man einen Toten aus dem Graben. Niemand konnte den russischen Scharfschützen orten, der sich auf Arthur und seine Kameraden eingeschossen hatte. Er schien in den Wipfeln zu sitzen, jeden Abend in einem anderen Baum. Wenn es begann, fürchteten sie sich sehr. Dennoch gingen sie auf Spähtrupp aus und kamen jedes Mal unverrichteter Dinge zurück. Manchmal fehlte dann auch wieder einer von ihnen. Den Scharfschützen fanden sie nicht.

Der Tod dachte anscheinend noch nicht daran, Arthur abzuberufen.

Und dann wollten die Russen sie zum Aufgeben bringen. Abend für Abend knallten sie im Rheinländertakt herum: tak taktaktak takke tak takke takke takke tak tak tak takke tak. Das war zum wahnsinnig werden! Die Männer im Graben hielten den Atem an.

»Kommt, Kameraden!«, hörte man es durch Lautsprecher in gemütlichem Heimatdialekt herüberlärmen. »Kommt! Wir haben zu essen, zu trinken, wir haben hier alles, und der Sieg gehört uns! Hier geht es uns gut. Wir rufen euch: Kommt zu uns! Keinem von euch passiert was! Genug gemordet! Nie wieder Krieg!«

Ob vielleicht so ein Ruf Arthur gelten könnte? »Nein«, sagte er. »So jedenfalls auch nicht!«

Einige Tage nach dem Keine-Käthe-keine-Kinder-mehr-Schock raffte er sich auf und schrieb an Oberstleutnant Haack:

»Lieber Bruder Haack, dieses sei ein Rundschreiben an Sie, Bruder Beckmann, durch ihn mündlich auszugsweise an die Gemeinde und urschriftlich an meine Familie, deren Leben und Adresse ich nicht weiß, vermutlich bei Buttkus/Demmin, durch sie auszugsweise an Fräulein Grigoleit und das Ehepaar Jonasch (wo?) …

Jeder informiert, wen er kann und soweit er es für richtig hält. An meine Familie gesondert zu schreiben, hat keinen Sinn, solange ihr Schicksal mir ungewiss ist.

Im Übrigen schreibe ich im Lehm auf einer Unterlage aus Pappe. Auf Wache. Wenigstens Tageslicht. Das Aufpassen nebenher muss der Herrgott mir mit versehen helfen. Sonst würde ich nicht einmal zum Bibellesen kommen, was ich nun aber ausgiebig tue.

Meine Eltern sind wohl verschollen. Meinen Schwiegereltern in Zoppot, Große Unterführung 7 b, bitte ich Sie, Bruder Haack, eine kleine Postkarte als Lebenszeichen von mir zu schicken. Vielleicht, dass sie meiner Familie Anschrift wissen.

Euch alle möchte ich als Brüder und Schwestern in Christo ansprechen dürfen, darum auch öffentlich hier schreiben, was im säkularen Raum ›privat‹ erledigt würde. Es handelt sich nicht nur um eine technische Vereinfachung zu meinen Gunsten. Dabei darf diese nicht gleich den Anspruch erheben, ein Pastoralbrief zu sein.

Eben Grabenkontrolle, hatte gerade Pause gemacht im Schreiben. Als man letztens ›Lektüre‹ bei mir auf Posten fand und beanstanden wollte, diese Lektüre sich aber als Bibel offenbarte, klappte dem Betreffenden der Unterkiefer weg und er sagte nichts mehr. Wenn ich meine Eindrücke der fünf Wochen Einsatz zusammenfassen darf, so sind es folgende:

Für die Welt der Bibel ist beim Militär kein Raum mehr vorhanden. Ein Heerespfarrer könnte hier nur völlig sekundär, fast artfremd, sich betätigen. Ich glaube, dass die Heerespfarrer selbst zumeist, wenn nicht ausschließlich, mindestens in diesem Krieg, ein Opfer der Säkularisation geworden sind. Ich glaube nicht, dass man hier das Evangelium verkündigen kann, öffentlich, ohne, noch dazu fast überflüssigerweise, ein Märtyrer zu sein. Denn ich habe den Eindruck, Gott will, dass der Welt das Evangelium nicht mehr gesagt werde, nur noch dem Rest, der Verheißung hat, weil sie reif zum Untergang ist. Trotzdem versuche ich's, wo ich kann, ohne Scheu. Aber die Pastorenschaft hat die Botschaft der Bibel durch ihren Liberalismus so unglaubwürdig gemacht, dass mir wohl möglich ist, mir Achtung zu verschaffen, aber nicht der Bibel. Kein Wunder, wenn die konsistoriale Kirche in Leuten, die die Schrift ernst zu nehmen versuchten, nur ›Schwärmer‹ zu sehen vermochte. Wie soll dann die Welt die Bibel ernst nehmen können! Also ich stehe hier wohl nicht ohne Kameraden, aber gänzlich ohne Gemeinde da. Darum brauche ich eure Fürbitte! Aber den Schwestern Timm sei gesagt, dass ich wieder ganz fröhlich und getrost bin. Weil augenblicklich der Frost und Schlamm und der Wind aufgehört haben? Oder weil am 21.2. die ersten Lerchen über mir aufstiegen und eine Wildgans mit klingendem Flügelrauschen über mich zog?

Oder weil mein durch die Grabenkälte verursachter Durchfall langsam abstoppt? Wer will's sagen. War's Stimmung, wenn ich in den ersten Wochen ständig auf meine Abberufung wartete: ›Ich habe Lust abzuscheiden und bei Christo zu sein‹, und jetzt eher glaube: ›Ich werde leben und des Herrn Werk verkündigen‹? Summa: Gehorsam sein, darum geht's. Nebenbei, ich habe vorgestern den ersten russischen Soldaten sterben sehen. Es gibt hier immer wieder Tote und Verwundete. Dieses Sterben war so unfeierlich und unfromm, dass mir jedes biblische oder sonstige Trostwort auf den Lippen und im Herzen erstarb, ja jegliches Gebet und Fürbitte, und ich immerfort bloß dachte: Der Mensch geht dahin wie das Vieh. Mich berührt hier kein Sterben, keine Verwundung, der erste tote Iwan im Graben, völlig eindruckslos! Aber die erste Lerche! Was ist das, meine Brüder?

Ich weiß da nun, wie das ist, wenn Kugeln und Granaten um mich fliegen, ohne dass ich eine Spur von Aufregung oder Angst habe. Bruder Haack, Ihre Gottesgeborgenheit ist auch die meine! Das beglückt mich maßlos! Während meine Vorgesetzten flattern und nicht aus dem Bunker herauszukriegen sind, überhaupt oft eine menschlich erbärmliche Rolle spielen, je weiter nach hinten, um so erbärmlicher, gehe ich seelenruhig über das von Kugeln bestrichene Feld, Essen holen usw. ›Du wirst noch eine verpasst kriegen!‹ Eine Aufregung, eine Angst! Passiven Situationen scheine ich gewachsen zu sein, jedenfalls Kugeln und ›Klopsen‹. In einem aktiven Einsatz allerdings dürfte ich versagen. Ich würde mit den inneren Hemmungen: ›Du sollst nicht töten (= angreifen)‹ nicht fertig. Bittet den Herrn, dass mir Nahkämpfe usw. erspart bleiben! Ich kann mir den Herrn Christus absolut nicht (Matthäus 5!) mit einer Handgranate vorstellen! Ich habe schon mit Gebet und Tränen diese Not vor Ihn gebracht. Helft mir doch, wenn ihr's besser wisst. Aber nicht mit dem

Trost der Sündenvergebung! Denn daraufhin sündigen dürfte selten geraten sein! Christus hat nur zu bitten brauchen, dass der Kelch des Todes an ihm vorbeigeht. Ist unsere Not nicht grösser, die wir bitten müssen, dass der Kelch des Morden-Müssens an uns vorbeigehe? Vor einer halben Stunde kam der Unteroffizier in mein Loch gerannt (als ich schrieb), riss meinen Karabiner an sich und knallte zur Straße hinüber: Wirklich, ein Iwan kam da in 600 m Entfernung hastig gegangen! Jetzt sehe ich da vier Iwans von einem Gehöft zum andern hasten. Soll ich nun auch knallen? Wo alles sonst still ringsum ist? Ich denke nicht dran. Nach 2½ Stunden gehe ich vielleicht über das freie Gelände im Dämmern Essen holen und freue mich über jede Kugel, die nicht pfeift. Nein, ich bin kein Krieger und will's auch nicht lernen. Es gibt hier Leute, die mit einer diabolischen Freude schießen. Aber es sind Satans. Feige bin ich nicht, aber in militärischer Beziehung völlig entschlusslos, rein passiv, das Gegenteil eines Führers. Es ist nicht meines Amtes.

Die Heilige Schrift gewinnt in einer Weise Leben, und mein von Friedrich Buttkus als eng beanstandeter Biblizismus Recht und Bedeutung, wie ich das selbst nicht geglaubt hatte. Es lebt alles. Christus selbst spricht. Unsere Gemeinschaft ist mit dem Vater und mit dem Sohne. Alles wirkliches Erleben! Die ganze Schrift wird lebendig. Die Propheten. Jeremia! Und die tägliche Bibellese! Und die Losungen! Ich dürfte hier eigentlich nur in Hymnen reden. Alte Worte bekommen einen neuen Klang. Gott selbst redet.

Ich weiß nun, dass ich doch zur B.K. gehöre und möchte nun nicht mehr abseits stehen. Bitte den Bruderrat das zur Kenntnis zu nehmen. Denn ich weiß, dass ihr die Schrift realisieren wollt auf Grund echter theologischer Einsicht. Meine Einwände gegen die B.K. bleiben. Auch sie wird bürgerlich.

Auch sie politisiert und mir graust immer etwas vor ihrer Raffinesse, oder ist es wirklich das: Seid klug wie die Schlangen? Wir werden eine sehr stille, bescheidene Kirche werden müssen, aber das wird gut und heilsam sein.

Es möge sich der Bruderrat überlegen, nachdem von Seiten des Konsistoriums nun wirklich nichts mehr zu erwarten ist, ob nun nicht ein öffentliches Kanzelwort zur Stunde in Königsberg angemessen ist. Ich sage das, wiewohl ich eingangs meinte, Gott wolle sein Wort am Ende gar nicht mehr aussenden! Aber nachdem das Geschwätz jenes gottlosen Generals und seines Kommissars von allen Schaufenstern in jenen unmöglichen Parolen gen Himmel schreit, wäre doch zu überlegen, ob ihnen von Seiten der Kirche nicht endlich das Maul gestopft und eine andere Botschaft verkündigt werden müsse! Hier haben wir nämlich die einmalige Gelegenheit, wirklich handgreiflichen Gestalten, Namen, gegenüberzustehen. Also könnten ihnen Männer gegenübertreten im Namen Gottes. Es fiele hier so ein Kampf gegen die Anonymität fort, hier stehen Namen unter den Aufrufen. Also könnte gegen sie ein Mann Gottes aufstehen! Eine geradezu alttestamentliche Gelegenheit. Nathan gegen David, Jeremia gegen Zedekia, Elia gegen Ahab usw. Denn das ist doch die Schuld der Kirche, dass sie einfach nicht zu Worte hat kommen wollen oder können. Wie will man das trotz aller guten Gründe entschuldigen? Und ich könnte mir denken, dass Bruder Haack nunmehr auch ganz konkrete Aufgaben zufielen auf seinem vorgeschobenen Posten; Oberstleutnant, Adjutant usw., das ist doch schon etwas. Jetzt Casino her und hin, aber das Wort, das zur Entscheidung ruft!! Oder sollte auch jetzt noch das Schweigen und Seufzen hinter Kirchentüren und unser Gebet unsere einzige Aktion sein? Ihr seid das Salz, das Licht – so nun das Salz dumm wird … Wenn ihr zu einem Aufruf meinen Namen braucht, setzt ihn getrost mit herunter. Sollte mir noch einmal eine Rückkehr ins Leben beschieden sein, so möge mir Gott einen Neuanfang schenken mit einem getrosten Öffnen des Mundes! Dass das eine halsbrecherische Sache ist, weiß ich. Zu welchen Bekenntnissen aber kann Gottes Wort auch führen! Habt ihr einmal in paralleler Schau auf Königsberg Jeremia 38 gelesen?! Was für Möglichkeiten, die zu Anfechtungen werden müssen. Jedenfalls dürfen wir nirgends im Forschen nach Gottes Weisung halt machen. Es ist typisch für den Bankrott der gegenwärtigen Weltanschauung, dass Leute, z. B. unser Kompanieführer, ein ältlicher Leutnant, der sich zu dieser Weltanschauung zu bekennen bemüht, als letztes Vermächtnis, als Appell an uns morituros, die Weisung mitgibt: Also Kameraden, vor allem nicht nachdenken, nicht nachdenken; oder denken sie höchstens an Karl May, wenn sie ihn als Schüler gelesen haben, damit sie von ihm etwas für ihre Kampfführung lernen. Aber sonst jedenfalls nicht nachdenken ...! – Eine Weisung, die Vielen gar nicht besonders schwer fällt, denn sie sind ja seit 10 Jahren geschult, nicht nachzudenken, sondern nur zu handeln. Und da gibt man dann etwa die Parole aus, ›Werke für die Ewigkeit!‹ zu schaffen. Ausgerechnet! Aber der im Himmel sitzt, lacht ihrer, und der Herr spottet ihrer.

Zum Schluss etwas Persönliches. Dass das ganze Haus Pestalozzistr. 3 die Flucht ergriff, hat mich erst maßlos erschüttert. Als ich die Vielen aus der Kirche kommen sah und von meiner Hausgemeinschaft niemanden, war ich restlos fertig. Es war schrecklich. Ich weiß nicht, ob Bruder Haacks Hilfe gut gewesen ist. Ich möchte bis zuletzt meinen, dass meine Frau nicht aus Angst, sondern aus Gehorsam gehandelt hat. Vielleicht hat sie doch den Auftrag gehabt, die Kinder zu retten und die Gemeinde in den viel berufeneren Händen Bruder Beckmanns zu lassen. Dass mein Haus darüber allerdings zur Räuberhöhle geworden ist und der Gemeinde verloren gegangen, schmerzt mich. Ich hatte meine Frau beauftragt, mein Rad mit der ganz neuen Bereifung Bruder Beckmann zu überlassen. Jetzt haben es wohl die Landser!

Ich bitte, die Schreibmaschine nach Möglichkeit sicherzustellen. Sie ist tadellos in Ordnung. Wahrscheinlich auch schon gestohlen. Ich bitte, sich Zutritt zu Jonaschs Wohnung zu verschaffen. Ich fand sie abgeschlossen. Vielleicht ist sie noch nicht belegt. Bitte die Lebensmittel, Obst usw. in der Gemeinde verteilen. Schade, dass ich mir da nichts mehr organisieren kann. Ich würde das nach Kräften und mit Freuden tun. Besser, als dass der Iwan oder die Bomben oder die anderen Landser darüber herfallen. In diesem Zusammenhang sei all denen gedankt, die mir heute vor einer Woche bei meinem Besuch in Königsberg den Affen vollstopften. Ich hatte mir vorgenommen, so gut wie nichts zu essen und habe doch Grönckes wie ein Scheunendrescher geschädigt. Dabei gibt es hier noch Brote die Fülle. Ich habe mich richtig geschämt und – tüchtig zugelangt. Das machen wohl der minimale Schlaf und das ständige Frieren, dass man hier fast ohne Unterbrechung essen kann. Und nun Bruder Haack, eine Bitte: Wenn Sie mir nicht für 1, 2 Tage Urlaub verschaffen können – und das wird schwer halten –: Können Sie mich nicht mal für ein paar Stunden besuchen? In 1 Stunde Radfahrt sind Sie bestimmt da. Von Ponarth geht man 1 ½ Stunden. Sie müssten sich melden im 1. Fort an der Ringchaussee östlich Seligenfeld. Von Morgengrauen ab ist die Gegend fast ohne Beschuss: Dann kommt der Iwan endlich zur Ruhe. Mit Beginn der Abenddämmerung wird er wild und knallt die ganze Nacht hindurch. Tags über, gegen Mittag, schießt er ab und zu mit Granatwerfern und Ari. Im Übrigen ist es nach der ersten damaligen Berührung mit ihm ruhig geworden und nimmt die Form eines Stellungskrieges an. Hier jedenfalls. Da Sie nun ein Frühaufsteher sind und vermutlich gegen Morgen auch am ehesten noch entbehrlich sein werden, können Sie mich nicht einmal morgens besuchen? Es wäre so schön! Ich habe hier niemanden, der meines Sinnes wäre. Wenn Sie kämen, wäre ich Ihnen dankbar, wenn Sie mir zum Umtausch 2 Hemden und Unterhosen, 1 Paar Handschuhe (warm! Ich habe leise angefrorene Füße und Hände, auch Nase), 1 Pullover (warm) mitbringen würden. Es fehlt mir, was ich also nicht umtauschen kann: Filzüberschuhe zum Grabenstehen, 1 Kopfschützer, Fausthandschuhe, 1 Behälter für die Wurstrationen usw. Wenn Sie darüber hinaus etwas Süßes: Kunsthonig, Marmelade, Panzerverpflegung mit den bekannten Raritäten organisieren könnten, wüsste ich ›Frontschwein‹ das zu schätzen. Gern würde ich Seite an Seite, bzw. unter Ihrem Kommando kämpfen, aber das lässt sich wohl kaum machen. Auch würde das im Augenblick vielleicht Zurücknahme hinter die Front bedeuten, und das könnte ich jetzt nicht mehr verantworten. Ich will es nunmehr nicht mehr anders haben, als dass ich ganz vorne als simpler Soldat bleibe. Im Übrigen ist allein das schon ein Geschenk, dass ich nicht um Stalingrad, sondern um Königsberg kämpfe und noch dazu mit unserm Alarmtrupp einem Bataillon von Magenkranken zugeteilt, an die man keine allzu großen körperlichen Anforderungen stellen kann. Ich kann abermals nur voll Lob und Dank sein.

Und nun Schluss. Bald werde ich wohl wieder Essen holen und auf Wache aufziehen und an euch alle denken. Ich grüße die ganze Gemeinde. Ich gedenke aller in herzlicher Verbundenheit. Die Losung: Betet an den Herrn in heiligem

Schmuck; es fürchte ihn alle Welt. Fürchtet Gott und gebt ihm die Ehre.

Euer Arthur Preuß«

Ach, dass Arthur seiner lieben Frau so hinterherzetern musste! Auch Pfarrer Beckmanns Familie hatte schließlich die Flucht ergriffen und das war gut so. »Ich gehe erst mit der letzten Seele aus Königsberg. Ich ziehe meine Straße friedlich«, soll er gesagt haben. Seine Familie hatte es da bereits bis nach Dänemark geschafft.

## Weitere Schriftstücke

Ende Februar schrieb Hedwig an ihren Sohn, adressiert an Magda in Demmin, in der Hoffnung, dass diese den Brief Arthur zukommen lassen würde:

»Danzig, 28. 2. 1945

Mein lieber Arthur,

gebe Gott, dass diese Zeilen Dich gesund antreffen mögen. Ach, wie lange haben wir nichts mehr voneinander gehört. Wir sind Montag, den 19. Februar hier in Danzig nach großen Strapazen bei der lieben Familie Kühnel eingetroffen und vorläufig gut aufgehoben. Weiß Gott, wie lange wir in Danzig werden bleiben können. Vater und ich waren sehr herunter, jetzt geht es schon viel besser. Wir mussten die Wohnung räumen und sind so immer weiter über das Haff bis Kahlberg mit einem Treck gefahren und als wir zu nahe am Land fuhren, brach der Treck ein und wir gingen bis Steegen zu Fuß, von dort per Bahn nach Danzig. Heute erfuhr ich telefonisch aus dem Hause Eurer Eltern Lefort, dass sie in Pommern sind und Käthe mit den lieben Kindern nach Gotenhafen gefahren ist.

Ach, wüsste ich doch, wo sie sind. Hoffentlich gut aufgehoben?

Mein lieber Arthur, wie mag es Dir ergehen. Immer müssen wir an Dich denken.

Unsere Gebete verbinden uns, das merken wir sehr.

Wie unsagbar leid hat es mir schon getan, dass wir Königsberg verlassen haben, aber es hat wohl so sollen sein. Ach, könntest Du uns doch ein Lebenszeichen geben. Was macht das liebe Königsberg? Steht noch Vieles? Ist Euer Heim noch da, o, ich hoffe es felsenfest. Ob mein Haus noch stehen mag? O, möchtest Du ein Lebenszeichen geben können.

Seit drei Tagen soll der Briefverkehr schon nach Königsberg gehen, sicher per Flugzeug.

Ach, lieber Arthur, schreibe so bald als möglich.

Ich werde auch nach Demmin schreiben, mir Deine Adresse ausbitten. Sei Gott befohlen und innig gegrüßt von

Deinen Eltern«

Dieser Brief war sehr lange unterwegs. Arthur in seinem Kochtopf erreichte er nicht.

Am 1. März erhielt Oberstleutnant Haack Arthurs langen Brief. Wie gewünscht, vervielfältigte er ihn und gab ihn, zusammen mit einem eigenen Anschreiben, an die von Arthur gewünschten Personen weiter. Hier das Anschreiben:

»Ich habe den Brief gestern, 1. 3. 1945, erhalten und ihn heute früh gleich mit einigen Durchschlägen abgeschrieben. Das Original schicke ich sogleich an Frau Pfarrer P. nach Demmin. Ich habe das ganze Haus Pestalozzistr. 3 damals auf den Dampfer Elbing 8 gebracht, und glaube besonders hinsichtlich der Kinder, dass dies auch von Gott so gewollt war, denn ich bekam von militärischer Seite die Nachricht, dass der Dampfer einlief und wurde von anderer Seite auch noch darauf hingewiesen, so dass ich von Gott her den Auftrag empfand, den schnellen Abtransport dann auch gleich des ganzen Hauses zu veranlassen und durchzuführen. Ich hoffe, dass Gott Seine Gnade zu der Flucht gegeben hat. Vor allen Dingen hatte mir Bruder Preuß selbst am Abend, an dem er in Stellung rückte, draußen in der Kaserne gesagt, dass er nun sich noch einmal vor Gott frage, ob es recht und überhaupt noch notwendig sei, Käthe die Flucht zu untersagen, da Bruder Beckmann ja jetzt die Gemeinde betreue.

Daraufhin ist Frau Pfarrer, als ich ihr diese Andeutung ihres Mannes sagte, dann gegangen. Vorher hat sie noch jeden Abend die Bibelstunden gehalten. Herrn Jonasch wollte ich als blinden Mann nicht hierlassen und Fräulein Grigoleit als Hilfe für die drei Kinder mitschicken. – Bruder Preuß werde ich so Gott will bald besuchen und ihm das Gewünschte soweit möglich mitbringen. Dann werde ich auch mit ihm vor Gott besprechen, ob ich, wie er vorschlägt, zum General und Kreisleiter hingehen soll im Namen Gottes. Dass ich von der Schrift her alles genau so sehe, ist klar, dass es mir an Mut auch in diesen Dingen nicht fehlt, weiß Gott alleine. Ich habe schon einen Brief geschrieben, ihn aber noch nicht abgeschickt, weil ich keinen solchen Auftrag von Gott hatte, wie ihn die Propheten ihren Königen gegenüber hatten, und weil ich glaube, dass Gott einem wohl sagt und zeigt, wo man reden, zeugen und in Seiner Vollmacht bekennen soll. Luther sagt, Gott führe einen wie einen blinden Gaul herauf in die Schlacht, nehme ihm dann die Binde von den Augen und heiße einen dann stracks auf das befohlene Ziel laufen (wörtlich weiß ich die Stelle nicht zu sagen). Ich vertraue auch jetzt fest, dass Gott alles ganz fest in Seinen Händen hat, und dass Ihm alle Worte, Äußerungen, Erlasse, die nicht aus dem Geist Seines Wortes sind, sehr wohl bekannt sind. Vielleicht gehört das alles auch zu seinem Plan und Ziel. Jedenfalls habe ich bisher keinen Ruf Gottes zu einem solchen Schritt bekommen und ohne Gottes Befehl, der schon zu seiner Zeit deutlich an uns herankommt, wenn es Gott will, kann ich nichts machen. Vielleicht will Gott auch durch diese angeschlagenen Worte die Menschen zur Besinnung bringen, eben weil sie so gar gegen Sein Wort sind. Doch will ich das alles ernsthaft mit Bruder Preuß, so Gott will, besprechen. Sobald ich überzeugt bin, dass Gott es von mir verlangt, tue ich es, denn man muss Gott mehr gehorchen als den Menschen. …

Drauf wollen wir's denn wagen, es ist wohl wagenswert, und gründlich dem absagen, was aufhält und beschwert. Welt, du bist uns zu klein; wir gehen durch Jesu Leiten hin in die Ewigkeiten: es soll nur Jesus sein.

Und der Geist und die Braut (die Gemeinde) sprechen: Komm! Und wer es hört, der spreche: Komm! Und wen dürstet, der komme, und wer da will, der nehme das Wasser des Lebens umsonst. Es spricht, der solches bezeugt: Ja, ich komme bald. Amen, ja komm Herr Jesu.

Die Gnade unseres Herrn Jesu Christi sei mit euch allen! Amen.

Ich grüße alle Brüder und Schwestern in herzlicher Verbundenheit

Euer Herbert Haack«

Den Originalbrief von Arthur schickte er am selben Tage zu Käthe nach Demmin. Handschriftlich fügte er an:

»Liebe Frau Pfarrer!

Der Originalbrief Ihres Mannes in Bleistift geschrieben geht heute an Sie mit gleicher Post ab. – Sollte einer nicht ankommen, kommt der andere Brief an. – Wegen des Fahrrades, das

Sie mich zu Bruder Beckmann zu bringen beauftragt hatten und der anderen Dinge die ich Ihnen ja zu regeln versprochen hatte, rede ich in den nächsten Tagen mit Ihrem Mann, so Gott will. Ich war dienstlich damals zuerst außerstande herüberzufahren, und dann war eine militärische Schreibstube vorne in ihrem Büro. Das Haus ist aber noch lange keine Räuberhöhle. Die Verstimmung wird bereinigt und das Andere soll nicht die größte Sorge sein. -

Also ich werde genau Ihrem Mann alles sagen, was ich Ihnen empfohlen hatte, und nur darum sind Sie (und wegen der Kinder) gegangen. -

Wir haben hier extreme Ruhe, fast Frieden. In den kommenden Wochen wollen wir nun fest im Namen Jesu Christi zu Gott und füreinander beten, es ist alles beschlossen und hat seinen Segen oft wunderbar in sich.

›Nur nicht Zweifeln! Fürchte dich nicht, glaube nur‹, steht auf meinem Elternhaus, und das Wort hat mich vom Kinderbettchen bis heute durch alle Stürme wunderbar geführt.

Ich grüße Sie von Herzen mit Ihren Kinderchen

Ihr H. Haack«

Inzwischen hatte Käthe Arthurs ersten kurzen Brief vom 18. Februar erhalten und antwortete ihm:

»Lieber Arthur, gestern erhielt ich Deinen ersten Brief seit wir uns nicht mehr sprachen. Die Tatsache seiner Ankunft war für uns alle Grund zu unbeschreiblicher Freude. Sein Inhalt?

Konstantin sagte abends vor dem Einschlafen: ›Mutti, eigentlich war Papas Brief gar kein Grund zum Freuen.‹ Ich wünsche mir so sehr, dass Du das hernach auch gemerkt hast, und freue mich schon sehr auf Deinen nächsten Brief. Mein lieber Arthur, es war ja mit unserer ›Flucht‹ alles so ganz anders. Gestern Nachmittag setzte ich mich hin, um Dir von den letzten Tagen in Königsberg und unserer Flucht, die, weiß Gott, keine Spazierfahrt war, zu berichten. Aber den Brief will ich erst schicken, wenn ich merke, dass es mit der Feldpostverbindung klappt.

Mein Lieber, wie gerne würde ich für Dich sorgen! Vielleicht darf es vorbehaltlich, all den Ereignissen zum Trotz, noch einmal sein. Wenn Gott es will.

Behalte lieb Deine Käthe«

Arthur schrieb unterdessen in Königsberg/Aweiden (Speichersdorf) sein nächstes Gedicht:

DAS GERICHT

Es floh doch der Winter von dannen?
Wie kämpft er mit wütendem Frost
erneut durch krachende Tannen
im Sturm sich zurück aus Nordost?

Es wirbelt sein Odem in Böen
den Schnee über wehrloses Land
und türmt ihn zu mannshohen Wehen
an Feldrain und Moorgrabenrand.

Dort wachen seit Wochen die Mannen,
den Blick stur feindwärts gericht.
Zu Häupten heulen die Tannen,
der Schnee umstiebt das Gesicht.

Und hatte aufsteigend vor Tagen
die Lerche ihr Lied schon gesucht –
heut duckt mit geschlossenem Kragen
der Mann sich ins Erdloch und flucht.

Er flucht, dass solch Kriegsleid ohn' Ende,
die Füße schon tagelang nass,
die Kälte ein Mörder der Hände,
das Leben der Menschen wie Gras,

die Spuren der Eltern verschollen
und Frauen und Kinder vermisst
und dass wohl nur Narren und Tollen
der Krieg nicht verleidet ist:

In bomben- und gasdichten Bunkern,
da sitzen sie würdig zuhauf,
da fällt ihr Prahlen und Flunkern
wohl kaum ihnen selber mehr auf.

Hinein in den vordersten Graben,
wer Händel und Kriegsgeschrei sucht!
Das kann er da händevoll haben.
So grübelt der Landser und flucht.

Indessen rauschen die Schwaden
des Schnees durchs Tannengeäst –
und schwere Werfergranaten.
Was leichter sich meistern lässt?

Vor Einschlägen mag sich verbergen
in Erdlöchern, wem es wohl galt.
Doch Kälte macht weder vor Särgen,
geschweige vor Lebenden halt. -

All dies hat gewiss unser Landser
schon längst bei sich selber verbucht.
Nun harrt er im Erdloch der Panzer,
die kommen sollen, und flucht.

Mein Bruder, soll ich dir zürnen
ob deinem Zornesgeschrei,
dass nur in tollen Gehirnen
ein Kriegswille vorstellbar sei?

Indes du verbittert im Graben
und fluchend nach Schuldigen suchst,
willst du es nicht sehn und wahrhaben,
wie sehr du selbst hasst, wie du fluchst.

Es sind nicht nur Narren und Tolle,
ist nicht nur ihr Mördergeschrei.
Es sind nicht nur Satte und Volle -
mein Bruder, auch du bist dabei!

Was jene am sichtbarsten taten,
mag sichtbar am schrecklichsten sein.
Die Schuld, die sie täglich aufladen,
ist unsre Schuld, deine und mein.

Wir können dem Ewgen nur nahen
mit abgewandtem Gesicht.
Weiß Gott, die Schuld, die wir sahen,
sie führt uns ins Jüngste Gericht.

Weh uns, wenn sein Grimm ohne Gnaden
mit unbarmherziger Wucht
sich über uns wollte entladen!
Weh dem, dem Gott zürnt, dem er flucht! -

Doch sollte das Heulen der Winde
als Vorzeichen künftiger Pein
das letzte Wort seinem Kinde,
ein Wort der Verwerfung sein?

Wohl heult der Sturm in den Tannen
und fegt den Schnee durchs Geäst -
und treibt doch die Wolken von dannen,
dass Sonne sich ahnen lässt.

Und während wir hadern und träumen -
nimm wahr, welch ein Wunder geschieht:
Hoch über den brausenden Bäumen
erhebt sich ein zagendes Lied.

Indes noch mit Schneien und Schnauben
der Winter feldeinwärts vordringt -
hör zu, und du musst es wohl glauben:
Die Lerche, die Lerche - singt!

Arthur in seinem Loch hörte die Lerche. Die eine, die ohne Schuld war. Die andere, die über dem nächsten Stoppelfeld, war es auch. Ach, wo anfangen, wo aufhören …

Herbert Haack machte sein Versprechen wahr und besuchte Arthur an der Front. Wie ihm geraten, kam er des Nachts, nach Mitternacht, um 1.30 Uhr. Von einem Unteroffizier begleitet, suchte er Arthur in seinem Unterstand auf. Arthur sprang heraus, stand stramm, umarmte aber seinen Vorgesetzten und Hilfspfarrer, sobald der sich an dem Treffen ausnehmend interessiert zeigende Unteroffizier den Rückweg zu seiner Stellung angetreten hatte. Sicher hatten Sturmabzeichen und Tapferkeitsorden, die Haack aus taktischen Gründen angelegt hatte, Eindruck gemacht und die Neugierde des Soldaten geweckt.

Es war kalt, der Himmel sternenklar, der Wald schwarzweiß und schweigend, ein abnehmender Halbmond erklomm den Himmel. Nacht über Ostpreußen. Die zwei Männer standen neben Arthurs »Kochtopf« und schwiegen. Eine gewisse gegenseitige Befangenheit wollte nicht weichen. Arthurs Vorwurf, Haack hätte Käthe entgegen Arthurs Willen zur Flucht überredet, stand zwischen ihnen. So standen sie zu dritt und sahen von ferne zu, wie über Königsberg die »Weihnachtsbäume« herabsanken. Mit einiger Verspätung kamen die Einschläge.

Haack brach das Schweigen. »Lieber Bruder Preuß, ich verstehe Ihre Einstellung, dass die Pfarrfrau ihren Gatten vertreten soll, solange es geht. Vor allem verstehe ich Ihr Erschrecken, Ihre Lieben nicht mehr zu Hause vorzufinden. Aber glauben Sie mir bitte, dass ich nach Gottes Geheiß gehandelt habe. Er wollte nicht, dass Ihre Familie in Königsberg bleibt. Ich habe so viele Hinweise bekommen, dass es sein müsse, die durfte ich nicht ignorieren. Und dann kam noch der Räumungsbefehl.

Wenn selbst die Machthaber zur Flucht raten, ist es wohl höchste Zeit. Sie wissen doch auch, dass Königsberg nicht zu halten ist. Und, bitte, denken Sie an Ihre Frau als Mensch und Mutter. Stellen Sie sich vor, sie würde jetzt mit all Ihren Lieben im Ponarther Luftschutzkeller sitzen. Wo läge da der Sinn? Selbst Bruder Beckmann hat seine Familie fortgeschickt.«

Ja, Bruder Beckmann. Der machte immer alles richtig, schoss es Arthur durch den Kopf. Beckmann hatte für alles Antworten parat. Arthur hatte nur Fragen. »Müssen wir nicht alle für das büßen, was wir angerichtet, was wir verschuldet haben? Bis ins dritte und vierte Glied?«

»Das werden wir auch, Bruder Preuß. Niemand entgeht der Strafe. Aber wer kann schon büßen, wenn er nicht mehr am Leben ist?«

Pfarrer Haack war von so großer Klarheit. So wie Pfarrer Beckmann. Doch auch die Klarheiten unterschieden sich seltsamerweise. Ob Arthur jemals die ihm zugeeignete Klarheit finden würde? Wieder blieb ihm nur das Fragen.

»Und, meinen Sie, dass meine Familie in Demmin angekommen ist?«

»Ich weiß es nicht, ich hoffe es und bete jeden Tag darum. Sicher werden wir es bald erfahren.«

Später sprachen sie von praktischen Dingen. Haack übergab Arthur allerhand Schmackhaftes und Nützliches. Selbst den Kunsthonig hatte er besorgen können.

Arthur tat ihm für alles und jedes Abbitte. »Sie haben und hatten recht. Ich danke Ihnen für alles. Und ich bitte Sie, lassen Sie sich durch meine Vorhaltungen nicht von Ihrem Weg abbringen. Auch das mit dem Auftrag, mit der Stellungnahme gegenüber den Machthabern, tun Sie, was Sie für richtig halten und worin Sie Gottes Willen erkennen.«

Gegen 3.30 Uhr in der dunklen Frühe verabschiedeten sie sich und wollten doch nicht voneinander lassen. Wer war ihnen auch sonst geblieben, menschliche Nähe und Wärme zu geben? Um Arthurs Kochtopf herum gab es ganz sicher niemanden. Und was den Theologen und Oberstleutnant Haack anging, wusste der selbst am besten, wer oder was auf ihn in den nächsten Wochen, vielleicht schon Tagen, wartete. Dieser Abschied hatte etwas Schreckliches. Er war schrecklicher als alles Drumherumgeknalle mit seinen Todesfolgen. Er zeigte die wahre menschliche Dimension. Das Zueinandergehören. Das freundliche, das mögliche Miteinander. Er zeigte, was zu verlieren war. Auf immer. Der Tod übernahm die Regie. Warum nur war Arthur so froh?

Fernab dieser Szenerie wandte sich Thomas Mann im Auftrag der BBC an »Deutsche Hörer!

Man könnte sagen, Deutschland werde mit ungerechtem Maßstab gemessen, wenn man seinem gegenwärtigen Verzweiflungskampf, seiner Weigerung, die Niederlage anzuerkennen, seinem Widerstand bis zum letzten Mann, zur letzten Kugel, zum letzten Blutstropfen die Bewunderung versage und nicht den Heroismus anerkenne, der sich darin bewähre. Immer habe die Geschichte solchen Widerstand aufs Äußerste als denkwürdig und heldenhaft gefeiert, und nun auf einmal, im Falle Deutschland, soll er für nichts oder für verbrecherisch gelten.

Diese Argumentation ist falsch. Die Fortsetzung des Krieges durch Deutschland über die Niederlage hinaus bis zur Vernichtung hat nichts mit Heroismus zu tun, sondern ist in der Tat ein Verbrechen, - begangen am deutschen Volk durch seine Führer. Der selbstmörderische Kampf des Volkes ist nicht freiwillig, sondern wird durch moralischen physischen Terror von ihm erpresst …

Man hat es niemals heroisch genannt, wenn eine Bande von Räubern und Mördern, von der Polizei umstellt, bis zur letzten Patrone um sich schießt, um ihre der Justiz verfallene Haut so teuer wie möglich zu verkaufen. …

Nun winkt ihr Rundfunk mit einem Waffenstillstand im Westen, nun arbeitet Ribbentrop in Schweden, ihr Massenmörder Himmler beim Vatikan. Nun senden sie gar ihre Weiber aus, denn ›l'Humanité‹ in Paris will wissen, dass Frau Erzmarschallin Göring und Frau Ministerin Ribbentrop die Schweiz beehrt haben und dass erstere die Frau des englischen Gesandten in Bern besucht hat. Sie haben nie begriffen und begreifen noch heute nicht, dass es mit ihnen, den hundertfach vertragsbrüchigen Kanaillen und Schindern der Christenheit, kein Verhandeln und keinen Frieden gibt, dass sie weltunmöglich sind und zu verschwinden haben. … Sie [die Verbündeten] werden sich weder von Madam Göring noch von Madam Ribbentrop beschwatzen lassen, und sollte Hitler die Kühnheit haben, sich zu verheiraten, so wird man auch mit der Frau Führerin nicht Frieden schließen. Der Gedanke des Friedens gehört einer Welt an, die Nazihirnen unzugänglich ist.«

Thomas Mann erwähnte in dieser Ansprache nichts von Schuld und Sühne bis ins soundsovielte Glied. War das tröstlich? Nicht besonders. Nur bei bestimmter Fragestellung als antwortender Trost zu erkennen.

***

Arthurs Eltern waren mittlerweile in Danzig bei Familie Kühnel untergekommen. Ihnen ging es so weit gut, obwohl Danzig längst von den Russen umzingelt war. Am 19. März traf die von Flüchtlingen überquellende Stadt ein schwerer Bombenangriff durch die sogenannten »Superfestungen« der Amerikaner. Sie kamen aus dem Westen und flogen nach Osten aus. In der Nacht zum 20. März kamen sie wieder, und zwar aus dem Osten, ließen fast ungehindert ihre Bombenlast auf die Stadt fallen und flogen nach Westen ab. Unten, am Boden, konnte der Durchbruch der Russen nach Danzig gerade noch verhindert werden.

Am 21. März schrieb Karl eine Karte an Magda in Demmin, in der er allerdings auf die Danziger Situation mit keinem Wort einging, vermutlich, um sie nicht zu beunruhigen:

»Z. Z. Danzig, bei Familie Kühnel, 21. 3. 45.

Sehr liebe Frau Magda, vergeblich hofften wir nach dem Absenden von Hedwigs Brief von Euch Mitteilung zu erhalten, wie es unserer lieben Käthe, den guten Kindern und auch Arthur ergeht. Arthurs Anschrift ist uns noch unbekannt. Können Sie uns weiterhelfen?

Ganz liebe Grüße aus Danzig, Eure lieben H. und K. Preuß«

Sie wussten nichts von ihren Lieben und diese wussten nichts von ihnen.

Zwei Tage später, am 23. März 1945, wurde Zoppot durch die Sowjets erobert. Sie waren also kurz vor Danzig. Den von Frau Klimkowski an Käthe abgegebenen Speck konnten die Russen wenigstens nicht mehr in sich hineinstopfen.

Käthe hatte ihren ersten Brief von Arthur erhalten, doch nun erkundigte sie sich auch nach dem Verbleiben von Herbert Haack, ihrem Retter. Da niemand etwas wusste, wandte sie sich an Paul Haack, den Vater. Und der schrieb ihr zurück:

»Sehr geehrte Frau Preuß! Eben kam Ihre Anfrage. Mein Sohn Herbert ist seit einiger Zeit in Pillau, wohin er von Königsberg versetzt worden ist. Obltnt H. Haack 4 8 0 4 8 A. – Meine Schwester Gertrud Quednau ist seit 21. 1. bei uns gewesen mit ihren beiden Töchtern. Renate ist aber schon einige Zeit bei ihrem Mann in Reichenberg, und nur noch Brigitta ist bei uns mit meiner Schwester. Gott segne und behüte Sie und Ihre Lieben auch weiterhin. Von Herzen Ihr P. Haack.«

Dann kam noch ein PS:

»Eben sagt mir meine Schwester, die hier bei uns ist, dass Sie ja identisch sind mit Frau Pfarrer Preuß! Wie dankbar bin ich Ihnen allen schon lange, dass Sie meinem Jungen so viel Liebe gegeben haben und damit die rechte Heimat bereitet haben. Er hat mir oft und dankbar davon berichtet. –

Bitte grüßen Sie doch auch Ihren lieben Gatten herzlichst von mir und meiner Frau. Mit gleichen Grüßen an Sie selber D.U.

Herbert Haack war in Pillau. Dort, wo der letzte Fluchtweg über die Ostsee für die Ostpreußen offengehalten wurde.

# 15. Kapitel:

Königsberg, Danzig, Frische Nehrung, Insterburg, Demmin, Lübeck, März–Mai 1945

## Im Schützengraben

Arthur war seinen »Kochtopf« los (und der ihn) und lag nun vorn in einem echten Schützengraben mit Scharfschützen und allem Pipapo. Seine Aufgabe? Die Bewachung des Forts. In diesen Tagen war es seltsam ruhig um sie herum. So ruhig, dass sich auf dem etwa 600 Meter entfernten Abschnitt der Ringchaussee hin und wieder ein argloser Iwan sehen ließ. So, als wäre Arthur gar nicht da. Arthur war in diesem Zusammenhang auch nicht da. Aber da, nämlich neben Arthur, war einer mit einem Zielfernrohr und entsprechendem Schießgerät stationiert. Wenn der den arglosen Iwan von drüben abgeschossen hatte, ging er zum Kompaniechef und ließ sich mit einem Schnaps belohnen.

Zweimal sah Arthur zu, dann sprach er ihn an. »Ich muss hier Einspruch erheben. Sie haben eben zwei Morde begangen. In der Bibel steht«, Arthur schwenkte seine kleine Taschenausgabe vor der Nase des Feldschützen hin und her, »da steht, du sollst nicht töten! Das ist kein Vorschlag, das ist Gottes Gesetz!«

Der mit dem Zielfernrohr richtete sich auf und musterte Arthur. »Bist du verrückt? Ich habe meine Befehle. Die sind das Gesetz. Es ist ganz einfach. Wenn wir die nicht töten, töten die uns. Die kennen Gott gar nicht. Ich warne dich. Das ist Hochverrat, was du hier tust!«

»Was ich sage, ist auch ganz einfach. Das Töten muss jetzt aufhören. Sonst hört es nie auf und dann sind alle tot. Ich bin Pfarrer und Gottes Diener. Seine Gebote stehen höher als alle Befehle!«

Arthur sprach inzwischen mit recht lauter Stimme, denn das Ganze regte ihn auf. Neben einem Mörder zu stehen, das war nicht nur neu für ihn, das war unerträglich. Leise zu sprechen, war da keine Option. Man konnte regelrecht hören, wie ringsumher die Helme abgenommen, die Ohren gespitzt und der Disput voller Spannung verfolgt wurde.

Das war dem Schützen zu viel, er wollte nicht diskutieren. Hier war nicht der Ort dafür und überhaupt, der Pfarrer, oder was immer der war, vielleicht der Weihnachtsmann, der hatte doch eine Meise. Er ging zu seinem Hauptmann und zeigte Arthur an. Auf Wehrkraftzersetzung an der Front stand dies und das, also Tod oder zumindest ein Himmelfahrtskommando. War Arthur lebensmüde?

Im Laufe des Tages zitierte ihn der Regimentskommandeur zu sich, weil der Kompanieführer sich über Arthur beschwert hatte und auf einer Strafversetzung bestand. Der Regimentskommandeur wollte keinen Eklat wegen des sprachgewaltigen Pfarrers riskieren – dessen beharrliche Antikriegspropaganda zeitigte nämlich bei seinen Kameraden schon Wirkung – und war deshalb etwas ratlos. Was sollte er mit dem Delinquenten anstellen? An der Front konnte er jedenfalls nicht bleiben, weil weiterhin die Gefahr bestand, dass er die Scharfschützen bei ihrer Arbeit störte.

Arthur schlug sich wacker in dem Gespräch, bewahrte auch die Fasson, sodass der Regimentskommandant am Schluss der

Vernehmung einigermaßen von der redlichen Geisteshaltung seines Gefreiten überzeugt war. Dennoch kündigte er ihm eine Versetzung an. Wohin? Ja nun.

In der Nacht vom 23. zum 24. März erschien ein Heerespsychiater in Arthurs Unterstand, um den Gefreiten auf seinen Geisteszustand hin zu überprüfen. Es muss eine Art »Nikodemus-Gespräch« gewesen sein. Zur Erläuterung für alle nicht so Bibelfesten: Nikodemus, ein Ratsmitglied der Juden, war ein kluger, gebildeter Mann, der eines Nachts zu Jesus kam. Er kam in der Nacht, damit ihn seine Kollegen nicht sahen; der Psychiater kam nachts zu Arthur, damit ihn die Russen nicht sahen, vielleicht aber auch, um Arthur nicht bloßzustellen. Also insgesamt, um nicht gesehen zu werden.

Nikodemus wollte, anders als manche seiner jüdischen Kollegen, Jesus nicht verdammen, ohne vorher mit ihm gesprochen, sich selbst ein Urteil über diesen Menschen gebildet zu haben. Ein Psychiater kann sich auch erst ein Urteil bilden, nachdem er den zu Beurteilenden selbst in Augenschein genommen und mit ihm gesprochen hat.

Nach kurzer Zeit übernahm Arthur die führende Rolle bei dem Gespräch. Allerdings vermieden beide, den religiösen Grundfragen zu ausführlich nachzuspüren, da das den Arzt beträchtlich in Verlegenheit gebracht hätte. Arthur beließ es dabei, dem Geistesprüfer klarzumachen, dass er als Pfarrer Gottes Geboten zu folgen habe, darauf sei er schließlich einmal vereidigt worden. Andere Geistliche legten ein anderes Verhalten an den Tag? Dazu könne er nichts sagen. Er jedenfalls könne es nicht mit seinem Gewissen vereinbaren, einem Schützen beim Totschießen von Menschen zuzuschauen, ohne sich einzumischen.

Der Heerespsychiater konnte bei Arthur keine geistige Störung diagnostizieren, fand ihn zu allem Überfluss sympathisch und einen praktikablen Kompromiss. Sofort nach dem Gespräch wurde Arthur wegen Wehruntauglichkeit hinter die Front versetzt. Er kam ins Altersheim Aweiden, wo er dem Regimentsstab zugeteilt wurde. Der lag im Hauptgebäude des Altersheims, im Nebengebäude bekam Arthur ein eigens Zimmerchen. Er stand ab sofort unter Schwesternaufsicht als der seltsamste Hahn, der je in einem Korbe gesehen wurde.

All das hatte er Käthe in einem liebevoll-friedfertig geschriebenen Brief erzählt. Sein letzter Satz hieß jedoch: »Wo sind meine Eltern?«

## Karl und Hedwig in Danzig

Danzig war von den Russen eingeschlossen. Am 25. März gelang ihnen der erste Durchbruch in die Stadt. Zu der Zeit hielten sich noch etwa 200.000 Einheimische und Flüchtlinge in Danzig auf. General von Saucken war sich darüber klar, dass Danzig nicht mehr erfolgreich verteidigt werden konnte, aber er wollte der Masse seiner Soldaten, den Verwundeten und allen noch Rettung suchenden Flüchtlingen und Einwohnern der Stadt die Chance des Abtransports über See nicht nehmen. Er leitete daher eine gestaffelte Räumung der Stadt und den Rückzug hinter die »Tote Weichsel« ein.

Wie viele andere, versuchten Karl und Hedwig, mit der Straßenbahn bis Heubude zu gelangen. Der Danziger Stadtbezirk Heubude wurde im Norden von der Ostsee begrenzt. Die Straßenbahn fuhr fast bis an den Strand. An der Haltestelle brachten die beiden sich vor der nächsten einfahrenden Bahn in Position. War das ein Gedränge, fürchterlich.

Und dann ging alles sehr schnell. Hedwig gelang es nicht, sich den Massen entgegenzustemmen. Sie geriet erst vor und dann unter die Straßenbahn. Nicht nur sie. Aber auch sie. Sie verlor beide Beine, sofort das Bewusstsein und kurz darauf ihr Leben. Karl war neben ihr, blieb am Leben, hielt ihre Hand. Ihr dorthin zu folgen, wohin sie anschließend gebracht wurde, vermochte er nicht. Es war immer noch ein fürchterliches Gedränge und der Russe schoss aus allen Rohren. Wohlmeinende Danziger beförderten Karl in eine der nächsten, seewärts fahrenden Straßenbahnen.

Fast ohne Besinnung, ohne Verstand, ohne Hedwig sowieso, floh Karl durch die Dünenwälder von Heubude auf die Frische Nehrung zu. Überall traf er auf Scharen von Flüchtlingen, die gemeinsam mit aufgelösten Verbänden der Danziger Verteidigung in den lichten Dünenwäldern Schutz suchten. Unablässig kreisten die russischen Tiefflieger über ihnen und fast jedes Geschoss traf. Karl wurde nicht getroffen, obwohl er nichts tat, um dem Beschuss zu entgehen. Nichts, außer zu laufen. Zu gehen. Hin und wieder geriet er ins Wanken und musste sich setzen, wo eben er war. Am liebsten hätte er sich im Sande vergraben. Warum traf ihn kein Schuss? Alles war sinnlos geworden. Was gab es noch zu leben? Karl weinte. Beim Abwischen der Tränen geriet ihm Seesand ins Gesicht und in die Augen, doch niemand beachtete ihn, sahen sie doch alle aus wie Gespenster.

Knapp zwei Tage benötigte er, um die Frische Nehrung zu erreichen. Dort stießen Karl und die anderen mit den Resten der 4. Armee zusammen, die ebenfalls in die Nehrungswälder geflohen war. Davon profitierten die Flüchtlinge insofern, als sie von der Heeresverpflegung etwas abbekamen. Unmassen an Menschen hielten sich in den Wäldern auf, wurden aus umfunktionierten Badewannen mit Suppe versorgt und wärmten sich, so gut es ging, aneinander und am knasternden Kiefernholzfeuer. Karl hatte niemanden zum aneinander Wärmen, aber ein Feuer zur Nacht fand er regelmäßig. Ein Glück für ihn, dass er sich hier auskannte, wenn er auch sonst nichts mehr verstand. Er wusste, wo die Sonne aufging, war Osten, wo sie unterging, Westen. Im Nordwesten lag die Ostsee, im Südosten das Frische Haff. Gerade eben noch war er mit Hedwig über das Eis des Haffes gekommen. Dieser Weg war nicht mehr gangbar - wegen der offenen Fahrrinne und dem schmelzenden Eis. Nach Norden, dort wo viele inzwischen ihr Heil sahen, also nach Skandinavien, dorthin wollte er nicht. Was sollte er da, alt und klapprig, wie er war. Nach Westen ging nicht, da waren seltsamerweise die Russen. Die Nehrung aber war noch feindfrei. Er ging nach Hause.

Tagsüber wanderte er straff nach Nordosten, so, wie die Nehrung nun einmal verlief. Zurück nach Königsberg. Dort gab es Menschen, die er kannte. Vielleicht fand er seinen Sohn. Vielleicht sogar noch ein Dach über dem Kopf. Mehr als ein Vielleicht war nicht zu erwarten, weniger gab es überall.

Das Laufen fiel ihm nicht schwer, hatte er doch kein Gepäck dabei. Die Wege waren ausgetreten, kein Feind weit und breit. Die Sonne schien, der Frühling hielt Einzug. Tat er das wirklich schon? Wer wollte das wissen?

Zügig wanderte und manchmal wankte Karl, Stunde um Stunde, Kilometer um Kilometer, Fuß vor Fuß. Selten war er allein, nur kamen ihm, je weiter er ging, die meisten entgegen. Sprechen mochte er nicht, auch nicht, wenn er gefragt wurde. Gar nicht erst damit anfangen. Des Nachts träumte er von Hedwig, hielt ihre Hand. Aber die Träume endeten alle schlecht und beim Erwachen war Hedwig nicht da. Es machte keinen Unterschied. Also laufen, laufen.

## Arthur macht sich zum Narren

In Aweiden, Ende März 1945, hatte Arthur seine Ruhe, musste weder hungern noch frieren und schlief lange und tief. Es war mitnichten eine Strafversetzung. Niemand außer den Hennenschwestern kümmerte sich um ihn. Arthur hatte zunächst auch keinerlei Dienst zu verrichten. Nur hin und wieder kam der Major bei ihm vorbei, Arthur zu »besichtigen« und ihm wiederholt zu predigen, Arthurs christliche Haltung wäre unvereinbar mit der natürlichen Weltanschauung. Überhaupt, in fünfzig bis hundert Jahren gäbe es keine Kirche mehr. Wozu also das ganze Theater?

Ein bisschen ließ Arthur sich von den freundlichen Schwestern zum Sanitäter ausbilden, allerdings ohne echtes Interesse und dementsprechend ohne nennenswerten Kenntnis- oder Fähigkeitserwerb. Er hatte jetzt Narrenfreiheit und er machte sich, ganz und gar unabsichtlich, zu einem wunderbaren Narren.

Nach zwei Tagen voller Müßiggang bekam er einen Auftrag. Schließlich ging es nicht an, dass er nur schlief, aß und es sich ansonsten wohl sein ließ. Er wurde den wenigen noch vorhandenen Regimentsstabspferden zugeteilt. Sie mussten regelmäßig bewegt werden und dazu wurden Beweger gebraucht. Um an dieser Stelle wirklich von Nutzen sein zu können, erhielt er Reitunterricht. Als er das Auf- und Absteigen beherrschte, durfte er mit ausreiten. Nicht in Richtung Feindesland, versteht sich. Weil er beim Reiten noch unsicher war, wurde ihm das Pferd des Hauptmanns zugeteilt. Es galt als besonders intelligent, weil es ein ehemaliges Zirkuspferd war. Schade, dass Arthur sich nicht selbst bei seinen Reitübungen zusehen konnte. Das Pferd, ein Fuchswallach namens Prinz, war überhaupt nicht intelligent, fand Arthur. Prinz machte, was er wollte und am besten konnte. Das eine, was ihm unter seinem derzeitigen Hauptreiter, dem Hauptmann, beigebracht worden war, tat er besonders gerne: Er setzte sich an die Spitze, sobald sich alle zum Ausritt versammelt hatten. Und er bestimmte so lange, wo es langging, bis jemand anders als Arthur ihn zur Raison brachte.

Das war nicht weiter schlimm, nur närrisch. Schlimm war, wenn Prinz beschloss, sich hinzulegen. War ihm doch irgendwie erinnerlich, dass er dafür im Zirkus jedes Mal eine Belohnung bekommen hatte. Leider wartete Prinz dazu kein Kommando ab, sondern legte sich, wann es ihm passte, und warf die Beine in der Luft herum. Zunächst wurde Arthur immer böse überrascht, so dass es ihm nur durch einen halsbrecherischen Satz gelang, rechtzeitig vom Pferd zu kommen, bevor ihn das große Vieh beim Herumwälzen unter sich begrub. Später saß er immer in Habachtstellung und kam dem Legen durch elegantes Abgleiten zuvor, den Wallach gleichzeitig heftig am Zügel reißend, so dass er nicht zum Legen kam. Obwohl Prinz die Erfahrung machte, nicht belohnt zu werden, versuchte er es immer wieder. So ein Schlawiner! Ein anderes Mal, aber auch nur ein einziges, stieg Prinz vorne hoch und ging gleichzeitig mit den Hinterbeinen in die Knie oder so ähnlich, knickte irgendwie ein, so dass Arthur in Schräglage geriet und das Ross der Schwerkraft wegen über den Pferdehintern rutschend verließ.

Nun, diese Narretei war endlich, denn es war Krieg und Prinz wurde wieder ausschließlich dem Hauptmann zugeteilt. Arthur trauerte dem Pferd nicht nach.

Am 27. März schrieb er beglückt an Käthe. Zwischen den beiden war offenbar wieder alles in Ordnung, bis auf die trennenden Elemente wie Entfernung und Krieg, die zwischen ihnen standen, auf die sie aber keinen Einfluss hatten: »Heute habe ich mal etwas geschippt. Zur Belohnung hat mir die Oberschwester dann mein erstes heißes Bad seit zwei Monaten bereiten lassen. Anschließend brachten mir die Schwestern Kartoffelpuffer, die den Namen auch verdienten: friedensmäßig mit Fett und reichlich Zucker. Mit der Oberschwester habe ich mich gut angefreundet. Am 1. Osterfeiertag [dem 1. April 1945] werde ich, wenn nichts dazwischenkommt, noch am Morgen im Altersheim den Gottesdienst halten. Vielleicht kommen dann auch ein paar Ponarther dazu.

Vor ein paar Tagen kam mir der Gedanke, ich müsste mich an der Speichersdorfer Straße aufstellen, meinen an Pfarrer Beckmann geschriebenen Brief bereithalten und ihm einem Ponarther zur Beförderung mitgeben. Ich stand dann auch brav zwei Stunden, als plötzlich Ilse Lange, meine Konfirmandin, vorbeiradelte, den besagten Brief mitnahm und den Brief am Sonntag nach dem Gottesdienst Pfarrer Beckmann übergab. Er nahm ihn in Empfang und kam am Nachmittag prompt angereist. Heute, zwei Tage später, erschien er abermals, kurz vor dem Fräulein Grönke und Heide. Sie brachten mir Schneeglöckchen aus dem Ponarther Garten mit. Was für ein Ort, an dem ich sein darf! Nun saßen wir zu viert im Garten …

Haack ist nach Pillau abkommandiert.

Wir haben keine Zukunft, sondern nur den Augenblick. Die Zukunft ist Gottes.

Es grüßt Dich Dein Arthur«

## Karl kommt nach Hause, Königsberg fällt und Arthur wird eingefangen

Am fünften Tag seiner Wanderung, nach siebzig Kilometern Frischer Nehrung, kam Karl in Neutief an. Von dort ging es am 3. April mit dem Schiff nach Pillau, leider nicht mit der »Möwe«. Auf seine Nachfrage teilte man ihm mit, dass die »Möwe« auch fuhr, ja, sich sehr nützlich machte im Flüchtlingstransportwesen. Aber sie war jetzt gerade in Richtung Kahlberg unterwegs. Kahlberg? Da war er doch - ja, wann? - gerade erst gewesen.

Karl lehnte sich an irgendein Mäuerchen und nickte ein. Am frühen Morgen, es war noch dunkel, wurde er wach. Ein Schiff hatte angelegt. Es war die »Möwe«. Karl wurde an Bord gelassen, man kannte sich. Sentimentalitäten? Fehlanzeige. Nach Königsberg? Nein, erst einmal nicht. Aber abends würden sie zum Nachtliegeplatz, dem Seekanal, fahren. Von dort aus könne er leicht mit einem Fischerkahn gen Königsberg gelangen. Aber eigentlich wollten alle aus der Stadt raus, bei dem Artilleriebeschuss. Ja, Karl konnte noch hören und sehen. Es krachte den lieben langen Tag um sie herum. Das machte nun auch nichts mehr. Er wollte nach Hause.

Am 5. April kam er müde, hungrig und in weiteren physischen und psychischen Belangen geschwächt in Königsberg an. Er fand zwar nicht sein altes Bett wieder, kam auch erst gar nicht in seine Wohnung hinein - die hatten längst andere Bedürftige belegt, da war nichts zu machen -, konnte aber in der Nachbarschaft eine Art höhlenähnlicher Unterkunft beziehen. Höhlenähnlich? Ja, die Wohnungen in einem der unversehrt gebliebenen Häuser waren noch einmal in Wohnzellen unterteilt worden. Karl bewohnte eine Höhlenzelle unter einer Stiege, die zu einer Bodenkammer führte. Er war es zufrieden. In mehr als etwas Höhlenartigem hätte er sich sowieso nicht zurechtgefunden. Und so war er wenigstens allein.

Einen Tag nach Karls Ankunft, am 6. April, dem Geburtstag von Raphael, begann der Todeskampf der Festung Königsberg. Um 7.30 Uhr setzte gegen die Südfront, die neben anderen Landsern aus Arthur bestand (die Wehrmacht hatte das Altersheim aufgeben müssen und Arthur war wieder an die Front versetzt worden), und 8.30 Uhr gegen die Nordfront ein äußerst starkes Trommelfeuer ein. Mit Tausenden von Geschützen, Granatwerfern und Stalinorgeln hämmerten die Russen auf die Verteidiger ein. Bombengeschwader in beängstigender Zahl kreisten pausenlos über Königsberg und warfen ihre alles zermalmende Last ab. Schlachtflieger jagten über die Stellungen und Straßenzüge hinweg. Das verbliebene bisschen Stadt sank in Trümmer und brannte. Die deutschen Stellungen wurden zerschlagen, die Gräben umgepflügt, die Schützenlöcher eingeebnet, Kompanien begraben, Nachrichtenverbindungen zerrissen und Munitionslager zerstört. Rauch- und Qualmwolken lagen über den Häuserresten.

Karl gelang es, aus seinem brennenden Haus zu entkommen und sich in einen Königsberger Vorort zu retten.

Arthurs Kompanie verlor ihr Gelände, musste sich zurückziehen und kämpfte nun – inzwischen war es Abend geworden – um den Hauptbahnhof. Auch Ponarth war eingenommen worden. Während des Gefechtes – wir wissen nicht, wie Arthurs Fechten aussah, ballerte er herum, schoss er in die Luft, rannte er von rechts nach links? –, bewahrte ihn sein Lederkoppel vor einem allzu kräftigen Durchschlag eines Granatsplitters. Er billigte sich dennoch sogleich den Verwundetenstatus zu, brach seinerseits den Krieg ab und verlegte sich in ein Notlazarett nahe dem Walter-Simon-Platz im Stadtteil Hufen. An Raphaels Geburtstag hatte er im Laufe des Tages nicht mehr gedacht.

Auch in der Nacht gab es keine Ruhe, da nahm der Russe keine Rücksicht auf Arthurs Zustand. Die sogenannten »Rollbahnkrähen« - Leichtflugzeuge, auch »Sperrholzbomber« oder »Nähmaschinen« genannt - flogen, die feindlichen Stellungen und Straßen ausleuchtend, unentwegt herum und schossen auf jedes erkannte oder vermutete Ziel. Zu den eher versehentlich getroffenen Arealen gehörte der Tiergarten. Zwar war der Russe durchaus tierlieb, aber er hatte beschlossen, in Königsberg, der verhassten Festung, niemanden zu verschonen. Alles, was in Freigehegen oder auch Käfigen bisher noch einigermaßen herumgekräucht und gefleucht war, geriet unter Beschuss. Nicht besonders absichtsvoll, aber dennoch mit letalen Folgen. Arthur, in direkter Nachbarschaft zum Tiergarten untergekommen, hörte kein tierisches Leidens- oder Todesgeschrei heraus, aber vermutlich unterschied es sich auch nicht groß von dem menschlichen Geschrei, das wegen des allgemeinen Getöses ja auch nicht zu hören war.

Der Walter-Simon-Platz wurde noch bis zum 8. April gehalten, was nicht Arthur zu verdanken war. Dann kam der 9. April. Um 17.30 Uhr meldete der Festungskommandant, General Otto Lasch, die Beendigung des Kampfes. Kapitulation in Königsberg! Gratulation! Endlich war alles kaputt.

In der Kapitulationsurkunde versprachen die Russen den Kriegsgefangenen: das Leben, ausreichende Verpflegung und eines Soldaten würdige Behandlung in der Kriegsgefangenschaft, nach Kriegsende Rückkehr in die Heimat oder in ein Land nach Wahl.

Was das Königsberger Viehzeug anging, stand im Übernahmeprotokoll geschrieben, dass das Nilpferd Rosa lebend, aber mit Granatsplittern übersät, aufgefunden worden war.

Rosa, die in besseren Zeiten gerne und viel gelacht, gegrunzt und geprustet hatte, hüllte sich in Schweigen. Sie hatte in ihrem Becken überlebt, das war's.

## Gefangener Arthur Preuß

Arthur war nun, das ist ebenfalls dokumentiert, russischer Kriegsgefangener. Als Leichtverwundeter wurde er dazu ausersehen, die Luftschutzgräben des Walter-Simon-Platzes mit den herumliegenden Leichen aufzufüllen. Da auch der Pregel voller Leichen war, überhaupt ganz Königsberg nach Verwesung stank, verbreitete sich unter den Russen das Gerücht, die Pest sei ausgebrochen. Um die vermeintliche Seuche einzudämmen, schafften sie die meisten Verwundeten aus der Stadt heraus. Arthur wurde in eine Pferdebox des Gestüts Georgenburg bei Insterburg verlegt.

Auf dem Marsch in die Gefangenschaft, den er auf eigenen Füßen absolvierte, konnten Arthur und die anderen sehen, mit welchem Masseneinsatz die Sowjets Königsberg angegriffen hatten. Geschütz stand bei Geschütz, daneben riesige, schussfertige Munitionsstapel, ebenso Panzer in Mengen. Jede Ortschaft war mit Truppen vollgestopft. Die hätten noch jahrelang Krieg führen können, die Russen. Was geschah denn nun mit all dem Zeug?

Kurz nach ihrer Ankunft in Insterburg wurden die Gefangenen in einen Keller geführt und es wurde ihnen außer ihrer Kleidung alles abgenommen, was sie besaßen. Auch Arthurs Bibel geriet in russische Hände, die kleine schwenkbare Taschenbibel mit dem Alten und Neuen Testament. Also dieses Buch nahmen sie ihm weg. Einer von denen, die das taten, sagte in merkwürdigem Deutsch »Gott-Buch«. Mit einem Gott-

Buch hatten sie nichts im Sinn, wie Arthurs Schützengrabenschütze richtig vorausgesagt hatte. Sie warfen die Bibel auf den Haufen, auf den sie auch die aussortierten Sachen der anderen Gefangenen schmissen. Ohne Gott-Buch fühlte sich Arthur ganz verloren. Er war ein Fast-Nichts.

Wenig später kam er in ein russisches Lazarett, denn er war körperlich ziemlich am Ende. An Flucht war schon aus diesem Grund nicht zu denken. Zu Fuß von Königsberg nach Insterburg – das war anstrengend gewesen. Es waren zwar nur knapp hundert Kilometer, aber die hatten ausgereicht, ihn an den Rand seiner Kräfte zu bringen. Viel lieber wäre er mit seinem Ruderkahn den Pregel hinaufgeplätschert, dessen Wasser kam ja hier aus der Gegend. Ach ja, sein Königsberger Ruderkahn. Was wohl aus dem geworden war?

Und was sollte ihm auch eine Flucht? Er hätte ja nur mit sich selbst weglaufen können. Und da wusste er nicht genau, ob sich das noch lohnte. Wieder passte das Lied, das vor wenigen Wochen Käthe in den Sinn gekommen war:

»Wo soll ich fliehen hin,
weil ich beschweret bin
mit vielen großen Sünden?
Wo kann ich Rettung finden?
Wenn alle Welt herkäme,
mein Angst sie nicht wegnähme.«

Nun, alle Welt kam bestimmt nicht nach Insterburg. Arthur saß auf seinen Sünden, einsam, wenn auch nicht alleine.

## Heldentod

Während Adolf Hitler weiter krakeelte - noch am 17. April gab es Zeitungsüberschriften wie »Der Führer: Vor der Hauptstadt wird der Feind verbluten!« -, kämpften deutsche Soldaten, die zur Verteidigung der Heimat abgestellt waren (in Ostpreußen war nicht mehr viel Heimat übrig), darum, Pillau zu halten. Hier und auf der Frischen Nehrung war noch ein bisschen Ostpreußen, noch immer ein Zufluchtsort für Flüchtlinge und Verwundete aller Art. Aber es kam, wie es kommen musste. Auch hier siegten die Russen, und zwar endgültig am 25. April.

Anlässlich dieser für die Sowjetunion erfolgreichen Kampfhandlung fiel neben anderen Deutschen auch Oberstleutnant Herbert Haack. Wobei bezeugt wurde, dass er zunächst nur (hin)fiel, aber nicht gleich tot war. Allzu lange dauerte es allerdings nicht, bis er starb. Ebenfalls ist bezeugt, dass er »in Frieden heimging«. Nicht im, sondern in Frieden, denn es war natürlich rings um ihn her überaus unfriedlich. Aber er schloss an seinem Lebensende seinen persönlichen Frieden. Geht das? Das geht.

Arthur würde jetzt ein Gedicht schreiben. Aber auch ohne ihn entsteht an dieser Stelle ein Heldenlied zu Ehren von Herbert Haack, zu singen auf die Melodie von »Gib dich zufrieden und sei stille«, komponiert von Jakob Hintze. Das melodiegebende Lied im Evangelischen Kirchengesangbuch, Nr. 371, sei hier allen anempfohlen. Die Choralvertonung von Max Reger schließt dazu den Himmel auf.

Wie und wann werden Helden geboren? Wer ist ein Held? Dazu sagt das Dudenbedeutungswörterbuch: »jemand, dessen persönlicher Einsatz für etwas als in bewundernswerter Weise mutig, vorbildlich angesehen wird«. Persönlichen Einsatz für

Volk und Vaterland, den hatte Herbert Haack gezeigt. Das Vaterland konnte er nicht retten, aber durch seinen persönlichen Einsatz ermöglichte er Teilen der ostpreußischen Zivilbevölkerung die Flucht. Er ließ sein Leben, damit andere weiterleben konnten.

## Frühling in Demmin

War das ein schönes, frühlingshaftes Wetter in Demmin! Alles grünte und blühte – kein Blümchen, kein Bäumelein wollte erst den Mai abwarten.

Leider hatten weder die Alt- noch die Neu-Demminer einen Sinn dafür. Selbst die Kinder waren nur verhalten fröhlich. Früher freuten sich alle darüber, dass sie endlich barfuß oder wenigstens strumpflos im Freien spielen konnten, juchhe! In vergangenen Frühjahren ein von ihnen sehnlichst erwartetes Vergnügen. Aber für viele von ihnen hatte die Barfüßigkeit inzwischen an Reiz eingebüßt, war sie doch fast der Normalzustand für ihre Kinderfüße. Dennoch freuten sie sich ein bisschen, dass das aushäusige Frieren nun ein Ende hatte. Aber viel mehr gab es für sie nicht zum Freuen.

In der zweiten Aprilhälfte wurden östlich von Demmin Panzersperren angelegt, in der Hoffnung, die zu erwartenden russischen Panzer würden in die Gräben fallen oder wenigstens durch sie aufgehalten werden. Nachdem bekannt wurde, dass die Peenebrücken gesprengt werden sollten, begann eine wilde Flucht gen Westen. Die Spitzen der Partei und die ganze Polizei suchten als Erste das Weite. Die Bevölkerung rannte hinterher. Und immer noch zogen Flüchtlingstrecks aus Ostpreußen durch die Stadt. Als die abrückenden deutschen Soldaten (ja, auch die Wehrmacht verflüchterte) am Morgen des 30. April die Brücken sprengten, war die Altstadt bereits fast menschenleer.

Am frühen Mittag rückten sowjetische Truppen von Osten her an. Die hier Gebliebenen hatten weißes Zeug aus den Fenstern gehängt. Auch am Kirchturm wurde eine weiße Fahne gehisst. Die meisten Rest-Demminer setzten sich nun in ihre Keller und warteten darauf, dass die Stadt beschossen wurde.

Gemeinsam mit ihrem Vater brach Magda die kleinen Stäbe der vergitterten Kellerfenster heraus, so dass sie im Notfall hindurchkriechen konnten, sollten die Russen in die Keller eindringen oder sollte es brennen. Magda und ihre Lieben waren zu dem Ergebnis gekommen, dass es sinnlos sei, zu fliehen. Damit bildeten sie in der Baustraße eine Ausnahme - fast alle Anwohner der Straße waren geflüchtet. Auch Magdas Söhne hatten fliehen wollen. Um ihnen die Sinnlosigkeit einer Flucht vor Augen zu führen, ging Magda mit ihnen bis zu der Straße, die nach Stuterhof, einem Vorort im Westen von Demmin, führte. Da konnten sie sehen, dass es kein Durchkommen mehr gab. Die Flüchtlingstrecks steckten fest. Überzeugt, leider aber auch ihrer Hoffnung beraubt, drehten die beiden Jungen ab und liefen nach Hause.

Magda zog sich in das Arbeitszimmer ihres Mannes zurück. Ach Friedrich, was muss noch alles geschehen? Ach, was wird noch alles geschehen? Ich weiß nicht mehr weiter. Warum bist du so ferne? So mochte sie denken. Lange stand sie am Fenster und blickte auf die Straße. Frühling? Wer wollte das wissen? In Gedanken nahm Magda Abschied von allem, was ihr lieb war, von Menschen, von ihrem Zuhause, von ihrer Heimat, vom Leben überhaupt.

Der Vater war ihr nachgegangen. Liebevoll umfing er sie. »Mein Töchterchen, du bist doch nicht allein. Wir stehen das zusammen durch. Komm in den Keller, sie warten auf dich.«

Das Töchterchen, die gestandene Pfarrfrau, ergab sich dem Schicksal, welches es auch sein würde. Standen sie nicht alle unter Gottes Schutz, in guten wie in schlechten Zeiten? Was das nicht bedeutete: Dass sie vor allen anderen gerettet würden. Was es bedeutete: Egal, was geschähe, sie bekämen die Kraft, es zu ertragen. Und auch sie würden ihren Frieden machen können, im Leben wie im Tode.

Magda begann schon einmal damit, nun wieder ganz ihrer Familie und dem Leben zugewandt. Den drohenden Tod wies sie in seine Schranken. Sein Auftritt hatte erst zu beginnen, wenn die Bühne in der Baustraße frei für ihn wäre. Das war sie noch nicht.

Am frühen Nachmittag - dem gleichen Nachmittag übrigens, an dem sich gegen 15 Uhr der Dauerkrakeeler Adolf Hitler umbrachte und damit den Kippschalter auf Aus stellte, der besser nie hätte eingeschaltet werden sollen, aber wer war denn nun dafür zuständig, wer war schuld daran, dass Hitler überhaupt das Licht der Welt erblickt hatte, zum Mörder, ja, zum Monster geworden war - kamen Vorausabteilungen der Russen in Demmin an. Die Panzersperren hatten sie umfahren. Natürlich stauten sich nun ihre Panzer- und Artillerieverbände in der Stadt, weil ja die Brücken gesprengt worden waren.

Die eingerückten Truppen besetzten die leer gezogenen Häuser, nahmen aber auch andernorts Quartier, zum Beispiel im Demminer Pfarrhaus. Dort zogen zwei Offiziere, ein Arzt und zweiundvierzig Mann ein. Das Haus nahm sie auf. Die Stettiner Familie hatte schon vor Tagen das Weite gesucht und es war Platz genug.

Die Einquartierung erwies sich insgesamt als Glücksfall. Ein Wachposten wurde in die Diele gesetzt, der die Plünderer und auch diejenigen Soldaten fernhielt, die sich auf Frauensuche befanden. Alle Frauen des Hauses hatten sich vorsorglich Kopftücher umgebunden, tief ins Gesicht gezogen und sich mit Holzkohle Falten ins Gesicht gemalt, um möglichst alt und hässlich auszusehen. Sie sahen komisch aus, fanden die Kinder.

Rose, Magda und Käthe wischten sich die Kohle aus dem Gesicht und wagten sich gemeinsam mit den Kindern wieder ans Tageslicht. Die Offiziere benahmen sich korrekt und nicht unfreundlich. Bis einer der beiden Michaela entdeckte. Sie sah aber auch zu niedlich aus! Lumpen hin oder her, ihr entzückendes Gesichtchen blickte keck unter dem Kopftuch hervor, die Wangen von der Aufregung gerötet, die Nase in die Luft gereckt, die Grübchen allzeit zum Lächeln bereit. Der große Mann griff nach dem Kind, setzte es auf sein Pferd, sprang in den Sattel und ritt auf und davon.

Schreiend rannten Käthe und Konstantin hinter dem Entführer her, alle anderen brüllten durcheinander, Herbert blies gar in eine Trompete, die er im Übraum des Posaunenchores gefunden hatte – selbst die russischen Soldaten schienen überrascht. Michaela hatte den ersten Schrecken überwunden und schrie sich ebenfalls die Kehle wund. Aber es half nichts. Sichtlich unbeeindruckt vom allgemeinen Geschrei galoppierte der Kerl, Michaela fest umklammernd, zur Stadt hinaus.

Was sollte das? Hatte er den Verstand verloren? Welchen kriegerischen Sinn konnte das denn noch haben? Die Bevölkerung war eh schon in Angst und Schrecken verfallen und die Wehrmacht nicht mehr in der Stadt.

Ja nun, etwa eine halbe Stunde später erschienen die beiden wieder, der Offizier sprang vom Pferd und radebrechte, dem staunenden Publikum zugewandt, dass die Kleine seiner Tochter so ähnlich sehen würde. Und mit der würde er auch immer ausreiten. Der Offizier hob die inzwischen ziemlich fröhlich dreinblickende Michaela vom Pferd und übergab sie mit einer galanten Verbeugung ihrer Mutter.

Käthe konnte sich zum Glück nicht entscheiden, ob sie ihm eine Ohrfeige geben oder lieber in Ohnmacht fallen sollte, denn nach beidem war ihr zumute. Totenblass nahm sie das Kind entgegen und sah dem Entführer wortlos in die Augen. Der senkte schuldbewusst den Blick, aber nicht, ohne Michaela noch einmal verschwörerisch zugezwinkert zu haben.

Ihre Tochter mit sich ziehend, wankte Käthe ins Haus und übergab sich auf dem Abort. Dann setzte sie sich, noch immer zitternd, auf die Wohnzimmercouch und nahm Michaela auf den Schoss.

»Hat er dir wehgetan, der Mann?«

»Nein, Mutti, wir sind nur um die Stadt geritten. Das war schön! Er hat mich festgehalten und wir sind galoppiert. Ich hatte gar keine Angst mehr! Das Pferd hat immer so laut geschnaubt und den Kopf geworfen und er hat gelacht.«

Na, da hatten wenigsten die drei ihren Spaß gehabt.

»Du bleibst jetzt immer bei mir. Sonst nimmt er dich vielleicht mit nach Russland. Das wäre gar nicht schön, findest du nicht auch? Was würde denn der Papa sagen, wenn er nach Hause kommt und du bist nicht da?«

Ja, nein, das wäre gar nicht schön. Und bei aller Lustigkeit, Michaela war nun schon fast sechs Jahre alt, hatte allerhand erlebt und wollte sehr gerne nirgendwo sonst als bei ihrer Mutter bleiben. »Mutti, wann kommt denn der Papa?«

»Das weiß ich nicht. Es geht ja keine Post mehr. Wir müssen Geduld haben. Und vernünftig sein, ja?«

Das versprach Michaela. Jetzt aber verließ sie erst einmal der Schrecken, der allen in die Knochen gefahren war. Doch was würde als Nächstes kommen? Sie hatten die Feinde als Sieger in der Stadt, waren ihnen ausgeliefert.

Die Russen hatten nicht damit gerechnet, länger in Demmin bleiben zu müssen. Sie hatten nur hindurchziehen wollen. Aber das war durch die Brückensprengungen nun nicht möglich. Das machte sie aggressiv, die Russen, und sie gerieten, bei aller Siegeslaune - schließlich war ihnen die Stadt kampflos zugefallen - in Rage. Und dann knallte es richtig und sie drehten durch. Was war geschehen?

Irgendein Idiot, angeblich der Apotheker der Stadt, hatte Gerüchten zufolge einige Offiziere zu einer Art friedensstiftender Siegesfeier eingeladen und sich, seine Familie und seine Gäste dabei mit vergiftetem Rotwein um die Ecke gebracht. Und ein anderer Idiot, so behauptete dessen Nachbarin, habe gesagt: »Wenn ich meine Familie getötet habe, lege ich noch ein paar Russen um und dann mich selbst.« Angeblich gesagt und getan.

Nach diesen hirnverbrannten Untaten wurde die Stadt für drei Tage zur Plünderung und zur Brandschatzung freigegeben; Vergewaltigungen wurden ab sofort stillschweigend gebilligt, wenn auch nicht angewiesen. Hunderte von Soldaten schwärmten auf der Suche nach Schätzen, nach Alkohol, nach Frauen aus und begingen alle Untaten, nach denen ihnen der Sinn stand. Auch in Magdas Haus hielten große Korbflaschen mit Schnaps Einzug und sie fürchtete das Schlimmste, sollten die Offiziere ihre Leute nicht in Schach halten können. Aber Herbert gab dem wachhabenden Mongolen seinen angesparten Tabak und der Mann wehrte die grölenden Kameraden, die »Frau, Frau!« haben wollten, ab.

Nach dem die Russen dem Plündern und Vergewaltigen zu ihrer Zufriedenheit nachgekommen waren, wurde Demmin angezündet. Die mittelalterliche Altstadt - die meisten Gebäude waren Fachwerkhäuser - brannte lichterloh. Aus sicherer Entfernung betrachteten die Soldaten ihr Werk und unterbanden jeden Löschversuch.

Flucht? Unbedingt. Aber wohin? Nun in den Tod. Die übrig gebliebenen Demminer begannen sich umzubringen. Wie die Flammen der Stadt von einem Haus zum anderen sprangen, so steckten die Menschen einander mit ihrem Todeswunsch an. Die meisten von ihnen gingen ins Wasser. Bald schwammen in der noch winterkalten Peene und Tollense ertrinken Wollende, Tote und sich doch noch zu retten Suchende umeinander herum. Manche, die ertrinken wollten, aber schwimmen konnten, hatten sich einen Rucksack voller Steine umgehängt. Andere banden sich vorsichtshalber zwecks Ersäufens aneinander, damit ja alle an den Grund des Wassers gelangten und niemand versehentlich überlebte. Weniger Umsichtige überlebten das Ertränken inmitten der ertrunkenen Kinder und Erwachsenen und plätscherten verzweifelt herum, in der Hoffnung, alsbald an Unterkühlung zu sterben oder aus Erschöpfung unterzugehen. Andere nahmen Gift. Wieder andere erschossen oder erhängten sich. Etliche schnitten sich die Pulsadern auf. Ein ungeheures Selbsttöten nahm seinen Lauf. So etwas hatte es seit Menschengedenken nicht gegeben. Der Tod hatte die Bühne betreten und Hunderte, vielleicht gar Tausende, fielen ihm zu Füßen.

Die Russen sahen sich auch das an. Es war ihnen unangenehm. Manche von ihnen griffen ein und versuchten, die Leute aus den Flüssen zu zerren. Aber sie konnten die Massen nicht davon abhalten, sich zu ersäufen, zumal viele der Russen selbst nicht schwimmen konnten. Andere zerrten den Strangulierenden die Schlinge vom Hals. Aber sie konnten nicht verhindern, dass die gerade Geretteten den nächsten Strick ergriffen.

Die Demminer waren wie in Trance. Nicht panisch, wie durchgehende Pferde, die vor dem Feuer oder anderer Gefahr fliehen. Die Demminer gingen dem Tod entgegen, dem vielversprechendsten Ausweg, dem selbstbestimmten Ende. Der Tod war ein Star geworden. Sie warfen sich ihm an den Hals.

Magda und ihre Hausgemeinschaft wollten nicht sterben, sondern leben. Sie erlagen dem kollektiven Wahn nicht. Natürlich bekamen sie mit, was um sie herum vorging, auch wenn sie – Gott sei Dank – nicht Zeugen einer Selbsttötung wurden. Sie spürten das Entsetzliche, sie hörten die Gerüchte, die Berichte waren. Sie litten unsäglich an dem Grauen, aber sie wollten nicht Teil desselben werden. Sie beteten und hielten sich fest an den Händen. Und dann rochen sie die sich ausbreitenden Brände. Was kam da auf sie zu?

Am Vormittag des 2. Mai – lange, bevor die Flammen Magdas Haus erreichten –, verließ ihre Einquartierung über die inzwischen errichteten Behelfsbrücken gen Westen die Stadt. Jetzt waren Magda und ihre Familie schutzlos, auf sich gestellt.

Das Feuer war nun fast allgegenwärtig. Am Nachmittag des 3. Mai hatten sich die Flammen bis zu ihrem Pfarrhaus durchgefressen. Die gesamte gegenüberliegende Häuserfront brannte bereits lichterloh. Konstantin und seine Geschwister wurden unfreiwillig zu Zuschauern des bisher größten Schauspiels ihres Lebens.

Da, endlich, schrie jemand: »Es darf gelöscht werden!«

Mit den wenigen nicht geflüchteten Nachbarn retteten die Erwachsenen aus den bereits brennenden Häusern von gegenüber kleine Möbelstücke, Betten und Geschirr und stapelten es in den Gemeinderäumen auf. Es war ein Wettlauf gegen die Flammen. Aus der Gemeindeschwesternstation von gegenüber holte Magda alles an Verbandmaterial, Watte und Spritzen heraus, was sie tragen konnte. Kaum, dass sie die Station verlassen hatte, ging eine riesige Stichflamme hoch. Im Medizinschrank waren die Spiritusflaschen explodiert. Zum Glück hatte sie in ihrer Eile den Schrank übersehen, sonst wäre sie wohl mit in die Luft geflogen.

Damit dem Brand Einhalt geboten werden konnte, sägten und hackten die Demminer Dachsparren und Balken in den noch nicht vom Feuer erfassten Häusern durch, um ein Überspringen der Flammen zu verhindern. Andere löschten die unter den Ziegeln und dem Mauerwerk bereits kokelnden Brandherde. Wieder andere Männer holten Wasser aus dem nahe gelegenen Trebelstauarm.

Die meisten Frauen wagten sich noch immer nicht auf die Straße. Sie rissen die Gardinen von den Fenstern und befeuchteten und kühlten die Ziegel und das Dachgebälk gegen den Funkenflug mithilfe des angeschleppten Wassers.

Einige Häuser konnten so gerettet werden. Auch das Pfarrhaus blieb unversehrt. Inmitten der Trümmer erhob sich der riesige Turm der Bartholomäuskirche. Sie war ebenfalls verschont geblieben.

Nun zogen die letzten der noch in Demmin befindlichen Russen über die errichteten Notbrücken zur Stadt hinaus. Den zurückbleibenden Demminern fiel kein Stein vom Herzen. So einfach war das nicht. Die, die es vermochten, ließen die Bilder, Töne und den Gestank des Grauens tief auf den Grund ihrer Seele sinken. Manchmal, wenn die Seele übervoll war oder von einer Erinnerung berührt wurde, kam ihnen etwas von dem Grauen wieder in den Sinn und sie entsetzten sich erneut. Andere konnten nicht vergessen und wurden an sich und an der Welt irre. Wieder andere lebten weiter, in dem sie sich Stunde um Stunde, Tag um Tag dem grauenvollen Geschehen entrückten. Sie vergaßen nichts, doch gelang es ihnen, den Krieg hinter sich zu lassen.

Magda, Käthe, ihrer beider Kinder und die Großeltern Lefort hatten überlebt.

## In der Lübecker Bucht

An eben diesem 3. Mai 1945, dem Tag, an dem für die Demminer der Krieg zu Ende war, wurde die »Cap Arcona« in der Lübecker Bucht versenkt. Auf ihr befanden sich zu dem Zeitpunkt 4.207 ehemalige KZ-Häftlinge, fünfzehn bis zwanzig SS-Führer, zwanzig SS-Maiden, etwa vierhundert Mann der Artillerie und circa siebzig Mann der zivilen Schiffsbesatzung. Der Plan der deutschen Befehlshaber war, das Schiff mitsamt den Häftlingen von der britischen Luftwaffe versenken zu lassen. Keiner der ehemaligen KZ-Insassen sollte lebend das Ufer erreichen. Wie und warum die vielen Häftlinge überhaupt auf das Schiff gelangt waren, das ist eine andere Geschichte. Dass die Briten nicht ahnten, wie unschuldig die Menschen waren, die ihrem Bombardement zum Opfer fielen, soll an dieser Stelle wenigstens erwähnt werden, ist es doch von besonderer Tragik.

Schnell brannte die »Cap Arcona« lichterloh vom Heck bis zum Mittelschiff. Viele Menschen sprangen ins Wasser, doch nur wenige von ihnen schafften es an Land. Da das Wasser vor Neustadt nicht tief genug war, um das große Schiff vollständig versinken zu lassen, gelangten einige wenige der an Deck verbliebenen Passagiere mit Hilfe einer Barkasse ans Ufer.

Inzwischen war dort die britische Artillerie in Stellung gegangen und erledigte den Rest. Der schöne Luxusdampfer hatte sich in ein qualmendes Wrack verwandelt.

Arthur befand sich mit fünf weiteren Gefangenen noch immer in einer der Pferdeboxen auf dem Gestüt bei Insterburg. Alle sechs waren sie sehr dünn, insofern war die Unterbringung kein Problem. Nur schade, dass es keine Pferde mehr gab. Da hätte Arthur sich nützlich machen können. So versuchte er, sich quasi stellvertretend in die Welt eines Pferdes in einer Box hineinzuversetzen. Du liebe Zeit, was die Menschen so mit den Tieren anstellten. Das war ja widernatürlich! Schließlich waren Pferde Lauftiere und keine Karnickel. Ach, Karnickel, so hatte Arthur kürzlich zufällig erfahren, waren ursprünglich auch Lauftiere mit einem ausgeprägten Fluchtinstinkt (und Wiederkäuer, daran erinnerte er sich sowieso). Er kam nicht umhin, sich ziemlich solidarisch mit jeglichem Viehzeug zu fühlen, demgegenüber sich der Mensch als Besitzer aufspielte. Haustiere mochten ja noch gehen, die liebte der Mensch angeblich. Aber Nutztiere?

Hatten die Russen die verwundeten Schuldigen nach den Mittagsrationen zunächst noch mit Obstkompott aus den Gestütsbeständen erquickt, begann nun die Hungerszeit. Die Vorräte waren verbraucht und es gab nur noch Rübenschnitzel, von den Landsern mit Fluchen entgegengenommen oder verworfen, von Arthur, wie er es gelernt hatte, mit Danksagung empfangen. Die Russen hatten nur wenig mehr zu essen.

Die Pest in Königsberg war Fehlanzeige gewesen. Was in Insterburg kam, war die Ruhr. Jeden Morgen wurden die Ruhrtoten in riesigen Kastenwagen abtransportiert. Dafür war es nun Mai geworden, was hätte schön sein können, es aber nicht war. Aber eines war wirklich schön: Wochen, nachdem Arthur seine Bibel weggenommen worden war, trat ein gut deutschsprechender Russe in Arthurs Box und fragte: »Ist hier ein Arthur Preuß?«

Arthur meldete sich und sagte »Ja!«

»Hast du eine Bibel verloren?«

»Verloren nicht«, sagte Arthur, »die hat man mir weggenommen.«

»Hier ist sie«, sagte der Mann. »Und wie ich sie gefunden habe? Ich bin durch die Keller gekrochen, durch die Ruinen in Insterburg und habe dies und das gesucht und da bin ich auch auf die Bibel gestoßen. Arthur Preuß, da hast du sie.«

Die Bibel ging nun im Lager von Hand zu Hand, das einzig vorhandene Buch und sowieso das Buch der Bücher. Sie kehrte immer wieder zu Arthur zurück. Es war eine segensreiche Zeit für ihn. Tage der Sammlung in dieser Notzeit. Doch dann hieß es: »Ab nach Moskau!«

Nach Moskau? Ach du liebe Zeit. Zu Fuß? Nein, bei Weitem nicht die ganze Strecke, nicht die ganzen 1.140 Kilometer. Aber Arthur und die anderen merkten sehr bald, dass das Laufen dem Zugfahren vorzuziehen war. Sie wurden so in die Waggons gequetscht, dass sie kaum Platz zum Hocken hatten. Als Verpflegung gab es fast nichts, und das Fast waren häufig Salzheringe. Dann kam der Durst, aber zu trinken kam kaum. Und es gab für alle nur ein im Durchmesser etwa zwanzig Zentimeter großes Loch im Boden, durch das sie sich entleeren konnten. Die Lochnachbarn hatten es auch nicht leicht. Es war wie bei den Königspinguinen bei Starkfrost im Schneesturm. Immer gab es eine gewisse Unruhe und Positionskämpfe, um für sich den am besten geeigneten Platz zu finden und zu behaupten, beziehungsweise sich zum letztbesseren Platz zurückzukämpfen. Manche bemühten sich, in der Nähe des Lochs, wiederum aber ihm auch nicht zu nahe zu sein, um eine schnellere Entleerung hinzubekommen. Wieder andere bemühten sich, möglichst an den Wänden oder, besser noch, in der Nähe der Türen Aufenthalt zu finden, um durch die Ritzen atmend an gute Luft zu kommen. Nur sehr gelegentlich durften sie dem Zug entsteigen, um sich zu erleichtern. Der Anblick der reihenweise am Zug entlang zum Geschäft Hockenden war für niemanden erfreulich.

Es war alles ziemlich furchtbar. Und weit. Genau so weit, wie von Königsberg nach Marburg. Nicht mehr so großes Deutschland, noch viel größere Sowjetunion.

# 16. Kapitel:

Königsberg, Hela, Russland, Deutschland, Demmin, Mai–November 1945

## Um den 8. Mai 1945

Es kam der Tag, an dem die Deutschen kapitulierten. In jeder Ritze, die noch zu Deutschland gehörte, wurde am 8. Mai 1945 kapituliert.

Heide lebte inzwischen in Aweiden in einem netten Siedlungshäuschen. Sie stand an der Rückfront des Hauses, der Garten lag vor ihr in aller Frühlingspracht. Alles grünte und blühte, war ganz friedlich. Wie tat ihr das gut nach Schutt und Asche und Feuer und anderen Schrecken! Da sang sie das Lied »Die linden Lüfte sind erwacht ... Nun armes Herz, vergiss die Qual, nun muss sich alles, alles wenden.« So sang sie vor sich hin. Da ging mit einmal eine fürchterliche Schießerei los von allen Seiten. Ob da etwa doch der deutsche Endsieg begann? Wurden die Russen vertrieben? Bald hörte sie das Gegröle und Geschrei: »Hitler kaputt, Deutschland kaputt!«

Die Russen nahmen sich auch in Aweiden alles, was sie wollten.

***

Der Dampfer »Möwe« fuhr an diesem Tag immerzu zwischen Hela und Seedampfer hin und her, um Verwundete zu transportieren. Dann, um 22 Uhr, lief das Schiff ein letztes Mal aus. Es war vorbei, das hatte sich herumgesprochen. Am besten fahren wir nach Dänemark, dachte der Kapitän. Die »Möwe« fasste, wenn jedes Plätzchen vermessen war, amtlich 760 Personen. Sie hatten aber an die tausend Menschen an Bord, von denen die meisten verwundet waren. Dann kam ein Sturm auf. In Dänemark entgingen sie knapp der Kaperei durch Engländer, indem sie den Häschern davonschwammen. Zwei Tage später wurden sie dann in der Kieler Förde vom Engländer geschnappt. Nun mussten sie alle innerhalb weniger Minuten vom Schiff runter und die »Möwe« wurde von den Engländern beschlagnahmt. Auf Wiedersehen, liebes Schiff!

***

Kurz nach Kriegsende hörte Heide sagen, dass in Ponarth Pfarrer Beckmann, ein weiterer Pfarrer und eine Vikarin ihre Arbeit aufgenommen hätten. Da wanderte sie nach Ponarth. Das Hörengesagte entpuppte sich als wahr. Dort, bei den ihr vertrauten Gemeindegliedern und bei Arthurs Amtskollegen, würde sie Schutz und Geborgenheit erfahren. Dort würde sich niemand nehmen, was nur ihr gehörte. Sie fand die Geborgenheit, durfte bleiben und dankte es, indem sie sich auf vielfältige Weise in der Kirchengemeinde nützlich machte.

In Halle an der Saale setzte sich zu dieser Zeit Kantor Jonasch mit dem amerikanischen Stadtkommandanten in Verbindung und erhielt die Erlaubnis, zu Pfingsten 1945 ein Orgelkonzert zu geben. In der überfüllten Marktkirche spielte er

Werke von Johann Sebastian Bach, auch dessen Fantasie und Fuge in g-Moll. Da ging die Post ab!

Kurz nach diesem bedeutungsvollen Ereignis, am 5. Juni 1945, erklärten die Oberbefehlshaber der alliierten Siegermächte in Berlin: »Eine deutsche Regierung besteht nicht mehr. Das ehemalige Deutsche Reich wird in vier Besatzungszonen aufgeteilt; die oberste Gewalt wird von einem Kontrollrat ausgeübt, der in Berlin seinen Sitz hat. Berlin wird ebenfalls in vier Sektoren eingeteilt.«

Käthe und ihre Lieben befanden sich nunmehr in der sowjetischen Besatzungszone. Das hatten sie auch schon vorher gemerkt. Andere, wie Gerhart Jonasch zum Beispiel, befanden sich ebenfalls in dieser, obwohl die Zone doch eigentlich von den Amerikanern besetzt worden war. Arthur befand sich gar nicht in Deutschland, dennoch auch in einer sowjetischen Zone.

## Karl ist nun zu Hause

Ende Juni 1945 gab es in Königsberg eine Volkszählung. Vor dem Krieg hatte die Stadt 350.000 Einwohner gehabt, nun wurden 73.000 gezählt. Viele waren geflohen, andere waren an den direkten Folgen kriegerischer Handlungen gestorben. Nach dem Fall von Königsberg im April bis zu dieser Volkszählung starben allein noch einmal etwa 25.000 Menschen. Etwa dreihundert pro Tag.

Einige Wochen, nachdem der Krieg in Königsberg wirklich ganz vorbei war, machte sich der Überlebende Karl auf die Suche, ob sich denn noch jemand von seiner Familie finden ließe. Er war sehr dünn, sehr schwach, aber das waren alle hier.

An einem Sonntag erreichte er zur Gottesdienstzeit Ponarth. Die Kirche war die Einzige in ganz Königsberg, die vom Krieg außer kaputter Fensterscheiben nichts abbekommen hatte. Er fand dort Pfarrer Beckmann, der seines Amtes waltete, und Heide vor, dazu noch einige andere ihm vage bekannte Gesichter.

Familie? Keine. Käthe und die Kinder waren geflohen. Eine Nachricht von ihnen gab es nicht. Arthur war möglicherweise in russische Gefangenschaft geraten, vielleicht war er auch schon tot. Eine Nachricht von ihm gab es ebenfalls nicht.

Heide nahm den alten Kerl mit zu sich nach Hause und teilte mit ihm das, was sie an Nahrungsmitteln hatte. Anschließend legte Karl sich auf Heides Bett - ein richtiges Bett - und sagte: »Bei Ihnen ist es wie im Himmel!«

Die Sonne schien durch das offene Fenster auf die Bettdecke und Vogelsang drang herein. Ansonsten war es still. Blumen standen in einer Vase und dufteten. Dass es das gab!

Heide, die in Ponarth jetzt im sogenannten »Kirchenkommando« arbeitete, so hatte die russische Kommandantur ihre Aufgabe betitelt, sorgte dafür, dass Karl in das Altersheim in Aweiden kam, in dem nur wenige Wochen vorher Arthur hatte Quartier nehmen dürfen. Karl weinte bitterlich, als er sich plötzlich in die Obhut freundlicher Menschen geben konnte. Und dass sein Sohn noch vor so kurzer Zeit hier gewesen war! Er übergab Heide ein verschnürtes Päckchen und bat sie, es seinen Kindern zu bringen, sobald sie könne.

Dann erzählte er ihr in dürren Worten von dem Schicksal Hedwigs, wobei ihm seine Erzählung ein wenig durcheinandergeriet, weil er sich einfach nicht recht erinnern konnte. Es war schon so lange her und er hatte so viele Menschen sterben sehen.

Wenige Tage später war er selbst tot. In seinem schönen Altersheim-Bett eingeschlafen. Selig? Ach du liebe Zeit. Er starb am 9. Juli 1945 im Alter von dreiundachtzig Jahren. Fünf Tage später kam er unter die Erde. Pfarrer Beckmann und Heide waren die einzigen Menschen an seinem Grabe. Ein Sarg für Karl war aus Materialmangel nicht zuwege gebracht worden. Also gab es auch keine Sargträger, sondern einfach nur Träger. Sie legten ihn in die Grube und Gewürm und Getier konnten sich gleich an die Arbeit machen.

## In Russland

Als Arthur und die anderen durch Russland schlurften, schmissen welche (wenige) mit unbrauchbaren Gegenständen, kaputten Blumentöpfen und anderem Unrat nach ihm und seinen Kameraden. Manchmal aber brachten ihnen Kinder Becher und Feldflaschen und Krüge voll Wasser. Gott möge es ihnen lohnen, dachte und sprach Arthur. Ein Muttchen stand am Straßenrand, sah sie, wandte sich ab und weinte.

In der Nähe von Moskau - die Stadt selbst lernte Arthur nicht kennen - kam er nacheinander in zwei verschiedene Lager. Im ersten wurden sie nach Arbeitsfähigkeit sortiert und dann bei Aufbauarbeiten eingesetzt, im zweiten dienten sie der Kohlewirtschaft. Da Arthur über keinen Offiziersrang verfügte, wurden ihm keine Kriegsverbrechen unterstellt. Das war ein Vorteil, weil er dann nicht dazu verdammt war, auf irgendeine Verurteilung zu warten. Der Nachteil war, dass er arbeiten, arbeiten, arbeiten musste, bis zur Wassersucht und Entkräftung. Daraufhin kam er erneut in ein Lazarett, dieses Mal für fünf Wochen.

Das Essen, das sie außerhalb des Lazaretts bekamen, hatte nichts mit Verpflegung zu tun. Da hätte man ja auf das Wort »Pflege« kommen können. Pflege gab es nicht, sondern sehr viel Sauerampfer. Meistens nur Sauerampfer. Ein Blattgemüse, wie Spinat oder Löwenzahn, nur viel saurer. Der Ampfer ist an sich nicht ungesund. Ernten kann man ihn von April bis November. Er ist ein Heilkraut, wird unter anderem zur Bekämpfung von Menstruationsbeschwerden gegeben. Das half Arthur in Bezug auf seine Gesundheit leider nicht. Er aß, wie alle anderen, sehr viel von dem Ampfer. Zu viel. Das war nun wieder ungesund. Ein Zuviel an Oxalsäure. Arthur wurde schon wieder krank.

Wenn er krank war, musste er keine Kohlen schippen, sondern konnte sich anderen Dingen zuwenden. Etwa den Gesängen der Posten, dann, wenn der Abend hereinbrach und sie ihre alten, der Landschaft abgelauschten Lieder sangen. Ergreifender konnte es in keiner Kirche zugehen, fand Arthur. Dabei sangen sie keine Choräle, aber was sie sangen, grenzte für ihn an eine Offenbarung, war ein Stück heile Welt, eine Weise der Ur-Schöpfung Gottes, zum Händefalten.

Einmal sah er einen Regenbogen, der spannte sich so weit, dass Arthur dachte, der Bogen könnte vielleicht bis zu Käthe und den Kindern reichen. Arthur setzte sich in Gedanken auf den roten Streifen, den oberen äußeren, und machte sich auf die Reise. Ja, der Bogen spannte sich bis zu Käthe. Am Käthe-Ende nahm sie ihren lieben Ehemann in Empfang. Er sprang ihr in die Arme, so wie man von einer Rutschbahn springt. Ach, war das schön!

Arthur war nicht niedergeschlagen, wie viele andere seiner Mitgefangenen. Er war auch nicht aggressiv und ihm war kein bisschen langweilig. Er bildete sich auch nicht ein, dass der verlorene Krieg nur aus Versehen verloren gegangen war. Er fand es gut, dass Hitler kaputt war und nahm seine Strafe an, ob sie nun aus Dreck, Unrasiertheit, Lumpentragen, Hunger, Wassersucht, Wanzen, Flöhen oder Läusen bestand.

## Noch immer evangelische Kirche in Deutschland

Von Anfang an waren die Kirchen für die Besatzungsmächte wichtige Ansprechpartner und schufen eine Verbindung zur deutschen Bevölkerung. Also die Kirchenleute, die nach dem Krieg noch übrig und nicht zu gute Freunde der Nazis gewesen waren.

Vom 27. bis 31. August 1945 fand in Treysa (Nordhessen) eine Konferenz mit evangelischen Kirchenoberen und -persönlichkeiten statt. Anwesend waren auch Karl Barth und der Ende April aus dem Konzentrationslager befreite Martin Niemöller. Die beiden hatten sich nach Kriegsende schon bei einem Treffen in Frankfurt am Main gesehen und waren voller Hoffnung, was die künftige Arbeit ihrer Kirche anging. Alle hatten sie Lehrgeld gezahlt, alle hatten hoffentlich einen Erkenntnisprozess durchlaufen. In Treysa stellten die beiden Theologen fest, dass der zu gehende Weg irgendwie schon jetzt wieder festgeschrieben war. Die ohne sie bereits beschlossene Fahrtrichtung lautete etwa so: »Es muss etwas Neues geschaffen werden, und dieses Neue muss irgendwie das Alte sein.« Sie mochten es kaum glauben.

Obwohl die sowjetische Staatsführung von Religion fast gar nichts hielt, waren die Verantwortlichen doch recht entgegenkommend in ihrer Haltung den Kirchenleuten gegenüber. Die religiösen Institutionen und ihre Bediensteten würden ihnen bestimmt helfen, die Lebensverhältnisse im besiegten Deutschland zu stabilisieren. Kirchliche Amtsträger genossen ab sofort einen besonderen Schutz. Man konnte sie an ihrer Amtstracht oder an speziellen Armbinden erkennen. Diese Merkmale schützten sie vor willkürlichen Verhaftungen oder Übergriffen, die die Rotarmisten noch immer vornahmen, wenn ihnen der Sinn danach stand.

Die Kirche hatte viel zu tun. Gar zu speziell Neues konnte deshalb nicht gedacht, geschweige denn geschafft oder geschaffen werden. Hunger, Krankheiten, Epidemien, andere Not und weiteres Elend, Sorgen um das Schicksal von Verhafteten oder Deportierten - hierfür war Tatkraft vonnöten. Die Frage nach eigener Verantwortung und Schuld konnte später gestellt und wann auch immer beantwortet werden. Doch wie immer gab es Ausnahmen, und manchen ging es tatsächlich um die Erneuerung der Kirche. Wenn auch nicht um die ihrer Strukturen, so doch zumindest um die Reinigung vom nationalsozialistischen Geist und Wesen. Allein »Schrift und Bekenntnis« sollten nach den Jahren weltanschaulicher Verirrung den Glauben und das Leben der Kirche bestimmen.

Nun hatte jeder einzelne Christ sein Gewissen daraufhin zu befragen, welche (persönliche) Schuld er in den zwölf Jahren Nationalsozialismus auf sich geladen hatte. Wenige machten daraus große Schuldberge, obwohl sie vergleichsweise kleine Schuldige waren, viele machten Hügelchen, obwohl sie größere Schuldige waren und nicht wenige häuften gar nichts an, obwohl sie schuldig, schuldig, schuldig waren. So die Christen. Von allen anderen ganz zu schweigen.

Käthe hatte lange nichts von Arthur gehört. Das war schrecklich. Auf ihrem Nachttisch stand ein Foto von ihm. Ach, was sah er gut darauf aus, wenn auch ein wenig dünn. Immer wieder neu umrankte sie es mit frischen Trauerweideblättern. Magda fand das nicht passend. Aber Käthe dachte und erklärte es so, dass es doch auch ein Traurigsein geben dürfe, wenn der Mensch, der einem fehle, noch am Leben sei. Wobei - sie wusste gar nicht, ob Arthur noch lebte. Magda fand es dennoch unpassend. Andere bekamen es nicht zu sehen, insofern nahm Käthe die Ansicht ihrer älteren Schwester ausnahmsweise nicht mehr als nur zur Kenntnis. Die Kinder halfen Käthe beim Blättersammeln.

Die Kinder halfen auch emsig beim Sammeln von Haferkörnern. Die wurden dann mit einem Hammer breitgeklopft. Das war ja ein Ding! Das hatten sie gar nicht gewusst, dass aus Haferkörnern Haferflocken werden konnten!

Endlich kam ein Brief mit Neuigkeiten von Arthur. Ein Käthe nicht bekannter Herr Dr. Marquardt, derzeit in Allenstein befindlich, schrieb ihr, datiert vom 24. Juli 1945:

»Frau Pfarrer Preuß, Demmin Pom.
Im Mai d. J. war ich mit Ihrem Herrn Gemahl im russischen Kriegslazarett Insterburg zusammen. Er war mit einer leichten Armverletzung [Rückenverletzung] in russische Gefangenschaft geraten. Den Umständen nach ging es ihm gut. Ich soll Ihnen und allen Verwandten beste Grüße übermitteln. Leider konnte ich mich des Auftrages nicht früher entledigen.
Ergebenst Dr. Marquardt, Generalvikar«

Juhu, Arthur lebte und war nur leicht verletzt! Käthe faltete das Briefchen zusammen und steckte es sich in den Ausschnitt. Dort knisterte das olle Papierchen fröhlich vor sich hin. Natürlich war es nun schon eine Weile her, dass Arthur gesehen worden war. Aber die gute Nachricht war doch, dass er nicht gefallen war. Nun konnte er ja wohl auch nicht mehr fallen, sondern nur noch nach Hause kommen.

Geduld, Geduld, wenn's Herz auch bricht - das war einer von Käthes Leitsprüchen geworden, wobei ihr Herz gar nicht daran dachte, zu brechen. Arthur lebte! Flugs gab sie den Kindern Bescheid. Arthurs Foto bekam eine frische Bildumkränzung.

***

Ja, Arthur lebte immer noch. Am 14. Oktober durfte er sogar einen Lagergottesdienst halten. Also, er lebte nicht nur, sondern er durfte etwas. Immer wieder wurde den Deutschen nun etwas erlaubt. Und das, nachdem sie anderen so lange Jahre so viel verboten hatten.

Arthur bereitete sich gründlich auf diesen Gottesdienst vor. Er musste vielerlei bedenken. Zum einen, dass es jede Menge Spitzel gab, die seine Worte, sollten sie in irgendeiner Hinsicht die falschen sein, weitermelden würden. Das hätte er zu büßen. Zwar duldeten die verantwortlichen Russen die Gottesdienste, aber sie waren schnell dabei, Kritik und Schlimmeres zu üben. Zum anderen die Art seiner Lagergemeinde. Viele würden den Gottesdienst nur besuchen, um dem Tageseinerlei zu entgehen. Andere suchten zwar Orientierung, hatten aber noch nie einen Bibeltext gehört. Ein neuer Führer musste her. Dazu eignete sich Jesus Christus aber keinesfalls, denn ein irdischer Sieg wurde von ihm nicht angestrebt. Er starb schließlich den Kreuzestod. Das war eine Wende in seiner Heldengeschichte, die die meisten der Gottesdienstbesucher vermutlich nicht würden mitvollziehen wollen. Keinesfalls aber würde Arthur irgendwem nach dem Munde reden, ihnen eine neue, nämlich christliche, Ideologie anbieten. Wiederum sollte es auch keine Strafpredigt werden, denn wer wäre er, diese zu halten? Und ein bisschen Trost, den würde er auch spenden müssen. Aber der durfte nicht so aussehen, als würde einem die Sündenvergebung hinterhergeworfen.

Es war eine Herausforderung.

Er nahm sie gerne an. War das ein Gedränge! Der Aufstellplatz zwischen den Baracken war voller Menschen. Arthur wurde auf einem Pritschenwagen positioniert und war wieder einmal dankbar, dass er eine gute sprecherzieherische Ausbildung genossen hatte und seine Stimme noch allerhand hergab. Denn er wollte sie alle erreichen, die da vor ihm standen.

»Liebe Lagergemeinde!«

Der Ablauf des von Arthur gehaltenen Gottesdienstes ist überliefert. Zuerst sangen sie das Lied:

»Ach bleib bei uns, Herr Jesu Christ,
weil es nun Abend worden ist;
dein göttlich Wort, das helle Licht,
lass ja bei uns auslöschen nicht!

In dieser schwern, betrübten Zeit
verleih uns, Herr, Beständigkeit,
dass wir dein Wort und Sakrament
behalten rein bis an das End!

Erhalt uns nur bei deinem Wort
und wehr des Teufels Trug und Mord.
Gib deiner Kirche Gnad und Huld,
Fried, Einigkeit, Mut und Geduld!

Gib, dass wir lebn in deinem Wort
und darauf ferner fahren fort
von hinnen aus dem Jammertal
zu dir in deinen Himmelssaal!«

Arthur sah sie alle, die dürren, zerlumpten Gestalten, die aus faltigen Hälsen mit heiserer Kehle einzustimmen versuchten – die Gemeinde, die sich hier im Lager zusammengefunden hatte. Solch einer Gesellschaft hatte er noch nie gegenübergestanden. Übte er das Lied mit ihnen? Manche kannten die Lieder, wenige hatten sogar ein eigenes Gesangbuch, andere hatten noch nie Choräle gehört, geschweige denn gesungen.

Die Russen hörten zu. Oder sangen auch sie mit, leise und klangvoll, mit ihren schönen, tiefen Stimmen? Das war wohl von der Lagerleitung nicht erwünscht. Kommunisten sangen keine geistlichen Lieder. Einige wenige summten dennoch mit. Ganz tief, ganz warm, ganz leise.

Dann kamen die Liturgie, das Glaubensbekenntnis und das nächste Lied: »Jesus Christus herrscht als König«. Augenscheinlich war Arthur auch ein Gesangbuch zugelaufen. Es folgte Arthurs Predigt.

»Wir hören den Predigttext. Er steht bei Matthäus im 22. Kapitel, die Verse 1–14: ›Und Jesus antwortete und redete abermals durch Gleichnisse zu ihnen und sprach: Das Himmelreich ist gleich einem Könige, der seinem Sohn Hochzeit machte. Und sandte seine Knechte aus und sprach: Saget den Gästen:

Siehe, meine Mahlzeit habe ich bereitet, meine Ochsen und mein Mastvieh ist geschlachtet und alles bereit; kommt zur Hochzeit!

Aber sie verachteten das und gingen hin, einer auf seinen Acker, der andere zu seiner Hantierung. Etliche aber griffen seine Knechte, höhnten und töteten sie.

Da das der König hörte, ward er zornig und schickte seine Heere aus und brachte diese Mörder um und zündete ihre Stadt an. Da sprach er zu seinen Knechten: Die Hochzeit ist zwar bereit, aber die Gäste waren's nicht wert. Darum gehet auf die Straßen und ladet zur Hochzeit, wen ihr findet.

Und die Knechte gingen aus auf die Straßen und brachten zusammen, wen sie fanden, Böse und Gute; und die Tische wurden alle voll. Da ging der König hinein, die Gäste zu besehen, und sah allda einen Menschen, der hatte kein hochzeitlich Kleid an, und sprach zu ihm: Freund, wie bist du hereingekommen und hast doch kein hochzeitlich Kleid an? Er aber verstummte. Da sprach der König zu seinen Dienern: Bindet ihm die Hände und Füße und werfet ihn in die Finsternis hinaus! Da wird sein Heulen und Zähneklappen. Denn viele sind berufen, aber wenige sind auserwählt.‹«

Ach, du liebe Zeit. Was Arthur wohl aus dieser ziemlich vertrackten Geschichte machte? Wie immer hatte er sich Stichpunkte gemacht, aus denen seine Ansprache rekonstruiert werden kann: »Liebe Lagergemeinde, in unserem Text berichtet uns der Evangelist Matthäus davon, wie Jesus sich das Reich Gottes vorstellte. Gott ist der König, und er lädt zu einem Hochzeitsmahl ein. Aber seine Einladung wird nicht angenommen. Für uns hungrige Männer ist so etwas nicht vorstellbar. Nicht auf ein Fest zu gehen, bei dem es Ochsen und Mastvieh zu verzehren gibt, ist für uns undenkbar. Wir hätten wohl alles stehen und liegen lassen und wären auf kürzestem Wege zu der königlichen Hochzeit gelaufen.

In dem Gleichnis, das Jesus uns erzählt, waren die Eingeladenen aber alle satt. Sie scherten sich nicht um die freundliche Aufforderung und gingen weiter ihrer Arbeit nach. Das war auch im alten Israel sehr unhöflich. Aber schlimmer noch: Die Eingeladenen waren so verärgert über die Störung ihres Alltags, dass sie einige der Boten sogar totschlugen.

Das machte Gott, den König, so zornig, dass er seinerseits in den Kampf zog, die Übeltäter zu bestrafen. Der Evangelist Matthäus mag damals an die Zerstörung Jerusalems gedacht haben. Ich aber denke heute an die Zerstörung der deutschen Städte. Sie wurden ja erst zerstört, nachdem wir längst London und Stalingrad bombardiert hatten. Wir haben die Einladung, die Möglichkeit, mit unseren Nachbarvölkern in Frieden zu leben, ausgeschlagen. Stattdessen haben wir sie sechs Jahre lang mit Mord und Totschlag überzogen. Gewiss, dafür wurden andere Gründe genannt als die der Sattheit. Anscheinend waren wir nicht satt genug, den Frieden halten zu wollen. Und mit dem Frieden selbst waren wir auch nicht zufrieden.

Aber die Geschichte geht noch weiter. Immerhin gibt Gott, der König, nicht auf, Hochzeitsgäste zu finden. Denn was ist schon eine Hochzeit ohne Gäste. So gibt es eine zweite Chance, die tatsächlich viele Menschen nutzen, gute wie böse. Der König lädt nun ohne Ansehen der Person ein. Dass gute Menschen immer willkommen sind, muss nicht extra erklärt werden. Dass aber auch die ›bösen‹, also die sündhaften, was hier bedeutet, die Menschen, die die zehn Gebote nicht eingehalten haben, dabei sein dürfen, ist für sie die Chance ihres Lebens.

Und sie ist es auch für uns, denn diese Einladung, an Gottes Fest teilzunehmen, steht noch immer und ist auch an uns ergangen, obwohl wir gegen das 5. Gebot verstoßen haben: ›Du sollst nicht töten!‹ Auch wir bekommen die Chance, an der Hochzeitstafel des Königs, also nahe bei Gott, Platz zu nehmen. Was das bedeutet? Wenn wir nahe bei Gott sind, wird es uns gut gehen. Wir müssen nicht mehr leiden.

Dennoch, die Geschichte ist noch immer nicht zu Ende. Der Evangelist Matthäus, der das Gleichnis Jesu nacherzählt, fügt mit den Versen 11–14 noch ein Stück an, von ihm selbst erdacht: Der König schaut sich die Gäste genau an. Dabei geht es ihm nicht um gut oder böse, arm oder reich. Es geht ihm darum, dass es von großer Wichtigkeit ist, ob der geladene Gast den Wert der Einladung, die Bedeutung des Festes, zu schätzen weiß. Wer sich nicht einmal die Mühe gemacht hat, sich ›hochzeitlich zu kleiden‹, der ist nicht würdig, an des Königs Tafel zu sitzen. Und wer dem König nicht würdig genug erscheint, wird hinausgeworfen.

Was bedeutet das nun für uns? Wir, die wir in jedem Fall schuldig geworden sind, müssen zusehen, dass wir nicht nur aus der Völkergemeinschaft, sondern auch aus Gottes Gemeinschaft hinausgeworfen werden. Was können wir dafür tun, was ist unser hochzeitlich Kleid, das wir anlegen müssen?

Es ist das Bekenntnis unserer Schuld. Wir müssen uns entschuldigen. Das ist der erste Schritt, den wir zu gehen haben. Und wenn wir ihn getan haben, werden wir merken, dass es uns leichter ums Herz wird. Denn der König ist so einer, der Entschuldigungen annimmt, ein für alle Mal. Und die Entschuldigungen sollten wir auch nicht zurücknehmen, wenn wir wieder in unserem alten Zuhause, wenn wir daheim sind, wohin uns Gott alle geleiten möge. Und der Friede Gottes, der höher ist als alle Vernunft, bewahre unsere Herzen und Sinne in Christus Jesus, Amen!«

Als letztes Lied folgte auf die Predigt eines von Gerhart Tersteegen. Arthur wählte aus den 11 Strophen die erste, zehnte und elfte aus und wir schließen uns seiner Auswahl an:

»Kommt, Kinder, lasst uns gehen, der Abend kommt herbei;
es ist gefährlich stehen in dieser Wüstenei.
Kommt, stärket euren Mut, zur Ewigkeit zu wandern
von einer Kraft zur andern; es ist das Ende gut.

Es wird nicht lang mehr währen, halt' noch ein wenig aus;
es wird nicht lang mehr währen, so kommen wir nach Haus:
Da wird man ewig ruhn, wenn wir mit allen Frommen
daheim zum Vater kommen; wie wohl, wie wohl wird's tun!

Drauf wollen wir's denn wagen, es ist wohl wagenswert,
und freundlich dem absagen, was aufhält und beschwert.
Welt, du bist uns zu klein; wir gehen durch Jesu Leiten
hin in die Ewigkeiten: es soll nur Jesus sein.«

Schlussgebet, Vaterunser, Segen, Ende des Gottesdienstes.

Arthur war erschöpft, der Ewigkeit schon ganz nahe, quasi schon fast mit ihr verschmolzen, in ihr aufgegangen. Bestand bereits nur noch aus Wasser und Geist, wie im Ursprung der Schöpfung vorgesehen. Sonst war von ihm, Arthur, nicht mehr viel übrig. Sicher lag das auch an dem Dauer-Sauerampfer. Aber dass dieser so alternativlos war, hatte nichts mit irgendwelchen russischen Geizkragen zu tun, sondern ganz wesentlich mit den deutschen Küchenbullen und den zahllosen Hehlern, die alles, was nach substanziell hochwertigerer Nahrung aussah, beiseiteschafften und gewinnbringend verhökerten. Auch die russische Bevölkerung litt bitteren Hunger. Dennoch musste Arthur keine Unmenschlichkeiten ertragen. Es gab für ihn keinen Grund zu verbittern. Nein, er war dankbar für das, was ihm dargebracht wurde. Doch sein Körper war völlig dystroph, in qualitativer wie quantitativer Hinsicht unterernährt. Er hatte Wasser in den Beinen, konnte körperlich nichts mehr zuwege bringen, war weniger als nutzlos, da als Arbeitskraft ungeeignet. Nachdem er noch einmal fünf Wochen im Lazarett zugebracht hatte, entließen sie ihn am 1. November 1945 aus der Gefangenschaft.

Bereits am 2. November kam er in Fürstenwalde (Spree) an, löste einen Fahrschein nach Berlin (vier Reichsmark und vierzig Pfennige teuer), wurde dort am 4. November in der Städtischen Desinfektionanstalt II entlaust und auch sonst desinfiziert und erhielt seinen Gesundheitspass, auf dem die Marschrichtung Mecklenburg benannt war.

Noch am selben Tage brach er mit 600 Gramm Marschverpflegung in der Tasche gen Demmin auf. Einige Stunden dauerte die Fahrt, doch Arthur hatte kein Zeitgefühl. Entweder vergingen ihm die Minuten langsam wie Stunden, oder die Zeit raste ihm davon. Auch schwankte er zwischen Vorfreude und Bangen. Er hatte seit seiner Entlassung mit niemandem außer mit irgendwelchen Amtspersonen sprechen können. So lebte er nur in der Hoffnung, dass sich in Demmin schon alles und alle finden würden.

Im Stockfinstern fuhren sie in den Bahnhof ein. Die Bremsen quietschten ohrenbetäubend, dann stand der Zug. Nur eine kleine Zahl von Fahrgästen stieg mit Arthur aus, auf dem Bahnsteig warteten ebenfalls nur wenige Personen. Ein kleines Grüppchen fiel ihm ins Auge, sah es doch aus wie ein Elfenreigen. Eine Frau mit drei Kindern stand unter dem überdachten Teil des Bahnsteiges. Die Kinder hielten von Kerzen beleuchtete Papierlaternen in den Händen und schwenkten sie vorsichtig hin und her. Das sah ganz wunderschön aus.

Es waren seine Kinder und die Frau war seine Frau.

Wie war das möglich?

Ja nun, auch Käthe hatte, wohl als Anlage ererbt und im Laufe ihrer zunehmenden Schwerhörigkeit verfeinert, einen zusätzlichen Sinn entwickelt. Dieser wissende Sinn war ihr siebenter oder achter; sechs oder sieben hatten ja wohl die meisten Menschen. Etwa zu der Zeit, als Arthur in Berlin den Zug bestieg, wusste sie, dass er an diesem Abend in Demmin eintreffen würde. Das war keine Gedankenübertragung, so nach dem Motto, »Käthe, ich komme!«, auch kein Vorhersehen nach dem Motto, »das und das wird geschehen«, sondern einfach ein Wissen in ihr selbst.

Sie traf ihre Vorbereitungen, informierte Magda und die Eltern – Magda und Rose ließen sie kopfschüttelnd gewähren, ihr Vater aber neigte ebenfalls zur Übersinnigkeit, hatte größeres Verständnis und gar kein Kopfschütteln für Käthes Handeln – und machte sich mit den erwartungsfrohen Kindern auf den Weg. Und da waren sie nun alle.

Arthur breitete die Arme aus und seine Elfen rannten mitten in die Umarmung hinein. War das eine Freude!

Die Kinder übernahmen das Reden, wobei alle durcheinandersprachen, aber das war ja ganz egal. Zwitscher, Zwitscher, das ging zu wie bei den Staren im Frühjahr. Ach, waren das schöne Töne! Nach längstmöglicher Umarmung hakten Käthe und Arthur sich unter und traten mitsamt den umherwuselnden Kindern den Heimweg an. Da Arthur kaum Gepäck hatte, konnten sie ganz unbeschwert den Weg nach Hause nehmen, wobei sie zwischendurch immer mal eine Pause einlegten, damit Arthur die Fragen der Kinder beantworten oder eigene stellen konnte, ohne zu sehr außer Atem zu geraten. Auf halbem Wege kam ihnen Herbert Lefort entgegen. Einige hundert Meter weiter wartete Rose und selbst Magda hatte es nicht länger zu Hause gehalten. Flankiert von ihren beiden Söhnen hatte auch sie sich zu guter Letzt noch auf den Weg gemacht, ihren heimkehrenden Schwager zu begrüßen.

Das allgemeine Wiedersehen geriet zu einem einzigen Jubel, der im Pfarrhaus, wenn überhaupt möglich, noch eine Steigerung erfuhr. Dort nämlich wurde aufgetischt. Unter den staunenden Augen der Kinder erschien so manches, was vielleicht erst zum Weihnachtsfest hatte aufgetischt werden sollen. Magda übertraf sich selbst mit ihrer Gastgeberinnenschaft, wobei sie zu allem Überfluss noch über den Schatten zu springen hatte, den der noch immer in Gefangenschaft weilende Friedrich über die Freudentafel warf. Diese Selbstlosigkeit, sie war ihr so hoch anzurechnen!

Als ein Ende der Jubelfeier absehbar schien, erkundigte sich Arthur vorsichtig nach seinen Eltern. Käthe erschrak. Dass sie nicht gleich daran gedacht hatte! Eilig suchte sie die in Danzig verfassten Nachrichten von Hedwig und Karl hervor und gab sie Arthur. Gerührt las er die Zeilen seiner Eltern. Sie hatten sich solche Sorgen gemacht.

»Ich konnte sie dir nicht nachsenden, ihre Post kam erst Mitte April bei uns an. Da waren Danzig und Königsberg längst gefallen und wir wussten nicht, wo du geblieben warst. Ich habe ihnen noch geschrieben, dass wir nicht wissen, wo du bist. Aber ob sie die Nachricht erhalten haben, weiß ich nicht.

Von ihnen haben wir gar nichts mehr gehört. Bei den Flüchtlingszügen aus dem Osten waren sie jedenfalls nicht.«

Wo waren seine Eltern? Vielleicht in Dänemark? Von Danzig aus waren noch viele mit Schiffen gen Nordwesten, nach Dänemark, geflohen. Er würde es herausfinden.

## NACHWORT

Mein Vater fütterte uns Kinder mit Geschichten und Anekdoten wie andere die Enten füttern. Die Krumen fielen, wie sie wollten, blieben liegen, vergingen oder wurden aufgepickt. Seine Geschichten enthielten nur vage Angaben zu handelnden Personen, zum Wann und Wo. So, als gewönnen sie an Bedeutung, je mehr Geheimnis sie umgäbe. Wiederum so, als gehörten sie zu einem Spiel, das gespielt werden wollte, aber nicht bis zu seinem Ende, denn dann würde Ernst daraus. Und wer mochte den schon, den Ernst. Mein Vater war jemand, der Schlimmes verschwieg, mit Ernst haderte und mit Unernst liebäugelte. So verfuhr er auch mit seinen Geschichten. Er haderte, liebäugelte und verschwieg.

Ich habe die Geschichten aufgesammelt, nachrecherchiert, ergänzt, in einen größeren Zusammenhang gestellt und versucht, sie in Romanform wiederzugeben. Im Gegensatz zu meinem Vater umwittere ich nichts mit Geheimnissen, sondern decke auf und verschweige nichts. Ich bin Sammlerin und Trägerin der Geschichten. Sie sind ein Teil von mir, auch wenn ich, als sie geschahen, noch nicht auf der Welt war. Ich bin verantwortlich.

Sofern ich aus Arthurs und Käthes Tagebuch zitiere oder aus ihnen im Buchtext zugeordneten Briefen oder Gedichten, handelt es sich in der Regel um wortgetreue Zitate aus dem schriftlichen Nachlass meiner Eltern Helmut und Erna Hildebrandt. Das gilt ebenso für als wörtlich benannte Zitate zu oder von meiner Tante Frieda Hildebrandt, im Buch »Agathe« genannt. Ihr Schicksal ließ sich nur mühsam und nicht vollständig rekonstruieren, aber die letzte und schrecklichste Phase ihres Lebens ist durch amtliche Dokumente relativ genau nachvollziehbar, auch wenn die Nazis nach Möglichkeit versucht haben, Ort und Todesumstände zu verschleiern. Sie waren bis zum Ende ihrer Herrschaft Bürokraten.

An anderen Stellen habe ich schriftlich niedergelegte Texte meines Vaters oder meiner Mutter genommen, leicht abgewandelt oder satzweise zitiert und in meinen Text integriert. Diese Stellen sind nicht näher gekennzeichnet, um den Textfluss nicht zu stören. Ähnlich bin ich auch mit einigen im Quellenverzeichnis benannten Sachbüchern verfahren. Da es sich hier nicht um eine Doktorarbeit handelt, war ich so frei, im Einzelfall Wortfolgen, die mir nicht besser gelungen wären, zu übernehmen.

Die Namen meiner im Roman agierenden Verwandten habe ich geändert, um unbefangener mit diesen Figuren umgehen zu können. Die ihnen von mir zugeschriebenen Wesensmerkmale können naturgemäß nur meiner persönlichen Sicht entsprechen. Meine drei älteren Brüder sind nicht Teil dieser Geschichte, wohl aber die Kinder Konstantin, Raphael und Michaela, die ich stellvertretend für sie erfunden habe. Um ihnen ein ehrendes Andenken zu bewahren, habe ich die Namen der historischen Personen Gerhart und Charlotte Jonasch (das Königsberger Kantorenehepaar) und des Theologen Oberstleutnant Herbert Haack nicht geändert.

Neben den historischen sind fiktive Personen mit von der Partie. Ähnlichkeiten mit noch lebenden oder bereits verstorbenen Menschen sind möglich, aber nicht absichtsvoll entstanden. Schließlich steckt in jeder und jedem von uns etwas, das auf Lucy und andere gemeinsame Vorfahren zurückgeht.

Jeder Art von Revanchismus stehe ich ablehnend gegenüber. Die Ortsnamen entsprechen dem Sprachgebrauch der Zeit, in der die Geschichte spielt. Sie sollten nicht als nostalgische Wiederbelebung des Vergangenen missverstanden werden. Die heute gültigen Namen (ob litauisch, polnisch, russisch o. a.) können jederzeit im Internet aufgefunden werden.